Hans Joas

Im Bannkreis der Freiheit

Religionstheorie nach Hegel und Nietzsche

Suhrkamp

Bibliografische Information der Deutschen Nationalbibliothek
Die Deutsche Nationalbibliothek verzeichnet diese Publikation
in der Deutschen Nationalbibliografie;
detaillierte bibliografische Daten sind im Internet
über http://dnb.d-nb.de abrufbar.

Erste Auflage 2020
© Suhrkamp Verlag Berlin 2020
Alle Rechte vorbehalten, insbesondere das der Übersetzung, des
öffentlichen Vortrags sowie der Übertragung durch Rundfunk
und Fernsehen, auch einzelner Teile.
Kein Teil des Werkes darf in irgendeiner Form (durch Fotografie,
Mikrofilm oder andere Verfahren) ohne schriftliche Genehmigung des Verlages reproduziert oder unter Verwendung elektronischer Systeme verarbeitet, vervielfältigt oder verbreitet werden.
Satz: Satz-Offizin Hümmer GmbH, Waldbüttelbrunn
Druck: Pustet, Regensburg
Printed in Germany
ISBN 978-3-518-58758-4

Inhalt

Vorwort 9
Einleitung: Hegels Freiheitsphilosophie und ein blinder
Fleck des heutigen Hegelianismus 14

Teil I
Ein neues Verständnis von Religion am Anfang des
zwanzigsten Jahrhunderts 45

1 Einführung 47
2 Die Selbständigkeit der Religion: Ernst Troeltsch 79
3 Säkulare Heiligkeit: Rudolf Otto 99
4 Evidenz oder Evidenzgefühl?: Max Scheler 126

Teil II
Säkularisierung und moderne Freiheitsgeschichte 151

1 Einführung 153
2 Die Sakralisierung der Demokratie: John Dewey 172
3 Posttotalitäres Christentum: Alfred Döblins
  Religionsgespräche 199
4 Die Kontingenz der Säkularisierung: Reinhart
  Kosellecks Geschichtstheorie 224
5 Die säkulare Option, ihr Aufstieg und ihre Folgen:
  Charles Taylor 250

Teil III
Die Suche nach einer anderen Freiheit 273

1 Einführung 275
2 Eine deutsche Idee von der Freiheit? Cassirer und
  Troeltsch zwischen Deutschland und dem Westen ... 293
3 Verdankte Freiheit: Paul Tillich 330
4 Normenraster und Heilige Schrift, Theonomie und
  Freiheit: Paul Ricœur 363
5 Kommunikative Freiheit und Theologie der Befreiung:
  Wolfgang Huber 381

Teil IV
Das Projekt einer historischen Religionssoziologie 401

1 Einführung 403
2 Religion ist mehr als Kultur: H. Richard Niebuhr 428
3 Das Christentum und die Gefahren der
  Selbstsakralisierung: Werner Stark 463
4 Weberianischer als Weber?: David Martin 501
5 Religiöse Evolution und symbolischer Realismus:
  Robert Bellah 531
6 Religion und Globalisierung: José Casanova 555

Schluß: Globalgeschichte der Religion und moralischer
Universalismus 578

Nachweise 607
Literatur 609
Namenregister 651
Sachregister 659

Was mich betrifft, so bezweifle ich, daß der Mensch jemals eine völlige religiöse Unabhängigkeit und eine vollkommene politische Freiheit ertragen kann, und ich bin geneigt zu denken, daß er, ist er frei, gläubig sein muß.

Alexis de Tocqueville

Vorwort

Wie verhalten sich die Geschichte der Religion und die Geschichte der politischen Freiheit zueinander? Groß und unübersichtlich ist die Vielfalt der Auffassungen, die es dazu in der Philosophie, den Wissenschaften und der Öffentlichkeit gibt. Für viele ist die grandiose geschichtsphilosophische Synthese Hegels, in der eine Teleologie hin zum Christentum und in diesem zur politischen Freiheit entfaltet wird, trotz aller Revisionen bis heute von größter Orientierungskraft. Selbst für diejenigen, die Hegel im Sinne von Marx weiterdenken, gilt meist, daß sie wesentliche Bestandteile dieser Synthese beibehalten. Für andere ist Nietzsches schneidende Kritik des Christentums und seine Ablehnung der modernen politischen Freiheitsordnung, ebenfalls trotz vielfältiger Reserven, ausschlaggebend für ihr eigenes Denken.

Seit vielen Jahren bemühe ich mich um eine Alternative zu diesen Denkweisen. Neben der Beschäftigung mit dem amerikanischen Pragmatismus als der philosophischen Grundlage einer solchen Alternative und mit meinen Büchern zu einer allgemeinen Handlungstheorie, zur Entstehung der Werte, zur Geschichte der Menschenrechte und der Religion, zu Krieg und Gewalt habe ich immer auch Ausschau gehalten nach weiteren »Freunden in der Geschichte« (wie der große konfuzianische Philosoph Mencius dies nannte), das heißt Denkern der Vergangenheit und Gegenwart, deren Schriften von bleibender inspirierender Kraft sind und für die vorschwebende Alternative zu Hegel und Nietzsche wichtige Ansatzpunkte liefern.

Das vorliegende Buch hat seinen Ursprung in der Idee, die so entstandenen Porträts wichtiger religionstheoretischer Denker und Gelehrter des zwanzigsten Jahrhunderts und in unserer Zeit zusammenzustellen und durch weitere zu ergänzen. Sie sollten aber nicht nur aneinandergereiht werden, weil dies den Eindruck von Zufälligkeit vermitteln würde, sondern es soll deutlich werden, daß sich hier eine eigene Tradition identifizieren läßt. Zahlreich sind in der Tat nicht nur die Parallelen, die so ins Auge treten, sondern auch die Einflüsse und Querbezüge zwischen den verschiedenen denkerischen Ansätzen. In der Einleitung zum Buch und in den Einführungen zu seinen vier großen Teilen wird der zunächst vielleicht schwer erkennbare Faden, der sich durch die einzelnen Darstellungen zieht, sichtbar gemacht.

Das Resultat dieser Bemühungen ist ein Mittelding zwischen Monographie und Aufsatzsammlung. Wenn ein literarischer Vergleich nicht als unpassend erscheint, könnte man sagen, es handle sich bei diesem Buch weder um einen Roman noch um eine bloße Sammlung von Erzählungen, sondern eher um einen Zyklus von Novellen, durch den aber ein ganzheitliches Bild entstehen soll.

Dieses Vorgehen hat gewiß Vorzüge, fordert aber auch einen Preis. Zu den Vorzügen rechne ich, daß es nicht in eine fiktive Ordnung gebrachte, vorab schematisierte Argumentationen sind, mit denen ich mich auseinandersetze, sondern individuelle denkerische »Totalitäten« samt ihrer je historischen Einbettung und spezifischen Genese. Dieser »ganzheitliche« Blick scheint mir nicht zuletzt gut geeignet, die Lebendigkeit dieses Denkens in seiner jeweiligen Form und intellektuellen Konstellation zu unterstreichen. Es mag auch schlicht ein praktischer Vorteil sein, daß damit die einzelnen Kapitel auch je für sich lesbar bleiben und kein Zwang besteht, sie in genau der Reihenfolge durchzugehen, in der sie hier angeordnet sind.

Doch sind auch einige Einschränkungen, die aus diesem Vorgehen folgen, nicht zu verschweigen. Die wichtigste ist, daß sich die verstreuten Andeutungen über eine alternative Geschichtserzählung nirgends, auch nicht im Ausblick des Schlußteils, zusammenhängend dargestellt finden. Diese Aufgabe muß einer zukünftigen Arbeit vorbehalten werden, für die insbesondere meine Bücher zur »Macht des Heiligen« und der Entstehung des moralischen Universalismus in der sogenannten Achsenzeit sowie zur Geschichte der Menschenrechte bereits Bausteine liefern. Ein weiterer Nachteil ist, daß hier zwar Denker und Gelehrte behandelt werden, für deren Selbstverständnis es wichtig ist, weder Hegelianer noch Nietzscheaner zu sein, daß aber von einer angemessenen Darstellung Hegels und Nietzsches selbst in ihrer eigenen Komplexität nicht wirklich die Rede sein kann. Es geht mir hier nicht darum, der unübersehbaren Interpretationsliteratur zu diesen beiden Denkern einen weiteren Titel hinzuzufügen. Der Zweck, den ich hier verfolge, ist vielmehr, Alternativen zu ihnen vorzustellen.

Chance und Risiko dieses Vorgehens sind ineinander verstrickt. Manche werden es bezweifeln, daß die Beschäftigung mit vergessenen oder wenig bekannten Autoren sich lohnen könne, zumal diese hier oft aus den Disziplinen Theologie und Soziologie kommen, die in der Gegenwart eher als sinkende Schiffe wahrgenommen werden. Andere werden die Intuition teilen, daß sich in den Schriften zum Beispiel von Ernst Troeltsch und Paul Tillich, H. Richard Niebuhr und Paul Ricœur, David Martin und Robert Bellah sowie bei dem durchaus stark an Hegel anknüpfenden Charles Taylor Einsichten finden, die von einem erneuerten Hegelianismus (oder Nietzscheanismus) abweichen oder über diesen hinausgehen. Es gibt zwischen diesen Denkern auch bemerkenswerte Einflußbahnen und Zusammenhänge akademischer Karrierewege, die den Eindruck verstärken, man könne hier in der Tat von einer verdeckten Tradition sprechen. Am Beispiel Paul Tillichs läßt sich dies rasch veranschaulichen. Tillich, der sich selbst als Schüler Ernst Troeltschs bezeichnete, wurde 1928 an die Frankfurter Universität berufen und sah sich dort als geistigen Nachfolger Max Schelers. Er war stark auch von Ernst Cassirer und Rudolf Otto beeinflußt. Als er zu Beginn der nationalsozialistischen Herrschaft aus Deutschland emigrierte, half ihm in den USA wesentlich H. Richard Niebuhr, der bereits vorher ein Buch Tillichs ins Englische übersetzt hatte. Tillich wurde später (in Harvard) zu einem der wichtigsten akademischen Lehrer Robert Bellahs. Auf seinem Chicagoer Lehrstuhl folgte ihm Paul Ricœur nach, der an ihn auch intellektuell anknüpfte. Ganz unzureichend wäre es, hier einfach an eine liberal-protestantische Tradition zu denken. Weder würden alle hier berücksichtigten protestantischen Denker sich mit dieser Kennzeichnung wohlfühlen, noch paßten die Ähnlichkeiten mit den nichtprotestantischen Autoren dann ins Bild. Noch viel wichtiger als der überkonfessionelle ist der disziplinübergreifende Charakter dieser intellektuellen Entwicklung. Um diesem gerecht zu werden, verwende ich den Begriff »Religionstheorie« in Analogie zum immer üblicher werdenden Begriff »Sozialtheorie«. Institutioneller Ort von Sozialtheorie und Religionstheorie ist nicht ein einzelnes Fach, auch nicht die Philosophie oder die Theologie. Gerade in den Überschneidungen der Fächer haben sich die Entwicklungen abgespielt, um die es mir in diesem Buch geht. Wenn aus dieser Intuition neue Argumentationen werden, ist sein Ziel erreicht.

Mein Dank für Anregung und Hilfe wird, sofern er sich auf einzelne Kapitel bezieht, jeweils dort geleistet. Zusätzlich möchte ich Torsten Meireis (Berlin) für die Gelegenheit danken, einige Teile des Manuskripts in seinem Oberseminar zur Diskussion stellen zu dürfen. Vor allem in der Bearbeitung der Einleitung haben mir seine Hinweise und die anderer Teilnehmer sehr genutzt. Hervorheben aber möchte ich an dieser Stelle, daß sich einige Kollegen und Freunde der Lektüre des ganzen Manuskripts unterzogen haben und deshalb besonderen Dank verdienen. Es sind dieselben drei, die mir schon 2017 bei meinem Buch *Die Macht des Heiligen* so großartig zur Seite standen. Wegen der schrecklichen Pandemie, die in der Schlußphase der Arbeit über uns alle hereinbrach, konnten ihre Rückmeldungen zu einer ersten Fassung mir nicht in persönlichen Treffen gegeben werden. Der Philosoph Matthias Jung (Koblenz) und der Soziologe Wolfgang Knöbl (Hamburg) haben mir durch ihre kritischen schriftlichen Stellungnahmen sehr weitergeholfen. Der Berliner Theologe (und frühere evangelische Bischof) Wolfgang Huber und ich wollten auf den mündlichen Austausch nicht verzichten. Unser in drei rasch aufeinander folgenden Teilen geführtes, insgesamt mehr als achtstündiges Telefonat mit seiner Mischung von inhaltlicher Auseinandersetzung und gründlicher Arbeit am Text wird mir unvergessen bleiben.

Seit 2014 wird meine Arbeit durch die Porticus-Stiftung, seit dem 1. Januar 2016 zudem durch die Mittel des Max-Planck-Forschungspreises großzügig unterstützt, was ich an dieser Stelle erneut dankend hervorheben will. Meinem Mitarbeiter Jan Philipp Hahn bin ich für seine engagierte und sorgfältige Unterstützung dankbar, Eva Gilmer, Programmleiterin Wissenschaft im Suhrkamp Verlag, für ermutigende Kommentare und unübertrefflich sorgfältige Lektorierung und Christian Scherer für die im höchsten Maße erfreuliche Fortsetzung unserer bewährten Zusammenarbeit beim Korrekturlesen und für die Anfertigung der Register. Und schließlich, as ever, geht ein großer Dank an meine Frau Heidrun für die gedankliche Begleitung meiner Arbeit und ihre mein Leben tragende Nähe.

Einleitung:
Hegels Freiheitsphilosophie und ein blinder Fleck des heutigen Hegelianismus

Dieses Buch beschäftigt sich mit einigen der bedeutendsten Gestalten der Religionstheorie des zwanzigsten und frühen einundzwanzigsten Jahrhunderts. Ihrer Auswahl liegt kein vorgängiger Maßstab zugrunde, der zu beurteilen erlaubt, wer das Prädikat »bedeutend« verdient und wer nicht. Die Entscheidung zur Berücksichtigung eines Denkers verdankt sich vielmehr einer forschenden Durchmusterung der Geistes- und Wissenschaftsgeschichte und ist von der Intuition geleitet, daß jeder der berücksichtigten Autoren für die Fragen von hohem Rang und gegenwärtigem Interesse ist, die sich im Überlappungsbereich von Soziologie, Theologie, Philosophie und Geschichte in ihrer jeweiligen Beschäftigung mit Religion stellen und in diesen Fächern oder in der Religionswissenschaft behandelt werden. Schon der Begriff »Auswahl« klingt für das so zustande kommende Bild zu voluntaristisch. Entsprechend wird keinerlei enzyklopädische Vollständigkeit angestrebt und auf Proportionen zwischen den Konfessionen oder zwischen Gläubigen und den Verfechtern säkularer Weltbilder nicht geachtet; Vertreter anderer Religionen als der christlichen fehlen ganz. Da, wie sich zeigen wird, die Überwindung von eurozentrischen Sichtweisen zu den stärksten Motiven des Buches gehört, empfinde ich selbst das Fehlen nichtwestlicher Denker, christlicher und anderer, am stärksten als Beschränkung meines derzeitigen Kenntnisstands. Die Tatsache – das kann heute nicht unerwähnt bleiben –, daß alle Kapitel männlichen Denkern gewidmet sind, geht nach meinem besten Wissen und Gewissen nicht auf bewußte oder unbewußte Einseitigkeiten meiner Auswahl zurück, sondern auf die Geschichte selbst, die nicht nachträglich korrigiert werden kann. Immerhin geben die Einleitungen zu den vier großen Teilen des Buches Hinweise auf weitere einschlägige Denker, die ich bereits an anderer Stelle ausführlich behandelt habe oder die erst noch durch umfangreiche weitere Forschung erschlossen werden müßten.

Es war hinsichtlich der Religionstheorie bereits die Rede von einem Überlappungsbereich verschiedener Disziplinen, der besonderes Interesse verdient. Auch hier steht nicht eine subjektive Entscheidung im Vordergrund, nicht eine abstrakte Vorliebe für Interdisziplinarität, als wäre diese notwendig zielführender als eine strikt disziplinäre Vorgehensweise. Leitend ist vielmehr die substantielle These, daß sich über Religion und Religionsgeschichte heute nicht anders reden läßt als im Zusammenhang mit den normativen Forderungen und der Geschichte der politischen Freiheit, und dies, nach einer welthistorischen Phase zunehmender Globalisierung, deren Zukunft heute unklar ist, notwendig in einem globalen Rahmen – also nicht begrenzt auf ein Land, einen Kontinent, eine Kultur oder eine Religionsgemeinschaft. Dieser Zusammenhang zwischen Religions- und Freiheitsdiskurs wird durch den Titel des Buches signalisiert. Das Gespräch über den Glauben ist, so behaupte ich, explizit oder implizit seit dem achtzehnten Jahrhundert in den »Bannkreis der Freiheit« eingetreten.

Mit diesem Ausdruck lehne ich mich an eine Formulierung an, die ich in dem ehrgeizigen Entwurf einer Gerechtigkeitstheorie gefunden habe, den der Philosoph Axel Honneth vor wenigen Jahren vorgelegt hat.[1] Dieser Entwurf versteht sich in wesentlichen Zügen als Wiederbelebung und Aktualisierung von Gedankengängen, die sich zuerst in der Rechtsphilosophie Hegels breit entwickelt finden. Gleich zu Beginn des ersten

---

1 Axel Honneth, *Das Recht der Freiheit. Grundriß einer demokratischen Sittlichkeit*, Berlin 2011. Die Formulierung findet sich auch bei Martin Laube, »Die Dialektik der Freiheit. Systematisch-theologische Perspektiven«, in: ders. (Hg.), *Freiheit*, Tübingen 2014, S. 119-191, hier S. 119.

Hauptteils lesen wir in Honneths Buch, daß es heute beinahe unmöglich geworden sei, einen der Werte der Moderne zu artikulieren, ohne ihn zu einer bloßen zusätzlichen Facette der Idee individueller Autonomie zu erklären: »Wie durch magische Anziehung sind alle ethischen Ideale der Moderne in den Bannkreis der einen Vorstellung der Freiheit geraten, vertiefen sie bisweilen, verleihen ihr neue Akzente, aber setzen ihr nicht eine selbständige Alternative entgegen.«[2]

In einer Fußnote zu dieser Stelle verweist Honneth auf eine in dieselbe Richtung weisende Argumentation des kanadischen Philosophen Charles Taylor. Dies ist insofern irritierend, als bei Taylor, schlägt man die entsprechende Stelle nach,[3] keineswegs davon die Rede ist, daß der Wert der Freiheit eine unbezweifelbare Hegemonie in der Konkurrenz der Werte errungen und diese Konkurrenz damit faktisch außer Kraft gesetzt habe. Taylor ging es vielmehr darum, die Moderne durch ein in sich pluralistisches und differenziertes, keineswegs widerspruchsfreies »Paket« von Wertorientierungen zu kennzeichnen. Dieses nötige die Individuen dazu, eigenständige Balancen zwischen den Werten zu finden, die alle in diesem Paket koexistieren, obwohl sie einander auszuschließen scheinen. Hegemonial ist nach Taylor also nicht ein bestimmter Wert, auch nicht der der Freiheit, sondern »ein Gefühl des Selbst, das sowohl durch die Kräfte der desengagierten Vernunft als auch durch die der schöpferischen Phantasie bestimmt wird«. Wir modernen Menschen seien alle »in die typisch neuzeitlichen Auffassungen von Freiheit, Würde und Rechten, in die Ideale der Selbsterfüllung und der Selbstäußerung sowie in die Forderungen des allgemeinen Wohlwollens und der universellen Gerechtigkeit verstrickt«.[4] Keineswegs gehe es damit nur um Abschattungen des einen Ideals der Freiheit.

---

2 Honneth, *Das Recht der Freiheit*, S. 36.
3 Charles Taylor, *Quellen des Selbst. Die Entstehung der neuzeitlichen Identität*, Frankfurt/M. 1994, S. 868.
4 Ebd.

Dennoch würde auch Taylor vermutlich nicht bestreiten, daß im »Paket« moderner Werte das Freiheitsideal ein wichtiger Bestandteil ist und alle Orientierungsfragen in den Bannkreis dieses die Freiheit enthaltenden Wertkomplexes eingetreten sind.

In der kritischen Diskussion über Honneths Gerechtigkeitstheorie ist der Abstand zwischen Honneth und Taylor an diesem Punkt nicht unbemerkt geblieben. In einem besonders scharfsinnigen Beitrag geht Christoph Halbig sogar so weit, von einem »gerade entgegengesetzten Fazit« zu sprechen, das Taylor im Vergleich zu Honneth ziehe.[5] Wichtiger aber noch als diese Beobachtung ist Halbigs Unterscheidung dreier denkbarer Lesarten der Bannkreis-These. Der Primat des Werts der Freiheit könne – davon war schon die Rede – *normativ* gemeint sein, in dem Sinne, daß in Wertkonflikten etwa zwischen Selbstbestimmung und Gleichheit immer zugunsten von Freiheit als Selbstbestimmung zu entscheiden sei. Der Primat könne aber auch *explanatorisch* gedacht sein, das heißt so, daß etwa »der Wert des menschlichen Subjekts in seiner Fähigkeit zur Selbstbestimmung liegt«,[6] was allerdings keineswegs aus evidenten moralischen Intuitionen hervorgeht. Schließlich könne, so Halbig, der Primat sogar *ontologisch-semantisch* aufgefaßt werden. Das muß gemeint sein, wenn davon die Rede ist, daß alle anderen Werte der Moderne sich nur noch innerhalb des Freiheitsideals, als dessen Bedeutungskomponenten, verstehen ließen, was einen eigentlichen Wertkonflikt zwischen Freiheit und anderen Werten prinzipiell ausschließt.

Der kritische Nachweis der Vieldeutigkeit seiner Bannkreis-These gab Honneth eine Chance zur Klarstellung, die er in seiner Replik auch wahrnahm. Er betont dort, daß es ihm, den Absichten einer Gerechtigkeitstheorie entsprechend, nicht wirk-

---

5 Christoph Halbig, »Hegel, Honneth und das Primat der Freiheit. Kritische Überlegungen«, in: Magnus Schlette (Hg.), *Ist Selbstverwirklichung institutionalisierbar? Axel Honneths Freiheitstheorie in der Diskussion*, Frankfurt/M. 2018, S. 53-72, hier S. 54, Anm. 8.
6 Honneth, *Das Recht der Freiheit*, S. 36.

lich um die Vielfalt der Werte gehe, die Individuen als leitend für ihr Leben ansehen, sondern nur um den Anteil, »der sich verallgemeinern lässt oder [...] der in den Bereich eines ›overlapping consensus‹ fällt, so dass von da aus Rückschlüsse auf die sozialen oder institutionellen Voraussetzungen einer für alle gleichermaßen möglichen Verwirklichung ihrer Freiheit gezogen werden können«.⁷ Diese Klarstellung kann freilich auch als Rückzug auf die gewissermaßen orthodoxe Position einer liberalen Gerechtigkeitstheorie aufgefaßt werden, wie sie in John Rawls' epochalem Werk vorliegt.⁸ Der Primat der Freiheit beschränkte sich dann auf die Vorstellung einer institutionellen Gewährleistung von »Freiheitssphären«, »die im gleichmäßigen Interesse von uns allen, den Mitgliedern moderner Gesellschaften, liegen, unabhängig von unseren je besonderen Zielen der Selbstverwirklichung«.⁹ Ein Primat der Freiheit wäre dann nur im Sinn eines Gerechtigkeitsbegriffs gegeben, der von der Fragestellung der Gewährleistung gleicher Freiheit aus gedacht wird. Der hegelianische Ehrgeiz Honneths wäre dann aber unverständlich.

So einfach läßt sich die verwirrende Argumentationssituation also nicht auflösen. Damit würde man auch der Absicht Honneths, unterschiedliche Versionen von Freiheit zu denken und Wertkonflikte im öffentlichen Raum als Auseinandersetzungen über das richtige Verständnis von Freiheit zu deuten, nicht gerecht. Das wird um so deutlicher, wenn die geschichtliche Dimension einbezogen wird, die in einer Gerechtigkeitstheorie à la Rawls ja gar nicht notwendig, bei Hegel aber unverzichtbar ist. Ganz ausdrücklich nimmt der Hegelianer Honneth nämlich in dieser Hinsicht eine »teleologische Perspektive« ein, die er sogar als »unvermeidliches Element des Selbstverständ-

---

7 Axel Honneth, »Erwiderung«, in: Schlette (Hg.), *Ist Selbstverwirklichung institutionalisierbar?*, S. 313-337, hier S. 319; zu Halbigs Kritik außerdem ebd., S. 328-334.
8 John Rawls, *Eine Theorie der Gerechtigkeit*, Frankfurt/M. 1979.
9 Honneth, »Erwiderung«, S. 319.

nisses der Moderne«[10] bezeichnet. Der Siegeszug des Freiheitsideals in der »westlichen Moderne« soll damit nicht als bloßes kontingentes und im Prinzip reversibles Produkt historischer Entwicklungen gedacht werden, sondern als ein Prozeß von universellem normativem Geltungsanspruch. Die Vieldeutigkeit der Bannkreis-These wiederholt sich allerdings an dieser Stelle. Empirisch ist die Rücknahme der Errungenschaften der Freiheitsgeschichte ja – wie nicht zuletzt die Geschichte des »Dritten Reiches« es unauslöschlich ins Gedächtnis gebrannt hat – nicht ausgeschlossen, und auch Honneth selbst müßte nicht gegen »kognitive Barbarisierung« polemisieren, wenn er solche Rückgängigmachung für empirisch ausgeschlossen hielte. Eine nicht empirisch, sondern rein normativ gemeinte Teleologie hat wohl tatsächlich vom Standpunkt derer, die eine Wertüberzeugung teilen, etwas Unvermeidliches an sich,[11] hat aber empirisch keinerlei Erklärungskraft. Und eine »semantische« These, der zufolge es schlicht nicht sinnvoll wäre, auch auf der Ebene einer normativen Theorie der Gesellschaft einen größeren Wertepluralismus zuzulassen, als Rawls und Honneth dies tun, wird mit dem schnellen Schritt zur Teleologie hin nicht eigentlich begründet.[12] Noch schärfer artikuliert Halbig das Bedenken, daß die Engführung auf den Wert der Freiheit zu einer »Verarmung moralischer Begründungsmuster« und zur inhaltlichen Verzerrung von Alternativen füh-

---

10 Honneth, *Das Recht der Freiheit*, S. 40.
11 Vgl. meine an Ernst Troeltsch angelehnte Argumentation zu einer »affirmativen Genealogie« in: Hans Joas, *Die Sakralität der Person. Eine neue Genealogie der Menschenrechte*, Berlin 2011, Kap. 4, bes. S. 174-195.
12 Halbig, »Hegel, Honneth und das Primat der Freiheit«, S. 55. Zur Frage des Wertepluralismus, die im vorliegenden Buch nicht systematisch weiterverfolgt werden kann, und zum Denken des wichtigsten Vertreters einer solchen Position (Isaiah Berlin), vgl. unten, Teil III, Kap. 5 im Zusammenhang der Erörterung von Wolfgang Huber und die dort angegebene Literatur.

re[13] – einer Konsequenz, die Honneth gewiß nicht beabsichtigt hat. Sie ergibt sich aber – so scheint es an diesem Punkt –, wenn im Anschluß an Hegel Ansprüche erhoben werden, für die es bei diesem metaphysische Hintergrundannahmen gab, die von Honneth allerdings ausdrücklich zurückgewiesen und überhaupt von kaum jemandem mehr ernsthaft vertreten werden. Es ist die Annahme eines sich in der Weltgeschichte selbst schrittweise verwirklichenden »Geistes«, die eine Teleologie der Freiheits- und Religionsgeschichte ermöglicht, aber heute ihre Nachvollziehbarkeit verloren hat.

Der Ausgangspunkt meiner bisherigen Überlegungen war die These, daß auch der Diskurs über Religion spätestens seit dem achtzehnten Jahrhundert in den Bannkreis der Freiheit eingetreten sei. Diese These ist letztlich unabhängig davon, ob sie im Sinne eines Wertepluralismus oder im Sinne eines Monismus des Werts der Freiheit vertreten wird; obwohl diese Unterscheidung immer wieder auftreten wird, ist sie im vorliegenden Zusammenhang nicht ausschlaggebend. Leicht ist anschaulich zu machen, was die wie auch immer verstandene Zentralstellung der Freiheit auf diesem Gebiet bedeuten kann. Der religiöse Glaube wird in den entsprechenden Diskussionen entweder als Hindernis für die politische Freiheit, als Mittel zur Aufrechterhaltung von Ungleichheit und Unterdrückung religionskritisch angeprangert oder umgekehrt, zumindest in der Form des Christentums oder der jüdisch-christlichen Tradition, gerade als Ermöglichungsbedingung politischer Freiheit verteidigt. Die religiöse Erfahrung selbst wird von manchen als eine der intensivsten Erfahrungen der Freiheit aufgefaßt, die Menschen zuteil werden kann – von anderen dagegen als krasse Form von Heteronomie, der Bereitschaft zur Unterwerfung unter imaginäre Schicksalsmächte. Ein und dieselbe religiöse Tradition kann, so wird argumentiert, zwar auf der Ebene der Lehre Freiheit begründen, als gelebte Praxis aber, etwa in engstirniger Moralität,

---

13 Ebd., S. 66.

individuelle Freiheit verbauen. Es kann aber auch umgekehrt eine Religion, die in ihrer Doktrin sich ablehnend zu politischen Freiheitsforderungen verhält, durch die Ermöglichung von Erfahrungen via religiöser Praxis sich als Kraft- und Freiheitsquelle der Menschen erweisen. Die Mehrdeutigkeit des Begriffs der Freiheit und seines Status in einer umfassenderen Philosophie und Sozialtheorie schlägt sich entsprechend auch vielfältig in der Religionstheorie nieder, wenn diese sich im Bannkreis der Freiheit befindet. Dasselbe gilt für die Frage, wie das Verhältnis von Glaube und politischer Freiheit geschichtlich zu beurteilen sei. Auch hier konkurrieren die verschiedensten Auffassungen in unübersichtlicher Weise miteinander.[14] Klärung erhoffen sich manche durch die Orientierung an der grandiosesten Synthese von Religions- und Freiheitsgeschichte, die das abendländische Denken hervorgebracht hat, nämlich der Geschichtsphilosophie Hegels, und an ihren Revisionen und Aktualisierungen im zeitgenössischen Denken. So verständlich diese Blickrichtung ist und so nahe es liegt, nach dem Glaubwürdigkeitsverlust des Marxismus und insbesondere seines Religionsverständnisses auf Hegel zurückzugehen, so verfehlt scheint mir dieser Schritt zu sein. Hegels Synthese hat sich vielmehr, so die These dieses Buches, selbst als eine Sackgasse der Religionstheorie erwiesen. Sie muß in fundamentalen Hinsichten radikal in Frage gestellt und überwunden werden, wenn die Probleme geklärt werden sollen, die sich der Religion »im Bannkreis der Freiheit« stellen. Das soll in den einzelnen Teilen dieses Buches und durch Anknüpfung an Denker, welche die Hegelsche Sackgasse als solche erkannt haben, dargestellt werden. Die hauptsächlichen Hinsichten, in denen dies in den Teilen dieses Buches geschieht, sollen in dieser Einleitung vorgreifend benannt werden. Das ist deren wichtigste Aufgabe. Kehren wir zunächst aber noch einmal kurz zu Honneths Gerechtigkeitstheorie unter dem hier lei-

---

14 Einen Überblick über die verschiedenen Einschätzungen gibt die Einführung zu Teil I, siehe unten, S. 47-78.

tenden Gesichtspunkt zurück. Das ist nötig, weil so exemplarisch dem Eindruck entgegengewirkt werden kann, man könne in der heutigen Sozialphilosophie und Sozialtheorie getrost auf Religionstheorie verzichten.

Die bisher erwähnten philosophischen Bedenken haben nämlich in der Diskussion interessante soziologische und theologische Parallelen und Ergänzungen gefunden. Soziologisch hat vor allem Wolfgang Knöbl insofern an der hegelianisch-teleologischen Argumentation Honneths Anstoß genommen, als dieser eben doch von der »normativen Rekonstruktion« vergangener Entwicklungen immer wieder in Aussagen hinübergleite, die den Ideen selbst und speziell der Freiheitsidee eine geschichtsgestaltende Macht zusprechen, die so stark ist, daß ihr Siegeszug letztlich unaufhaltsam sei.[15] Für Knöbl steckt darin eine Überbietung des evolutionistischen Optimismus der sozialwissenschaftlichen Modernisierungstheorie der 1950er und 1960er Jahre im Sinne einer philosophischen Begründung für einen noch gesteigerten Zukunftsoptimismus. Honneth reagiert darauf mit einer deutlicheren Einschränkung kausaler Ansprüche seiner Theorie, als sie in seinem Buch zu finden ist.[16] Von theologischer Seite ist vor allem ein Vorwurf erhoben worden, der im vorliegenden Zusammenhang Gewicht hat. Rolf Schieder, protestantischer Theologe, macht in der Hinführung zu seinen eigenen Überlegungen über die Chancen von Religionsformen, die das Individuum heute vor der Entfremdung durch Programme der Selbstoptimierung schützen können, schlicht auf die er-

---

15 Wolfgang Knöbl, »›Das Recht der Freiheit‹ als Überbietung der Modernisierungstheorie«, in: Schlette (Hg.), *Ist Selbstverwirklichung institutionalisierbar?*, S. 31-52.

16 Honneth, »Erwiderung«, v. a. S. 327. Es ist auch aufschlußreich, daß Honneth an anderer Stelle hinsichtlich der normativen Fragen in diesem Zusammenhang eher auf einen modifizierten Kant als auf Hegel zurückgeht. Vgl. Axel Honneth, »Die Unhintergehbarkeit des Fortschritts. Kants Bestimmung des Verhältnisses von Moral und Geschichte«, in: ders., *Pathologien der Vernunft. Geschichte und Gegenwart der Kritischen Theorie*, Frankfurt/M. 2007, S. 9-27.

staunliche Tatsache aufmerksam, »daß in Axel Honneths ›Grundriß einer demokratischen Sittlichkeit‹ weder die Bildung noch die Religion als Institutionen ihrer Reproduktion berücksichtigt werden – schon gar nicht in ihrer gegenseitigen Verwobenheit«.[17] Das sei um so bemerkenswerter, als Honneths Buch mit einem Plädoyer für eine transnationale Öffentlichkeit ende, die doch seit Jahrhunderten in den »Weltreligionen« und den Universitäten schon vorweggenommen sei. Honneths Reaktion auf die freundliche Mahnung Schieders, in einem Folgeband diese offensichtlichen Lücken zu schließen, muß als verblüffend bezeichnet werden. Er räumt nämlich den einen Vorwurf, »den Stellenwert der öffentlichen Bildung für die demokratische Sittlichkeit gänzlich«[18] übersehen zu haben, vollständig ein, führt »dieses große Versäumnis« auf eine »sklavische Orientierung an der Anlage der Hegelschen Schrift« zurück, kritisiert Hegel und verweist auf eigene Versuche der Besserung. Den anderen Vorwurf aber, auf das Thema Religion gar nicht eingegangen zu sein, quittiert er mit völligem Schweigen.

Nur höchst indirekt und flüchtig ist in seiner Erwiderung an anderer Stelle von kulturellen Anregungen die Rede, welche der Religion entspringen können, oder von kirchlichen Gemeinden als einer Form intermediärer Organisation neben Vereinen oder dem Kulturbetrieb.[19] Wichtiger ist vielleicht der etwas kryptische Hinweis, daß eine geplante Abschlußbetrachtung unterblieben sei, weil dann vielleicht auch »ein ganzes Kapitel zur heutigen Formation des ›absoluten Geistes‹ vonnöten« gewesen wäre:[20] Bei Hegel ist ja bekanntlich dies der systematische Ort der Religionsphilosophie. Man kann diese Bemerkung auch

---

17 Rolf Schieder, »Der ›culte de l'individu‹ als Zivilreligion des Westens. Eine praktisch-theologische Relektüre von Durkheim, Foucault und Boltanski«, in: Schlette (Hg.), *Ist Selbstverwirklichung institutionalisierbar?*, S. 287-312, hier v.a. S. 288f.
18 Honneth, »Erwiderung«, S. 317.
19 Ebd., S. 320.
20 Ebd., S. 317.

als Ausdruck des Respekts vor der Größe einer unerledigten Aufgabe lesen. Tatsache aber ist, daß damit in dieser wichtigen sozialtheoretischen Reaktualisierung Hegels nicht nur das Thema Religion unbehandelt bleibt, sondern sogar stillschweigend die Scharnierstellen unkenntlich gemacht werden, an denen Hegels Rechtsphilosophie mit seiner Religionsphilosophie und seinem Verständnis von Religion und Geschichte zusammenhängt.

Dies ist, wie mir scheint, eine Beobachtung, deren Bedeutung weit über die Feststellung einer thematischen Lücke bei einem einzelnen Autor hinausgeht. Die Beobachtung, daß Hegel um sein Religionsdenken verkürzt wird, läßt sich nämlich auch bei anderen zeitgenössischen Linkshegelianern machen. Am wichtigsten und prominentesten in dieser Hinsicht ist der amerikanische Philosoph Robert Pippin, der in seinem Lebenswerk die verschiedensten Werkteile Hegels von der Ästhetik bis zur Logik aktualisiert hat und – anders als Honneth – auch eine Möglichkeit sieht, Hegels metaphysische Prämissen durch eine ingeniöse Neudeutung der Logik Hegels zu retten.[21] Aber von Hegel und der Religion, Hegel und dem Christentum ist auch bei ihm dabei nie die Rede. Pippins Hegel-Bild ist bereits so säkularisiert, daß ihm keine Notwendigkeit zu bestehen scheint, dessen Denken im Lichte von Religionstheorie oder Religionskritik neu zu betrachten. Das ist insofern noch auffallender, um nicht zu sagen sensationell, als es doch gerade Hegels Religionsphilosophie war, anhand deren einst »der Streit um die systematische Geltung seiner Philosophie im ganzen am heftigsten ausgetra-

---

21 Instruktiv in dieser Hinsicht seine Auseinandersetzung mit Honneth: Robert Pippin, »Reconstructivism. On Honneth's Hegelianism«, in: *Philosophy and Social Criticism* 40 (2014), 8, S. 725-741. Wichtige Arbeiten Pippins zu Hegel und dessen Freiheitsdenken liegen gesammelt vor in: Robert Pippin, *Die Verwirklichung der Freiheit. Der Idealismus als Diskurs der Moderne*, Frankfurt/M. 2005 (darin auch ein Überblick zu seiner Werkentwicklung in: Axel Honneth, Hans Joas, »Vorwort«, ebd., S. 7-13).

gen wurde« und die Einstellung zu ihr »die Gretchenfrage für die Hegelkritiker und -apologeten der ersten Stunde« war.[22] Während für die Rechtshegelianer unter den Staatsphilosophen und protestantischen Theologen der Nexus zwischen der Rechts- und Staatsphilosophie Hegels und seiner Rechtfertigung des Absolutheitsanspruchs der christlichen Religion leitend blieb – bis hin zur Vorstellung vom Staat als »irdischem Gott«[23] und der zukünftigen Entbehrlichkeit der Kirche als vom Staat unterschiedener Organisation der Gläubigen[24] –, lag für die frühen Linkshegelianer in Hegels Christentum der größte Differenzpunkt. Sie markierten diesen in der Religionskritik und militan-

---

22 So einer der besten heutigen Interpreten von Hegels Religionsphilosophie. Vgl. Thomas M. Schmidt, »Anerkennung und absolute Religion. Gesellschaftstheorie und Religionsphilosophie in Hegels Frühschriften«, in: Matthias Jung, Michael Moxter, Thomas M. Schmidt (Hg.), *Religionsphilosophie. Historische Positionen und systematische Reflexionen*, Würzburg 2000, S. 101-112, hier S. 101.
23 Dies ist eine Formulierung Ludwig Sieps, nicht Hegels. Vgl. ders., *Der Staat als irdischer Gott*, Tübingen 2015, dort (S. 6 ff.) eine Zusammenstellung der Formulierungen Hegels, die es erlauben, von einer Sakralisierung des Staates bei ihm zu sprechen.
24 Am berühmtesten bei Richard Rothe, für den – in den Worten Ernst Troeltschs – schon »mit der Reformation die Wiederabtragung des Kirchentums begonnen« hat und »dereinst bei erreichter Vergeistigung aller Menschen mit der Wiederkunft Christi die religiös beseelte Organisation der sittlichen Vernunft, der Staat Hegels, allein vorhanden und auch das letzte Minimum von Kirche verschwunden sein wird«. Vgl. Ernst Troeltsch, *Richard Rothe. Gedächtnisrede (zum 100. Geburtstag)*, Freiburg 1899, auch in: ders., *Schriften zur Theologie und Religionsphilosophie (1888-1902)* (= KGA, Bd. 1), Berlin 2009, S. 732-752, hier S. 739. Dort auch Angaben zu Rothes Schriften. Troeltsch spricht von einem »höchst absonderlichen Gedankengang«, nennt diesen aber doch den Ausgangspunkt »sehr tiefer Einsichten«, weil Kirche damit nicht einfach aus den Ideen des Urchristentums abgeleitet wird. Damit öffnet sich die Frage, ob wir die Institutionen des Christentums nicht hauptsächlich aus den Schwierigkeiten der Verwirklichung christlicher Ideale statt aus diesen Idealen selbst heraus erklären müssen. Vgl. Hans Joas, *Die Macht des Heiligen. Eine Alternative zur Geschichte von der Entzauberung*, Berlin 2017, S. 191.

ten Atheismus-Propaganda, die wir bei Ludwig Feuerbach, dem jungen Karl Marx und anderen finden und die sich als enorm geschichtsmächtig erwiesen hat. Es ist offensichtlich, daß die heutigen linken Hegelianer sich damit nicht identifizieren und nicht in deren Nähe wahrgenommen werden wollen. Doch heißt dies bei ihnen nicht, daß sie den Punkt zu treffen versuchen, an dem die Religionskritik ihrer Vorgänger sich von Hegel unterscheidet, um ausdrücklich in eine andere, vielleicht weniger religionskritische Richtung zu steuern. Sie übergehen diesen Punkt mit Schweigen. Sie wollen weder der Religionskritik der Linkshegelianer noch der protestantischen Staatsvergottung der Rechtshegelianer zustimmen, die nach Hegels Tod, als in der Philosophie die Hegelianer »selten wurden wie die Steinböcke und leicht wie etwas komische Figuren wirkten«,[25] sein Erbe in der Theologie antraten. Das ist auch völlig verständlich, aber insofern unproduktiv, als es nicht in eine explizite Revision auch Hegels überführt wird. Man könnte zuspitzend fragen, ob ein säkularisiertes Hegel-Bild bei ihnen geradezu Voraussetzung für die emphatische Hegel-Aneignung ist.

Selbstverständlich darf die Kritik an einzelnen Hegelianern nicht den Anspruch erheben, ein vollständiges Bild der Forschungssituation zu Hegel und seinem Religionsverständnis zu liefern. Es geht an dieser Stelle nicht um ein Urteil zur spezialistischen Literatur, sondern um systematische gegenwärtige Theorieentwürfe, die sich auf die Schultern Hegels stellen. Auch unter diesen finden sich Arbeiten – genannt seien vor allem die von Charles Taylor und Michael Theunissen –, die Hegels Christentum wahrlich ernst nehmen.[26] Eine ausdrückliche Revision

---

[25] So in seiner kraftvollen Auseinandersetzung mit Hegel und seiner theologischen Wirkungsgeschichte: Karl Barth, *Die protestantische Theologie im 19. Jahrhundert. Ihre Vorgeschichte und ihre Geschichte*, Zürich 1946, S. 343-378, hier S. 343f.

[26] Charles Taylor, *Hegel*, Frankfurt/M. 1983, v.a. S. 629-671; Michael Theunissen, *Hegels Lehre vom absoluten Geist als theologisch-politischer Traktat*, Berlin 1970. Taylor ist in diesem Buch ein Kapitel gewidmet,

der Annahmen Hegels, die in seiner Schülerschaft zu Staatsvergötterung oder Atheismuspropaganda geführt haben, läßt sich aber auch ihnen nicht entnehmen. Ich insistiere auf diesem Punkt nun aber nicht deshalb, weil ich selbst Interesse daran hätte, einen stärker christlich verstandenen Hegel als Leitfigur zu restituieren. Ganz im Gegenteil ist mein Motiv, Hegels Weg als Sackgasse der Religionstheorie erkennbar zu machen. Dies kann aber nur geschehen, wenn die Sackgasse weder auf der einen noch der anderen Seite weiter beschritten wird. Nötig ist vielmehr, wenn es sich um eine Sackgasse handelt, der Weg zurück zu der Gabelung, an der man in sie gelangt ist.

Einer solchen Umkehr stehen massive Hindernisse im Weg. Nicht nur das enorme Prestige Hegels und der ganzen deutschen klassischen Philosophie läßt – zumindest in Deutschland – alle solche Versuche als vermessen erscheinen. Es sind nämlich auch alle Darstellungen zu revidieren, die der deutschen Geistesgeschichte des neunzehnten Jahrhunderts eine innere Zwangsläufigkeit unterstellen, die weit über kulturelle Besonderheiten hinaus als systematisch-gedankliche Konsequenz erscheint. Typisch für diese Tendenz ist das glänzende Buch Karl Löwiths *Von Hegel zu Nietzsche*.[27] Löwith war weder Hegelianer noch Nietzscheaner und betont in seinem Buch nicht die Kontinuität, sondern einen »revolutionären Bruch« in der deutschen Geistesgeschichte. Er zeichnet aber doch ein Bild, das ganz von Deutschland geprägt bleibt und Nietzsches Kampf gegen alles latente Christentum und gegen alle Halbherzigkeit in der Verteidigung christlicher Moral nach der Erschütterung des christlichen Glaubens als Vollendung einer von Hegel begonnenen Entwicklung erscheinen ließ. Löwiths Tonfall ist dabei, was das Christentum betrifft, eher melancholisch und gewiß nicht

---

siehe unten, Teil II, Kap. 5. Auf Theunissen komme ich kurz in der Einführung zu Teil III und ausführlicher im dortigen Kap. 5 zu Wolfgang Huber zurück.

27 Karl Löwith, *Von Hegel zu Nietzsche. Der revolutionäre Bruch im Denken des 19. Jahrhunderts*, Hamburg [8]1981.

militant-ablehnend wie im Marxismus oder hysterisch seine Überwindung als Befreiung feiernd wie bei den Nietzscheanern. Dennoch ist seine Darstellung so verstanden worden, als erkläre er – in den Worten Reinhart Kosellecks –, »daß es keinen Weg zurück mehr geben könne, weder zurück zum Christentum, etwa aus Trotz gegen das neudeutsche Heidentum, noch zurück zum Judentum, von dem er sich emanzipiert wußte, noch gar zurück zum klassischen Neuhumanismus, zu ›Goethe‹«.[28] Dies ist eine verständliche Deutung, da Löwith ja tatsächlich nicht der realen Geschichte hegemonialer Denker »von Hegel zu Nietzsche« wenigstens in Andeutungen eine alternative Geschichte – etwa »von Schleiermacher zu Troeltsch« – entgegengesetzt hat. Die Deutung ist insofern aber auch eine Verkürzung, als Löwith im kaum bemerkten Schlußabsatz seines großen Buches durchaus, wie vage auch immer, eine Alternative andeutet:

> Daß es mit dem Christentum dieser bürgerlichen Welt schon seit Hegel und besonders durch Marx und Kierkegaard zu Ende ist, besagt freilich nicht, daß ein Glaube, der einst die Welt überwand, mit der letzten seiner verweltlichten Gestalten hinfällig wird. Denn wie sollte die christliche Pilgerschaft in hoc saeculo jemals dort heimatlos werden können, wo sie gar nie zuhause ist?[29]

Kein Zurück zum Christentum in der Gestalt, die es in der bürgerlichen Welt in Deutschland oder Europa angenommen hat, heißt damit aber auch für Löwith nicht, daß das Christentum überhaupt keine Zukunft habe. Und kein Zurück zu Hegels Christentum heißt nicht, daß das Christentum nur in der Gestalt, die es in Hegels Philosophie angenommen hat, gerechtfertigt werden kann oder daß es jede Rechtfertigung verliert, wenn

---

28 Reinhart Kosellecks »Vorwort« zu: Karl Löwith, *Mein Leben in Deutschland vor und nach 1933. Ein Bericht*, Frankfurt/M. 1989, S. IX-XV, hier S. XIII.
29 Löwith, *Von Hegel zu Nietzsche*, S. 415.

es mit dieser Philosophie zu Ende ist oder ihre Vertreter sich für Hegels Christentum nicht mehr interessieren.

Löwiths geschichtliche Rekonstruktion ist keineswegs die einzige, die die innere Logik der deutschen Geistesgeschichte übertreibt. Sie findet Parallelen in marxistischen oder aufklärerisch gesinnten Rekonstruktionen, die das deutsche Denken unter dem Gesichtspunkt der Entstehung des Nationalsozialismus und seiner Vorgeschichte analysieren.[30] Auch das Monumentalwerk zur Philosophiegeschichte, das Jürgen Habermas kürzlich vorgelegt hat, krankt an der Ausgangsannahme, daß der entscheidende Scheideweg zwischen Hume und Kant liege, wobei aus dem einen nur ein reduktionistischer Naturalismus folge, wohingegen aus dem anderen nur Gestalten einer Moral- und Geschichtsphilosophie hervorgehen könnten, die bestenfalls als Erben, nicht aber als Artikulationen des Christentums verstanden werden können.[31]

Steht deshalb jeder von vornherein auf verlorenem Posten, der sich aus dieser Lage befreien möchte? Handelt es sich um eine Donquichotterie, um die Unfähigkeit einzusehen, daß etwas geschichtlich untergegangen ist und nicht wiederkommen wird? Solche Selbstzweifel wären meinerseits stärker, wenn die »forschende Durchmusterung der Geistes- und Wissenschaftsgeschichte«, von der ich zu Beginn gesprochen habe, nicht eine Fülle von Ansatzpunkten liefern würde, um eine Alternative zu

---

30 Georg Lukács, *Die Zerstörung der Vernunft. Der Weg des Irrationalismus von Schelling zu Hitler* [1955], Berlin 1984; Herbert Schnädelbach, *Philosophie in Deutschland 1831-1933*, Frankfurt/M. 1983. Lukács' Darstellung ist tendenziös bis zur Unbrauchbarkeit, Schnädelbachs fair und umsichtig. Charakteristisch ist aber doch die Setzung von 1933 als dem historischen Endpunkt der Darstellung.

31 Jürgen Habermas, *Auch eine Geschichte der Philosophie*, 2 Bde., Berlin 2019; dazu vorläufig meine Besprechung: Hans Joas, »Was weiß, wer glaubt? Im neuen Buch von Jürgen Habermas fragt die Vernunft nach dem Erbe der Religion«, in: *Süddeutsche Zeitung*, 14.11.2019, S. 9. Zur Anknüpfung von William James an Hume, die nicht in das Schema von Habermas paßt, vgl. auch unten, die Einführung zu Teil I.

Hegels Narrativ der Geschichte der Religion und der politischen Freiheit zu entwickeln. Die ausführliche Darstellung dieser Ansatzpunkte wird in den Kapiteln dieses Buches erfolgen. Vorwegnehmend sollen in thesenhafter Zuspitzung nur die wichtigsten Differenzen markiert werden, und zwar nicht in Form ausführlicher Hegel-Deutungen. Es ist letzten Endes an dieser Stelle nicht entscheidend, ob Hegel dieses oder jenes genau so gedacht beziehungsweise an anderen Stellen seines Werks davon abweichende Gedanken geäußert hat. Es geht eher um Behauptungen, die sich gegenüber ihrem Urheber verselbständigt haben, als solche wirkungsmächtig geworden sind und erörtert werden können.[32] Aber diese haben ihre klassische Ausdrucksform bei ihm, wie weit auch immer sich die spätere kulturprotestantische Geschichtserzählung von ihm entfernt haben mag.[33]

Am besten zugänglich ist Hegels einflußreicher Gedankengang nicht im kurzen Schlußteil seiner *Grundlinien der Philosophie des Rechts* (§ 341-360), der wichtigsten einschlägigen Stelle in den von ihm selbst zum Druck gegebenen Schriften, sondern in den Vorlesungen zur Philosophie der Weltgeschichte, die er an der Berliner Universität beginnend im Wintersemester 1822/23 alle zwei Jahre bis kurz vor seinem Tod 1831, also insgesamt fünfmal, gehalten hat und die in verschiedenen Nachschriften und darauf basierenden gedruckten Fassungen überliefert

---

32 Insofern verfährt dieses Buch anders mit Hegel, als mein Buch *Die Macht des Heiligen* mit Max Weber verfahren ist. Dort habe ich den Anspruch erhoben, die philologisch umfassendste und genaueste Interpretation von Webers Konzeption der Entzauberung zu liefern. Entsprechendes ist hier bezüglich Hegel nicht der Fall. Auch eine Auseinandersetzung mit Nietzsche liefere ich in dieser Einleitung nicht. Vgl. aber meine frühere Darstellung in: Hans Joas, *Die Entstehung der Werte*, Frankfurt/M. 1997, S. 41-57, und unten, den »Schluß«.

33 Zu meiner Auseinandersetzung mit dieser: Hans Joas, *Glaube als Option. Zukunftsmöglichkeiten des Christentums*, Freiburg 2012, S. 86-105 (»Modernisierung als kulturprotestantische Metaerzählung«).

sind.³⁴ In diesen Vorlesungen werden nach einer ausführlichen methodischen Reflexion auf die möglichen »Behandlungsarten der Geschichte« die Grundzüge von Hegels philosophischen Vorstellungen vom »Geist«, seiner Verwirklichung in der Geschichte und des Gangs der Weltgeschichte entwickelt, bevor dann gewissermaßen empirisch die geographischen Grundlagen der Weltgeschichte erläutert werden. Im Hauptteil werden in vier großen Abschnitten die »orientalische«, die griechische, die römische und die germanische Welt näher dargestellt. Entscheidend ist dabei, daß diese verschiedenen kulturellen »Welten« nicht einfach nebeneinandergestellt, auf mögliche wechselseitige Beeinflussungen untersucht und auf Entwicklungspotentiale hin befragt werden. Sie werden vielmehr in eine wertbezogen-hierarchische Ordnung gebracht, für die sogar die Metaphorik von den Lebensaltern der Menschheit herangezogen wird. In ihnen sieht Hegel die Stufen eines einzigen welthistorischen Prozesses, in dem eine in der Geschichte der Menschheit angelegte Idee ihre schrittweise Verwirklichung erfährt. Diese Idee aber ist die der »Freiheit«. Die Geschichte als ganze wird damit als die Geschichte der Selbstverwirklichung des Geistes gedeutet, als die Geschichte der fortschreitenden Selbsterkenntnis der göttlichen Vernunft.

So leicht es ist, Hegelsche Formulierungen dieses Grundgedankens zu finden, und sosehr diese Formulierungen in philosophischen Kreisen geläufig sein mögen, so schwer ist es bei einiger Distanz, wiederzugeben, was hier eigentlich gemeint ist. Am leichtesten fällt es heute, den Begriff »Selbstverwirklichung« zu verwenden, da damit ein in der Gegenwart äußerst einflußreiches Ideal, ein spezifisch »expressives« Freiheitsverständnis, ausgedrückt wird.³⁵ Bei genauerem Nachdenken zeigt sich zwar

---
34 Ich stütze mich auf folgende Ausgabe: G.W. F. Hegel, *Vorlesungen über die Philosophie der Geschichte*, Frankfurt/M. 1970 (= *Werke*, Bd. 12). Dort auf S. 561-568 nähere Angaben zur Konstitution der Textgestalt.
35 Sehr gut dazu: Magnus Schlette, *Die Idee der Selbstverwirklichung. Zur Grammatik des modernen Individualismus*, Frankfurt/M. 2013.

schnell eine merkwürdige Paradoxie in diesem Begriff, weil ja recht unklar ist, was dieses Selbst vor seiner Verwirklichung ausmacht, welcher Wirklichkeitscharakter dem nichtverwirklichten Selbst eigentlich zugesprochen werden kann. Doch hat dieses begriffliche Problem den Siegeszug des Selbstverwirklichungsideals in der »westlichen« Kultur und darüber hinaus nicht verhindert. Aber hier ist immer nur die Selbstverwirklichung von Individuen, in einzelnen Fällen von Kollektiven gemeint, aber nicht die des »Geistes«.

Hegel selbst scheint zwar der erste gewesen zu sein, der den Begriff »Selbstverwirklichung« philosophisch verwendet hat,[36] und selbstverständlich ist der Begriff »Geist« zentral für sein reifes Denken. Mit der Formel »Selbstverwirklichung des Geistes« haben aber erst spätere Denker in Hegels Gefolge gearbeitet.[37] Was schon bei den Individuen schwierig zu denken ist, ist in der Anwendung auf diesen »Geist« erst recht mysteriös. Hegel setzt im Laufe seiner Werkentwicklung immer mehr auf diesen Begriff, der es ihm erlauben sollte, aus einer bloßen Gegenüberstellung von Ideal und Wirklichkeit herauszukommen. Wenn Ideale selbst ein Produkt historischer Entwicklungen sind, mußte dieser Sachverhalt ja selbstreflexiv in alle Überlegungen zu Geschichte und Moral einbezogen werden. Dann bot sich die Chance, die Entwicklung der Ideale selbst als stufenförmigen Bildungsprozeß zu denken, durch den hindurch, wie im Bildungsprozeß der Individuen, eine Selbstverwirklichung stattfindet. Diesem »Geist« werden dabei freilich ebenso wie der »Vernunft« Züge zugeschrieben, die sich schwerlich jenseits der Individuen und ihrer Beziehungen zueinander denken lassen, es sei denn in religiöser Hinsicht.[38] Unverkennbar haben »Geist«

---

36 G.W.F. Hegel, *Vorlesungen über die Geschichte der Philosophie III*, Frankfurt/M. 1970 (= *Werke*, Bd. 20), S. 339.
37 Richard Kroner, *Die Selbstverwirklichung des Geistes. Prolegomena zur Kulturphilosophie*, Tübingen 1928 (vgl. Schlette, *Die Idee der Selbstverwirklichung*, S. 12f.).
38 Zu den Schwierigkeiten und Chancen des Begriffs »Geist« in der heu-

und »Vernunft« bei Hegel denn auch Prädikate des Göttlichen, was auch den Übergang in Vorstellungen über ein Tätigsein dieser Entitäten verständlich macht.

Der »absolute Geist« kann so wie der »lebendige Gott« des Christentums gedacht werden. Dieser denkerische Schritt ist aber von tiefster »Zweideutigkeit«,[39] was den christlichen Glauben betrifft. Unklar ist ja, ob damit der christliche Glaube im tradierten Sinne aufgegeben oder in neuer Weise geschichtsphilosophisch gerechtfertigt wird. Ganz deutlich zeigt sich diese Zweideutigkeit auch dort, wo die Religionen einschließlich der christlichen von Hegel auf die Sphäre des Gefühls und der (bloßen) Vorstellung beschränkt werden, der gegenüber erst das begriffliche Denken in Gestalt der Philosophie dem in der Religion also nur Empfundenen und Geahnten zu seiner vollen Gestalt verhelfen könne.

Schon dieses in wenigen Strichen skizzierte Bild zeigt, wie schwer es ist, sich dem Sog der Hegelschen Begrifflichkeit zu entziehen, wenn man seine Gedankengänge erläutern will. Es ist deshalb kein Zufall, daß viele Anknüpfungen an Hegel in ihrer Sprache wie der Meister selbst klingen. In meiner Sicht liegt aber ein fundamentales hermeneutisches Problem vor, wenn ein Denker nur in seiner eigenen – und in Hegels Fall auch noch selbsterzeugten – Begrifflichkeit wiedergegeben wird. Gerade die entscheidenden Weichenstellungen werden dann ja nicht als solche kenntlich gemacht. Wenn die Begriffe eines Denkers gar nicht oder kaum in einer anderen Sprache als seiner eigenen formulierbar sind, sollte dies nicht als Zeichen seiner unübertrefflichen Tiefe, sondern als Indiz für eine Problematik genommen werden.

Der Grundriß von Hegels Geschichtsphilosophie besteht al-

---

tigen Lage der Geisteswissenschaften vgl. Hans Joas, Jörg Noller (Hg.), *Geisteswissenschaft – was bleibt? Zwischen Theorie, Tradition und Transformation*, Freiburg 2019.

39 Vgl. Löwith, *Von Hegel zu Nietzsche*, S. 356.

so in einer Konzeption des »Geistes«, der sich von der (ungeistigen) Natur unterscheidet und im stetigen Kampf mit seinen bisherigen Verwirklichungsformen über diese hinaustreibt, bis er selbst seine angemessene Form der Verwirklichung gefunden hat – sich selbst verwirklicht hat. Auf diesem Grundriß fußt das Gebäude von Hegels Geschichtsphilosophie, die unter Verarbeitung beträchtlichen zeitgenössischen Wissens die großen historischen Stufen in der Entstehung des Staates als einer Form positiver Verwirklichung der Freiheit nachzeichnet, zuerst im »Orient«, dann der Entstehung von Vorstellungen über die Freiheit des Bürgers (und nur des Bürgers) in der griechischen Welt und der unbeschränkten Freiheit, die in der römischen Welt aufbricht, der »Geburtsstätte« der christlichen Religion.[40] In der Geschichte des Christentums sind es für den deutschen Lutheraner Hegel dann »die germanischen Nationen«,[41] die zur geschichtlichen Entwicklung dieser Freiheit entscheidend beitragen, und ist es insbesondere die Reformation, die das christliche Freiheitsverständnis in seiner Reinheit gegenüber den Abirrungen des Mittelalters wiederherstellt, sich auf den (frühneuzeitlichen) Staat formativ auswirkend. Durch Aufklärung und Revolution entstehe dann die politische Gestalt des freiheitsverbürgenden Staates, der in Preußen im Gefolge der Reformen, die auf die Niederlage gegen die napoleonische Armee reagieren, seine historisch höchste und endgültige Form findet. Hegels systematische Philosophie nimmt damit in den *Vorlesungen über die Philosophie der Geschichte* die Gestalt einer großen Erzählung an, die man zu Recht *das* »große Epos der europäischen Moderne« genannt hat.[42]

---

40 Hegel, *Vorlesungen über die Philosophie der Geschichte*, S. 386. Dies ist auch die Stelle, an der Hegel von der Erkenntnis Gottes als des Dreieinigen spricht, welche die »Angel« darstelle, um die sich die Weltgeschichte dreht. An diese Stelle knüpft Jaspers mit seinem Achsenzeit-Theorem an, den Wortlaut von »Angel« zu »Achse« verschiebend.
41 Ebd., S. 31.
42 Albrecht Koschorke, *Hegel und wir. Frankfurter Adorno-Vorlesungen*

Dieses große Epos ist seit Hegels Zeit auf den verschiedensten Ebenen polemisch zurückgewiesen, ja lächerlich gemacht worden. Für meine Argumentation sind nicht alle geäußerten Einwände gleich gewichtig. Das vorliegende Buch konzentriert sich auf vier aus meiner Sicht zentrale Punkte, aus denen sich dann sein Aufbau in vier Teile ergibt: auf den Vorwurf eines intellektualistischen Verständnisses des religiösen Glaubens bei Hegel (1); auf die Infragestellungen von Hegels Vorstellungen über den Zusammenhang von Religion und politischer Freiheit, hier vornehmlich anhand der Erfahrungen in den Epochen nach Hegel, insbesondere im zwanzigsten Jahrhundert (2); auf neue Impulse für das Verständnis von Freiheit, die über Hegel hinausführen (3); und schließlich auf die Überwindung von Hegels eurozentrischem und christentumszentrischem Verständnis der Weltgeschichte (4). Zusammengenommen sollen diese vier Gesichtspunkte meiner Rede von einer Hegelschen Sackgasse in der Religionstheorie Plausibilität verleihen.

(1) Der Vorwurf eines intellektualistischen Glaubensverständnisses bei Hegel mag zunächst unberechtigt scheinen, da Hegel doch schon in seinem Frühwerk und gerade gegenüber einer moralistischen Verengung des Glaubensverständnisses bei Kant sehr wohl die Dimensionen des Gefühls, der Anschauung und der Vorstellung berücksichtigt hat. In der *Phänomenologie des Geistes* aber läßt er, erkennbar schon in der Architektur des Werkes, keinen Zweifel daran, daß es ein »absolutes Wissen« geben müsse, das höher ist als der Geist auch der »offenbaren Religion«. Für Hegel darf der Glaube nicht nur nicht auf dieser vorbegrifflichen Ebene verbleiben. Entscheidend ist für ihn, daß solche vorbegriffliche subjektive Religiosität aus sich heraus für beliebige Gehalte offen sei. Hier lag der systematische Punkt, an dem, neben allen persönlichen Dimensionen ihres Verhält-

---

2013, Berlin 2015, S. 24. Koschorke nähert sich Hegels Konstruktionen mit den Mitteln der Erzähltheorie, was zu äußerst instruktiven Ergebnissen führt.

nisses, Hegel und Schleiermacher radikal differierten. Wenn Schleiermacher Religion über ein Gefühl definierte, nämlich das der »schlechthinnigen Abhängigkeit«, dann war dies für Hegel völlig unzulänglich. Hegel äußerte hierzu in einer berühmten Sottise, daß dann ein Hund der beste Christ sei, da er in einem ständigen Abhängigkeitsgefühl gegenüber seinem Herrn lebe und der Erhalt eines Knochens bei ihm »Erlösungsgefühle« auslöse.[43] Was wie eine souveräne Zurückweisung klingt, ist allerdings dem Niveau von Schleiermachers Glaubensverständnis schlicht nicht gewachsen. Dieser verzichtete deshalb auch bewußt darauf, auf Hegels Äußerung öffentlich zu antworten. Es ist ja ein Unterschied, und müßte auch für Hegel wesentlich sein, ob ein freiheitsfähiger Mensch sich in seiner selbstbewußten Freiheit als gleichwohl schlechthin abhängig erkennt oder ob ein Hund auf seine naturale Abhängigkeit beschränkt bleibt. Entscheidend ist die Frage, ob im religiösen Gefühl oder, wie später gesagt werden wird, in der religiösen Erfahrung bestimmte kognitive Gehalte immer schon so angelegt sind, daß sie artikuliert werden können und müssen, womit von Beliebigkeit des Gefühls oder der Erfahrung gegenüber den Gestalten der Artikulation nicht mehr die Rede sein kann. Entscheidend ist aber auch, wie die Grenzen der begrifflichen Artikulation gedacht werden, wodurch diese nicht mehr als selbstverständlich an-

---

43 G.W. F. Hegel, »Vorrede zu Hinrichs Religionsphilosophie« [1822] (gemeint ist Hinrichs Werk *Die Religion im inneren Verhältnisse zur Wissenschaft*), in: ders., *Berliner Schriften 1818-1831* (= *Werke*, Bd. 11), S. 42-67, hier S. 58. Vgl. hierzu Walter Jaeschke (Hg.), *Hegel-Handbuch. Leben – Werk – Wirkung*, Stuttgart 2003, S. 279-282, mit Hinweisen auf briefliche Äußerungen Schleiermachers. Zum systematischen Vergleich Jörg Dierken, »Hegel und Schleiermacher. Affinitäten und Abgrenzungen«, in: Thomas Hanke, Thomas M. Schmidt (Hg.), *Der Frankfurter Hegel in seinem Kontext*, Frankfurt/M. 2015, S. 251-268; ders., »›Hauskrieg‹ bei Kants Erben. Schleiermacher und Hegel über Religion und Christentum« (unveröff. Ms. 2018, erscheint in: Andreas Arndt, Tobias Rosefeldt [Hg.], *Schleiermacher/Hegel*, Berlin 2020; ich danke Jörg Dierken für die Überlassung seines Textes).

deren Symbolisierungen überlegen erscheint, sondern immer auch als vereinseitigend und verarmend.[44] Hier liegen wichtige Fragen sowohl der Hegel-Interpretation als auch und vor allem der anthropologischen Grundlagen der Religionstheorie. Die Aussicht auf ein anderes Verständnis der menschlichen Körperlichkeit, als sie in der Konzeption des »Geistes« angelegt ist, wird in diesem Buch immer wieder eröffnet.

(2) Der Vorwurf, den Erfahrungen des zwanzigsten Jahrhunderts nicht gewachsen zu sein, wird ebenfalls zunächst als trivial oder unfair gegenüber Hegel erscheinen. Doch darf es nicht als unberechtigt bezeichnet werden, eine umfassende Rekonstruktion der Weltgeschichte im Lichte späterer Entwicklungen kritisch zu betrachten. Selbst wenn in normativer Hinsicht der preußische Rechtsstaat in Hegels Zeit unübertroffen gewesen sein sollte – aber wer würde diese These bei aller kritischen Haltung gegenüber Frankreich, England oder Österreich in dieser Zeit heute wirklich verteidigen wollen? –, muß der spätere Geschichtsverlauf und müssen insbesondere die Totalitarismen des zwanzigsten Jahrhunderts ein Anlaß sein, über das Vertrauen in die sichere Etabliertheit politischer Freiheit neu nachzudenken. Gerade die preußisch-deutsche Geschichte und die Verwicklungen des Christentums in diese nötigen dazu. Damit aber wird der zukunftsbezogene, prognostische Wert einer teleologischen Geschichtsrekonstruktion fundamental in Frage gestellt. Geschichte wird vom großen überpersönlichen Prozeß wieder zum kontingenten Geschehen, in dem die Zukunft maßgeblich auch vom Handeln in der Gegenwart, von situativ richtigen und moralisch gebotenen Handlungen unter nie ganz beherrschbaren Bedingungen abhängt. Sosehr Hegels Philosophie ein Ausdruck der radikalen Verzeitlichung und Historisierung ist, die

---

44 Eine wohlwollende Interpretation sieht Hegel in seinen späten religionsphilosophischen Vorlesungen auf dem Weg zu einer weniger begriffszentrierten Konzeption. Vgl. Paul Ricœur, »Le statut de la ›Vorstellung‹ dans la philosophie hégélienne de la religion« [1985], in: ders., *Lectures 3. Aux frontières de la philosophie*, Paris 1992, S. 41-62.

im achtzehnten Jahrhundert einsetzte, so sehr erstarrt diese Historisierung gleich wieder, wenn die Geschichte als ganze im Sinne eines einzigen notwendigen Prozesses und die Phasen der Vergangenheit als Stufen in einer überblickbaren Entwicklung gedacht werden. Kontingenz wird damit zu einem Oberflächenphänomen, durch das sich der Philosoph in seiner Betrachtung der historischen Notwendigkeit nicht ablenken läßt. Er spricht in diesem Fall über die Geschichte als ganze nicht im Modus einer riskanten Stellungnahme, die empirisch und praktisch durch die Konfrontation mit den Ereignissen widerlegt werden kann. Er eignet sich vielmehr den Tonfall einer (schlechten) Offenbarungstheologie an, die Prätention, ein sicheres Wissen über Vergangenheit, Gegenwart und Zukunft und über den Endzweck der Weltgeschichte zu haben. Die Zweideutigkeit Hegels hinsichtlich der Säkularisierung, von der Karl Löwith sprach, ist auch hier mit Händen zu greifen. Was von der einen Seite als Auflösung des Glaubens an eine göttliche Vernunft in eine rein irdische Weltgeschichte erscheint, enthüllt sich von der anderen Seite als eine Sakralisierung der Vernunft, die mit der Inbrunst religiöser Heilsgewißheit vorgetragen wird.[45]

(3) Gerade unter Hegelianern selbst ist wiederholt die Frage aufgeworfen worden, inwiefern Hegels Freiheitskonzeption dem in seiner Philosophie angelegten Denken in Kategorien der Intersubjektivität tatsächlich gerecht wird. In einem allgemeineren Sinn muß diese Frage hier nicht interessieren. Sie berührt allerdings Hegels Konzeption politischer Freiheit, insofern in ihr ein höchst ambivalentes Verhältnis zur Idee der Öffentlichkeit deutlich wird. Jürgen Habermas hat schon in seinem frühen Werk *Strukturwandel der Öffentlichkeit* auf den illiberalen Etatismus hingewiesen, der hier bei Hegel die Oberhand gewinnt, und Axel Honneth nimmt entsprechend, sobald er sich in seiner Gerechtigkeitstheorie der demokratischen Öffentlichkeit zuwendet, vom Vorbild der Hegelschen Rechtsphilosophie, das

---

45 Treffend dazu: Koschorke, *Hegel und wir*, S. 99 bzw. S. 131.

ihn sonst leitet, ausdrücklich Abstand.⁴⁶ Damit aber stellt sich die Frage eines gegenüber Hegel revidierten Verständnisses von Freiheit zumindest auch dort, wo es um die Religion in der Öffentlichkeit, um öffentliche Religion geht. Es wird dann nicht ausbleiben können, daß die Suche nach einem angemessenen Verständnis öffentlicher Religion auch ausstrahlt auf das Verständnis des Glaubens insgesamt. Einfache Vorstellungen über das Christentum als solches oder auch über den Protestantismus als solchen und ihre jeweiligen Wirkungen in der Geschichte werden dadurch in ihrer Problematik erkennbar. Verschiedene Gläubige und verschiedene Religionsgemeinschaften werden in unterschiedlicher Weise ihren Glauben auf Politik oder Politik auf ihren Glauben beziehen. Es wird dabei zu Kontroversen und Beeinflussungen über die Grenzen von Glaubensgemeinschaften hinaus kommen. Konkret auf Hegel bezogen heißt dies auch, daß sein Antikatholizismus der Revision bedarf. Wie immer wir heute den Katholizismus zu Hegels Zeit einschätzen, es bleibt der Eindruck eines undifferenzierten und statischen Urteils, das auf tieferliegende Schwierigkeiten verweist. Diese werden hier in einer übertriebenen Vorstellung von der Autonomie der Vernunft und in einer mangelnden Berücksichtigung der Idee »verdankter Freiheit« verortet. Erst eine noch stärker pragmatische und hermeneutische Vorstellung von der Vernunft als bei Hegel und eine noch konsequentere Relativierung des Ideals der Selbstbestimmung durch Reflexion auf ihre Konstitution erweisen sich dann als verträglich mit den Idealen politischer Freiheit. In Teil III dieses Buches geht es deshalb nicht um einen Bruch mit Hegel, sondern um eine Weiterentwicklung von Motiven, die sich bei ihm bereits angelegt finden, aber erst nach ihm konsequent entwickelt wurden.

(4) Es wird wohl niemand heute ernsthaft bestreiten, daß He-

---

46 Jürgen Habermas, *Strukturwandel der Öffentlichkeit. Untersuchungen zu einer Kategorie der bürgerlichen Gesellschaft*, Neuwied 1962, S. 131-136; Honneth, *Das Recht der Freiheit*, S. 471.

gels Geschichtsphilosophie bis in ihren Kern hinein eurozentrisch ist. In einem der Pionierwerke der modernen Globalgeschichtsschreibung wird einleitend der über die Schulen vermittelte »Glaube an eine westliche Abstammungslehre« beklagt, »wonach das antike Griechenland das alte Rom hervorgebracht hat, Rom wiederum das christliche Europa, das christliche Europa die Renaissance, die Renaissance die Aufklärung und die Aufklärung die politische Demokratie sowie die industrielle Revolution«.[47] Ein solches Schema der geschichtlichen Entwicklung sei aus zwei Gründen irreführend. Es verwandle die Geschichte in ein »historisches Etappenrennen, bei dem jeder Teilnehmer die Fackel der Freiheit an den nachfolgenden Stafettenläufer übergibt«, was zu einer »märchenhaften Legende« führe, in der die Sieger der Geschichte sich als Werkzeuge für moralische Anliegen verstehen dürfen. Gleichzeitig reduziere sich damit das Interesse an der Geschichte auf die »Vorboten der endgültigen Idealgestalt«,[48] statt uns für die realen Konflikte und Entwicklungsmöglichkeiten der Geschichte zu sensibilisieren.

Die zitierten Sätze könnten, wenn die Renaissance durch die Reformation ersetzt und der Bezug zu Demokratie und industrieller Revolution gekappt würde, auf Hegel gemünzt gewesen sein. Das liegt daran, daß Hegel, die Historiographie seiner Zeit aufnehmend und weiterführend, ein Epos komponiert hat, das stilbildend wirkte. Selbst wenn es in seinen Einzelheiten modifiziert wurde, blieb es in seiner Grundstruktur erhalten. Voroder antistaatliche Gesellschaften werden charakteristischerweise von Hegel im einleitenden Teil über »geographische Grundlagen« behandelt, weil ihnen die Dignität, Geschichte zu haben,

---

47 Eric R. Wolf, *Die Völker ohne Geschichte. Europa und die andere Welt seit 1400*, Frankfurt/M. 1986, S. 19. Peter Frankopan bezeichnet die Lektüre dieser Sätze als den Moment, in dem (an seinem vierzehnten Geburtstag) in ihm das Feuer der Globalgeschichte entfacht wurde. Vgl. ders., *Licht aus dem Osten. Eine neue Geschichte der Welt*, Berlin 2016, S. 13f.
48 Wolf, *Die Völker ohne Geschichte*, S. 20.

gar nicht zuzukommen scheint. Geschichte beginnt für Hegel mit Staat und Schrift, und die Geschichte in diesem Sinn (angeblich) mit China. Aber was er etwa über China zu sagen hat, ist von einer tiefen Abwertung sowohl der staatlichen wie der religiösen Traditionen Chinas gekennzeichnet. Geschichtsloser patriarchalischer Despotismus, gestützt von einer Religion, dem Konfuzianismus, die das Gegenteil der Freiheitsidee verkörpere, bestimmen für Hegel das Bild.[49] Auch Indien wird als völlig erstarrt in seiner Kastenordnung und damit fundamentalen sozialen Ungleichheit dargestellt. Gewiß wäre es zu billig, Hegel für zeitgebundene Ansichten und Kenntnislücken zu tadeln, obwohl er in diesem Fall nicht einfach nur Opfer herrschender Vorurteile war, sondern wichtiger Akteur im Prozeß der »Entzauberung Asiens«. Hegel trug wesentlich dazu bei, »den asiatischen Kulturen weltgeschichtliche Bedeutsamkeit nurmehr für längst vergangene frühe Zeitalter«[50] zuzugestehen, und bejahte die europäische Unterwerfung Asiens. Ohne mit der Wimper zu zucken, sagte er voraus, auch China werde »diesem Schicksal sich fügen müssen«.[51] Obwohl also keine übertriebenen empirischen Ansprüche an große philosophische Entwürfe gerichtet werden dürfen, sollte man auch nicht so tun, als bleibe eine Philosophie unberührt von den Mängeln der Wirklichkeitseinschätzung, die in sie eingegangen sind oder auf ihr beruhen.

Hier geht es nämlich um mehr als nur Korrekturen einzelner Aussagen. Es geht um die Infragestellung von Hegels Geschichtsphilosophie in einer ganz entscheidenden Hinsicht. Es geht um

---

49 Hegel, *Vorlesungen über die Philosophie der Geschichte*, S. 147-174. Vorzüglich zur Auseinandersetzung damit: Eun Jeung-Lee, »*Anti-Europa«. Die Geschichte der Rezeption des Konfuzianismus und der konfuzianischen Gesellschaft seit der frühen Aufklärung*, Münster 2003, S. 274-333.
50 Jürgen Osterhammel, *Die Entzauberung Asiens. Europa und die asiatischen Reiche im 18. Jahrhundert*, München 1998, S. 36. Weiterführend: Peter van der Veer, *The Modern Spirit of Asia. The Spiritual and the Secular in China and India*, Princeton 2014.
51 Hegel, *Vorlesungen über die Philosophie der Geschichte*, S. 179.

den Punkt, den Ernst Troeltsch im Auge hatte, als er sich, bezogen auf die Geschichte des Christentums, auf Ranke und nicht auf Hegel stützte.[52] Der oft belächelte Satz Rankes, daß jede Epoche unmittelbar zu Gott sei, wird von Troeltsch als tiefsinnig bezeichnet, weil er uns lehre, Epochen nicht einfach als Stufen einer Entwicklung aufzufassen, die ein Ideal verwirklicht, sondern als eigenständige Versuche der Verwirklichung von Idealen, die aber nie ganz verwirklicht werden und auf deren nicht verwirklichten Anspruch wir unter unseren jeweiligen Bedingungen immer neu zu reagieren haben. Damit ist nicht nur Hegels Eurozentrismus zu sprengen, sondern auch die Vorstellung, das Christentum sei die absolute Religion. Ein demütigeres Verhältnis zum Christentum und ein neugierigeres und offeneres Verhältnis zu anderen Religionen werden durch den Abstand zu Hegels Geschichtsphilosophie nahegelegt – ebenso wie eine kritische Distanz gegenüber den Tendenzen säkularistischer Hegelianer, Hegels Heilsgewißheit auf ihre eigenen säkularen Weltbilder zu übertragen.

Mit der Erwähnung von Schleiermacher und Ranke wurden schon die Namen von zwei Denkern genannt, die sich wohl zunächst gegenüber dem übermächtigen Einfluß Hegels geschlagen geben mußten, im weiteren Verlauf der Geschichte der Geisteswissenschaften aber die Oberhand gewannen. Diese Beschreibung gilt freilich nur für die Geisteswissenschaften, nicht für die Philosophie, in der der große Theologe und der große Historiker bis heute meist nicht ganz ernst genommen werden.[53] Nicht auf diese sich lebenszeitlich mit Hegel überschnei-

---

52 Vgl. Leopold von Ranke, *Weltgeschichte*, Bd. 9.2: *Über die Epochen der neueren Geschichte. Vorträge dem Könige Maximilian II von Bayern gehalten*, Leipzig 1888, S. 5. Dazu Ernst Troeltsch, *Die Soziallehren der christlichen Kirchen und Gruppen*, Tübingen 1912, S. 186; Joas, *Die Macht des Heiligen*, S. 197. Es ist interessant, daß Koschorke (*Hegel und wir*, S. 125) zu einer ähnlichen Kritik vorstößt, ohne sich auf Ranke oder Troeltsch zu beziehen.
53 In vieler Hinsicht bahnbrechend für die Berücksichtigung Schleierma-

denden Alternativen zu ihm aber zielt dieses Buch, sondern auf spätere Denker, die sich im historischen Abstand auf Hegel bezogen, als sie ihre Alternativen formulierten, oder ihn einfach links liegenließen. Sie waren zudem meist auch von einer veränderten intellektuellen Atmosphäre geprägt, in der Hegels Wirkung von den Provokationen Nietzsches verdrängt oder überlagert wurde. Und viele von ihnen hatten Anteil an der Überwindung des eurozentrischen Blicks auf die Religionsgeschichte, für die es unter anderem bei Schopenhauer erste Ansätze gab, die aber erst im zwanzigsten Jahrhundert wirklich Früchte trugen.

Die Rede von den Provokationen Nietzsches ist an dieser Stelle bewußt doppeldeutig. Gemeint sind damit einerseits die übermäßig polemischen Töne in Nietzsches Kritik des Christentums, die oft als Reaktionen auf bestimmte erlittene Formen dieser Religion durchaus verständlich sind, durch deren haltlose Verallgemeinerung und ihre überscharfe Fassung freilich auch abstoßend wirken können. Gemeint sind andererseits die tiefen denkerischen Herausforderungen, die von Nietzsche ebenfalls ausgingen und zu einer produktiven Kraft für ein neues Verständnis von Geschichte und Moral sowie eben auch des Christentums wurden. Während ich mich in dieser Einleitung ganz auf Hegel konzentriert habe, werde ich im Schlußteil auf dem Wege einer Auseinandersetzung mit Nietzsche das Versprechen einlösen, das im Untertitel dieses Buches steckt, nämlich das einer Reflexion auf die Bedingungen der Religionstheorie *nach Hegel und Nietzsche*.

In den vier Hauptteilen dieses Buches werden in einzelnen Porträts, wie erwähnt, Religionsdenker vorgestellt, die für das Projekt von Bedeutung sind, sich jenseits der Hegelschen gro-

---

chers als eines Philosophen sind die Editionen und Studien von Andreas Arndt, z. B.: *Friedrich Schleiermacher als Philosoph*, Berlin 2013. In den Arbeiten von heutigen Linkshegelianern, deren »blinder Fleck« hier beklagt wurde, haben sich diese meines Wissens aber bisher nicht niedergeschlagen.

ßen Erzählung mit Religion und politischer Freiheit in der Geschichte auseinanderzusetzen. Das Buch schließt mit einem Ausblick auf eine in dieser Alternative angelegte Fragestellung, nämlich die nach einer globalgeschichtlichen Genealogie des moralischen Universalismus. In das Konzept einer Genealogie geht dabei Nietzsches methodischer Anstoß in einer Weise ein, die es vermeidet, daß die substantiellen historischen Gedankengänge ihm folgen müßten. Erst in dieser Gestalt kann dann auch – so die These am Ende dieses Buches –, was von Hegels Geschichtsphilosophie zu retten ist, durch eine Verschiebung aufgehoben werden.

Teil I
Ein neues Verständnis von Religion am Anfang des zwanzigsten Jahrhunderts

1
Einführung

Schon in der zweiten Hälfte des neunzehnten Jahrhunderts bereitete sich langsam ein neues, über Schleiermacher, Hegel und Feuerbach hinausgehendes Verständnis von Religion vor, das dann im frühen zwanzigsten Jahrhundert in voller Stärke durchbrach. Der große amerikanische Religionshistoriker Wilfred Cantwell Smith hat 1963 davon gesprochen, daß »in den Jahrzehnten vor und nach 1900« die Definition von Religion zu einem zentralen Thema geworden sei,[1] und obwohl auch heute noch viele die Endgültigkeit der theoretischen Wende in jener Zeit bestreiten dürften, kann am epochalen Charakter des neuen Verständnisses, wie es in dieser Zeit aufkam, kein Zweifel sein. Die Stichworte zur Bezeichnung dieser Wende sind »religiöse Erfahrung«, »Interpretation« oder »Artikulation« solcher Erfahrung und »Heiligkeit« im Sinne einer Kraftqualität, die in religiösen Erfahrungen vorreflexiv Gegenständen, Personen und Vorstellungsgehalten zugeschrieben wird. Um diese Wende geht es hier, weil in ihr der Durchbruch zu einem nichtintellektualistischen Verständnis religiösen Glaubens liegt. Auf diesem Wege wurde die Vorstellung überwunden, daß Religion nur in ihrer begrifflichen, letztlich in philosophischer Gestalt gerechtfertigt werden könne – eine Vorstellung, die bei Hegel, wie oben dargestellt, ihre radikalste Ausdrucksform gefunden hatte. Selbstverständlich war diese Wende nicht ohne Vorläufer. Entsprechend wurden in ihr auch, wie es in wissenschaftsgeschichtlichen Innovationen immer geschieht, frühere Denker

---

1 Wilfred Cantwell Smith, *The Meaning and End of Religion*, New York 1963, S. 47.

wiederentdeckt und neu gewürdigt.² Der wichtigste Vorläufer dieser Wende, auf den deshalb große neue Aufmerksamkeit fiel, war Friedrich Schleiermacher, dessen Glaubensverständnis Hegel einst so schmählich abgetan hatte.³ Das heißt aber keineswegs, daß alle Hauptakteure dieser Wende ihre wichtigste Inspiration von Schleiermacher bezogen hätten oder alle ein unkritisches Verhältnis zu ihm hatten. Mit der Unterstellung eines simplen Einflusses oder der Neuauflage eines alten Frontenverlaufs kommt man hier nicht weiter. Es geht vielmehr um etwas wirklich Neues – um etwas, was jenseits der Denkmöglichkeiten einer früheren Epoche liegt.

Für jede fundamentale wissenschaftsgeschichtliche Wende lassen sich wissenschaftsexterne Ursachen und wissenschaftsinterne Gründe benennen. Die möglichen externen Ursachen sollen hier nur gestreift werden. Was den Diskurs über »Heiligkeit« betrifft, scheinen zwei Herausforderungen der Zeit entscheidend gewesen zu sein. Zum einen wurde die Konfrontation mit den nichtabrahamitischen Religionen vor allem durch die verstärkte Kolonialisierung Afrikas in dieser Zeit intensiver;⁴ zum anderen zwang der Aufstieg einer säkularistisch geprägten Arbeiterbewegung, die ihre eigenen Symbolisierungen und Kultformen entwickelte, ohne religiös zu sein, zu einer Umkehr des Verhältnisses von »sakral« und »religiös«. Nicht länger wurde das Heilige nur als Bestandteil tradierter Religionen gedacht; umgekehrt konnten nun Religionen als Versuche zur Stabilisierung und Weitergabe von Sakralitätserfahrungen gedeutet werden.⁵

---

2 Der Fachbegriff für diesen Prozeß ist »predecessor selection«. Vgl. dazu klassisch: Charles Camic, »Reputation and Predecessor Selection: Parsons and the Institutionalists«, in: *American Sociological Review* 57 (1992), S. 421-445. Der Begriff erscheint mir angemessener als der des »Einflusses«.
3 Vgl. oben, die Einleitung zu diesem Buch.
4 Vgl. unten, Kap. 3 in diesem Teil, mit Bezug auf Rudolf Otto.
5 Ausführlich dazu: Hans Joas, *Die Macht des Heiligen. Eine Alternative zur Geschichte von der Entzauberung*, Berlin 2017, S. 111-164.

Für die Wende zur »Erfahrung«, insbesondere der Erfahrung der Individuen in ihrer einsamen Beziehung zum Göttlichen, sind dagegen vermutlich eher religiöse Individualisierungsprozesse verantwortlich zu machen. Die Unzufriedenheit mit Religionsgemeinschaften, die Gehorsam gegenüber Glaubenslehren fordern, welche den Individuen als intellektuell inakzeptabel erscheinen, oder die einen moralischen Konformismus erzwingen, welcher als Hindernis für die eigene sinnerfüllte Lebensführung der Individuen erlebt wird, kann zum Entschluß führen, das eigene Heil in säkularistischen Überzeugungen zu finden. Sie kann aber auch die Bemühung um individuelle »Spiritualität« – wie man dann im Gegensatz zu institutioneller Religion sagen wird – verstärken sowie eine Verteidigung der eigenen Erfahrung gegen Institution und Doktrin und auch einen Anschluß an ältere Traditionen der Mystik, die diesen Erfahrungen in überzeugenderer Weise Raum geben.[6]

Als wissenschaftsinterne Verschiebungen ragen zwei Entwicklungen des neunzehnten Jahrhunderts heraus. Die erste davon tritt nur richtig in den Blick, wenn die Aufmerksamkeit über die Geschichte der Philosophie hinausgeht und die ganze Breite der Geisteswissenschaften berücksichtigt wird. In diesen war es der enorm wachsende Bestand empirischen Wissens, der nach systematisierender Verarbeitung rief und die Erkenntnis befestigte, daß die vorliegenden philosophischen Konstruktionen allesamt unzulänglich sein mußten; dabei spielten auch die aufregenden, aber undisziplinierten und größenwahnsinnigen neuen Thesen Friedrich Nietzsches, vor allem seine Kritik des Christentums, eine wichtige Rolle. Charakteristisch ist etwa, wie der Theologe und Christentumshistoriker Ernst Troeltsch sich von beiden Kontrahenten der klassischen Zeit, Hegel *und* Schleier-

---

6 Für den in dieser Hinsicht besonders wichtigen US-amerikanischen Fall höchst informativ: Ann Taves, *Fits, Trances, and Visions. Experiencing Religion and Explaining Experience from Wesley to James*, Princeton 1999.

macher, gleichermaßen abgrenzte und wie ihm dabei der Begriff »rein dialektisch« dazu diente, das Verharren beider Denker in geschichtsphilosophischer Konstruktion zu geißeln. In einem seiner frühen Literaturberichte zur Lage der Religionsphilosophie und Theologie lesen wir unter Hinweis auf das Buch zu den Gifford Lectures des niederländischen Religionswissenschaftlers Cornelius Tiele:

> Man braucht nur seinen Inhalt mit der rein dialektisch entwickelnden und nur die Sonderstellung des Christentums als der exklusiven Erlösungsreligion anstrebenden Religionsphilosophie Schleiermachers oder mit der nicht minder dialektischen, bloß die Deckung der absoluten Idee mit dem Christentum anstrebenden Religionsphilosophie Hegels zu vergleichen, um zu erkennen, wie sehr inzwischen die historisch-empirische Forschung die Probleme verschoben hat.[7]

Auf einige besonders deutliche »Verschiebungen« der Probleme werde ich zurückkommen. Zuvor ist aber zu erwähnen, daß neben die Herausforderung durch die ungeahnte oder nur oberflächlich zur Kenntnis genommene Vielfalt religiös-historischer Phänomene und die neuartigen Zurückweisungen des Christentums eine fundamentale methodische Herausforderung trat. Gemeint ist die radikale Infragestellung der Bewußtseinsphilosophie durch den amerikanischen Pragmatismus und die deutsche historistische Hermeneutik in dieser Zeit. Fundamental ändern sich die Vorstellungen von Erkenntnis und Vernunft, wenn nicht mehr das einzelne Subjekt und seine Wahrnehmung der Wirklichkeit den Ausgangspunkt der philosophischen Reflexion darstellen, auch den der Reflexion des erkennenden

---

7 Ernst Troeltsch, »Religionsphilosophie und prinzipielle Theologie«, in: *Theologischer Jahresbericht* 17 (1898), S. 531-603; auch in: ders., *Rezensionen und Kritiken (1894-1900)* (= KGA, Bd. 2), Berlin 2007, S. 366-484, hier S. 390 (Orthographie modernisiert). Ähnlich deutlich in der Abgrenzung von Hegel und Schleiermacher als epochal überholt: Ernst Troeltsch, »Christentum und Religionsgeschichte« [1897], in: ders., *Gesammelte Schriften*, Bd. 2., Tübingen 1913, S. 328-363, hier S. 330f.

Subjekts auf sich selbst, sondern das gemeinsame, über Symbole vermittelte Handeln vieler Menschen in einer Welt, der sie in ihrer Körperlichkeit begegnen und die sie als unproblematischen Hintergrund aller auftauchenden Probleme erleben.[8] Der Anspruch der Philosophie, die Wissenschaften und das Alltagsleben anzuleiten, wird dadurch kräftig »deflationiert«. Das muß auch für ihr Verhältnis zur Theologie gelten und erst recht für ihr Verhältnis zur Erfahrung der Menschen – ihrer alltäglichen, gewöhnlichen Erfahrung, aber auch ihrer außeralltäglichen, vor allem in den Religionen verarbeiteten Erfahrung.

Die Zahl der Beiträger zu dieser Wende in Richtung eines veränderten, auf Erfahrung und Handeln und nicht Bewußtsein und Gedanken zentrierten Verständnisses von Religion ist beträchtlich, und es versteht sich von selbst, daß an dieser Stelle kein umfassender Überblick angestrebt wird. Es werden in diesem Teil des Buches drei dieser Denker porträtiert werden; auf zwei weitere, die hier im Hintergrund verbleiben, für die drei Porträtierten aber von größter Bedeutung waren, soll an dieser Stelle kurz eingegangen werden – auch auf deren ausdrückliche Auseinandersetzungen mit Hegel oder ihr implizites Verhältnis zu ihm.

Eine für die Vorbereitung der Wende auf deutscher Seite zentrale Figur ist Wilhelm Dilthey, einer der größten Gelehrten in der Zeit des wilhelminischen Kaiserreichs. Er hat sich zwar nur selten direkt zu Fragen eines angemessenen Verständnisses der Religion geäußert;[9] sein Werk hat aber dennoch zu dieser Wende entscheidend beigetragen. Aus diesem Werk ragt zunächst

---

8 Vgl. Hans Joas, »Pragmatismus und Historismus«, in: *Deutsche Zeitschrift für Philosophie* 63 (2015), S. 1-21. In äußerster Verknappung sehr gut: Jürgen Habermas, »Die Philosophie als Platzhalter und Interpret«, in: ders., *Moralbewußtsein und kommunikatives Handeln*, Frankfurt/M. 1983, S. 9-28, v. a. S. 16-18.
9 Wilhelm Dilthey, »Das Problem der Religion« [1911], in: ders., *Die geistige Welt. Einleitung in die Philosophie des Lebens* (= Gesammelte Schriften, Bd. 6), Leipzig, Berlin 1924, S. 288-305.

eine riesenhaft angelegte, letztlich Fragment gebliebene Biographie Schleiermachers heraus. Aus zwei ineinander verschränkten Gründen wurde dieses Biographie-Projekt zu einer lebenslangen Beschäftigung Diltheys. Schleiermacher war für ihn erstens der Pionier eines Denkens, das die institutionell und doktrinär geronnene Religion wieder zu verflüssigen imstande war, indem sie aus der »inneren Erfahrung« von Menschen als ihrem Quell neu verständlich gemacht werden sollte. Da diese Erfahrung für Dilthey, einen der größten Exponenten einer umfassenden Historisierung aller menschlichen Phänomene, aber notwendig eine historisch situierte sein mußte, wurde die biographische Rekonstruktion jenes Denkers, welcher der »Erfahrung« zum Durchbruch verhalf, auch zur entscheidenden Herausforderung für die Selbstanwendung der darin angelegten Methode. Zweitens stieß Dilthey in der Arbeit zu Schleiermacher unvermeidlich immer wieder auf Hegel – als Konkurrenten Schleiermachers und als philosophische Herausforderung für ihn selbst. Nach Diltheys eigener Einschätzung »war das Problem Hegel einer der Gründe, die der Vollendung der Biographie damals im Wege standen und die ihn zunächst auf systematische Klärung verwiesen«.[10] Auch auf Hegel wandte er seine erfahrungszentrierte und genetische Vorgehensweise an und erarbeitete eine Studie zu dessen früher Entwicklung, die pionierhaft die damals nur in Handschrift verfügbaren frühen Texte Hegels interpretierte. Zwei Dinge reizten ihn daran besonders. Zum einen eröffneten ihm diese frühen Texte Hegels einen Zugang zur Erfahrungsgrundlage von Hegels Lebenswerk, gerade auch in Hinsicht auf Religion und Christentum – eine Erfahrungsgrundlage, die noch nicht von der Begrifflichkeit und verselbständigten Dialektik des Systematikers Hegel unkenntlich ge-

---

10 Diese Äußerung Diltheys zitiert sein Schüler und Herausgeber Hermann Nohl in seinem Vorwort zu: Wilhelm Dilthey, *Die Jugendgeschichte Hegels* (= *Gesammelte Schriften*, Bd. 4), Stuttgart, Göttingen 1974, S. V-VIII, hier S. V.

macht worden war. Zum anderen leisten nach Diltheys Einschätzung die auf uns gekommenen Bruchstücke des frühen Hegel einen »unschätzbaren Beitrag zu einer Phänomenologie der Metaphysik«.[11] Dieser Satz ist nur verständlich, wenn daran erinnert wird, daß Diltheys Lebenswerk nicht nur die großen geistesgeschichtlichen Studien zu Schleiermacher, Hegel und anderen enthält, sondern auch anspruchsvolle Entwürfe zum spezifischen Charakter der Geisteswissenschaften und der für sie angemessenen Methodik. Diese methodologischen Arbeiten aber sind wiederum verknüpft mit umfangreichen Studien zur Geschichte der Metaphysik als Grundlage der Geisteswissenschaften, ihrer Herrschaft und ihres Verfalls.[12] Hegel war für Dilthey sowohl ein repräsentativer Denker, was den Durchbruch des historischen Bewußtseins betrifft, wie eine der letzten Gestalten, die die Metaphysik vor ihrer »Euthanasie«[13] annahm. Ihn zu verstehen hieß damit, einen späten Typus von Metaphysik zu verstehen, aber eben auch, dies nicht in seiner Bahn zu tun, sondern durch eine auch ihn einschließende Historisierung.[14]

---

11 Ebd., S. 3.
12 Wilhelm Dilthey, *Einleitung in die Geisteswissenschaften* (= *Gesammelte Schriften*, Bd. 1), Stuttgart, Göttingen 1973, v. a. S. 123 ff.
13 Ebd., S. 405. Der Begriff wird bei Dilthey im Sinne des »schönen Todes« verwendet, was seit dem Mißbrauch durch die Nationalsozialisten nicht mehr möglich ist.
14 Bahnbrechend für die Interpretation Diltheys im Zusammenhang der religionstheoretischen Wende um 1900: Matthias Jung, *Erfahrung und Religion. Grundzüge einer hermeneutisch-pragmatischen Religionsphilosophie*, Freiburg 1999, S. 17-133. Jung macht (ebd., S. 30-33) darauf aufmerksam, daß Honneth, wie Dilthey, auf handlungstheoretische Motive beim frühen Hegel Wert legt, »die im späteren System vom metaphysischen Paradigma des Absoluten verdrängt werden« (ebd., S. 31), daß er aber im Gefolge von Habermas damit die frühen Jenaer Schriften Hegels und nicht dessen »theologische Jugendschriften« anzielt. Zu diesen fällt kein Wort; dies paßt zu dem in der Einleitung zu diesem Buch beklagten »blinden Fleck«. Von Jung auch zu konsultieren: ders., *Dilthey zur Einführung*, Hamburg 1996. Ganz im polemischen Ton stalinistischer Religionsunterdrückung gehalten ist dagegen die Darstel-

Ein Vorbehalt gegen die Wende zur Erfahrung liegt traditionell darin, dieser nur den Status eines geltungsirrelevanten Hintergrunds zuzusprechen. Es möge schon sein, daß wir durch biographische Studien besser den Sinn großer philosophischer und wissenschaftlicher Denkgebäude zu erschließen lernten; über die Wahrheitsgeltung aber sei durch solchen biographischen Rückgang schlicht nicht zu entscheiden. Hegels Einwand gegen Schleiermachers Rede vom »Gefühl«, daß aus diesem eben kein bestimmter Gedanke hervorgehe, scheint so auch gegen alle neuen Anknüpfungen an Schleiermacher weiterzubestehen. Freilich beruhte dieser Einwand immer schon auf einer einseitigen Lesart von Schleiermachers Begriff des Gefühls. Bei Diltheys Entwicklung des Begriffs der Erfahrung wird dies vollends deutlich. Es geht ihm nie um einen Übergang von einem kognitionslosen Affekt zu einer affektlosen Kognition. Er sucht vielmehr immer nach einer Konzeption, die den Übergang von der Erfahrung zum Begriff anders denkt, nämlich als einen Übergang von einem präreflexiv-holistischen Modus zu einem reflexiv-differenzierten Modus. Dieser Übergang erfolgt auf dem Wege des Ausdrucks, des Versuchs also, einer Erfahrung die Gestalt zu geben, die sie für andere Menschen nachvollziehbar macht. In seinen frühen Versuchen dachte Dilthey diesen Prozeß der Findung des angemessenen Ausdrucks oder der »Artikulation«[15] noch als ein Geschehen, das das Individuum mit sich

---

lung bei Georg Lukács, *Der junge Hegel* [1948], 2 Bde., Frankfurt/M. 1973. Dort heißt es zu Diltheys Deutung dieser Schriften, es handle sich um »eine Geschichtslegende reaktionärer Apologeten des Imperialismus« (S. 56). Zum heutigen Wissensstand hinsichtlich der Textbasis und Datierung der von Nohl systematisierten Fragmente Hegels: Walter Jaeschke, »Hegels Frankfurter Schriften. Zum jüngst erschienenen Band 2 der Gesammelten Werke Hegels«, in: Thomas Hanke, Thomas M. Schmidt (Hg.), *Der Frankfurter Hegel in seinem Kontext*, Frankfurt/M. 2015, S. 31-50.

15 Über Artikulation vgl. Joas, *Die Macht des Heiligen*, S. 435-438 und bes. S. 436, Fn. 23, zur Geschichte der Verwendung des Begriffs bei Dilthey.

selbst abmacht. Dann aber wurde ihm immer deutlicher, daß es sich um einen Prozeß handelt, der auf überindividuelle Medien angewiesen ist, und dies nicht nur in dem Sinne, daß der Ausdruck eine allgemein zugängliche Gestalt annehmen muß, sondern auch deshalb, weil die verfügbaren Ausdrucksmöglichkeiten bereits in das Artikulationsgeschehen hineinwirken. Sich auszudrücken heißt nicht, sich neutral zu beschreiben. Es heißt, aus dem in der eigenen Erfahrung gegebenen Weltstoff etwas zu machen, in dessen auch für andere zugänglicher Gestalt die sich ausdrückende Person sich selbst wiedererkennt. Zum Subjekt und dem Ausdrucksgeschehen kommt damit die Rolle schon vorhandener Gestalten des Ausdrucks hinzu. Für diese verwendet Dilthey den Begriff der »Objektivation«.

Mit dieser Wende zu den Objektivationen wird ein Begriff Hegels für ihn in neuer Weise wichtig, nämlich »objektiver Geist«. Die Weise seiner Aneignung dieses Hegelschen Begriffs ist höchst lehrreich, wenn man das Wechselspiel von Nähe und Ferne in Diltheys Verhältnis zu Hegel verstehen will. Dilthey lobt Hegels Begriffsschöpfung als »tiefsinnig und glücklich«,[16] verweigert sich aber der metaphysischen Konstruktion, wonach der Weltgeist seine Freiheit in seiner Entwicklung verwirkliche. Nicht eine fortschreitend sich verwirklichende Vernunft dürfe den Leitgedanken darstellen. Gefordert sei der Ausgang beim Gegebenen in seiner Vieldeutigkeit und Kontingenz:

> Und die heutige Analyse der menschlichen Existenz erfüllt uns alle mit dem Gefühl der Gebrechlichkeit, der Macht des dunklen Triebes, des Leidens an den Dunkelheiten und den Illusionen, der Endlichkeit in allem, was Leben ist, auch wo die höchsten Gebilde des Gemeinschaftslebens aus ihm entstehen.[17]

---

16 Wilhelm Dilthey, *Der Aufbau der geschichtlichen Welt in den Geisteswissenschaften* [1910], Frankfurt/M. 1970, S. 180-185, hier S. 180.
17 Ebd., S. 183.

Keine ideale Konstruktion führe uns deshalb zum Verständnis dieses objektiven Geistes, sondern nur die Erforschung der realen Geschichte. Damit aber falle auch die Unterscheidung weg, die Hegel zwischen dem »objektiven« und dem »absoluten« Geist gemacht habe. Denn ohne Hegels geschichtsphilosophische Konstruktion erwiesen sich auch Kunst, Religion und Philosophie als Objektivationen des menschlichen Handelns, wie das bei dem der Fall ist, was Hegel zum objektiven Geist gerechnet hatte: Familie, bürgerliche Gesellschaft und Staat.

Mit dieser Verabschiedung der Hegelschen Konzeption des absoluten Geistes ist hinsichtlich der Religionstheorie ein bedeutender methodischer Gewinn ebenso wie ein gravierender normativer Verlust verbunden. Der Gewinn liegt dort, wo Dilthey dafür sensibilisiert wird, an Hegels Jugendschriften zur Entstehung des Christentums dessen große Betonung der frühen Christengemeinde und ihres Bewußtseins, eine Gemeinde zu sein, wahrzunehmen. Was von der Individualpsychologie her rätselhaft geblieben war, nämlich wie der Christusmythos entstanden war, sei durch die Übertragung der transzendentalidealistischen Lehre von der schöpferischen Natur des Subjekts auf die christliche Gemeinde nun methodisch in den Griff zu bekommen: »Eben indem Hegel und Schleiermacher die Gemeinde als das mythenbildende Subjekt erfaßten, wurde das große historische Problem der Entstehung der christlichen Glaubenswelt auflösbar.«[18] Hier liegt ein Grundgedanke der Religionssoziologie (in ihrem Unterschied zu einer individualistischen Religionspsychologie) mit einer reichen Wirkungsgeschichte.[19] Gerade die Verfolgung dieses Weges in der (protestantischen) Kirchengeschichtsschreibung führt diese dann von Hegels Konstruktionen weg zur historischen Soziologie.[20]

---

18 Dilthey, *Der junge Hegel*, S. 173. Vgl. auch Jung, *Erfahrung und Religion*, S. 28 f.
19 Zu Adolf Deißmann, Wilhelm Bousset, Ernst Troeltsch vgl. Joas, *Die Macht des Heiligen*, S. 183.
20 Detailliert geschildert bei Manfred Wichelhaus, *Kirchengeschichts-*

Der Preis, den Dilthey für die Empirisierung von Hegels Konzeption des objektiven Geistes zu entrichten hatte, war die unlösbar gewordene Geltungsfrage, denn die Rede vom mythenbildenden Subjekt »Gemeinde« war von ihm ja nicht einfach religionskritisch gemeint. Doch wie genau sollte dann das Verhältnis dieser These zum Glauben beschaffen sein? Als Dilemma in diesem Sinn sah Dilthey selbst die tragische Lage, in die ihn seine Arbeit geführt hatte. In der berühmten Ansprache, die er aus Anlaß seines siebzigsten Geburtstags hielt, hat er dieser Tragik klassischen Ausdruck gegeben. Wenn es das letzte Wort der »historischen Weltanschauung« sei, daß alles relativ sei – auch die Religionen, Ideale, philosophischen Systeme –, woher sollte dann noch allgemeingültige Erkenntnis kommen, woher »die Mittel, die Anarchie der Überzeugungen, die hereinzubrechen droht, zu überwinden«?[21] Er selbst sah den Weg nicht, der hier zu einer Lösung führen sollte. Meines Erachtens hat diesen Weg erst, im Anschluß an Dilthey, aber weit über diesen hinausgehend, Ernst Troeltsch gefunden.[22]

Viel direkter als Dilthey hat der amerikanische Philosoph und Psychologe William James zu der methodologischen Revolution im Studium der Religion beigetragen, um die es hier geht. Sein 1902 veröffentlichtes Buch *The Varieties of Religious Experience*, in brillantem Stil verfaßt, gilt als das Gründungsdokument der Religionspsychologie, ist aber viel mehr als das.[23] Es

---

schreibung und Soziologie im neunzehnten Jahrhundert und bei Ernst Troeltsch, Heidelberg 1965.
21 Wilhelm Dilthey, »Rede zum 70. Geburtstag« [1903], in: ders., *Die geistige Welt. Einleitung in die Philosophie des Lebens* (= Gesammelte Schriften, Bd. 5), Leipzig, Berlin 1924, S. 7-9, hier S. 9.
22 Vgl. Hans Joas, *Die Sakralität der Person. Eine neue Genealogie der Menschenrechte*, Berlin 2011, S. 147-203; dort (S. 152) auch zu Diltheys Rede.
23 William James, *Die Vielfalt religiöser Erfahrung. Eine Studie über die menschliche Natur*, Frankfurt/M. 1997. Da ich dieses Buch andernorts ausführlich dargestellt habe, fasse ich mich hier sehr kurz. Vgl. Hans Joas, *Die Entstehung der Werte*, Frankfurt/M. 1997, S. 58-86, und ders., *Die Macht des Heiligen*, S. 61-110.

bahnt ganz allgemein der Auffassung den Weg, daß Religionen zunächst weder weltanschauliche Lehrgebäude noch soziale Institutionen seien. Das soll selbstverständlich nicht heißen, daß sich die wissenschaftliche Beschäftigung nicht auch auf religiöse Doktrinen und Organisationen richten solle. Nur der Ausgangspunkt der Forschung soll verlegt werden, und zwar in das Studium menschlicher Erfahrungen hinein. Religiöse Lehren sollen als (immer auch unzulängliche) Artikulationsversuche für intensive, außeralltägliche Erfahrungen erkennbar werden, und ebenso Kirchen und Religionsgemeinschaften aller Art als organisatorische Versuche von Menschen, solche Erfahrungen und ihre Symbolisierungen und Deutungen auf Dauer zu stellen und anderen zugänglich zu machen. James' Buch verströmte wie vielleicht kein anderes zu seiner Zeit den Geist einer umfassenden Neugierde hinsichtlich der unendlichen Vielfalt religiöser Phänomene, anziehender ebenso wie abstoßender. Es war gegen alle Versuche gerichtet, diese Phänomene leichthin abzutun als bloßen Ausdruck irgendwelcher Herrschafts- und Unterdrückungsverhältnisse oder psychopathologischer Problemlagen. Sein Versuch der sorgfältigen Beschreibung religiöser Phänomene wird manchmal als »Phänomenologie« bezeichnet, obwohl James selbst nicht der entsprechenden Schule der Philosophie zugehörte, sondern einer der Hauptvertreter einer anderen Schule war, nämlich des Pragmatismus. Unerhört sensibel studierte er Erfahrungen des Ergriffenseins, die Menschen aus ihrem Alltag hinausreißen, aber auch dauerhafte Veränderungen im Weltverhältnis von Menschen, welche in solchen Erfahrungen ihre Grundlage haben. Affektives und Kognitives erweisen sich in seinen Beschreibungen als nicht säuberlich voneinander zu unterscheiden. Die präreflexive Überzeugung etwa, »von guten Mächten wunderbar geborgen« (Dietrich Bonhoeffer) zu sein, ist weder bloßer Gedanke noch bloßes Gefühl. Erfahrungen vermitteln oft Einsichten, die nur schwer ins Medium einer Begriffssprache zu transportieren sind, gleichwohl aber durch die ihnen innewohnende Autorität auch unsere Argumentationsversuche antreiben. Entsprechend ist für James die Alternative zum religiösen Glauben nicht das säkulare Weltbild – denn auch diese Weltbilder entwickeln ihre Plausibilität und Attraktivität ja aus Erfahrungen, die mit ihnen subjektiv überzeugend artikuliert werden können. Die Alternative zu einer von Idealen geleiteten Lebensführung – seien diese Ideale religiöser oder säkularer Art – liegt vielmehr in einer Schwächung der Motivation, einem Schwinden des Lebenswillens, in Melancholie, Depression, existentiellem Sinnverlust. Auch das Gebet als aktive Wendung an ein existenztragendes personales Gegenüber entzieht sich der schlechten Alternative von rationalem Diskurs und bloßem Gefühlsausdruck. Der Impuls, der von James' genialischem Werk ausgeht, wurde sofort weit über die USA hinaus aufgenommen und hat sich bis heute nicht erschöpft. Auch Wilhelm Dilthey gehörte, ebenso wie alle drei in diesem Teil des Buches näher behandelten Denker und viele weitere, zu denjenigen, die diesen Impuls aufnahmen.[24]

Ganz anders als Dilthey mußte James sich nicht erst schrittweise aus der Systemphilosophie Hegels oder dem Dunstkreis der klassischen deutschen Philosophie herausarbeiten, obwohl er umgeben war von Denkern, die sich als Fortsetzer des Idealismus verstanden. Diese faßte er aber überwiegend als seine Opponenten auf. Er selbst sah sich viel eher in der Tradition des angelsächsischen Empirismus und damit David Humes, hatte allerdings den Ehrgeiz, das Verständnis von Erfahrung, das dem Empirismus Humescher Prägung zugrunde lag, selbst zu revolutionieren. Die Empiristen waren für ihn von einem verarmten Bild der menschlichen Erfahrung in Sackgassen verleitet worden. Deshalb nannte er sein eigenes Denken auch »radical empiricism«,[25] weil es radikaler in der Phänomenologie der menschlichen Erfahrung sein sollte, als es die Humeaner jemals gewesen waren. Kants Transzendentalphilosophie erschien

---

24 Dilthey, *Das Problem der Religion*, S. 293 und S. 302.
25 William James, *Essays in Radical Empiricism* [1912], New York 2003.

ihm nicht als der zwingende Schritt in der richtigen Richtung über Hume hinaus, weil ihm das transzendentale Ich zu unkörperlich war, ein bloßes »Ich denke«, dem doch ein »Ich atme« vorausgehen müsse.[26] Gerade für die Analyse religiöser Phänomene bedurfte es für ihn eines solchen zutiefst körperbezogenen Verständnisses von schöpferischer und empfängnisbereiter Subjektivität.[27]

Hegels Denken war für James insofern keine tiefe innerliche, sondern mehr eine äußerliche Herausforderung. Er schrieb zu einer Zeit (1882) über Hegel, als dessen Einfluß in der englischsprachigen Welt stark, aber in Deutschlands Universitäten am Verschwinden war. Sein Gestus war der einer Warnung an seine amerikanischen Landsleute. Hegels System ähnele einer Mausefalle, »in der man, sobald man nur einmal die Tür öffnet, für immer verloren ist. Sicherheit besteht darin, gar nicht erst einzutreten.«[28] In saloppem Ton wird diese Warnung damit näher begründet, es sei besser, die Ansprüche an die Philosophie etwas zu reduzieren und die Zielsetzung aufzugeben, es könne alle Erkenntnis so zu einer Synthese gebracht werden, daß damit die Kontingenzen der Welt und die Kontingenzen der Erkenntnis der Welt endgültig aufgehoben würden.[29] Hegels Philosophie war für James, wie ein irritierender Anhang zu seinem Artikel zeigt, letztlich nur von außen als Ausdruck eines Lebensgefühls verständlich zu machen, eines »mächtigen Gefühls« von der »Zusammengehörigkeit der Dinge in einer geteilten Welt«,

---

26 William James, »Does Consciousness Exist?« [1904], in: ders., *Essays in Radical Empiricism*, S. 1-38, hier S. 37.

27 Ich habe bereits oben in der Einleitung (Anm. 31) darauf hingewiesen, daß die Rekonstruktion der Philosophiegeschichte durch Jürgen Habermas u. a. daran krankt, daß er in Hume nur einen reduktionistischen Naturalismus angelegt sieht und nicht auch ein solches Verständnis verkörperter Subjektivität.

28 William James, »On Some Hegelisms«, in: ders., *The Will to Believe*, London 1905, S. 263-298, hier S. 275 (so keine deutschsprachigen Quellen angegeben sind, stammen sämtliche Übersetzungen von mir, H. J.).

29 Ebd., S. 294.

die bei ihm die Gestalt der Vorstellung eines »sich selbst entwikkelnden Prozesses« annehme.³⁰ Diese Charakterisierung ähnelt durchaus der bei Dilthey zu findenden, der ja unter Bezug auf den jungen Hegel von dessen »mystischem Pantheismus« sprach.³¹

Ein »theistischer« Widerstand gegen solchen Pantheismus ist nun aber das leitende Motiv in James' umfangreichster und seriöserer Auseinandersetzung mit Hegel, nämlich im Zusammenhang seines späteren eigenen Entwurfs einer »pluralistischen« Metaphysik.³² Für James ergab sich seine »pluralistische Denkweise« aus eben seinem »radikalen Empirismus«. Ihr Hauptgegner in der Philosophie sei die »Philosophie des Absoluten«, die er im Neoidealismus seiner Zeit und vor allem eben auch bei Hegel bekämpfte. Zwar sei er sich mit diesen Philosophen in ihrem Antimaterialismus einig.

> Aber während die Philosophie des Absoluten annimmt, daß die Substanz nur in der Form der Totalität ihre volle Göttlichkeit erreicht, und daß keine andere Form als die All-Form ihr wirkliches Selbst voll zum Ausdruck bringen kann, ist die pluralistische Anschauung, der ich den Vorzug gebe, anzunehmen geneigt, daß es letzten Endes eine die Gesamtheit der Erfahrungen in sich vereinigende All-Form gar nicht zu geben braucht, daß die Substanz der Wirklichkeit niemals zur völligen Einheit zusammengebracht werden kann [...].³³

James wiederholt an dieser Stelle zunächst sein Lob für die Intuitionen Hegels, seine »fremdartige und machtvolle Genialität«,³⁴ ebenso allerdings sein Unverständnis gegenüber dem, was Hegel als »Logik« bezeichnet und als argumentatives Verfahren in Anspruch nimmt. Die Frage, wie berechtigt die Einwände von James gegen Hegel im einzelnen sind, muß hier

---

30 Ebd., S. 298.
31 Dilthey, *Der junge Hegel*, S. 138 ff.
32 William James, *Das pluralistische Universum. Vorlesungen über die gegenwärtige Lage der Philosophie* [1909], Leipzig 1914 (Nachdruck Darmstadt 1994), v. a. S. 50-82.
33 Ebd., S. 17.
34 Ebd., S. 50.

ebenso am Rande liegen bleiben wie die nach dem Verhältnis der anderen klassischen Denker des amerikanischen Pragmatismus zu Hegel.[35] Ganz wesentlich für die Fragen der Religionstheorie ist aber, wie James die abstrakten philosophischen Fragen mit einer konkreten religiösen Stellungnahme verknüpft. Es ist ihm das zentrale Anliegen,

> den Begriff des Absoluten sorgfältig zu unterscheiden von dem eines anderen Objektes, mit dem man es leicht unachtsamerweise verwechselt. Dieses andere Objekt ist der Gott der volkstümlichen Religion und der Schöpfer-Gott der orthodox-christlichen Theologie. Nur eingeschworene Monisten oder Pantheisten glauben an das Absolute. Der Gott unseres volkstümlichen Christentums ist nur ein Glied eines pluralistischen Systems.[36]

James beruft sich nicht nur auf den gelebten Glauben und die offizielle, nicht von Hegel und dem Hegelianismus beeinflußte Theologie, sondern auf die (alttestamentlichen) Propheten:

> Ich kann mir kaum etwas vorstellen, das mehr von dem Absoluten verschieden wäre, als etwa der Gott Davids oder Jesajas. *Dieser* Gott

---

35 Zur Diskussion von James' Hegel-Kritik ausgezeichnet: Robert Stern, Neil W. Williams, »James and Hegel: Looking for a Home«, in: Alexander Klein (Hg.), *The Oxford Handbook of William James*, Oxford 2018 (Oxford Handbooks Online, DOI: 10.1093/oxfordhb/9780199395699.013.20, letzter Zugriff 30.3.2020). Angebahnt ist diese Interpretation bei: David Lamberth, *William James and the Metaphysics of Experience*, Cambridge 1999, v. a. S. 171-174. Während James und Peirce kritische Distanz zu Hegel hielten, war John Dewey zunächst Neohegelianer, bevor er zum Pragmatismus überging. Zu Deweys Religionstheorie vgl. unten das entsprechende Kapitel. Auch Mead begann seine Entwicklung mit einem intensiven Hegel-Interesse, bekannte sich aber schon in dieser Zeit, vermutlich unter dem Einfluß Diltheys, zu Schleiermacher, »dessen Ahnungen seiner Zeit voraus waren«, während Hegels spekulative Auffassungen »bis in die Einzelheiten abgeleitet werden konnten, ohne den geistigen Horizont seiner eigenen Zeit zu überschreiten«. Vgl. George Herbert Mead, »Rezension Gustav Class« [1897], in: ders., *Gesammelte Aufsätze*, Bd. 1, Frankfurt/M. 1989, S. 30-34, hier S. 30.
36 James, *Das pluralistische Universum*, S. 69.

ist ein durchaus endliches Wesen in dem Kosmos, nicht mit dem Kosmos in sich; er hat im Himmel seine Wohnung und sehr einseitige örtliche und persönliche Beziehungen. Wenn es sich als wahrscheinlich erweisen sollte, daß das Absolute nicht existiert, so wird nicht im geringsten daraus folgen, daß ein Gott, wie der eines David, Jesaja oder Jesus nicht existieren kann, oder daß wir ihn nicht als die wichtigste Existenz im Universum anzuerkennen hätten.[37]

Die Kritik an Hegel ist angetrieben von dem Motiv, das »Absolute« als Nebenbuhler, ja Feind der tradierten jüdisch-christlichen Gotteskonzeption abzulehnen. Während die Philosophie des Absoluten das spekulative Problem des Bösen und des Übels in der Welt aufwerfe, ohne es lösen zu können, stellten sich in der pluralistischen Metaphysik des Pragmatismus die Probleme nur in praktischer, nicht in spekulativer Hinsicht. Es geht James um eine Metaphysik, die dem menschlichen Handeln eine geschichtsgestaltende Kraft zuschreibt:

Nicht, warum das Übel überhaupt existiert, sondern wie wir seine wirklich vorhandene Größe vermindern können, ist die einzige Frage, die für uns in Betracht kommt. In dem religiösen Leben der Mehrzahl der Menschen ist Gott durchaus nicht der Name für das Ganze der Dinge, sondern nur für die zum Idealen hinwirkende Kraft in den Dingen, eine Kraft, an die sie glauben als an ein übermenschliches Wesen, das uns aufruft, mitzuarbeiten an seinen Zwekken, und das die unsrigen fördert, wenn sie dessen würdig sind.[38]

In diesen Überlegungen zeigt sich die innere Verknüpfung von James' pluralistischer Metaphysik, die man als postmetaphysisch bezeichnen könnte,[39] mit seiner pragmatistischen Orien-

---

37 Ebd.
38 Ebd., S. 78f.
39 Zum scheinbar paradoxen Begriff einer »postmetaphysischen Metaphysik« vgl. meine Auseinandersetzung mit den wichtigen Beiträgen des protestantischen Theologen Hermann Deuser in: Hans Joas, »Antwort auf Hermann Deuser«, in: Heinrich Wilhelm Schäfer (Hg.), *Hans Joas in der Diskussion. Kreativität – Selbsttranszendenz – Gewalt*, Frankfurt/M. 2012, S. 49-55, hier S. 54f.

tierung auf das menschliche Handeln und seiner Pionierleistung in der Religionspsychologie. Um die Phänomene der Religion vor ihrer intellektualistischen Verzerrung zu bewahren, sollen sie induktiv aus den gegebenen Erfahrungen heraus und nicht deduktiv aus gedanklichen Konstruktionen gewonnen werden. Sie werden bei allen Versuchen, sie auf Begriffe zu bringen, in diesen Begriffen nie völlig aufgehen.[40] Ohne wirklich selbst eine Konzeption von »Artikulation« zu haben, die der von Dilthey entsprochen hätte, markiert James damit genau den Punkt, an dem diese ihre Relevanz gewinnt. Die empirische Erforschung der Vielfalt religiöser Phänomene (bei James) und der Sinn für die historische Dynamik von Erfahrung, Ausdruck und Verstehen (bei Dilthey), das heißt die Psychologie der Religion und die historische Geisteswissenschaft bedürfen einander, wenn ein nichtintellektualistisches Verständnis von Religion entfaltet werden soll.

Drei Denker, deren Arbeiten in der so charakterisierten Lage ihren Ursprung haben, werde ich im Folgenden ausführlicher darstellen. Der erste in der Reihe ist Ernst Troeltsch. Er hat in der Tat von Dilthey als seinem »Lehrer« gesprochen, obwohl er nachweislich keine von dessen Lehrveranstaltungen besucht hat und auch ein sonstiger näherer unmittelbarer Kontakt nicht bestanden zu haben scheint.[41] Insbesondere hat Troeltsch nach

---

40 Hier ist der Punkt, von dem aus sich eine Brücke zur Phänomenologie schlagen ließe, wenn diese nicht als transzendentale konzipiert wird. Der Reichtum der Arbeiten aus dieser Tradition, die von Bedeutung für die Religionstheorie sind, wird in diesem Buch nicht ausgeschöpft; er scheint lediglich in den Kapiteln zu Scheler und Ricœur auf. Vgl. als Überblick über diese vor allem in Frankreich vertretene Tradition: Jean Greisch, *Le buisson ardent et les lumières de la raison*, Bd. 2, Paris 2002, S. 241-372. Zu einem ihrer wichtigsten Vertreter auch: Michael Gabel, Hans Joas (Hg.), *Von der Ursprünglichkeit der Gabe. Jean-Luc Marions Phänomenologie in der Diskussion*, Freiburg 2007.
41 Ernst Troeltsch, »Zur Frage des religiösen Apriori« [1909], in: ders., *Gesammelte Schriften*, Bd. 2, Tübingen 1913, S. 754-768, hier S. 754. Differenziert zum Thema: Helge Siemers, »›Mein Lehrer Dilthey‹? Über den

seiner Berufung an die Berliner Universität 1915 seine Arbeit ausdrücklich als »Fortsetzung von Diltheys Arbeit« bezeichnet, »wie dies auch sein eigener, mir seiner Zeit ausgesprochener Wunsch gewesen ist«.[42] Außerdem hat Troeltsch auf die Veröffentlichung von James' religionspsychologischem Werk mit anhaltendem Enthusiasmus reagiert. Dennoch soll im anschließenden Kapitel nicht nachvollzogen werden, wie sich die Motive von Dilthey und James und viele weitere in Troeltschs weitgespanntem Lebenswerk verbunden haben. Es wird vielmehr zunächst ausschließlich um ein einziges frühes Werk von Troeltsch gehen. Spannend an diesem ist, daß in ihm ganz ohne Einfluß aus den USA die Fäden des deutschen Spätidealismus aufgenommen werden, die von sich aus zur These von der »Selbständigkeit der Religion« führten. »Selbständigkeit« ist dabei nicht, wie es scheinen könnte, in einem kausalen Sinn gemeint, also als Determination sozialer Prozesse durch etwas, das ganz anderen Ursprungs sei. Gemeint ist vielmehr und gewissermaßen antihegelisch die Selbständigkeit religiöser Phänomene gegenüber ihrer rational-diskursiven Durchdringung, gegenüber ihrer Aufhebung im Begriff. Schon hier und an vielen weiteren Stellen seines Werks fügt Troeltsch den philosophischen und psychologischen Argumenten gegen ein intellektualistisches Religionsverständnis ein soziologisches hinzu. Die Intellektualisierung der Religion ist für ihn ein typisches Phänomen der Bildungsschichten in ihrer sozialen Abgrenzung von den Niedrigergestellten. In seiner tausendseitigen historischen Soziologie des Christentums wird er 1912 schreiben, daß immer »die eigentlich schöpferischen, gemeindebildenden religiösen Grund-

---

Einfluß Diltheys auf den jungen Troeltsch«, in: Horst Renz, Friedrich Wilhelm Graf (Hg.), *Troeltsch-Studien (1). Untersuchungen zur Biographie und Werkgeschichte*, Gütersloh 1982, S. 203-234.

42 Ernst Troeltsch, »Rezension: Wilhelm Dilthey, *Gesammelte Schriften*, Bd. 2« [1916], in: ders., *Rezensionen und Kritiken (1915-1923)* (= KGA, Bd. 13), Berlin 2010, S. 91-94, hier S. 94.

legungen das Werk der unteren Schichten« gewesen seien, was in der Frühgeschichte des Christentums den deutlichen Kontrast zu den religiösen Neubildungen von Platonismus und Stoa gebildet habe.[43] Nietzsches böses, herablassendes Wort vom Christentum als »Platonismus fürs Volk« wird damit radikal umgewertet.[44]

Troeltschs überragende Bedeutung für die in diesem Buch verfolgten Fragen zeigt sich auch darin, daß er nicht nur mit seiner frühen Abhandlung »Die Selbständigkeit der Religion« in diesem Teil I zum Thema wird, sondern auch in Teil III vermittels der Analyse seines langjährigen Dialogs mit Ernst Cassirer und des darin sich zeigenden Freiheitsverständnisses sowie im Schlußteil unter dem Gesichtspunkt seiner Kritik an Nietzsche und der Eröffnung einer empirischen Perspektive auf eine Alternative zu Nietzsches Behauptungen zur Entstehung des Christentums.[45] Daher verzichte ich an dieser Stelle darauf, einen umfassenden Überblick über Troeltschs Werk zu geben, sondern beschränke mich vorerst auf die Erörterung einer Frage, nämlich der nach der Stellung seiner Religionstheorie zur Geschichtsphilosophie Hegels.

Es gibt zwar keine separate Schrift Troeltschs über Hegel,

---

43 Ernst Troeltsch, *Die Sozial lehren der christlichen Kirchen und Gruppen* [1912], Tübingen 1994, S. 26 f.
44 Friedrich Nietzsche, *Jenseits von Gut und Böse* [1886], in: ders., *Werke*, Bd. III, S. 9-205, hier S. 12.
45 Als aktueller kurzer Überblick zu empfehlen: Friedemann Voigt, »Ernst Troeltsch. Leben und Werk«, in: Ernst Troeltsch, *Gesammelte Schriften*, Bd. 1 [1912], Nachdruck Darmstadt 2016, S. V-XXXIV. Aus meinen Arbeiten zu Troeltsch nenne ich: Hans Joas, »Selbsttranszendenz und Wertbindung. Ernst Troeltsch als Ausgangspunkt einer modernen Religionssoziologie«, in: Friedrich Wilhelm Graf, Friedemann Voigt (Hg.), *Religion(en) deuten. Transformationen der Religionsforschung* (= *Troeltsch-Studien*, N. F., Bd. 2), Berlin 2010, S. 51-64; zu den *Sozial lehren*: *Die Macht des Heiligen*, S. 165-201; zur Historismusthematik: *Die Sakralität der Person*, S. 147-203.

aber offensichtlich ist, daß die respektvolle Auseinandersetzung mit Hegel ein ständiges Motiv in seinem Lebenswerk darstellt, immer in der Konfrontation mit Kant, Herder und Schleiermacher einerseits, mit einer umfassenden Selbstvergewisserung des gegenwärtigen Standes der empirischen Wissenschaften von der Religion andererseits. Man hat, unter Verwendung literaturwissenschaftlicher Begriffe, von der »skeptischen Modifikation einer paradigmatischen Fiktion«,[46] nämlich der Geschichtsphilosophie Hegels seitens Troeltschs gesprochen. Troeltschs Skepsis scheint von Anfang an bestanden zu haben, wurde aber im Verlauf seiner Werkentwicklung immer stärker; sie ergab sich ursprünglich aus einer mit James vergleichbaren Insistenz hinsichtlich des gelebten Glaubens oder, anders ausgedrückt, eines durch Geschichte nicht zu befriedigenden existentiellen Sinnbedürfnisses. Für die Modifikation aber sind zwei Motive entscheidend, die man das der Kontingenz[47] und das der Idealbildung, das heißt der Überschreitung innerweltlicher Verwirklichbarkeit, nennen könnte.

Wie viele andere Denker seit den Junghegelianern und Kierkegaard beklagt Troeltsch den teleologischen Charakter von Hegels Geschichtsphilosophie und die damit verbundene Entindividualisierung der Tatsachen. Gerade in Bezug auf die Religionsgeschichte schreibt er in schneidendem Ton:

Die Religionsgeschichte mit ihren furchtbaren Greueln und ihrem blöden und selbstsüchtigen Aberwitz [...] kann doch ganz unmöglich als Ganzes und überall als notwendige göttliche Selbstbewegung geschildert werden. Der grenzenlose Egoismus und die ungeheuerliche Unvernunft, die sich in ihr breit machen, lassen sich doch wahrlich nicht überall als notwendige Durchgangsstufe anpreisen. Ihr Fortschritt ist keineswegs das ruhige und allmähliche Fortschreiten des logischen Denkens, das von allen Seiten kontinuierlich einer

---

46 George J. Yamin, Jr., *In the Absence of Fantasia. Troeltsch's Relation to Hegel*, Gainesville 1993, S. 9, unter Bezug auf Frank Kermode.
47 Mehr zu diesem Punkt der Hegel-Revision in Teil II dieses Buches.

reinen spekulativen Erfassung der Gottesidee zustrebt, sondern das völlig inkommensurable Aufleuchten großer religiöser Impulse, die auf Jahrhunderte die Massen beherrschen.[48]

Hegel habe, so heißt es an anderer Stelle, die Entwicklung der Religion »zu doktrinär und steif aus der logischen Notwendigkeit der Gedankenbewegung abgeleitet, wodurch die rein ursprüngliche Tatsächlichkeit ihrer verschiedenen Entwicklungen und ihre geheimnisvolle Macht beeinträchtigt worden ist«.[49] Religionen entstehen in der Geschichte in unvorhersehbaren Weisen; man könnte vom »Faktum der Idealbildung« als zentralem Phänomen der Geschichte sprechen.[50] Bestimmte Ideale charakterisieren bestimmte historische Phasen; in ihrem Licht wird die Geschichte rekonstruiert und zeigt sich Neues im Vergangenen. Aber es gibt keine festgelegte Entwicklung der Ideale selbst, keine alle Geschichte durchlaufende Teleologie, keinen abschließenden Blick auf die Weltgeschichte. Zwar könne man, so Troeltsch, Gesetzmäßigkeiten geschichtlicher Entwicklung festzustellen versuchen sowie historische Gebilde als Individuen studieren und auf Wertmaßstäbe beziehen.

> Aber man kann beides nicht wieder zusammenfassen zu dem Ganzen der organischen Entwicklung, bei dem sowohl die Notwendigkeit der Abfolge wie die Höhe der Wertstufe aus dem einheitlichen Gesetz des Ganzen abstrahiert werden könnte. Dieser unter der Nachwirkung Hegels heute noch immer so beliebte Gedanke ist in jeder Form undurchführbar.[51]

---

48 Ernst Troeltsch, »Die Selbständigkeit der Religion« [1895/96], in: ders., *Schriften zur Theologie und Religionsphilosophie (1888-1902)* (= KGA, Bd. 1), Berlin 2009, S. 359-536, hier S. 471.
49 Troeltsch, »Christentum und Religionsgeschichte«, S. 359.
50 Vgl. Joas, *Die Macht des Heiligen*, S. 174 ff., und ders., *Die Sakralität der Person*, S. 155 ff.
51 Ernst Troeltsch, *Die Absolutheit des Christentums und die Religionsgeschichte* [1902/1912], Berlin 1998 (= KGA, Bd. 5), S. 182.

Wenn historisch entstandene Ideale wie die des Christentums auf die Wirklichkeit bezogen werden, dann wird der Abstand von Ideal und Wirklichkeit, wird die Schwierigkeit oder Unmöglichkeit, das Ideal zu verwirklichen, unverkennbar. Troeltschs zweites starkes Motiv zur Abstandnahme gegenüber Hegel ist nun aber, daß er – wie einst Ranke – die Möglichkeit einer vollständigen innerweltlichen Verwirklichung des Ideals bestreitet.[52] Was als quietistische Vertröstung auf ein Jenseits mißverstanden werden kann, zielt im Gegenteil auf eine Kritik an jedem triumphalistischen Selbstverständnis einer Glaubensgemeinschaft oder einer politischen Ordnung. Weder das Christentum noch eine andere Religion oder säkulare Weltanschauung nimmt in einer gegebenen Zeit jemals eine Gestalt an, die als die definitive und vollständige Verwirklichung des Ideals bezeichnet werden könnte; auch keine künftige Verkörperung wird diese sein. Jede Gestalt jeder Religion ist eine historisch besondere. Dasselbe gilt für die politischen Ordnungen in ihrem Verhältnis zu religiös geprägten Idealen. Mit dieser radikalen Absage an die Instrumentalisierung einer Religion für die Legitimation einer Herrschaftsordnung im Sinne der geglückten Verwirklichung eines religiösen Ideals öffnet Troeltsch auch den Blick für die Vielfalt der Religionen. In seiner Erwiderung auf eine Kritik an seinen Thesen zur »Selbständigkeit der Religion« spricht er von der auch außerhalb des Christentums zu findenden »Macht und Lebendigkeit der Frömmigkeit, die sich in ihrer Empfindungsstärke in nichts von der christlichen unterscheidet und den gleichen unmittelbaren Zugang zu Gott zu haben behauptet«; doch auch die inhaltlichen Parallelen, »der Zug zum Universalismus«, seien in den Religionen unübersehbar:

> Nur wer die Religionsgeschichte lediglich als apologetischer Jäger durchstreift und bloß auf das Wild von Beweisen für die Minderwertigkeit außerchristlicher Religionen lauert, aber nicht wer als stiller und ehrfürchtiger Wanderer diese erhabene Wunderwelt durch-

---

52 Vgl. oben, die Einleitung zu diesem Buch, S. 41f.

zieht, kann von solchen Streitfragen seinen Supranaturalismus unversehrt nach Hause tragen.[53]

Die Distanz zu Hegels Geschichtsphilosophie, in der Religionsgeschichte und Geschichte der politischen Freiheit ineinandergedacht wurden, markiert bei Troeltsch nicht nur eine solche grundsätzliche empirische Öffnung zur Vielfalt des Christentums und der Religionen, sondern auch ein skeptischeres Verständnis der historischen Gesichertheit der politischen Freiheit. Im wuchtigen Schlußakkord seiner Schrift über die Bedeutung des Protestantismus für die Entstehung der modernen Welt bezweifelt der »nach Hegel erste große Geschichtsphilosoph, den Deutschland erlebt hat«,[54] daß die Bedingungen für »Freiheit« noch lange günstig sein dürften. Eine »neue Hörigkeit« drohe in der Wirtschaft, das Militär und die Bürokratie würden immer mächtiger, die Wissenschaft werde immer spezialistischer, die Philosophie sei erschöpft, die Kunst züchte nur Überempfindlichkeit. Unverkennbar sind hier die Anklänge an den heroischen Pessimismus Max Webers und an dessen Forschungen, in denen die Frage leitend war, wie Freiheit angesichts der historischen Tendenzen zur umfassenden Bürokratisierung und Rationalisierung gesichert werden könne. Troeltsch setzt aber anders als Weber auf eine Wiedergewinnung der Kraft des Glaubens an Gott »als die Kraft, von der uns Freiheit und Persönlichkeit« zukommt. Darin sieht er die Hoffnung zur Freiheitssicherung, damit es »um Freiheit und Persönlichkeit [nicht] in dem Augenblick geschehen sein [möge], wo wir uns ihrer und des Fortschritts zu ihr am lautesten rühmen«.[55]

---

53 Ernst Troeltsch, »Geschichte und Metaphysik« [1898], in: ders., *Schriften zur Theologie und Religionsphilosophie (1888-1902)*, (= KGA, Bd. 1), S. 613-682, hier S. 623f.

54 Adolf von Harnack, »Rede am Sarge Ernst Troeltschs« [1923], in: Friedrich Wilhelm Graf (Hg.), *Ernst Troeltsch in Nachrufen* (= Troeltsch-Studien, Bd. 12), Gütersloh 2002, S. 266-271, hier S. 268f.

55 Ernst Troeltsch, *Die Bedeutung des Protestantismus für die Entstehung*

Ein ähnlich großer und anhaltender Erfolg auch bei einem breiteren Lesepublikum, wie er William James mit seinem religionspsychologischen Werk in der englischsprachigen Welt zuteil wurde, gelang in Deutschland dem evangelischen Theologen Rudolf Otto mit seinem Buch *Das Heilige*. Es erschien zuerst 1917 und ist seither kontinuierlich in immer neuen Auflagen im Handel.[56] So umstritten die Wende zur Erfahrung im Studium der Religion vor allem in der Theologie immer wieder war, so unbestreitbar ist, daß die Zentrierung auf Erfahrungen dem breiteren Publikum den Zugang zum Studium religiöser Phänomene leichter macht. Es ist einfach zu zeigen, wie geschmeidig sich Ottos Werk in die Traditionslinie einfügt, die hier nachgezeichnet wird. Das läßt sich zunächst an seiner Bedeutung für die Schleiermacher-Rezeption nachweisen. Der für die Wende zur Erfahrung wichtigste Text war Schleiermachers 1799 veröffentlichtes Buch *Über die Religion. Reden an die Gebildeten unter ihren Verächtern*. Zwar kam diese Schrift im Laufe des neunzehnten Jahrhunderts immer wieder neu heraus, zunächst schon von Schleiermacher selbst im Sinne einer Abmilderung bearbeitet. Sie war aber in dieser Zeit nicht eindeutig sein einflußreichstes Werk. Das änderte sich erst, als Rudolf Otto zum hundertsten Jubiläum des Erscheinens das Werk neu in seiner ursprünglichen Form herausbrachte[57] – und der Edition aus-

---

    der modernen Welt [1911], in: ders., *Schriften zur Bedeutung des Protestantismus für die moderne Welt (1906-1913)* (= KGA, Bd. 8), S. 183-316, hier S. 316.

56 Rudolf Otto, *Das Heilige. Über das Irrationale in der Idee des Göttlichen und sein Verhältnis zum Rationalen* [1917], München 2014. Als Ottos Buch über das Heilige erschien, hatte sich bereits in der französischen Soziologie und Ethnologie eine ähnliche Wende abgespielt, insbesondere bei Émile Durkheim und Marcel Mauss. Vgl. dazu Joas, *Die Macht des Heiligen*, S 111-163.

57 Göttingen 1899. Zur Rezeptionsgeschichte: Kurt Nowak, *Schleiermacher*, Göttingen 2001, S. 97-113; Ulrich Barth, »Friedrich Schleiermacher«, in: Friedrich Wilhelm Graf (Hg.), *Klassiker der Theologie*, Bd. 2: *Von Richard Simon bis Karl Rahner*, München 2005, S. 58-88, hier S. 68f.

führliche eigene Interpretationen hinzufügte, die schon viele Gedanken seiner späteren Arbeit in Keimform enthielten. Obwohl Otto sich in seiner weiteren Entwicklung ausdrücklich zu einem heute praktisch vergessenen Philosophen der klassischen Epoche der deutschen Philosophie bekannte (Jakob Friedrich Fries), kann am konstitutiven Einfluß Schleiermachers auf sein Denken kein Zweifel bestehen.

Gewidmet hat Otto seine Schleiermacher-Edition keinem anderen als Wilhelm Dilthey, der mit seiner biographischen Forschung zu Schleiermacher entscheidend zu der hier beschriebenen Wende zur Erfahrung beigetragen hat. Ebenso deutlich wie die Nähe Ottos zu Schleiermacher ist die zu William James, wenngleich Otto selbst kaum auf James verweist. Schon Ernst Troeltsch aber erkannte in seiner Rezension von 1918, daß Ottos Buch vollständig mit seiner frühen Arbeit »Die Selbständigkeit der Religion« harmoniere und mit James zwar nicht in erkenntnistheoretischer, wohl aber in religionspsychologischer Hinsicht fast völlig übereinstimme.[58] Im folgenden Kapitel zu Otto wird es weniger um dessen Abhängigkeit von diesen Vorläufern gehen, sondern mehr um systematische Fragen. Wichtig ist insbesondere, wie sich seine Theorie des Heiligen angesichts der Fragen von Erfahrung und Artikulation ausnimmt und was er zu einem Verständnis von Heiligkeit unter Bedingungen der Säkularisierung beizutragen hat.

Eine eigentliche Auseinandersetzung mit Hegels Philosophie ist in seinen Schriften nicht zu finden; diese scheint ihm fremd geblieben zu sein und ihn nicht zur Auseinandersetzung gereizt zu haben. Dennoch wäre es falsch, Ottos Werk nur als wertvoll für die Korrektur eines intellektualistischen Glaubensverständ-

---

Zu Otto speziell: Claus-Dieter Osthövener, »Ottos Auseinandersetzung mit Schleiermacher«, in: Jörg Lauster u. a. (Hg.), *Rudolf Otto. Theologie – Religionsphilosophie – Religionsgeschichte*, Berlin 2014, S. 179-190.

58 Ernst Troeltsch, »Zur Religionsphilosophie. Aus Anlaß des Buches von Rudolf Otto ›Das Heilige‹ (1917)«, in: ders., *Rezensionen und Kritiken (1915-1923)* (= KGA, Bd. 13), S. 412-425, hier S. 414.

nisses zu erachten, obschon es das natürlich mit seiner Konzeption des Heiligen ist. Seine Bedeutung geht aber weit darüber hinaus. Ottos Idee einer Rationalisierung am Numinosen ist ja gerade gegen die Idee gerichtet, wir sollten die Religionsgeschichte am Leitfaden einer Überwindung des »Numinosen«, das heißt seiner nichtrationalen Dimension, zu schreiben versuchen. Die Rationalisierung, so Otto, »vollzieht sich *am* Numinosen und wird von ihm umfaßt«.[59] Mit diesem Gedanken wird aber auch die Vorstellung hinfällig, wir könnten die Stellung des Christentums zu den anderen Religionen im Sinne der einlinigen historischen Überwindung denken, wie Hegel dies vorgegeben hatte. Es ist deshalb kein Zufall, daß Otto, der sich im Lauf seines Lebens zu einem bedeutenden Experten für die Religionsgeschichte Indiens entwickelte, auch zu einem Pionier der These von der Achsenzeit werden konnte.[60] Von Hegels ausgeprägtem Eurozentrismus ist also bei Otto keine Spur. Eine der wenigen Passagen, in denen Otto sich direkt von Hegels Geschichtsphilosophie abgrenzt, betrifft dessen Verständnis eines Jesus-Worts im Johannes-Evangelium: »Gott ist Geist« (Joh 4,24). »Um dieses Wortes willen«, so Otto, »hielt Hegel das Christentum für die höchste, weil für die wahrhaft ›geistige‹ Religion, in der Gott als ›Geist‹, das heißt für ihn als die absolute Vernunft selbst erkannt und verkündet werde«.[61] Aber das sei eine Fehlinterpretation dieser Stelle. Das griechische Wort im Original des Evangelientextes sei hier ja »pneuma«, und dieses bedeute keineswegs Vernunft, sondern etwas, das aller Welt, auch allem Verstand und aller Vernunft entgegengesetzt ist. Nicht die Ver-

---

59 Otto, *Das Heilige*, S. 95.
60 Vgl. Rudolf Otto, »Parallelen und Konvergenzen in der Religionsgeschichte«, in: ders., *Das Gefühl des Überweltlichen*, München 1932, S. 282-305, v. a. S. 285. Zu Otto und Achsenzeit siehe Joas, *Die Macht des Heiligen*, S. 310; und Jan Assmann, *Achsenzeit. Eine Archäologie der Moderne*, München 2018, S. 135-140. Zu diesem Thema siehe auch unten, Teil IV, v. a. das Kapitel zu Robert Bellah.
61 Otto, *Das Heilige*, S. 114.

nunft, sondern das »Numinose« sei hier gemeint. So weise »gerade diese scheinbar ganz rationale Aussage [...] am stärksten hin auf das Irrationale in der biblischen Gottesidee«.[62] Wenn das Christentum in Kultus, Verkündigung und Glaubenslehre ganz auf das Rationale in der christlichen Gottesidee setzt, ohne deren Untergrund zu sichern, ist es verloren.[63]

Alle bisher behandelten Beiträger zur erfahrungstheoretischen Wende in der Religionstheorie waren protestantische Theologen (Schleiermacher, Troeltsch, Otto) oder vom Protestantismus zutiefst geprägte Denker (Dilthey, James).[64] Auf den ersten Blick könnte es so scheinen, als sei diese Wende allein eine Angelegenheit des Protestantismus mit seiner Betonung der individuellen Beziehung zu Gott. Der Abstand zwischen einer solchen Theologie und einem Glauben, der sich in Form eines großen neoscholastischen Lehrgebäudes darstellt, für das die Kirche eine übernatürliche Autorität in Anspruch nimmt, weshalb die Gläubigen es schlicht gehorsam zu akzeptieren hätten, könnte größer nicht sein. Aber weder das autoritär-hierarchische Kirchenverständnis noch der supranaturalistische Rationalismus der Neuscholastik blieben im katholischen Raum einfach unbestritten. Freilich wurden im sogenannten Modernismus-Streit vor dem Ersten Weltkrieg verschiedene Stimmen laut, die ähnlich klangen wie die protestantischen Befürworter einer erfahrungstheoretischen Wende. Aber sie wurden, soweit sie von Rom belangbar waren, mit drakonischen Mitteln wie dem berüchtigten Antimodernisten-Eid unter Papst Pius X. 1910 zum

---

62 Ebd., S. 115.
63 So könnte man Otto (ebd., S. 113) zuspitzen. In diesem Zusammenhang ist auch zu erwähnen, daß Otto ein wichtiger Kritiker eines reduktionistischen Naturalismus war und die menschliche Freiheitsfähigkeit dabei seinen Leitfaden darstellte. Vgl. Rudolf Otto, *Naturalistische und religiöse Weltansicht*, Tübingen 1929, v. a. S. 212-278.
64 Nicht behandelt werden die Autoren, die in der Religionswissenschaft die Tradition der »Religionsphänomenologie« bilden und vielfältige Affinitäten zu den Motiven der hier behandelten Autoren aufweisen, z. B. Gerardus van der Leeuw und Mircea Eliade.

Schweigen gebracht. Auf diese Stimmen gehe ich hier nicht weiter ein. Die Situation mußte aber kurz charakterisiert werden, da sie den Hintergrund bildet für den äußerst ehrgeizigen Versuch einer Erneuerung der katholischen Religionsphilosophie, wie er im Werk von Max Scheler vorliegt.

Scheler schien – seiner eigenen Einschätzung nach, aber auch nach der vieler Zeitgenossen – auf genialische Weise einen Ausweg aus der schlechten Entgegensetzung von Religionspsychologie und scholastischem Denkgebäude gefunden zu haben. Dieser Ausweg ergibt sich aus seiner Anknüpfung an die Phänomenologie, erweitert allerdings um den Anspruch, mit ihren Mitteln nicht nur Aussagen über subjektive Erfahrungen machen zu können, sondern über die »Sachen selbst«. Dieser Anspruch richtet sich zudem nicht nur auf die Erkenntnis der Welt, sondern auch auf Gefühle und Wertungen. Durch den phänomenologischen Zugriff konnte Scheler produktiv an Schleiermacher, James und Otto anknüpfen. Er verbindet diese Anknüpfung zwar meist mit polemischer Abgrenzung von den philosophischen und theologischen Hintergründen dieser Denker, aber unverkennbar ist seine zumindest methodische Nähe zu ihnen. Insofern haben wir in Scheler den spannenden Fall einer katholischen Überwindung des intellektualistischen Glaubensverständnisses. In der ihm gewidmeten Untersuchung in diesem Buch wird es entsprechend insbesondere darum gehen, ob seine sensible Analyse der Erfahrung subjektiver Evidenzgefühle, wie sie allem Glauben und aller säkularen Wertbindung zugrunde liegen, tatsächlich als Beweis der Evidenz spezifischer Wertordnungen dienen kann.[65]

Nicht Hegel, sondern Kant war für Scheler die große philosophische Herausforderung. Er stimmte Hegels Kritik an einer auf das moralische Sollen zentrierten Ethik bei Kant völlig zu, suchte selbst aber mit seiner gegen den »Formalismus« gerichteten »materialen Wertethik« einen ganz anderen Weg als den

---

65 Siehe unten, Kap. 4 in diesem Teil.

Hegels.⁶⁶ Er wollte gerade nicht in der Richtung einer teleologischen Geschichtsphilosophie gehen und gerade nicht den Menschen vor allem unter dem Gesichtspunkt seiner Vernunftfähigkeit betrachten. Hegels Geschichtsphilosophie bezeichnete er als »die letzte, höchste, ausgeprägteste Geschichtslehre im Rahmen der Anthropologie des ›homo sapiens‹«.⁶⁷

»Personalismus« nannte Scheler seine Ethik, weil es ihm mit Kant um die Sicherung der über alles erhabenen Menschenwürde ging, gegen Kant aber um eine Ethik, in der die Person nicht an erster Stelle als Vernunftperson gekennzeichnet wird.⁶⁸ Was bei Kant uneindeutig geblieben sei – Personalität jenseits der Vernunftfähigkeit –, werde bei seinen deutschen Nachfolgern, insbesondere bei Hegel, in problematischer Weise eindeutig. Hier werde »die Person schließlich nur die gleichgültige Durchgangsstelle für eine unpersönliche Vernunftfähigkeit«.⁶⁹ Ähnliche Formulierungen finden sich in Schelers Schriften immer wieder. So stellte er eine Verbindung her zwischen dem, was er als vernunftmetaphysische Schwächung des Begriffs der Person ansah, und einer Entpersonalisierung der Idee Gottes.⁷⁰ Die Verteidigung der Personalität des Menschen in einem nicht rationalistisch verkürzten Sinn und eines personalistischen Theismus gegen eine vernunftmetaphysische Geschichtsphilosophie war damit für Scheler ein und dieselbe Sache. Diese Gleichsetzung muß man selbstverständlich nicht mit ihm teilen.

In seiner Religionsphilosophie, die in diesem Buch näher er-

---

66 Max Scheler, *Der Formalismus in der Ethik und die materiale Wertethik. Neuer Versuch der Grundlegung eines ethischen Personalismus* [1916] (= Werke, Bd. 2), Bonn 2000; dazu meine Auseinandersetzung in: Hans Joas, *Die Entstehung der Werte*, Frankfurt/M. 1997, S. 133-161.
67 Max Scheler, »Mensch und Geschichte« [1926], in: ders., *Philosophische Weltanschauung*, Bonn 1954, S. 62-88, hier S. 70.
68 Scheler, *Der Formalismus in der Ethik*, S. 370 ff.
69 Ebd., S. 372. Zum Vergleich Scheler/Hegel: Evrim Kutlu, »Der Begriff der Person bei G.W.F. Hegel und Max Scheler«, in: *Hegel-Jahrbuch* 1 (2014), S. 276-281.
70 Scheler, *Der Formalismus in der Ethik*, S. 494.

örtert wird, ging Scheler so weit, die Anschauung, »daß der Kern aller Religionsgeschichte eine *Ideenentfaltung* bilde, in erster Linie die Entfaltung des Sichbewußtwerdens der göttlichen Idee im Menschengeiste selbst«,[71] als wesentlich für den Pantheismus zu bezeichnen. Für jeden Theismus sei dagegen die Grundauffassung wesentlich, daß es die eine »Entwicklungsregel«, die Entstehung und Niedergang von Religionen erkläre, nicht geben könne. Wie bei James und Troeltsch bleibt bei Scheler das Faktum der Idealbildung irreduzibel.

Ähnlich wie Rudolf Otto und viel eindeutiger als Troeltsch und Dilthey nahm auch Scheler Anstoß am einseitigen »Europäismus« von Hegels Geschichtsdenken.[72] In seinem Spätwerk wurde daraus auch deshalb ein immer wichtigeres Motiv, weil er sich vom kämpferischen Theisten zum Sympathisanten asiatischer spiritueller Traditionen wandelte. Dies nötigte ihn zu einem fundamentalen Umbau seines Denkens – einem Umbau, der wegen seines frühen unerwarteten Todes nur bruchstückhaft verwirklicht wurde. Was uns vorliegt, sind Spekulationen, die ihn näher an Hegel heranführten, allerdings ohne dessen Vorstellungen von Vernunft zu teilen, Spekulationen über die Weltgeschichte als die Selbstverwirklichung eines göttlichen Geistes, verstanden als die Geschichte des werdenden Gottes, sowie über die Evolution als fortschreitende Spiritualisierung.[73]

Als Max Scheler 1928 starb, ehrte Martin Heidegger ihn zu Beginn seiner Vorlesung mit den Worten: »Max Scheler war [...] die stärkste philosophische Kraft im heutigen Deutschland, nein, im heutigen Europa – sogar in der gegenwärtigen Philosophie überhaupt.«[74] Auch hat er sein Kant-Buch von 1929 »Max

---

71 Max Scheler, *Vom Ewigen im Menschen*, Bern 1954, S. 337.
72 Ebd., S. 353.
73 Vgl. Wener Stark, »Max Scheler«, in: ders., *Social Theory and Christian Thought*, London 1958, S. 135-174, v. a. S. 152-159. Zu Werner Stark siehe unten, Teil IV, Kap. 3.
74 Martin Heidegger, »Andenken an Max Scheler«, in: Paul Good (Hg.), *Max Scheler im Gegenwartsgeschehen der Philosophie*, Bern, München

Scheler zum Gedächtnis« gewidmet.[75] Im weiteren hat er aber nicht wirklich etwas dafür getan, Scheler vor dem Vergessen zu bewahren. Überhaupt ist festzustellen, daß die hier behandelten Denker zwar in den empirischen Wissenschaften von der Religion und in der Theologie eine große Wirkungsgeschichte haben. In der Philosophie aber sind Dilthey und James, Troeltsch, Otto und Scheler lange Zeit und außerhalb Deutschlands gerade von Heidegger und seinem Schüler Hans-Georg Gadamer so überlagert worden, daß sie außerhalb enger Kreise keinen großen Einfluß mehr hatten. Es ist an dieser Stelle nicht möglich, die Gründe für diese Entwicklung zu untersuchen. Aber es dürfte deutlich geworden sein, daß ich mit diesem Buch auch einen Beitrag zur Revision dieser Entwicklung zu leisten versuche, eine Revision, die weit über die engeren Fragen der Religionstheorie hinaus zu wünschen ist. Im Verständnis von Handlung und Erfahrung, von Intersubjektivität, Leiblichkeit und Kreativität, das hier in der Religionstheorie am Werk ist, scheint ein nichtrationalistisches Verständnis des Menschen und eine in diesem Sinne anthropologische Konzeption seiner Freiheit auf, die auch für viele andere Gebiete erhellend ist. An dieser Stelle aber ist vor allem festzuhalten, daß die Religionstheorie nach Hegel und Nietzsche, wie sie sich bei den hier behandelten Denkern entwickelt hat, keine schroffe Grenze zwischen Philosophie und Wissenschaft oder zwischen Wissen und Glauben zieht. Sie setzt diese vielmehr in ein differenziertes Verhältnis zueinander. Empirische Wissenschaft, philosophische Reflexion und lebendiger religiöser Glaube können sich so, anstatt ihre jeweiligen Ziele zu verfehlen, sogar wechselseitig stärken.

1975, S. 9. Zum Verhältnis Heidegger/Scheler: Michael Theunissen, *Wettersturm und Stille. Über die Weltdeutung Schelers und ihr Verhältnis zum Seinsdenken*, ebd., S. 91-110.

75 Martin Heidegger, *Kant und das Problem der Metaphysik* [1929], Frankfurt/M. 1988.

2
Die Selbständigkeit der Religion: Ernst Troeltsch

In den immer hitziger werdenden religionspolitischen Kontroversen der Gegenwart könnte der Blick zurück auf vergangene Auseinandersetzungen einen Beitrag zur Versachlichung der Debatte leisten. Mancher Irrweg wurde ja schon mehrfach beschritten, und einige der klügsten Religionsdeuter der Vergangenheit haben schon differenzierter vor einer reduktionistischen Sicht auf religiöse Phänomene gewarnt und die Selbständigkeit der Religion betont, als dies heute meist der Fall ist. Bei wenigen Denkern der Vergangenheit scheint mir in diesen Hinsichten so viel zu lernen zu sein wie bei dem protestantischen Theologen, Christentumshistoriker, Religionssoziologen und Kulturphilosophen Ernst Troeltsch (1865-1923). Durch eine Meditation über einen einzigen Text von Troeltsch (»Die Selbständigkeit der Religion«) soll dies hier exemplarisch vorgeführt werden.

Dieser Aufsatz, 1895/96 in der *Zeitschrift für Theologie und Kirche* erschienen, wurde von Ernst Troeltsch nicht in die vierbändige Auswahl seiner *Gesammelten Schriften* aufgenommen und auch nirgends sonst bis zum Erscheinen des entsprechenden Bandes der *Kritischen Gesamtausgabe* im Jahr 2009 nachgedruckt.[1] Das hat dazu geführt, daß er in den letzten Jahrzehnten und in der internationalen Diskussion noch weniger rezipiert wurde als andere Schriften dieses Klassikers. Eine englische

---
1 Ernst Troeltsch, »Die Selbständigkeit der Religion«, zuerst (in drei Teilen) in: *Zeitschrift für Theologie und Kirche* 5 (1895), S. 361-436, 6 (1896), S. 71-110 und S. 167-218, auch in: ders., *Schriften zur Theologie und Religionsphilosophie (1888-1902)* (= KGA, Bd. 1), Berlin 2009, S. 364-535. Alle Seitenangaben im Text beziehen sich auf diesen Aufsatz und seinen Abdruck in der KGA.

Übersetzung liegt bis heute nicht vor. Allerdings macht es der Aufsatz dem Leser, zumal dem des einundzwanzigsten Jahrhunderts, auch nicht gerade leicht. Legt man die Standards zugrunde, die sich in den letzten Jahren immer mehr durchgesetzt haben und über die Publikationschancen in »refereed journals« die Karrierechancen des wissenschaftlichen Nachwuchses wesentlich bestimmen, dann zeigt sich, daß Troeltsch gegen sie alle kraß verstoßen hat. Welche Zeitschrift würde heute einen Aufsatz im Umfang von 165 Seiten akzeptieren, der keinerlei Zwischenüberschriften und überhaupt keine leicht erfaßbare Gliederung hat, der in langen und komplexen Sätzen die Auseinandersetzung mit Sachfragen und die kritische Kommentierung zahlloser Denker aus Gegenwart und Vergangenheit ineinander verschachtelt? »Revise and resubmit« wäre das voraussehbare Urteil der Herausgeber im günstigsten Fall. Troeltsch sprach selbst später davon, daß seine frühen Texte »aus Kampf und Mühsal geborene Arbeiten« seien, »ihren zusammengerafften Ursprung verratende Stückwerke«.[2] Ich halte diesen Text allerdings für eine kaum ausgeschöpfte Quelle auch heute noch inspirierender und weiterführender Gedanken zum Thema Religion und damit für ein gut geeignetes Medium, um meine eigene Sicht darzustellen. Solch indirekte Redeweise entspricht zudem genau dem Stil von Troeltsch. Zu fragen ist vor allem, wogegen die These von der »Selbständigkeit der Religion« sich eigentlich richtet, was ihre eigenen Gefahren sind und wie mit diesen wiederum umzugehen ist. Vor aller detaillierten Analyse soll hier eine kurze Charakterisierung der doppelten Frontstellung stehen, in der sich jeder befindet, der die »Selbständigkeit der Religion« behauptet.

Die These von der Selbständigkeit erhält ihren Sinn aus dem Widerstand gegen alle *Reduktionismen* auf dem Gebiet der Beschäftigung mit Religion, gegen alle Versuche also, zwar die Exi-

---

2 Ernst Troeltsch, *Briefe an Friedrich von Hügel 1901-1923*, Paderborn 1974, S. 60.

stenz religiöser Phänomene anzuerkennen, sie aber letztlich als bloßen Ausdruck anderer Phänomene aufzufassen. William James hat in seiner großartigen Religionspsychologie *Die Vielfalt religiöser Erfahrung* für alle Reduktionismen den anschaulichen Begriff »Nichts als« (»*nothing but*«) geprägt, um ihre Haltung zur Religion zu charakterisieren;[3] solche liegen vor, wenn religiöse Phänomene als bloße Folgen etwa sozialer Unterdrückung oder sexueller Verdrängung oder unkontrollierter Phantasie aufgefaßt werden. Wir werden sehen, welch weites Spektrum möglicher Reduktionismen Troeltsch im Blick hatte. Es ist auch wichtig, wiederum historisch zu reflektieren, wie es eigentlich zu solchen Reduktionismen kommen konnte. Sie setzen ja, mit Charles Taylor zu sprechen, den Aufstieg einer »säkularen Option« voraus.[4] Nur wo Religion als entbehrliches Phänomen erscheint, kann nach reduktiven Erklärungen gesucht werden. Die Vorstellung der Möglichkeit einer umfassenden Säkularisierung ist die stillschweigende Voraussetzung der »Nothing-but«-Erklärungen der Religion; in ihnen wird nicht die Säkularisierung, sondern die Religion zum Explanandum. Wenn nun aber gegen sie die Selbständigkeit der Religion – natürlich in einem näher zu bezeichnenden Sinne – verteidigt wird, dann ergibt sich die umgekehrte Gefahr, daß Religion *essentialisiert*

---

3 William James, *Die Vielfalt religiöser Erfahrung. Eine Studie über die menschliche Natur*, Frankfurt/M. 1997, S. 46: »In der einen oder anderen Weise kennen wir sicher alle diese Methode, Geisteszustände, die uns unsympathisch sind, in Verruf zu bringen. Wir alle machen mehr oder weniger von ihr Gebrauch, um Personen zu kritisieren, die wir für überspannt halten. Wenn jedoch andere Menschen unsere eigenen mehr oder weniger exaltierten Höhenflüge als einen ›Nichts als‹-Ausdruck unserer organischen Verfassung bezeichnen, sind wir empört und verletzt. Denn wir wissen, daß unsere Bewußtseinszustände – bei allen Seltsamkeiten unseres Körpers – einen ganz wesentlichen Wert haben als Ausdruck der lebendigen Wahrheit. Und wir wünschen, daß man diesen ganzen medizinischen Materialismus zum Schweigen bringen könnte.«

4 Charles Taylor, *Ein säkulares Zeitalter*, Frankfurt/M. 2009.

wird. Dann kann in Vergessenheit geraten, daß der Begriff der Religion nicht nur selbst das Produkt bestimmter historischer Konstellationen ist, sondern auch eine Abstraktion darstellt von der konkreten Vielfalt gelebter Glaubensüberzeugungen, individueller und kollektiver Praktiken etwa des Gebets und des Kults. Selbst wenn dieser Status des Religionsbegriffs bewußt bleibt, können freilich die einzelnen Religionen, etwa das Christentum, oder gar die von ihnen geformten Kulturen als feste Gebilde erscheinen, die sich ganz aus sich selbst heraus entweder überzeitlich durchhalten oder nur aus ihren ursprünglichen Motiven heraus entwickeln. Auch dies sind analytisch schädliche Essentialisierungen. Ich sehe Troeltsch in einem Zweifrontenkampf gegen Reduktionismus und Essentialismus in der Religionsforschung, den ich als unvermindert aktuell betrachte.

Diese doppelt negative Bestimmung ist natürlich noch kein methodisches, positiv formuliertes Programm. Ein solches kann sich der Aufgabe nicht entziehen, sich in ein Verhältnis zum Wahrheitsanspruch religiöser Überzeugungen zu setzen und zugleich zum Absolutheitsanspruch einzelner Religionen, etwa des Christentums oder des Islam. Damit aber wird die Frage nach sinnvollen Kommunikationsmöglichkeiten zwischen Religionen sowie zwischen den Religionen und den Ansprüchen einer prononciert säkularen (oder sogar säkularistischen) Vernunft unvermeidlich. Diese ganze Agenda von Fragen sehe ich von Troeltsch in seinem umfangreichen Jugend-Aufsatz behandelt. Seine Antworten sind sicher nicht erschöpfend oder abschließend, aber doch einer aktualisierenden Betrachtung wert.

Hintergrund seines ganzen Gedankengangs war eine enorm wache Beobachtung der intellektuellen Herausforderungen, vor die sich das Christentum in der jeweiligen Gegenwart immer neu gestellt sieht. Diese Herausforderung nahm Troeltsch mit großem Selbstbewußtsein an. Er mußte nicht zu billigen Mitteln der Apologetik greifen, weil er ein tiefes Vertrauen hatte, daß das Christentum die intellektuellen Herausforderungen nicht fürchten müsse, ja, daß es wie schon oft in der Geschichte durch die Auseinandersetzung mit ihnen sich sogar erneuern und stärker werden könne. Von seinem Früh- bis zu seinem Spätwerk finden sich Versuche, diese intellektuellen Herausforderungen aufzulisten und zu benennen, welches Element des Christentums von ihnen ganz besonders zur Neuartikulation provoziert werden müsse. Dabei wird schnell deutlich, daß Troeltsch nicht in den Fortschritten der Naturwissenschaft, nicht im Darwinismus und nicht in einem dogmatischen oder skeptischen Materialismus, der sich auf die Naturwissenschaften beruft, die eigentliche Herausforderung sah. Dies halte ich für eine Einschätzung, die nach wie vor richtig ist. Man muß schon kraß uninformiert über christliche Glaubenslehre und Theologie sein, um – wie der bekannte Religionskritiker Richard Dawkins – anzunehmen, daß die Christen heute üblicherweise den biblischen Schöpfungsmythos als paläontologische Theorie vertreten, und so wichtig es ist, naturalistischen Reduktionen zentraler Merkmale des Begriffs der Person – etwa im Fall der Leugnung des »freien Willens« – durch die Verfechter eines neuen hirnphysiologischen Determinismus zu widersprechen, liegen die Einwände hier im Grundsatz seit dem neunzehnten Jahrhundert wohlentwickelt vor und gibt es hier ein Bündnis der Verteidiger des christlichen Menschenbilds mit säkularen Denkern, die ebenfalls ein anspruchsvolles Verständnis der Vernunft, der Person und menschlichen Handelns vertreten.

Viel größer erschien Troeltsch die Herausforderung durch eine Entwicklung, die nicht aus den Naturwissenschaften, sondern aus den Geisteswissenschaften des neunzehnten Jahrhunderts hervorging, die Herausforderung nämlich durch die umfassende Historisierung aller Geltungsansprüche. Hier wirkte die Erschütterung durch die historische Bibelkritik nach, aber weit darüber hinaus waren das enorm gewachsene Wissen über die Geschichte des Christentums, die Geschichte anderer Religionen und die Radikalisierung der Überlegung am Werke, ob denn überhaupt aus dem Flusse der Geschichte etwas Dauerhaftes entstehen könne oder nicht vielmehr die Kontingenz der

Entstehung von Geltungsansprüchen jede Vorstellung überzeitlicher Geltung zur Illusion verdamme. Bis zu seinem unvollendeten Hauptwerk *Der Historismus und seine Probleme* wird Troeltsch an der Beantwortung dieser Frage arbeiten;[5] für die Religionsforschung bedeutet sie, daß der Anspruch von Offenbarungsreligionen, von einem sich in geschichtlichen Ereignissen selbst offenbarenden Gott zu sprechen, ernst genommen werden muß, ohne daß man selbst einem »Offenbarungspositivismus« aufsitzen darf. Es ist tatsächlich unzulässig, diese Offenbarung aus der Geschichte ganz herauszunehmen und als bloßen Einbruch von etwas Ungeschichtlichem ins Geschichtliche aufzufassen.[6]

Bemerkenswerterweise identifizierte Troeltsch hier und auch in anderen Schriften drei weitere zentrale Herausforderungen für das Christentum. Es sind dies erstens der Siegeszug (in seinen Worten) einer »empiristisch-utilitaristischen Wohlfahrtsethik« (365), das heißt die Spannung zwischen dem christlichen Liebesethos und einer Vorstellung vom Menschen als Nutzenmaximierer und Interessenverfolger, wie sie in den Wirtschaftswissenschaften weitgehend verbindlich institutionalisiert ist und sich in den Sozialwissenschaften und Teilen der Philosophie ausgebreitet hat; zweitens die Tendenz – erneut in Troeltschs Worten – einer »fortschreitenden Immanenzierung« (366), das heißt eines Verlusts der Idee der Transzendenz, wobei hier zu bemerken ist, daß Troeltsch diese Tendenz wahrnahm, bevor sie in den militanten »politischen Religionen« des zwanzigsten Jahrhunderts sich in vollem Umfang manifestierte; und drittens sah er eine Herausforderung in jenen Tendenzen expressiver Individualisierung, die Spiritualität, wenn überhaupt, nur als indi-

---

5 Ernst Troeltsch, *Der Historismus und seine Probleme* [1922], 2 Bde., Berlin 2008 (= KGA, Bd. 16.1 und 16.2). Dazu meine ausführliche Interpretation in: *Die Sakralität der Person. Eine neue Genealogie der Menschenrechte*, Berlin 2011, S. 147-203.
6 Mehr zu einem durch den Historismus hindurchgegangenen Verständnis von Offenbarung unten, Teil IV, Kap. 2.

vidualistisch eingeschränkt vorzustellen erlauben und damit die Idee der Kirche auf die eines »Kultvereins« reduzieren, wodurch aus dem Blick gerät, wie wichtig religiöse Institutionen als Voraussetzung individueller Gläubigkeit sind.

Auf die ganze Palette dieser Herausforderungen und ihre Aktualität auch in der Gegenwart kann ich hier nicht eingehen;[7] ich mußte sie aber erwähnen, weil sie den Hintergrund bilden für Troeltschs Sensibilität, Versuche zur Reduktion des Religiösen auch dort wahrzunehmen, wo sie nicht offen zutage treten. Erwartbar ist ja, daß Troeltsch sich gegen alle »illusionistischen« Erklärungen der Religion richtet, gegen Versuche etwa, die Religion aus einer Art Überdehnung des »Kausalitätstriebs« herzuleiten. Diese Überdehnung könne in keinem Fall selbst als konstitutiv ausgewiesen werden, da sich solche Kausalitätsunterstellungen immer schon an tradierte Vorstellungen von höheren Mächten anhefteten und die »Befriedigung des Denkbedürfnisses« (387) überhaupt nicht entscheidend für die Genese der Religion sei. Etwas positiver beurteilte Troeltsch die Theorie, daß religiöse Vorstellungen aus der Projektion menschlicher Fähigkeiten auf eine »menschenähnliche Macht« (388) abzuleiten seien, weil hier wenigstens nicht »Denkbedürfnisse«, sondern die »genießbaren und fühlbaren Inhalte des menschlichen Lebens« (388) für ausschlaggebend gehalten werden. Es ist dies ja eine Konzeption, wie sie von Ludwig Feuerbach initiiert und durch Sigmund Freud im zwanzigsten Jahrhundert verbreitet wurde und die auch von Gegenwartsdenkern erstaunlich unbedacht weiter verwendet wird. Troeltsch bestritt, daß die Religion aus einem einzigen Gefühlstypus, auch aus Schleiermachers »schlechthinniger Abhängigkeit«, hervorgegangen sei, und versuchte viel eher – mit dem Begriff der »Ehrfurcht« – die in sich komplexe Gefühlskonstellation des »Heiligen« einzukreisen, wie dies nach ihm in folgenreichster Weise für die Reli-

---

7 Dazu aber Hans Joas, *Glaube als Option. Zukunftsmöglichkeiten des Christentums*, Freiburg 2004, S. 201-218.

gionsforschung des zwanzigsten Jahrhunderts William James, Émile Durkheim und Rudolf Otto tun werden.

Viel spannender als die erwartbare Zurückweisung »illusionistischer« Erklärungen ist aber, daß Troeltsch auch diejenigen Erklärungen als reduktionistisch attackierte, die Religion auf Metaphysik, Moral oder Ästhetik reduzieren. Gegen die Reduktion auf Metaphysik spreche, daß Religion vornehmlich etwas mit praktischer Lebensführung zu tun habe und nicht mit systematisierender spekulativer Weltdeutung. Die Reduktion auf Moral bekämpfte Troeltsch vor allem an der Religionsphilosophie Kants.[8] Bei aller Bewunderung für Kants Moralphilosophie hielt Troeltsch es für verfehlt, die Religion aus der Moralphilosophie heraus begründen zu wollen. Dem Postulat der moralischen Freiheit, das Troeltsch schon für unglücklich konzipiert hielt, werde so nur ein weiteres Postulat aufgesattelt, womit Kant aber lediglich »ein bloßes Analogon der Religion« (459), nicht aber die gelebte Religion erreiche. Kants Religion bleibe »ein menschliches Erschließen und Postulieren, ein theoretisches Ergänzen der allein unmittelbar erfahrbaren sittlichen Weltordnung und nicht ein Erleben und Erfahren der Gottesgemeinschaft« (ebd.). In den zahlreichen kantkritischen Passagen hier und andernorts bei Troeltsch wird deutlich, daß er zumindest in dieser Phase seiner denkerischen Entwicklung nicht nur kein Neukantianer war, sondern in wesentlichen Hinsichten kein Kantianer und sich sogar als Überwinder Kants verstand. Dabei war er sich bewußt, daß Kants Religionsschrift sehr rasch zum Anstoß von Entwicklungen wurde, die über sie hinausführten. Weder Schleiermacher aber, dem er jeden historischen Sinn absprach, noch Hegel, den er für seine Durchdringung des historischen Stoffes – auf dem Wissensstand seiner Zeit – lobte, könnten wirklich zur Orientierung dienen. Bei Hegel witterte Troeltsch die Gefahr einer intellektualistischen Verkennung der Religion und

---

8 Weiter unten, in Teil III, Kap. 2, gehe ich ausführlicher auf Troeltschs Kant-Bild ein.

die noch größere Gefahr, »den religiösen Prozeß als rein menschliche Denkbewegung aufzufassen und alle Begründung der Religion in ihrem göttlichen Faktor fallen zu lassen« (370 f.), wodurch es seinen materialistischen oder naturalistischen Nachfolgern leichtgefallen sei, »die lebendige Selbsterschließung der göttlichen Persönlichkeit« (371) als Illusion abzutun und ein rein immanentes und zugleich intellektualistisches Verständnis von Religion zu verfechten. Erst recht könne die ästhetisierende »Bildungsreligion« des deutschen neunzehnten Jahrhunderts nicht die Erfahrungen realer Gottesgemeinschaft bieten.

Aus allen diesen Bahnen wollte Troeltsch heraus. Gegen die Anähnelung des Religiösen ans Logische, Moralische und Ästhetische sprach für ihn schon das religionshistorische Wissen, daß es auf frühen Stufen der Religionsentwicklung gerade keine enge Verbindung zwischen diesen gegeben habe. Wichtig war ihm die Unterscheidung besonders bezogen auf die Gegenwart, weil nur so die Differenz zwischen Religion und Kultur, das heißt der Überschuß der religiösen Botschaft über die Partikularismen jeder bestimmten Kultur hinaus gedacht werden kann. Obwohl sämtliche Versuche, den Glauben zu formulieren, an die kulturellen Gegebenheiten und die allgemeine geistige Entwicklung gebunden seien, sei Religion nicht einfach ein Kulturgebiet unter anderen. Hier wird Troeltschs Tonfall merklich schärfer:

> Es ist doch die reine Oberflächlichkeit, in dem religiösen Ideal nur das Kulturideal erblicken zu wollen. [...] Aber jeder tiefe und energische Glaube steht nachweislich überall in einer gewissen Spannung gegen die Kultur, nicht weil er aus Verzweiflung an eigener Kraft die Verwirklichung ihrer Ziele selbst unterläßt und der Hilfe der Götter zuschiebt, sondern weil er überhaupt etwas anderes und höheres will. (406)

Diese Betonung des kulturtranszendierenden Charakters zumindest aller transzendenzbezogenen Religion scheint mir auch ein deutlicher Beleg dafür, daß die Eingliederung von Troeltsch in den sogenannten Kulturprotestantismus zumindest dann ein Irrtum ist, wenn letzterer als weitgehend transzendenzvergessen gedacht wird. Troeltschs Widerstand gegen die Reduktion von Religion zielt gerade auf die Rettung dieses kulturtranszendierenden Charakters.

Dieser Widerstand erfordert nun selbst eine positive Bestimmung dessen, was dieses irreduzibel Religiöse ausmache und wie daher methodisch beim Studium der Religion zu verfahren sei. Ich habe in meinen Arbeiten seit Jahren die These verfochten, daß es William James war, dem wir den revolutionären Umbruch in der Geschichte der Religionsforschung verdanken.[9] Seine grundlegende methodische Idee bestand darin, religiöse Erfahrungen zum Ausgangspunkt der Religionsforschung zu machen. In souveräner Einseitigkeit schlug er in seinem Buch von 1902 vor, theologische Lehren und kirchliche Institutionen als Sekundärphänomene aufzufassen, die methodisch aus der Perspektive des Primärphänomens, nämlich der religiösen Erfahrung, zu betrachten seien. Der religiöse Glaube ist in dieser Perspektive nicht in erster Linie ein kognitives Für-wahr-Halten, das durch überzeugende Argumente zustande kommt und argumentativ erschüttert werden kann, sondern eine Einstellung zur Wirklichkeit, die vom sicheren Gefühl der Präsenz einer stärkeren Kraft getragen ist. James verglich den Glauben mit der vitalen Grundhaltung von Liebenden, deren ganzes Weltverhältnis selbst dann, wenn sie ihre Aufmerksamkeit anderen Gegenständen zuwenden, vom Empfinden des kontinuierlichen Daseins des oder der Geliebten getragen wird. Damit wird der Glaube in Erfahrungen fundiert, die ich Erfahrungen der Selbsttranszendenz nenne und die ein Gefühl der Gewißheit hinterlassen, das nicht im Widerspruch steht zu den Schwierigkeiten der Artikulation dieser Erfahrung. So entsteht eine Bereitschaft zum Dasein, die in Zuständen der Melancholie und Depression verlorengehen kann. An Konversion und Gebet in-

---

9 Vgl. Hans Joas, *Die Entstehung der Werte*, Frankfurt/M. 1997, S. 58-86.

teressierte James besonders der nichtwillentliche Charakter – die aktive Suche nach einer Kommunikation mit eben der Quelle, aus der die Lebenskraft des Individuums fließt, die aber nicht herbeigezwungen werden kann, sondern sich uns gnädig zuwenden und offenbaren muß.

Troeltsch gehörte zu den ersten, die James' Buch als das »Meisterwerk« gewürdigt haben, das es ist. Er setzte sich in mehreren Texten ausführlich damit auseinander.[10] Dennoch wäre es falsch, seine Arbeit nur als Fortsetzung von James aufzufassen. Der Aufsatz »Die Selbständigkeit der Religion« zeigt vielmehr ganz deutlich, wie sehr Troeltsch lange vor dem Erscheinen von James' Buch schon auf dem Weg in dieselbe Richtung war. Und nicht nur das. Die zahllosen, heute meist vergessenen Theologen, Philosophen, Historiker, die Troeltsch in dem Aufsatz und in seinen begleitenden Rezensionen kommentierte, bildeten eine Art vielstimmigen Chor der Vorbereitung dieser Wende. Troeltsch selbst hatte ja gegen den Neukantianismus und die Versuche zur Erneuerung idealistischer Systemphilosophie insofern für die Rückkehr zu Kant *und* Schleiermacher plädiert, als bei diesen immerhin der Ausgangspunkt einer »psychologischen Analyse« vorliege. Religion beruhte auch für ihn auf Erfahrung (419), und er forderte ganz analog zu dem, was James seinen radikalen Empirismus nennen sollte, einen undogmatischen, reichen, selbst gewissermaßen erfahrungsoffenen Erfahrungsbegriff. Als Vorbild nannte er – mit Einschränkungen – Wilhelm Dilthey, aber auch seinen Lehrer Gustav Claß sowie Hermann Lotze und Wilhelm Wundt, alles Denker übrigens, die auch

---

10 Ernst Troeltsch, »Rezension: William James, *The Varieties of Religious Experience*«, in: *Deutsche Literaturzeitung* 25 (1904), Sp. 3021-3027, auch in: ders., *Rezensionen und Kritiken (1901-1914)* (= KGA, Bd. 4), Berlin 2004, S. 364-371; ders., *Psychologie und Erkenntnistheorie in der Religionswissenschaft*, Tübingen 1905, auch in: ders., *Schriften zur Religionswissenschaft und Ethik (1903-1912)* (= KGA, Bd. 6), Berlin 2014, S. 215-256; ders., »Empiricism and Platonism in the Philosophy of Religion«, in: *Harvard Theological Review* 5 (1912), S. 401-422.

im Frühwerk George Herbert Meads eine zentrale Rolle spielten;[11] ebenso erwähnt er Georg Wobbermin, der James' Buch bald ins Deutsche übersetzen sollte.[12] Man kann hier auf dem Gebiet der Religionsforschung die Konvergenz pragmatistischer und historistisch-hermeneutischer Entwicklungen in der zweiten Hälfte des neunzehnten Jahrhunderts exemplarisch und prozessual beobachten.[13]

Ich möchte sogar behaupten: Nur wenn man dies tut, beginnen auch die langwierigen Passagen von »Die Selbständigkeit der Religion« über Begriffe wie »Wille«, »Ideal«, »Empfindung« und »Vorstellung« in den Schriften von Philosophen und Psychologen des neunzehnten Jahrhunderts zu leuchten. Troeltsch scheint mir hier tastende Versuche zur Befreiung von der (neo-)idealistischen Geist-Semantik zu unternehmen und, wie die Pragmatisten, einen Begriff des Handelns anzustreben, der weder auf Zweck-Mittel-Relationen noch auf Normbefolgung ausgerichtet ist, sondern den schöpferischen Charakter menschlichen Handelns in den Vordergrund rückt. Was Isaiah Berlin und Charles Taylor in den letzten Jahrzehnten so stark betont haben – die deutsche Tradition eines Ausdrucksmodells des Handelns –, ist für Troeltsch in hohem Maße bestimmend. Dieses Handlungsmodell ist mit der historistischen Sensibilität für die unendliche Vielfalt kultureller Phänomene verschwistert. Troeltsch brauchte ein solches Handlungsmodell, weil er nur mit ihm gegen alle Reduktionismen seine Definition von Religion als einer »praktischen Selbstbeziehung auf eine lebendige

---

11 Zu diesen Zusammenhängen vgl. Hans Joas, *Praktische Intersubjektivität. Die Entwicklung des Werkes von George Herbert Mead*, Frankfurt/M. 1980.
12 William James, *Die religiöse Erfahrung in ihrer Mannigfaltigkeit. Materialien und Studien zu einer Psychologie und Pathologie des religiösen Lebens*, deutsch bearbeitet von Georg Wobbermin, Leipzig 1907.
13 Zu dieser Konvergenz siehe Hans Joas, »Pragmatismus und Historismus. Meads Philosophie der Zeit und die Logik der Geschichtsschreibung«, in: *Deutsche Zeitschrift für Philosophie* 63 (2015), S. 1-21.

Gottheit« (398) einführen konnte. Dabei lag die Betonung einerseits auf dem Praktischen, das sich in jeder Reflexion immer nur unvollständig erfassen läßt, andererseits auf der »Lebendigkeit« der Gottheit, die er als deren Zuwendung zum Menschen, ihr Eingreifen in die Geschichte und unser Leben beschrieb. Religion basierte für Troeltsch auf der »Erfahrung einer uns zwingenden, tragenden und erzeugenden Macht«.[14] Ein Verständnis von Religion, das nicht von dieser existentiell-praktischen Dimension ausgeht oder das die Erfahrung von Gläubigen, daß sie Antwort erhalten, daß sie durch Hingabe zum Gefäß eines höheren Willens werden, nicht zumindest auf der phänomenalen Ebene ernst nimmt, ist demzufolge von vornherein als verfehlt zu bezeichnen.

Diese Bestimmung von Religion wird den Verdacht erwekken, glaubensapologetisch zu sein. Aber dies war nicht die Intention von Troeltsch, ebensowenig übrigens die von James. Man kann behaupten, daß beide nach einer methodischen Ebene suchten, die weder apologetisch noch religionsfeindlich ist, das heißt weder spezifische religiöse Vorannahmen unkontrolliert in die Religionsforschung einbringt noch verlangt, daß Religionsforschung, um nicht als Kryptotheologie verdächtigt zu werden, sich auf säkularistische Vorannahmen stützt. Die Aufgabe ist, beides zu vermeiden, und Troeltsch und James nahmen beide an, mit einer psychologischen Analyse derjenigen menschlichen Erfahrungen, die von Gläubigen religiös interpretiert werden, diesem Desiderat Genüge getan zu haben. Es ist ihnen auch bewußt, daß es zu diesen Erfahrungen gehört, daß ihr Inhalt als »an sich unaussagbar« (423) erlebt wird. Ihre Bestimmtheit erhält die religiöse Erfahrung erst durch »Medien«

---

14 Ernst Troeltsch, »Geschichte und Metaphysik« [1898], in: ders., *Schriften zur Theologie und Religionsphilosophie (1888-1902)*, Berlin 2009 (= KGA, Bd. 1), S. 613-682, hier S. 659. Dieser Aufsatz ist die Erwiderung auf die Kritik von Julius Kaftan an Troeltschs Aufsatz »Die Selbständigkeit der Religion«. Vgl. Julius Kaftan, »Die Selbständigkeit des Christentums«, in: *Zeitschrift für Theologie und Kirche* 6 (1896), S. 373-394.

des Ausdrucks, und so »kommt es, daß schlechterdings alles, wie es als Erregungsmittel und Ausdrucksmittel der religiösen Erfahrung dienen kann, so auch zum dauernden Symbol und Vehikel der Gottesanschauung werden kann« (423) – alle denkbaren Erscheinungen der Natur, alle denkbaren Ereignisse des menschlichen Lebens, alle richtigen oder falschen Anschauungen über Mächte, Kräfte und Gesetze im Kosmos, alle Erfahrungen des Schönen und des Sittengesetzes.

Es ist richtig, daß der zeitgenössische Pragmatismus mit Blick auf die Bestimmung von Handlung und Erfahrung deutlich weitergekommen ist als Ernst Troeltsch. Richtig ist aber auch, daß Troeltsch in einer anderen Hinsicht James deutlich überlegen war. In seinem Werk fließt die Arbeit von Generationen religionshistorischer Forschung zusammen und findet ihren Höhepunkt; und das erlaubte es ihm, seinen Beitrag zur Religionsforschung doppelt zu begründen: religionspsychologisch und religionshistorisch. Als Zusammenführung dieser beiden Stränge ist seine großartige Rede zu verstehen, die er 1904 in St. Louis hielt, als er zusammen mit Max Weber die USA bereiste.[15] Die umfassende religionshistorische Bildung wappnete ihn gegen Essentialisierungen der Religion im allgemeinen oder einzelner Religionen. Er lehnte ausdrücklich (425) jede Bestimmung eines »Wesens« der Religion ab und hielt den entsprechenden Versuchen entgegen: »Wir achten die unendliche, keiner Definition sich fügende Mannigfaltigkeit des Lebens.« Seine Beschreibungen sollten der Anfang, nicht das Ende von Religionsforschung sein; Hegels »Allwissenheit« setzte er die »entsagende Hingabe an die Wirklichkeit« entgegen (470).

Es besteht hier kein Widerspruch zwischen der erfahrungsbezogenen Definition der Religion, auf die sich die These von der Selbständigkeit der Religion gründet, und der Verweigerung von Wesensbestimmungen, da es einer in dieser Weise konzi-

---

15 Troeltsch, »Psychologie und Erkenntnistheorie in der Religionswissenschaft«.

pierten Religionsforschung ja darum geht, ihre Begriffe so anzulegen, daß die unendliche Mannigfaltigkeit religiöser Phänomene in ihren jeweiligen Kontexten erfaßbar wird. In jeder einzelnen Religion oder, in Troeltschs Worten: in jeder »produktiven Gottesanschauung«, die einer religiösen Gemeinschaft zugrunde liegt, »ist ohne Reflexion, aber tatsächlich ein einheitliches praktisches Ganzes der Lebensstimmung und -gesinnung, ein eigentümliches Grundverhältnis von Gott, Welt und Mensch gesetzt« (439). Dieses Grundverhältnis ist in religiösen Traditionen nicht als dauernde Ursache oder fixes Telos am Werk, sondern als »germinative principle«,[16] als Keimgedanke intuitiver Art, der weder von der Wissenschaft noch von den Gläubigen selbst definitiv in eine Lehre umgewandelt werden kann. So unvermeidlich doktrinäre Fassung und institutionelle Formung der jeweiligen religiösen Grundinspiration sind, so bedenklich können dogmatische Erstarrungen und »unlebendig« (436) gewordene Organisationsformen für den Glauben sein. Zu den zentralen theologischen Motiven Troeltschs gehörte es eben, die »Verflechtung von Christlichem und Außerchristlichem«[17] darzulegen, statt das Christentum aus der Religionsgeschichte isolierend herauszunehmen. In seinem großen Werk über *Die Soziallehren der christlichen Kirchen und Gruppen*[18] hat Troeltsch – das möchte ich hinzufügen – diese methodischen Prinzipien näher erläutert, sie aber vor allem in imponierender Weise auf die Geschichte des Christentums angewandt, auf die »sich endlos wandelnde und brechende Geisteswelt des Christentums«,[19] »die

---

16 Diesen Begriff übernimmt Troeltsch von dem britischen Philosophen Edward Caird, dessen Gifford-Vorlesungen von 1891/92 unter dem Titel *The Evolution of Religion* veröffentlicht wurden (Glasgow 1894). Vgl. in Troeltschs Text S. 452 sowie die Anm. 125 der Herausgeber.
17 Troeltsch, »Geschichte und Metaphysik«, S. 622.
18 Ernst Troeltsch, *Die Soziallehren der christlichen Kirchen und Gruppen*, Tübingen 1912. Dazu jetzt meine ausführliche Interpretation in: Hans Joas, *Die Macht des Heiligen. Eine Alternative zur Geschichte von der Entzauberung*, Berlin 2017, S. 169-201.
19 Troeltsch, »Geschichte und Metaphysik«, S. 630.

nur aus dem Ganzen ihrer Entfaltungen verstanden werden kann und deren schöpferische Fülle sich für keine Zukunft vorausberechnen läßt«.[20] Ich habe andernorts dafür plädiert, anhand dieser Leitlinie heute die »politische Ethik der Weltreligionen« vergleichend zu studieren.[21]

Die Religionsforschung, die als Wissenschaft frei zu sein hat sowohl von glaubensapologetischen als auch von säkularistischen Voraussetzungen, kann den Wahrheitsanspruch einer bestimmten Religion weder einfach unterstellen, noch darf sie alle Wahrheitsansprüche aller Religionen für illusionär erklären. Wenn dies zutrifft, ist sie darauf angewiesen, den spezifischen Charakter religiöser Wahrheitsansprüche, die sich von kognitiven wie von normativen Geltungsansprüchen unterscheiden und auch nicht mit dem bloßen Anspruch auf subjektive Wahrhaftigkeit zusammenfallen, herauszuarbeiten und zu analysieren, wie eine vernünftige Auseinandersetzung über solche religiösen Wahrheitsansprüche möglich sein soll. Der näheren Bestimmung des spezifischen Wahrheitsanspruchs religiöser Überzeugungen näherte sich Troeltsch über den Begriff der »idealen Wertgefühle« (392). Er versuchte zwei Typen von Allgemeinheit des Urteils zu unterscheiden: kognitive Urteile, die sich gerade »von aller subjektiven Gefühlsverschiedenheit« (393) ablösen können, und »Ideen« oder »Ideale«, die »niemals von den sie begleitenden Wertgefühlen und Willenserregungen abgelöst werden« können und deren Evidenz »nicht bloß auf ihrem Vorhandensein im Geiste überhaupt [beruht], sondern besonders auf ihrer den Geist erhebenden und leitenden Macht, der man sich hingeben muß, wenn man die Keime dieser Ideen nicht vertrocknen lassen will« (ebd.). Bei Idealen ist der Bezug zur Individualität unauflösbar, was aber gerade nicht bedeutet, daß sie

---

20 Ebd., S. 671.
21 Hans Joas, »Gesellschaft, Staat und Religion. Ihr Verhältnis in der Sicht der Weltreligionen«, in: ders., Klaus Wiegandt (Hg.), *Säkularisierung und die Weltreligionen*, Frankfurt/M. 2007, S. 7-43.

keinen »Zug zur Allgemeinheit« hätten, sondern nur, daß dieser ein ganz anderer ist als bei rein diskursiv-argumentativer Rationalität.[22] Troeltsch ist umsichtig genug, um zu erkennen, daß Religion auch innerhalb dieses Reiches der Werte oder Ideale etwas Besonderes ist, mehr nämlich als »die bloße vorstellungsmäßige Versinnlichung des idealen Vernunftgesetzes« (396). Vielmehr ist sie – wie schon gesagt – eine praktische Beziehung zu einer Gottheit, die wir als heil- oder unheilspendende Kraft erleben. Die analytische Unterscheidung von Tatsachen- und Werturteilen bedeutet im übrigen bei Troeltsch nicht, daß sie in der Realität säuberlich voneinander getrennt werden könnten.[23]

Religionen können demnach »wahr« sein, wenngleich »wahr« hier nicht denselben Sinn hat wie bei wissenschaftlichen Sätzen oder kognitiven Behauptungen im allgemeinen. Wie aber findet man heraus, welche Religion wahr ist? Wie kann man sich mit den Wahrheitsansprüchen von Religionen auseinandersetzen, ohne den spezifischen Charakter religiöser Wahrheitsansprüche im Prinzip zu verfehlen? Troeltsch macht – etwa in polemischer Auseinandersetzung mit Herbert Spencer – deutlich, welchen Weg er für verfehlt hält, einen Weg im übrigen, den er auch bei Hegelianern findet. Es ist die Vorstellung eines »Synkretismus aller Religionen, der das ihnen Gemeinsame zusammenfaßt«, eine »Vereinigung und Verschmelzung aller Einzelreligionen, bei der dann ihr gemeinsamer Kern als das Allgemeingültige und teleologisch Abschließende heausträte« (450). Für den historistisch geprägten Troeltsch ist es der »unselige und verwirrende, bedingungslose Kultus der Allgemeinbegriffe«, der zu diesem Irrweg verleitet. Heraus komme bei solchen Versuchen immer nur eine »vorsichtig gefaßte metaphysische Idee«, nie aber

---

22 Zu meinen Versuchen, die Spezifik der Kommunikation über Werte zu erfassen, vgl. *Die Sakralität der Person*, S. 253-265, und *Die Entstehung der Werte*, S. 252-293.
23 Hilary Putnam, *The Collapse of the Fact/Value Dichotomy*, Cambridge, Mass., 2002.

eine »lebensfähige Religion«. Es ist absehbar, daß Troeltsch ähnlich deutliche Vorbehalte gegen die Suche nach einem kleinsten gemeinsamen ethischen Nenner in den Weltreligionen oder gegen die Vorstellung einer philosophischen Übersetzbarkeit des »germinative principle« religiöser Traditionen oder Inspirationen gehabt hätte. Aus seiner Sicht gibt es nur eine Möglichkeit: Man muß in die »geschichtlichen Besonderungen der Religion« (372) selbst eindringen und selbst an der Dynamik interreligiöser Auseinandersetzung teilhaben. Er liefert allerdings in diesem frühen Werk nicht – wie später Karl Jaspers[24] – wirklich die Grundlagen einer Theorie der vernünftigen Kommunikation über Aussagen zur Transzendenz, sondern geht den Weg eines »idealistischen Evolutionismus«; das heißt, er macht den Versuch, durch eine religionshistorische Untersuchung immanente Gesetze der Religionsentwicklung zu identifizieren, die den Anspruch des Christentums, höchste und letztgültige Gestalt des universellen religiösen Phänomens zu sein, zwar nicht beweisen, aber doch plausibilisieren. Mit Reflexionen zur Entwicklung der Vorstellungen von Gott, Welt und Seele soll gezeigt werden, daß »die innere Dialektik der religiösen Idee [...] in die Richtung der vollkommen individuellen und daher universalistischen Erlösungsreligion« (515) weist.

Obwohl ich Überlegungen zu einer Entwicklung der Religion in Richtung auf Universalismus und Individualisierung keineswegs für abwegig halte,[25] sehe ich diese (theologischen) Schlußpassagen von Troeltschs großem Aufsatz als am deutlichsten veraltet an. Trotz einiger Versuche zur Auseinandersetzung mit dem Buddhismus und dem Islam bleibt Troeltschs Hori-

---

24 Karl Jaspers, *Der philosophische Glaube angesichts der Offenbarung*, München 1962. Zur Problematik von Jaspers' Lösung (mit weiteren Literaturangaben) vgl. Hans Joas, *Was ist die Achsenzeit? Eine wissenschaftliche Debatte als Diskurs über Transzendenz*, Basel 2014, S. 38 ff.
25 Vgl. dazu unten, Teil IV, bes. Kap. 5 (Robert Bellah), und das Schlußkapitel.

zont, ich möchte sagen: »mediterraneozentrisch«, und dies geht so weit, daß er behauptet, die Weltkultur sei im wesentlichen dort, das heißt im Mittelmeerraum, »erarbeitet« worden (532). Hier finden sich auch immer wieder Ausführungen, in denen aus gläubigem Gottvertrauen gefolgert wird, daß der Geschichte eine positive teleologische Tendenz innewohne. So hat Troeltsch nach dem Ersten Weltkrieg und dem Schock historischer Kontingenzerfahrungen, die mit diesem Krieg verbunden waren, nicht mehr formuliert. Bemerkenswert ist, daß er in dieser frühen Arbeit zu schwanken scheint zwischen einem illusionslosen Bild der Religionsgeschichte »mit ihren furchtbaren Greueln und ihrem blöden und selbstsüchtigen Aberwitz« (471), einer Geschichte, die sich nicht als Fortschrittsgeschichte schreiben lasse, sondern nur »das völlig inkommensurable Aufleuchten großer religiöser Impulse [zeigt], die auf Jahrhunderte die Massen beherrschen« (ebd.), und einer idealistischen teleologischen Geschichtsphilosophie. Hier ebenso wie in der genauen Vorstellung vom Charakter religiöser Erfahrung verschieben sich die Akzente in Troeltschs weiterer Entwicklung; um nicht dem Mythos eines unvermeidlich relativistischen Historismus und der Notwendigkeit eines existenzphilosophischen Bruchs mit ihm zum Opfer zu fallen, ist es aber wichtig, diese innere Spannung in Troeltschs Denken schon in dieser frühen Phase der Werkgeschichte wahrzunehmen.

Tut man dies nicht, dann verschwindet Troeltschs umfassendes Forschungsprogramm hinter einer alten und immer wieder belebten Trennung von theologischer und säkular-wissenschaftlicher Beschäftigung mit Religion. Ich sehe sein Programm, das ich hier, ohne dem Aufbau von Troeltschs Jugendaufsatz zu folgen, aktualisierend zu formulieren versucht habe, als grandiosen Versuch, Theologie und Wissenschaften von der Religion zwar zu unterscheiden, aber miteinander auch aufs engste zu verknüpfen. Dieses Programm mißfällt mancher theologischen Schule und allen Philosophen und Geisteswissenschaftlern, die Wissenschaft mit einer Entscheidung für ein säkularistisches

Weltbild identifizieren. Wer aber gerade die Überwindung dieser unproduktiven wechselseitigen Ignoranz anstrebt, für den wird Troeltsch zum Klassiker der Religionstheorie.

3
Säkulare Heiligkeit: Rudolf Otto

Als Rudolf Ottos Buch *Das Heilige* im Jahr 1917 erschien – noch während des Weltkrieges also und kurz vor dem von diesem Kriege bewirkten epochalen politischen und kulturellen Umschlag in Deutschland –, wurde es sofort und anhaltend als ein Buch der »Befreiung« und des »Durchbruchs« empfunden. Paul Tillich war es, der diese Ausdrücke rückblickend verwendete, um das nicht nur subjektiv von ihm empfundene, sondern weitverbreitete Gefühl zu artikulieren, daß hier auf religionsphilosophischem Gebiet

> unter all den rationalen Erstarrungen und Belastungen, die nicht nur das kirchliche, sondern auch das philosophisch-idealistische Bewußtsein der letzten Jahrzehnte mit sich trug, das Urfeuer des Lebendigen sich regte und jene Schichten der Verhärtung zu zittern und zu zerreißen begannen.[1]

»Bis in die Sphäre der persönlichen Frömmigkeit hinein« reichte die Wirkung des Buches, ob es nun an der Front gelesen wurde – Tillich selbst las es in der Champagne – oder zu Hause und nach der Demobilisierung. Rudolf Otto (1869-1937) hatte es auf eine solche über den akademischen Bereich weit hinausreichende Leserschaft auch durchaus abgesehen und sein Buch in einer suggestiven Prosa verfaßt, die sich vom Stil der Kompilation exotischer Tatsachen (wie in Wilhelm Wundts Völkerpsychologie) oder der Entwicklung abstrakter philosophischer Gedan-

---

1 Paul Tillich, »Die Kategorie des ›Heiligen‹ bei Rudolf Otto« [1923], in: *Begegnungen. Paul Tillich über sich selbst und andere* (= *Gesammelte Werke*, Bd. XII), Stuttgart 1971, S. 184-186, hier S. 184.

kengänge (wie in Wilhelm Windelbands Studie zum Heiligen) beträchtlich unterschied. Man hat Ottos Werk »das meistverkaufte theologische bzw. religionswissenschaftliche Buch der Neuzeit überhaupt« genannt;[2] obwohl ich die Absatzzahlen nicht kenne, erscheint mir die Aussage nicht unplausibel, und ich könnte mir lediglich einen hinsichtlich des publizistischen Erfolgs vielleicht überlegenen Konkurrenten vorstellen: William James' *The Varieties of Religious Experience* von 1902. In der englischsprachigen Welt wird James' Buch der eigentliche revolutionäre Durchbruch im Studium der Religion zugeschrieben – und nicht Rudolf Otto, und obwohl bei James »Heiligkeit« nicht dieselbe begriffliche Zentralstellung einnimmt wie bei Otto, zeigt schon der oberflächliche vergleichende Blick methodische Ähnlichkeiten in Hinsicht auf die Analyse der religiösen Erfahrung.

War Ottos Buch ein Durchbruch also nur in national beschränkter Perspektive? In welcher Hinsicht genau kann es überhaupt und auch heute noch als Durchbruch bezeichnet werden? Bleibt denn, wenn wir zu Ottos Selbststilisierung und der Perspektive der Zeitgenossen Distanz nehmen, etwas übrig, das einen unüberholten Anspruch von Ottos Werk zu vertreten erlaubt?

Ich stelle mir in diesem Kapitel die Aufgabe, nach der Aktualität Rudolf Ottos zu fragen, nicht in dem simplen Sinn aber, daß einzelne Elemente seiner Ausführungen aus dem Ganzen seines Werks herausgelöst und auf ihre Nützlichkeit für die Analyse heutiger Phänomene hin befragt würden, sondern in dem anspruchsvolleren doppelten Sinn, einerseits durch eine historische Kontextualisierung seines Werks hindurch nach seiner Aktualität zu fragen und andererseits durch eine Reflexion auf eine heute veränderte theoretische Lage herauszufinden, was Otto ihr gegenüber noch zu bieten hat. Ich werde also zu-

---

2 Georg Pfleiderer, *Theologie als Wirklichkeitswissenschaft. Studien zum Religionsbegriff bei Georg Wobbermin, Rudolf Otto, Heinrich Scholz und Max Scheler*, Tübingen 1992, S. 104.

nächst versuchen, Rudolf Otto nicht als Solitär in der religionswissenschaftlichen Landschaft zu behandeln, sondern ihn in den breiten Diskurs über »Heiligkeit« einzubetten, der sich seit der Mitte des neunzehnten Jahrhunderts international entwikkelt hatte; dabei interessiert mich besonders, wie es eigentlich zu diesem Diskurs in ebendieser Zeit kommen konnte.

Dann will ich Ottos Verständnis des Heiligen auf die aktuelle Theoriesituation beziehen, in der andere Autoren – Émile Durkheim, Max Weber, William James – eine größere Rolle zumindest in den Sozialwissenschaften spielen als Otto, wenn es um die Dynamik von Prozessen der Sakralisierung (und Entsakralisierung) in der Religionsgeschichte, gerade auch unter Bedingungen radikaler Säkularisierung geht. Auch meine eigenen Theorieversuche kommen dabei ins Spiel. Methodisch sind die beiden Schritte durch den Gedanken zusammengehalten, daß historische Kontextualisierung nicht das Gegenteil von Aktualisierung ist, sondern ihre notwendige Voraussetzung. So hatte Ernst Troeltsch argumentiert, als er einen Weg zur Verlebendigung des christlichen Glaubens gerade durch die Religionsgeschichte hindurch zu bahnen versuchte und diesen Weg weit über die religiösen Fragen hinaus als Ausweg aus den Relativismusgefahren des Historismus empfahl.

Rationalisierung am Numinosen

Schon Ottos Zeitgenossen fiel auf, daß er in seinem Bestseller über das Heilige kaum auf neuere Literatur verwies, sondern nur auf Quellen und Denker aus der klassischen Phase der deutschen Philosophie, vor allem auf Kant, Schleiermacher und den ansonsten weitgehend vergessenen, damals kurze Zeit wiederentdeckten Jakob Friedrich Fries,[3] über den Otto 1909 ein Buch

---

3 Ernst Troeltsch, »Zur Religionsphilosophie. Aus Anlaß des Buches von Rudolf Otto über ›Das Heilige‹«, zuerst in: *Kant-Studien* 23 (1917), S. 65-

veröffentlicht hatte. Kannte er die zeitgenössische Literatur nicht oder wollte er die Spuren verwischen, die den Weg zu seinen Thesen zu rekonstruieren erlauben? Nehmen wir als erstes Beispiel William James. Er kommt nur drei Mal in Ottos Buch vor (11, 50, 217),[4] jedesmal nur am Rande und zwei Mal eher negativ kommentiert; insbesondere James' Pragmatismus oder »radikaler Empirismus« wird ganz in dem Ton abgefertigt, wie dies in Deutschland damals in der Auseinandersetzung mit amerikanischen Denkern üblich war:[5] als primitiver Irrweg, der jeden Zugang »zur Anerkennung von Erkenntnisanlagen und Ideengrundlagen im Geiste selber verbaut« (11). Einem James-Kenner wie Troeltsch mußte das schon damals als unangemessen auffallen, weshalb er in seiner Rezension von 1918 festhielt, daß Otto mit James überaus nahe zusammentreffe, soweit dieser rein Psychologe bleibe und sich wie dieser »wesentlich an die den objektiven Bildungen des Mythos, Dogma, Kultus usw. zugrundeliegende subjektive Religion [hält] und vor allem [...] das von James gesammelte Material voraus[setzt], zu dem er aus Bibel, Koran, Mystikern, Luther und indischer Religion nur wenige, aber gut gewählte Belegstellen hinzufügt«.[6] Troeltsch weist auch auf die Nähe zu Dilthey hin, vor allem aber auf seine eigenen, Dilthey im wesentlichen folgenden Ausführungen in seinem umfangreichen Aufsatz »Die Selbständigkeit der Religion« und nennt Ottos Buch, vielleicht mit leisem Vorwurf, »eine vollständige Parallele« zu diesem mehr als zwanzig Jahre älteren Text.[7] Noch

---

76, auch in: ders., *Rezensionen und Kritiken (1915-1923)* (= KGA, Bd. 13), Berlin 2010, S. 412-425, hier S. 413.

4 Rudolf Otto, *Das Heilige. Über das Irrationale in der Idee des Göttlichen und sein Verhältnis zum Rationalen* [1917], München 2014. (Alle Seitenzahlen im Text beziehen sich auf diese Ausgabe.)

5 Hans Joas, »Amerikanischer Pragmatismus und deutsches Denken. Zur Geschichte eines Mißverständnisses«, in: ders., *Pragmatismus und Gesellschaftstheorie*, Frankfurt/M. 1992, S. 114-145.

6 Troeltsch, »Zur Religionsphilosophie«, S. 414.

7 Ernst Troeltsch, »Die Selbständigkeit der Religion« [1894/95], auch in: ders., *Schriften zur Theologie und Religionsphilosophie (1888-1902)*

merkwürdiger als die Einsilbigkeit Ottos in puncto James und Troeltsch ist, daß zwei weitere zentrale Gestalten des internationalen religionswissenschaftlich-theologischen Heiligkeitsdiskurses (Robert Ranulph Marett und Nathan Söderblom) von Otto zwar kurz erwähnt werden (16 f., Anm. 2), aber nicht als Vorläufer oder eigentliche Pioniere, obwohl er Maretts Arbeiten sogar als bahnbrechend bezeichnet, sondern als »erfreuliche« nachträgliche »Bestätigungen« seiner in den Auseinandersetzungen mit Wilhelm Wundt 1910 aufgestellten Behauptungen. Daran ist mehreres rätselhaft, denn Maretts Arbeiten über »mana«, Tabu und präanimistische Religion waren schon vor seiner Aufsatzsammlung von 1909 größtenteils veröffentlicht und weithin rezipiert worden;[8] und in bezug auf Söderblom nennt Otto zwar seine Rezension von dessen Buch *Das Werden des Götterglaubens* von 1915 – in meiner Ausgabe mysteriöserweise mit der Angabe 1925; es ist aber durch die Auswertung der Korrespondenz von Otto inzwischen bekannt,[9] daß die beiden Theologen gleich nach der Veröffentlichung von Ottos Schleiermacher-Ausgabe von 1899 miteinander in Kontakt kamen, Otto im Jahr 1900 Söderblom in Paris besuchte, dieser Kontakt anhielt und Söderbloms eigene einflußreiche Schriften über das Heilige, vor allem der Beitrag zur *Encyclopedia of Religion and Ethics* von 1913, ganz offen auf die Arbeiten von Émile Durkheim und seiner Schüler Marcel Mauss und Henri Hubert verweisen.[10] Deren Arbeit zur Magie von 1904[11] wiederum hatte Marett als systematisch über-

---

(= KGA, Bd. 1), Berlin 2009, S. 359-535, hier S. 413. Vgl. dazu auch oben in diesem Teil, Kap. 2, zu Troeltsch.
8 Robert Ranulph Marett, *The Threshold of Religion*, London 1909.
9 Jan N. Bremmer, »›Religion‹, ›Ritual‹ and the Opposition ›Sacred vs. Profane‹«, in: *Ansichten griechischer Rituale. Geburtstags-Symposium für Walter Burkert*, hg. v. Fritz Graf, Stuttgart, Leipzig 1968, S. 9-32, hier S. 26 f.
10 Nathan Söderblom, »Das Heilige (Allgemeines und Ursprüngliches)« [1913], in: Carsten Colpe (Hg.), *Die Diskussion um das »Heilige«*, Darmstadt 1977, S. 76-116.
11 Henri Hubert, Marcel Mauss, »Entwurf einer allgemeinen Theorie der

legene Parallele zu seiner eigenen Forschung erwähnt, so daß es überraschend wäre, wenn Otto diesem Hinweis nicht nachgegangen wäre. Es sieht zudem durchaus so aus, als habe Otto auch Durkheims Werk von 1912 *Les formes élémentaires de la vie religieuse* zur Kenntnis genommen, ohne es aber dann zu erwähnen.[12] Hinter Marett, Söderblom, Durkheim, Hubert und Mauss liegen noch weitere Forschungen zur griechisch-römischen (Fustel de Coulanges) und semitischen (Robertson Smith) Religion, die aus religionsgeschichtlicher Perspektive in eine ähnliche Richtung wiesen wie William James aus religionspsychologischer: daß Religionen nicht in erster Linie als Lehrgebäude oder Institutionen zu verstehen seien, sondern als Systeme kollektiver und individueller Ritualpraktiken und der durch diese ermöglichten Erfahrungen.

Auf die unübersichtlichen Einflußbahnen im Heiligkeitsdiskurs um 1900 will ich an dieser Stelle nicht weiter eingehen,[13] da es mir gewiß nicht um die Klärung urheberrechtlicher Fragen oder wissenschaftsgeschichtlicher Prioritätsansprüche geht. Die Berücksichtigung der Tatsache aber, daß Ottos Werk ein maßgeblicher Zufluß zu einem breiten Strom, nicht aber dessen

---

Magie« [1904], in: Marcel Mauss, *Schriften zur Religionssoziologie*, Berlin 2012, S. 239-402 (es ist ein großes Verdienst von Stephan Moebius, Frithjof Nungesser und Christian Papilloud, diese in Deutschland bisher kaum rezipierten Arbeiten endlich in deutscher Sprache zugänglich gemacht zu haben); vgl. Marett, *The Threshold of Religion*, S. XII.

12 Vgl. Camille Tarot, *Le symbolique et le sacré. Théories de la religion*, Paris 2008, S. 485, im Anschluß an Henri Hatzfeld, *Les Racines de la religion. Tradition, rituels, valeurs*, Paris 1993, S. 27f.

13 Dieser ist schon verschiedentlich in interessanter Weise rekonstruiert worden. Vgl. u. a. Carsten Colpe, *Über das Heilige. Versuch, seiner Verkennung kritisch vorzubeugen*, Meisenheim 1990; Arie L. Molendijk, »The Notion of the Sacred«, in: Arie L. Molendijk, Paul Post (Hg.), *Holy Ground. Re-inventing Ritual Space in Modern Western Culture*, Leuven 2010, S. 55-89. Jetzt auch: Hans Joas, *Die Macht des Heiligen. Eine Alternative zur Geschichte von der Entzauberung*, Berlin 2017, S. 111-164.

Quelle ist, relativiert die Bedeutung autobiographischer Selbstauskünfte über Motive, etwa daß für Ottos gedankliche Entwicklung die Inspiration durch den gewiß nicht rationalistischen »Bauernsohn« Luther oder ein ekstatisches Erlebnis in einer marokkanischen Synagoge ausschlaggebend gewesen seien. Sie relativiert allerdings überhaupt die Bedeutung jedes einzelnen Beiträgers zu diesem breiten Diskurs, der sich ja nur entwickeln kann, nachdem der Boden für ihn bereitet wurde durch eine Konstellation von historischen Veränderungen, an die dann vielerlei Motive angeknüpft werden können. Nach dieser Konstellation aber will ich eigentlich fragen.

Zwei historische Veränderungen scheinen mir entscheidend für die Charakterisierung dieser Konstellation. Die eine betrifft den Aufstieg der säkularen Option in weiten Kreisen des Bürgertums und der Arbeiterschaft etwa in Deutschland und Frankreich in dieser Zeit. Ich ziehe es vor, von der Entscheidung der Menschen für die säkulare Option und nicht von »Säkularisierung« zu reden – in Anlehnung an die Begrifflichkeit von Charles Taylor[14] –, weil damit deutlich wird, daß es sich nicht um einen quasi zwangsläufigen Prozeß handelte, der alle gleichermaßen betraf, sondern um ein die Individuen je nach soziokulturellem Milieu und politischer Orientierung höchst unterschiedlich betreffendes, von ihren subjektiven Situationsdeutungen abhängiges Geschehen. Dieser Aufstieg der säkularen Option machte zahlreichen Beobachtern bewußt, daß der verbreitete Abschied von den tradierten Religionsgemeinschaften nicht gleichzusetzen ist mit einem Abschied von aller »Gläubigkeit«. Es kommt mit der säkularen Option zunächst ja etwas Zusätzliches in die Welt, das gewiß Platz beansprucht, aber diesen nicht widerstandslos erobert. Auf jeden Fall wird so der Glaube selbst zur Option; er verliert die Selbstverständlichkeit, die er vielleicht gehabt hat, und wird zu einem Glauben im Angesicht der Mög-

---

14 Charles Taylor, *Ein säkulares Zeitalter*, Frankfurt/M. 2009.

lichkeit des Unglaubens.[15] Diese Erkenntnis konnte empirisch genutzt werden, durch die Aufmerksamkeit etwa auf religiöse Erweckungsbewegungen und die Neuentstehung von Religionen – so bei William James. Sie konnte auch normativ und programmatisch gewendet werden, durch die Bemühung um die Förderung einer postchristlichen »religion de l'humanité« bei Émile Durkheim, mit der Idee der Menschenrechte als einer Sakralisierung der Person und der Nation als eines Mittels zur Verwirklichung dieser Menschenrechte. Empirisch konnten hier auch – schon bei Marcel Mauss, aber vor allem später bei Eric Voegelin, Raymond Aron und anderen – Versuche anschließen, die säkularen nationalen und sozialen Bewegungen des neunzehnten Jahrhunderts, vor allem aber dann die Totalitarismen des zwanzigsten Jahrhunderts, als politische oder säkulare Religionen, als Religionsersatz oder Ersatzreligion, Pseudo- oder Kryptoreligion – in äußerst schwankender Weise also – auf den Begriff zu bringen.

Gemeinsam ist all diesen Denkansätzen, daß sie auf die massenhafte Entscheidung für die säkulare Option oder doch zumindest (in den USA) auf eine fortschreitende Individualisierung der Religion nicht einfach glaubensapologetisch mit einer These von der anthropologischen Unentbehrlichkeit von Religion reagieren, aber eben auch nicht flach-säkularistisch den ersatzlosen Wegfall überholten »Aberglaubens« und die Überwindung eines unzivilisierten »Fanatismus« proklamierten – zwei Schlagwörter aus dem Arsenal aufklärerischer Religionskritik. Vielmehr unternahmen sie es, die spezifischen Qualitäten menschlicher Erfahrung zu bestimmen, die aller Religion zugrunde liegen und durch den Aufstieg der säkularen Option nicht einfach verschwinden. Der Begriff, der sich für diese Erfahrungsqualität weithin durchsetzte, war der des Heiligen. Religionen mußten dann als Systeme erscheinen, die die Erfahrung des Heiligen

---

15 Dazu ausführlich: Hans Joas, *Glaube als Option. Zukunftsmöglichkeiten des Christentums*, Freiburg 2012.

organisieren – »l'administration du sacré« –, das Heilige selbst aber als »l'idée mère de la religion« (Henri Hubert),[16] womit die bisherige Vorstellung, die sich aus der Innenperspektive einer Religion ergibt und aus einer Religionskritik, die diese Innenperspektive nur entwertet, analytisch auf den Kopf gestellt wird. Das »Heilige« wird so aus den institutionellen und doktrinären Einfassungen gelöst, die der Begriff »Religion« suggeriert.

So verschieden die religionspolitische Situation in Deutschland von der im Frankreich Durkheims oder der in den Vereinigen Staaten zu der Zeit von William James war: Gemeinsam ist Rudolf Otto mit den genannten Denkern der Versuch, auf die sich ausbreitende Religionskritik nicht einfach glaubensapologetisch zu reagieren, sondern durch eine neue Bestimmung der Ebene, auf der ein Religionsdiskurs überhaupt methodisch zu führen sei. Vor allem für James und Otto gilt, daß sie eine Ebene suchten, auf der eine Wissenschaft von der Religion betrieben werden kann, deren Aussagen sowohl für Gläubige verschiedener Glaubensrichtungen als auch für Säkularisten plausibel sind. Dazu war ein gleicher Abstand nötig auf der einen Seite zu einer Theologie, die für ihre Aussagen einfach »offenbarungspositivistisch« nicht weiter herleitbare Setzungen zum Ausgangspunkt wählte, und auf der anderen Seite zu einer reduktionistischen Religionswissenschaft, die religiöse Phänomene grundsätzlich nur als Ausdruck anderer Phänomene anerkennen kann. William James nannte solche reduktionistischen Erklärungen »nothing-but«-Erklärungen.[17] Es ist mir wichtig, darauf hinzuweisen, daß solche Reduktionismen den Aufstieg der säkularen Option zur unausgesprochenen Voraussetzung haben. In ihnen wird Religion als solche zum Explanandum und nicht nur ein bestimmter Glaube. Ohne Religionslosigkeit wäre

---

16 Henri Hubert, »Introduction à la traduction française«, in: Pierre Daniel Chantepie de la Saussaye, *Manuel d'histoire des religions*, Paris 1904, S. V-XLVIII, hier S. XLVII.
17 Siehe dazu oben in diesem Teil, Kap. 2.

diese Fragestellung und ein solcher gewissermaßen von außen kommender Blick auf alle Religion gar nicht möglich. Die Wende zur »Erfahrung« erlaubt es nun, gegen Apologetik *und* Reduktionismus einen Phänomenbereich zu bestimmen, über den Aussagen möglich sind, die eine gewisse Unabhängigkeit von religiösen oder antireligiösen Großdeutungen haben.

Die zweite Entwicklung, die den Heiligkeitsdiskurs um 1900 bestimmte, lag in der zunehmenden Einsicht, daß Begriffe, die an den abrahamitischen Religionen (Judentum, Christentum, Islam) gewonnen worden waren, ungeeignet sind, die nicht oder weniger theistischen Religionen Süd- und Ostasiens zu begreifen sowie die Religionen Afrikas oder der Südsee, für die Begriffe wie »Naturismus«, »Animismus«, »Präanimismus« und »Totemismus« aufkamen. Ende des neunzehnten Jahrhunderts verstärkten Kolonialismus und Imperialismus hier eine Kulturkonfrontation, die schon früher eingesetzt hatte, deren intellektuelle Auswirkungen aber lange Zeit sehr begrenzt blieben.[18] Das Wissen führender Religionsdenker des achtzehnten Jahrhunderts – von David Hume bis Friedrich Schleiermacher – war in dieser Hinsicht noch sehr begrenzt, und selbst Ernst Troeltsch war hundert Jahre später – anders als Max Weber – mit nichtchristlichen Religionen kaum vertraut. Ganz anders Rudolf Otto, der ein veritabler Hinduismus-Experte war, und alle anderen führenden Beiträger zum Heiligkeitsdiskurs. Durkheim und Mauss beschäftigten sich mit der Universalgeschichte der Religion und konzentrierten sich etwa auf die indigenen Völker Australiens und Nordamerikas. Marett entwickelte seine Ideen über präanimistische Religion, die für den Heiligkeitsdiskurs zentral waren, an den Melanesiern und suchte nach dem Vorstellungsstoff, aus dem Göttervorstellungen sich allererst bilden können, dem »common plasm« oder »Theoplasma«.[19] Begriffe wie »Gott«

---

18 Für den Beginn dieser Geschichte: Guy G. Stroumsa, *A New Science. The Discovery of Religion in the Age of Reason*, Cambridge, Mass., 2010.
19 Zu »common plasm« siehe Marett, *The Threshold of Religion*, S. XI;

und »Götter« und erst recht »das Übernatürliche« wurden als viel zu voraussetzungsreich durchschaut. Auf der Suche nach den eigentlichen fundamentalen Strukturen stieß man auf »Tabu« und »mana«, eine unpersönliche Kraft; in unterschiedlichen Weisen wurden Beziehungen hergestellt zwischen diesen Phänomenen und den von ihnen abstrahierten Begriffen.

Die beiden Entwicklungen, also der Aufstieg der säkularen Option und die verstärkte Konfrontation mit nichttheistischer religiöser Erfahrung, waren dabei in ihren geistigen Verarbeitungsformen durchaus nicht völlig getrennt. Schon im achtzehnten Jahrhundert ging die aufklärerische China-Mode teilweise darauf zurück, daß man den Konfuzianismus als rein säkulare Weisheitslehre interpretierte,[20] und im neunzehnten Jahrhundert hielt man jahrzehntelang die australischen Aborigines für eine praktisch religionslose Kultur.[21] Die Möglichkeit der Religionslosigkeit in der Vergangenheit oder auf früheren Stufen der Menschheitsentwicklung erschien als Stärkung der Aussicht, in der Zukunft ebenfalls eine rein säkulare Kultur zu entwickeln.

Sich auf religiöse Erfahrung und insbesondere auf die Erfahrung von Heiligkeit zu konzentrieren änderte die Parameter der vielfältigen Religionsdebatten in höchst innovativer Weise. Für Otto mehr noch als für James hieß dies, eine neue Chance zur Revitalisierung des christlichen Glaubens wahrzunehmen. Nach Ottos Meinung löste sich durch die religionspsychologische und religionshistorische Perspektive der Wahrheitsanspruch des Christentums ja nicht relativistisch auf. Obwohl er – wie Max Weber – von »Versittlichung und allgemeiner Rationalisie-

---

zu »Theoplasma« siehe ders., *A Jerseyman at Oxford*, London 1941, S. 161.
20 Eun-Jeung Lee, »*Anti-Europa*«. *Die Geschichte der Rezeption des Konfuzianismus und der konfuzianischen Gesellschaft seit der frühen Aufklärung*, Münster 2003, v. a. S. 54-140.
21 Willam Edward Hanley Stanner, »Religion, Totemism and Symbolism«, in: Ronald Berndt, Catherine Berndt (Hg.), *Aboriginal Man in Australia*, Sydney 1965, S. 207-237.

rung des Numinosen« (95) sprach, bedeutete das für ihn nicht – wie für Weber – fortschreitende »Entzauberung«, denn, so schreibt er, »solche Versittlichung und Rationalisierung ist nicht die Überwindung des Numinosen, sondern Überwindung seines einseitigen Vorwiegens. Sie vollzieht sich *am* Numinosen und wird von ihm umfaßt« (95). Dieser Gedanke entspricht genau einem der Leitmotive in dem vielleicht bedeutendsten Werk historisch orientierter Religionssoziologie unserer Zeit, nämlich der Formel »nothing is ever lost« bei Robert Bellah.[22] Theoretische Rationalität etwa ersetzt in dieser Sicht nicht das Mimetisch-Rituelle und das Mythisch-Narrative, sondern kommt als Frage nach der richtigen zu erzählenden Geschichte und auch im Sinne der kritischen Umgestaltung aller vorliegenden Geschichten zu diesem hinzu. Deshalb zielt Otto mit seiner Herausarbeitung des Numinosen auch im Christentum nicht einfach auf dessen Vergangenheit. Für ihn kann »die christliche Glaubenslehre [...] auf dieses Moment nicht verzichten, wenn sie christliche und biblische Religiosität vertreten will« (72). »Sache christlicher Kultur, christlicher Verkündigung, christlicher Glaubenslehre wird es sein, das Rationale in der christlichen Gottesidee immerdar auf dem Untergrunde ihrer irrationalen Momente zu hegen, um ihm so seine Tiefe zu sichern.« (133) Da Otto aber eben nicht einfach das Irrationale gegen die Rationalisierung stellt, sondern an die Rationalisierung *am* Numinosen denkt, hebt er hervor, daß

> der Gott des Neuen Testaments nicht weniger heilig [ist] als der des Alten, sondern mehr, der Abstand der Kreatur gegen ihn nicht geringer, sondern absolut, der Unwert des Profanen ihm gegenüber nicht verflaut, sondern gesteigert. Daß der Heilige sich dennoch sel-

---

22 Robert N. Bellah, *Religion in Human Evolution. From the Paleolithic to the Axial Age*, Cambridge, Mass., 2011, S. 267 und passim. Bellah stützt sich dabei insbesondere auf die Arbeiten des kanadischen Kognitionspsychologen Merlin Donald. Vgl. von diesem v. a. *Origins of the Modern Mind. Three Stages in the Evolution of Culture and Cognition*, Cambridge, Mass., 1991. Zu Bellah siehe unten, Teil IV, Kap. 5.

ber nahbar macht, ist keine Selbstverständlichkeit, wie es der gerührte Optimismus der »Lieber Gott«-Stimmung meint, sondern unbegreifliche Gnade. Dem Christentum dafür das Gefühl rauben heißt, es bis zur Unkenntlichkeit verflachen. (73)

Die Stärke dieses zuletzt eben doch christlich-religiösen Impulses von Ottos Werk scheint mir dort verfehlt, wo sein Buch über das Heilige wie bei Carsten Colpe als bloßes Trostbuch nach dem Zusammenbruch des Kulturprotestantismus und nationaler Hoffnungen interpretiert wird.[23] Für manche Rezipienten mag dies zutreffen, aber nicht für die Intention des Autors. Auch Hans Gerhard Kippenberg rückt Otto zu sehr in die Ecke einer bloßen Sehnsucht nach dem Heiligen in einer Epoche der Entzauberung, einer letztlich zum Scheitern verurteilten Sehnsucht nämlich.[24] Treffender scheint mir die Reaktion des jungen Leo Strauss auf Otto, der erkannte, daß sich durch die fortschreitende Ausbreitung der säkularen Option die Stellung der Theologie tiefgreifend verändern mußte. In einer Welt des Glaubens mußte sie das Recht des Rationalen zur Anerkennung bringen, nun aber

> in einer von der Ratio beherrschten geistigen Welt, »das Irrationale in der Idee des Göttlichen« durch das Medium des theoretischen Bewußtseins dem Zeitalter lebendig machen. Die frühere Theologie spekulierte in einem religiös geschlossenen Gewölbe – die neue Theologie lebt unter freiem Himmel und hat nach ihren Kräften selbst am Bau des Gewölbes mitzuhelfen. Damals war die erste Tatsache Gott – heute: Welt, Mensch, religiöses Erlebnis.[25]

---

23 Colpe, *Über das Heilige*, S. 46.
24 Hans Gerhard Kippenberg, *Die Entdeckung der Religionsgeschichte. Religionswissenschaft und Moderne*, München 1997, S. 249 ff. und S. 192 f. Eine alternative Sicht, in der Otto nicht durch Webers Augen betrachtet wird, findet sich in der ausgezeichneten Monographie von Todd A. Gooch, *The Numinous and Modernity. An Interpretation of Rudolf Otto's Philosophy of Religion*, Berlin, New York 2000, S. 204 f.
25 Leo Strauss, »Das Heilige« [1923], in: ders., *Philosophie und Gesetz – Frühe Schriften* (= *Gesammelte Schriften*, Bd. 2), Stuttgart 1997, S. 307-310, hier S. 308.

In dieser methodischen Hinsicht also sind Otto und der ganze Heiligkeitsdiskurs der Zeit gewiß weiter höchst aktuell, zumal die beiden von mir genannten Entwicklungen der Zeit – Ausbreitung der säkularen Option und verstärkte Konfrontation mit nichttheistischer Religiösität – ja eher weiter an Bedeutung gewonnen haben. Die Analyse von Sakralisierungsprozessen aller Art in Vergangenheit und Gegenwart ist für mich geradezu ein zentrales Thema nicht nur der Religionssoziologie, sondern weit über sie hinaus. Trotzdem wird dieser meiner Behauptung, für mich subjektiv immer wieder erstaunlich, eine konfessionelle Schlagseite unterstellt. Ist die Rede von der Heiligkeit irgendwie katholisch? Bezieht man den Heiligkeitsdiskurs in seiner Breite ein, erscheint diese Unterstellung als abwegig. Die wichtigsten Beiträger, wie gesagt, waren französische Juden wie Durkheim und Mauss sowie eben der lutherische deutsche Theologe Otto und der nachmalige lutherische Erzbischof im schwedischen Uppsala, Nathan Söderblom. Konfrontiert mit dieser Unterstellung hätte Rudolf Otto wohl darauf verwiesen, daß zwar »das Gefühl des Numinosen« im Katholizismus in der Tat »ungemein kräftig« lebe:

> in seinem Kult, in seiner sakramentalen Symbolik, in der apokryphen Form des Wunderglaubens und der Legende, in den Paradoxien und Mysterien seines Dogmas, in den platonisch-plotinischen und dionysischen Einschlägen seiner Ideenbildung, in der Feierlichkeit seiner Kirchen und Gebräuche und besonders in der engen Fühlung seiner Frömmigkeit mit der Mystik. (116)

Otto wußte aber auch, daß die offiziellen Lehrgebäude des Katholizismus gerade Gegenstand einer sehr »starken Rationalisierung« waren, »der doch die Praxis und das Gefühlsleben selber nicht nachkam und nie entsprach« (116). Er sah die Spannung zwischen dem Rationalen und dem Irrationalen, die Chance einer Rationalisierung am Numinosen und die Gefahren einer Rationalisierung des Numinosen in allen christlichen Konfessionen und in jedweder Religion, soweit sie überhaupt Gegenstand von Rationalisierung geworden war. Die Frage aber, ob damit nicht nur ein Wunschbild vitaler moderner Religion gezeichnet werde oder ob der christliche Glaube nach der Aufklärung sich gerade von aller Religion und Heiligkeit distanzieren müsse, ist damit noch nicht beantwortet. Bevor auf Ottos Aktualität in dieser Hinsicht eingegangen werden kann, muß nach der Einbettung in den damaligen Denkkontext nun genauer untersucht werden, was die Spezifik von Ottos Konzeption des Heiligen innerhalb des genannten breiteren Diskurses ausmachte und ob sie in der heutigen Theorielandschaft noch bestehen kann.

Subjektivität und Objektivität des Heiligen

Als Ausgangspunkt für die genauere Verortung der spezifischen Position Rudolf Ottos im breiten Heiligkeitsdiskurs der Jahrzehnte um 1900 wähle ich die Frage, wie sich Otto eigentlich das Verhältnis von Subjektivität und Objektivität des Heiligen vorstellt. Einfacher ausgedrückt: Kann alles in der Welt sakralisiert werden, oder können Menschen in bestimmten Erfahrungen nicht umhin, diese als Begegnung mit einem an sich Heiligen zu erfahren? Kann letzteres nur geschehen, wenn dieses auch unabhängig von aller menschlichen Erfahrung an sich heilig ist? Die Auffassungen der Beiträger zum Heiligkeitsdiskurs weichen bei dieser Frage sehr weit voneinander ab. Es findet sich das ganze Spektrum von einer komplett objektivistischen Sicht bis zu einer Denkweise, der zufolge das Heilige nichts anderes ist als eine kollektive Zuschreibung dieser Qualität. Am objektivistischen Pol sehe ich den wichtigsten katholischen Beiträger zum Heiligkeitsdiskurs der Zeit, nämlich Max Scheler. Er lobt zwar in seinem religionsphilosophischen Hauptwerk *Vom Ewigen im Menschen* Rudolf Otto für die phänomenologischen Analysen seines »tiefen und schönen Buches«, kritisiert aber, daß dieser dann am Schluß wieder zurückfalle »in eine an Kant und Fries orientierte Auffassung dieses Heiligen als einer subjektiven Vernunftkategorie, die dem gegebenen Sinnesmaterial ›aufgeprägt‹ (also nicht als Gegenstandsbestimmtheit vorgefunden) werde«.[26] Am anderen Pol steht Émile Durkheim, für den zwischen der Sakralität und der Materialität keinerlei intrinsische Beziehung besteht:

> Ein Fels, ein Baum, eine Quelle, ein Kiesel, ein Stück Holz, ein Haus, mit einem Wort, jedes Ding kann ein heiliges Wesen sein [»une chose quelconque peut être sacrée«]. [...] Ein Ritus kann diesen Zug haben; es gibt gar keinen Ritus, der ihn nicht in einem bestimmten Grad hat. Es gibt Wörter, Aussprüche, Formeln, die nur durch den Mund geweihter Personen ausgesprochen werden dürfen; es gibt Gesten und Bewegungen, die nicht von aller Welt gemacht werden dürfen.[27]

Sowohl bei Scheler als auch bei Durkheim ist eine substantielle Haltung zum Religiösen eindeutig verantwortlich für ihre Begriffsstrategie auf dem Gebiet des Heiligen. So großartig Schelers eigene phänomenologische Analysen moralischer Gefühle und religiöser Erfahrungen sind, überschätzt er doch deren Reichweite. Wie für ihn die Aufdeckung subjektiver Wertgewißheit zum Nachweis einer erfahrungsunabhängigen objektiven Präexistenz der Werte wurde, so wird ihm das Faktum der Religion zum Anhaltspunkt für die Existenz Gottes. Sowohl Otto wie James verfehlen für ihn deshalb die Tatsache, daß es »feste *ontische* Charaktere absoluter Heiligkeit an Christi Person selber [seien], die diese Intuitionen nur auffinden, entdecken – nicht aber gestalten und konstruieren«.[28] Spiegelverkehrt findet sich die gleiche Selbstsicherheit bei Durkheim, der ja den Anspruch

---

26 Max Scheler, *Vom Ewigen im Menschen* [1920], München 1954, S. 141. Zu Scheler siehe unten, Kap. 4 in diesem Teil.
27 Émile Durkheim, *Die elementaren Formen des religiösen Lebens*, Frankfurt/M. 1981, S. 62.
28 Vgl. Scheler, *Vom Ewigen im Menschen*, S. 281. Dazu auch schon Hans Joas, *Braucht der Mensch Religion? Über Erfahrungen der Selbsttranszendenz*, Freiburg 2004, S. 74f.

erhob, das Geheimnis aller Religion soziologisch gelüftet zu haben, indem alle Sakralität darauf zurückgeführt wurde, nichts anderes zu sein als eine – so schon kritisch Nathan Söderblom[29] – »Objektivierung und Idealisierung des Sozialen«. In beiden Fällen wird damit die Analyse religiöser Erfahrung zu apologetischen oder säkularistischen Zwecken eingesetzt, und nicht so, wie es William James vorgeschwebt hatte, nämlich als gemeinsamer Bereich einer von Glaubensvoraussetzungen relativ unabhängigen Wissenschaft von der Religion.

Während bei Scheler der fundamentalphilosophische Anspruch seiner Wesensphänomenologie in Zweifel zu ziehen ist, sich also die Frage stellt, ob Analysen der subjektiven Evidenz von Gläubigen zu einem objektiven Evidenzerweis von Bestimmungen des Göttlichen werden können, läßt sich Durkheims Engführung der Entstehung von Sakralität aus der kollektiven Ekstase im Ritual empirisch überprüfen. Hier hat die spätere Forschung zu den australischen Aborigines eindeutig ergeben, daß die Vorstellung von einer arbiträren Sakralitätsattribution ausschließlich aus der Dynamik von Ritualen heraus nicht zutrifft, vielmehr die Erfahrung der Welt bei den Aborigines zutiefst darin besteht, diese als von Zeichen durchsetzt wahrzunehmen, Zeichen, die auf einen der Welt innewohnenden Sinn verweisen.[30] Auch im Fall der nordamerikanischen »Indianer« gilt nicht, daß die individuelle religiöse Praxis nur abgeleitet ist vom kollektiven Ritual; in Einsamkeit gesuchte Visionen, das heißt Evidenzerlebnisse, spielen vielmehr eine zentrale Rolle.[31] Schon zu Durkheims Lebzeiten hatte Marett gegen ihn eingewandt, daß er die ritualfundierte Idee unpersönlicher sakraler Kräfte fälschlicherweise der Idee personaler sakraler Wesen

---

29 Söderblom, »Das Heilige (Allgemeines und Ursprüngliches)«, S. 80.
30 Z. B. Stanner, »Religion, Totemism and Symbolism«, S. 213, und Bellah, *Religion in Human Evolution*, S. 117-174.
31 Roy A. Rappaport, *Ritual and Religion in the Making of Humanity*, Cambridge 1999, S. 380.

chronologisch vorgeordnet habe³² – ein weiterer Begriffszwang natürlich, der sich aus Durkheims säkularistischem Motiv ergab. Durkheims Idee des Fusionserlebnisses im Ritual, so wichtig sie ist, kann auch nicht erklären, warum dieses weit über die Sozialität hinausreicht und zum »ozeanischen« Gefühl der Einheit mit dem Kosmos wird.

Ich will dies alles an dieser Stelle nicht vertiefen, weil die hier leitende Frage ja lautet, wo Otto zu verorten ist. Ich sehe ihn ebenso wie James zwischen den beiden Polen angesiedelt, und zur genaueren Bestimmung ist ein Vergleich mit James instruktiv. Er macht nämlich deutlich, daß Otto näher am objektivistischen Pol des Spektrums liegt als James. Das zeigt sich schon in den unterschiedlichen Antworten auf die Frage, ob es so etwas wie spezifisch religiöse Gefühle eigentlich gibt. James betrachtete den Begriff »religiöses Empfinden« (»religious sentiment«) als »Sammelbezeichnung für die vielen Gefühle [...], die wechselnde religiöse Objekte auslösen können«. Er meinte, daß es die ganze Fülle von Gefühlen bezogen auf religiöse Objekte gebe, aber eben kein spezifisch religiöses Gefühl: »Es gibt religiöse Furcht, religiöse Liebe, religiöse Ehrfurcht, religiöse Freude usw. Aber religiöse Liebe ist nur eine besondere Form des natürlichen menschlichen Gefühls der Liebe, das sich auf ein religiöses Objekt richtet.«³³ So sei es auch bei Furcht und Ehrfurcht. Religiöse Gefühle seien selbstverständlich von anderen konkreten Emotionen empirisch unterscheidbar, aber nicht so, als gebe es »eine einfache abstrakte ›religiöse Emotion‹ als eine eigenständige elementare Gemütsbewegung, die ausnahmslos in jeder religiösen Erfahrung gegenwärtig wäre«.³⁴ Otto dagegen versucht, in der numinosen Scheu den Ursprung der Religionsgeschichte

---

32 Marett, *The Threshold of Religion*, im Vorwort und der Einleitung zur zweiten Auflage von 1914.
33 William James, *Die Vielfalt religiöser Erfahrung. Eine Studie über die menschliche Natur*, Frankfurt/M. 1997, S. 59 f.
34 Ebd., S. 60.

zu identifizieren, der auch trotz aller Höherentwicklung im Verständnis des Numinosen erhalten bleibe, wie sich in Gewalt und Reiz des »Grausens« zeige: »Die Gänsehaut ist etwas ›Übernatürliches‹.« (18) Die numinose Scheu ist für ihn ein Gefühl sui generis, keine Steigerungsform etwa der »natürlichen Furcht«, sondern qualitativ verschieden von allen analogen Gefühlen (9). Otto interessiert sich dann zwar für die ganze Skala des numinosen Gefühls, die ja von ruhiger Feierlichkeit bis zu wilder Ekstase reichen kann, glaubt aber doch, darin den Kern der Heiligkeitserfahrung gefunden zu haben, während James die Vielfalt religiöser Erfahrung in ihrer ganzen Breite auch von Gefühlen untersucht, weil für ihn der Kern dieser Erfahrung überhaupt nicht in einem spezifischen Gefühl steckt, sondern an anderer Stelle, auf die ich noch zu sprechen komme.

Was so auf den ersten Blick wie eine krasse Differenz wirkt, mildert sich allerdings etwas bei näherer Betrachtung. James grenzt nämlich die Skala möglicher religiöser Gefühle durchaus ein, wenn er Feierlichkeit und einen spezifischen, über bloße Moralität hinausreichenden Enthusiasmus für charakteristisch erklärt. Grinsen und Kichern seien nie religiös, und das gilt auch für die komplette Ablehnung des Kosmos. Und im Mystik-Kapitel seines großen Buches sagt er ausdrücklich, daß bestimmte Aspekte der Natur eine besondere Macht zu haben scheinen, mystische Stimmungen zu erwecken.[35] Umgekehrt sagt Otto in einer Auseinandersetzung mit Söderblom,[36] daß das Heiligkeitsgefühl »zwar aus einem durchaus eigentümlichen, gefühlsmäßigen Werten geboren wird«, sich aber »an das Allerverschiedenste hängen kann, an Gegenstände der unbelebten und belebten Natur, der körperlichen wie der seelischen, und an Zustände, Vermögen und Geschehnisse ebenso gut wie an Gegenstände«. Doch bedeutet die gegenüber dem ersten Eindruck größere Nä-

---

35 Ebd., S. 393.
36 Rudolf Otto, »Rezension: Nathan Söderblom, *Gudstrons uppkomst*«, in: *Theologische Literaturzeitung* 40 (1915), Sp. 1-4, hier Sp. 2.

he der beiden Denker zueinander nicht, daß sie wirklich sich selbst völlige Klarheit über das sich stellende Problem verschafft hätten. Die Nähe kann auch auf ein gemeinsames Defizit hinweisen.

Ich behaupte nun in der Tat, daß dies der Fall ist, daß also das Verhältnis von Subjektivität und Objektivität in der Erfahrung des »Heiligen« (Otto) beziehungsweise des »Göttlichen« (James) bei beiden schwankt und letztlich ungeklärt bleibt, weil sie ein dualistisches Verhältnis von erfahrend-erkennendem Subjekt und erfahrenem-erkanntem Objekt zugrunde legten und nicht eine triadische Struktur der Interpretation von etwas durch jemanden für jemanden. Man kann dies ein hermeneutisches oder auch semiotisches Defizit beider nennen. Bei James erscheinen etwa Mythen und Dogmen als spontane Produkte der religiösen Erfahrung, Deutungen überhaupt als bloße Emanation der Erfahrung. Das hat ihm schon sein Freund und Harvard-Kollege Josiah Royce in seinen Spätschriften vorgeworfen und durch eine eigene Theorie zu überwinden versucht.[37] Royce hatte erkannt, daß die fundamentale Einsicht in die Zeichenvermitteltheit des menschlichen Weltverhältnisses auch unsere Vorstellung von »Selbst« und »Gemeinschaft« radikal verändert. Wir müßten die Vorstellung aufgeben, daß wir über einen nicht über Zeichen vermittelten Zugang zu uns selbst, über eine reine Intuition unserer selbst verfügten; wir müßten erkennen, daß »Gemeinschaften« das Resultat von Kommunikationsprozessen sind. Wenn unser Verhältnis zu uns selbst, auch zu unseren

---

[37] Zur Kritik schon: Hans Joas, *Die Entstehung der Werte*, Frankfurt/M. 1997, S. 108f. Royce' Alternative in: ders., *The Problem of Christianity* [1913], Washington, D.C., 2001, v.a. S. 273ff. Dazu Hans Joas, *Die Macht des Heiligen. Eine Alternative zur Geschichte von der Entzauberung*, Berlin 2017, S. 84-109. In dieselbe Richtung zielt: Hermann Deuser, »›A Feeling of Objective Presence‹ – Rudolf Ottos ›Das Heilige‹ und William James' Pragmatismus im Vergleich«, in: Jörg Lauster u.a. (Hg.), *Rudolf Otto. Theologie – Religionsphilosophie – Religionsgeschichte*, Berlin 2014, S. 319-333.

intimsten Erfahrungen, und zu anderen, auch den uns am nächsten stehenden anderen, zeichenvermittelt ist, dann wird Interpretation – die Interpretation von Zeichen – zu einem wesentlichen Bestandteil des alltäglichen Lebens der Menschen. Jede Interpretation wird dann immer auch sofort zu einem neuen Zeichen in der Welt und möglicherweise zum Gegenstand neuer Interpretationsakte. Solche Überlegungen zur Artikulation von Erfahrung bleiben aber bei James marginal. Ebenso besteht bei Otto ständig die Gefahr, daß sich – wie der Philosoph Matthias Jung schreibt – »die innere Beziehung von Akt und Inhalt in ein deterministisches Außenverhältnis [verwandelt], in dem der Gehalt seine Auffassungsweisen konstituiert«.[38] Sosehr es zutrifft, daß religiöse Erfahrungen ein Passivitätsmoment haben, rezeptiven Charakters sind, das heißt niemand seine eigene religiöse Erfahrung als selbstkonstituiertes Phänomen deuten und zugleich in ihr eine Begegnung mit dem Göttlichen sehen kann, so wenig folgt daraus, daß die religiöse Überzeugung aus der Erfahrung einfach herauswächst. In die Erfahrungen gehen immer schon symbolisch strukturierte Erwartungen und Wahrnehmungsmuster ein, und der Erfahrende muß sich von der unmittelbaren Erfahrung immer auch distanzieren, um sie überhaupt als eine bestimmte zu identifizieren und anderen gegenüber zu artikulieren. Die Erfahrung ist auf Artikulation hin angelegt, ruft nach, ja nötigt zu ihr.

Aktualität im theoretischen Sinn kommt einem Werk meines Erachtens heute nur zu, wenn es ihm gelingt, sowohl die quasistrukturalistische Arbitraritätsauffassung des Sakralen à la Durkheim zu vermeiden als auch eine rein gegenstandstheoretische Vorstellung vom Numinosen. Hier hilft kein diffuser Mittelweg, sondern nur eine Konzeption, die die Vermittlung von Erfah-

---

38 Matthias Jung, »Religiöse Erfahrung. Genese und Kritik eines religionshistorischen Grundbegriffs«, in: ders. u. a. (Hg.), *Religionsphilosophie. Historische Positionen und systematische Reflexionen*, Würzburg 2000, S. 135-150, hier S. 145.

rung, Artikulation und kulturellem Repertoire zu denken erlaubt.[39] Otto stößt natürlich in seiner konkreten Arbeit ständig auf das Problem, das sein begrifflicher Rahmen nicht recht zu lösen erlaubt. Am spannendsten ist dies zu sehen in dem Kapitel »Ausdrucksmittel des Numinosen« (79-91), aber es begegnet auch überall dort, wo er von »Ideogrammen« spricht, also sein Wort für einen tastenden, sich seiner Unzulänglichkeit bewußten Versuch der Artikulation verwendet. Das »nihil« der westlichen oder die »Leere« der buddhistischen Mystiker sind ihm »numinose Ideogramme des ›Ganz anderen‹« (35). Nur durch die »Notenschrift der deutenden Ideogramme« (76) werde das »fascinans« des Numinosen immerhin »andeutbar«. Wenn er allerdings eine Abstraktionsstufe höher Kants Begriff der Schematisierung heranzieht (60 ff.), um das »Verhältnis des Rationalen zum Irrationalen in der Komplex-Idee des Heiligen« (61) zu fassen, dann ist dies ein kategorialer Mißgriff, wie schon zeitgenössische Kritiker bemerkten (»so unpassend wie möglich« – Troeltsch[40]). Er unterläuft aufgrund seines ungenügenden Verständnisses von Artikulation. Man könnte sagen, daß sich hier das Fehlen einer differenzierten Vorstellung von symbolischer Artikulation sogar schädlich auf die Phänomenologie religiöser Erfahrung auswirkte. Mit einer Berichtigung des Kant-Bezugs bei Otto ist es aber nicht getan, da Kant ja gerade für das Artikulationsproblem keine Lösung anzubieten hatte. So hatten schon Herder und auch Schleiermacher argumentiert.[41]

Man kann aber noch weiter gehen. Weil bei James und Otto ein hermeneutisches oder semiotisches Defizit besteht, ist nicht nur ihr Bild von der Artikulation von Gefühlen beziehungsweise Erfahrungen unzulänglich, sondern auch der Weg zum Kern religiöser Erfahrung teilweise versperrt. Bei James wird deutlich,

---

39 Vgl. Joas, *Die Entstehung der Werte*, S. 210 ff. Vgl. auch Matthias Jung, *Der bewußte Ausdruck. Anthropologie der Artikulation*, Berlin 2009.
40 Troeltsch, »Zur Religionsphilosophie«, S. 421.
41 So auch Deuser, »›A Feeling of Objective Presence‹«.

daß er diesen Kern gar nicht auf der Ebene der Wahrnehmung ansiedln will, sondern auf der einer Psychologie des Selbst; er liegt dementsprechend in Erfahrungen der »Selbsttranszendenz«, wie ich das genannt habe,[42] mit einem Ausdruck, den James selbst allerdings nicht verwendet hat. Aber ein Begriff wie »self-surrender« – »Selbsthingabe« – war zentral für seine Psychologie religiöser Erfahrung, nur ging er nicht den entscheidenden Schritt zu einer Theorie der symbolvermittelten Konstitution des Selbst, wie er nach ihm von Charles Horton Cooley und George Herbert Mead gegangen wurde. Bei Otto wiederum klingt dort, wo er sich von Schleiermacher abgrenzt, ein Befund am seelischen Tatbestand an, der von einer tieferen Einsicht zeugt. Er bestreitet nämlich, daß wir Religion aus dem »Gefühl schlechthinniger Abhängigkeit« ableiten dürften, mit dem starken Argument, daß dann das religiöse Gefühl »unmittelbar und in erster Hinsicht [...] ein Selbst-Gefühl, das heißt ein Gefühl einer eigentümlichen Bestimmtheit meiner *selbst*, nämlich meiner Abhängigkeit« (10) wäre, aus dem erst durch einen logischen Schluß eine Ursache für diese Abhängigkeit hinzugedacht würde. Damit kommt die Vorstellung von Erfahrungen ins Blickfeld, die der Konstitution des Selbst vorausgehen und ein primäres Gerichtetsein von mir auf etwas außer mir darstellen, aber Otto zielt dann nicht wirklich auf die Konstitution des Selbst und die Erfahrungen der Selbsttranszendenz, sondern erneut nur auf das Gefühl der numinosen Scheu als solches, dessen »Schatten« das Kreaturgefühl sei.

Mit dem hermeneutischen Defizit sind aber James und Otto nicht einfach erledigt. Nach dem »linguistic turn« in der Philosophie und dem »cultural turn« in den Sozialwissenschaften ist ja häufig zu konstatieren, daß der Abschied von der Vorstellung einer kulturell nicht vermittelten Erfahrung häufig so radikal ausfiel, daß nun umgekehrt Erfahrungen als völlig determiniert von den kulturellen Deutungsmustern erscheinen und damit

---

42 In Joas, *Die Entstehung der Werte*, und *Braucht der Mensch Religion?*.

die Frage der individuellen Erfahrungsartikulation von der anderen Seite her verfehlt wird. Doch löst – in einer präzisen Formulierung von Matthias Jung – »Vermittlung Unmittelbarkeit nicht auf, sondern macht sie artikulierbar«.[43] Die beeindruckend lebendigen Beschreibungen von James und die oft sehr knappen, aber tief eindringenden Analysen von Otto verlieren nicht ihren Wert nach dem Übergang zu einer Konzeption von Artikulation, Selbstbildung und Selbsttranszendenz, sondern bilden ein Gegengewicht gegen bloßen Kulturalismus. Gerade Ottos Sensibilität für die Affinitäten zwischen materialer Bestimmtheit und Erfahrung kann dazu anregen, die situativen Bedingungen näher zu beschreiben, unter denen es zu Erfahrungen der Selbsttranszendenz kommen kann. Ein Beispiel soll an dieser Stelle genügen. Rudolf Otto widmet einige sehr schöne Sätze seines Buches der Erfahrung der Wüste (89), deren weite Leere er »das Erhabene in der Waagerechten« nennt und auf deren Rolle in der chinesischen Baukunst mit ihrer Inszenierung stiller Weite er verweist. Der Kontrast zum berühmten Wüstenflieger Antoine de Saint-Exupéry ist hier bemerkenswert. Bei diesem nämlich steht, wenn er über die Wüste schreibt, nicht einfach das Gefühl des Numinosen im Vordergrund, sondern die gesteigerte Selbsterfahrung:

> Da die Wüste keinerlei greifbaren Reichtum bietet, da es in ihr nichts zu sehen, nichts zu hören gibt, drängt sich die Erkenntnis auf, dass der Mensch zuvörderst aus unsichtbaren Anreizen lebt, denn das innere Leben, weit entfernt davon einzuschlafen, nimmt an Kräften zu. Der Mensch wird vom Geist beherrscht. In der Wüste bin ich das wert, was meine Götter wert sind.[44]

Es geht bei der Erfahrung der Wüste dann nicht wie bei Otto um ein bloßes Gefühl des Erhabenen, sondern um eine Situa-

---

43 Jung, »Religiöse Erfahrung«, S. 146.
44 Antoine de Saint-Exupéry, *Bekenntnis einer Freundschaft. Briefe an einen Ausgelieferten* [1941], Düsseldorf 2010, S. 25.

tion der gesteigerten Erfahrung des Kraftfeldes, in dem wir unser Leben führen und das uns selbst ausmacht. Diese Einsicht setzt aber eine Vorstellung vom Selbst voraus, das in sozialen Beziehungen konstituiert wird, immer aber auch sich zu seiner eigenen Überschreitung hin öffnet.

Rudolf Ottos Aktualität

Ich habe auf die innere Vielfalt des Heiligkeitsdiskurses in den Wissenschaften von der Religion um 1900 hingewiesen, in dem wir Otto verorten müssen; und ich habe hervorgehoben, wie sehr vor allem James und Otto – anders als Durkheim und Scheler – eine methodische Ebene anstrebten, die weder glaubensapologetisch noch säkularistisch ist. Ich habe aber auch darauf hingewiesen, daß Otto und James keinen Widerspruch sahen zwischen einer solchen Konzeption von Religionswissenschaft und dem Bemühen, auch zur Revitalisierung des Glaubens beizutragen. Auf die religiöse Pointe von Ottos Werk möchte ich abschließend kurz zurückkommen.

Man hat sowohl James als auch Otto und zuvor auch schon Schleiermacher und eigentlich allen Verfechtern der Wende zur Erfahrung im Studium der Religion immer wieder vorgeworfen, daß sie Gefahr liefen, einer ästhetizistischen und sentimentalen Reduktion von Religion Vorschub zu leisten.[45] In Bezug auf die Motive der genannten Denker ist dies auf jeden Fall ungerecht. Mehr noch als James macht Otto deutlich, daß er durch seine Arbeit gerade die Voraussetzungen dafür schaffen will, zentralen Bestandteilen eines biblisch fundierten christlichen Glaubens neue Kraft zuzuführen. So endet das Buch über das Heilige nicht zufällig mit der Proklamation höherer Stufen von Heiligkeit: des Propheten und des Gottessohns. Die Propheten aber sind ja gerade auch für ihre Kraft der Kritik an fal-

---

45 Paul Tillich, *Systematische Theologie*, Bd. 1, Stuttgart 1956, S. 251.

scher Sakralisierung, für ihre entsakralisierende Wucht, berühmt. Wenn wir nach der religiösen Aktualität Ottos fragen, dann berühren wir das Problem, ob das prophetische Wort eine Überwindung des bloß Numinosen darstellt oder eben seine Transformation. Für Otto ist die Antwort eindeutig: Die Rationalisierung ist nicht eine *des* Numinosen, sondern, wie bereits erwähnt, *am* Numinosen. Damit ist das Christentum Teil der Religionsgeschichte und nicht ein völliger Bruch mit ihr oder die Vorbereitung dieses Bruchs. Aber hier gehen die religiösen Auffassungen auch innerhalb des Christentums auseinander. Während für die einen Rudolf Ottos Werk und der ganze Heiligkeitsdiskurs in den Wissenschaften von der Religion unverzichtbar ist und von höchster Aktualität, weil nur so die unter Bedingungen der massenhaften Entscheidung für die säkulare Option gleichwohl zu findenden Sakralisierungsphänomene zu verstehen seien und zugleich das Christentum nur so sich seiner Grundlage versichern könne, fürchten die anderen gerade, daß damit der eigentlich radikale Anspruch des Christentums verlorengeht und es auf eine Ebene gebracht wird mit allen anderen religiösen und quasireligiösen Phänomenen in Geschichte und Gegenwart. Mein eigenes Votum in dieser Lage ist klar. Wir brauchen gerade unter den Bedingungen der Säkularisierung die Erforschung von Sakralität, weil nur diese uns erlaubt, die Vielzahl von Erfahrungen der Selbsttranszendenz auch außerhalb der Religionen etwa in Kunst, Natur und Erotik zu bedenken. Dies ist eine unverzichtbare Voraussetzung für das Gespräch zwischen Gläubigen und Verfechtern säkularer Weltbilder.[46] Aber wir brauchen auch ein Verständnis der reflexiven Brechung von Sakralität, prototypisch etwa bei den Propheten,

---

[46] Da Charles Taylor nicht den Begriff der Heiligkeit, sondern den der Transzendenz zum Ausgangspunkt seiner Darstellung von Säkularisierung macht, hat er Schwierigkeiten, die Sakralitätsphänomene in der gegenwärtigen Kultur angemessen zu erfassen. So argumentieren zumindest Peter Gordon und ich. Vgl. dazu unten, Teil II, Kap. 5, sowie Peter E. Gordon, »The Place of the Sacred in the Absence of God. Char-

um der komplexen Geschichte des Verhältnisses von Religion und Politik gerecht zu werden und um das Gespräch zwischen Gläubigen verschiedener religiöser Traditionen produktiv führen zu können.[47] Für beide Aufgaben ist Rudolf Ottos Werk – mutatis mutandis – von klassischem Rang und bleibender Aktualität.[48]

---

les Taylor's ›A Secular Age‹«, in: *Journal of the History of Ideas* 69 (2008), S. 647-673.

47 Vgl. dazu die Beiträge in: Robert N. Bellah, Hans Joas (Hg.), *The Axial Age and Its Consequences*, Cambridge, Mass., 2012; sowie Joas, *Die Macht des Heiligen*.

48 Diese Aktualität zeigt sich auch in neueren Sammelbänden zu Otto: Lauster u. a. (Hg.), *Rudolf Otto*; Wolfgang Gantke, Vladimir Serikov (Hg.), *100 Jahre ›Das Heilige‹. Beiträge zu Rudolf Ottos Grundlagenwerk*, Frankfurt/M. 2017.

Für Hinweise zur Verbesserung einer früheren Fassung dieses Kapitels danke ich insbesondere Matthias Jung. Die Gespräche mit Hermann Deuser haben ebenfalls zur Schärfung meiner Argumentation beigetragen.

4
Evidenz oder Evidenzgefühl?: Max Scheler

Max Scheler (1874-1928) ist einer der wenigen großen europäischen Denker des frühen zwanzigsten Jahrhunderts, die nicht Vertreter – oder vielleicht sollte man sagen: Opfer – der sogenannten Säkularisierungsthese waren. Mit der zunehmenden Infragestellung dieser These in unserer Zeit, der Problematisierung der Annahme also, daß Modernisierungsprozesse mit einer Art innerer Notwendigkeit zur Säkularisierung im Sinne eines Religionsverfalls führen, sollten wir unsere Aufmerksamkeit heute verstärkt auf diejenigen Denker richten, die dieser weitverbreiteten und in die Grundannahmen der Kultur- und Sozialwissenschaften hineinverwobenen Auffassung entgingen. Zu diesen wenigen gehörten etwa der amerikanische pragmatistische Philosoph William James, der auch zum Begründer der empirischen Religionspsychologie wurde, der deutsche protestantische Theologe Ernst Troeltsch, den man auch als Vater einer historischen Soziologie des Christentums bezeichnen kann, dessen Werk aber bedauerlicherweise durch die spektakuläre internationale Rezeption Max Webers fast völlig überstrahlt wird, und der Schweizer Kulturhistoriker Jacob Burckhardt, der ohne jede Unterstellung eines notwendigen historischen Trends die drei »Potenzen« Staat, Religion und Kultur unterschied und seine »weltgeschichtlichen Betrachtungen« strikt kombinatorisch aus den sich dabei ergebenden »sechs Bedingtheiten« entwickelte. Die Religion kommt dadurch in ihrer Bedingtheit durch Staat und Kultur, aber auch als Bedingung für diese ins Spiel.

Zu diesen Denkern, die wir unter dem genannten Gesichtspunkt heute neu in den Blick nehmen müssen, gehört auch Max Scheler. Nicht alle Denker der Zeit waren eben »religiös unmusikalisch«. Diese Formulierung, die erst durch eine melancholische briefliche Selbstbeschreibung Max Webers und dann durch deren Wiederaufnahme in der spektakulären Frankfurter Friedenspreisrede von Jürgen Habermas bekannt wurde, wird merkwürdigerweise fast nie auf ihre wörtliche Bedeutung hin reflektiert. Viele Zeitgenossen haben keine Scheu, sich einleitend »religiös unmusikalisch« zu nennen, bevor sie sich dann ausgiebig mündlich und schriftlich über Religion äußern. Wie würden wir aber eigentlich jemanden wahrnehmen, der sich uns gegenüber als im wörtlichen Sinn völlig unmusikalisch bezeichnete, um dann ein Werk zur Geschichte der Symphonik oder der Oper oder eine Interpretation von Beethovens späten Streichquartetten vorzulegen? Max Scheler selbst jedenfalls wies diese Formulierung mit dem quasitheologischen Argument zurück, daß sie »dem Gehalte jeder diskutierbaren Gottesidee« widerspreche, »insofern ein Gott, der für die eine Gruppe von Menschen besondere ›Begabungen‹, ihn zu erfahren, zuläßt, die er der anderen Gruppe versagt, alles sein könnte – nur eben kein ›Gott‹«.[1] Niemand ist in diesem Sinne religiös völlig unempfänglich.

Schon an dieser Stelle zeigt sich, daß Max Scheler allerdings für eine erneute Aneignung im Licht der Überwindung der Säkularisierungsthese ein besonders schwieriger Fall ist. Das hat zwei Gründe. Der eine liegt im hier spürbaren prononciert religiösen Anspruch von Schelers Religionsphilosophie. Während William James in dieser Hinsicht sehr vorsichtig blieb, Jacob Burckhardt gar keine positiv-religiösen Ziele verfolgte und Ernst Troeltsch ein freies Christentum propagierte, in dem für vielerlei Interpretationen sogar des religiösen Kerns dieser Religion Platz sein sollte, war Schelers religiöser Anspruch enorm. Es ist nicht übertrieben, wenn man behauptet, daß er sich durchaus in einer Rolle sah wie der des heiligen Augustinus: als funda-

---

1 Max Scheler, *Vom Ewigen im Menschen* [1920] (= *Gesammelte Werke*, Bd. 5), 4. Aufl., Bern 1954, S. 24. (Alle Seitenangaben im Text beziehen sich auf diesen Band.)

mentaler Erneuerer der Glaubensbotschaft in einer Zeit gewaltiger historischer Umbrüche. Er sah es als seine Aufgabe an, nach dem Ersten Weltkrieg, der als tiefe Erschütterung des europäischen Christentums, wenn nicht als sein Bankrott empfunden wurde, mit den Mitteln der Phänomenologie die christliche Liebesbotschaft zu erneuern. Was die »positivistische Philosophie«, so schrieb er, für eine »allmenschliche Entwicklungstendenz« hielt – die Vorstellung notwendig voranschreitender Säkularisierung nämlich –, war in seiner Sicht »eine nur episodische und – welthistorisch gesprochen – *momentane Ablenkung* des menschlichen Geistes (*nur* des europäisch-menschlichen) von seiner religiösen Bestimmung« (353). Schelers Sicht und sein Selbstbild wurden in katholischen Kreisen durchaus weithin geteilt. Auf ihn richteten sich Hoffnungen, den »Wegbereiter neu erwachender Religiosität«[2] gefunden zu haben, der das katholische Denken aus der neuthomistischen Erstarrung des neunzehnten Jahrhunderts befreien, aber auch vor modernistischer Erweichung bewahren könne. Auch noch Jahrzehnte später ist (etwa bei dem bedeutenden katholischen Theologen Heinrich Fries im Jahr 1949) die Wucht seiner Erneuerungskraft zu spüren.[3] Keine heutige Prüfung von Schelers Religionsdenken kann von diesem Anspruch einfach absehen.

Neben dieser gibt es aber noch eine andere Schwierigkeit. Nicht lange nachdem Scheler sein religionsphilosophisches Hauptwerk *Vom Ewigen im Menschen* Anfang der 1920er Jahre vorgelegt hatte, trat in seinem eigenen Leben ein religiöser Umbruch ein. Über dessen biographische Gründe und genauen Charakter will ich hier nicht spekulieren. Sicher ist, daß Scheler zwar nicht plötzlich zum Säkularisten wurde, er kann aber auch nicht mehr als katholischer Christ oder überhaupt als Christ bezeich-

---

2 Nicolai Hartmann, »Max Scheler (Nachruf)«, in: *Kant-Studien* 33 (1928), S. ix-xvi, hier S. xiv.
3 Heinrich Fries, *Die katholische Religionsphilosophie der Gegenwart*, Heidelberg 1949.

net werden, selbst wenn man bereit sein sollte, diese Bezeichnung in einem sehr weiten Sinn zu verwenden. Aus der Zeit nach seinem religiösen Umbruch stammen nun aber die meisten Schriften Schelers zur Wissens- und Religionssoziologie und zur philosophischen Anthropologie, die auch außerhalb von Philosophie und Theologie in den Wissenschaften rezipiert wurden und ihm zeitweise einen Ruhm als Soziologe einbrachten, der so groß war, daß er mit Max Weber in einem Atemzug genannt wurde (etwa von Karl Mannheim).[4] Da er in diesen Schriften die Akzente ganz anders setzte als in den Schriften aus der intensiv katholischen Phase, es heute aber besonders darauf ankommt, eine Religionstheorie zu konzipieren, die über die religiösen oder säkularistischen Annahmen ihres Autors hinaus akzeptabel ist, dürfen in der Interpretation Schelers die verschiedenen Phasen seines Denkens nicht ineinander verschwimmen.[5]

---

4 Karl Mannheim, »Zur Problematik der Soziologie in Deutschland« [1929], in: ders., *Wissenssoziologie*, Neuwied 1964, S. 614-624, hier S. 614.
5 Dabei ist das Maß, in dem Scheler sich von seinen katholischen Auffassungen abwandte, im einzelnen durchaus umstritten. Hans Urs von Balthasar sieht in seiner Interpretation Schelers die »tragisch-titanische Wendung« weg vom Christentum schon in dessen Verständnis des Christentums während der katholischen Phase angelegt. Vgl. Hans Urs von Balthasar, *Apokalypse der deutschen Seele. Studien zu einer Lehre von letzten Haltungen*, Bd. 3, Salzburg, Leipzig 1939, v. a. S. 146 ff. Ähnlich schon Dietrich von Hildebrand, »Max Schelers Stellung zur katholischen Gedankenwelt«, in: ders., *Zeitliches im Lichte des Ewigen. Gesammelte Abhandlungen und Vorträge*, Regensburg 1932, S. 341-364. Umgekehrt argumentiert Guido Cusinato in einem interessanten Aufsatz, »daß man Schelers Entfernung vom christlichen Theismus keineswegs als vollständigen und endgültigen Bruch beschreiben kann«. Vgl. Guido Cusinato, »Werdender Gott und Wiedergeburt der Person bei Max Scheler«, in: Ralf Becker, Ernst Wolfgang Orth (Hg.), *Religion und Metaphysik als Dimensionen der Kultur*, Würzburg 2011, S. 123-134, hier S. 123. Mehr im Sinne einer Ausweitung zu einer »universal vision« auch schon: Werner Stark, »Max Scheler«, in: ders., *Social Theory and Christian Thought. A Study of Some Points of Contact*, London 1958, S. 135-174, hier S. 152 f. (Zu Stark siehe unten, Teil IV, Kap. 3.) Einen instruktiven

Damit habe ich meinen spezifischen Zugriff wohl charakterisiert. Oberflächlich gesprochen, ist es meine Absicht, nach der Bedeutung von Schelers prononciert katholischer Religionsphilosophie für eine empirisch orientierte Beschäftigung mit Religion zu fragen. Auf einer tieferen Ebene heißt das, Scheler in die methodische Umwälzung einzuordnen, die die wissenschaftliche Beschäftigung mit Religion in seiner Zeit durchlief, dabei aber die Prüfung seines religiösen Anspruchs nicht auszusparen. So erklärt sich die Überschrift dieses Kapitels. Ich frage, ob es Scheler gelang, über die deskriptive Erfassung der Tatsache, daß der religiöse Glaube auf Gefühlen der Evidenz beruht, hinauszugehen und die Evidenz bestimmter Inhalte des religiösen Glaubens, eines spezifischen Glaubens zumal, nachzuweisen. Oder hat Scheler einfach die Evidenzbehauptungen der Religionskritiker, ihnen sei es gelungen, den Glauben als das zu enthüllen, was er wirklich sei, umgedreht und damit sein Blatt überreizt? Dieser Frage will ich sowohl auf philosophischem wie auf soziologischem Gebiet und mit dem Mittel einer Kontrastierung zur Philosophie und Religionstheorie des Pragmatismus nachgehen.

Die Phänomenologie religiöser Akte

Ungeachtet des religiösen Anspruchs, den Scheler erhebt, besteht seine Religionsphilosophie zu wesentlichen Teilen aus einer Phänomenologie religiöser Akte. Quantitativ nehmen im Text des Buches *Vom Ewigen im Menschen* andere Fragen wie die nach dem Verhältnis von Philosophie und Religion oder zeitdiagnostische Stellungnahmen zur Bedeutung der christlichen Lie-

---

Überblick über die protestantische und katholische Kritik an Scheler bietet: Gerald Hartung, »Autonomiewahnsinn? Der Preis einer Säkularisierung des Menschenbildes in der philosophischen Anthropologie Max Schelers«, in: Christel Gärtner, Detlef Pollack, Monika Wohlrab-Sahr (Hg.), *Atheismus und religiöse Indifferenz*, Opladen 2003, S. 75-92.

besidee in der gegenwärtigen Welt größeren Raum ein, aber Scheler kündigt an der Stelle (264), an der er die Phänomenologie der einzelnen religiösen Akte abbricht, ein weiteres Buch an (»Religionsphänomenologische Analysen«), in dem er diese Arbeiten fortsetzen wollte. Ähnlich wie viele heute finden, daß auf dem Gebiet der Moralphilosophie Schelers wundervolle Essays über moralische Gefühle wie Scham und Demut dem Zahn der Zeit vielleicht besser widerstanden haben als sein systematisches Buch zur materialen Wertethik,[6] steckt auch auf dem Gebiet der Religion ein wichtiger Teil von Schelers Argumentation in diesen phänomenologischen Analysen selbst und nicht nur oder weniger in den weitergehenden ontologischen Konsequenzen, die er aus ihnen zieht. Wenn Scheler selbst einräumt, daß auch eine »immanente Charakteristik der religiösen Akte« notwendig und möglich sei (241), fühle ich mich von ihm selbst dazu ermächtigt, im ersten Schritt seinen religiösen Anspruch zunächst doch einzuklammern.

Das erste Stück in Schelers religionsphilosophischem Hauptwerk ist einer der meisterlichen Aufsätze zu einem moralischen Gefühl, und zwar einem mit besonderer Bedeutung für Religion: dem der Reue. In sensibler Auslegung eines Gefühls, das jeder kennt, und in scharfsinniger Abgrenzung gegen falsche Theoretisierungen dieses Gefühls zeigt Scheler, daß es sich bei der Reue weder um »seelischen Ballast« (33) handelt, also ein einfaches Weiterleben einer abgelehnten Vergangenheit, noch um »ein bloßes Symptom seelischer Disharmonie«, als zeige die Reue nur die Unfähigkeit eines Individuums an, mit der Vergangenheit endlich abzuschließen. Sie sei auch nicht »ein absurder Stoß, den unsere Seele gegen das Vergangene und Unabänderliche ausführt«; so erscheint sie nur dem, der meint, daß an der Vergangenheit ja nichts mehr zu ändern sei. Das trifft natürlich auf den Wirklichkeitscharakter der Vergangenheit zu, nicht jedoch auf

---

[6] So habe ich argumentiert in: Hans Joas, *Die Entstehung der Werte*, Frankfurt/M. 1997, S. 133-161.

den Sinn und den Wert vergangener Ereignisse. Diese ändern sich immer wieder im Lichte unserer jeweiligen Gegenwart. Damit aber bleibt die Vergangenheit nicht nur der Zukunft unterworfen, bleiben historische Tatbestände nicht nur unfertig, sondern sie bleiben auch abhängig von der Fähigkeit und dem Willen von Individuen, sich neu auf sie zu beziehen. Wenn wir etwa eine vergangene Tat nicht nur wie etwas nur Äußerliches nachträglich bedauern, sondern davor erschrecken, »daß *wir damals* ein solches Ich waren, das jene Tat tun *konnte*« (40), dann kann uns die Wahrhaftigkeit gegen uns selbst dazu bringen, die vergangene Tat, wie Scheler sagt, mit ihrer Wurzel, das heißt mit ihrem Motiv, »aus dem Lebenszentrum der Person« (36) herauszustoßen und in diesem Sinne befreit als veränderter Mensch neu zu handeln. Mit dieser intensiven Erfahrung ist nun ein Evidenzgefühl verbunden, nämlich das, prinzipiell zu moralisch besseren Handlungen fähig zu sein, den eigenen Idealen wirklich entsprechen zu können. Für Scheler plausibilisiert diese Erfahrung gleichzeitig auch – in einer noch näher zu erörternden Weise –, daß im Gewissen, das uns mahnt, in der Tat ein »heiliger Richter« (29) zu uns spricht und auf eine unsichtbare Ordnung verweist und es sich nicht nur um die Wortmeldung der »verinnerlichten Polizei von vorgestern« handelt. In diesem Sinn steckt für ihn im Evidenzgefühl eine weitergehende religiöse Evidenz.

Keinem anderen religiösen Gefühl oder Akt widmet Scheler sich an dieser Stelle mit ähnlicher Ausführlichkeit, aber er zählt doch immerhin immer wieder die unerledigten Analyseaufgaben auf und geht an einzelnen Stellen etwas in die Tiefe. So nennt er »Glauben, Anbeten, Verehren, Sichabhängig- oder Errettetwissen« (128) als religiöse Akte. Er sagt auch, daß viele Akte, die oft irdische Adressaten haben, durch unseren Geist über diese alle hinausgeführt werden, und wir auf etwas jenseits aller endlichen Dinge zielen in Akten wie »Lob, Dank, Furcht, Hoffnung, Liebe, Glück, Streben, Vollkommenheitsstreben, Anklage, Gericht, Vergebung, Bewunderung, Verehrung, Bitte, Anbetung«

(247). Religiöse Hoffnung gilt einem Etwas, »das wir nie erfahren haben und von dem wir wissen, daß wir es nie haben erfahren können« (246), ebenso wie religiöser Dank ein Dank für etwas ist, »im Verhältnis zu dem das, was wir besitzen, nur Zeichen, Hinweis und Symbol ist, nicht der eigentliche Gegenstand des Dankes« (247). Aus Rudolf Ottos Buch *Das Heilige*[7] übernimmt Scheler (168) das paulinische Beispiel »Was kein Auge gesehen, kein Ohr gehört« (1 Kor 2,9) – die Gewißheit in Hinsicht auf etwas noch nie Erfahrenes und in diesem Sinn in keiner Erfahrung Begründetes. Auch in seiner Abgrenzung von Religion und Metaphysik argumentiert Scheler mit dem spezifischen Evidenzcharakter des Glaubens für den Gläubigen. Religiöser Glaube ist ebensowenig wie zwischenmenschliches Vertrauen hypothetisch lebbar; wenn ein Glaube oder das Vertrauen hypothetisch sind, sind sie im strengen Sinne nicht existent. Glaube und Vertrauen beruhen auf der »freien *Einsetzung der Person* und ihres Kernes für den Glaubensinhalt und das Glaubensgut« (147). Sie haben eine von kognitiven Leistungen, bei denen die Bereitschaft zur Hypothetik und Falsifikation eine Errungenschaft darstellt, fundamental verschiedene »felsenfeste Gewißheit« als Merkmal. Subjektiv ist das Glaubenswissen evident.

Mit dieser Behauptung reiht sich Scheler ein in die durch William James begründete empirische Religionspsychologie. James hatte in seiner Analyse mystischer Erfahrungen schon das spezifische Gewißheitsgefühl analysiert, das mit ihnen verbunden und gegenüber der Ratio weitgehend immun ist. Solche Erfahrungen sind für das betroffene Subjekt nicht irgendwelche Gefühlszustände ohne Erkenntnisgehalt (James' »noetische Qualität«),[8] sondern plötzliche Erhellungen, Einsichten und Offen-

---

[7] Rudolf Otto, *Das Heilige. Über das Irrationale in der Idee des Göttlichen und sein Verhältnis zum Rationalen* [1917], München 2014, S. 45. Zu Otto siehe oben in diesem Teil, Kap. 3.
[8] Dazu Joas, *Die Entstehung der Werte*, S. 81.

barungen, die in Worte zu fassen schwierig oder unmöglich ist, die aber eine intensive Autorität ausstrahlen. Um den Eindruck zu zerstreuen, er opfere rationale Argumentation der irrationalen Autorität solcher Evidenzerlebnisse, fügte James sofort hinzu: »Die mystische Wahrheit ist allein für das Individuum existent, das die Entrückung erlebt, ansonsten für niemanden.«[9] Man kann mit ihr, heißt das, ebensowenig argumentieren wie mit der sinnlichen Gewißheit als solcher, aber dies bedeutet nicht, daß sie nicht als Eigenschaft bestimmter menschlicher Erfahrungen empirisch festzuhalten und zu untersuchen sei. Ein solcher empirischer Weg zur Analyse religiöser Phänomene jenseits einer bloßen Erfassung religiöser Doktrinen oder Institutionen – darin eben bestand die Revolution der wissenschaftlichen Beschäftigung mit Religion in dieser Zeit, eine Revolution, für die manche schon in den Schriften Schleiermachers einen ersten Anstoß sehen wollen.[10]

Es sind aber nicht nur die im engeren Sinne religionsphänomenologischen Analysen Schelers, die hier zählen, vielmehr hat sein Verständnis von Phänomenologie als Methode unverkennbar selbst einen zumindest vage religiösen Charakter.[11] Sie soll nicht nur die Eigenstrukturen religiöser Erfahrung und religiösen Handelns gegen alle Reduktionismen und Verkennungen der »Selbständigkeit der Religion« herausarbeiten, sondern eine Wesensphänomenologie der Religion liefern, zu deren drei Aufgaben (157) neben der Lehre vom religiösen Akt auch eine »Wesensontik des ›Göttlichen‹« und eine »Lehre von den Offen-

---

9 William James, *Die Vielfalt religiöser Erfahrung. Eine Studie über die menschliche Natur* [1902], Frankfurt/M. 1997, S. 404.
10 Zur Frage, ob diese methodische Revolution auf Schleiermacher oder James zurückgeht, vgl. Hans Joas, »Schleiermacher and the Turn to Experience in the Study of Religion«, in: Dietrich Korsch, Amber L. Griffioen (Hg.), *Interpreting Religion. The Significance of Friedrich Schleiermacher's »Reden über die Religion« for Religious Studies and Theology*, Tübingen 2011, S. 147-162.
11 Auch dafür hatte von Balthasar schon einen genauen Sinn: Balthasar, *Apokalypse*, S. 128 f.

barungsformen, in denen das Göttliche sich den Menschen aufweist und zeigt«, gehören. Eine bloße Methode ist die Phänomenologie damit sicher nicht, und mit Husserls Programm der »Philosophie als strenger Wissenschaft« kann Scheler sich deshalb auch nicht einverstanden erklären. Er wirft Husserl (75) entsprechend vor, den Begriff »Wissenschaft« doppeldeutig zu verwenden: für induktive Erfahrungswissenschaft ebenso wie für die phänomenologisch zu gewinnende »evidente Wesenserkenntnis«. Die Phänomenologie ist für Scheler ein Weg, den Willen gegenüber den Gegenständen der Erkenntnis auszuschalten »und sich dem puren Was« (92) dieser Gegenstände voll hinzugeben. Damit rückt sie in die Nähe mystischer Seelentechniken, für die er sich schon in anderen Schriften aufgeschlossen gezeigt hatte: von Duldungs- und Leidens- bis hin zu Sammlungstechniken (24, Fn. 2). Auch diesen wollte der in Plänen sich verströmende Scheler sich später noch in systematischer Form zuwenden. Es ging darum, die Dinge, ja das Sein selbst nicht durch praktischen Zugriff zu vergewaltigen, sondern zum Sprechen zu bringen. Dieser Impuls reicht bis in seine Bestimmung der Aufgabe der Philosophie hinein. Bei allen Differenzen zu Platon im einzelnen klingt hier noch das ganze (achsenzeitliche) Pathos der Entstehung der Philosophie nach. Wer würde heute in den Philosophie-Departments der Universitäten die Philosophie noch bestimmen als »liebesbestimmte[n] Aktus der Teilnahme des Kernes einer endlichen Menschenperson am Wesenhaften aller möglichen Dinge« (68) und entsprechend als Philosophen den Menschen, »der diese Haltung zur Welt einnimmt und soweit er sie einnimmt«. Philosophie in diesem emphatischen und unprofessionellen Sinn beruht auf einer personalen Bereitschaft, sich »aus dem psychophysischen Seinszusammenhang wenigstens der *Funktion* nach herauszulösen« (86, Fn. 2), sich selbst zu transzendieren. Beim schnoddrigen Berliner Alfred Döblin lautet derselbe Gedanke: »Bei mir soll jede Kohlrübe zu ihrem Recht kommen.«[12]

---

12 Zu Döblin siehe unten, Teil II, Kap. 3.

Das anspruchsvolle Verständnis von Philosophie und das Hochgefühl, in der Phänomenologie einen neuen und sicheren Weg gefunden zu haben, verliehen Scheler das Selbstbewußtsein, sich von allen anderen Denkern, die man als in dieselbe Richtung zielend auffassen könnte, scharf abzugrenzen. Seine Einwände gegen Schleiermacher (279 ff.), dem gegenüber er sich Rudolf Ottos Kritik zu eigen macht, sind gewiß ernst zu nehmen; sie wirken nur insofern ein wenig ungerecht, als Scheler die Verdienste Schleiermachers zu seiner Zeit nicht würdigt. Mit der mehrfachen Darstellung Kants als eines Subjektivisten scheint mir Scheler ein Zugeständnis an die katholische Apologetik der Zeit zu machen, in der diese irreführende Darstellung weit verbreitet war; im Formalismus-Buch wußte Scheler es besser.[13]

In unserem hiesigen Zusammenhang interessiert besonders Schelers Abgrenzung vom Pragmatismus William James'. Was dessen Religionspsychologie betrifft, erklärt er diese zunächst einmal zur bloßen empirischen Wissenschaft, aus der hinsichtlich des Geltungsanspruchs von religiösen Überzeugungen ohnehin nichts folgen könne. Die Religionspsychologie wird in toto (125) zu einem »untergeordneten« Zweig der Beschäftigung mit Religion erklärt. Ganz anders als bei den Pragmatisten selbst werden von Scheler die empirischen Wissenschaften als niedriger stehend denn die Philosophie eingeschätzt – eine klassische Position des Bildungsaristokratismus und akademischer Distinktionskämpfe. Obwohl James' Einfluß bis in Formulierungen Schelers hinein unverkennbar ist, grenzt er sich in überhitzter Polemik von diesem und dem Pragmatismus insgesamt ab. James besitze keinerlei Prinzipien religionstheoretischer Art, um in sein reiches Material wertend Ordnung bringen zu können. Er suche ein solches Prinzip vielmehr »durch das ganz

---

13 Auf Details der Schleiermacher-Kritik und der Distanzierung Schelers von Kant gehe ich hier nicht ein. Erwähnenswert ist aber noch die irreführende Wiedergabe der Grundideen Ernst Troeltschs (141), korrigiert durch die Behauptung von einem Wandel Troeltschs in Schelers Vorwort zur zweiten Auflage 1922 (11).

und gar wurmstichige pragmatistisch-biologistische – wenn nicht geradezu utilitaristische Prinzip der *günstigen Folgen der Überzeugungen für das praktische Leben zu ersetzen*« (287). Die Nichtbeachtung einer Wesensontologie des Göttlichen, die Ignoranz gegenüber religiöser Kollektivität, »die neugierige Vorliebe für den pathologischen oder doch grob sensationellen Fall«: dies sind weitere Einträge in James' Sündenregister. Unter den Versuchen, »die Selbständigkeit der religiösen Evidenz und Wahrheit in Frage zu ziehen« (304), sei der »trübste und verkehrteste von allen von William James und seinen pragmatistischen Schülern«. Mit diesem Unternehmen habe Schelers eigener Versuch schlicht »nichts zu tun« (286).

Nun ist nicht zu bestreiten, daß zwischen James und Scheler wesentliche Unterschiede bestehen;[14] die Frage nach dem genauen Status von »Evidenz« zielt ja selbst auf ebendiese. Unbestreitbar ist auch, daß James' Religionsverständnis zu sehr auf die Individuen »in ihrer Abgeschiedenheit« gerichtet war und Scheler insofern soziologischer dachte. Darauf werde ich gleich eingehen. Aber seine Abgrenzungen gegenüber James sind nicht nur im Tonfall polemisch überhitzt, sondern auch in der Sache falsch. Das Mißverständnis der pragmatistischen Wahrheitskonzeption als biologistisch oder utilitaristisch war seinerzeit zum zentralen Hindernis für die Rezeption des Pragmatismus in Europa geworden.[15] Es war ein übelwollend aufrechterhaltenes Mißverständnis, da James' buchlanger Versuch, es im Nachfolgeband zu seinen Pragmatismus-Vorlesungen *The Meaning of Truth* aufzuklären, kontinuierlich schlicht ignoriert wurde. James' eigener Kommentar zu dieser Rezeption war, daß jeder

---

14 Eine genauere Untersuchung bei: Christoph Seibert, »Religion aus eigenem Recht. Zur Methodologie der Religionsphilosophie bei Max Scheler und William James«, in: *Neue Zeitschrift für systematische Theologie* 56 (2014), 1, S. 64-88.

15 Hans Joas, »Amerikanischer Pragmatismus und deutsches Denken. Zur Geschichte eines Mißverständnisses«, in: ders., *Pragmatismus und Gesellschaftstheorie*, Frankfurt/M. 1992, S. 114-145.

»geläufige cholerische Sünder angesichts einer solchen Rezeption Gott verfluchen und sterben würde«.[16] Aber nicht nur die allgemeine Charakterisierung der pragmatistischen Philosophie durch Scheler ist grundfalsch; auch seine Interpretation des Status von James' Religionspsychologie ist es. Wir wissen heute, daß James der ersten Reihe von Vorlesungen, die als *The Varieties of Religious Experience* (dt.: *Die Vielfalt religiöser Erfahrung*) berühmt wurde, eine zweite mit dem Arbeitstitel *The Tasks of Religious Philosophy* folgen lassen wollte. Der erste Teil des vorliegenden Werks ist mit dieser Zielrichtung geschrieben, auf die auch immer wieder angespielt wird. In James' Nachlaß findet sich sogar eine Gliederung für die geplante Fortsetzung.[17] James beabsichtigte, diese Ausführungen mit seinen metaphysischen Überlegungen, die er später in *A Pluralist Universe* veröffentlichte, in Zusammenhang zu bringen. Es kann also weder behauptet werden, daß James nur eine deskriptive Religionspsychologie liefern wollte, aus der in Hinsicht auf die Geltungsansprüche religiöser Überzeugungen nichts folgt, noch daß er über gar keine Religionsphilosophie verfügt habe. Scheler irrte hier oder wollte nicht öffentlich einräumen, wieviel näher er James in Wirklichkeit stand. Im entscheidenden Punkt (»Evidenz oder Evidenzgefühl?«) wird sich tatsächlich ein Unterschied zwischen den beiden zeigen, der aber an einer anderen Stelle liegt als der von Scheler bezeichneten.

Soziologische Konsequenzen

Schon Schelers Religionsphilosophie und nicht erst sein späteres explizit soziologisches Werk ist durchsetzt mit soziologischen Einsichten und Denkanstößen. Diese werden allerdings

---

16 William James, *The Meaning of Truth*, New York 1911, S. 136.
17 Vgl. dazu David Lamberth, *William James and the Metaphysics of Experience*, Cambridge, Mass., 1999, S. 106 ff.

an keiner Stelle zusammenhängend präsentiert, sondern sind über den Text des Buches verstreut. Eine kurze Systematisierung samt kritischer Kommentierung ist im vorliegenden Zusammenhang aber mit Sicherheit angebracht.

Niemand kann Scheler vorwerfen, er konzentriere sich – wie bei Philosophen häufig – ausschließlich auf die Glaubens*inhalte*. Das zeigt schon sein Zentralbegriff des »religiösen Akts«, und mehr noch zeigen es seine Ausführungen darüber, daß es im Wesen dieser Akte liege, »nicht im Inneren des Menschen verschlossen zu bleiben, sondern in zweifacher Weise durch die Vermittlung des Leibes hindurch sich nach außen zu manifestieren: In Zweckhandlungen und Ausdrucksbewegungen.« (258) Aus diesem Grunde gehörten zu jeder Religion spezifische Ethosformen und besondere Kultpraktiken. Scheler weiß auch, daß die Redeweise von der Manifestation eines Glaubensinhalts im Handeln nicht ganz den Sachverhalt trifft, da religiöse Überzeugungen nicht einfach dem kultischen Ausdruck vorausgehen, sondern im Kult und durch den Kult geformt und weitergegeben werden. Der Vollzug der von einer Religion vorgeschriebenen moralischen und kultischen Handlungen führt in dieser Sicht oftmals erst zur religiösen Überzeugung. Anders als bei James ist der religiöse Akt bei Scheler immer auch ein sozialer Akt: unus Christianus, nullus Christianus. Spezifiziert wird diese Einsicht, indem Scheler in sich zwingende Zusammenhänge zwischen der fundamental inspirierenden Idee einer Religionsgemeinschaft und den soziologischen Strukturformen, deren diese sich bedient oder die sie hervorbringt, behauptet. Ähnlich wie Ernst Troeltsch[18] hat Scheler einen Sinn für die Neuartigkeit und Unwahrscheinlichkeit des sozialen Gebildes »Kirche«, das das Christentum hervorbrachte. Wenn Liebe die zentrale Idee des Christentums ist, muß von den Christen eine

---

18 Ernst Troeltsch, *Die Soziallehren der christlichen Kirchen und Gruppen*, Tübingen 1912.

Liebes*gemeinschaft* konzipiert werden; wenn die Liebe Gottes jedem Menschen gleichermaßen gilt, kann diese Liebesgemeinschaft nur so verstanden werden, daß hier »kein Mensch und keine Gruppe von Menschen durch einen anderen Menschen oder eine andere Gruppe *ersetzlich* sei« (261).

Besonders originell ist Schelers nächster Schritt. Er entwirft eine Typologie von homines religiosi: »der Zauberer, der Magier, der Seher, der heilige Lehrer, der Prophet, der heilige Gesetzgeber und Richter, König und Held, der Priester, der Heiland, der Erlöser, der Messias« (158) und schließlich die Idee vom Gottessohn als Wesensidee der Person schlechthin. Weitere Typen ergeben sich hier durch Berücksichtigung der nur abgeleiteten homines religiosi: des Apostels, des nachfolgend Heiligen, des Kirchenvaters, des Kirchenlehrers, des Reformators oder des Zeugen sowie durch die Überlappungen mit anderen Typen von Charismatikern wie dem Helden oder Genius. Diese in sich schon fruchtbare Typologie wird von Scheler als Scharnierstück benutzt, um Affinitäten zwischen bestimmten Religionen und einzelnen dieser Typen des homo religiosus herzustellen. So scheint ihm evident, daß unter pantheistischen Voraussetzungen ein Heilslehrer, unter theistischen dagegen ein Heiliger zur zentralen Verkörperung der religiösen Botschaft wird. Damit kommt sogleich der Gesichtspunkt sozialer Ungleichheit ins Spiel. Der Gott des theistischen Glaubens ist ein Volksgott, kein »Wissensgott der ›Gebildeten‹« (130); nicht die Gelehrten erkennen ihn am besten, und die religiöse Erkenntnis theistischer Art wird deshalb nicht »auf einem Throne oder auf einem Sessel einer Akademie, sondern – in einem Eselsstalle oder etwas Ähnlichem« gefunden (335).

Schließlich hält Scheler die geschichtliche Sukzession der Offenbarungsformen des Göttlichen für eine zentrale Aufgabe seiner Wesensphänomenologie der Religion – eine Theorie religiöser Evolution, würde man heute sagen. Auch für diese gewinnt Scheler die wichtigsten Annahmen aus dem jeweiligen religiösen Inspirationskern, und nicht in einer diesem äußerlichen

Weise. So stellt er schon im Kapitel über Reue, das ja den Titel »Reue und Wiedergeburt« trägt, jeder Vorstellung von linearem Fortschritt, wie sie dem neunzehnten Jahrhundert so lieb war, eine historische Rhythmik von kollektiver Schuldeinsicht und moralischer Regeneration entgegen. Seine historischen Beispiele sind das spätantike Christentum, das sich von den heroischen Werten der Antike, aber auch von ihren hedonistischen Orientierungen distanzierte, und der gewaltige Neuaufbruch in den Klosterreformbewegungen des elften Jahrhunderts, als eine fundamentale Erneuerung der Kirche und ihre Befreiung von der Unterordnung unter weltliche Macht in Begriffen einer Buße für sündhafte Irrwege artikuliert wurde. Auch die Wellen der Erweckungsbewegungen in Nordamerika, ohne die weder die Republikgründung noch die Abschaffung der Sklaverei, noch die Erkämpfung voller Bürgerrechte für die Schwarzen möglich gewesen wären, würden in dieses Schema passen; Scheler hat gewissermaßen hier das Modell sozialer Bewegungen, die einer Logik moralischer Mobilisierung folgen, entwickelt.[19] Bei ihm ist dieses Modell nur insofern relativiert, als er einen Erfolg solcher Mobilisierung von Gottes Hilfe abhängig sieht. Wie er sich skeptisch gegenüber linearen Fortschrittskonzeptionen äußert, so kritisiert er auch die bis heute verbreitete Vorstellung, daß Religion »nur die lebendige noch *undifferenzierte Einheit des Kulturgeistes*« (315) darstelle und deshalb durch fortschreitende Differenzierung zergehen oder sich auf eine religiöse Spezialfunktion zurückziehen müsse. Er hält dem entgegen, daß »die Religion selber und die religiösen Werte und Güter sich ebenso differenzieren, wie die Kunst, der Staat, die Wissenschaft es *ihrerseits* tun« (315). Dies ist ein hochinteressanter, leider von Scheler nicht wirklich weiterverfolgter Gedanke, der ein Gegengewicht gegen die von Max Weber bis Niklas Luhmann reichen-

---

19 Hans Joas, *Die Sakralität der Person. Eine neue Genealogie der Menschenrechte*, Berlin 2011, S. 132-146.

de Vorstellung einer funktionalen Differenzierung der Religion bilden könnte.[20]

Scheler ist sich im Gegensatz zu Vorstellungen einer fortschreitenden Säkularisierung bewußt, daß der Hegemonialverlust des christlichen Ethos in Europa nicht einfach eine »Subtraktionsgeschichte« ist (Charles Taylor), also auf eine ersatzlose innere Schwächung des Christentums zurückgeht, sondern daß andere »Geistesmächte« (364) – ich würde sagen: andere Sakralisierungen – aufkamen und teils einander unterstützend an die Stelle des Christlichen getreten sind. Scheler zählt dazu etwa den modernen politischen Nationalismus, die Hochsteigerung der Idee staatlicher Souveränität, den Sozialismus und einen einseitigen Individualismus, einen säkularistischen Humanitarismus, »das bürgerlich-kapitalistische Wirtschaftsethos einer durch nichts begrenzten Produktion und eines ebenso unbegrenzten Gelderwerbes« (364), die Umstellung aller Sozialität auf Zweckverbände und die Idee einer unbeschränkten Autonomie der Kultur. Vor allem zur Dynamik des Nationalismus hat Scheler sich auch in anderem Zusammenhang ausführlich geäußert. An dieser Stelle wird auch deutlich, daß seine Ablehnung der Säkularisierungsthese – von der in der Einleitung dieses Kapitels die Rede war – sich von der bei James, Troeltsch und Burckhardt insofern unterscheidet, als er durchaus akzeptiert, daß das kapitalistische Zeitalter rationalisierend und säkularisierend wirke (270). Für ihn stellt dieser angebliche Sachverhalt nur deshalb keine Stützung der Säkularisierungsthese dar, da er eine Überwindung dieses Zeitalters wie viele seiner Zeitgenossen für möglich, ja bevorstehend hält. Er schließt sich der Vorstellung von Ferdinand Tönnies an, daß alles soziale Leben von Gemeinschaft auf Gesellschaft, auf Zweck- und Klassenverbände umge-

---

20 Ausführlich nicht zu Scheler, aber zu den Problemen der Differenzierungstheorie speziell in religionstheoretischer Hinsicht: Hans Joas, *Die Macht des Heiligen. Eine Alternative zur Geschichte von der Entzauberung*, Berlin 2017, S. 355-418; allgemeiner zu dieser Theorie: ders., *Die Kreativität des Handelns*, Frankfurt/M. 1992, S. 306-357.

stellt werde, und folgert daraus, daß damit die sozialen Bedingungen für die Entstehung neuer Religionen nicht mehr gegeben seien. Dann bleibt natürlich nur, die in schöpferischen Zeiten entstandenen religiösen Gemeinschaftsformen, sprich: die Kirche, »zu *bewahren*, zu verlebendigen und zu reformieren, und im höchsten Falle durch kirchliche Unionsbestrebungen tiefer und machtvoller *miteinander zu verknüpfen*« (353). Politisch heißt das für Scheler ganz konsequent, daß die Rettung nur von einem christlichen Sozialismus zu erwarten sei. Auch zum Weg dorthin kündigte er ein Buch an (439, Fn. 1). Konkreter gesprochen, bedeutet dies eine Ablösung der Kirche von ihrer noch vorhandenen Solidarität »mit überlebten Staatseinrichtungen und bürgerlichen Herrschaftsverhältnissen« (441), ein neues Zugehen auf die Sozialdemokratie, eine Orientierung nicht nur auf den Staat, sondern auf die Vielfalt von Gemeinschaftsformen (die »Zivilgesellschaft« in heutiger Sprache), Dezentralisation in den europäischen Nationalstaaten und eine rechtliche Neuordnung Europas. Typisch für Scheler, den Visionär, ist, daß er diesen politischen Vorstellungen noch eine religiöse hinzufügt: eine neue Öffnung gegenüber der asiatischen, vor allem der ostasiatischen Kultur. »Es bedarf überhaupt das hyperaktivistische, hyperbetriebsame Europa – ich möchte sagen – einer gewissen Liegekur in den Tiefen, in dem Ewigkeitssinn, in der Ruhe und Würde des asiatischen Geistes.« (429)

Dieses Asienbild soll hier ebenso unkommentiert bleiben wie die Problematik von Schelers Kapitalismusbild, in das ja die religiöse Vitalität der USA nicht passen würde. Viele der soziologischen Behauptungen, die hier wiedergegeben wurden, präsentiert Scheler so, als habe er sie aus phänomenologischer Reflexion zwingend erwiesen. Daran ist richtig, daß tatsächlich zwischen dem Inspirationskern einer Religion einerseits und andererseits den institutionellen Strukturen, die sie erzeugt, den Vorbildern und Führern, die ihr angemessen sind, den Kultpraktiken und Ethosformen, in denen sie sich ausdrückt, und den in ihr angelegten Potentialen sozialen Wandels ein tiefer innerer logischer Zusammenhang herrschen kann, den Scheler auf diesem Wege rekonstruiert. Aber unverkennbar ist auch, daß in Schelers Behauptungen empirisch fragwürdige, nicht wirklich streng argumentativ begründete, vielleicht nur idiosynkratische Werturteile eingegangen sind.

Religionsphilosophie und Religionswissenschaft

Für die Beantwortung der Frage »Evidenz oder Evidenzgefühl?«, zu der ich damit zurückkehre, ist es entscheidend, die Grenze genau zu markieren, an der die empirische Deskription des Evidenzgefühls der Gläubigen in einen Evidenzerweis von Glaubensinhalten tatsächlich oder eben nur angeblich übergeht.[21] Das Problem stellt sich in Schelers Religionsphilosophie bereits dort, wo er Religion überhaupt definiert. Es ging Scheler eben nicht nur um eine Phänomenologie religiöser Erfahrung und religiösen Handelns, sondern um die Grundbestimmungen des

---

21 Interessant zu dieser Frage: Todd A. Gooch, »The Epistemic Status of Value-Cognition in Max Scheler's Philosophy of Religion«, in: *Journal for Cultural and Religious Theory* 3:1 (2001), ⟨https://www.jcrt.org/archives/03.1/gooch.shtml⟩, letzter Zugriff 14.1.2013. Außerdem Georg Pfleiderer, *Theologie als Wirklichkeitswissenschaft. Studien zum Religionsbegriff bei Georg Wobbermin, Rudolf Otto, Heinrich Scholz und Max Scheler*, Tübingen 1992, S. 193-224. Besonders hervorheben möchte ich aber den weithin vergessenen tiefschürfenden Artikel, den Hanna Hafkesbrink kurz vor ihrer erzwungenen Emigration in die USA zum Thema veröffentlichte: Hanna Hafkesbrink, »Das Problem des religiösen Gegenstandes bei Max Scheler«, in: *Zeitschrift für systematische Theologie* 8 (1931), S. 145-180 und S. 251-292. Besonders verdienstvoll ist ihre Kontrastierung der Position, die Scheler in seiner Ethik einnimmt, mit der, die er in seiner Religionsphilosophie vertritt (S. 257ff.). Außerdem: dies., »The Meaning of Objectivism and Realism in Max Scheler's Philosophy of Religion. A Contribution to the Understanding of Max Scheler's Catholic Period«, in: *Philosophy and Phenomenological Research* 2 (1942), S. 292-309.

Göttlichen, die sich in solcher Erfahrung dem Gläubigen offenbaren. Scheler beansprucht zwar nicht, den christlichen Glauben als evident zu erweisen. Das lehnt er ausdrücklich ab, weist im Vorwort zur zweiten Auflage dieses in den ersten Reaktionen auf sein Buch sehr verbreitete Mißverständnis scharf zurück und hebt hervor, daß er sogar umgekehrt einen »Beweis der Unbeweisbarkeit Gottes als Person« (331) vorgelegt habe, da eben gerade der Glaube an einen personalen Gott impliziere, daß dieser – wie jede Person – nicht einfach durch Erkenntnisakte auf eigene Faust erschlossen werden könne, sondern »nur durch einen freien Aktus der Selbstschließung« (331). Aber in der Definition von Religion taucht bei Scheler als konstitutives Merkmal doch die Vorstellung der Personalität Gottes auf (146, 240). Damit unterscheidet sich diese Definition gravierend von den Versuchen von Zeitgenossen wie William James, Émile Durkheim, Rudolf Otto, Nathan Söderblom und anderen, das »Heilige« zum zentralen Definitionsmerkmal zu machen. Scheler steht diesen Versuchen zwar insofern nahe, als er es für notwendig hält, daß das religiöse Bewußtsein die Idee des Göttlichen mit der »Wertmodalität des Heiligen mit allen ihr zugehörigen reichen Wertqualitäten« (164) verknüpft. Aber während die anderen genannten Denker in ihrer Definition von Religion auch Vorstellungen von einer apersonalen heiligen Kraft oder von einer Vielzahl personaler Götter zulassen, zielt Scheler schon in seiner Definition auf einen personalistischen Monotheismus. Dabei scheinen die seinerzeitigen Versuche des Missionsgeistlichen Pater Wilhelm Schmidt, einen Urmonotheismus ethnologisch nachzuweisen, eine Rolle gespielt zu haben (350, Fn. 1). In seine Wesensontik des Göttlichen gehen über die Personalität der Gottesidee hinaus weitere Vorstellungen ein, wie die von All-Liebe und Allmacht sowie einer »Welttranszendenz« (244) des Göttlichen, das heißt einer radikalen Unterscheidung von allem Endlichen und Diesseitigen – Vorstellungen, die nach heutiger Auffassung nicht für alle Religionen gelten, sondern erst für die in der Achsenzeit oder auf ihrer Grundlage entstandenen.[22] Scheler macht sich an einer Stelle die Unterscheidung von Mythos und Religion zunutze, um einen engeren Religionsbegriff gegen den Einwand in Schutz nehmen zu können (316), daß vieles von dem angeblich als evident Erwiesenen für die frühen Phasen der Religionsgeschichte und die Religion der Stammesgesellschaften nicht gelte. Doch spricht er an vielen anderen Stellen doch wieder von der Religion der »Primitiven« oder von Religion in allen Phasen der Menschheitsgeschichte. Für seinen Anspruch einer Wesensontik des Göttlichen wäre es natürlich fatal, wenn ihr eine latente christliche »Programmierung« nachgewiesen werden könnte. Den Islam, der bei seinem Religionsbegriff zentral hätte sein müssen, ignorierte Scheler übrigens ganz.

Für Scheler fällt der Nachweis der Selbständigkeit der Religion mit dem Nachweis des Daseins Gottes und eines Reiches Gottes zusammen. Für ihn stellt sich die Alternative so: Entweder behaupte man, religiöse Phänomene seien aus nichtreligiösen Umständen zu erklären – oder man behaupte, sie seien irreduzibel. Im ersten Fall sei der Glaubensinhalt der Religionen fiktiv, im zweiten real. In den Worten einer Schlüsselstelle seines Werkes:

> Ist die religiöse Erfahrung intentional und genetisch aus außer- und vorreligiösen Tatsachen verständlich, – ist es ihr Gegenstand als Fiktion, resp. Synthese aus phantastischen Umformungen der Welterfahrung, so ist die Wahrheit der Religion preiszugeben. Ist sie dies *nicht*, so müssen wir mit genau demselben Rechte einen Realitätsbereich für das System religiöser Akte annehmen, mit dem wir Außenwelt, Innenwelt, fremdes Bewußtsein als Sphären des Daseins setzen. (258)

Diese Sichtweise führt dazu, daß Scheler – wie oben beschrieben – einen Graben aufreißt zwischen den Wissenschaften von der Religion und seiner Religionsphilosophie. Eine erklärende,

---

22 Robert N. Bellah, Hans Joas (Hg.), *The Axial Age and Its Consequences*, Cambridge, Mass., 2012.

Humesche Religionspsychologie weist Scheler mit guten Gründen als säkularistisches Projekt zurück. Aber auch einer beschreibenden, Diltheyschen Religionspsychologie räumt er nur engen Raum ein, nämlich den einer glaubensgemeinschaftsinternen Selbstauslegung. Zu diesen beiden Varianten von Religionspsychologie komme noch eine »konkrete Phänomenologie der religiösen Gegenstände und Akte« (155) hinzu, auf die die Religionsgeschichtsschreibung angewiesen sei. Aber von all diesen religionswissenschaftlichen Disziplinen ist für ihn sein eigenes Projekt grundlegend verschieden, nämlich das Projekt einer »philosophischen Wesenserkenntnis der Religion«. Diese ist

> weder Metaphysik, noch natürliche Theologie, noch Erkenntnistheorie, noch erklärende und deskriptive Psychologie, noch konkrete Phänomenologie der Religion, sondern sie ist das letzte *philosophische Fundament* für *alle* und *jede* andere philosophische und wissenschaftliche Beschäftigung mit der Religion. (156)

Die Wesensphänomenologie als Fundamentalphilosophie schlechthin – so ließe sich Schelers Anspruch formulieren.

Auf der Ebene der religiösen Phänomene spricht für Schelers Sicht, daß in der Tat religiöse Erfahrung nicht ohne epistemischen Anspruch möglich ist. Niemand kann selbst seine religiöse Erfahrung als bloß psychologisches Phänomen deuten und zugleich in ihr eine Begegnung mit dem Göttlichen sehen. In der religiösen Erfahrung sind Deutungen immer schon angelegt, weshalb nicht jede beliebige Deutung vom Erfahrenden als plausibel erlebt wird. Gefühle haben, wie Scheler richtig sah, intentionalen Gehalt, und eine erfahrungsfundierte Wertbindung wird nicht als Wahl und Entscheidung, sondern als die überzeugende Artikulation der Evidenz eines Guten oder Bösen erlebt. Aber von einem Beobachterstandpunkt aus betrachtet, bleibt diese Evidenz eine subjektive Evidenz ohne intersubjektiven Verbindlichkeitsanspruch. Die subjektive Evidenz kann sehr wohl zur intersubjektiven werden; das eben geschieht, wenn ein charismatischer Religionsstifter Jünger gewinnt oder wenn Glaubenszeugen Gehör finden. Doch bleibt diese intersubjektive Artikulation immer eine geteilte subjektive Evidenz; sie wird nie zur ein für allemal fixierbaren philosophisch gewonnenen religiösen Evidenz als solcher. Aus der Tatsache, daß religiöse Phänomene nicht auf außerreligiöse zu reduzieren sind, folgt eben nicht, daß es einen philosophischen Weg zu ihrer Deutung gibt, der außerhalb der konkreten Auseinandersetzungen über den Glauben, das heißt des interreligiösen Dialogs, oder des Gesprächs zwischen Gläubigen und den Verfechtern säkularer Weltbilder oder außerhalb beziehungsweise fundierend unterhalb der Wissenschaften von der Religion liegt.

In einem leider verschollenen Brief, den Scheler im Vorwort zur zweiten Auflage seiner Religionsphilosophie erwähnt (17), scheint Ernst Troeltsch schon auf das Problem hingewiesen zu haben, daß Scheler das »Erkenntnisprinzip der ›Evidenz‹« »viel zu häufig in Anspruch nehme, und daß andere Menschen, die in anderen geschichtlichen Lebenszusammenhängen stehen oder einem anderen Charaktertypus angehören, eben auch andersartige Evidenzen besitzen«. Scheler überdehne damit solche subjektive Evidenz in Richtung des Anspruchs allgemeiner Geltung. Gegen diese Einwände wehrt sich Scheler, indem er einerseits seine Konzeption von Evidenz von subjektiven Gewißheiten und Evidenzgefühlen scharf zu unterscheiden versucht. Ihm gehe es um den jeweiligen »objektiven Sach- oder Wertverhalt«, der sich in der Erkenntnis gewissermaßen nur in seinem *So*sein derart enthülle, wie er dies in seinem *Da*sein durch den Widerstand gegen unsere Handlungen tue. Andererseits sei das Individuell-Persönliche nicht mit dem bloß Subjektiven gleichzusetzen. In der Erkenntnis des Individuums könnten sich Einsichten enthüllen, die für dieses Individuum und seine Lebensführung unbedingt wahr seien, obwohl sie eben nicht auch zugleich für andere gelten müßten. Die Reichweite allgemeingültiger Erkenntnisse wird damit von ihm radikal eingegrenzt, wodurch Metaphysik *und* Religion ihren notwendigen Bezug zum Persönlichen behalten sollen. Hier ist dann plötzlich (19) von der Religionsgeschichte als einer Zeitigung sich ergänzender »Seitenansichten« auf die unerschöpfliche Fülle der Gottheit die Rede. Die in verschiedenen Zeitaltern, Nationen, Völkern, Personen gewonnenen Gotteserkenntnisse müßten »in solidarischer Kooperation und Ergänzung« zusammengetragen werden. Der Status des »allgemeingeltbar Evidenten der Gotteserkenntnis«, den Scheler für seine Religionsphilosophie gleichwohl in Anspruch nimmt, wird dadurch aber nicht wirklich geklärt. An anderer Stelle klingt es so, als habe Scheler »eine methodische Ergänzung« der Phänomenologie durch metaphysische Betrachtungen für nötig gehalten.[23]

Der Eindruck, daß Scheler den fundamentalphilosophischen Anspruch seiner Religionsphilosophie, den Evidenzerweis von Bestimmungen des Göttlichen, letztlich nicht halten kann, verstärkt sich noch, wenn man auf die Umstellungen in seinen soziologischen Behauptungen über Religion nach seiner religiösen Umorientierung blickt.[24] Was gerade noch als Evidenz galt, wird jetzt fast in dem Sinne soziologisch gedeutet, wie es ein Verständnis von Soziologie nahelegt, das diese mit säkularistischen Annahmen identifiziert. Wurde etwa die Kirche in Schelers Religionsphilosophie aus dem Wesen des religiösen Akts abgeleitet, erscheint sie jetzt nur noch als »Organisationsform im politischen Zeitalter«, als »Heilsmassenanstalt«, autoritär, dogmatisch, die Dynamik der Religion mehr hemmend als fördernd.[25] Religion erscheint jetzt als reflexionsbegrenzende Feindin freien Denkens. Am schlimmsten von allem wird nun die »Vergottung« des Religionsstifters empfunden. Was in der einen Phase Gipfelpunkt eines personalistischen Gottesverständnis-

---

23 Max Scheler, »Vorwort« zu: Otto Gründler, *Elemente zu einer Religionsphilosophie auf phänomenologischer Grundlage*, München 1922, S. I-II, hier S. II.
24 Max Scheler, *Die Wissensformen und die Gesellschaft* (= Gesammelte Werke, Bd. 8), Bern, München 1966, S. 69 ff.
25 Dazu Fries, *Die katholische Religionsphilosophie der Gegenwart*, S. 131.

ses war – Jesus als Sohn Gottes –, erscheint nun als dämonische Verdinglichung durch eine Amtskirche.

Vom religiösen Evidenzanspruch zur Vergottungsthese scheint kein Weg zu führen außer dem einer kompletten Kehrtwende. Es sei denn, man sieht fundamentalphilosophischen Anspruch und soziologischen Reduktionismus als die zwei Seiten ein und derselben Münze. Tut man dies, kann man erkennen, daß sich die pragmatistische Religionstheorie von William James gegen beides zugleich richtete. Der Philosophie wird keine fundierende Rolle mehr zugesprochen, aber die empirischen Wissenschaften werden auch nicht auf das Nur-Empirische begrenzt. In jeder religiösen Erfahrung steckt in dieser Sicht ein Anspruch auf religiöse Wahrheit; aber niemand hat ein Mittel, um diese außerhalb des Gesprächs der Menschen in Besitz zu nehmen. Anders als bei Scheler, dem unsteten Genie des deutschen Religionsdenkens im frühen zwanzigsten Jahrhundert, blieb bei James auch hinsichtlich von Seelenheil und Erlösung die bescheidene und demokratische pragmatische Einstellung leitend: nicht die Verkündung gesicherten Erlösungswissens, sondern die aufnahmebereite, neugierige und tolerante Suche nach ihm.[26]

---

26 In diesem Sinn stellt dieses Kapitel die Ausarbeitung der wenigen Sätze zu Scheler in meinem Buch *Braucht der Mensch Religion?* (Freiburg 2004, S. 74f.) dar. Auf diese alten Formulierungen spiele ich hier an.

Teil II
Säkularisierung und moderne Freiheitsgeschichte

1
Einführung

Die Geschichte der Religion und die Geschichte der politischen Macht sind aufs engste miteinander verknüpft. Dies gilt dort, wo Religion die Rechtfertigung für bestimmte Formen politischer Herrschaft oder für den Machtanspruch einzelner Herrscher liefert, ebenso aber auch dort, wo Religion eine Inspirationsquelle für den Widerstand gegen Herrscher oder Herrschaftsordnungen darstellt und zur Veränderung solcher Ordnungen beiträgt. Gewiß kann Religion, wie Marx falsch verallgemeinernd behauptete, »Opium des Volkes« sein, sie kann aber auch, wie Werner Stark ihm entgegenhielt, »Adrenalin« produzieren. Weil diese enge Verknüpfung vorliegt, kann auch die Geschichte der Säkularisierung, wenn sie nicht nur ein Nachlassen des religiösen Interesses meint, sondern von Kritik an einer bestimmten oder jedweder Religion getrieben ist, nicht getrennt von der politischen Geschichte verständlich gemacht werden. Zu den Motiven von Menschen, eine Religionsgemeinschaft anziehend oder abstoßend zu finden, gehören immer auch ganz wesentlich politische Motive. Das soll nicht heißen, daß Religionen nur Verhüllungen oder Verschiebungen der eigentlich ausschlaggebenden »materiellen« Interessen darstellten, welche ökonomischer oder politischer Art seien. Es ist aber meist so, daß »spirituelle« Motive, also im ausschließlichen Sinn religiöse Antriebe, auf verschiedenen Wegen verfolgt werden können und für die Entscheidung, diesen oder jenen Weg zu gehen, ein grober ganzheitlicher Eindruck von einer religiösen Tradition oder Institution ausschlaggebend sein kann.

Auf diese Zusammenhänge werde ich in Teil IV dieses Buches ausführlicher zu sprechen kommen. An dieser Stelle geht es zunächst einmal darum, daß sich die enge Verknüpfung politischer und religiöser Motive nicht nur auf der konkreten Ebene der religionsgeschichtlichen Entwicklungen selbst findet, sondern auch auf der abstrakteren Ebene der Konkurrenz großer Erzählmuster zum Zusammenhang von Religion und Geschichte der politischen Freiheit. Nachdem in Teil I, bezogen auf ein erstes Element der so überaus einflußreichen Hegelschen Geschichtsphilosophie, Ansätze zur Überwindung einer intellektualistischen Konzeption religiösen Glaubens dargestellt wurden, geht es nun im nächsten Schritt um die teleologische Geschichtskonzeption Hegels, der zufolge das Christentum auf die moderne politische Freiheit notwendig hinführe und sich in ihr verwirkliche. Probleme stellen sich hier auf allen Ebenen: hinsichtlich des Verständnisses der Stellung des Christentums unter den anderen Religionen, der Zusammenhänge von Religions- und Politikgeschichte und der grundsätzlichen Möglichkeit teleologischer Geschichtskonstruktion überhaupt.

In einem ersten Schritt dürfte es hilfreich sein, das Narrativ von der Kontinuität zwischen Christentum und politischer Freiheit dadurch zu relativieren, daß es dem Vergleich mit anderen Narrativen ausgesetzt wird. Der protestantische Theologe Martin Laube hat einen nützlichen typologisierenden Vorschlag gemacht, um einen Überblick über mögliche Narrative auf diesem Gebiet zu ermöglichen.[1] Der erste Typus, eben in Hegel prototypisch verkörpert, wird als Kontinuitätstypus bezeichnet. Gemeint ist damit ausschließlich eine Kontinuität zwischen dem protestantischen Christentum und der »neuzeitlichen« politischen Freiheit. Dem katholischen Christentum sprach Hegel ausdrücklich diese Eignung zur Freiheit ab; mit ihm sei »keine vernünftige Verfassung möglich«, da es nicht die Gewähr biete, »der vernünftigen Staatsverfassung« nicht ent-

---

1 Martin Laube, »Die Dialektik der Freiheit. Systematisch-theologische Perspektiven«, in: ders. (Hg.), *Freiheit*, Tübingen 2014, S. 119-191, hier v. a. S. 124-137.

gegengesetzt zu sein.² Es dürfe in den Gesinnungen der Bürger nichts geben, was den Anspruch erhebe, höher und heiliger als die Gesinnung des Staates zu sein. Zwar sei prinzipiell »die Religion höher und heiliger«, es solle in ihr aber doch nichts enthalten sein, »was von der Staatsverfassung verschieden oder ihr entgegengesetzt wäre«.³ So schroff diese Zurückweisung eines religiösen Bezugspunkts jenseits der Staatsloyalität bei Hegel ist, so enthusiastisch ist sein Loblied auf die Reformation. Mit Luther sei die Freiheit im Sinne des individuellen Bezugs zu Gott gegen die Autoritätsansprüche der Kirche in ihr Recht gesetzt worden, und

> hiermit ist das neue, das letzte Panier aufgetan, um welches die Völker sich sammeln, die Fahne des *freien Geistes*, der bei sich selbst, und zwar in der Wahrheit ist und nur in ihr bei sich selbst ist. Dies ist die Fahne, unter der wir dienen und die wir tragen. Die Zeit von da bis zu uns hat kein anderes Werk zu tun gehabt und zu tun, als dieses Prinzip in die Welt hineinzubilden, indem die Versöhnung an sich und die Wahrheit auch objektiv wird, der Form nach.⁴

In dieser Sicht kann die Französische Revolution als Schritt zur Verwirklichung der Reformation angesehen werden und ebenso jeder Schritt, der ohne Chaos und Terror der Revolution in dieselbe Richtung genommen wird, insbesondere also die Reformen des preußischen Staates nach der Niederlage gegen Napoleon und nach der Befreiung von seiner Oberherrschaft.

In Hegels Konstruktion geht der Reformation natürlich schon eine spezifische Affinität des Christentums zur Freiheit voraus, die es von anderen Religionen unterscheide. Dieser These ließe sich zwar entgegenhalten, daß in allen Religionen politische Unterdrückungserfahrungen mythologisch gespeichert sind eben-

---

2 G.W.F. Hegel, *Vorlesungen über die Philosophie der Geschichte* (= *Werke*, Bd. 12), Frankfurt/M. 1986, S. 531.
3 Ebd.
4 Ebd., S. 496.

so wie Erfahrungen des Widerstands. Stellvertretend sei hier das Exodus-Motiv der jüdischen Tradition, der Auszug aus dem »Sklavenhaus Ägypten«, genannt. Aber dies allein macht noch nicht Freiheit zu einem zentralen Wert in einer religiösen Tradition. Im Christentum dagegen ist in der Tat schon bei Paulus eine jüdisch-frühchristliche religiöse Interpretation in Kategorien einer antik-griechischen Freiheitskonzeption artikuliert worden. Insbesondere der Brief des Apostels Paulus an die Galater wurde deshalb immer wieder herangezogen, wenn das Christentum zur Religion der Freiheit erklärt werden sollte.[5] Vieles spricht dafür, in dieser Akzentuierung tatsächlich ein Spezifikum des Christentums zu sehen. Es darf dabei allerdings in den Begriff »Freiheit« nicht all das hineinprojiziert werden, was das neuzeitliche politische Freiheitsdenken anzielt. Paulus war, um es in einer Kurzformel zu sagen, kein Kämpfer für die Demokratie oder auch nur für die Überwindung der Sklaverei.[6]

Aber die These lautete ja auch nicht, daß die moderne Freiheit schon bei Paulus (oder Jesus) prägnante Form angenommen habe, sondern bei Luther. Auf diese, die Unterstellung einer Kontinuität zwischen Reformation und politischer Freiheit, stützte sich der »liberale« Protestantismus nach Hegel in den verschiedensten Varianten – bis hin zu mancher offiziösen Erklärung im Jahr des Reformationsjubiläums 2017. Hegel muß dabei nicht namentlich genannt werden. Das Kontinuitätsnarrativ

---

5 Für mich sehr lehrreich: Orlando Patterson, *Freedom*, Bd. I: *Freedom in the Making of Western Culture*, New York 1991. Zur Fortführung des Arguments: ders., »Freiheit, Sklaverei und die moderne Konstruktion der Rechte«, in: Hans Joas, Klaus Wiegandt (Hg.), *Die kulturellen Werte Europas*, Frankfurt/M. 2005, S. 164-218. Vgl. auch Hans Joas, »Der Wert der Freiheit und die Erfahrung der Unfreiheit«, in: Hans-Richard Reuter u. a. (Hg.), *Freiheit verantworten. Festschrift für Wolfgang Huber zum 60. Geburtstag*, Gütersloh 2002, S. 446-455. Zum neutestamentlichen Forschungsstand informativ: Friedrich Wilhelm Horn, »›Zur Freiheit hat uns Christus befreit‹. Neutestamentliche Perspektiven«, in: Laube (Hg.), *Freiheit*, S. 39-58.
6 Patterson, *Freedom*, Bd. I, S. 316-344.

hat, ganz unabhängig von einem einzelnen Denker, sein eigenes Gewicht als kulturelles Selbstdeutungsmuster angenommen. Wie wenig selbstverständlich es aber ist, zeigt ein Blick auf den zweiten Typus, der schon unter den Linkshegelianern kurz nach Hegels Tod aufkam und in Marx und dem Marxismus seine geschichtsmächtigste Gestalt gewann. Man könnte hier von der These einer radikalen *Diskontinuität* oder von der *Unvereinbarkeit* von Christentum und politischer Freiheit sprechen. Für Marx und eine Unzahl linker Kulturkritiker in seinem Gefolge, ebenso aber auch für Nietzsche und dessen Anhänger ist das, was Hegel an Luther pries, nämlich die innere Freiheit des gläubigen Menschen, nur ein weiterer Schritt zur Vertiefung der Herrschaft über den Menschen. Wo Herrschaft äußerlich ist, gibt es ja in der Regel vielerlei Spielräume für die Individuen, sich ihr zu entziehen oder durch Lippenbekenntnisse und äußerlichen Konformismus den Druck abzulenken. Wenn aber die Herrschaft ins Innenleben eingreift, dann gibt es kein Ausweichen mehr, auch für diejenigen nicht, die keinen Ehrgeiz haben, den religiösen Normen besonders gut zu entsprechen. Luther, so Marx in der Einleitung zu seiner frühen »Kritik der Hegelschen Rechtsphilosophie«, habe »die Pfaffen in Laien verwandelt, weil er die Laien in Pfaffen verwandelt hat. Er hat den Menschen von der äußeren Religiosität befreit, weil er die Religiosität zum inneren Menschen gemacht hat. Er hat den Leib von der Kette emanzipiert, weil er das Herz in Ketten gelegt.«[7]

Bei Marx drücken diese scharfen polarisierenden Sätze freilich kein tragisches Gefühl der Unentrinnbarkeit aus, wie dies in der späteren »Kritischen Theorie« der Fall sein sollte, sondern den Überschwang eines Revolutionärs, der die Emanzipation des Menschen von der politischen Unterdrückung in eins

---

[7] Karl Marx, »Zur Kritik der Hegelschen Rechtsphilosophie. Einleitung« [1843/44], in: Karl Marx, Friedrich Engels, *Werke*, Bd. 1, Berlin 1972, S. 378-391, hier S. 386.

mit der Emanzipation von aller Religion anstrebt und für möglich hält. Denn, so Marx weiter,

> wenn der Protestantismus nicht die wahre Lösung, so war er die wahre Stellung der Aufgabe. Es galt nun nicht mehr den Kampf des Laien mit dem *Pfaffen außer ihm*, es galt den Kampf mit seinem *eigenen inneren Pfaffen*, seiner pfäffischen Natur. Und wenn die protestantische Verwandlung der deutschen Laien in Pfaffen die Laienpäpste, die Fürsten samt ihrer Klerisei, den Privilegierten und den Philistern emanzipierte, so wird die philosophische Verwandlung der pfäffischen Deutschen in Menschen das Volk emanzipieren.[8]

Die schroffe gegen Hegel gerichtete These von der Diskontinuität und Unvereinbarkeit von Christentum und politischer Freiheit muß freilich keineswegs die revolutionäre Marxsche Gestalt annehmen. Sie kann ja auch von Christen vertreten werden, die moderne politische Freiheit gerade als Gefahr für das Christentum ansehen und deshalb ihrer Verbreitung Widerstand entgegensetzen wollen. Diese Denkweise kann auf katholischer Seite, wenn der unterstellte Nexus von Reformation und politischer Freiheit akzeptiert wird, dazu führen, in der Reformation den Beginn eines Irrwegs zu sehen, der nur durch erneute Orientierung am Mittelalter, also an der Zeit vor der Reformation, verlassen werden kann. Auf protestantischer Seite wird diese Denkbewegung eher die Gestalt annehmen, Luther und sein Freiheitsverständnis neu zu interpretieren, das heißt die Punkte zu markieren, an denen Luther das Individuum gerade nicht freisetzte, sondern im strengsten Sinne – an Gottes Wort und an weltliche Autorität – band. In solcher Bindungskraft kann dann die Hoffnung gesehen werden für eine zerfallende politische und gesellschaftliche Ordnung. Ein Christentum dieser Art, katholisch oder evangelisch, wird auch Magnet sein für die Suche nach Autorität und neuer Bindung bei Menschen, die dem Christentum sonst eher fernstehen.

Die beiden bisher genannten Typen haben gemeinsam, daß

---

8 Ebd.

sie dem Verhältnis von Christentum und politischer Freiheit einen eindeutigen historischen Richtungssinn unterstellen. Marx war letztlich trotz aller Revolutionsorientierung nicht weniger teleologisch in seinem Geschichtsverständnis als Hegel, und man könnte seine Hegel-Kritik auch als Übertrumpfung Hegels statt als einfachen Widerspruch klassifizieren. Wenn aber ein solcher Richtungssinn, zumindest als eindeutiger, nicht unterstellt wird, dann wird in der Geschichte keiner der beiden Pole verschwinden. Es wird vielmehr zu einem dauerhaften Spannungsverhältnis zwischen beiden kommen. Dabei wird sich das Christentum unter dem Einfluß politischer Freiheit in seinem Selbstverständnis ebenso wandeln, wie sich die Institutionen und Theorien politischer Freiheit unter der immer neuen Inspiration durch das Christentum verändern werden. Zumindest besteht dann die denkerische Möglichkeit, solche faktischen Veränderungen in das Bild der Zusammenhänge aufzunehmen. Dieser dritte Typus wird entsprechend als der der *Vermittlung* bezeichnet.

Historisch dürfte kein Zweifel sein, daß es etwa in erfolgreichen demokratischen Gesellschaften starke Impulse gibt, auch christliche und andere Religionsgemeinschaften in ihren inneren Strukturen an das moderne demokratische Ideal anzunähern und theologische Lehrinhalte so zu reformulieren, daß sie diesem Ideal nicht widersprechen. Umgekehrt haben auch Nichtchristen immer wieder Inspiration in der christlichen Betonung der »geschöpflichen Endlichkeit« des Menschen gefunden, in der Sensibilität für Unverfügbarkeit und für die Gefahren, die in einer entgrenzten Freiheit liegen und diese in ihr Gegenteil verkehren können, oder in der Befreiung vom Gefühl des Zwangs, frei sein zu müssen.[9]

---

9 Vgl. Martin Laube, »Tendenzen und Motive im Verständnis der Freiheit«, in: ders. (Hg.), *Freiheit*, S. 255-267, aber auch Hans Joas, *Die Sakralität der Person. Eine neue Genealogie der Menschenrechte*, Berlin 2011, S. 204-230, v. a. S. 210. Siehe auch unten, Teil III.

Auch ohne teleologisches Geschichtsbild werden die Vertreter einer solchen Vermittlungskonzeption empirisch nicht umhinkommen, die faktischen historischen Vermittlungsprozesse optimistischer oder pessimistischer einzuschätzen. In seiner optimistischen Variante nähert sich dieser Typus damit dem Hegelianismus an. Obwohl dann Säkularisierungsprozesse, die auf den ersten Blick als Schwächung des Christentums erscheinen müssen, eingeräumt werden, werden diese als mögliche Verwirklichungsgestalten des Christentums gedeutet. Dies drückt sich sogar im Begriff »Säkularisierung« selbst aus, der sowohl »Schwächung von Religion« wie auch »Verwirklichung der Religion« bedeuten kann und einiges andere mehr. Eine gegen Hegel festgehaltene »Gegenläufigkeit« von christlichem und neuzeitlichem Freiheitsverständnis wird so doch quasihegelianisch aufgehoben.[10]

In einer pessimistischeren Variante des Vermittlungstypus bleiben die Risiken für beide Seiten, die in einem solchen Spannungsverhältnis stecken, stärker bewußt. Das kann zumindest die Form einer verstärkten Aufforderung zu politischem und moralischem Engagement annehmen, weil ja das Vertrauen in die Geschichte als solche dann nicht trägt.[11] Aber es könnte auch – christentumskritisch – versucht werden, den verbleibenden Einfluß christlicher Vorstellungen etwa in Bioethik und Familienrecht weiter zurückzudrängen, oder – demokratieskeptisch – beklagt werden, daß der Einzug demokratischer Prinzipien in die Kirche dort zu einer zeitgeistigen Verwässerung der Lehre führt.

Der vierte und letzte Typus beläßt es nicht bei der Aussicht auf ein in aller historischen Zukunft weiter bestehendes Spannungsverhältnis, sondern proklamiert eine eschatologische Per-

---

10 In Anlehnung an Martin Laubes Interpretation der Theologie Trutz Rendtorffs in: »Die Dialektik der Freiheit«, S. 131 bzw. S. 133.
11 Laube stellt so dem »Hegelianer« Rendtorff den »Kantianer« Wolfgang Huber entgegen (ebd., S. 175). Zu Hubers »Theologie der Befreiung« siehe unten, Teil III, Kap. 5.

spektive. Damit lädt sich das Christentum mit Vorstellungen einer politischen Utopie auf, einer linken Utopie, die in ihren konkreten Zügen meist stark von einem ebenfalls utopisch und messianisch interpretierten Marxismus beeinflußt ist. Dieser vierte Typus wurde als der der *Überbietung* bezeichnet.[12] Er ähnelt gewissermaßen der Diskontinuitätsthese von Marx, aber ohne dessen Religionskritik. In der Hochzeit revolutionärer Hoffnungen in den 1970er Jahren strömten starke Kräfte in diese Richtung. Gegenwärtig ist es um diese eher still geworden oder wurden die Impulse etwa der lateinamerikanischen Befreiungstheologie, ohne ganz zu versiegen, ihres utopischen Überschwangs beraubt.

Die hier skizzierte Typologie erscheint als nützlich keineswegs nur für einen Überblick über theologische oder religionstheoretische Positionen. Man könnte sie auch auf Positionen der politischen Theorie oder der Geschichte des Liberalismus beziehen.[13] Dies muß hier nicht weiterverfolgt werden. Entscheidend für die Stoßrichtung dieses Teils des vorliegenden Buches ist etwas anderes. Alle bisher genannten Typen lassen die neuzeitliche politische Freiheit prinzipiell, ist sie denn erst einmal etabliert, als gefestigt erscheinen. Sie mag als mehr oder minder wünschenswert angesehen werden, und die Einschätzungen des Christentums oder der Religion mögen weit voneinander abweichen, ihr Zusammenbruch oder ihre Rücknahme tauchen aber, so scheint es, nicht am Horizont der Zukunft auf. Doch dieser Befund entspricht nicht der tatsächlichen Lage; er ergibt sich nur aus einer Typologie, die dem Gesichtspunkt der Freiheitsbedrohung nicht genügend Beachtung schenkt.

Gerade in den USA, mit ihrer komplexen Balance von Liberalismus und Christentum, gibt es einen breiten Strom von selbst-

---

12 Laube, »Die Dialektik der Freiheit«, S. 134.
13 Vgl. die Andeutungen in dieser Richtung im »bibliographical essay« des vorzüglichen Buches von: David L. Chappell, *A Stone of Hope. Prophetic Religion and the Death of Jim Crow*, Chapel Hill 2004, S. 297-301.

kritischen und beunruhigten Infragestellungen des optimistischen Vermittlungstypus. Eine der eindrucksvollsten Stimmen dieser Art war die von H. Richard Niebuhr. Er schrieb Ende der 1930er Jahre, daß es keiner solchen vermittlungstheologischen Position jemals wirklich gelungen sei, die auseinanderstrebenden Tendenzen zu versöhnen:

> So begann denn im Laufe der Zeit der Liberalismus die Erweckungsbotschaft mehr und mehr zu verdrängen. Gleichzeitig aber neigte er dazu, mehr zu verweltlichen oder, genauer ausgedrückt, den Sinn dafür zu verlieren, daß die Beziehungen zwischen Gott und Mensch, zwischen der Gegenwart und dem kommenden Reich unterbrochen waren. Unter den nachfolgenden Generationen war die Erbschaft des Glaubens, mit der der Liberalismus seine Wirksamkeit begonnen hatte, vertan. Die liberalen Nachkommen der liberalen Vorfahren sahen sich genötigt, mit einem immer geringer werdenden Kapital auszukommen.[14]

Hier haben wir einen klaren Ausdruck der Vorstellung, daß der politische Liberalismus geschichtlich von einem religiösen Kapital zehre, das er nicht aus eigener Kraft erneuern zu können scheint. Wie aber sollte er dann für die Zukunft gesichert werden? Niebuhr war nicht der einzige in seinem Land, der diese Frage formulierte, und auch in den anderen westlichen Ländern findet sich geradezu eine Tradition solchen Fragens. In Frankreich gehört Alexis de Tocqueville ebenso dazu wie Émile Durkheim.[15] In Deutschland ist der klassisch gewordene Topos für diese Fragestellung erst aus der Zeit nach dem Zweiten Weltkrieg, das sogenannte Böckenförde-Diktum: »Der freiheitliche,

---

14 H. Richard Niebuhr, *Der Gedanke des Gottesreiches im amerikanischen Christentum* [1937], New York 1948, S. 141. Kurz vorher (S. 140) Niebuhrs berühmte schneidende Charakterisierung eines »domestizierten« Christentums: »Ein Gott ohne Zorn leitete Menschen ohne Sünde in ein Reich ohne Gericht durch die Vermittlung eines Christus ohne Kreuz.« Ausführlich zu Niebuhr siehe unten, Teil IV, Kap. 2.
15 Vgl. das Motto dieses Buches aus: Alexis de Tocqueville, *Über die Demokratie in Amerika* [1835/40], München 1976, S. 506.

säkularisierte Staat lebt von Voraussetzungen, die er selbst nicht garantieren kann.« Böckenförde fügte diesem äußerst häufig zitierten Satz in der ursprünglichen Fassung die Erläuterung hinzu:

> Das ist das große Wagnis, das er, um der Freiheit willen, eingegangen ist. Als freiheitlicher Staat kann er einerseits nur bestehen, wenn sich die Freiheit, die er seinen Bürgern gewährt, von innen her, aus der moralischen Substanz des einzelnen und der Homogenität der Gesellschaft, reguliert. Andererseits kann er diese inneren Regulierungskäfte nicht von sich aus, das heißt mit den Mitteln des Rechtszwanges und autoritativen Gebots, zu garantieren suchen, ohne seine Freiheitlichkeit aufzugeben und – auf säkularisierter Ebene – in jenen Totalitätsanspruch zurückzuverfallen, aus dem er in den konfessionellen Bürgerkriegen herausgeführt hat.[16]

In seinem ursprünglichen Zusammenhang gelesen, wird rasch deutlich, wodurch sich der Satz des großen Staatsrechtslehrers Ernst-Wolfgang Böckenförde, sosehr er in bestimmter Hinsicht eine Tradition des Fragens nur fortsetzt, von dieser auch unterscheidet. Spürbar ist an jeder Stelle, daß die Frage hier *nach* der Erfahrung des Zusammenbruchs eines freiheitlichen Staats – durch die Machtübernahme der Nationalsozialisten 1933 – gestellt wird; und unverkennbar ist der Adressat der Feststellung nicht so sehr eine allgemeine Öffentlichkeit, der damit die Rolle der Kirchen schmackhaft gemacht werden soll, sondern es sind die Christen selbst, die nicht nach einem »christlichen« Staat, was immer das genau wäre, streben sollen. Sie sollen vielmehr den freiheitlichen, säkularisierten Staat »in seiner Weltlichkeit nicht länger als etwas Fremdes, ihrem Glauben Feindliches erkennen, sondern als die Chance der Freiheit, die zu erhalten und zu realisieren auch ihre Aufgabe ist«.[17] Böckenförde selbst

---

16 Ernst-Wolfgang Böckenförde, »Die Entstehung des Staates als Vorgang der Säkularisation« [1967], in: ders., *Der säkularisierte Staat. Sein Charakter, seine Rechtfertigung und seine Probleme im 21. Jahrhundert*, München 2006, S. 43-72, hier S. 71.
17 Ebd., S. 72.

hätte seine Frage, für die es ja auch keine definitive Antwort geben kann, gewiß nicht als derart epochale Leistung eingestuft, wie andere dies getan haben, die ihn deswegen zum »Einstein des Staatsrechts«[18] kürten. Er selbst verwies auf Hegel, der in seinen Reflexionen das Verhältnis von Staat und Religion auf einer Höhe diskutiert habe, die danach nicht wieder erreicht worden sei.[19]

Eben weil es eine reiche Tradition des Fragens auf diesem Gebiet gibt, ist eine erschöpfende Behandlung hier völlig ausgeschlossen. Es geht in den Kapiteln dieses Teils deshalb nur um einige durch ihre Originalität und Tiefe bestechende Beiträge. Ein besonderes Augenmerk wird bei ihnen auf dem Grad liegen, zu dem die Denker versuchen, ihre Überlegungen über Säkularisierung und moderne Freiheitsgeschichte auf einem differenzierten Verständnis von Religion aufzubauen.

Der erste Beitrag gilt demjenigen amerikanischen Denker, der in der ersten Hälfte des zwanzigsten Jahrhunderts zum einflußreichsten öffentlichen Intellektuellen der USA aufstieg: John Dewey. Er hatte seine intellektuelle Entwicklung noch im neunzehnten Jahrhundert als christlicher Neohegelianer begonnen, sich dann vom christlichen Glauben gelöst und auch seinen Hegelianismus durch eine fortschreitende Naturalisierung in eine Variante des amerikanischen Pragmatismus transformiert. Wie kein Philosoph vor ihm stand die Demokratie als politisches Ideal, aber auch als moralische Leitlinie in anderen Lebensbereichen, im Zentrum seines Denkens. Während vor dem Ersten Weltkrieg sein Geschichtsbild optimistisch-progressiv war, änderte sich dies durch den Krieg. Vor allem die Weltwirtschaftskrise und die tiefgehende Erschütterung auch der demokratischen Staaten in ihrem Gefolge gab dann für ihn der Frage

---

18 Heribert Prantl, *Süddeutsche Zeitung* v. 18.9.2010, S. 5.
19 Böckenförde, »Die Entstehung des Staates als Vorgang der Säkularisation«, S. 72, Anm. 50, unter Bezug auf § 552 in Hegels *Enzyklopädie der philosophischen Wissenschaften* [1830].

dramatische Dringlichkeit, ob die Demokratie aus sich selbst heraus, auch ohne Rückgriff auf die Traditionen des Christentums, die Bindungskräfte entwickeln könne, die sie benötigt. Die absehbare Destabilisierung der Demokratie führte hier zur Frage nach ihren Stabilisierungsbedingungen, und diese Frage lenkte den Blick neu auf Religion – Religion vor allem in Gestalt eines von den Staatsbürgern geteilten »Glaubens«. *A Common Faith* heißt entsprechend sein 1934 vorgelegtes Buch zur Religionstheorie.[20]

Das Desiderat, selbst auch ein weiterführender Beitrag zur Religionstheorie zu sein, erfüllt dieses Buch in beträchtlichem Maße. Dewey knüpft nämlich direkt an die Religionspsychologie von William James an, treibt diese aber von ihrem individualistischen Ausgangspunkt in intersubjektivistischer Richtung weiter. Das gilt auf mehreren Ebenen. Er interessiert sich für geteilte außeralltägliche Erfahrungen, für ein Verständnis des Selbst als intersubjektiv konstituiert und für die Präsenz eines Ideals gelingender Intersubjektivität in alltäglicher Kommunikation. Seine – im folgenden Kapitel näher erläuterten – Ausführungen klingen wie ein Vorschein einerseits der Überlegungen Charles Taylors zur notwendigen Verbindung von »Wert« und »Selbst«, andererseits der Philosophie von Jürgen Habermas mit ihrer Zentrierung auf kommunikative Rationalität.[21] Mit dieser Konzeption von Intersubjektivität und Demokratie eröffnet sich für Dewey die Aussicht, Säkularisierungstendenzen nicht als Symptome eines moralischen Verfalls zu denken, sondern als Befreiung von Dogmatismus und Beseitigung künstlicher Schranken innerhalb eines Gemeinwesens. Er setzt gerade auf den Abbau religiöser Institutionen und die Emanzipation des »Religiösen« von den religiösen Institutionen, um die Demokratie zu stabili-

---

20 John Dewey, *A Common Faith*, New Haven 1934.
21 Zu Taylor siehe unten, Kap. 5 in diesem Teil, und außerdem meinen Besprechungsaufsatz zu seinem Werk *Quellen des Selbst*: Hans Joas, »Ein Pragmatist wider Willen?«, in: *Deutsche Zeitschrift für Philosophie* 44 (1996), S. 661-670.

sieren. Der Beitrag erörtert, wie plausibel diese Lösung gerade auch auf dem Hintergrund von Deweys eigener Religionstheorie ist.

Das anschließende Kapitel fällt insofern etwas aus dem Rahmen, als es sich mit einem Autor beschäftigt, der vor allem durch sein erzählerisches Werk zu Ruhm gekommen ist: Alfred Döblin. Er hat aber neben diesem immer auch eine Fülle publizistischer und philosophisch-spekulativer Arbeiten vorgelegt. Am wichtigsten im vorliegenden Zusammenhang sind die beiden »Religionsgespräche«, die Döblin 1942/43 bzw. 1950-52 verfaßt hat. Sie sind deshalb so überaus wichtig, weil sich in ihnen in der literarischen Form eines Zwiegesprächs zwischen einem (gläubigen) älteren und einem (ungläubigen) jüngeren Mann der Weg Döblins vom säkularen Judentum seiner Frühzeit zum katholischen Christentum seiner Spätzeit in argumentativer Form ausdrückt. Es ist dies ein Weg nicht zu einem restaurativen Christentum, sondern zu einem von den Erfahrungen des Totalitarismus und der Gewaltgeschichte des zwanzigsten Jahrhunderts geprägten, wie ich das nennen möchte, »posttotalitären« Christentum. Döblin steht nicht für einen Versuch, Kontinuität zu fingieren, wo sie nicht ist, sondern für einen Neubeginn in Deutschland und Europa und eben auch im Christentum.

Begonnen hatte Döblins Reihe von Veröffentlichungen über Religion mit einem während des Ersten Weltkriegs verfaßten, 1919 erstmals erschienenen Text schärfster Religionskritik. Geplant war wohl eine Broschüre *Los von Gott*, von der wir aber nur die Einleitung »Jenseits von Gott« besitzen.[22] Döblin stand unter dem starken Einfluß Nietzsches, wollte aber noch über dessen Diagnose hinaus: »Man sage nicht, daß Gott tot sei für die Ungläubigen«; Gott sei zwar nicht mehr lebendig, aber auch nicht

---

22 Alfred Döblin, »Jenseits von Gott« [1919], in: ders., *Kleine Schriften I*, Olten, Freiburg 1985, S. 246-261. Dazu Hans Joas, »Auseinandersetzung mit dem Christentum«, in: Sabina Becker (Hg.), *Döblin-Handbuch. Leben – Werk – Wirkung*, Stuttgart 2016, S. 356-368, hier S. 356-358.

wirklich tot, sondern »etwas, das nicht lebt und nicht stirbt«, damit ein »Gespenst«.[23] Döblin wollte auch noch die Ursachen des immer neuen Kraftgewinns der Göttervorstellung beseitigen. Bei aller Polemik gegen alle neueren Versuche, »Gott noch irgendwie unterzubringen«, die ihm so peinlich erschienen, »wie wenn man eine rostige Maschine überlebtester Konstruktion noch durchaus verwenden wollte, statt sie zum alten Eisen zu werfen«,[24] scheint überaus deutlich und von Döblin einbekannt in seinen Texten eine Art Verführung zur religiösen Praxis ständig durch. »Ich fühle die Süße, die in der Andacht, dem Gebet liegt, die Kräftigung, die solcher Unterwerfung folgt, den Ausgleich, den sie hervorruft, die Lockung der Hingabe und Demütigung.«[25] Sowohl die Lebensbedingungen der modernen Großstadt als auch die Entwicklung von Philosophie und Wissenschaften schienen für Döblin aber einen intellektuell redlichen und lebensfähigen Glauben für alle Zukunft auszuschließen.

Die windungsreiche religiöse Biographie Döblins kann hier nicht nachgezeichnet werden.[26] Seine Konversion ist oft, unter religionskritischen Prämissen, als bedauerlicher Ausdruck erdrückender Lebensprobleme im Exil und angesichts von Erfolglosigkeit und Schicksalsschlägen gedeutet worden. In seinem unnachahmlichen Tonfall hat Döblin sich dagegen gewehrt: »Ich bin nicht krank, war nicht krank und werde nicht krank sein.«[27] Der von ihm verfaßte Dialog über Religion bot ihm in raffinierter Weise Möglichkeiten, die Schwierigkeiten des Re-

---

23 Döblin, »Jenseits von Gott«, S. 246.
24 Ebd., S. 251 f.
25 Ebd., S. 247.
26 Die tiefschürfendste Deutung des späteren Werks von Döblin unter diesem Gesichtspunkt findet sich bei: Helmuth Kiesel, *Literarische Trauerarbeit. Das Exil- und Spätwerk Alfred Döblins*, Tübingen 1986. Außerdem: Hans Joas, »Ein Christ durch Krieg und Revolution. Alfred Döblins Erzählwerk ›November 1918‹«, in: *Sinn und Form* 67 (2015), S. 784-799.
27 Alfred Döblin, Brief an Wilhelm Hausenstein vom 31.1.1947, in: ders., *Briefe*, Olten 1970, S. 364.

dens über den Glauben und seinen Weg zum Glauben intellektuell nachvollziehbar zu machen. Das schlägt den Leser in seinen Bann und konfrontiert ihn weniger mit fertigen Antworten als mit einem Prozeß des Weitergehens. Döblin selbst sah für sich die Aufgabe, eine neue Sprache für das Christentum zu finden, da die alte kein Gehör mehr finde. Diese Aufgabe aber hielt er für dringender als alles andere, wenn es gelingen solle, die Kultur gegen »Wirtschafts-, Rassen- und Nationalitätswahn zu immunisieren«.[28]

Auf einer anderen Ebene als der des vertieften Verständnisses von Religion und Glaube liegt das folgende Kapitel, nämlich die Auseinandersetzung mit der Geschichtstheorie des deutschen Historikers Reinhart Koselleck. Sein Werk kommt hier deshalb ins Spiel, weil es wie vielleicht kein anderes ein radikal kontingenzbewußtes Verständnis von Geschichte artikuliert – ein Verständnis, das alle Spuren teleologischer (oder auch evolutionistischer) Geschichtsphilosophie getilgt hat. Hier wird aus der Hegelschen Konzeption gewissermaßen an anderer Stelle als der des Religions- oder des Freiheitsverständnisses, nämlich im Verständnis von Geschichte, ein tragender Stein herausgebrochen. Welche biographischen Hintergründe und intellektuellen Einflüsse für diese Orientierung Kosellecks entscheidend waren, wird in dem betreffenden Kapitel genauer erörtert. Die eigentliche Pointe meiner Interpretation liegt aber dort, wo der Zusammenhang von Kosellecks Kontingenzbetonung und seinen Vorstellungen von Säkularisierung in den Blick genommen wird. Es zeigt sich dann, daß Koselleck und mit ihm das Projekt der Begriffsgeschichte in erstaunlicher Weise ihrerseits der modernen europäischen Säkularisierung ein höheres Maß an Zwangsläufigkeit zuschreiben, als es empirisch angemessen ist. Selbstverständlich darf niemand die tiefliegenden Ursachen der europäischen Säkularisierung leichtnehmen oder für einfach reversibel

---

28 Alfred Döblin, *Der unsterbliche Mensch / Der Kampf mit dem Engel*, Frankfurt/M. 2016, S. 275.

erklären. Aber gerade Koselleck, der die geschichtlichen Zwangsläufigkeitsbehauptungen des aufklärerischen Denkens so scharfsinnig als Waffen im politischen Meinungskampf entlarvt hat,[29] reflektierte zu wenig darauf, daß dieser Befund auch für die Unterstellung einer historisch notwendigen und unabwendbaren Schwächung von Religion gelten könnte. Mit dieser Beobachtung einer Inkonsistenz in Kosellecks Werk soll zwar einerseits der Fruchtbarkeit seiner begriffsgeschichtlichen Arbeit für die Religionsgeschichtsschreibung und historische Soziologie Rechnung getragen werden; diese wird in verschiedenen Hinsichten näher erläutert. Andererseits soll aber auch gegen ihn und gegen Karl Löwith angezeigt werden, daß die Frage nach dem Zusammenhang von »Heilsgeschehen« und »Weltgeschichte« nicht einfach obsolet geworden ist, sondern in neuer Weise produktiv gestellt werden kann.

Diesen drei Studien schließt sich eine weitere an, die sich mit dem Denker beschäftigt, der in der Gegenwart wohl unumstritten als der bedeutendste gilt, wenn es um das Verhältnis von Säkularisierung und moderner Freiheitsgeschichte geht. Es handelt sich um den kanadischen Philosophen Charles Taylor, der den Zusammenhang seines Denkens mit seinem katholischen Glauben nicht verbirgt. Er ist auf diesem Gebiet der wichtigste Gegenspieler des deutschen Philosophen und Soziologen Jürgen Habermas, der, zutiefst protestantisch geprägt, bei aller Kritik an einem militanten Säkularismus, in seinem Verständnis von Vernunft und Glauben doch Auffassungen vertritt, in denen sich Gläubige nicht leicht wiedererkennen. Dies gilt auch noch für sein monumentales Alterswerk. An dieser Stelle soll der Hinweis genügen, daß sein Denken von fast allen der im vorliegenden Buch behandelten Denkern und Gelehrten merkwürdig unberührt geblieben ist.[30]

---

29 Reinhart Koselleck, *Kritik und Krise. Eine Studie zur Pathogenese der bürgerlichen Welt* [1959], Frankfurt/M. 1973.
30 Vgl. auch oben, S. 29, Fn. 31.

Taylors Werk wird in dem ihm gewidmeten Kapitel nur in Hinsicht auf seine monumentale Untersuchung *A Secular Age* von 2007 zum Thema. Es ist aber in Erinnerung zu rufen, daß Taylor über viele Jahrzehnte hinweg keineswegs vornehmlich als Religionsdenker galt, sondern als politischer Theoretiker und philosophischer Anthropologe, vor allem aber als führender Interpret der Philosophie Hegels. Seine durch die Schulung in analytischer Philosophie gewonnene begriffliche Klarheit machte Hegel in der englischsprachigen Welt neu zugänglich; für seine eigenen Beiträge nahm Taylor einen (übrigens nicht um die religiöse Dimension verkürzten) Hegel als Inspiration. Dabei war gerade das Verständnis von Freiheit zentral. Nicht zufällig wählte Axel Honneth für seine deutsche Ausgabe wichtiger Aufsätze Taylors in den 1980er Jahren den Titel *Negative Freiheit?*, da Taylor einer der wichtigsten Kritiker der These war, eine freiheitliche politische Ordnung sei nur mit demjenigen Freiheitsverständnis vereinbar, das dem Individuum eine Selbstbestimmung zuschreibt, die ihre einzige Grenze an der Freiheit der Mitmenschen findet.[31] Bei Hegel fand Taylor den großartigsten Versuch, zwei weitergehende, aber miteinander konkurrierende Freiheitskonzeptionen zu verknüpfen, das heißt

> diejenige Synthese zu realisieren, nach welcher die romantische Generation suchte und nach welcher sich das gesamte Zeitalter sehnte, nämlich die sich selbst ihr Gesetz gebende rationale Freiheit des Kantischen Subjekts mit der im Menschen vorhandenen Einheit des Ausdrucks und mit der Natur zusammenzubringen.[32]

Schon an diesem frühen Punkt seiner Entwicklung war Taylor aber kein orthodoxer Hegelianer. Unter ausdrücklicher Berufung auch auf Diltheys Distanzierung von Hegels Philosophie

---

31 Charles Taylor, *Negative Freiheit? Zur Kritik des neuzeitlichen Individualismus. Mit einem Nachwort von Axel Honneth*, Frankfurt/M. 1988. Darin: »Der Irrtum der negativen Freiheit«, S. 118-144.
32 Charles Taylor, *Hegel*, Frankfurt/M. 1978, S. 707.

des absoluten Geistes begann Taylor ein denkerisches Projekt, das ihn in Form und Inhalt von einem bloßen Nachvollzug der Hegelschen Konstruktion immer weiter entfernte.[33] Meines Wissens hat er selbst nie detailliert über diese schrittweise Modifikation Rechenschaft gegeben; auch andere haben dies nicht getan.[34] Das Kapitel in diesem Buch wird diese Aufgabe ebenfalls nicht bewältigen. Es konzentriert sich, ohne deren Genese zu untersuchen, auf die reife Konzeption von Taylors Säkularisierungsgeschichte beziehungsweise Säkularisierungstheorie und setzt sich mit dieser auseinander. Wie auch immer das Urteil darüber im einzelnen ausfällt, gewiß ist, daß sie – wie die anderen in diesem Teil des Buches behandelten Überlegungen zum Verhältnis von Säkularisierung und moderner Freiheitsgeschichte – keine teleologische ist, weder im Sinne eines Siegeszugs des Christentums noch einer endlich erreichten Befreiung von ihm.

---

33 Ebd., S. 706.
34 Ich habe seit Jahrzehnten zu den Stufen dieses Prozesses Stellung genommen. Vgl. neben dem in der Fn. 21 dieses Kapitels genannten Text und dem Kapitel über Taylor im vorliegenden Buch v. a.: Hans Joas, *Die Entstehung der Werte*, Frankfurt/M. 1997, S. 195-226; ders., »Eine katholische Moderne? Das Verhältnis von Glauben und Wissen bei Charles Taylor«, in: ders., *Braucht der Mensch Religion? Über Erfahrungen der Selbsttranszendenz*, Freiburg 2004, S. 96-107.

2
Die Sakralisierung der Demokratie: John Dewey

John Deweys Buch von 1934 zur Religionstheorie – *A Common Faith*[1] – läßt sich mit den großen Werken seiner Spätphilosophie (zur Natur und Kunst, zur Logik und zur Ethik) nicht vergleichen: weder hinsichtlich seines schieren Umfangs noch des Reichtums seiner Argumentationsführung, noch des Ausmaßes von Interesse, das der Schrift zuteil wurde. Der führende protestantische Theologe unter Deweys Zeitgenossen in den USA, Reinhold Niebuhr, nannte *A Common Faith* durchaus nachvollziehbar eine bloße Fußnote zu einem beeindruckenden Lebenswerk.[2] Um der dennoch vorhandenen großen Bedeutung der drei Vorlesungen, die Dewey (1859-1952) in seinem Buch veröffentlichte, gerecht zu werden, muß man meines Erachtens zwei Ebenen voneinander unterscheiden. Das Buch stellt einerseits den Versuch eines Eingriffs in Debatten um Religion dar, die während der 1930er Jahre in den USA zwischen liberalen Christen, fundamentalistischen Strömungen, Wiederentdeckern des »Bösen« und säkularhumanistischen Bestrebungen stattfanden.[3] In diesem Zusammenhang kommen Deweys persönliche Auffassungen zur gegenwärtigen Lage der Religion, zu ihren Wirkungen und zu ihrer Zukunft zum Ausdruck. Andererseits stellt

---

1 John Dewey, *A Common Faith*, New Haven 1934. (Alle Seitenzahlen im Text beziehen sich auf dieses Buch, alle Übers. von mir, H.J.; eine deutsche Übersetzung liegt bis heute nicht vor.)
2 Reinhold Niebuhr, »A Footnote on Religion«, in: *The Nation* 139 (1934), S. 358-359 (26. September 1934).
3 Die beste Rekonstruktion dieser Debatte mit Bezug auf Dewey findet sich bei Steven Rockefeller, *John Dewey, Religious Faith and Democratic Humanism*, New York 1991, v.a. S. 445-490, hier S. 466.

Deweys religionstheoretische Schrift eine Ausdehnung seiner Theorie von Handlung und Erfahrung auf einen weiteren Gegenstandsbereich dar, in der man zumindest eine Anwendung, vielleicht sogar eine Fortentwicklung oder Kulmination seines eigenen Denkens und damit des von William James inaugurierten Ansatzes sehen kann.[4] Deweys systematisch wichtiger Beitrag ist auf dieser Ebene zu erwarten. Deshalb soll die Aufmerksamkeit zuerst auf Deweys Theorie der religiösen Erfahrung gerichtet werden, bevor dann sein merkwürdiger Versuch einer Sakralisierung der Demokratie erörtert wird.

Wie William James trennt Dewey gleich zu Beginn seiner Erörterungen – in der »Religion versus the Religious« überschriebenen Vorlesung – das Religiöse von den institutionalisierten Formen der Religion, »einem besonderen Korpus von Überzeugungen und Praktiken, der auf eine bestimmte Weise institutionell organisiert ist, sei es locker oder strikt« (9). Was sich im Kunst-Buch Deweys als produktiv erwiesen hatte: nicht von der museal erstarrten Kunst, ihren professionalisierten und kommerzialisierten Formen auszugehen, sondern nach der »Kunst als Erfahrung« zu forschen,[5] soll ganz parallel nun beim Phänomen des Religiösen geschehen. Gleich im selben Zuge wehrt

---

4 Die These, Deweys Theorie der Religion sei mehr noch als seine Kunsttheorie der Gipfelpunkt von Deweys Denken, wurde zuerst und am konsequentesten vertreten von: Robert Roth, S. J., *John Dewey and Self-Realization*, Englewood Cliffs 1962, v. a. S. 100 ff., und ders., *American Religious Philosophy*, New York 1967, S. 85 ff. Ähnlich positive Würdigungen finden sich bei: Victor Kestenbaum, *The Grace and the Severity of the Ideal. John Dewey and the Transcendent*, Chicago 2002; Sami Pihlström, »Dewey and Pragmatic Religious Naturalism«, in: Molly Cochran (Hg.), *The Cambridge Companion to Dewey*, Cambridge 2010, S. 211-241. Die wichtigste systematische Weiterführung finde ich in den Büchern von Matthias Jung: Matthias Jung, *Gewöhnliche Erfahrung*, Tübingen 2014; ders., *Symbolische Verkörperung. Die Lebendigkeit des Sinns*, Tübingen 2017.
5 John Dewey, *Kunst als Erfahrung*, Frankfurt/M. 1980. Zu meiner Interpretation siehe Hans Joas, *Die Kreativität des Handelns*, Frankfurt/M. 1992, S. 203-212.

sich Dewey gegen ein hier lauerndes Mißverständnis. Er will keinesfalls von den kulturellen Gebilden auf ihren Ursprung in der menschlichen Erfahrung zurückgehen, nur um dort, durch eine Unterscheidung von Typen der Erfahrung, die starren Abgrenzungen zwischen den kulturell differenzierten Wertsphären gedanklich zu reproduzieren. Dewey glaubte also nicht an eine spezifisch »ästhetische« oder spezifisch »religiöse« Erfahrung, sondern an ästhetische oder religiöse *Dimensionen* der menschlichen Erfahrung. Mehr noch als im Bereich der Kunst erscheint Dewey hinsichtlich der Religion diese Unterscheidung von zentraler Bedeutung. Jede Annahme einer separaten religiösen Erfahrung erscheint ihm als versteckte Theologie. Der Dualismus zwischen dem Natürlichen und dem Übernatürlichen, gegen den sich Dewey in seiner ganzen Entwicklung gewehrt hatte, käme so auf dem Boden einer von der »Erfahrung« ausgehenden Theorie erneut zu Einfluß. Theorien religiöser Erfahrung hatten in den Jahrzehnten zwischen James' Pionierleistung und Deweys Buch – zwischen 1902 und 1934 – fast modischen Charakter angenommen.[6] Dewey sieht zwei Gründe für diese Entwicklung. Zum einen waren die alten Gottesbeweise ontologischer, kosmologischer und teleologischer Art nicht nur durch Kants epochale Kritik, sondern auch durch die Einsicht in die Unwahrscheinlichkeit rationalistisch herbeigeführter religiöser Motivation in Verruf geraten. Zum anderen lockt in einem wissenschaftlich bestimmten Zeitalter die Aussicht, die Religion analog zur Wissenschaft zu rechtfertigen: als auf einem eigenen, vom wissenschaftlichen klar unterscheidbaren Typus von Erfahrung beruhend. Wie die Wissenschaftler

> sich auf gewisse Arten der Erfahrung berufen, um die Existenz gewisser Arten von Gegenständen zu beweisen, so berufen sich die frommen Menschen auf gewisse Arten der Erfahrung, um die Exi-

---

6 Noch wichtiger, vor allem in theologischen Kreisen, als James' Buch war dafür: Rudolf Otto, *Das Heilige*, Breslau 1917.

stenz des Gegenstands der Religion zu beweisen, insbesondere die des allerhöchsten Gegenstandes: Gottes. (11)

Aber dieser Beweis aus der Erfahrung, so Dewey, erbringt nicht wirklich das gewünschte Ergebnis. Wie Durkheim in seiner Abgrenzung von James,[7] so wendet Dewey ein, daß die Erfahrung nicht selbst ihre richtige Interpretation determiniere. Er will keinesfalls in Zweifel ziehen, daß Erfahrungen von der Art auftreten, die in den Beschreibungen religiöser Erfahrung wiedergegeben werden. Die Interpretationen solcher Erfahrungen würden aber aus der Kultur gewonnen, in die eine Person, die solche Erfahrungen macht, hineingewachsen ist. Verglichen mit Durkheim, der die eigene Interpretation als die einzig richtige anbietet, ist Dewey diesbezüglich zurückhaltender; er läßt aber auch nicht wie James in forschender Neugier alle Interpretationen durch die Betroffenen zu, sondern will in einer eindeutig gegen die institutionalisierten und tradierten Religionen gerichteten Weise die im engeren Sinn religiöse Interpretation solcher Erfahrungen in die Schranken weisen. Die wirklichen Ursprünge dieser Erfahrungen bleiben damit zunächst im dunkeln. Als Pragmatist nähert sich Dewey der Frage nach den Ursprüngen über die Erhellung der Wirkungen. Ein Phänomen wird zunächst von seinen Wirkungen her erschlossen. Hinsichtlich der religiösen Erfahrung bedeutet dies, daß mit der Existenz solcher Erfahrungen nicht ihre »übernatürliche« Herkunft bewiesen werden könne, sondern nur die Tatsache »einer Orientierung, die ein Gefühl der Sicherheit und des Friedens mit sich bringt« (13).

---

7 Vgl. Hans Joas, *Die Entstehung der Werte*, Frankfurt/M. 1997, Kap. 4, S. 97 ff. Erwähnenswert ist, daß Dewey sich um 1915 bereits mit Durkheims Religionstheorie (im französischen Original) beschäftigte. Sein Nachlaß enthält ein handschriftliches Exzerpt daraus (Mitteilung des Archivs an der Southern Illinois University, Carbondale, an mich vom 20. April 1993, die diese Datierung bestätigt).

Erschütternde Intersubjektivität

Worin aber besteht nun, wenn die Vorstellung eines separaten Typus religiöser Erfahrungen und darauf fußende Gottesbeweise zurückgewiesen sind, für Dewey die religiöse Qualität von Erfahrungen; worin besteht der Charakter dieser von solchen Erfahrungen bewirkten Umorientierungen im Leben? Um diese Fragen zu beantworten, führt Dewey zunächst eine begriffliche Unterscheidung ein. Er unterscheidet drei Arten solcher Orientierung im Leben und bietet dafür drei verschiedene Begriffe an, die alle als »Anpassung« übersetzt werden könnten – womit allerdings die fundamentalen Unterschiede, auf die Dewey hinauswill, gerade ignoriert würden. Mangelnde Aufmerksamkeit auf diese Unterscheidung hat das Verständnis des Pragmatismus häufig behindert.[8] Anpassung im engsten Sinn ist ein Sich-Abfinden mit Umständen, die nicht geändert werden können; wir handeln immer unter vorgefundenen Bedingungen und müssen diesen immer Rechnung tragen. Dewey nennt eine vornehmlich passive Anpassung bestimmter Modi unseres Verhaltens an solche Bedingungen »accommodation«; wenn diese unvermeidliche Form der Anpassung generalisiert wird und unser ganzes Verhalten bestimmt, sprechen wir von fatalistischer Resignation oder einer Unterwerfung unter die Umstände.

Es gibt aber auch eine zweite, davon deutlich unterschiedene Form der Anpassung, die man eher als eine Anpassung der Welt an uns, ihre »Umschaffung ins Lebensdienliche« (Arnold Geh-

---

8 Der Pragmatismus wurde dadurch häufig als eine Philosophie der Anpassung und nicht als eine Philosophie situierter Kreativität verstanden. Es läßt sich allerdings die Frage stellen, ob diese Unterscheidung von Dewey selbst in seinen früheren Schriften immer klar befolgt wurde. Die Einschätzung der Differenzen zwischen Dewey und Scheler hängt von der Antwort auf diese Frage ab. Vgl. dazu Kenneth Stikkers, »Technologies of the World, Technologies of the Self. A Schelerian Critique of Dewey and Hickman«, in: *Journal of Speculative Philosophy* 10 (1996), S. 62-73.

len) bezeichnen könnte. Diesen zweiten Typus nennt Dewey »adaptation«; hier ragt das aktivische Moment im Verhältnis zwischen Organismus und Umwelt hervor. Über diese beiden Formen von Anpassung hinaus konzipiert Dewey noch eine dritte Form, die er »adjustment« nennt und auf deren Herausarbeitung seine begrifflichen Überlegungen zielen. Der Hauptunterschied zwischen diesem dritten Typus und den beiden anderen liegt in seinem ganzheitlichen Charakter. Es geht hier um unsere ganze Person, und nicht nur um einzelne Wünsche oder Bedürfnisse in ihrer Relation zu Umweltbedingungen. Wegen ihres ganzheitlichen Charakters, behauptet Dewey, seien solche Modifikationen unserer Person auch von dauerhafter, gegen Veränderungen in den Umweltbedingungen robuster Art. Es ist nicht einfach, sie hinsichtlich Aktivität oder Passivität mit den beiden anderen Anpassungstypen zu vergleichen. Fundamentale Umorientierungen unserer Person können zwar freiwillig genannt werden – aber nicht in dem Sinne, wie wir dies bei Willensentscheidungen tun. Es ändert sich in ihnen unser Wille und nicht nur etwas in unserem und durch unseren Willen. »Es handelt sich um eine Änderung des Willens im Sinne der organischen Ganzheit unseres Seins und nicht um irgendeine spezielle Änderung innerhalb des Willens.« (17) Die Freiwilligkeit enthält hier also ganz deutlich ein passivisches Moment. Dieses darf aber nicht mit einer stoischen Entschlossenheit verwechselt werden, angesichts aller Wechselspiele des Schicksals gelassen zu bleiben. Diese Haltung ist »extrovertierter, aktiver und frohgemuter« (16) als bloßer Stoizismus.

Noch bleibt recht unklar, welche Erfahrungen Dewey mit diesen terminologischen Distinktionen und tastenden Umschreibungen erfassen will. Unvermeidlich ist wohl die Erinnerung an William James' plastische Beschreibungen der befreienden Wirkungen religiöser Erfahrungen. Tatsächlich zielt Dewey auf den Anspruch der Religionen, daß durch sie solche ganzheitlichen und dauerhaften Wandlungen in den Einstellungen einer Person zustande kämen. Aber Dewey will im Einklang mit seiner Zielsetzung, zwischen Erfahrung und Deutung zu unterscheiden, diesen Anspruch zumindest nicht selbstverständlich anerkennen. Er dreht deshalb das Verhältnis von Ursache und Wirkung methodisch um. Damit sind fundamentale Umorientierungen nicht darauf zurückzuführen, daß Personen sich in religiösen Erfahrungen übernatürlichen Einflüssen öffneten; vielmehr wird von ihm schlicht jeder solche fundamentale Orientierungswandel als religiös bezeichnet. »Es ist nicht Religion, die ihn zuwege bringt, aber wenn er auftritt, von was auch immer verursacht und mit welchen Mitteln, gibt es eine religiöse Perspektive und Funktion.« (17)

Auf den ersten Blick kann dieser Schritt Deweys als bloße Pseudo-Lösung des Problems auf definitorischem Wege erscheinen. Man kann Dewey ja leicht zugeben, daß keineswegs nur Religionen im üblichen Sinne dieses Wortes fundamentale Umorientierungen einer Person herbeiführen können; dasselbe gilt für den Sachverhalt, daß bei vielen Gläubigen die Religion nur oberflächliche Regionen ihres Charakters durchdringt, so daß der Einfluß der Religion auf die Entwicklung von Personen auch leicht überschätzt werden kann. Wenn Dewey nur dies ausdrücken wollte, könnte man ihm leicht folgen; man würde dann vielleicht lediglich einwenden wollen, daß es nicht unbedingt zur Klarheit beiträgt, alle solche Umorientierungen »religiös« zu nennen, auch und gerade solche, die nicht mit institutionalisierten Formen der Religiosität zusammenhängen. Dewey hätte sich dann sogar die Unterscheidung zwischen »religiösen Erfahrungen« und der »religiösen Dimension von Erfahrungen« ersparen können, da für ihn der Begriff des Religiösen jeden Bezug zu institutionalisierten Formen und erst recht zu einem Reich des Übernatürlichen aufgegeben hätte. Aber eine solche Interpretation käme einer völligen Fehleinschätzung des Tiefgangs von Deweys Denkweise gleich. Diese Fehleinschätzung läßt sich nur verhindern, wenn die Lektüre von Deweys Ausführungen vor dem Hintergrund seines Verständnisses von Handlung und Erfahrung erfolgt. Sein gewundener Umgang mit dem

Begriff des Religiösen ist nicht bloß eine definitorische Umständlichkeit oder eine Folge seines schwierigen Verhältnisses zu religiösen Institutionen, sondern rührt von dem Versuch her, tatsächlich in der potentiell religiösen Dimension aller Erfahrung ein Phänomen zu kennzeichnen, das sich von der Zerstückelung der Erfahrung im Alltag unterscheidet, aber auch mehr darstellt als die situationsgebundene Überwindung dieser Zerstückelung in der ästhetischen Erfahrung.[9]

Der entscheidende Schritt Deweys besteht darin, die religiöse Erfahrung mit dem *imaginären* Bezug zu einem *ganzheitlichen Selbst* in Verbindung zu bringen. Sowohl William James als auch Georg Simmel hatten bereits vor Dewey in dieser Richtung gedacht. James hatte in seiner Analyse der Konversionen diese als eine Transformation des Selbst aus einem zerrissenen in einen neu vereinigten Zustand gedeutet; Simmel hatte das seiner Endlichkeit innewerdende Ich als die unentbehrliche Schaltstelle bei der Entstehung idealer Geltungen erkannt und die Wertebe-

---

[9] Das Verhältnis von ästhetischer und religiöser Erfahrungsdimension bei Dewey ist im einzelnen umstritten. Besonders konsequent hat Roth, *John Dewey and Self-Realization*, die Kontinuität, aber auch die Unterschiede zwischen beiden betont. Neben seinen Büchern und der schon genannten Monographie von Steven Rockefeller sind zu den im Folgenden behandelten Fragen zu empfehlen: Richard Bernstein, *John Dewey*, New York 1967; William Shea, »John Dewey: Aesthetic and Religious Experiences«, in: ders., *The Naturalists and the Supernatural Studies in Horizon and an American Philosophy of Religion*, Macon 1984, S. 117-141; John Herman Randall, Jr., »The Religion of Shared Experience«, in: Horace M. Kallen (Hg.), *The Philosopher of the Common Man. Essays in Honor of John Dewey to Celebrate His Eightieth Birthday*, New York 1940, S. 106-145; John Blewett, S.J., »Democracy as Religion: Unity in Human Relations«, in: ders. (Hg.), *John Dewey: His Thought and Influence*, New York 1966, S. 33-58; Horace L. Friess, »Dewey's Philosophy of Religion«, in: Jo Ann Boydston (Hg.), *Guide to the Works of John Dewey*, Carbondale 1970, S. 200-217; Edward Schaub, »Dewey's Interpretation of Religion«, in: Paul Arthur Schilpp (Hg.), *The Philosophy of John Dewey*, New York 1939, S. 393-416; John K. Roth, »William James, John Dewey, and the ›Death-of-God‹«, in: *Religious Studies* 7 (1971), S. 53-61.

zogenheit der Ich-Bildung herausgearbeitet.[10] Aber beiden war es nicht gelungen, diese Einsichten aus der intuitiven Fassung heraus in begriffliche Klarheit zu transponieren. Dewey fügt ihren Ansätzen immerhin einige Klärungen hinzu.

Er macht deutlich, daß die Idee eines ganzheitlichen Selbst durch und durch imaginär ist. Ebensowenig wie die Werte in einem transzendenten Idealreich existieren, ist das ganzheitliche Selbst irgendwo, etwa im Kern der Person, in statischer Perfektion immer schon vorhanden und wartet nur darauf, im praktischen Leben realisiert zu werden.[11] Es gibt überhaupt keine sinnliche Möglichkeit, etwa eine visuelle Perspektive, das Selbst als Ganzes wahrzunehmen. In keiner praktischen Aktivität und in keinem Akt der Reflexion ist uns ein ganzheitlicher Bezug zu uns selbst möglich, und auch die Interaktion mit anderen Personen im Alltag schneidet immer nur einen Sektor unserer Person an.

Dennoch sprechen wir von einem ganzheitlichen Selbst oder von Selbstverwirklichung, was ja nur sinnvoll ist, wenn dem gegenwärtig realen Selbst etwas noch nicht Realisiertes zugesprochen werden kann, das gleichwohl vor seiner Verwirklichung schon irgendwie vorhanden sein muß und nicht erst in der Verwirklichung entsteht. Dewey attackiert die Vorstellung vom gegebenen Selbst nicht, um die Idee der Ganzheitlichkeit und Selbstverwirklichung zu destruieren,[12] sondern um den »imaginären« Charakter dieser Idee deutlich zu machen. »Das *ganze* Selbst ist ein Ideal, eine imaginäre Projektion.« (19) Diese Beto-

---

10 Vgl. Joas, *Die Entstehung der Werte*, Kap. 3, S. 83 ff., zu James; und Kap. 5, S. 126 ff., zu Simmel.
11 So James Gouinlock, *Dewey's Philosophy of Value*, New York 1972, S. 145.
12 In seiner neohegelianischen Phase war der Begriff der Selbstverwirklichung zentral für Deweys ethisches Denken. Vgl. John Dewey, »Self-Realization as the Moral Ideal« [1893], in: ders., *Early Works*, Bd. 4, Carbondale 1971, S. 42-53; Roth, *John Dewey and Self-Realization*, macht aus dem Gedanken der Selbstverwirklichung in plausibler Weise den Leitfaden für eine Deutung von Deweys gesamter Denkentwicklung.

nung des Imaginären ist nicht im Sinne einer Reduktion auf Illusionäres zu verstehen; Dewey wehrt sich gegen ein solches Mißverständnis, indem er darauf hinweist, daß wir aller Möglichkeiten immer nur durch unsere Einbildungskraft innewerden können (43).[13] Es gibt eben bei Dewey keinen Dualismus zwischen dem Wirklichen und dem Möglichen, sondern das Wirkliche enthält Möglichkeiten, und die Menschen haben in Gestalt ihrer Einbildungskraft ein Organ zur Erfassung des Möglichen. Dewey lobt seinen Zeitgenossen und Widersacher George Santayana dafür, die Dimension des Imaginären in diesem Sinne in das Verständnis der Religion eingeführt zu haben. Dewey nennt es eine »schlagende Einsicht« Santayanas (18),[14] daß dieser nicht nach einem Wesensunterschied von Ästhetischem und Religiösem fragte, sondern nach dem Unterschied zwischen einer »intervenierenden« und einer bloß »supervenierenden« Rolle der Einbildungskraft. Die Frage ist, ob die Einbildungskraft unserem Leben nur etwas hinzufügt oder ob sie das Leben durchdringt und verändert; dies aber könne durch Kunst *und* Religion geschehen, ebenso wie Kunst *und* Religion bloß oberflächliches Beiwerk der Lebensführung bleiben könnten. Ohne »eine kreative Bewegung der Einbildungskraft« bleibe alle Wahrnehmung reduziert und alle Disziplin bloße Repression; mit ihr aber entstehen die Ideale, die unsere Weltwahrnehmung und Moral durchdringen. Durch den Bezug zum Imaginären kann Dewey die Ideale anerkennen, ohne ihnen eine separate Präexistenz zuzusprechen. Schon früher hatte er behauptet: »Das Ideal ist kein Ziel, das es zu erreichen gilt. Es ist eine Bedeutsamkeit, die es zu spüren, wertzuschätzen gilt.«[15] Aber jetzt erweitert er diese Bestimmung durch die Definition von Werten oder

---

13 Deweys wohl von George Santayana beeinflußter Sprachgebrauch ähnelt dem von Cornelius Castoriadis in seinem bedeutenden Werk *Gesellschaft als imaginäre Institution*, Frankfurt/M. 1984.
14 Zur Religionstheorie Santayanas wegweisend: Henry Levinson, *Santayana, Pragmatism, and the Spiritual Life*, Chapel Hill, London 1992.
15 John Dewey, *Human Nature and Conduct. An Introduction to Social*

Idealen *als Resultate kreativer Vorgänge der Idealisierung kontingenter Möglichkeiten*. Ein Ideal entsteht, so Dewey,

> wenn die Einbildungskraft Vorhandenes idealisiert, indem sie die Möglichkeiten, die dem Denken und Handeln gegeben sind, ergreift. [...] Die idealisierende Einbildungskraft nimmt die wertvollsten Dinge auf, die sie in den entscheidenden Momenten der Erfahrung findet, und projiziert sie. Wir bedürfen keines äußerlichen Kriteriums und keiner Garantie dafür, daß es sich dabei um etwas Gutes handelt. Wir haben diese schlicht, sie sind als etwas Gutes gegeben, und aus ihnen verfertigen wir unsere idealen Ziele. (48)

Damit ist weit mehr in den Blick genommen als nur eine kluge Modifikation von Zielen auf ihre Realisierungsbedingungen hin; Dewey betrachtet die Entstehung der Werte als kreative Leistung unserer Einbildungskraft.

Mit dieser Einsicht aber kommt er zugleich dem Verständnis der Ideen vom ganzheitlichen Selbst und der Selbstverwirklichung näher. Wir können in all den Widersprüchen zwischen unseren Strebungen oder zwischen Pflicht und Neigung und in all unserem Leid über verpaßte Chancen und nie realisierte Potentialitäten durch kreative Idealisierung eine Ganzheit imaginieren, die nie gegeben war und nie gegeben sein wird und uns doch wirklicher vorkommt als alle partiellen Verwirklichungen unseres Selbst. Sie erscheint uns als wirklich, weil es Erfahrungen gibt, in denen wir sie in höchster Intensität als wirklich erlebt haben. Von solcher Art sind die religiösen Erfahrungen oder – für Dewey – Erfahrungen in welchem Zusammenhang auch immer, die eine solche religiöse Dimension beinhalten, weil sie »alle Elemente unseres Wesens vollständig durchdringen« (18) und unserem Selbst Sinn und Kohärenz geben. Wenn wir in intensiven emotionalen Erfahrungen diesen Durchbruch zur eigenen Ganzheitlichkeit erlebt haben, dann trägt uns dieser »sense of values«, dieses Gespür für Werthaftigkeit durch »Pha-

---

Psychology, New York 1922, S. 263 (auch in: ders., *Middle Works*, Bd. 14, Carbondale 1988, hier S. 180).

sen der Dunkelheit und Verzweiflung, und zwar in einem Maße, daß diese ihren gewöhnlichen depressiven Charakter verlieren« (14f.). Mißerfolge bei unseren praktischen Bestrebungen, aber auch Schläge des Schicksals oder das Gefühl des Versagens gegenüber unseren moralischen Selbstanforderungen können diesen Kern unseres Selbst nicht zerstören. Was in den momentanen Erfahrungen aufblitzt, wird durch Ideale auf Dauer gestellt. Ideale integrieren. Der Glaube an sie stellt eine Vereinheitlichung unseres Selbst dar

> durch eine Bindung an darin einbegriffene ideale Zwecke, welche uns von unserer Einbildungskraft präsentiert werden und die der menschliche Wille als der Aufgabe würdig erachtet, unsere Wünsche und Entscheidungen zu kontrollieren. (33)[16]

Die Vereinheitlichung des Selbst darf nach Dewey aber nicht im Sinne einer Abschließung des Selbst von der Welt verstanden werden. Wenn die Person sich in all ihren Handlungen und Widerfahrnissen und sogar in ihren unrealisierten Möglichkeiten als Einheit erfahren können soll, ist dies nur möglich durch eine Einbringung der Welt in die Einheitsbildung des Selbst.

> Das Selbst ist immer auf etwas jenseits seiner selbst gerichtet und daher hängt seine eigene Einheit von der Idee der Integration der wechselnden Szenen der Welt in diese imaginäre Totalität ab, die wir das Universum nennen. (19)

Er definiert das Universum als die Gesamtheit der Bedingungen, mit denen sich das Selbst verbunden weiß. Die Ganzheit dieses Universums hat denselben (in Deweys Sinn) »imaginären« Charakter wie die Ganzheit des Selbst. Dewey weiß genau, daß das Gefühl der »schlechthinnigen Abhängigkeit«[17] von et-

---

16 Wenn ich im Text hier die Begriffe »Ideale« und »Werte« austauschbar benutze, dann folge ich damit dem Sprachgebrauch John Deweys, der ebenfalls keine terminologische Unterscheidung zu machen scheint.
17 So Schleiermachers berühmte Religions-Definition. Vgl. Dewey, *A Common Faith*, v. a. S. 25.

was Größerem jenseits unseres Selbst, das unsere Bestrebungen stützt und trägt, für alle Religionen charakteristisch ist. Als eigentlich areligiös sind deshalb für ihn nur diejenigen Auffassungen zu bezeichnen, die die Leistungen des Menschen allein auf den Menschen selbst zurückführen und die Kooperation seiner Umwelt ignorieren:

> Unsere Erfolge sind auf die Kooperation der Natur angewiesen. Das Gefühl von der Würde der menschlichen Natur ist, wenn es auf einem Gefühl von dieser als kooperativem Teil eines größeren Ganzen beruht, so religiös, wie es die Gefühle von Ehrfurcht und Verehrung sind. (25)

Dewey bezeichnet dieses quasireligiöse Grundgefühl gegenüber der Umwelt mit einem von der englischen Romantik stammenden Ausdruck als »natural piety«. Er will diese nicht als romantische Naturschwärmerei oder als fatalistischen Naturdeterminismus mißverstanden wissen, da ein Sinn für die menschliche Spezifik in der Natur durchaus mit solcher Pietät gegenüber dem Ganzen der Natur verbunden werden kann.[18]

Die Einsicht in den imaginären Charakter der Ganzheit des Selbst und des Universums führt Dewey auch dazu, den schon bei der Einführung des Begriffs »adjustment« umschriebenen aktivisch-passivischen Charakter einer solchen Ganzheitserfahrung zu betonen. Wie bei allen Leistungen der Einbildungskraft und allen kreativen Handlungen hilft Entschlossenheit des Willens nicht, sie herbeizuführen. »Anpassung im Sinn von ›adjustment‹ bemächtigt sich unseres Willens und ist nicht etwa dessen eigene Hervorbringung.« (19) Ganzheitserfahrungen sind des-

---

18 Steven Rockefeller hebt hervor, daß Dewey durch seinen langen Asien-Aufenthalt, insbesondere seine Beschäftigung mit der chinesischen Philosophie, vornehmlich dem Daoismus, Spuren eines rein instrumentalistischen Naturbezugs in seinem früheren Werk tilgen konnte und seine Philosophie ab diesem Zeitpunkt im Zeichen ökologischen Umdenkens eine neue Aktualität gewinnen könnte. Vgl. Rockefeller, *John Dewey, Religious Faith and Democratic Humanism*, S. 499 ff.

halb nicht unmittelbar anzuzielen und willentlich zu erreichen. Sie setzen vielmehr eine Öffnung gegenüber Kräften voraus, die aus Quellen jenseits bewußter Überlegung und Zwecksetzung fließen (ebd.). Dies erklärt für Dewey die Affinität solcher Erfahrungen zu »übernatürlichen« Deutungen. Der traditionelle Ausdruck für diesen Zusammenhang ist, daß die religiösen Erfahrungen und der aus ihnen herauswachsende Glaube selbst Ausdruck göttlicher Gnade sind. Ganz unabhängig von allen theologischen Zusammenhängen vertritt Dewey – wie James – einen Begriff des Glaubens, der nicht auf ein kognitives Fürwahr-Halten von Sachverhalten, sondern auf eine Überzeugung von der Präsenz von Idealen, die uns anziehen und unser Verhalten anleiten, zentriert ist. Diese Überzeugung ist Resultat eines Ergriffenseins, nicht eines Entschlusses, und obwohl in sie Kognition und Reflexion eingehen, machen diese nicht ihren Kern aus. »Überzeugung im moralischen Sinn bedeutet, daß wir in unserer Natur als Handelnde von einem idealen Ziel überwältigt, bezwungen werden; sie bedeutet, daß wir dessen berechtigten Anspruch gegenüber unseren Wünschen und Zwecken anerkennen.« (20)

Deweys Antwort auf die Frage nach der Entstehung der Werte ähnelt damit durchaus der, die auch andere gegeben haben. Wie James und Durkheim, aber auch Simmel und Scheler verankert er die Entstehung der Wertbindungen in Erfahrungen der Selbsttranszendenz und Selbstbildung. Viel deutlicher jedoch als die anderen Denker stellt er die Verbindung her zwischen der Theorie der Werte und der Theorie der Selbstbildung. Weniger deutlich als die anderen beschreibt er hingegen die phänomenale Gestalt der Erfahrungen, aus denen Wertbindungen entstehen. Dewey liefert uns keine klaren Orientierungsmetaphern, die mit James' Beschreibungen von Gebet und Konversion, mit Durkheims Darstellung kollektiver Rauschzustände, mit Simmels Reflexionen über Tod und Unsterblichkeit oder mit Schelers Phänomenologie moralischer Gefühle vergleichbar wären. Verstreut über viele seiner Schriften aus allen Werkphasen finden sich zwar Beispiele für Erfahrungen mit religiöser Dimension aus ganz verschiedenen Kontexten. Erfahrungen der Verschmelzung mit der Natur, ästhetische Erfahrungen und mystische Intuitionen gehören ebenso dazu wie Erschütterungen in Mitleid und Liebe oder Einheitsgefühle in glücklicher Gemeinschaft. Aber Erfahrungen werden – mit Ausnahme der ästhetischen Erfahrungen – kaum je ausführlich analysiert; sie werden eher für begriffliche Argumentationen in Anspruch genommen oder für pathetische Schlußakkorde genutzt.

Am greifbarsten wird der Erfahrungsgehalt von Deweys Philosophie der wertkonstituierenden Erfahrung wohl in seinem großen naturphilosophischen Werk *Erfahrung und Natur*, insbesondere im Kapitel über Kommunikation.[19] Hier lädt Dewey die anthropologische Theorie der Spezifika menschlicher Kommunikation, wie sie von seinem Freund George Herbert Mead entwickelt worden war, mit einer quasireligiösen Bedeutung auf:

> Kommunikation ist die wunderbarste Sache der Welt. Daß Dinge von der Ebene äußerlichen Stoßens und Ziehens auf eine Ebene übergehen können, auf der sie sich dem Menschen und dadurch sich selbst enthüllen; und daß die Frucht der Kommunikation Teilnahme, Teilhabe ist, ist ein Wunder, neben dem das Wunder der Transsubstantiation verblaßt.[20]

Kommunikation wird von ihm nicht nur als funktionale Vorkehrung zur Koordination des Handelns verschiedener Personen aufgefaßt, sondern als ein Geschehen, das die einzelnen Menschen gegenüber anderen öffnen kann und damit selbst die Erfahrung ermöglicht, aus der Wertbindung entsteht. Dewey sieht in der Kommunikation, wenn sie zu »shared experience« führt,

---

19 John Dewey, *Erfahrung und Natur*, Frankfurt/M. 1995, S. 167-204. Wichtig aber auch für seine komplexe Sicht das Kapitel »Wirklichkeit, Ideen und Bewußtsein« (ebd., S. 284-333).
20 Ebd., S. 167.

eine Aufsprengung der Selbstzentriertheit. In seinem Frühwerk hatte er sich für diesen Gedanken noch auf den christlichen Liebesbegriff bezogen.[21] Auch wenn dieser Bezug später in seinem Werk so nicht mehr hergestellt wird, bleibt unverkennbar, daß Dewey eine emphatische Konzeption des Altruismus vertritt, in der dieser nicht als Mehrung des Nutzens anderer durch Verzicht auf eigene Interessen, ebensowenig aber als Selbstentfaltung durch Engagement für andere gedacht wird, sondern als radikale Bereitschaft, sich von der Person des anderen erschüttern zu lassen und damit sich mit anderen und über andere Menschen selbst zu verwirklichen: als erschütternde Intersubjektivität.

Zwei Aspekte von Deweys Argumentation sind an dieser Stelle besonders hervorzuheben. Zum einen wird deutlich, daß er mit der Zentrierung auf Kommunikation, Intersubjektivität und geteilte Erfahrung einen Ausweg bahnt aus dem schlechten Dualismus von individueller und kollektiver Erfahrung bei James und Durkheim. Zwar hatte es bei James schon Ansatzpunkte zu einer intersubjektivistischen Deutung einsamer religiöser Erfahrungen gegeben,[22] aber diese waren verstreut geblieben und für die Architektonik von James' Theorie nicht ausschlaggebend geworden. John Dewey dagegen steht so stark unter dem Einfluß von George Herbert Meads anthropologischer Kommunikationstheorie, daß er die Struktur außeralltäglicher Erfahrungen mit dem intersubjektivistisch geprägten Verständnis des menschlichen Handelns überhaupt in Verbindung bringt. Die

---

21 Vgl. John Dewey, *Psychology*, in: ders., *Early Works*, Bd. 2, Carbondale 1967, v. a. S. 282-295; zur Bedeutung dieses Motivs für unseren Zusammenhang vgl. die Kapitel zu Nietzsche und Scheler in: Joas, *Die Entstehung der Werte*.
22 Vgl. ebd., Kap. 3; bei Durkheim sehe ich solche Ansatzpunkte nicht. Es bleibt deshalb für mich ein Rätsel, warum Jürgen Habermas in seiner *Theorie des kommunikativen Handelns* Durkheim neben Mead als Inaugurator des Paradigmenwechsels »von der Zwecktätigkeit zum kommunikativen Handeln« bezeichnen konnte.

Selbstöffnung, die auch James und Durkheim als wesentlich für außeralltägliche Erfahrungen beschrieben, wird von Dewey als Dezentrierung des Handelnden auf einen anderen hin gedacht – auch dort, wo dieser andere die Natur oder Gott ist. Es ist aber gleich einschränkend hinzuzufügen, daß Dewey sich zwar ständig auf die Entstehung des Selbst aus – alltäglichen und außeralltäglichen – intersubjektiven Erfahrungen beruft, diesen aber nie wirklich näher nachgeht.[23] Die Verknüpfung einer intersubjektivistischen Theorie des Selbst mit den Fragen der Entstehung von Wertbindungen wird von Dewey damit zwar angebahnt, aber nicht durchgeführt.

Zum anderen ist hervorzuheben, daß Dewey nicht nur den intersubjektiven Charakter außeralltäglicher Erfahrung behauptet, sondern auch die Möglichkeit, in der alltäglichen Kommunikation selbst ein verehrungswürdiges Ideal zu finden. Die Teilhabe an einem Gespräch kann ihrerseits die Erfahrung der Ganzheitlichkeit mit sich bringen. Die für das Gelingen eines Gesprächs erforderlichen Einstellungen der Teilnehmer ähneln jener Selbstöffnung, die bei der Analyse religiöser Erfahrungen beschrieben wurde. Durch ebenjene Selbstöffnung wird wiederum die Entstehung dieser Erfahrungen im Gespräch wahrscheinlicher. Selbstöffnung ist Voraussetzung und Folge der Erfahrung erschütternder Intersubjektivität. Für Dewey ist das Gespräch der Ort, an dem wir mit den Werten anderer konfrontiert werden und unsere eigenen Werte, wenn wir uns tatsächlich öffnen, neu bedenken – zugleich aber entsteht im Gespräch, sofern es uns diese Erfahrung beschert, eine Wertbindung an den Vollzug des Miteinandersprechens selbst.

Dewey drückt die Möglichkeit, im Gespräch selbst die Erfahrung einer »religiösen« Dimension zu machen, immer wieder

---

23 Dies erkannte schon Gouinlock, *John Dewey's Philosophy of Value*, S. 93, Fn. 64. Er kritisierte auch, daß Dewey die Erkenntnisse George Herbert Meads sich zunutze macht, ohne dessen Verdienst angemessen zu würdigen.

mit der Formulierung aus, daß Kommunikation sowohl Mittel als auch Ziel sei, instrumentell und final zugleich:[24]

> Kommunikation ist ein Austausch, der zu der Befriedigung eines Bedürfnisses verhilft; sie beinhaltet eine Forderung, einen Appell, einen Befehl, eine Anleitung oder Bitte, die das Bedürfnis zu geringeren Kosten befriedigen als persönliche Arbeit, da sie sich die kooperative Hilfe von anderen sichern. Kommunikation ist obendrein eine unmittelbare Steigerung des Lebens, die um ihrer selbst willen genossen wird. [...] Sprache ist immer eine Form der Handlung, und in ihrem instrumentellen Gebrauch ist sie immer Mittel zielgerichteter Kooperation, während sie gleichzeitig alle Güter ihrer möglichen Konsequenzen in sich selbst findet. Denn es gibt keine Form des Handelns, die so erfüllend und so belohnend ist wie die, die auf der vollständigen Übereinstimmung der Handelnden beruht. Sie bringt das Gefühl der Teilhabe und des Aufgehens in einem Ganzen mit sich. [...] Gemeinsame Erfahrung ist das größte unter allen menschlichen Gütern. [...] Wegen ihrer charakteristischen Dienlichkeit und Finalität sind Kommunikation und die ihr kongenialen Objekte Gegenstände, die letztlich des Respekts, der Bewunderung und der loyalen Würdigung wert sind. Sie sind wertvoll als Mittel, weil sie die einzigen Mittel sind, die das Leben sinnvoll und bedeutungsreich machen. Sie sind wertvoll als Ziele, weil sich der Mensch in solchen Zielen aus seiner unmittelbaren Isolierung erhebt und an einer Gemeinschaft der Bedeutungen teilhat. Hier wie bei so vielen anderen Dingen liegt das große Übel in der Trennung instrumenteller und finaler Funktionen. [...] Erst wenn die instrumentellen und die finalen Funktionen der Kommunikation in der Erfahrung zusammentreffen, entsteht eine Intelligenz, die die Methode und der Lohn des gemeinsamen Lebens ist, und eine Gesellschaft, die der Zuneigung, Bewunderung und Loyalität wert ist.[25]

Deweys Nachdruck liegt hier auf der Erfahrung der Kommunikation, auf Kommunikation als Erfahrung. Er findet den Übergang von der interpersonalen Beziehung zum Wert von Gemeinschaft und Demokratie nicht über die Rechtfertigung de-

---

24 Z.B. Dewey, *Erfahrung und Natur*, S. 182, 201 u.ö.
25 Ebd., S. 182f., S. 199, S. 201f.

mokratischer Prinzipien in einem idealisierten Diskurs, sondern über die in der Erfahrung der Kommunikation selbst angelegte Entstehung einer Wertbindung an die Praxis des Kommunizierens.[26] Die Schrankenlosigkeit alltäglicher Kommunikation und ihre Institutionalisierung in Gestalt der Verfahren und Einrichtungen der Demokratie werden für ihn zum höchsten Ideal. In einer Entgegnung aus dem Jahr 1939 auf Kritiker seiner Philosophie, die zugleich einen Rückblick auf seine Entwicklung darstellte, konnte Dewey behaupten, er habe sich ein Leben lang darum bemüht, die religiösen Werte explizit zu machen, die im Geist der Wissenschaft stecken, und ebenso »die religiösen Werte, die unserem Zusammenleben inhärent sind, insbesondere diejenigen, die die moralische Bedeutung der Demokratie als einer Art des Zusammenlebens ausmachen«.[27] Die Demokratie wird Deweys säkulare Religion. Sollen wir ihm als dem Propheten dieser Religion Gefolgschaft leisten?

Demokratie und Religion

Mit dieser Frage kehren wir zu der zunächst eingeklammerten zeitgenössischen Stoßrichtung von Deweys Religionsschrift zurück. Es ist nützlich, zu deren Verständnis kurz an den biographischen Punkt zu erinnern, an dem Dewey diese Arbeit zur Re-

---

26 Das Verhältnis dieser Denkweise Deweys zur Diskursethik von Jürgen Habermas und Karl-Otto Apel wird nicht an dieser Stelle, sondern in Joas, *Die Entstehung der Werte*, Kap. 10, näher erörtert. – Zur Semantik der Begriffe »Gemeinschaft« und »Demokratie« bei Dewey und in der amerikanischen Denktradition überhaupt sowie den häufigen Mißverständnissen in Deutschland vgl. Hans Joas, »Gemeinschaft und Demokratie in den USA. Die vergessene Vorgeschichte der Kommunitarismus-Diskussion«, in: Micha Brumlik, Hauke Brunkhorst (Hg.), *Gemeinschaft und Gerechtigkeit*, Frankfurt/M. 1993, S. 49-62.

27 John Dewey, »Experience, Knowledge, and Value: A Rejoinder«, in: Schilpp (Hg.), *The Philosophy of John Dewey*, S. 517-608, hier S. 597 (auch in: Dewey, *Later Works*, Bd. 14, S. 3-90, hier S. 79).

ligionstheorie verfaßte. Schon in seiner neohegelianischen, noch christlichen Frühphase hatte Dewey tatsächlich, wie er es in seinem Rückblick beschreibt, pragmatischer Intelligenz und demokratischer Willensbildung einen quasisakralen Charakter zugesprochen. Seine Predigt vor christlichen Studenten in Michigan 1892 liest sich zunächst wie der Versuch einer christlichen Rechtfertigung der Demokratie.[28] Im Verlauf wird aber immer deutlicher, daß es Dewey um weit mehr geht; im Geist amerikanischer Spiritualität, durch einen radikalen Bezug des Göttlichen auf das Alltagsleben der Menschen, entwickelt er die Perspektive, das Christliche in einer sakralisierten Demokratie übertrumpfen zu können. In der wissenschaftlichen Forschung ist dann der Geist der Offenbarung, in der demokratischen Gemeinschaft die Fleischwerdung Gottes »aufgehoben«. Dewey stellt sich die Frage, ob die Institutionen der Religion, die aus vordemokratischer und vorwissenschaftlicher Zeit stammten, ihre Ablösung durch Demokratie und Wissenschaft begrüßen können oder ob sie, ihre Selbständigkeit verteidigend, rückwärtsgewandt zur Erstarrung verdammt seien. Für Dewey selbst war schon zu diesem Zeitpunkt klar, daß nur der Sakralisierung von Wissenschaft und Demokratie die Zukunft gehören könne. Nach Ende seiner neohegelianischen Phase äußert sich Dewey zwar nur sehr selten zu Fragen der Religion und ihrer Stellung in der Demokratie.[29] Wenn er dies aber doch tut, dann erhält der Säkularisierungsoptimismus seiner Frühzeit noch radikale-

---

28 John Dewey, »Christianity and Democracy« [1893], in: ders., *Early Works*, Bd. 4, S. 3-10.
29 Zur biographischen Darstellung und umfassenden Interpretation vgl. Rockefeller, *John Dewey, Religious Faith and Democratic Humanism*, und Robert Westbrook, *John Dewey and American Democracy*, Ithaca 1991. Rockefeller kommt das besondere Verdienst zu, auch Deweys Lyrik in die Betrachtung von Deweys religiöser Entwicklung einbezogen zu haben. Hier finden sich auch in einer Zeit, in der die Veröffentlichungen zum Thema Religion schweigen, wichtige Zeugnisse von Deweys Suche. Vgl. v. a. Rockefeller, *John Dewey, Religious Faith and Democratic Humanism*, S. 312 ff.

ren Ausdruck.[30] Säkularisierungstendenzen werden nämlich nicht als Symptome eines moralischen und kulturellen Verfalls gedeutet, sondern im Sinne eines Formwandels religiöser Motive als deren Befreiung von dogmatischen Formen der Lehre und engen Gestalten der Institutionalisierung.

Wenn die einzelnen Kirchen als Institutionen verschwinden sollten, müsse dies Dewey zufolge keinen Verlust darstellen; vielmehr könne sich darin eine Universalisierung christlicher Impulse und damit ein geschichtlicher Fortschritt ausdrücken. Diese Kombination von abnehmendem Interesse an der Religion und demokratischem Optimismus hielt freilich den Wirren des zwanzigsten Jahrhunderts nicht stand. Nach dem Ersten Weltkrieg und besonders nach dem Beginn der Weltwirtschaftskrise war Dewey immer mehr davon überzeugt, daß seine philosophische Konzeption der Demokratie sich nicht gegen die Tendenzen der Zeit werde halten können, wenn sie nicht auch die Mittel finden würde, die Herzen der Menschen zu ergreifen und sie für die notwendigen radikalen Reformen zu begeistern.[31] Deshalb beginnen schon in den 1920er Jahren die dann in seinem Religionsbuch kulminierenden Versuche Deweys, der Demokratie selbst sakralen Charakter zuzusprechen.

In Deweys Wahrnehmung geht es vor allem darum, der unglückseligen Verknüpfung des Religiösen mit einem Glauben an übernatürliche Kräfte zu entgehen. Da die modernen Wissenschaften die kognitiven Ansprüche der Religionen auf ein Wissen über solche Kräfte Schritt um Schritt zurückgedrängt und insgesamt entwertet haben, führe diese Verkoppelung zu einer schlechten Alternative: entweder gläubig zu bleiben, dafür aber den Preis einer Verteidigung unglaubwürdig gewordener Weltbilder zu entrichten, oder als wissenschaftlich aufge-

---

30 Z. B. John Dewey, »Religion and Our Schools«, in: *Hibbert Journal* 6 (1908), S. 796-809 (auch in: ders., *Middle Works*, Bd. 4, S. 165-177).
31 Vgl. Rockefeller, *John Dewey, Religious Faith and Democratic Humanism*, S. 446.

klärter Atheist keinerlei Sinn in den religiösen Idealen mehr finden zu können. Wer diese schlechte Alternative nicht akzeptiert – das weiß Dewey –, wird von beiden Seiten gescholten werden; die Vertreter der Religionen sehen in ihm einen Gegner ihrer Glaubenslehren, die militanten Atheisten einen halbherzigen Anhänger der nicht mehr zu rettenden Religion. Dewey glaubte aber, einen Ausweg aus dieser Alternative zu kennen. Er liegt eben in einer Abkoppelung der Vorstellung von Idealen und Werten vom kognitiven Glauben an übernatürliche Kräfte. Wenn es möglich ist – und dem galt ja der religionstheoretische Kern seiner Argumentation –, durch eine neue Deutung von Erfahrung und Handeln einen rationalen Kern des Religiösen zu bewahren und doch gleichzeitig alles Mythologische und Dogmatische, das die überbrachten Religionen belastete, abzulegen, dann ist der Weg frei für eine Sakralisierung der alltäglichen sozialen Beziehungen der Menschen und ihres Handelns in der Natur. Am bloßen Atheismus stößt Dewey ab, daß dieser mit der Ablehnung des Übernatürlichen auch das Natürliche zu entwerten neigt. Im Glauben an ein »Übernatürliches« aber sieht Dewey all das zusammengefaßt, was er als Abspaltung des Idealen vom Realen ein Leben lang bekämpfte. Folgt man Dewey, dann ist das Sündenregister der Religionen lang. Indem sie alles Ideale zur Vorstellung eines vorgängig existierenden Wesens »Gott« substantialisieren, lenken sie uns vom alltäglichen Handeln ab, wiegen uns in falscher Sicherheit und verführen uns zur Tatenlosigkeit; sie lassen unser Alltagsleben verarmen, weil sie dessen Potential entwerten; sie ziehen unsere Aufmerksamkeit von anderen Menschen ab, weil sie unseren Blick auf unser individuelles Seelenheil fixieren; und sie spiegeln uns unerreichbare Zielsetzungen vor, wodurch sie unsere natürlichen Kräfte durch Überforderung auszehren. Dies alles geht auf das Konto des Glaubens an ein »übernatürliches« Wesen. Da sich dieser Glaube zudem die Gestalt institutionalisierter Kirchen gibt, kommen weitere Problematiken hinzu. Jede dieser Kirchen beansprucht für sich ein Monopol über unsere religiöse Erfahrung. Damit werden sie eher zu Verhinderern solcher Erfahrungen als zu Ermöglichern. Sie geraten zudem in Konkurrenz miteinander und errichten damit künstliche Schranken innerhalb eines Gemeinwesens. Um ihre unhaltbaren Ansprüche zu schützen, legen sie der vorurteilsfreien wissenschaftlichen Forschung und der freien Kommunikation der Staatsbürger in der Demokratie Steine in den Weg.

Gegen all diese Folgen der Religion setzt Dewey nun keinesfalls ein Programm ihrer Abschaffung durch Zwang oder gar Gewalt; nicht ihre Zerstörung ist sein Ziel, sondern ihre Umformung. Diese Umformung faßt er als Emanzipation des Religiösen von den institutionellen Gestalten der Religion. Zum ersten Mal in der Geschichte der Menschheit »wird der religiöse Aspekt der Erfahrung frei sein, sich nach seinem eigenen Gesetz zu entfalten« (2), und Menschen, die sich »von dem, was als Religion existiert, wegen ihrer intellektuellen und moralischen Implikationen abgestoßen« fühlen, werden sich »Einstellungen in ihnen selbst bewußt werden, die, wenn sie aufblühen könnten, echt religiösen Charakters wären« (9). In einer solchen neuen Form von Religiosität würde das Wort »Gott« nicht mehr ein besonderes Wesen jenseits der Menschenwelt bezeichnen, sondern statt dessen die »*aktive* Beziehung zwischen dem Idealen und dem Wirklichen« (51). Wenn dies der neue Sinn des Wortes würde, dann wäre sogar der Atheist Dewey bereit, die Konzeption eines »Gottes« neu zu akzeptieren.[32] Es entstünde dann, so Dewey, ein immer schon in den Menschen angelegter, aber seiner Explikation noch bedürftiger »gemeinsamer Glaube der Menschheit« – »the common faith of mankind« (87).

Aber kann denn jemand an einen solchen Gott glauben? Trifft es wirklich zu, daß institutionalisierte Religion intellektuellen

---

32 Deweys offensichtlich idiosynkratischer Versuch einer Neudefinition des Wortes »Gott« gab in den dreißiger Jahren den Anstoß zu umfangreichen Mißverständnissen und Debatten. Vgl. auch dazu v. a. Rockefeller, *John Dewey, Religious Faith and Democratic Humanism*, v. a. S. 512 ff.

und moralischen Fortschritt immer gehemmt hat? Können wir heute, mehr als acht Jahrzehnte später, noch immer Deweys Optimismus teilen, daß die Entinstitutionalisierung der Religion die echt religiösen Impulse freisetzen und emanzipieren werde? Die Antwort auf alle drei Fragen wird heute mit ziemlicher Sicherheit negativ sein. Die Vorstellung, daß die Entscheidung eines Philosophen, den Begriff »Gott« für eine intellektuelle Abstraktion zu verwenden oder zuzulassen, irgend jemand zu irgend etwas bewegen könne und irgendwelche persönlichkeitstransformierenden Wirkungen ausüben werde, erscheint als vermessen. Zieht man Deweys Versuch einer Umbesetzung des Gottesbegriffs aber ab, dann wird die soziologische Lücke in seiner Argumentation rasch sichtbar. Er fragte zwar danach, welche Ideale heute »die Handlungen anleiten und die Hitze des Gefühls und das Licht der Intelligenz erzeugen können« (51f.), um insbesondere die demokratischen Institutionen zu stützen. Aber seine Antwort auf diese Frage nach der affektiven Verwurzelung der Demokratie in Individuen und Gesellschaften blieb schwächlich und abstrakt. Ebenso sind Deweys Einwände gegen die kulturellen und sozialen Wirkungen institutionalisierter Religion nur allzuleicht als eine falsche Verallgemeinerung seiner Erfahrungen mit dem pietistischen Protestantismus seiner Kindheit und Jugend zu entschlüsseln. Religion war ja in der Geschichte sehr häufig nicht ein Hemmnis, sondern der Antrieb für intellektuellen und moralischen Fortschritt. Dewey hatte sich nie hinreichend mit der Geschichte und Soziologie der Religion beschäftigt, um solche weitreichenden Thesen aufstellen zu können. Man braucht nur an Max Webers intensive Studien der aktivistischen oder passivistischen, diesseitsorientierten oder jenseitsorientierten Züge wichtiger Weltreligionen zu denken, um klarzumachen, daß mehr nötig ist, als Dewey bietet, wenn die Folgen institutionalisierter Religiosität beurteilt werden sollen.[33] Dewey

---

33 Max Weber, *Gesammelte Aufsätze zur Religionssoziologie*, 3 Bde., Tübingen 1920.

liefert also nicht nur keine Interpretationen konkreter Religiosität; man spürt im Duktus seiner Ausführungen auch nirgendwo die leidenschaftliche Neugierde gegenüber den Phänomenen des Religiösen in ihrer Vielfalt, die für James so charakteristisch war. Dewey schließt die Debatte, bevor er sie ernsthaft eröffnet hat.[34] Ganz im Gegensatz zu seiner kontinuierlichen Umgehung aller schroffen Dualismen in der Philosophie setzt er die institutionalisierte Religion ohne Vermittlung dem freiflottierenden Religiösen in der Erfahrung der Demokratie entgegen. Sosehr er mit seiner Kritik am Exklusivitätsanspruch von Kirchen oder mit der Besinnung auf eine Verhinderung religiöser Erfahrung durch die religiösen Institutionen von Fall zu Fall im Recht sein mag, so sehr schießt er mit dem Plädoyer für eine radikale Entinstitutionalisierung des Religiösen über das Ziel hinaus. Diese Entinstitutionalisierung führt, so ließe sich heute sagen, mit hoher Wahrscheinlichkeit nicht zu den von Dewey erwarteten Folgen einer Sakralisierung der Demokratie, sondern zu einer Subjektivierung der Religion – zu dem, was Robert Bellah und seine Koautoren als »Sheila-ismus« bezeichnet haben.[35] Darunter ist eine rein persönliche Form von Religion zu verstehen, in der die jeweils einzige Person, die so glaubt, ihre idiosynkratische Mixtur von Auffassungen aus den verschiedensten Traditionen zur eigenen Variante von Religion erklärt. Eine solche Religiosität aber schneidet sich weitgehend ab von den rationalisierenden Wirkungen der intersubjektiven Verarbeitung religiöser Erfahrung, vom Reichtum Jahrtausende umfassender Traditionen und von der Weisheit der Spezialisten für religiöse

---

34 Willard Arnett, *Critique of Dewey's Anticlerical Religious Philosophy*, in: *Journal of Religion* 34 (1954), S. 256-266. Es soll auch nicht unerwähnt bleiben, daß Deweys Bild des Katholizismus weitgehend uninformiert und stereotyp war. Vgl. zur Zurückweisung Blewett, »Democracy as Religion. Unity in Human Relations«, S. 52.
35 Robert N. Bellah u. a., *Gewohnheiten des Herzens. Individualismus und Gemeinsinn in der amerikanischen Gesellschaft*, Köln 1987, S. 256f. Dazu mehr unten, Teil IV, Kap. 5.

Erfahrung. Wer religiös sein will, ohne einer bestimmten gelebten Religion zu folgen, begibt sich in dieselbe Paradoxie wie einer, der sprechen möchte, ohne dabei eine bestimmte Sprache zu benutzen.[36]

Deweys Sakralisierung der Demokratie[37] endet somit in einer Paradoxie. Gerade der Denker, der die Fragen der Entstehung der Werte oder Ideale auf die wertbildende Erfahrung der Kommunikation bezogen hat, entzieht sich der genauen Klärung partikularer Bindekräfte. Er überspringt den Partikularismus der je einzelnen Erfahrung und landet mit seinem »gemeinsamen Glauben der Menschheit« in einem leeren Universalismus des Demokratischen, dessen Motivationskraft unerfindlich bleibt.[38] Dies ist der Weg zu dem, was Charles Taylor hart und treffend als »nachaufklärerische Banalitäten«[39] bezeichnet hat. Die religionstheoretische Aufgabe lautet deshalb, die von Dewey angebahnte Verknüpfung der Theorie der Wertentstehung mit einer Theorie der Bildung des Selbst über Dewey hinaus fortzusetzen,

---

36 So George Santayana, *Reason in Religion*, in: ders., *Works*, Bd. IV, New York 1936, S. 3-206, hier S. 4: »The attempt to speak without speaking any particular language is no more hopeless than the attempt to have a religion that shall be no religion in particular.« »Mehrsprachigkeit« soll damit selbstverständlich weder im wörtlichen Sinne noch auf dem Gebiet der Religion ausgeschlossen werden.

37 Zur Kritik an dieser Tendenz in den USA vgl. Will Herberg, *Protestant – Catholic – Jew. An Essay in American Religious Sociology*, New York 1955, S. 100 ff. Zu Herberg schreibe ich ausführlicher in der Einführung zu Teil IV dieses Buches.

38 Es ließe sich argumentieren, daß Dewey damit auf dem Feld der Religionstheorie gegen Postulate verstößt, die er selbst in seiner Ethik und politischen Philosophie aufstellt.

39 Charles Taylor, »Reply and Re-articulation«, in: James Tully (Hg.), *Philosophy in an Age of Pluralism. The Philosophy of Charles Taylor in Question*, Cambridge 1994, S. 213-257, hier S. 229. – Taylors Antwort auf den Beitrag von Michael Morgan in diesem Band (»Religion, History and Moral Discourse«, S. 49-66) und dieser Beitrag selbst sind überhaupt für die hier anhand von John Dewey erörterten Fragen von höchstem Interesse.

ohne dabei in dessen Paradoxien zu geraten und bei seiner Vision einer Entinstitutionalisierung der Religion als eines Beitrags zur Sicherung der Demokratie zu enden.[40]

---

40 In eine ähnliche Richtung zielt: Victor Kestenbaum, *The Grace and Severity of the Ideal. John Dewey and the Transcendent*, Chicago 2002. Er weist überzeugend nach, daß sich Spuren dessen, was er das »Transzendente« nennt – ich würde statt dessen von Erfahrungen der Selbsttranszendenz sprechen –, von der idealistischen Frühphase ab durchgehend im Werk Deweys identifizieren lassen. Vgl. auch ders., »Ontological Faith in Dewey's Religious Idealism«, in: Hermann Deuser u.a. (Hg.), *The Varieties of Transcendence. Pragmatism and the Theory of Religion*, New York 2016, S. 73-90. Eine umsichtige und kenntnisreiche Monographie hat vorgelegt: Annette Pitschmann, *Religiosität als Qualität des Säkularen. Die Religionstheorie John Deweys*, Tübingen 2017. Doch bleiben auch in ihren äußerst verständnisvollen Interpretationen Deweys die hier beklagten Mängel seiner Religionstheorie m.E. unverkennbar. Sehr wichtig zur kritischen Einschätzung Deweys: Jung, *Symbolische Verkörperung*, S. 144-163.
Ich danke Victor Kestenbaum (Boston) für weiterführende Hinweise zur Bearbeitung einer älteren Fassung dieses Kapitels über John Dewey.

3
Posttotalitäres Christentum:
Alfred Döblins Religionsgespräche

Ein Dialog zwischen Gläubigen und Nichtgläubigen:[1] Mit leichter Hand stellt sich diese Forderung auf; allzu offensichtlich scheint es, daß ein solches Gespräch immer hilfreich ist. Doch in der Wirklichkeit erweist sich dieser Dialog sehr häufig als schwierig, oft sogar als unrealisierbar. Lange Zeit, man könnte sagen seit dem europäischen Aufstieg der »säkularen Option« im achtzehnten Jahrhundert,[2] belasteten zwei Annahmen jeden Versuch zu einem solchen Gespräch. Viele Kritiker der Kirche oder des Christentums oder aller Religion sahen ihren Gegner als etwas geschichtlich Überholtes an, das keine Zukunft mehr haben werde und dürfe. Gläubige mußten in dieser Perspektive als rückständig erscheinen, Glaubensverteidiger als rückwärtsgerichtet, ja »reaktionär«. Umgekehrt betrachteten die Verteidiger des Glaubens ihre Widersacher meist als moralisch gefährlich. Da sie von einer Schwächung der Religion moralischen Verfall erwarteten, mußten ihnen die Kritiker der Religion mindestens als naive Zeitgenossen erscheinen, die solchem Niedergang unabsichtlich Vorschub leisten, wenn nicht als mephisto-

---

1 Ich habe mich bemüht, die Redeweise von Nicht- oder Ungläubigen in diesem Buch zu vermeiden, wissend, daß sie von Menschen mit säkularen Weltbildern und Wertsystemen leicht als verletzend empfunden wird und auch den vielen Zwischenformen des Suchens, Zweifelns und Schwankens nicht gerecht wird. Eine Ausnahme mache ich nur dort, wo mir die scharfe Polarisierung den Intentionen des behandelten Autors zu entsprechen scheint, vor allem also in diesem Kapitel.
2 Vgl. die monumentale Darstellung von Charles Taylor, *Ein säkulares Zeitalter*, Frankfurt/M. 2009; dazu unten in diesem Teil, Kap. 5.

phelische Kräfte, die ihren eigenen sinistren Zielen auf diese Weise zum Sieg verhelfen wollen.

Diese beiden Annahmen haben ihre Glaubwürdigkeit heute weitgehend eingebüßt, weil einerseits der umfassende Sieg des Säkularismus im Gefolge von Modernisierungsprozessen außerhalb Europas weitgehend ausgeblieben ist und weil andererseits die oft in der Tat stark säkularisierten Gesellschaften Europas den Moralverfall nicht erlebten, der ihnen prophezeit worden war. Zwar sind die beiden Annahmen nicht völlig aus der Öffentlichkeit verschwunden, aber sie werden heute doch seltener mit jenem großen Selbstbewußtsein vorgebracht, das für die religionspolitischen Debatten des neunzehnten und des zwanzigsten Jahrhunderts typisch war. Trotz dieser veränderten Lage sind die Nachwirkungen der alten wechselseitigen Stereotypisierungen allerdings weiterhin spürbar und bleibt das Interesse am offenen Gespräch zwischen Gläubigen und Nichtgläubigen eher schwach.[3] Oft stellt sich betretenes Schweigen ein, wenn in Diskussionen oder Konversationen Glaubensmotive aufblitzen. Das mag damit zu tun haben, daß es zu wenig Erfahrungen mit gelingenden Gesprächen dieser Art gibt und auf beiden Seiten die Sorge vorherrscht, eine Dynamik in Gang zu setzen, die nur entzweiend enden kann.

In dieser Lage steigt das Bedürfnis nach Vorbildern, nach Beispielen eines gelingenden Dialogs. Dies könnte eine günstige Voraussetzung sein, um auch literarischen Werken neue Aufmerksamkeit zu schenken, die solchen Dialog – natürlich als Fiktion – in Szene setzen. Seit Voltaire und Lessing im achtzehnten Jahrhundert gibt es Versuche dieser Art. Ein herausragendes Werk in diesem Genre hat im zwanzigsten Jahrhundert Alfred Döblin (1878-1957) vorgelegt. Genauer gesagt handelt es

---

3 Zum Veralten der beiden Annahmen und den neuen Möglichkeiten des Gesprächs über den Glauben: Hans Joas, *Glaube als Option. Zukunftsmöglichkeiten des Christentums*, Freiburg 2012.

sich um zwei, allerdings aneinander anknüpfende Schriften: *Der unsterbliche Mensch* und *Der Kampf mit dem Engel*.[4]

Beide »Religionsgespräche« des späten Döblin spielen sich zwischen einem »Älteren« und einem »Jüngeren« ab. Namen tragen die beiden Gesprächspartner nicht, gewiß auch deshalb nicht, weil Döblin von beiden Auffassungen artikulieren läßt, die er selbst in verschiedenen Lebensphasen vertrat. Beide Werke wurden nach Döblins Konversion zum (katholischen) Christentum verfaßt, das erste im kalifornischen Exil in den Jahren 1942/43, das zweite nach der Rückkehr nach Deutschland und vor dem zweiten freiwilligen Exil in Frankreich in den Jahren 1950 bis 1952. Döblin mußte nicht versuchen, sich in eine andere Person hineinzuversetzen, die in Glaubensdingen eine ganz andere Haltung verkörperte als er. Das mag leichter klingen, als es ist. Die Einfühlung in das eigene frühere Ich stellt aber gewiß ebenfalls eine große Herausforderung dar, zumal Konvertiten ja nicht gerade dafür bekannt sind, verständnisvoll über die Zeit vor ihrer »Erleuchtung« zu berichten. Das gilt bekanntlich für diejenigen, die den Weg zum religiösen Glauben gefunden haben, nicht mehr und nicht weniger als für diejenigen, die sich vom Glauben lösten.

Döblins Dialoge finden also zwischen einem »Älteren«, der zum Glauben gefunden hat, und einem »Jüngeren« statt, der zu Beginn diesen Weg aufs schärfste ablehnt. Dabei ist zur Kennzeichnung der spezifischen Anlage dieser Dialoge sofort festzuhalten, daß an ihrem Ausgangspunkt keineswegs eine Missionierungsabsicht des gläubigen Älteren steht. Im Gegenteil: Der Ältere zögert zu Beginn deutlich, in das Gespräch überhaupt einzutreten, und auch später, es fortzusetzen. Gegen Ende des ersten Dialog-Textes (258) fällt in einem rückblickenden Monolog das traurige Wort, noch einmal wolle er solche Un-

---

[4] Leicht zugänglich in: Alfred Döblin, *Der unsterbliche Mensch / Der Kampf mit dem Engel*, Frankfurt/M. 2016. (Alle Seitenverweise in diesem Text beziehen sich auf diese Ausgabe.)

terhaltungen nicht führen. Zum Apostel fühlt sich der Ältere also nicht berufen. Was macht ihn zögern, und warum befällt ihn zwischendurch und im Rückblick solch deutliches Unbehagen? Zwei Gründe sind es, denen in verschiedenen Phasen unterschiedliches Gewicht zukommt und die in einem Geplänkel (11) vor der eigentlichen Auseinandersetzung behandelt werden.

Der eine Grund liegt darin, daß sich der Ältere von vornherein durch die Prämissen, die der Initiative des Jüngeren zugrunde liegen, mißverstanden fühlt. Auslöser des ganzen Geschehens ist die tiefe Enttäuschung des Jüngeren über den Älteren, der ihm durch seine zutage tretende Religiosität die gemeinsame Sache progressiver Politik und des Kampfes gegen Faschismus und Nationalsozialismus verraten zu haben scheint. Mehr noch, er kommt mit dem Vorwurf an, als Gläubiger verzichte der einst geachtete Freund freiwillig auf Freiheit und Rationalität. Er schließe sich selbst aus den Kreisen freier Persönlichkeiten aus und gebe sich in einer Weise, die seiner doch eigentlich unwürdig sei, »dunklen Gefühlen« hin, die zwar »jeder in sich trägt, die er aber zurückdrängt, weil sie atavistische Rückstände aus früheren Zeitperioden sind« (12). Gerade als freier Geist fühlt sich der Jüngere dem Wert der Toleranz verpflichtet. Seine Vorwürfe gegen den Älteren scheinen ihm nicht im Widerspruch dazu zu stehen, weil er die Grenzen der Toleranz eben dort zu ziehen sich verpflichtet fühlt, wo es um den freiwilligen Verzicht auf Freiheit geht.

Der Ältere, der Gläubige sieht sich so direkt mit einem ganzen Bündel von Annahmen konfrontiert, in denen er sich nicht wiedererkennen kann. Teilweise ironisch, teilweise seinerseits vorwurfsvoll weist er diese Annahmen zurück und weigert sich kategorisch, in das Gespräch überhaupt einzutreten, wenn er dies von einer Art Anklagebank aus führen soll. Wenn man des Glaubens wegen der Fahnenflucht (20) von einer guten Sache verdächtigt oder als Fall für den Psychiater betrachtet wird, dann fehlt es an der elementarsten Voraussetzung eines gelingenden

Dialogs, nämlich der prinzipiellen Anerkennung des anderen und seiner guten Gründe. »Wenn wir nicht ohne Hintergedanken unser Religionsgespräch führen, ich meine ehrlich, Aug in Auge, Mensch gegenüber Mensch, so können wir uns das Ganze schenken.« (23) Deshalb muß der Nichtgläubige zumindest bereit sein, in Frage zu stellen, daß Gläubige weniger an vernünftiger Einsicht und Wahrheit interessiert seien als er, daß sie passiver seien in Hinsicht auf gesellschaftliche Veränderungen, eigenbrötlerischer, leichter Opfer von Illusionen und Ideologien, überhaupt schwächere Persönlichkeiten. Der Gläubige muß entsprechend bereit sein zu verstehen, woher dieses Bild vom Glauben kommt und wo es sein Fundament in der Wirklichkeit hat. Die Herkunft der Menschenrechte wird deshalb schon im Vorgeplänkel der Dialogpartner zum Thema. In der Sicht des Jüngeren entstammen diese der Französischen Revolution. Bis dahin, so argumentiert er, gab es »nur Götterrechte, Rechte Gottes am Menschen, welche die Geistlichen vertraten, wofür die Machthaber sie belohnten. Daß es Menschenrechte gab, stand zwar auch in der Bibel, aber davon machte man nicht viel Aufhebens.« (17) Plötzlich aber habe man ohne Berufung auf die Bibel und nur auf Grundlage der eigenen bewaffneten Kraft den Menschen für frei erklärt, woran »die Unterdrücker in der ganzen Welt noch heute kauen« (ebd.).

Nicht nur in diesen politisch aufgeladenen Vorstellungen vom Charakter des Glaubens aber steckt ein Hindernis für den Dialog über diesen. Unmöglich kann das Gespräch nicht nur werden, wenn es vor lauter Bewältigung von wechselseitigen Vorurteilen gar nicht zum Thema kommt, sondern auch weil es sich beim Glauben nicht einfach um Thesen handelt, die streiterisch zu behandeln wären. Der Glaube hängt mit dem innersten, ja intimen Kern der Person zusammen. Diesen kann und will niemand aufzudecken gezwungen werden oder aufdecken, wenn der andere nichts anderes damit vorhat, als ihn zu »beschnüffeln« oder gar »wegzureißen« (31). Der Glaubende wird noch dort, wo es ihm an Mut nicht fehlt, manchmal zögern, über den

Glauben zu sprechen, denn das Geglaubte erzeugt ja auch ein Gefühl der »Ehrfurcht« (42). Wer ist sich schon sicher, daß er seinen eigenen Glauben ganz durchdrungen hat? Ist es nicht Unbescheidenheit und mangelnde Demut, des eigenen Glaubens sich so sicher zu sein, daß er nur noch verkündet zu werden braucht? Wiederum gegen Ende des ersten Buches findet sich deshalb in einem Brief des Älteren an den Jüngeren der weise, einem alten Mönch in den Mund gelegte Satz: »Je weniger der Mensch daran denkt, die Welt zu bekehren, und je mehr er danach trachtet, sich selbst zu bekehren, um so wahrscheinlicher wird durch ihn die Welt bekehrt werden.« (274)

Es war hier schon davon die Rede, daß Döblin in den eigentlichen Dialog immer wieder monologische Zwischenstücke einschiebt: Einzelbesinnungen der Gesprächspartner, Briefe aneinander, um eine aufgetretene Kluft in Ruhe zu überbrücken. Überhaupt kann von einer kontinuierlichen Annäherung der beiden Partner keine Rede sein. Döblin war viel zu erfahren als Mensch und zu virtuos als Autor, um die Spannung des Dialoggeschehens in Richtung einer simplen Didaktik zu mindern. Deshalb werden spekulative Höhenflüge und dozierende Passagen immer wieder durch ernüchternde Bezüge zu den Erfahrungen der Gegenwart unterbrochen. Deshalb auch werden beiden Partnern Selbstzweifel unterstellt, finden Rückfälle hinter einen schon erreichten Konsens statt, teils voller Euphorie begrüßt als Befreiung durch den »unheiligen Geist« (245). Der Leser kann es sich durchweg nicht darin bequem machen, daß der Ältere mit Sicherheit die Haltung Döblins vertritt. Immer wieder wird das Argumentieren als die richtige Form des Dialogs auf diesem Gebiet prinzipiell in Zweifel gezogen. Der Ältere schlägt von einem bestimmten Punkt ab gemeinsames Beten vor und ist sich bewußt, daß das Gespräch über den Glauben nicht hinreicht, um glaubenskonstitutive Erfahrungen zu vermitteln. Er setzt seine Hoffnung auch zunehmend auf die gemeinsame Lektüre der Bibel: »Mehr als Argumente, voller, wahrer, realer und darum mehr einleuchtend und überzeugend ist es, über die Jahrtausende hinweg von seinem [Christi] Leben zu erfahren und den Tonfall seiner Worte zu hören.« (201)

Am Ende des ersten Buches steht deshalb die gemeinsame Erörterung der vierzig Tage zwischen Ostern und Pfingsten, Auferstehung und Himmelfahrt Christi. Das zweite Buch, an Spannung etwas ärmer als das erste, hat dann sogar den Untertitel »Ein Gang durch die Bibel«, weil es zu großen Teilen ein Nachvollzug vor allem des Alten, dann aber auch des Neuen Testaments ist – in einer Weise der Aneignung, auf die ich noch zurückkommen werde.

Zu Döblins Pathos gehört es, die Unterschiede zwischen den Menschen auf ihre Selbstverkapselung zurückzuführen und den Ausbruch aus dem Gefängnis des Ichs im Gebet, aber auch im Zusammenleben mit anderen Menschen zu ersehen. Diese generelle Relativierung der Unterschiede wird in diesen Religionsgesprächen noch dadurch verstärkt, daß die beiden Teilnehmer trotz aller Differenzen auch als Verkörperung derselben Person in unterschiedlichen Entwicklungsstadien aufgefaßt werden können. Spuren werden deutlich gelegt, wenn der Ältere erwähnt, daß er den Jüngeren zum Gespräch einließ, »weil er mich an mich selbst erinnerte« (213), ja, daß er selbst früher »dieselben Wege gegangen« (255) sei wie der Jüngere. Diese Andeutungen lassen sich biographisch lesen, zielen aber wohl über die Zufälligkeiten der Autorenbiographie hinaus auf ein grundsätzliches Verständnis des Dialogs, in dem wir etwas von uns im anderen erkennen.

Die biographische Deutung ist aber durchaus naheliegend und plausibel. Alfred Döblin entstammte einem schon stark säkularisierten jüdischen Milieu und löste sich durch den Austritt 1912 aus der jüdischen Gemeinde Berlins von diesem noch weiter. Erst aufgeschreckt durch das antisemitische Pogrom in Berlin im Jahr 1923 entschloß er sich, Glauben und Lebensweise seiner Vorfahren näher kennenlernen zu wollen. Der Bericht über seine Polen-Reise, die er deshalb unternahm, ist ein Dokument sowohl seiner Ferne vom gelebten Judentum Ostmitteleuropas als auch der keimenden Faszination durch dieses.[5] Diese Faszination ging über das Jüdische hinaus auf das Christliche, dem er in Polen mit seiner intensiven katholischen Frömmigkeit und in großen religiösen Kunstwerken dort ebenfalls begegnete. Bei aller Religionsferne Döblins in dieser Zeit wäre es deshalb völlig abwegig, ihn »religiös unmusikalisch« zu nennen. Seine literarischen Werke und eine Vielzahl von Lebenszeugnissen zeigen vielmehr, daß er sich wie kaum ein anderer Intellektueller des zwanzigsten Jahrhunderts enorm produktiv auf die Religionen der Welt eingelassen hat. Das reicht von dem frühen Roman über eine daoistisch inspirierte Bauernrebellion in China (*Die drei Sprünge des Wang-lun*) und die Beschäftigung mit Buddha bis zu einer von ihm verantworteten Konfuzius-Ausgabe in den USA,[6] von den Mythen der Amazonas-Indianer bis zur indischen und babylonischen Götterwelt, von der mittelalterlichen Mystik Johannes Taulers bis zum Jesuitenstaat in Paraguay. Seine Stellungnahmen zu einzelnen Religionen oder zur Religion insgesamt wandelten sich allerdings immer wieder, wie hinter dem grenzenlosen Interesse ja gewiß Motive religiösen Suchens lagen. In jungen Jahren schrieb er in einem berühmten Brief an Else Lasker-Schüler vom 10. November 1904 nach einem Besuch des Freiburger Münsters: »Ich werde vielleicht noch einmal sehr gläubig werden, fällt mir ein.«[7] Um 1920 legte er ein äußerst polemisches religionskritisches Bekenntnis ab, in dem Gott als »Phantom« figuriert, von dem man sich endlich befreien müsse. Gleichzeitig stießen ihn die üblichen Formen eines

---

5 Alfred Döblin, *Reise in Polen* [1925], München 1987.
6 *Alfred Döblin Presents the Living Thoughts of Confucius*, New York 1940. Zur Biographie Döblins vgl. Wilfried F. Schoeller, *Alfred Döblin*, München 2011 (gerade in Hinsicht auf Religion allerdings nicht immer zuverlässig). Zum Werk Döblins umfassend: Sabina Becker (Hg.), *Döblin-Handbuch. Leben – Werk – Wirkung*, Stuttgart 2016. Von bibliographischen Angaben zu weiteren literarischen Werken Döblins sehe ich hier ab.
7 Alfred Döblin, *Briefe*, Olten 1970, S. 25-27, hier S. 26.

aufgeklärten Liberalismus ab. Die intensive Lektüre der Schriften Søren Kierkegaards im Lauf der 1930er Jahre, aber auch Erlebnisse auf seiner Flucht vor den Nazi-Truppen in Frankreich gaben den Ausschlag für seine Konversion zum katholischen Christentum, die den Auslöser für die Abfassung der Religionsgespräche bildet.

Diese Konversion kann aus den genannten Gründen keinesfalls als völlige Diskontinuität im Leben Döblins gedeutet werden. Umstritten und ganz offensichtlich abhängig von den jeweiligen Einstellungen der Interpreten ist aber die Einschätzung, ob Döblins Konversion als bloße Phase in einer, was das Religiöse betrifft, durch und durch wirren und sprunghaften Persönlichkeitsentwicklung zu denken ist – so der Autor der bis dato umfangreichsten Döblin-Biographie[8] –, oder ob sie nicht vielmehr »der Endpunkt eines langen Weges ist, das Sichtbarwerden einer seit langem vorhandenen Linie« – so die Verfasserin einer der gründlichsten vorliegenden Untersuchungen zur Religiosität in Döblins Persönlichkeit und Werk.[9] Wahrscheinlich ist beides übertrieben, aber hier ist nicht der Ort, um diese Frage zu entscheiden. Die von Döblin verfaßten späteren Romanwerke und Erzählungen (wie *November 1918. Eine deutsche Revolution, Hamlet oder Die lange Nacht nimmt ein Ende, Der Oberst und der Dichter oder Das menschliche Herz*,

---

8 Schoeller, *Alfred Döblin*, S. 16-18.
9 Monique Meyembergh-Boussart, *Alfred Döblin. Seine Religiosität in Persönlichkeit und Werk*, Bonn 1970, S. 7. Lange Zeit war dieses Buch die einzige tiefer eindringende Studie zum Thema. Jetzt liegen außerdem vor: Christoph Bartscherer, *Das Ich und die Natur. Alfred Döblins literarischer Weg im Licht seiner Religionsphilosophie*, Paderborn 1997; Friedrich Emde, *Alfred Döblin. Sein Weg zum Christentum*, Tübingen 1999. Ausgezeichnet und weit ausholend zum Thema auch: Helmuth Kiesel, *Literarische Trauerarbeit. Das Exil- und Spätwerk Alfred Döblins*, Tübingen 1986. Informationsreich auch: Anthony W. Riley, »Nachwort des Herausgebers«, in: Alfred Döblin, *Der unsterbliche Mensch / Der Kampf mit dem Engel*, Olten 1980, S. 661-699. Von mir: Hans Joas, *Die lange Nacht der Trauer. Erzählen als Weg aus der Gewalt?*, Gießen 2015.

Die Pilgerin Aetheria[10]) bieten ebenso wie die beiden Religionsgespräche die Möglichkeit, sich vom Christen Döblin herausfordern zu lassen. Diese Herausforderung darf, wie immer die lebensgeschichtlichen Einschätzungen ausfallen, nicht aufs Biographische reduziert werden.

Der unsterbliche Mensch

Vom dialektischen Reichtum insbesondere des ersten Religionsgesprächs und von dem erfrischend respektlosen Tonfall, mit dem über alte und neue Philosophie, Wissenschaft und Politik gesprochen wird, geht jedenfalls eine solche echte Herausforderung für Gläubige und Nichtgläubige aus. Der Arzt und Naturwissenschaftler Döblin, der beiden Gesprächspartnern eine naturwissenschaftliche Vergangenheit oder Gegenwart zuschreibt, setzt den sich entfaltenden Gedankengang bei demjenigen »szientistischen« Weltbild an, das die Religion als »vorwissenschaftliches Denken« (24) klassifiziert und drei Zonen des Wissens voneinander unterscheidet: eine Zone, die schon durch die Wissenschaft erhellt ist; eine zweite, in der diese Erhellung noch stattfinden wird; und eine dritte, in die die Wissenschaft nicht vordringen kann und über die deshalb keine sinnvollen Aussagen möglich sind. Der »Ältere« setzt gegen dieses Weltbild eine Reflexion auf das erkennende Subjekt in seiner leiblichen Existenz; er will zeigen, daß kein Mensch in seinem Selbstverhältnis und Selbstverständnis diese säuberliche Zonenaufteilung durchhalten kann, sondern daß sich sogar bei großer Skepsis gegenüber dem »Übernatürlichen« und »Wunderbaren« bei der Versenkung in die eigene Existenz ein Gefühl des überwältigenden Wunders einstellt. An diese Denkbewegung schließen

---

10 Dazu meine Interpretation in: Becker (Hg.), *Döblin-Handbuch*, S. 361-363.

sich Überlegungen zum »Gefühl der Dankbarkeit« angesichts des eigenen Daseins (37) und zur Hilflosigkeit und Nichtigkeit (41) desselben an. Aus diesen werden Gedanken über den Zusammenhang der eigenen individuellen Gestalt mit einem umfassenderen Lebensprozeß entwickelt:

> Und wenn ich sehe, wie ich Wasser und Salze der Erde aufnehmen muß, wie meine Lungen Gase mit der Luft tauschen, wie sich Stoffe der Tiere, Pflanzen, Mineralien mit meinem Leib mischen und hin und her durch ihn laufen, damit er bestehen und die kurze Spanne Zeit durchhalten kann, die seine Existenz ausmacht, so erkenne ich: hier bin ich zwar Gestalt, aber keine Grenze. Wir existieren zwar als Individuen, aber in einem großen, mächtigen Leib. (36)

Selbst ein ganz alltäglicher Rasenstreifen entlang der Straße oder ein paar Ameisen im Sand (71) können als Fingerzeig auf die maßlose Vielheit der Lebewesen und ihre letztliche Einheit erlebt werden.

Noch auf einer zweiten Reflexionsbahn entwickelt sich der Gedankengang, nicht durch den Blick auf die Lebewesen um uns, sondern auf unser eigenes Innenleben. Der studierte Psychiater Döblin denkt dieses Innenleben nicht als wohlgeordneten Bereich, der der vollständigen Kontrolle des Ich unterliegt, sondern als

> Molluske, eine Gallerte, die ich nicht fassen kann, und wenn ich sie fasse, zerquetsche ich sie. Da fließen und sickern, ich weiß nicht von wo und aus wie vielen Quellen und Kanälen Vorstellungen, Bilder und Ideen. Gefühlsfäden begleiten sie, Wahrnehmungen senken sich ein. Und von Zeit zu Zeit bilden sich Wirbel, Willensantriebe stoßen durch, und wie über einem finsteren, unruhigen Meer zuckt ruckweise das Licht eines Leuchtturms, das Bewußtsein. (37)

Am stärksten wird das Gefühl des unbeherrschbaren, aber über das Ich hinausschießenden Reichtums in der Selbsterfahrung der Kreativität, in der schöpferischen Erzeugung von Schönheit (80) und Idealität. In dieser schöpferischen Selbsterfahrung, ebenso aber in der Fähigkeit, den eigenen Trieben und Instinkten zu widerstehen (138), wurzele schließlich das Selbstgefühl der Personalität.

Bis zu diesem Punkt ist im engeren Sinn der Gedankengang des Älteren nicht religiös zu nennen. An vielen Stellen entspricht er vielmehr philosophischen Überlegungen, wie sie auch von Phänomenologen und Pragmatisten, Lebensphilosophen und Vertretern der philosophischen Anthropologie vorgetragen wurden. Es bedürfte einer genauen Forschung zu Döblins Lektüren, um direkte Bezüge und Einflüsse zu rekonstruieren und abzuwägen, was in Kontinuität mit Döblins philosophischen Neigungen vor der Konversion stand und was auf seine neuerliche Beschäftigung mit der mittelalterlichen christlichen Philosophie zurückgeht. Der Tonfall ist oft derselbe wie in der Zeit, in der Döblin naturphilosophische Spekulationen betrieb. Aber jetzt bricht diese Kontinuität an dem Punkt, an dem eine positiv gewertete Personalität des Menschen mit einem personalen Gottesverständnis in Beziehung gebracht wird. Lange Zeit war in dem Gespräch nicht von »Schöpfung« die Rede, sondern vom »Urgrund«, um jede heimliche Bezugnahme auf einen Glaubensinhalt des Judentums oder Christentums zu vermeiden. Aber an einem gewissen Punkt läßt sich die Frage nicht mehr umgehen: Wenn die bisherigen Schritte, die vom Älteren durchaus als stringente Folge präsentiert werden, durchlaufen sind, soll dann dieser »Urgrund« aller Existenzen als eine »bloße Abstraktion« stehenbleiben oder einfach als »die durchgehende Ordnung und Gesetzmäßigkeit der Welt« (157) – oder sollen diesem Urgrund selbst Züge zugeschrieben werden, die wir aus der Selbsterfahrung unserer Personalität kennen? Der Ältere fühlt sich berechtigt, hier weiterzugehen: »Das ist nun ein ungeheures Wort, und es wird nicht angenehm in Ihren Ohren klingen: ›Der Urgrund ist Person.‹ Sie werden davor zurückschrecken, denn Sie werden den echtesten ›Anthropomorphismus‹ erblicken.« (157) Hier findet im Gespräch der Sprung in den Glauben statt, der allerdings kein Sprung in eine gedanklich nicht zu rechtfertigende Annahme sein soll.

Unmittelbar vor der Einführung des Person-Begriffs und noch vor der Rechtfertigung der Idee, den »Urgrund« selbst als Person zu deuten, schlägt das Gespräch eine unerwartete Richtung ein. Der Ältere entwickelt nämlich, anknüpfend an den Paradies-Mythos des biblischen Schöpfungsberichts und an das Auftauchen von »Engelmenschen« im Buch Genesis, die Idee einer ursprünglichen Idealform des Menschen. Poetisch wird eine menschliche Lebensform imaginiert, in der die Menschen ihre »Offenheit gegenüber dem Urgrund, den ungebrochenen Zusammenhang mit ihm« (138) noch nicht verloren hatten, so daß ihnen Vernunft und freier Wille im Rahmen einer harmonischen Schöpfung zur Verfügung standen und nicht nur wie später als »eine dürftige, schmale, lichtlose Vernunft und die Freiheit zu wählen, aber man weiß nicht was« (147). Diese Vision von der Idealform des Menschlichen, die in allen späteren Zeitaltern und im Innern jedes Menschen nachklingt, wird von Döblin ganz offensichtlich als Zentrum des ersten Religionsgesprächs gedacht; anders ist nicht zu erklären, wie es zu dem Titel »Der unsterbliche Mensch« kam. Wäre nicht ein Religionsgespräch unter dem Titel »Der sterbliche Mensch« denkbar gewesen, in dem dann der gläubige Partner die christliche Hoffnung auf Auferstehung artikuliert?

Lassen wir die Frage nach dem Status dieser Vision von ursprünglicher Idealität noch für einen Moment dahingestellt. Nur so viel sei bemerkt, daß sie nicht im Sinne des Kreationismus protestantischer Fundamentalisten oder radikaler katholischer Antimodernisten mißverstanden werden darf. Döblin kritisiert mit ihr darwinistische Erklärungen und eine evolutionäre Anthropologie nur insofern, als er ihnen vorwirft, von der Unwahrscheinlichkeit der Entstehung menschlicher Personalität abzulenken. Das aber ist ein Argument, das mit der Wendung zum Verständnis des Wunderbaren an der eigenen Existenz oder der anderer Lebewesen verwandt ist. Im weiteren Verlauf des Gesprächs wird aus der Vision von der Idealform des Menschlichen die Messiashoffnung der Juden abgeleitet und daraus die diese Hoffnung zugleich erfüllende und – hinsichtlich einer irdischen Erlösungserwartung – widerlegende Gestalt des Gottessohnes gewonnen.

Gleich wieder stellt sich im Gespräch aber die Herausforderung, nach dem zu fragen, was sich denn nun irdisch durch das Kommen des Erlösers geändert habe. Der Ältere erinnert dabei an einen Religionsdisput im Jahr 1263, als im mittelalterlichen Spanien der Rabbi Mose ben Nachman gegenüber seinem Kontrahenten, einem Dominikaner, vortrug, »daß nichts im Zustand der Welt darauf schließen lasse, daß ein Messias erschienen wäre« (240). Das führt zu der Frage, ob es denn wirklich nachweislich ein positives Erbe der Christenheit gibt. Obwohl schon am Ende des ersten Religionsgesprächs Überlegungen zum Wesen des Glaubens und zur Entstehung der Kirche stehen, ist es vor allem das zweite Buch, das hier eine Vertiefung erreicht.

Der Kampf mit dem Engel

Dieses Buch (*Der Kampf mit dem Engel*), etwa zehn Jahre später verfaßt, setzt das Gespräch im selben Zeitabstand fort. Wieder ergreift der Jüngere die Initiative. Briefe hatte der Ältere unbeantwortet gelassen; erst jetzt ist der Ältere, vom Alter geschwächt, bereit, den Jüngeren wieder bei sich aufzunehmen und längere Gespräche, weniger Diskussionen, mit ihm zu führen. Das Motiv des Jüngeren ist nicht, wie man erwarten könnte, ein Rückfall in Zweifel und Unsicherheit, nachdem er am Ende des ersten Buches einen Weg zum christlichen Glauben gefunden hatte. Es ist vielmehr ein Leiden an der extremen Herausforderung, die im Christentum steckt. Das Christentum habe ihn wach gemacht, aber jetzt finde er keine Ruhe mehr, da ihn sein Gewissen zu ständiger radikaler Selbstprüfung zwinge und ihn verängstige. Wenn sich durch Christus die Welt nicht entscheidend verändert habe und wenn die meisten Christen stolz auf sich und ihre Gerechtigkeit seien wie der Pharisäer in der Synagoge, voller positivem Selbstgefühl, weil sie nicht sind wie die Sünder (287), wozu ist Christus dann gekommen? (286) Ist dann die einzige Folge, daß diejenigen verzweifeln, die seine unrealisierbare Moral ernst nehmen? Ist dann das Christentum eine Krankheit? Muß ein Christ krank sein? (285)

Hier erreichen die Äußerungen des Jüngeren eine Schärfe, die an Kierkegaard erinnert, eine Radikalität, die politische Veränderungen nicht ablehnt, sondern zu übertreffen trachtet:

> Da soll man mir nicht mit kleiner Wohltätigkeit, Sozialreform oder blutigem Bürgerkrieg und Klassenkampf kommen. Diese Revolutionen genügen mir nicht, sie greifen alle die echte Wirklichkeit nicht an [...]. Das kann allein die Lehre Christi. Wer geht daran, den Sumpf dieser friedlichen, in Stumpfheit und Haß versunkenen Gesellschaft auszutrocknen. (288)

Aus dieser Radikalität des Jüngeren entspringt auch immer wieder ein Motiv zum Abbruch der »Bibelstunde« (339), zu einer nietzscheanischen Entthronung der Zehn Gebote (344) und einer Rückkehr zum Heidentum mit seinen »schamlosen Göttern« (350). Der Hauptstrom des zweiten Buches ist aber doch die Schilderung einer gemeinsamen meditierenden Bibellektüre. Die Dramatik entsteht dann nicht mehr aus der Dynamik zwischen den Gesprächspartnern, sondern aus dem Lesestoff. Mehr und mehr gibt es, da der Ältere die Führungsrolle unbestritten einnimmt, Passagen, in denen der Jüngere als bloßer Stichwortgeber für die Deutungen des Älteren auftritt. Am Ende beginnen sich die beiden Partner zu duzen, feiern gemeinsam eucharistisch die Möglichkeit des Zusammenschlusses der Menschen im Abendmahl und stimmen einen gemeinsamen Lobgesang auf den dreieinigen Gott an.

Das zweite Buch hat als eines seiner Leitmotive den Kampf Jakobs mit dem Engel (Gen 32,25-32), das dazu dient, die Auseinandersetzung mit dem Glauben in ein Bild zu fassen. Schon im ersten Buch wird der Sinn des religiösen Glaubens vom unsicheren Erkennen des alltäglichen Sprachgebrauchs, »dieser armseligen Kategorie« (240), unterschieden. Obwohl Kampfmetaphern eine Rolle spielen, wäre es falsch, Döblin zu unterstellen, er habe im Glauben vor allem eine Unterdrückung von Einsichten der Vernunft gesehen. Der Ältere rät im Gegenteil gerade dazu, sich nicht auf Willentlichkeit zu versteifen:

> Wollen Sie für eine Weile gar nichts. Gehen Sie Ihres Wegs hin und tun Sie, was im Augenblick nottut. Glauben Sie doch nicht, Gott bestehe darauf, von uns in Begriffen gedacht zu werden, oder auch nur bewußt in unserem Gefühl zu sein. [...] Man braucht ihn, der immer da ist, nicht so zu bedrängen. Er bietet sich an. (247)

Nicht Zwang, sondern Hingabe ist deshalb der weise Rat. Der Kampf wird nur insofern ein Teil des Geschehens, als der Hingabe ein Widerstand entgegenwirkt, Angst oder eine Selbstfesselung der eigenen Gefühle und Erfahrungen. Aus dem Verständnis des Glaubens wird auch ein Verständnis der Gemeinschaft der Gläubigen entwickelt. Das Gebet, das Jesus Christus selbst die Jünger gelehrt hat, spreche nicht zufällig vom »Vater unser«, nicht vom »Vater mein«, denn: »Die Nöte der anderen, denen Du helfen mußt, rufen Dich auf und befreien Dich von Deinem Ich.« (595) Döblin kontrastiert die Kirche vor allem mit jeder Vorstellung, als ein bestimmter Staat, eine bestimmte Nation oder ein bestimmtes Volk in irgendeiner Weise über die anderen Menschen gestellt zu sein. In der Sozialform Kirche blitzt für Döblin ein konkreter Universalismus auf, aber er idealisiert auch die Kirche nicht, sondern erwähnt die Kreuzzüge und den christlichen Antijudaismus (562) als selbstwidersprüchliche Rückverwandlungen dieses konkreten Universalismus in eine partikularistische Ideologie: »[...] da kann man sich glücklich schätzen, nicht in der Haut dieser Juden zu stecken, die das taten, und also beweisen wir uns als rein und unschuldig, indem wir sie verfluchen und zum Beispiel das Heilige Grab erobern.« (562)

Wie gegenüber der Kirche werden immer wieder in die Bibellektüre hinein ganz selbständige Gerechtigkeitsfragen gestellt. Wieso nahm Gott eigentlich Kains Opfer nicht an? Warum liebte Gott die Ägypter nicht ebenfalls, sondern bereitete ihnen im Roten Meer ein grausiges Schicksal? Kann die Sintflut wirklich sein Wille gewesen sein? Widerspricht der Augenschein der Menschheitsgeschichte nicht doch jeder Idee göttlicher Planung und Fügung? Ist sie nicht doch »das Abenteuer einer Horde […], die sich von einer Tobsucht in die andere wälzt, hinfällt und wieder Kraft gewinnt, aber nur, um weiter zu torkeln, über die Skelette und Schädelhaufen, die ihr die Vergangenheit hinterließ« (388)?

Niemand sollte von Döblins Religionsgesprächen eine definitive oder gar autoritative Beantwortung all solcher Fragen erwarten. Die Stärke dieser Texte ist es eher, das eigene Denken der Leser in vielfältiger Weise anzuregen und Gewißheiten, religiöse und säkulare, zu erschüttern. Versucht man eine Charakterisierung von Döblins Vorgehen in den beiden Religionsgesprächen, dann fallen zwei Dinge auf: ein quasisystematisches philosophisches Vorgehen vor allem im ersten Buch, eine Distanz zur historischen Bibelkritik vor allem im zweiten und in beiden damit zusammenhängend die neomythologische Ausgestaltung der Idee vom »unsterblichen Menschen«.

Das philosophische Vorgehen, das sich vom ersten Buch abheben läßt, ist das einer schrittweisen Reflexion auf die Bedingungen der Möglichkeit glaubenskonstitutiver Erfahrungen. Bei aller Beschäftigung des späten Döblin mit dem Denken des Thomas von Aquin scheinen mir die Ähnlichkeiten eher oberflächlich, Döblins eigenes Denken vielmehr lebensphilosophisch geprägt. Wie muß der Kosmos beschaffen sein, wie muß die Natur des Menschen beschaffen sein, damit Menschen Gläubige sein können? Daß Menschen dies sind, kann als empirische Tatsache auch der schärfste Religionskritiker nicht leugnen. Sicher bleibt bei Döblin einerseits manches begrifflich vager als bei professionellen Philosophen oder Theologen. Andererseits kann er in größter Intensität Erfahrungen schildern, für die zwar Begriffe wie »Selbsttranszendenz« zur Verfügung stehen, die aber dürr wirken im Vergleich mit solcher Beschreibung:

> Manchmal aber tritt Schönheit dynamisch auf, und von ihr kann Schrecken und Verwirrung ausgehen. Das Individuum wird quasi aus seinen Kugellagern geworfen, in denen es bequem ruhte und sich bewegte. Es gibt die Schönheit, dem anderen Geschlecht verliehen, welche Sturm läutet und als Gewalt auftritt. Sie drängt die Wesen, sich der Schönheit zu nähern und sich in ihr aufzugeben, mit ihr zu verschmelzen. (80)

Ähnlich verhält es sich mit den Schilderungen des Genusses alltäglicher Lebensvollzüge oder der über alles erfahrene Gute hinausschießenden Idealbildung.

Weil Döblin so ein Naturverständnis verteidigt, das dem spezifisch Menschlichen gerecht zu werden versucht, sieht er sich als Gegner jedes »Naturalismus«. Spöttisch weist er die Pseudolösung der Probleme der Anthropologie durch die Vorstellung zurück, das Gehirn sei verantwortlich für die Symbol- und Handlungswelt der Menschen (27f.). Döblins Abgrenzung von diesem Naturalismus ist freilich so schroff, daß ihm nicht nur die denkerischen Möglichkeiten eines nichtreduktionistischen Naturalismus entgehen,[11] sondern er auch selbst darauf verzichten muß, die für seine Sicht des Menschen zentralen Begriffe wie »Freiheit«, »Wille« und »Vernunft« wirklich in der Körperlichkeit des Menschen zu verankern und sie nicht einfach als substantielle Wesenheiten eigener Art zu behandeln.

Was die Bibellektüre betrifft, die vor allem das zweite Buch weitgehend ausmacht, stellt sich die Frage nach Döblins Stellung im Spannungsfeld von meditierendem und historisierendem Umgang mit den Texten. Der Nachweis von Widersprü-

---

11 Im Anschluß an Wilhelm von Humboldt, Wilhelm Dilthey, George Herbert Mead und zeitgenössische Autoren exemplarisch dazu: Matthias Jung, *Der bewußte Ausdruck. Anthropologie der Artikulation*, Berlin 2009.

chen etwa zwischen den Evangelien, der nachträglichen Redaktion und Attribution der prophetischen Bücher, der Fiktion historischer Ereignisse in den chronikartigen Teilen, der irritierenden Entsprechungen zu anderen religiösen Traditionen – all das mußte auf ein wörtliches Verständnis der Bibel als »Wort Gottes« erschütternd wirken. Bis in unsere Tage gibt es einerseits, etwa im sogenannten protestantischen Fundamentalismus, deshalb vehementen Widerstand gegen jede solche Historisierung. Andererseits haben schon bedeutende Theologen um 1900, etwa Ernst Troeltsch, diese Historisierung nicht als Gefährdung des Glaubens, sondern als Chance zur Neuaneignung unter den Bedingungen eines modernen, von Naturalismus *und* Historismus geprägten Bewußtseins erkannt. Döblins Religionsgespräche enthalten mehrere entschiedene Distanzierungen von der historisierenden Annäherung (etwa 293f.). Der Ältere will verhindern, daß die Nachgeborenen auf die Bibel herabsehen, weil ihre naturwissenschaftlichen, historischen oder philosophischen Kenntnisse ihre Überlegenheit zu verbürgen scheinen (296). Der meditativen Lektüre geht es ja darum, an die Überlegenheit dieses Buches über die eigene Weisheit erst einmal heranzuführen. Diese Überlegenheit aber liegt in der Intensität und Größe der Gotteserfahrung, die sich in der Bibel niedergeschlagen hat. Immer wieder historisieren die Gesprächspartner selbst den Text, wenn er ihnen anders nicht einleuchtet, etwa bei der Beschäftigung mit den ägyptischen Zauberern (427ff.). Immer wieder betont der Ältere auch, daß sein Umgang mit der Bibel nichts mit einer Verketzerung von Vernunft, Wissenschaft und Technik zu tun habe (361, 588), sondern der Freilegung einer anderen Umgangsform des Menschen mit der Welt diene – wie der Umgang mit dem Wald den Menschen öffnen könne (291f.), wenn er diesen nicht einfach als Holzreservoir behandelt.

Die breite Ausmalung des Paradies-Mythos im ersten Religionsgespräch erhebt auch nicht den Anspruch, wie schon erwähnt, eine naturwissenschaftliche Tatsache zu behaupten. »Man wird nach dem ›Garten Eden‹ […] auf der heutigen Erde vergeblich graben« (359). Es wäre aber auch falsch, in Döblins Ausschmückung eines biblischen Mythos eine generelle Zuwendung zum Mythos zu sehen. Ganz im Gegenteil kritisierte Döblin »Mythomanie« bei gegenwärtigen Schriftstellern als »verbreitetes Leiden«.[12] In ihr sah er ein Ausweichen vor dem Christentum: »Man geht auf Krücken, weil man sich den Gebrauch der Beine verbietet.« Das Christentum stellt für ihn nicht einen Mythos unter vielen anderen dar, dessen man sich ebenso bedienen könne wie der anderen, sondern die Wahrheit, der die anderen Mythen sich nur annähern. Häufig zieht Döblin antikgriechische Göttermythen spöttisch als Kontrast heran, etwa den Ehebrecher Zeus in der Amphitryon-Sage gegenüber Mariä Verkündigung.

Die Döblin-Forschung hat vielfältig darüber spekuliert, auf wen Döblin in dieser Denkbewegung zurückgreifen konnte und zurückgegriffen hat. Von Origenes über Pascal und Franz von Baader bis zu Teilhard de Chardin werden Lektüren und Quellen Döblins vermutet und behauptet. Hinzuzufügen wäre sicher eines der wirkmächtigsten Bücher katholischer Apologetik im zwanzigsten Jahrhundert (zumindest in der englischsprachigen Welt), nämlich Gilbert Keith Chestertons Buch von 1925, *The Everlasting Man*, ein Gegenentwurf zu H. G. Wells' breite Leserkreise erreichender säkularistischer Geschichtsphilosophie und zum Religionsverständnis der akademischen Disziplin Vergleichende Religionswissenschaft. Dieses Buch des Konvertiten Chesterton hat in seiner 1930 erschienenen deutschen Übersetzung[13] auffallenderweise denselben Titel, den Döblin für sein erstes Religionsgespräch wählte: »Der unsterbliche Mensch«. Es

---

12 Döblin, »Fragen, Antworten und Fragen« [1950], zit. n. Kiesel, *Literarische Trauerarbeit*, S. 311.
13 Gilbert Keith Chesterton, *Der unsterbliche Mensch*, Bremen 1930 (revidierte und erweiterte Neuausgabe Bonn 2011). Das umfangreiche, die Neuausgabe begleitende Nachwort von Matthias Marx zur Rezeption und Wirkungsgeschichte von Chestertons Buch (ebd., S. 285-315) erwähnt Döblin nicht.

weist aber weit über diese Gemeinsamkeit hinaus auch inhaltlich verblüffende Parallelen auf. Chesterton wehrt sich vehement dagegen, die Spezifika des Menschlichen als nur graduell verschieden von den Tieren und als stufenförmig entstehend aufzufassen. Schon der »Höhlenmensch« sei durch Zeichnungen aufgefallen und habe über »Kunst« und »Religion« verfügt.[14] Menschheitsgeschichtlich sei einem ursprünglichen Monotheismus eine Entzweiung von Göttlichem und Himmlischem gefolgt. Insgesamt seien die Folgerungen aus der Auffassung, daß der Mensch ein Tier sei, weit unmöglicher, »als wenn wir ihn als einen Engel behandeln würden«.[15] Hier ist nicht der Ort, um solchen Entsprechungen im Detail nachzugehen.

Wichtiger als die Frage, ob Döblin dieses Buch kannte und sich an ihm orientierte, ist aus meiner Sicht, daß Chestertons Buch Teil einer breiteren Strömung war, die sich bemühte, der Entmythologisierung des Christentums eine Kräftigung seines Wahrheitsanspruchs entgegenzusetzen. Diese Kräftigung galt gerade auch dem Status des Mythischen – ja, sie zielte sogar auf die Hervorbringung neuer mythischer Ausdrucksformen. In der Aufnahme der Schriften Chestertons bei C. S. Lewis, dessen *Narnia* zu den großen christlichen Kinderbüchern gehört, und vor allem im weltweiten Erfolg der Bücher J. R. R. Tolkiens wird diese Dimension von Chestertons Wirkungsgeschichte häufig übersehen. Döblins Mythos vom unsterblichen Menschen gehört, wenn sich der Zusammenhang seines Religionsgesprächs mit Chesterton belegen läßt, in die Nähe solcher Bemühungen.

---

14 Ebd., S. 19-36.
15 Ebd., S. 187.

Eine neue Sprache für das Christentum?

In seinem autobiographischen Werk *Schicksalsreise* hat Alfred Döblin die Motive zur Abfassung des ersten Religionsgesprächs klar formuliert. An erster Stelle stand die genauere persönliche Aneignung des Christentums nach der Konversion:

> [...] um es ganz zu meinem Besitz zu machen, mußte ich es vor mich stellen und in meine Sprache übersetzen. [...] Der Eintritt in meine Sätze, in meine Sprache würde die Probe sein, und indem die Gedanken in meine Sätze eingingen, würden sie noch stärker und fester in mich eindringen.[16]

Beim Schreiben aber habe sich ihm noch eine zweite Aufgabe gestellt:

> Mein Weg konnte nicht nur meiner sein. Bestimmt war er auch der Weg vieler anderer. Ich war nicht nur Schriftsteller, um mich selber aufzuklären, ich hatte auch die Pflicht zu sprechen. [...] Klar war mir, daß ich eine gute, aber sehr gefährliche Position bezogen hatte. Ich sah die Argumente gegen mich, gegen meine Gedanken und meine Haltung voraus.[17]

Eine neue Sprache für das Christentum zu finden, nachdem die alte auf taube Ohren stößt – das ist Döblins »gute«, aber »gefährliche« Unternehmung. Ob ihm dies gelungen ist, wird sehr unterschiedlich beurteilt. Die evangelische Theologin Dorothee Sölle etwa hat in ihrer breiten und anregenden Auseinandersetzung mit Döblin überraschenderweise davon gesprochen, daß er anders als in seinen literarischen Arbeiten in *Der unsterbliche Mensch* »in religiösen Klischees« steckengeblieben sei und eine »Flucht in die traditionalistische Sprache« angetreten habe.[18]

---

16 Alfred Döblin, *Schicksalsreise. Bericht und Bekenntnis*, in: ders., *Autobiographische Schriften und letzte Aufzeichnungen*, Olten 1980, S. 103-426, hier S. 355 f. Die Lektüre dieser Schrift Döblins stellt eine wichtige Ergänzung zur Beschäftigung mit den Religionsgesprächen dar.
17 Ebd., S. 356.
18 Dorothee Sölle, *Realisation. Studien zum Verhältnis von Theologie und*

Diese Formulierungen sind für mich nicht nachvollziehbar. Sölle erwähnt die Reaktion eines Berliner Journalisten auf eine Rede Döblins 1948 im Charlottenburger Schloß: Man habe dieses oder ähnliches so oft gehört, und es werde »nicht besser dadurch, daß ein berühmter Schriftsteller und seltener Gast« es vorbringe. Obwohl ihre Quelle dafür Döblins *Schicksalsreise* ist, erwähnt sie nicht Döblins dort wiedergegebene Entgegnung: »Sie haben es nie gehört. Und wenn sie es mit ihren Ohren gehört haben, so haben sie es nie verstanden, und weil sie nicht wollen, werden sie es auch niemals verstehen.«[19] Auch der authentischste Versuch zu einer neuen Sprache ist auf die Aufnahmebereitschaft der Zuhörer angewiesen, und diese kann verweigert werden. Ganz anders als bei Sölle war die Einschätzung des Rezensenten der *Süddeutschen Zeitung* kurz nach der Veröffentlichung von *Der unsterbliche Mensch*. In einer brillanten Besprechung formulierte Wilhelm Hausenstein damals, was sicher auch heute viele so empfinden: »[...] in Döblins Buch ist christliche Argumentation auf eine ganz und gar *originale*, insofern also auch *neue* Weise *ausgesprochen*. [...] Da eine ungemeine personale Stärke der definierenden Sprachkunst im dogmatischen Bereich hinzukommt, gewinnt das Buch die Fülle aktualisierender Wirkung – eine eigentümlich radikale missionarische Gewalt.«[20]

Die Suche nach einer neuen Sprache spielt sich immer in einem bestimmten historischen Umfeld ab; sie wird um so dringlicher, je radikaler verändert dieses ist. Alfred Döblin, der die Gewaltgeschichte des zwanzigsten Jahrhunderts so sehr miterlebt und durchlitten hat, läßt keinen Zweifel daran, um wel-

---

Dichtung nach der Aufklärung, Darmstadt, Neuwied 1973, S. 344 bzw. S. 343.
19 Döblin, *Schicksalsreise*, S. 410.
20 Ursprünglich erschienen in der *Süddeutschen Zeitung* vom 1.2.1947, wiederabgedruckt in: Ingrid Schuster, Ingrid Bode (Hg.), *Alfred Döblin im Spiegel der zeitgenössischen Kritik*, Bern, München 1973, S. 390-393, hier S. 391.

che historische Lage es ihm geht: das Christentum nach der Machtübernahme des Nationalsozialismus. Als der Jüngere ganz zu Beginn der Gespräche dem Älteren vorwirft, sich atavistischen Gefühlen hinzugeben, kontert dieser, daß er seinen Glauben gerade auch deshalb öffentlich vertrete, »um mit Einsicht, mit Klarheit und Schärfe den Feind zu attackieren« (13): »[...] ich würde mich gewiß eines unverzeihlichen Verbrechens schuldig machen, wenn ich [...] mich nicht wie bisher mit allen Mitteln, über die ich verfüge, den Verderbern, Brandstiftern und Dunkelmännern entgegenwerfen würde« (12). Während der religionslose Jüngere noch »das neue Rußland, unter Führung des Marxisten Lenin« (18) »als erstes Beispiel für die Anwendung der Vernunft« preist, sieht der Ältere in einer Erneuerung des Glaubens eine wichtige Stärkung des Widerstands gegen alle Diktaturen. Der Jüngere weitet den Blick über die europäische Gewaltgeschichte hinaus auf »die beispiellosen Leiden der schwarzen Völker, über die in früheren Jahrhunderten die weißen Eroberer fielen«, um sie zu versklaven. Bitterste Äußerungen werden dem Jüngeren in den Mund gelegt, so von der Gegenwart, in die wir »hineinverflucht« (89) sind, und von der Erde, die zum Glück nicht größer ist, weil sonst die Menschen noch mehr Gelegenheit hätten, einander Böses anzutun (62). Die Konzentrationslager (93) und die »unerhörten Grausamkeiten« an »Millionen unschuldiger Menschen« (389) kommen vor, gipfelnd in der Erklärung des Jüngeren, die Tyrannei in Deutschland sei ein »Bankrott des Christentums« (178). Für den Älteren, der die Indifferenz der bürgerlichen Schichten, ihre Rolle als »heuchlerische Nutznießer und Mitschuldige« (274) nicht bestreitet, holte der Rassenwahn der Nazis seine Argumente dagegen gerade umgekehrt »aus dem Naturalismus, dem wir anhingen« (ebd). Die neue Sprache, die Döblin für das Christentum sucht, ist die Sprache für ein Christentum, das durch die Erfahrungen des Totalitarismus des zwanzigsten Jahrhunderts hindurchgegangen ist – die Erfahrungen der Unterdrückung und der Verführung durch diese. Es geht um ein *posttotalitäres Christentum*.

Das zweite Religionsgespräch endet mit einer Anspielung auf neue Kriegsgefahr. Es wurde geschrieben, als in der Bundesrepublik Deutschland Anfang der 1950er Jahre zu Döblins Entsetzen über die Wiederaufrüstung diskutiert wurde. Döblins christlicher Glaube ließ sich nicht einer politischen Richtung zuordnen, die das Christliche für sich in Anspruch nahm. Die Geschichte der Säkularisierung ist für ihn auch eine Schuldgeschichte der Christen. Wenn die Kirchen es mit den Reichen und Machthabern halten, lesen wir (275), dürfen sie sich nicht wundern, wenn Volk und Intellektuelle den Glauben verlieren. Der Jüngere schließt daraus: »Die Vergangenheit des Christentums steht leider seiner Zukunft im Wege« (276). Dem hält der Ältere entgegen, daß die Religion »durch keine Vergangenheit widerlegt [wird], denn sie ist immer Gegenwart und Zukunft« (ebd.). Sie allein sei »imstande, gegen Wirtschafts-, Rassen-, und Nationalitätswahn zu immunisieren« (275). Dieser Satz hat seine Aktualität nicht verloren. Natürlich meint Döblin nicht einfach Religion als solche. Seine Religionsgespräche entwickeln vielmehr ein anspruchsvolles Verständnis dessen, was Religion in einem universalistischen Sinn bedeuten kann. Wenn sie dies bedeutet, dann stellt sie den entscheidenden Bruch dar mit jeder Selbstsakralisierung eines Staates oder Volkes, aber auch – überhören wir dies nicht – mit der Selbstsakralisierung wirtschaftlicher Systeme, an die nur alternativlose Anpassung möglich sein soll.[21]

---

[21] Ausführlich zu den Gefahren der kollektiven Selbstsakralisierung: Hans Joas, *Die Macht des Heiligen. Eine Alternative zur Geschichte von der Entzauberung*, Berlin 2017, S. 419-488.

4
Die Kontingenz der Säkularisierung: Reinhart Kosellecks Geschichtstheorie

Bei der Untersuchung der Frage nach den Säkularisierungstendenzen der Gegenwart und noch mehr bei der Erörterung der Zusammenhänge von »Säkularisierung« und »Modernisierung« stoßen die empirischen Sozialwissenschaften an ihre Grenzen. Zwar ist das von ihnen methodisch erhobene Wissen etwa zu den Mitgliederzahlen religiöser Gemeinschaften, zur Verbreitung religiöser Einstellungen oder zur Häufigkeit religiöser Praktiken völlig unverzichtbar. Initiativen, an die Stelle des Flickenteppichs von Einzelerhebungen eine international vergleichende Religionsberichterstattung zu setzen, sind deshalb äußerst begrüßenswert.[1] Ebenso unverzichtbar ist es, dieses Wissen über Religion in Verbindung zu bringen mit Indikatoren für andere gesellschaftliche Entwicklungen, etwa für »Modernisierung«, sobald nicht nur erfaßt werden soll, wie die Lage zu einem bestimmten Zeitpunkt aussieht, sondern auch, welche Veränderungen festzustellen sind und wie diese verursacht werden.

An ihre Grenzen stößt diese Forschung aber, weil sie dabei mit zwei Fragen konfrontiert wird, für die sie schlecht gerüstet ist. Zum einen zeigt sich bei jeder ernsthaften Selbstreflexion rasch, daß es sehr schwierig ist, auf dem Gebiet der Religionsforschung empirische Aussagen zu machen, die nicht von spezifischen religiösen (oder antireligiösen) Hintergrundannahmen geprägt sind. Oft werden aus einer Tradition, meistens der christlichen, Vorstellungen zu Praktiken und Organisationsfor-

---

1 Gemeint ist der *Bertelsmann Religionsmonitor 2008* (Gütersloh 2007). Vgl. dazu auch meine kritische Diskussion: Hans Joas, »Religion heute. Die USA als Trendsetter für Europa?«, ebd., S. 179-185, v. a. S. 181-183.

men gewonnen, die sich dann bei der Anwendung auf andere religiöse Traditionen verzerrend auswirken. Oder es gehen schon in die Definition dessen, was Religion sei, unbemerkt Annahmen ein – etwa ein Bezug zu »Transzendenz« –, die nur für bestimmte Religionen zutreffen. Jenseits einseitiger Vorstellungen von Religionen stellt sich dann auch noch die Frage, wie unbemerkt einfließende säkularistische Annahmen über Religion und Religionsentwicklung methodisch kontrolliert werden können.

Nun mag es so scheinen, als sei diesem Problem schlicht durch klare Definitionen der verwendeten Begriffe abzuhelfen. Zwar mag es zutreffen, daß der Begriff »Säkularisierung« in verwirrender Vielfalt gebraucht werde und es auch um den Begriff »Modernisierung« leider nicht besser stehe. Aber das müsse ja nicht so bleiben, und zumindest der jeweilige Verfasser einer Schrift könne ja seine Begriffsverwendung eindeutig fest- und offenlegen. Schon Nietzsche hat aber den tiefsinnigen Gedanken geäußert, daß nur Begriffe, die keine Geschichte haben, durch Definitionen eindeutig festzulegen seien.[2] Jede ernsthafte definitorische Arbeit, die sich Hoffnung macht, Gehör zu finden, muß das Begriffsfeld als Ganzes in den Blick nehmen und auf die Geschichte des Begriffs selbst ihre Aufmerksamkeit legen. Sonst kann sie die Vielfalt der Begriffsdeutungen nur als Konfusion erfahren und keine Ordnung in das Begriffsfeld bringen. Die mangelnde Übung in Begriffsgeschichte stellt somit die zweite Grenze dar, auf die die empirische Forschung hier und anderenorts stößt.

Die Begriffsgeschichte erweist sich in dieser Perspektive nicht als ein Betätigungsfeld esoterischer Ideenhistoriker, das für die Praxis der empirischen Sozialwissenschaften ohne Bedeutung ist. Im Gegenteil: Begriffe wie »Säkularisierung« und »Modernisierung« sind weder wertneutral noch durch Definitionsakte

---

2 Friedrich Nietzsche, *Zur Genealogie der Moral*, in: ders., *Werke*, Bd. 2, München 1969, S. 761-900, hier S. 820.

festlegbar. Sie stecken voller geschichtlicher oder gar geschichtsphilosophischer Annahmen. Diese zu erkennen ist gerade dann von höchster Aktualität, wenn in dem Begriffsfeld ständige Innovationen stattfinden. Man muß nur an die von Peter Berger angestoßene Debatte über eine »Desäkularisierung der Welt« oder die sich im Anschluß an eine Rede von Jürgen Habermas entwickelnde Auseinandersetzung über »Postsäkularisierung« in diesem Bereich denken, um zu sehen, daß dies auf dem Gebiet der Religionstheorie und -diagnose besonders ausgeprägt der Fall ist.[3]

Nun soll es in diesem Kapitel allerdings nicht um die Ergebnisse der zum Glück vorhandenen begriffsgeschichtlichen Forschung zu »Säkularisierung« gehen. Hermann Lübbe, Hermann Zabel und Giacomo Marramao haben dabei schon vor längerem Wesentliches geleistet.[4] Ich will vielmehr die Reflexionsspirale noch weiterdrehen und, bei allergrößtem Respekt für das begriffsgeschichtliche Projekt, danach fragen, ob in dieses selbst ebenfalls spezifische religiöse oder säkularistische Prämissen unreflektiert eingegangen sind. Auch die begriffsgeschichtliche Forschung selbst ist ja nicht frei von Voreinstellungen. Diese Frage soll an das Lebenswerk desjenigen Historikers gerichtet werden, der wie kein anderer – zumindest im deutschen

---

3 Peter Berger (Hg.), *The Desecularization of the World. Resurgent Religion and World Politics*, Grand Rapids 1999; Jürgen Habermas, *Glauben und Wissen*, Frankfurt/M. 2001. Dazu meine Kritiken in: Hans Joas, *Braucht der Mensch Religion? Über Erfahrungen der Selbsttranszendenz*, Freiburg 2004, S. 32-49 und S. 122-128.

4 Hermann Lübbe, *Säkularisierung. Geschichte eines ideenpolitischen Begriffs*, Freiburg 1975; Werner Conze, Hermann Zabel, »Säkularisation, Säkularisierung«, in: Otto Brunner, Werner Conze, Reinhart Koselleck (Hg.), *Geschichtliche Grundbegriffe. Historisches Lexikon zur politisch-sozialen Sprache in Deutschland*, Bd. V, Stuttgart 1984, S. 789-829; Giacomo Marramao, »Säkularisierung«, in: Joachim Ritter, Karlfried Gründer (Hg.), *Historisches Wörterbuch der Philosophie*, Bd. VIII, Basel 1992, Sp. 1133-1161; Giacomo Marramao, *Die Säkularisierung der westlichen Welt*, Frankfurt/M. 1996.

Sprachraum – intellektuell und organisatorisch die begriffsgeschichtliche Forschung betrieb. Die Fragestellung richtet sich also auf Reinhart Kosellecks (1923-2006) explizite und implizite Sicht der Säkularisierung und auf ihre Folgen für das Projekt der Begriffsgeschichte insgesamt.

Wie schon erwähnt, sind die eigentlichen umfangreichen begriffsgeschichtlichen Arbeiten auf diesem Gebiet nicht von Koselleck selbst durchgeführt worden. Wo er sich äußert, ist er von den Ergebnissen der Arbeiten anderer deshalb zunächst einmal völlig abhängig. Eines der Ergebnisse dieser Forschungen, die Tatsache nämlich, daß die große Bedeutungsausweitung des Säkularisierungsbegriffs von einer rechtlichen Bezeichnung für den Statuswechsel von Geistlichen oder die Enteignung von Kirchenbesitz zu einem Stichwort allgemeiner Kulturdiagnostik sich ab 1800 abgespielt hat, hätte Koselleck leicht als Bestätigung seiner allgemeinen Thesen über die Bedeutung dieser historischen Phase (»Sattelzeit«) werten können. Die von den Begriffshistorikern selbst nicht übernommene Aufgabe, die Säkularisation von 1803 mit ihrer intellektuellen Vorgeschichte näher zusammenzubringen, hat Koselleck sich ebenfalls nicht gestellt.[5] Die einzige explizit dem Thema der Säkularisierung gewidmete Studie Kosellecks ist von ganz anderer Art.[6] Es wird sich allerdings zeigen, daß sie für die Frage nach religiösen Präsuppositionen des begriffsgeschichtlichen Unternehmens von höchstem Interesse ist.

---

5 Vgl. dazu Hartmut Lehmann, »Die Entscheidung des Jahres 1803 und das Verhältnis von Säkularisation, Säkularisierung und Säkularismus«, in: ders. (Hg.), *Säkularisierung. Der europäische Sonderweg in Sachen Religion*, Göttingen 2005, S. 70-85; Ulrich Ruh, *Säkularisierung als Interpretationskategorie*, Freiburg 1980.

6 Reinhart Koselleck, »Zeitverkürzung und Beschleunigung. Eine Studie zur Säkularisierung«, in: ders., *Zeitschichten. Studien zur Historik*, Frankfurt/M. 2000, S. 177-202.

Säkularisierung und Beschleunigung

Kosellecks Ausgangspunkt in dieser Studie ist die Beobachtung, daß zwischen frühchristlichen Vorstellungen über eine Beschleunigung der Zeit, wenn sich die Apokalypse abzeichnet, und den Vorstellungen über den technischen Fortschritt im Sinn einer zunehmenden Beschleunigung des gesellschaftlichen Lebens verstörende Ähnlichkeiten bestehen. Diese Beobachtung korrespondiert mit Motiven, die sich häufiger in Kosellecks Schriften finden. Zunächst aber ist es nötig, die Beobachtung selbst besser verständlich zu machen. Das ist im Fall der technikbezogenen Aussage nicht schwer. Es ist fast zu einer Trivialität geworden, eine Beschleunigung unseres Lebens auf moderne Kommunikations- und Transportmittel zurückzuführen, und die Erfahrung dieser Beschleunigung ist weit verbreitet.[7] Die Idee einer präapokalyptischen Beschleunigung der Zeit ist dagegen vielen Leuten heute nur schwer zugänglich. Koselleck konnte Belege für sie nicht nur im frühen Christentum finden, sondern bis hin in die Zeit der Reformation und auch in Luthers eigener Deutung der von ihm selbst ausgelösten dramatischen Verkettungen von Ereignissen als Anzeichen für ein bevorstehendes Ende der Zeit. Mir scheint ein vorstellungsmäßiger Zugang zu dieser Idee heute am leichtesten möglich, wenn wir uns die psychologischen Folgen eines erhöhten Bewußtseins unserer eigenen Endlichkeit vorstellen, etwa in hohem Alter oder bei der Konfrontation mit einer medizinischen Diagnose, die unsere Lebenserwartung drastisch einschränkt: Die Zeit scheint dann immer rascher zu vergehen; sie rast gewissermaßen unter ständiger Beschleunigung dem Ende zu. Unverkennbar bleibt ein wesentlicher Unterschied zwischen den beiden Formen von Beschleunigungserfahrung. Im Fall der apokalyptischen Erwar-

---

7 Am systematischsten analysiert in verschiedenen Schriften von Hartmut Rosa, z. B. in: ders., *Beschleunigung und Entfremdung. Entwurf einer kritischen Theorie spätmoderner Zeitlichkeit*, Berlin 2013.

tung ist der Gedanke, daß die Zeit selbst sich verkürzt; Gott selbst zieht die Zeit zusammen. Bei der Erfahrung moderner Technik wird eine unveränderte physikalische Zeit unterstellt. Das Gefühl der Beschleunigung besteht hier nur darin, daß die Handlungen der Menschen weniger Zeit »verbrauchen«.

Die Koselleck interessierende Frage war nun vor allem, ob man trotz dieses unverkennbaren Unterschieds davon sprechen kann, daß die moderne Sichtweise eine Säkularisierung der christlichen apokalyptischen darstelle. Seine Darlegungen müssen hier nicht im Detail nachgezeichnet werden. Die Schlußfolgerung, auf die es ankommt, lautet, daß die moderne Vorstellung nicht einfach eine Säkularisierung der alten christlichen sei. Für Koselleck beruht die moderne Sichtweise auf der Erfahrung der modernen Technik selbst. Dieses Ergebnis seiner Überlegungen befindet sich in Übereinstimmung mit seiner generellen – und meines Erachtens berechtigten – methodischen Haltung, Traditionen nicht als etwas zu betrachten, was sich gewissermaßen von selbst fortspinnt, sondern als etwas, was aktiv fortgesetzt und unter immer neuen Bedingungen neu angeeignet werden muß. Während damit einer bloß geistesgeschichtlichen Sichtweise ein Riegel vorgeschoben wird, ergab sich in vermittelter Weise für Koselleck doch ein Zusammenhang mit christlichen Denkvoraussetzungen und der Geschichte ihrer Säkularisierung. Die moderne Beschleunigungserfahrung spielte ja eine Rolle in der Herausbildung eines historisch-optimistischen Weltbilds, dem zufolge die Technik einen Fortschritt bringe, der Erlösungshoffnungen erfüllt. Für Koselleck konnten sich damit säkulare Erlösungshoffnungen an die Tatsache des technischen Fortschritts »ankristallisieren«.[8] In diesem Sinn aber könne ein technikzentriertes Fortschrittsverständnis doch als Säkularisierung christlicher Hoffnung bezeichnet werden. Er fügte hinzu, daß eben dadurch aber christliche Erlösungsvorstellungen zu einem bloßen Sekundärphänomen reduziert würden.

---

8 Koselleck, »Zeitverkürzung und Beschleunigung«, S. 194.

Dies ist nun eine höchst anregende Gedankenführung. Sie scheint mir allerdings unter einer Tendenz zur Überverallgemeinerung zu leiden. Wenn die entscheidende Dimension die moderne Erfahrung der Technik selbst ist, dann sind alle Deutungen dieser Erfahrung wichtig. Diese Deutungen waren und sind aber keineswegs immer optimistischer Art. Hinzu kommt, daß auch die optimistischen Deutungen immer wieder enttäuschende Erfahrungen mit den auf den technischen Fortschritt gerichteten Erlösungshoffnungen zu verarbeiten haben und diese Verarbeitung zwar die Hoffnungen auf weiteren Fortschritt möglicherweise bloß verschiebt, aber auch zum Bruch mit dem historischen Optimismus führen kann. In diesem Sinne wäre eine genaue Untersuchung des Wechselspiels von Technikerfahrung und religiöser Erfahrung und der entsprechenden Deutungssysteme nötig, bevor Verallgemeinerungen möglich sind.

Eine weitere problematische Überverallgemeinerung seines Befunds scheint mir Koselleck dort zu unterlaufen, wo er die Unterordnung der christlichen Erlösungshoffnung unter die optimistische Ideologie vom technischen Fortschritt als historische Tendenz behauptet. Diese Unterordnung dürfte ja nur dort stattgefunden haben, wo ein allgemeiner Prozeß der Säkularisierung im Sinn einer Schwächung religiöser Einstellungen stattfand. Dieser ist aber keineswegs universell. In den USA – um nur das bekannteste Beispiel einer religiös vitalen modernen Gesellschaft zu nehmen – kann sicher nicht von einer unilinearen Transformation von religiösen hin zu säkularen Weltbildern gesprochen werden. Die Untersuchung der Einbettung von Deutungen der modernen Technik in zeitgenössische religiöse Weltbilder wird damit zum Desiderat, von dem eine vorschnelle Säkularisierungsbehauptung nur ablenkt. Beschleunigung, die für Koselleck geradezu *das* zentrale Merkmal der Moderne darstellt, wird von ihm sogar als »nachchristliche« Kategorie bezeichnet – ohne jeden Versuch, die darin enthaltene Behauptung eines historischen Bruchs mit dem Christentum zu rechtfertigen.

Damit führt die Interpretation des einzigen Texts, in dem Koselleck explizit eine These zur Säkularisierung entwickelt, zu einem ambivalenten Befund. Zwar hütet der Autor sich vor einer simplen geistesgeschichtlichen Säkularisierungsargumentation, aber er scheint doch zu falschen Verallgemeinerungen eines umfassenden Säkularisierungsprozesses auf schmaler Evidenzbasis zu neigen.

Bevor nun die impliziten Annahmen über Säkularisierung in anderen Schriften Kosellecks untersucht werden, ist es angebracht, seine Denkweise kurz im Lichte zweier seiner akademischen Lehrer oder Mentoren zu betrachten, die zugleich zu den Schlüsselgestalten der Säkularisierungsdebatten im zwanzigsten Jahrhundert gehörten: Carl Schmitt und Karl Löwith. Zum Einfluß von Schmitt auf sein Werk hat Koselleck sich seit seiner Doktorarbeit immer dankbar bekannt. Es ist auch keine Frage, daß Schmitts Ansichten über die Herausbildung einer Sphäre politischen Handelns im absolutistischen Staat, die gegenüber den postreformatorischen, blutig ausgetragenen religiösen Konflikten neutralisiert ist, von konstitutiver Bedeutung für Kosellecks Doktorarbeit *Kritik und Krise* waren.[9] Carl Schmitts These, daß alle modernen politischen Begriffe säkularisierte theologische Begriffe seien, ist von Hans Blumenberg als »die stärkste Form des Säkularisierungstheorems« überhaupt bezeichnet worden.[10] Auch auf diese hat Koselleck sich immer wieder bezogen.[11] Beide Thesen Schmitts sind allerdings höchst

---

9 Carl Schmitt veröffentlichte auch eine kurze, äußerst positive Rezension: Carl Schmitt, »Rezension: Koselleck, *Kritik und Krise*«, in: *Das historisch-politische Buch* 7 (1959), S. 301f.
10 Hans Blumenberg, *Die Legitimität der Neuzeit* (erweiterte Ausgabe), Frankfurt/M. 1996, S. 102.
11 Zur detaillierten Erörterung des Verhältnisses von Koselleck zu Carl Schmitt vgl. Reinhard Mehring, »Begriffsgeschichte mit Carl Schmitt«, in: Hans Joas, Peter Vogt (Hg.), *Begriffene Geschichte. Beiträge zum Werk Reinhart Kosellecks*, Berlin 2011, S. 138-168. Die Auffassungen zu dieser Frage sind kontrovers. Zusätzlich zum direkten Einfluß ist hier auch der indirekte Einfluß, etwa durch die Wirkung Schmitts auf Otto Brunner und wiederum Brunners auf das Projekt der Begriffsgeschich-

problematisch. Der moderne Staat war keineswegs neutral gegenüber den Konfessionen,[12] und theologische Begriffe – wie etwa der der göttlichen Souveränität – haben im Gegensatz zu Schmitts Behauptung häufig selbst ihren Ursprung in der politischen Sprache der römischen Kaiserzeit.[13] Es ist hier nicht der Ort, diese Fragen genauer zu erörtern, da es ja nicht um Schmitt, sondern um Koselleck geht. Koselleck hat es lebenslang als höchst unfair empfunden, wenn – wie etwa von Jürgen Habermas in einer frühen Rezension[14] – sein Interesse an Schmitt als politische Nähe zu diesem ausgelegt wurde. Wie seine verständnisvolle Auseinandersetzung mit dem bedeutenden christlichen englischen Historiker Herbert Butterfield zeigt,[15] holte sich Ko-

---

te, zu berücksichtigen. Die Betonung eines solchen Einflusses findet sich bei James Van Horn Melton, »Otto Brunner und die ideologischen Ursprünge der Begriffsgeschichte«, in: ebd., S. 123-137, und bei Melvin Richter, *The History of Political and Social Concepts. A Critical Introduction*, Oxford 1995, S. 26 ff. Der Einfluß wird bestritten von Christof Dipper, »Die ›Geschichtlichen Grundbegriffe‹. Von der Begriffsgeschichte zur Theorie der historischen Zeiten«, in: Joas, Vogt (Hg.), *Begriffene Geschichte*, S. 288-316.

12 Eine ausgezeichnete Argumentation gegen Schmitt in dieser Hinsicht bietet Horst Dreier, »Kanonistik und Konfessionalisierung – Marksteine auf dem Weg zum Staat«, in: Georg Siebeck (Hg.), *Artibus ingenuis*, Tübingen 2001, S. 133-169. Zum Thema auch wichtig: José Casanova, »Das Problem der Religion und die Ängste der säkularen europäischen Demokratien«, in: ders., *Europas Angst vor der Religion*, Berlin 2009, S. 7-30. Zu Casanova siehe unten, Teil IV, Kap. 6.

13 Wilfried Nippel, »Krieg als Erscheinungsform der Feindschaft«, in: Reinhard Mehring (Hg.), *Carl Schmitt. Der Begriff des Politischen: Ein kooperativer Kommentar*, Berlin 2003, S. 61-70.

14 Jürgen Habermas, »Zur Kritik an der Geschichtsphilosophie« [1960], in: ders., *Kultur und Kritik*, Frankfurt/M. 1973, S. 355-364. Dieser Wiederabdruck der Rezension ist gegenüber der ursprünglichen Fassung gekürzt und entschärft. Diese war erschienen unter dem Obertitel: »Verrufener Fortschritt – Verkanntes Jahrhundert«, in: *Merkur* 14 (1960), S. 466-477.

15 Reinhart Koselleck, »Rezension: Herbert Butterfield, *Christianity, Diplomacy and War*«, in: *Archiv für Rechts- und Sozialphilosophie* 41 (1955), S. 591-595.

selleck die Artikulation seines eigenen politisch-moralischen Grundgefühls auch aus anderen Quellen. Bezogen auf Butterfield hebt er hervor, daß dieser, weil für ihn jeder Krieg eine Sünde sei, es aus christlichen Motiven vehement ablehnt,

> daß eine Partei allein das Recht monopolisieren kann. An der Sünde haben alle Menschen teil, auch die Gerechten. Werden die Rollen der Schuld und der Unschuld in selbstgewisser Weise verteilt, so handelt es sich um extreme Gewissenlosigkeit, um einen besonders hartnäckigen, pharisäischen Fall der Sünde, um den der puren Selbstgerechtigkeit. Die Folge ist eine moralische Simplifizierung der komplexen geschichtlichen Wirklichkeit. Der Feind wird zum Verbrecher, der Selbstgerechte Partei und Richter zugleich. Ein klarer Fall also utopistischer Anmaßung.[16]

Koselleck spricht diesen theologischen Überlegungen Butterfields höchste Bedeutung zu, wenn sie auf die Politik angewendet werden. Da der Krieg auch nicht durch einen großen Strafkrieg dauerhaft zu überwinden sei, sei die entscheidende Frage die nach seiner Begrenzung. Koselleck teilt nicht Butterfields Sicht von der strategischen Bedeutung der christlichen Liebesbotschaft in der Politik der Zeit. Aber mir scheinen die biographisch tief verwurzelten Motive Kosellecks, die ihn auch zu ähnlich gelagerten Argumentationen Carl Schmitts hinzogen, hier dennoch deutlich spürbar. Schmitts Intentionen waren gewiß ursprünglich ganz andere gewesen,[17] aber Koselleck rezipierte dessen »Existentialismus« und »Dezisionismus«, wie der Schmitt-Biograph Reinhard Mehring meines Erachtens überzeugend darlegt,[18] auf dem Hintergrund seiner Erfahrung als Weltkriegssoldat im Sinne einer moralischen Infragestellung der Möglichkeit zur Rechtfertigung von Gewalt schlechthin. Aus der entnormativierenden Rede von der Gewalt als Grund des

---

16 Ebd., S. 592.
17 Vgl. Hans Joas, *Kriege und Werte. Studien zur Gewaltgeschichte des 20. Jahrhunderts*, Weilerswist 2000, v. a. S. 40-42 und S. 221-228.
18 Mehring, »Begriffsgeschichte mit Carl Schmitt«, S. 164.

Rechts wird damit die moralische These, daß sich Gewalt auch nicht als Grund des Rechts rechtfertigen lasse. Mehring sieht darin die Skepsis der Kriegsgeneration gegen jede rechtfertigende Sinngebung der Gewalt und gegen alle großen geschichtspolitischen Sinnstiftungen.

Viel wichtiger als Schmitt – so meine These – für ein Verständnis von Kosellecks Sicht der Säkularisierungsthematik ist aber Karl Löwith. Löwith war nicht nur einer der Referenten bei Kosellecks Doktorarbeit. Koselleck wurde vor allem von Löwiths Buch *Weltgeschichte und Heilsgeschehen* im Kern beeinflußt.[19] Dieses Buch, dessen zentrale These darin besteht, die moderne Geschichtsphilosophie und das Fortschrittsdenken als Säkularisierung des christlichen Geschichtsbildes zu deuten, erschien 1949 zuerst in englischer Sprache. Koselleck beschrieb in einem Interview 2002, wie er beträchtliche Teile dieses Buches als Student für seine eigenen Zwecke übersetzte und wie sehr er die drei mit dieser Anstrengung verbrachten Monate als die vielleicht lehrreichste intellektuelle Arbeitsphase seines Lebens überhaupt empfand.[20] Der Einfluß Löwiths insbesondere auf das dritte Kapitel von *Kritik und Krise* ist unverkennbar. Auch für Kosellecks Versuch, seiner Historik eine anthropologische Grundlegung zu geben, ist Löwiths – gegen Heidegger und Gadamer gerichtete – eigene anthropologische Orientierung zu Recht als Ursache benannt worden.[21] Koselleck schrieb das Vorwort zu Löwiths Autobiographie[22] und veröffentlichte einen seiner wichtigsten und einflußreichsten Aufsätze (»Historia Ma-

---

19 Karl Löwith, *Weltgeschichte und Heilsgeschehen. Die theologischen Voraussetzungen der Geschichtsphilosophie*, Stuttgart 1953.
20 Manfred Hettling, Bernd Ulrich, »Formen der Bürgerlichkeit. Ein Gespräch mit Reinhart Koselleck«, in: dies. (Hg.), *Bürgertum nach 1945*, Hamburg 2005, S. 40-60, hier S. 56.
21 So Mehring, »Begriffsgeschichte mit Carl Schmitt«, und ders., »Heidegger und Karl Löwith«, in: Dieter Thomä (Hg.), *Heidegger-Handbuch*, Stuttgart, Weimar 2003, S. 373-375.
22 Karl Löwith, *Mein Leben in Deutschland vor und nach 1933. Ein Bericht*, Frankfurt/M. 1989 (das Vorwort von Reinhart Koselleck auf S. IX-XV).

gistra Vitae«) zuerst in der Festschrift für Löwith.[23] In der berühmten Kontroverse zwischen Karl Löwith und Hans Blumenberg stellte er sich eindeutig auf Löwiths Seite.[24] Blumenberg wiederum erkannte genau, wie nah Koselleck seinem Widersacher stand, und wies Kosellecks Sichtweise auf die Beschleunigungserfahrung und die eschatologischen Ursprünge des politischen Utopismus zurück.[25]

Insofern gibt es vielerlei Hinweise, die eine konstitutive Rolle von Löwiths Säkularisierungsthese für Koselleck wahrscheinlich machen.[26] Der Verweis auf Löwith taucht in *Kritik und Krise* prompt dort auf, wo zu Beginn des Kapitels »Krise und Geschichtsphilosophie« der Schlüsselgedanke des ganzen Buches entwickelt wird, daß nämlich der Hiatus zwischen dem moralischen Überlegenheitsgefühl der Bürger und ihrer faktischen politischen Machtlosigkeit im absolutistischen Staat durch die Konstruktion einer Geschichtsphilosophie überbrückt wurde, die die erstrebte Herrschaft als unvermeidliches Ergebnis der zukünftigen Geschichte erscheinen ließ:

> Der moralische Bürger war immer, ob ausgesprochen oder nicht, geborgen in einer Geschichtsphilosophie, die auch dem Namen nach ein Produkt des achtzehnten Jahrhunderts ist. Sie trat weitgehend das Erbe der Theologie an. Die christliche Eschatologie in ihrer abgewandelten Form als säkularer Fortschritt, gnostisch-manichäische Elemente, die in dem Dualismus von Moral und Politik verschwun-

---

23 Reinhart Koselleck, »Historia Magistra Vitae«, in: Hermann Braun, Manfred Riedel (Hg.), *Natur und Geschichte. Karl Löwith zum 70. Geburtstag*, Stuttgart 1967, S. 196-219 (wiederabgedruckt in: ders., *Vergangene Zukunft. Zur Semantik geschichtlicher Zeichen*, Frankfurt/M. 1988, S. 38-66).
24 Koselleck, »Zeitverkürzung und Beschleunigung«, S. 193, Fn. 28.
25 Blumenberg, *Die Legitimität der Neuzeit*, S. 40f.
26 Durchaus bestätigt fühle ich mich durch den Befund in: Gennaro Imbriano, *Der Begriff der Politik. Die Moderne als Krisenzeit im Werk von Reinhart Koselleck*, Frankfurt/M. 2018, S. 29-31. Außerdem Niklas Olsen, *History in the Plural. An Introduction to the Work of Reinhart Koselleck*, New York 2012, S. 21-23 und S. 52-57.

den sind, antike Kreislauflehren, schließlich die jüngste naturwissenschaftliche Gesetzlichkeit, die auf die Geschichte übertragen wurde – all dies hat dazu beigetragen, das geschichtsphilosophische Bewußtsein des achtzehnten Jahrhunderts zu formen.[27]

Gerade die Freimaurer, deren Haltung zur Religion Koselleck große Aufmerksamkeit schenkte, bemühten sich darum, »wie die Religion durch die Moral, so die Theologie durch eine Geschichtsphilosophie«[28] abzulösen.

Diese Vorstellung von der Entstehung einer säkularen, die Theologie übertrumpfenden Geschichtsphilosophie als des entscheidenden Scharniers zwischen der Lage des Bürgertums im absolutistischen Staat und der Entstehung einer politischen Utopie gibt nun aber auch einer anderen These Kosellecks, die besonders einflußreich wurde, erst ihren tiefen Sinn. Gemeint ist seine Behauptung, daß in derselben Zeit und aus denselben Bedingungen heraus aus der vorherigen Vorstellung einer Vielzahl von Geschichten, die alle zusammen von der einen Heilsgeschichte überwölbt wurden, jetzt der »Kollektivsingular« Geschichte entstehe. Die Idee der einen Geschichte jenseits der vielen einzelnen Geschichten muß zur Verfügung stehen, damit dieser einen Geschichte überhaupt selbst so etwas wie eine eigene Logik, ja eine Art eigener Subjektivität zugesprochen werden kann. Die Geschichte ist dann nicht nur ein Produkt unzähliger menschlicher Handlungen und Widerfahrnisse, sondern kann als ein Subjekt gedacht werden, das selbst handelt, einen Willen hat, bestimmte Akteure mit einer Mission versieht und ähnliches. Die Intention von Löwiths Buch war es gewesen, die Wirksamkeit dieser Vorstellung wieder außer Kraft zu setzen. Jürgen Habermas hat dies als »stoischen Rückzug vom histo-

---

27 Reinhart Koselleck, *Kritik und Krise. Eine Studie zur Pathogenese der bürgerlichen Welt* [1959], Frankfurt/M. 1997, S. 108.
28 Ebd.

rischen Bewußtsein«[29] interpretiert, was paradox wäre, wenn dieser Rückzug selbst nur durch eine umfangreiche geistesgeschichtliche Untersuchung zu bewerkstelligen wäre. Insofern ist Hermann Lübbe recht zu geben, wenn dieser bei Löwith keineswegs eine Befreiung von der Geschichte am Werk sieht, sondern eine Abwehr »der ideologiepolitischen Zumutung, sinnunterstellend ›Geschichte als Argument‹ anerkennen zu sollen«.[30]

Dies scheint mir auch auf Reinhart Koselleck zuzutreffen. Bestätigung findet sich etwa in seiner Würdigung des Nachkriegsdenkens von Karl Jaspers. Koselleck arbeitet darin heraus, wie stark dieser in den republikanischen Prinzipien seines politischen Denkens Kantianer geblieben sei – ohne aber Kants oder eine andere Version liberaler Geschichtsphilosophie zu teilen. Jaspers sehe nicht mehr »die Chancen einer linearen Hochrechnung zunehmender Freiheit. Strikt lehnt er jede Rückversicherung ab, die einst aus der Geschichte selber Hoffnung zu schöpfen vermochte.«[31] Die Bekämpfung der Geschichtsphilosophie wird deshalb mißverstanden, wenn sie als Bruch mit historischem Denken oder gar dem Wert der Freiheit aufgefaßt wird; es geht im Gegenteil um ein radikal kontingenzbewußtes Verständnis von Geschichte, das alle Spuren teleologischen oder evolutionistischen Vertrauens auf den Fortschritt der politischen Freiheit oder auch nur ihre historische Gesichertheit getilgt hat. Das gerade macht Kosellecks Werk ja so unerhört aktuell und wichtig für die Entwicklung einer Alternative zu Hegel.

---

29 Jürgen Habermas, »Karl Löwiths stoischer Rückzug vom historischen Bewußtsein« [1963], in: ders., *Philosophisch-politische Profile*, Frankfurt/M. 1971, S. 116-140.
30 Hermann Lübbe, *Geschichtsbegriff und Geschichtsinteresse. Analytik und Pragmatik der Historie*, Basel, Stuttgart 1977, S. 82.
31 Reinhart Koselleck, »Jaspers, die Geschichte und das Überpolitische«, in: Jeanne Hersch, Jan Milic Lochman, Reiner Wiehl (Hg.), *Karl Jaspers. Philosoph, Arzt, politischer Denker. Symposium zum 100. Geburtstag*, München, Zürich 1986, S. 291-302, hier S. 298.

Säkularisierung und Verzeitlichung

Gilt das soeben Gesagte aber auch für Kosellecks Verständnis von Säkularisierung? Hier sind Zweifel angebracht. Hinsichtlich der Entwicklung der frühneuzeitlichen Geschichtsschreibung und des angeblichen Übergangs von Geschichtstheologie in Geschichtsphilosophie sind von Experten große Bedenken gegenüber Kosellecks Darstellung geäußert worden. Stefanie Stockhorst machte darauf aufmerksam, daß wir für den Koselleck interessierenden Zeitraum doch mindestens von einer »Koexistenz von traditionellen und innovativen Konzepten« ausgehen müssen.[32] Stephan Schleissing führte auf Grundlage der Forschungen Adalbert Klempts, Matthias Pohligs und Arno Seiferts an, daß ohne Einbeziehung der protestantischen »Selbstsäkularisierung« der Geschichte seit Melanchthon ein falsches Bild vom aufklärerischen Bruch mit christlichen Geschichtsvorstellungen entstehe.[33] Pointiert wies Jan Marco Sawilla darauf hin, daß Koselleck die bis weit ins neunzehnte Jahrhundert anhaltende Verbreitung biblischer Chronologie unterschätzt habe und seine Interpretation des Universalhistorikers August Ludwig Schlözer als eines Gewährsmanns für die Annahme, daß in der Spätaufklärung »unter Verzicht auf Transzendenz erstmals das Menschengeschlecht als das präsumtive Subjekt seiner eigenen Geschichte in dieser Welt angesprochen« worden sei,[34] nicht zu halten ist. Im Gegenteil gründete »für Schlözer der erste Nut-

---

32 Stefanie Stockhorst, »Novus ordo temporum. Reinhart Kosellecks These von der Verzeitlichung des Geschichtsbewußtseins durch die Aufklärungshistoriographie in methodenkritischer Perspektive«, in: Joas, Vogt (Hg.), *Begriffene Geschichte*, S. 359-386, hier S. 386.
33 Stephan Schleissing, *Das Maß des Fortschritts. Zum Verhältnis von Ethik und Geschichtsphilosophie in theologischer Perspektive*, Göttingen 2008, z. B. S. 41.
34 Jan Marco Sawilla, »Geschichte und Geschichten zwischen Providenz und Machbarkeit. Überlegungen zu Reinhart Kosellecks Semantik historischer Zeiten«, in: Joas, Vogt (Hg.), *Begriffene Geschichte*, S. 387-422, hier S. 418.

zen der Universalhistorie, als ›Dienerin der Religion‹, ganz im Gegenteil in einem rationaltheologischen Geschichts- und Gottesbegriff«.[35] Sawilla stellte sogar die Verbindung zum Einfluß Löwiths her, wenn er schreibt, daß »die von Löwith angeregte Suche nach säkularen Derivaten der alten Heilsgeschichte zu dem paradoxen Ergebnis [geführt hat], daß die Existenz expliziter religiöser Interpretamente lange Zeit übersehen wurde«.[36]

Dieser Befund gilt gewiß nicht nur für Kosellecks persönliche Arbeiten, sondern prägt das Unternehmen der Begriffsgeschichte insgesamt. Das Großunternehmen *Geschichtliche Grundbegriffe*, darauf hat schon Olaf Blaschke verwiesen,[37] ist im Bewußtsein eines unaufhaltsam voranschreitenden Säkularisierungsprozesses konzipiert worden. Es enthält zwar einen wichtigen Artikel zum Begriff »Christentum« (von Trutz Rendtorff) und natürlich den Eintrag zu »Säkularisation/Säkularisierung« (von Hermann Zabel), aber keinen Beitrag zu »Religion«! Durch alle Schriften Kosellecks hindurch zieht sich die simplifizierende Unterstellung eines ablaufenden Säkularisierungsprozesses. Wenige Belege müssen zur Stützung dieser Behauptung genügen. In seiner Theorie der Verzeitlichung will Koselleck ganz eindeutig beschreiben, wie die in der Achsenzeit entstandene quasiräumliche Unterscheidung einer transzendenten von einer mundanen Sphäre, der Transzendenz also im Unterschied zu allem Irdischen, in eine zeitliche Unterscheidung von Vergangenheit und Zukunft überführt worden sei. »Verzeitlichung« erscheint ihm deshalb sogar als der bessere Begriff als »Verweltlichung« – ein im neunzehnten Jahrhundert in Deutschland, auch bei Marx, zu findendes Äquivalent des Säkularisierungsbegriffs. Aber wie deuten wir dann all die Denker der Verzeitlichung, die nicht gleichzeitig Vertreter der Säkularisierungsthese sind? Radikale Verzeit-

---

35 Ebd., S. 418.
36 Ebd.
37 Olaf Blaschke, »Das 19. Jahrhundert. Ein zweites konfessionelles Zeitalter«, in: *Geschichte und Gesellschaft* 26 (2000), S. 38-75, hier S. 46.

lichung war im achtzehnten und neunzehnten Jahrhundert eine Tendenz nicht nur bei unchristlichen Denkern. War nicht auch Hegel ein wesentlicher Exponent eines verzeitlichenden Denkens – und müßte dann nicht der komplexe Zusammenhang zwischen seinem Religionsdenken und der Verzeitlichung in seiner Geschichtsphilosophie hergestellt werden, statt vereinfachend das eine zur Ablösung des anderen zu erklären? Noch viel dringender wäre diese Unterscheidung bei der Einbeziehung der amerikanischen Philosophiegeschichte, insbesondere des dortigen Neohegelianismus und der Zeitphilosophie des Pragmatismus.[38] – Koselleck machte außerdem deutlich, daß für ihn ein gemeinsamer Nenner besteht zwischen seiner Kritik an geschichtlichen Utopien und derjenigen an theologischen Eschatologien. In einer seiner programmatischen Erklärungen hob er hervor, daß es geradezu das Ziel seiner Studien zu temporalen Strukturen sei, die *Irrealität* beider Weisen des Geschichtsverständnisses aufzuweisen: »Es käme also darauf an, Temporalstrukturen zu finden, die sowohl die Empirie der theologischen Eschatologie wie die Empirie der geschichtsphilosophischen Utopie als irreal definieren ließen.«[39] Mein kritischer Punkt an dieser Stelle ist, daß Koselleck gar nicht erst versucht, die »Irrealität« der theologischen Eschatologie argumentativ zu begründen. All sein Bemühen galt der Kritik der geschichtsphilosophischen Utopie; die andere Kritik wird ohne weiteres als längst geleistet vorausgesetzt. In diesem Sinne kann man sagen, daß seinem ganzen Forschungsprogramm mindestens die Annahme der Säkularisierung zugrunde liegt.

Auch die späten Arbeiten Kosellecks zum Kriegergedenken, in denen wie nirgends sonst in seinem Werk der Verlust von

---

38 Vgl. etwa George Herbert Mead, *The Philosophy of the Present*, La Salle 1932; dazu Hans Joas, »Zeitlichkeit und Intersubjektivität«, in: ders., *Praktische Intersubjektivität. Die Entwicklung des Werkes von George Herbert Mead*, Frankfurt/M. 1980, S. 164-194.
39 Reinhart Koselleck, »Geschichte, Geschichten und formale Zeitstrukturen«, in: ders., *Vergangene Zukunft*, S. 130-143, hier S. 142.

Jenseitsvorstellungen anschaulich zum Thema wird,[40] sehen diesen Verlust als schiere Tatsache – ohne ein gegenwartsadäquates Verständnis von Transzendenz, nach dem Verlust ihrer räumlichen Metaphorisierung, auch nur im Ansatz zu suchen. Alle Arbeiten Kosellecks zum achtzehnten Jahrhundert sind durchzogen von Aussagen zur ablaufenden Säkularisierung. Dabei kennt Koselleck das ganze Spektrum der Haltungen zur Religion im Aufklärungszeitalter – von der im wesentlichen selbst religiös bleibenden deutschen Aufklärung[41] bis zur Voraussage des Verschwindens des Christentums, etwa in einem der politischen Testamente Friedrichs II. von Preußen. Besonders interessant ist in diesem Zusammenhang seine Studie von 1982 »Aufklärung und die Grenzen ihrer Toleranz«. In ihr wendet sich Koselleck gegen ein selbstgefälliges Bild der Aufklärung, als habe sie die Toleranz erfunden – ein Bild, das auch im modernen Protestantismus nachwirkt. Er weist nicht nur – im Anschluß an einen weiteren seiner akademischen Lehrer, Johannes Kühn – darauf hin, daß der Wandel zum Primat der Gewissensautonomie, der für das Toleranzpostulat konstitutiv sei, von christlichen Denkern lange vorher vorangetrieben worden sei. »Wirkungsgeschichtlich betrachtet haben zahlreiche christliche Minoritäten mystischer, spiritualistischer oder rationaler Observanz, von Luther angefangen, einer derartigen Gewissensfreiheit Vorschub geleistet.«[42] Dabei übersieht er nicht die große Kluft, die

---

40 Z.B. Reinhart Koselleck, *Zur politischen Ikonologie des gewaltsamen Todes. Ein deutsch-französischer Vergleich*, Basel 1998.
41 Reinhart Koselleck, »Über den Stellenwert der Aufklärung in der deutschen Geschichte«, in: Hans Joas, Klaus Wiegandt (Hg.), *Die kulturellen Werte Europas*, Frankfurt/M. 2005, S. 353-366. Vgl. zum Thema David Sorkin, *The Religious Enlightenment. Protestants, Jews, and Catholics from London to Vienna*, Princeton 2008.
42 Reinhart Koselleck, »Aufklärung und die Grenzen ihrer Toleranz« [1982], in: Trutz Rendtorff (Hg.), *Glaube und Toleranz. Das theologische Erbe der Aufklärung*, Gütersloh 1982, nachgedruckt in: Reinhart Koselleck, *Begriffsgeschichten. Studien zur Semantik und Pragmatik der politischen und sozialen Sprache*, Frankfurt/M. 2006, S. 340-362,

sich auftut, wenn der Nexus zwischen Gewissensautonomie und Offenbarungsglauben sich löst. Es bedarf dann ja eines anderen Gegengewichts gegen die sonst als subjektivistische Willkür erscheinende Bezugnahme des Individuums auf sein Gewissen.

> Naturgesetz, das natürliche Gefühl und das natürliche Herz, die Vernunfteinsicht, der gesunde Menschenverstand und allgemein einsichtige Morallehren standen *scheinbar* zur Verfügung, um eine kirchenneutrale, konfessionsindifferente Plattform zu finden, von der her die Summe aller Einzelgewissen eine neue Gemeinsamkeit finden mochte.[43]

Die eigentliche Pointe seiner Ausführungen aber liegt in dem Nachweis, wie schwer es der Aufklärung gefallen sei, »die Toleranz selber zu praktizieren, die sie für sich gefordert hat«.[44] Das beginnt bei John Lockes Ausschluß der Katholiken und Atheisten aus der Toleranz und geht über die sich bei Rousseau abzeichnende intolerante Staatsreligion bis zu den Versuchen, die Forderung nach Bekenntnisfreiheit zum Vehikel zu machen, »eine neue Gesellschaftsordnung unter Absehung der christlichen Religion zu propagieren«.[45] Damit aber »wurden stillschweigend neue Grenzen der Intoleranz gesetzt«. Die Grundthese von Kosellecks höchst facettenreicher Diagnose lautet deshalb,

> daß jede Toleranz in aporetische Situationen zurückführt, die nicht eindeutig zu meistern sind. [...] So brachte auch der Paradigmenwechsel [...] des 18. Jahrhunderts von den Streitfragen der religiösen Offenbarung zu den Postulaten gesellschaftlicher Neuordnung Folgelasten mit sich, an denen wir heute noch zu tragen haben.[46]

---

hier S. 343. – Der Bezug zu Johannes Kühn, *Toleranz und Offenbarung*, Leipzig 1923.
43 Koselleck, »Aufklärung und die Grenzen ihrer Toleranz«, S. 343 (meine Hervorh., H. J.).
44 Ebd., S. 344.
45 Ebd., S. 352.
46 Ebd., S. 344f.

Auf dem Hintergrund dieser sensiblen Analyse der Aporien säkularer Toleranzkonzeptionen gesehen, erweist es sich als absurd, den säkularistischen Implikationen von Kosellecks Denken, die hier nachgewiesen werden sollten, antireligiöse Intentionen zu unterstellen. Dennoch sind diese Annahmen als implizit wirkende Denkvoraussetzungen vorhanden. In Begriffen wie »nachchristlich« und »post-theologisches Zeitalter«[47] sind sie mit Händen zu greifen. Von Koselleck belehrt, kann die darin steckende Zwangsläufigkeitsvermutung nicht im Sinn einer nur wertfrei wiedergegebenen empirischen Tendenz gelesen werden. Das eben war ja seit *Kritik und Krise* von Kosellecks Analyse des aufklärerischen Denkens zu lernen, daß geschichtliche Zwangsläufigkeitsbehauptungen selbst als Waffen im Meinungskampf aufzufassen sind. An die Stelle der offenen politischen Bekämpfung des absolutistischen Staats sei, so Koselleck, in der Aufklärung die geschichtsphilosophische Deutung seiner Überholtheit getreten. Die Behauptung der Unvermeidlichkeit seines Verschwindens wird damit gerade zu einer Waffe, deren Charakter als Waffe nicht einbekannt wird. Genau dasselbe gilt von den aufklärerischen Prognosen des Verschwindens des Christentums oder der Religion insgesamt, und dies trifft bis in die Gegenwart zu. An die Stelle der Zurückweisung des Glaubens oder diese unterstützend tritt dann jeweils die These von seiner Überholtheit, Rückständigkeit, Unzeitgemäßheit. Es ist merkwürdig, daß Koselleck selbst diese Konsequenz aus seiner Aufklärungsanalyse hinsichtlich der Religion nie gezogen zu haben scheint. Dieser Befund belegt aber nicht, daß er selbst die Säkularisierungsthese als Waffe zu gebrauchen versuchte; sie zeigt nur, daß ihm auf diesem Gebiet eine Annahme historischer Zwangsläufigkeit, die er nicht selbst konstruiert hatte, als Selbstverständlichkeit

---

47 Der Ausdruck »our post-theological age« findet sich in Kosellecks Vorwort zur englischen Übersetzung von *Kritik und Krise*, Cambridge 1988, S. 3; zum Begriff »nachchristlich« vgl. ders., »Zeitverkürzung und Beschleunigung«, S. 195.

erschien, wodurch ihm, dem großen Verfechter historischer Kontingenz, gerade die Kontingenz der Religionsgeschichte und die Kontingenz der Säkularisierung aus dem Blick gerieten.

Kehren wir nach dieser Untersuchung der religionsbezogenen Prämissen von Kosellecks begriffsgeschichtlichem Projekt zum Ausgangspunkt der Überlegungen zurück, nämlich zum Verhältnis von »Säkularisierung« und »Modernisierung«. Drei Schlußfolgerungen für die sozialwissenschaftliche Beschäftigung mit diesen Fragen drängen sich auf:

Erstens ist Kosellecks »Dekonstruktion« der Vorstellung von der einen »Geschichte« ein wichtiger Schritt zur Dekonstruktion falsch homogenisierender Begriffe von »Moderne« und »Modernisierung«, ein Gegenmittel also zum »fetishism of modernities«. Mit diesem Ausdruck charakterisierte der kanadische Politikwissenschaftler Bernard Yack – im Anschluß an Herbert Schnädelbachs kritische Interpretation der *Dialektik der Aufklärung* von Horkheimer und Adorno – totalistische Begriffe von Moderne und Modernität als »soziale Mythen«, die eine Vielzahl unterschiedlicher sozialer Prozesse und Phänomene in ein einziges Objekt verwandeln. Ohne den Begriff der einen Geschichte kann es auch den Mythos der einen Modernisierung nicht geben. Die These, daß Modernisierung zwangsläufig zur Säkularisierung führe, unterstellt aber diese *eine* Modernisierung. Ich plädiere für einen Schritt hinter diese begriffliche Vereinheitlichung zurück.[48] Wenn es den einen Prozeß der Modernisierung nicht gibt, dann enthüllt weder die in großen Teilen Europas abgelaufene Säkularisierungsgeschichte noch die amerikanische Erfahrung anhaltender religiöser Vitalität *das* Geheimnis der *einen* Moderne.[49] Es gibt dann nur spezifische Konstel-

---

48 Bernard Yack, *The Fetishism of Modernities*, Notre Dame 1997; Herbert Schnädelbach, *Zur Rehabilitierung des* animal rationale, Frankfurt/M. 1990, S. 241; Hans Joas, *Glaube als Option. Zukunftsmöglichkeiten des Christentums*, Freiburg 2012, S. 112-114.
49 José Casanova, »Beyond European and American Exceptionalisms. Toward a Global Perspective«, in: Grace Davie, Paul Heelas, Linda Wood-

lationen, nationale (oder regionale) Prozesse religiösen Wandels. Wir können dann nicht einmal sicher sein, daß die Säkularisierung in verschiedenen Epochen: etwa im Frankreich des späten achtzehnten Jahrhunderts oder in Deutschland während der Industrialisierung im späteren neunzehnten Jahrhundert oder in der gebildeten Mittelschicht Westeuropas nach 1968 wirklich als ein und derselbe Prozeß betrachtet werden sollte.

Aber natürlich ist die Dekonstruktion eines falsch vereinheitlichenden Begriffs nicht das letzte Wort in den empirisch orientierten Sozialwissenschaften. Die Rekonstruktion der diversen Säkularisierungspfade und ihre Erklärung aus institutionellen Gegebenheiten und historischen Erfahrungen führt ja durchaus zur Identifikation bestimmter Muster, die in vielen Fällen gelten. So hat David Martin schon früh versucht, etwa ein angelsächsisches von einem lateineuropäischen Muster zu unterscheiden und damit den Anspruch einer »allgemeinen Theorie der Säkularisierung« viel besser zu erfüllen, als dies die Modernisierungstheorie vermochte.[50] Wenn nun zusätzlich erkannt wird, daß es Interaktionen zwischen diesen Mustern geben kann, daß etwa heute Lateinamerika unter den Einfluß des US-amerikanischen Musters von religiösem Pluralismus gekommen ist oder im Zeitalter der Globalisierung Immigranten religiösen Einfluß auch auf ihre Herkunftsländer nehmen, dann zeigt sich, daß aus der Dekonstruktion falscher Einheitlichkeit ein Bedürfnis nach neuer Totalisierung wird. Am überzeugendsten hat dafür meines Erachtens bisher Paul Ricœur in seinem Werk *Zeit und Erzählung* plädiert.[51] Er stützt sich bei seinem Versuch, der hegelianischen Versuchung totaler Vermittlung zu entkom-

---

head (Hg.), *Predicting Religion. Christian, Secular and Alternative Futures*, Aldershot 2003, S. 17-29.
50 David Martin, *A General Theory of Secularization*, Oxford 1978. Ausführlicher zu Martin unten, Teil IV, Kap. 4.
51 Paul Ricœur, *Zeit und Erzählung*, Bd. 3, München 1991 (zu Koselleck v. a. S. 334-359).

men, auf keinen anderen als Koselleck. Die Alternative liege in einer

> offenen, unabgeschlossenen und *unvollkommenen Vermittlung*, verstanden als ein Netz sich überkreuzender Perspektiven zwischen der Erwartung der Zukunft, der Rezeption der Vergangenheit und dem Erlebnis der Gegenwart, ohne *Aufhebung* in einer Totalität, in der die Vernunft der Geschichte mit ihrer Wirklichkeit zusammenfiele.[52]

Auf dieser Grundlage entwickelt Ricœur damit nicht – wie Koselleck – eine anthropologische Theorie der Temporalstrukturen, sondern ein posthegelianisches Programm der empirischen Erforschung partieller Vermittlungen in der einen Geschichte, in der das Verschiedene sehr wohl koexistiert und sich wechselseitig beeinflußt. Diese Vermittlungen geschehen freilich immer in bestimmten Lagen und werden von bestimmten Subjekten vorgenommen.

Zweitens verweist die Dekonstruktion falsch vereinheitlichender Begriffe von Geschichte, Modernisierung und Säkularisierung über die präzisere geschichtliche Analyse einzelner Prozesse und Konstellationen hinaus auf die Grundlagen geschichtlichen Handelns und geschichtlicher Erfahrung. Wie schon erwähnt, hat Koselleck ein handlungsorientiertes Verständnis von Tradition. Traditionen müssen in dieser Sichtweise aktiv perpetuiert werden; die Wiederholung einer Handlung ist immer eine neue Handlung. In diesem Sinn – schreibt der schwedische Historiker Bo Stråth in einer Rezension von Kosellecks *Zeitschichten* – sind auch langlebige repetitive Strukturen in jeder Situation einzigartig. »Die langfristigen Strukturen, die Veränderung ermöglicht haben, verändern sich selbst mit den Veränderungen, die sie zuallererst auf den Weg gebracht haben.«[53] Damit stehen Kosel-

---

52 Ebd., S. 334. Zu Ricœur siehe unten, Teil III, Kap. 4.
53 Bo Stråth, »Rezension: R. Koselleck, *Zeitschichten*«, in: *European Journal of Social Theory* 4 (2001), S. 531-535, hier S. 532.

lecks kategoriale Vorschläge jenseits einer simplen Gegenüberstellung von sozialen Strukturen und menschlichem Handeln. Der Eindruck, daß Kosellecks Begriffsgeschichte eine geringere Affinität zu den Sozialwissenschaften habe als die Sozialgeschichtsschreibung (die er freilich auch betrieb),[54] konnte nur aufkommen, wenn sich die Sozialgeschichtsschreibung »strukturalistisch« statt handlungstheoretisch verstand oder wenn sie ihr Handlungsverständnis auf rationales Handeln, das heißt auf Interessenverfolgung reduzierte.

Wenn man *drittens* die unreflektierte Fortschreibung säkularisierungstheoretischer Annahmen im Werk Kosellecks zu überwinden versucht, dann wird auch ein neuer Zugang zum Verständnis von »Heilsgeschichte« möglich, die bei Löwith und Koselleck nur als ein Ding der Vergangenheit auftaucht, welches in der Gegenwart nicht ernsthaft beerbt werden kann. Wie in den aufklärerischen Polemiken wird auch bei ihnen die Idee der Heilsgeschichte nur im Sinn eines nichtempirischen Pseudowissens, das von autoritären Institutionen gegen alle Evidenz der Vernunft aufrechterhalten wird, gedacht. »Heil« und »Erlösung« werden in Gegensatz zu irdischem Glück gebracht.

Doch gibt es längst theologische Versuche, die in der Tat obsolete Auffassung zu überwinden, »daß es sich bei der Heilsgeschichte um eine Sondergeschichte innerhalb der allgemeinen Geschichte der Menschheit handelt, entsprechend der Auffassung des Heils als einer religiösen Sonderthematik und im Gegensatz zum weltlichen Leben«.[55] Auf evangelischer Seite sind hier Wolfhart Pannenberg und Trutz Rendtorff, auf katholischer

---

54 Z.B. in Reinhart Koselleck, *Preußen zwischen Reform und Revolution. Allgemeines Landrecht, Verwaltung und soziale Bewegung von 1791 bis 1848*, Stuttgart 1967.
55 Wolfhart Pannenberg, »Weltgeschichte und Heilsgeschichte«, in: Reinhart Koselleck, Wolf-Dieter Stempel (Hg.), *Geschichte – Ereignis und Erzählung*, München 1973 (= *Poetik und Hermeneutik*, Bd. V), S. 307-323, hier S. 315.

ist Karl Rahner zu nennen.⁵⁶ Die theologischen Fragen selbst müssen hier nicht erörtert werden. Aber der Verweis auf »Heil« und »Erlösung« eröffnet die Perspektive, Geschichte nicht in Begriffen einer wie auch immer verstandenen Rationalisierung zu denken, sondern am Leitfaden derjenigen irdischen Erfahrungen, die als Vorschein oder Anzeichen der Erlösung genommen werden. Wenn solche Erfahrungen zudem – wie in den sogenannten »Erlösungsreligionen« – als Gabe einer transzendenten Gottheit gedeutet werden, dann rücken deren Entstehung, wie bei Max Weber und in den Forschungen zur »Achsenzeit«, und ihr seitheriges, gegenwärtiges und künftiges Schicksal in den Mittelpunkt der Betrachtung:

> Die Besonderheit Israels und des Christentums tritt dabei nicht irgendwie »senkrecht von oben«, sondern als geschichtliche Besonderung des religiösen Lebens auf, eine Besonderung, die ihre Eigentümlichkeit darin hat, daß sie die Geschichtlichkeit der Heilsthematik selbst allererst ausdrücklich werden ließ.⁵⁷

Dann aber stellt sich auch die Frage nach dem Zusammenhang von »Heilsgeschehen« und »Weltgeschichte« anders als bei Löwith und Koselleck – nicht nämlich einfach im Sinn der Ablösung der einen durch die andere, sondern im Sinn ihrer neuen Integration. Untheologisch ausgedrückt heißt das, daß die Untersuchung von Prozessen der Religionsgeschichte oder der Säkularisierung sich auf ihre spezifischen religiösen oder säkulari-

---

56 Pannenberg, ebd., sowie: ders., »Erfordert die Einheit der Geschichte ein Subjekt?«, in: ebd., S. 478-490; Trutz Rendtorff, »Art. ›Geschichtstheologie‹«, in: Joachim Ritter, Karlfried Gründer (Hg.), *Historisches Wörterbuch der Philosophie*, Bd. III, Darmstadt 1974, Sp. 439-441; Karl Rahner, »Weltgeschichte und Heilsgeschichte«, in: ders., *Schriften zur Theologie V*, Einsiedeln 1962, S. 115-135. Auch in den Dokumenten des II. Vatikanischen Konzils und in der lateinamerikanischen Befreiungstheologie spielt dieses Motiv eine wichtige Rolle. Auf diese kann hier nicht weiter eingegangen werden.
57 Pannenberg, »Weltgeschichte und Heilsgeschichte«, S. 321.

stischen Prämissen hin reflektieren muß und in ihr sowohl diejenigen Erfahrungen identifiziert werden müssen, aus denen Menschen die Vorstellungen vom Guten gewinnen, welche für ihr Handeln leitend werden, als auch diejenigen, die zu der Einsicht führen, daß menschliches Handeln nicht hinreicht, nur aus Eigenem das Gute zu verwirklichen. Kosellecks geschichtstheoretische Reflexionen machen den Weg hierfür frei – ohne daß Koselleck selbst ihn gegangen wäre.[58]

---

58 Für Hinweise zur Überarbeitung einer früheren Fassung bedanke ich mich bei Lucian Hölscher, Christian Meier, Stephan Schleissing und Peter Vogt.

5
Die säkulare Option, ihr Aufstieg und ihre Folgen: Charles Taylor

Der Begriff »Säkularisierung« ist von berüchtigter Vieldeutigkeit. Ich habe in meinen bisherigen Arbeiten zum Thema sieben verschiedene Bedeutungen dieses Begriffs voneinander unterschieden und die Überzeugung geäußert, daß ein Teil der Kontroversen über Säkularisierung auf Mißverständnisse zurückgeht, auf Verwirrungen, die aus der Vieldeutigkeit des Begriffs entstehen.[1] Zwei der sieben Bedeutungen sind rechtlicher Art (Übergang eines Ordenspriesters ins Weltpriestertum; Enteignung von Kirchenbesitz); zwei weitere zielen auf genealogische Zusammenhänge zwischen moderner Kultur und jüdisch-christlicher Tradition und unterscheiden sich hauptsächlich darin, ob sie gegenüber dieser religiösen Tradition vornehmlich affirmativ oder kritisch eingestellt sind; drei Bedeutungen sind in den Sozialwissenschaften üblich, aber auch diese sind weit voneinander entfernt (Abnahme von Religion; Rückzug der Religion ins Private; Freigabe gesellschaftlicher Bereiche von religiöser Kontrolle). In seinem großen Werk *A Secular Age* fügt der bedeutende katholische kanadische Philosoph Charles Taylor (*1931) diesen sieben Bedeutungen eine weitere hinzu.[2] Sein spezifisches Interesse richtet sich auf die Veränderung der Bedingungen für alle, auch die Gläubigen, durch die Entstehung der

---

1 Hans Joas, *Glaube als Option. Zukunftsmöglichkeiten des Christentums*, Freiburg 2012, S. 25-28; ders., Klaus Wiegandt (Hg.), *Säkularisierung und die Weltreligionen*, Frankfurt/M. 2007.
2 Charles Taylor, *A Secular Age*, Cambridge, Mass., 2007; dt.: *Ein säkulares Zeitalter*, Frankfurt/M. 2009. (Ich zitiere im Text aus der deutschen Übersetzung; die Seitenzahlen im Text verweisen auf diese.)

Möglichkeit des Unglaubens, dessen also, was er »die säkulare Option« nennt.

Für die Hinzufügung dieser achten Bedeutung zum bisherigen Bedeutungsspektrum gibt es in der Tat gute Gründe. Sie untergräbt von vornherein einen bloßen religiösen Triumphalismus, der die gegenwärtige Krise der Säkularisierungstheorie rein glaubensapologetisch deutet, als habe nur ein denkerischer Irrweg endlich sein erwartbares Ende erreicht. Das entspricht meiner Überzeugung, daß gegenwärtig nicht nur die Säkularisierungstheorie in der Krise ist, sondern auch alte Annahmen religionsapologetischer Art ihre Glaubwürdigkeit verloren haben, denen zufolge Menschen etwa aus anthropologischen Gründen nicht auf Dauer areligiös sein könnten oder der gesellschaftliche Zusammenhalt im Sinn einer gemeinsamen Orientierung an unbedingt geltenden Werten unter Bedingungen des Religionsverlusts notwendig erodieren müsse.

Taylor ist nicht wirklich der erste, der diese achte Bedeutung von Säkularisierung betont. In der Soziologie ging ihm der österreichisch-amerikanische Religionssoziologe Peter Berger voraus, der in mehreren Arbeiten, vielleicht am deutlichsten in dem Buch *Sehnsucht nach Sinn*, eine starke These über die sozialpsychologischen Folgen des kulturellen Pluralismus und in *Der Zwang zur Häresie* die Behauptung aufgestellt hat, daß der moderne westliche Mensch einem Imperativ der Wahl ausgesetzt sei.[3] Berger beschreibt diese Situation häufig in ökonomischen Begriffen, weil ihm dies den Sachverhalt »haargenau« zu treffen scheint, und Taylors Rede von der säkularen *Option*, die seit dem achtzehnten Jahrhundert als Möglichkeit für weite Kreise der Bevölkerung existiere, ist sicher von diesem Sprachgebrauch geprägt. Aber Taylor legt Wert darauf (928, Fn. 20), daß sich sein Gedankengang von dem Bergers in einem wesentli-

---

3 Peter L. Berger, *Der Zwang zur Häresie. Religion in der pluralistischen Gesellschaft* [1979], Freiburg 2000; ders., *Sehnsucht nach Sinn. Glauben in einer Zeit der Leichtgläubigkeit*, Frankfurt/M. 1994.

chen Punkt unterscheidet und deshalb auch nicht der Kritik unterliegt, die ich gegenüber Berger vorgetragen habe.[4] Berger hatte bekanntlich unterstellt, daß die ständige Begegnung der Gläubigen verschiedener Richtung miteinander, wie sie unter den Bedingungen des Pluralismus unvermeidlich ist, erst recht aber die Begegnung von Gläubigen mit Menschen ohne jede religiöse Überzeugung, relativistische Konsequenzen zeitige. Für ihn ist der religiöse Glaube nur unter Bedingungen kultureller Homogenität und des autoritären Ausschlusses von Alternativen weiterzugeben; unter anderen Bedingungen öffne sich eine immer größere Bresche im eigenen Weltbild, die Selbstverständlichkeit der Glaubenswahrheiten schwinde und die Intensität der Bindung an diese nehme ab. Der Relativismus artikuliere dann die Überzeugung, daß alle Überzeugungen gleich gut oder zumindest gleich unbegründet seien. Da er psychologisch aber schwer erträglich sei, gebe er auch den Nährboden ab für eine Flucht nach vorne, etwa in eine voluntaristische Befestigung der Gewißheit in verschiedenen Formen des Fundamentalismus. Dieser Gedankengang mag zunächst psychologisch plausibel klingen, ist aber bei näherer Betrachtung weder theoretisch noch empirisch solide. Empirisch scheint es vielmehr so zu sein, daß die Konfrontation mit anderen Weltbildern und Wertsystemen das Interesse am Glaubenswissen erhöht, nicht aber die Intensität der Glaubensbindung mindert. Der theoretische Grund dafür liegt darin, daß Glaubensbindungen nicht durch rationale Argumentation entstehen – weder solche diskursiver Art noch solche der Vorteilskalkulation. Sie werden deshalb auch weder von diskursiven Einwänden als solchen noch von Nachteilen in den Interessenslagen im Kern getroffen. Eine Attraktion kann nur von alternativen Deutungen der Erfahrungen ausgehen, die ursprünglich zu einer Glaubensbindung geführt haben. Taylor distanziert sich an der genannten Stelle ausdrücklich von Ber-

---

[4] Hans Joas, *Braucht der Mensch Religion? Über Erfahrungen der Selbsttranszendenz*, Freiburg 2004, S. 32-49.

gers Annahme einer intensitätsmindernden Wirkung des kulturellen Pluralismus oder der Existenz der säkularen Option. Er spricht statt dessen von einer »Fragilisierung«, die darin bestehe, daß die leichtere Verfügbarkeit von Alternativen mehr Menschen dazu bringe, während ihres Lebens in der einen oder anderen Richtung zu »konvertieren« oder einer anderen Glaubensgemeinschaft anzugehören als ihre Eltern. Das halte ich in der Tat auch für ein wichtiges Feld empirischer Analyse. Noch wichtiger aber ist Taylors Anstoß, die Denk- und Erfahrungsbedingungen zu rekonstruieren, die religiös gebundene Menschen und andere heute miteinander *teilen*.

Das Hauptinteresse von Taylor gilt dem Aufstieg dieser säkularen Option. Wie kam es überhaupt zur Verfügbarkeit dieser Option? Wir müssen uns ja immer wieder in Erinnerung rufen – und ganz besonders in Ostdeutschland, dem Gebiet des Weltmeisters der Säkularisierung –, daß diese Option während des größten Teils der Menschheitsgeschichte gar nicht existierte, und wenn doch, dann höchstens für kleine kulturelle Eliten – wie das Denken von Epikur und Lukrez – und nicht für die Massen des Volkes. Um diesen Aufstieg der säkularen Option zu schildern, muß Taylor eine Geschichte erzählen, und es ist nützlich, ganz kurz auf den Status einer solchen Erzählung zu reflektieren. Für Taylor ist das Narrative nicht ein Beiwerk zu seiner Argumentation, die eigentlich genausogut ohne diese auskommen könnte, kein »fakultativer Zusatz« (»optional extra«), wie er sagt,[5] sondern notwendiger Bestandteil jeder Selbstverständigung über Werte. Das hat mit seiner Auffassung zu tun, daß die Bestimmung einer Identität nur unter Bezug auf qualitative Unterscheidungen, insbesondere starke Wertungen, möglich ist. Taylor erläutert bekanntlich das Verhältnis zwischen der Person und ihren Werten in räumlicher Metaphorik.[6] Er spricht von

---

5 Charles Taylor, *Quellen des Selbst. Die Entstehung der neuzeitlichen Identität*, Frankfurt/M. 1994, S. 133.
6 Ebd., S. 15-51.

einem moralischen Raum und dessen Topographie und knüpft an die räumliche Metaphorik der Alltagssprache an, in der wir höhere und niedrigere Werte, tiefere und oberflächlichere Personen oder innere und äußere Orientierungen unterscheiden. Wenn unsere Werte für uns einen Ort in einem moralischen Raum einnehmen, dann ist es auch unvermeidlich, daß wir uns fragen, wo wir zu einem bestimmten Zeitpunkt in Relation zum Ort unserer Werte stehen. Wir können damit die Frage nicht umgehen, in welcher Richtung unser Leben verläuft, wie es als Streben interpretiert werden kann und ob unser Streben zu einem bestimmten Zeitpunkt erfolgreich ist. Damit ergibt sich aus der quasiräumlichen Struktur unseres Verhältnisses zu den Werten eine zeitliche Dimension unseres Selbstverständnisses. Wir vergewissern uns des gegenwärtigen Orts unseres Strebens, indem wir unser Leben als eine Geschichte erzählen. Martin Seel hat einmal mit Bezug auf Taylors *Quellen des Selbst* von einer Antigenealogie Taylors gesprochen,[7] und ich selbst habe mir den Ausdruck »affirmative Genealogie« zurechtgelegt, um etwa auf dem Gebiet der Menschenrechte die notwendige Verschränkung von Narration und Argumentation sowie den keineswegs notwendig wertdestruktiven, sondern wertstützenden Charakter solcher genealogischen Argumentation zu bezeichnen.[8] Wenn Taylor eine Zeit intensivster religiöser Auseinandersetzung in Europa ohne säkulare Option (um 1500) mit einem säkularen Zeitalter (um 2000), das heißt einem Zeitalter, in dem diese Option existiert, kontrastiert, dann will er ausdrücklich nicht nur zwei Zeitpunkte miteinander vergleichen, sondern den Zusammenhang zwischen ihnen herstellen, und dieser macht eine narrative Struktur unvermeidlich:

---

7 Martin Seel, »Die Wiederkehr der Ethik des guten Lebens«, in: *Merkur* 45 (1991), S. 41-49.
8 Hans Joas, *Die Sakralität der Person. Eine neue Genealogie der Menschenrechte*, Berlin 2011, S. 147-203.

[...] unser Gefühl für den Ort, an dem wir uns befinden, ist zum Teil in entscheidender Hinsicht durch eine Geschichte über den Weg dorthin definiert. Insofern liegt ein unumgänglicher (wenn auch oft negativer) Gottesbezug im Wesen unseres säkularen Zeitalters. (57)

Taylor meint damit, daß diese Geschichte oft als eine des Fortschritts, der Einsicht, der Aufklärung geschrieben wird. Sie kann natürlich auch als eine des Irrtums, des Verlusts, der Sünde geschrieben werden oder – melancholisch-weberianisch – als eine der unvermeidlichen, aber auch schwer existentiell zu ertragenden »Entzauberung«.

Taylors eigene Erzählung hat zwei Charakteristika. Sie ist zum einen – und dies mit großer Schärfe – gegen all jene Geschichten gerichtet, die Taylor »subtraction stories« nennt, also Darstellungen, denen zufolge etwas Zusätzliches wie der Glaube an übernatürliche oder transzendente Kräfte und Wesen an irgendeinem Punkt historischer Entwicklung weggefallen oder beseitigt worden sei. Im Gegensatz dazu will er eine Geschichte der Neuentstehung von etwas schreiben, aufgrund dessen sich die Bedingungen für das Verständnis von Transzendenz oder Immanenz, Natürlichem und Übernatürlichem so verändert haben, daß manche die eine Seite dieser Unterscheidungen für entbehrlich halten, andere den Druck zur Reformulierung ihres religiösen Glaubens verspüren. Zum anderen kann Taylor in seiner Erzählung nicht vermeiden, die eigenen Karten auf den Tisch zu legen. Lange Zeit war es so, wie George Marsden formuliert hat, daß »nur die scharfsinnigsten Leser vermuten konnten, daß der Autor katholisch sei, wenn sie dies nicht von vornherein wußten«.[9] Dies änderte sich eigentlich erst seit der zweiten Hälfte der 1990er Jahre, vor allem durch die Publikation von *A Catholic Modernity*. Im großen religionstheoretischen Werk aber wird

---

9 George Marsden, »Matteo Ricci and Prodigal Culture«, in: James L. Heft (Hg.), *A Catholic Modernity? Charles Taylor's Marianist Award Lecture*, New York, 1999, S. 83-93, hier S. 87.

ständig klar, daß die erzählte Geschichte auch eine Verteidigung der Möglichkeit des monotheistischen, speziell des christlichen, ganz speziell des katholischen Glaubens unter heutigen intellektuellen Voraussetzungen ist. So explizit wie hier war dies bei Taylor vorher nie der Fall.

Es würde den Rahmen dieses Kapitels völlig sprengen, wenn ich den Versuch unternehmen würde, die äußerst reiche Erzählung Taylors im Detail nachzuerzählen. Taylor schildert etwa die Entstehung des modernen Naturbegriffs, die Umstellung vom »Kosmos« zu »Universum«. Das klingt nach Geistesgeschichte, und natürlich ist es das auch zum Teil, wobei wieder erstaunt, wie schon in seinem Werk *Quellen des Selbst*, daß Taylor wichtige Vorläufer ignoriert, in diesem Fall etwa Wilhelm Diltheys Untersuchungen zur Entstehung des »natürlichen Systems der Geisteswissenschaften«.[10] Aber Taylor will viel mehr bieten als eine Ideengeschichte; er zielt, könnte man sagen, auf eine Erfahrungsgeschichte und geht deshalb weit in kultur- und sozialhistorische Forschungsbereiche hinein. Seinen Leitbegriff bezieht er dabei von Max Weber: Es ist der der »Entzauberung«. Taylor beschreibt einen Ausgangszustand, in dem sich die Menschen in einem Kosmos geistiger Wesen verorteten, das Soziale über geteilte Sakralität integriert wurde und die säkulare Zeit auf eine sakrale Dimension (in »Ewigkeit« und »Heilsgeschichte«) bezogen war. Besonders wichtig ist ihm auch der partielle Verlust karnevalesker Formen der Strukturauflösung, und er hat Tiefsinniges dazu zu sagen, inwiefern sich die für »Anti-Strukturen«[11] typischen Erfahrungsmodi heute in die Privatsphäre verlagert haben. Der Prozeß der Sozialdisziplinierung wird ebenso ausführlich dargestellt wie die Verbreitung des Säkularismus auf weite Bevölkerungskreise im »age of mobilization«, das heißt

---

10 Wilhelm Dilthey, *Weltanschauung und Analyse des Menschen seit Renaissance und Reformation* (= *Gesammelte Schriften*, Bd. 2), Stuttgart 1991.
11 Victor Turner, *Das Ritual. Stuktur und Anti-Struktur*, Frankfurt/M. 1989.

im neunzehnten und zwanzigsten Jahrhundert. Statt einer umfangreichen Nacherzählung will ich mich auf einige wenige Punkte konzentrieren, an denen ich Taylors begriffliche Konstruktionen und seine Geschichtserzählung problematisch finde. Ich wähle je einen fragwürdigen Punkt aus seiner Analyse des Aufstiegs beziehungsweise der Auswirkungen der »säkularen Option« aus.

Heiligkeit und Transzendenz

Meine Schwierigkeiten beginnen schon am Anfang des Buches (35f.), wenn Taylor kurz seine Verwendung des Begriffs »Religion« definiert. Er setzt dort nämlich für diese die Unterscheidung »transzendent/immanent« als grundlegend voraus. Das ist aber keineswegs selbstverständlich. Die ganze seit der Veröffentlichung von Karl Jaspers' Buch *Vom Ursprung und Ziel der Geschichte* im Jahr 1949 anhaltende Debatte über eine historische Entstehung der Vorstellung von Transzendenz in der sogenannten Achsenzeit Mitte des letzten vorchristlichen Jahrtausends macht uns darauf aufmerksam, daß es eine sich zeitlich lang erstreckende Religionsgeschichte der Menschheit ohne Vorstellungen von »Transzendenz« im strikten Sinne gegeben hat.[12] Dies ist deshalb nicht nur von religionshistorischem Interesse, weil zu den religiösen Tendenzen der Gegenwart auch die einer »Detranszendentalisierung« gehört, einer Rückkehr zu vorachsenzeitlichen Formen. Ohne diese Unterscheidung lassen sich heutige Glaubensformen am Rande der etablierten Religionen – wie auch der *Religionsmonitor* der Bertelsmann Stiftung zeigt[13] – schlecht erfassen. Mir hätte eine Unterscheidung

---

12 Karl Jaspers, *Vom Ursprung und Ziel der Geschichte*, München 1949. Als Überblick über Jaspers' Quellen und die an ihn anschließende Literatur: Hans Joas, *Was ist die Achsenzeit? Eine wissenschaftliche Debatte als Diskurs über Transzendenz*, Basel 2014.
13 Bertelsmann Stiftung (Hg.), *Religionsmonitor 2008*, Gütersloh 2007

zweier Formen der Lokalisierung von Sakralität, einer immanenten und einer transzendenten, mehr eingeleuchtet. Religion würde dann (wie bei Durkheim) über den Begriff des Heiligen und nicht den der Transzendenz definiert. Für die Kennzeichnung der vormodernen Welt verwendet Taylor den Begriff »verzauberte Welt« (»enchanted world«). Das ist natürlich eine Ableitung aus der verbreiteten englischen Übersetzung von Max Webers Begriff der »Entzauberung« (»disenchantment«); Max Weber selbst hat keinen solchen Gegenbegriff gehabt. Problematisch daran ist, daß Taylor damit eine in Webers Rahmen konsequente, seiner eigenen Absicht aber zuwiderlaufende Dichotomie von »verzauberter« und »entzauberter« Welt übernimmt. Was ich damit sagen will, wird nach einer kurzen historischen Konkretisierung klarer werden.

Taylor illustriert in seinem Buch die »verzauberte«, »magische« Welt fast ausschließlich an Praktiken des mittelalterlichen Christentums, insbesondere in seiner populären Form. Das empfinde ich als unglücklich, weil es sich beim mittelalterlichen Christentum ja um eine nachachsenzeitliche Religion handelt, also eine transzendenzbezogene, antimagische Religion, die durch ihre Ausbreitung in Bedingungen hinein, die sie von sich aus nicht hervorgebracht hätten, zu einer Fülle von Kompromissen mit der spontanen Volksreligiosität gezwungen war. Das mittelalterliche Christentum existierte deshalb in einer extremen Spannung zwischen achsenzeitlichem Programm und vorachsenzeitlicher Praxis.[14] Taylor ist großartig in der Kennzeichnung der

---

(darin meine Kritik auf S. 179-185); siehe auch Peter E. Gordon, »The Place of the Sacred in the Absence of God. Charles Taylor's ›A Secular Age‹«, in: *Journal of the History of Ideas* 69 (2008), S. 647-673, v. a. S. 669 ff.

14 Vgl. die treffende Formulierung von Ernst Troeltsch: »Der Katholizismus der bildungssatten, ein tausendjähriges Kulturerbe mit dem Christentum vermählenden und stützenden Antike ist vom Katholizismus des kulturlosen, autoritätsbedürftigen und phantastischen, germanisch-romanischen Mittelalters und beide wiederum sind vom Urchristentum durch eine tiefe Kluft getrennt.« Ernst Troeltsch, »Geschichte

Ausdrucksformen dieser Spannung, etwa in der Kompromißbildung in Gestalt der Idee hierarchischer Komplementarität von Klerikern und Laien. Ein wesentlicher Teil seiner Erzählung schildert auch, wie der achsenzeitliche »Stachel« in dieser Form religiösen Lebens immer neu wirksam wurde, und dies eben nicht erst im Zuge der Reformation, sondern spätestens seit dem elften Jahrhundert in immer neuen Anläufen der Kloster- und Kirchenreform. Die Veränderung des Christusbilds in dieser Zeit vom Weltherrscher zum leidenden Menschen, die Zentrierung der Reliquienverehrung auf Christus und Maria, die Zurückweisung objektbezogener Vorstellungen vom Gotteszwang zugunsten des ethischen Anspruchs bei Franziskus von Assisi und in den daran anknüpfenden Ordensgründungen – all das sind frühe Ausdrucksformen von Bemühungen um eine »Reform« vor der »Reformation«. Taylor legt besonderen Wert auch auf die zunehmende Individualisierung des Todesbewußtseins und der Vorstellungen vom Gericht über das Individuum unmittelbar nach seinem Tod und nicht erst am Tag des Jüngsten Gerichts, und er zeigt (124f.), wie die soziale Einbettung dieser Individualisierung, nämlich das Gebet um einen Ablaß der Sündenstrafen Angehöriger im Fegefeuer, vor seiner Korruption gemeint war, »bis schließlich das ganze Gebäude der mittelalterlichen Kirche in Brand geriet« (126). Im Grundsatz bin ich hier mit Taylor völlig einig. Ich hätte es aber besser gefunden, die Züge von Stammesreligion und archaischer Religion grundsätzlich oder anhand des vorchristlichen Europa zu illustrieren. Noch wichtiger wäre es gewesen, die innere Spannung des mittelalterlichen Christentums nicht unmerklich in einen »Vektor« der über Jahrhunderte sich vorbereitenden Reformation und einer über die Reformation hinausführenden Konstitution des modernen Immanenzbewußtseins umzudeuten. Das nämlich tut

---

und Metaphysik« (1898), in: ders., *Schriften zur Theologie und Religionsphilosophie (1888-1902)* (= KGA, Bd. 1), Berlin 2009, S. 613-682, hier S. 672.

Taylor, wodurch der außerordentlich produktive Gedanke einer ständigen unaufgelösten achsenzeitlichen Spannung im mittelalterlichen Christentum unmerklich in die Nähe von Vorstellungen von der rein kulturellen Determination eines (west-)europäischen Sonderwegs rückt. Taylor postuliert hier eine seit Papst Gregor VII. im elften Jahrhundert anhaltende Entwicklung des lateinischen Christentums, ohne wirklich eine Erklärung dafür zu haben, warum dieser Vektor wirksam sein soll. »Was diesen Vektor in Gang hält, ist eine Frage, die schwer zu beantworten ist, aber seine ungefähre Richtung dürfte schwer bestreitbar sein.« (153, Fn. 92) Es trifft ja zu, daß die Reformen, auch wenn ihr Selbstverständnis oft das einer Rückkehr zu einer Urgestalt des Christentums war, »zum Motor wirklich neuer Entwicklungen und beispielloser Veränderungen« (ebd.) wurden, aber ich halte die Kontingenz dieser Prozesse und ihre Determination durch andere als kulturelle Faktoren für viel größer, als Taylor dies anzunehmen scheint. Es ist doch eine retrospektive Illusion, aus immer erneuten, teilweise auch aufeinander aufbauenden oder sich zur Rechtfertigung auf Vorläufer berufenden Bemühungen auf eine sich durchhaltende Bewegung zu schließen.

Religiöse Erfahrung heute

Das ist auch deshalb wichtig, weil von der Beantwortung dieser Fragen abhängt, wie wir die heutigen Chancen religiöser Erfahrung im achsenzeitlichen Sinn einschätzen. Im Unterschied zu Charles Larmore, der Taylor dadurch kritisiert, daß er ihm bei nur geringer Distanzierung Webers Entzauberungsthese wie ein empirisches Faktum entgegenhält,[15] würde ich Taylor raten, sich noch weiter von Webers entsprechender Konstruktion zu lösen.

---

15 Charles Larmore, »How much can we stand?«, in: *The New Republic* v. 9.4.2008, S. 39-44.

Weber hat ja, obwohl man vieles bei ihm als Vorform von Jaspers' Idee der Achsenzeit ansehen kann, zwischen vorachsenzeitlich »Magischem« und nachachsenzeitlich »Sakramentalem« nicht durchgehend sauber unterschieden, sondern beides häufig durch einen bloßen Bindestrich (»magisch-sakramental«) so gereiht, als wäre es praktisch dasselbe.[16] Wenn Weber das Sakrament der Eucharistie explizit »wesentlich magisch« nannte, ist das religionssoziologisch mangelhaft und eher als Teil einer calvinistisch inspirierten Konfessionspolemik aufzufassen. Für Weber war der Katholizismus sozusagen präaxial, und seine implizite Abwertung verzerrt auch sein Bild vom Luthertum. Damit aber verfehlte er das Innovationspotential etwa der zeitgenössischen liturgischen Bewegung ebenso wie ein Verständnis der Möglichkeiten sakramentaler Erfahrung damals und heute. Taylor verfolgt natürlich die entgegengesetzte Absicht, hätte aber meines Erachtens mehr tun müssen, um die ständige Spannung zwischen achsenzeitlichem Stachel und Transzendenzverlust in religiösen Kontexten sowie die analoge Spannung zwischen Universalismus und Partikularismus in säkularen Zusammenhängen und die Offenheit der Auflösungen dieser Spannung begrifflich klar herauszuarbeiten.[17]

Damit sind wir schon im Bereich der Folgen der Existenz der säkularen Option angelangt. Auch hier hat Taylor Wegweisendes zu sagen. Manches davon ist schon aus seinen früheren Werken vertraut, etwa die Bedeutung einer ursprünglich religiös motivierten Aufwertung des gewöhnlichen Lebens und die an Durkheim erinnernden Überlegungen zu den Wurzeln einer Autonomisierung und Sakralisierung des Individuums. Wenn ich am Ende des Taylor-Kapitels in meinem Buch *Braucht der Mensch Religion?*[18] davon spreche, daß die bisherigen Veröffent-

---

16 Vgl. Joas, *Was ist die Achsenzeit?*, S. 26-35. Zur Kritik an Weber vgl. auch die Schriften von Werner Stark und unten, Teil IV, Kap. 3.
17 Ausführlich dazu: Hans Joas, *Die Macht des Heiligen. Eine Alternative zur Geschichte von der Entzauberung*, Berlin 2017.
18 Joas, *Braucht der Mensch Religion?*, S. 96-107, hier S. 107.

lichungen Taylors mich hungrig gemacht hätten auf gründlichere Ausarbeitungen aus seiner Feder hinsichtlich der Chancen und Gefahren des expressiven Individualismus auf dem Gebiet der Religion, dann kann ich jetzt nur sagen, daß dieser Hunger durch *Ein säkulares Zeitalter* fast schon im Übermaß gestillt wird. Ein Problem liegt aber weiterhin in Taylors Unterscheidung von paläo-, neo- und post-durkheimianischen Verknüpfungen von Religion und Staat. Gemeint sind damit zum einen Gesellschaften, in denen Religion nicht eigentlich ausdifferenziert ist (»paläo«); zum zweiten solche, in denen sie ausdifferenziert ist, zugleich aber ein größeres Ganzes (wie den Nationalstaat) symbolisiert (»neo«); und schließlich solche, in denen eine Form des radikalen Individualismus ohne jede soziale Einbettung dominiert (»post«). Wenn Taylor damit auf Folgeprobleme radikaler Individualisierung aufmerksam machen will, ist das sicher nützlich. Die Bezeichnung »paläo-durkheimianisch« scheint mir allerdings das mittelalterliche Christentum erneut nicht gut zu treffen, da in es ja die Spannung von Kirche und Reich, Papst und Kaiser immer eingebaut war. Dies ist ein weiterer Beleg für den Mangel der oben kritisierten Konzeption. Es ist aber, was die Gegenwart betrifft, insbesondere die Frage, ob es den post-durkheimianischen Zustand wirklich gibt. Wer schließt sich wirklich voluntaristisch einer Denomination an? Wer lebt nicht auch seinen expressiven Individualismus in dazu passenden Sozialformen? Taylor grenzt sich deutlich von konservativen Jeremiaden über zunehmende »free-floating spirituality« ab, indem er auf den »spirituellen Preis« (856) der anderen Formen verweist: religiöse Heuchelei, die Fusion von Glaube und Macht und anderes. Aber auch er scheint mir wie viele Gegenwartsdeuter die quantitative Bedeutung des »post-durkheimianischen« Phänomens und seine Repräsentativität für eine religiös-kulturelle Diagnose der Gegenwart zu übertreiben.

Bei Taylor ist allerdings, mögen diese Passagen auch soziologisch oberflächlich sein, hier ein tiefschürfendes theologisches Argument im Spiel. Das Buch ist nämlich durchzogen von Gedanken dazu, was eigentlich in heutiger Sprache »Kirche« sei. Der Sinn dieses Begriffs ist unter Bedingungen einer vorherrschend individualistischen Sichtweise nicht leicht zu artikulieren. Zur Selbstverständlichkeit scheint die Auffassung geworden zu sein, soziale Gebilde hätten auf dem freiwilligen Zusammenschluß ihrer Mitglieder zu beruhen und stellten deshalb auch im religiösen Fall bestenfalls eine Art Verein, einen »Kultverein«, wie Ernst Troeltsch formulierte, dar.[19] In der Vorstellung von der Kirche als einem Gebilde, das den Individuen übergeordnet ist und ihnen erst möglich macht, gläubig und sie selbst zu werden, steckt damit eine tiefe Unzeitgemäßheit. Taylor nennt die Kirche ein Netzwerk der *agape*,

> ein Knäuel von Beziehungen, das einzelne, einzigartige Personen aus Fleisch und Blut miteinander verbindet, und nicht eine Zusammengruppierung von Personen auf der Basis einer gemeinsamen wichtigen Eigenschaft (so wie wir in modernen Nationen alle Kanadier, Amerikaner, Franzosen oder, in universeller Hinsicht, allesamt Träger von Rechten sind und so weiter). (1222f.)

Ganz klar ist hier seine Nähe zu den theologischen Kritikern eines antimodernen, autoritär-zentralistischen katholischen Kirchenverständnisses wie den französischen Theologen Henri de Lubac und Yves Congar und ihrem Rückgang auf (vor allem griechische) Kirchenväter (1246f., Fn. 40). Dies ist deshalb auch von soziologisch-sozialphilosophischem Interesse, weil Taylor damit selbst den Ausblick eröffnet auf eine zumindest potentiell gegebene unerhörte Modernität der Institution Kirche:

> In diesem Sinne ist die Kirche eigentlich eine Netzwerkgesellschaft, wenn auch von ganz unvergleichlicher Art, denn die Beziehungen sind nicht durch irgendwelche historisch gegebenen Formen der wechselseitigen Bezogenheit – wie zum Beispiel Verwandtschaft, Treue gegenüber dem Häuptling oder dergleichen – vermittelt. Sie

---

19 Ernst Troeltsch, »Religiöser Individualismus und Kirche« [1911], in: ders., *Gesammelte Schriften*, Bd. 2, Tübingen 1913, S. 109-133, hier S. 117. Dazu auch Joas, *Glaube als Option*, S. 185-200.

geht über alle diese Formen hinaus, ohne sich jedoch in eine kategoriale Gesellschaft zu verwandeln, die auf Ähnlichkeiten ihrer Mitglieder basiert (wie zum Beispiel Gleichheit der Staatsangehörigkeit). Vielmehr entwickelt sie sich zu einem Netzwerk immer wieder verschiedener Agape-Beziehungen. (480)

Er fügt aber auch gleich realistisch hinzu, daß die Kirche oft »in eklatanter Form« dieses Modell verfehlt, aber »dennoch ist damit beschrieben, welcher Art die kirchliche Gesellschaft eigentlich sein soll« (481). In dieser Idee steckt auch ein Anreiz, über die Sozialformen nachzudenken, die für nichtchristliche Traditionen des moralischen Universalismus angemessen sind.

Dem Reichtum des monumentalen Buches von Charles Taylor kann eine knappe, auf die Erörterung offener und umstrittener Punkte zielende Auseinandersetzung nicht gerecht werden. Insbesondere müßte in einer detaillierteren Erörterung die Relevanz der kritisierten Punkte auch für andere Perioden, die Taylor untersucht, gezeigt werden. Die hinsichtlich der Reformtendenzen des mittelalterlichen Christentums hier beklagte Tendenz zur Konstruktion eines kulturellen Determinismus liegt auch in der Analyse der Moderne vor, wenn Taylor (507 ff.) von einem »Nova-Effekt« spricht: »Es sieht so aus, als habe der ursprüngliche Dualismus – die Forderung nach einer tragfähigen humanistischen Alternative – eine Dynamik von der Art eines Nova-Effekts in Gang gesetzt, der eine immer größere Vielfalt moralisch-spiritueller Optionen hervorgebracht hat [...].« (S. 507) Obwohl sich gewiß die Zeitigung von Optionen so konstruieren läßt, erfordert die Erklärung der Wahrnehmung dieser Optionen durch individuelle und kollektive Akteure eine Analyse, die näher an spezifische politische Konstellationen heranrückt, die Verknüpfung von Interessenlagen mit religiösen (oder antireligiösen) Orientierungen rekonstruiert und die oft mythische Gestalt berücksichtigt, in der solche Konstellationen ins kollektive Gedächtnis eingehen und die Einstellungen zu spezifischen Religionen oder *der* Religion im allgemeinen prägen. Weder die

Aufklärung des achtzehnten Jahrhunderts noch der Liberalismus und Sozialismus des neunzehnten Jahrhunderts, noch die kulturellen Umwälzungen der 1960er und 1970er Jahre haben einfach als solche säkularisierende Wirkungen gehabt. Taylor wird dem nicht widersprechen; sein Buch ruft allerdings nach soziologisch-sozialhistorischer Ergänzung.

Wellen der Säkularisierung

Mit dieser Bemerkung habe ich auch schon die Richtung angedeutet, in der meines Erachtens zu forschen ist, um den Ursachen von Säkularisierungsprozessen wirklich auf die Spur zu kommen. Die Überwindung der Säkularisierungsthese macht den Raum frei für eine solche Fragestellung; die geistesgeschichtliche Arbeit à la Taylor erläutert die Entstehung einer Option, kann aber – wie schon gesagt – die differentielle Wahrnehmung dieser Option nicht erklären. Zwar hat Charles Taylor sich (in Teil IV seines Buches) durchaus um die Rezeption soziologisch-historischer Schriften zum Thema bemüht, aber hier bleiben doch viele Fäden unverknüpft.

Methodisch lautet meine These, daß Säkularisierung sich weder geistesgeschichtlich noch aus unterschiedlichen Niveaus der wirtschaftlichen Entwicklung erklären läßt, sondern nur, wenn wir die Ebene der institutionellen Arrangements zwischen Staat, Wirtschaft und Religionsgemeinschaften ins Zentrum rükken. Entscheidend ist dabei die jeweilige Stellung von Religionsgemeinschaften und Kirchen zur nationalen Frage, zur sozialen Frage, zur Demokratie, zu den individuellen Freiheitsrechten und zum religiösen Pluralismus selbst, und die Art und Weise, wie sich diese Stellung in institutionellen Konstellationen von Staat und Kirche niedergeschlagen hat. Alle wirtschaftlichen Gegebenheiten, alle wissenschaftlichen und kulturellen Entwicklungen werden in diesen Spannungsfeldern erfahren und interpretiert und wirken sich so pro oder contra Säkularisierung aus.

Diese Erkenntnis verdanken wir dem britischen Soziologen David Martin, der sie 1978 in seinem Buch *A General Theory of Secularization* meines Erachtens bahnbrechend, seinerzeit aber wenig erfolgreich vorgetragen hat.[20] Man könnte natürlich sagen, daß sie grundsätzlich schon bei Max Weber angelegt war, aber das trifft die Sache nicht wirklich, weil Webers eigene Sicht auf das Christentum, die Entzauberung und Rationalisierung ihn zu Behauptungen führte, die bei einer solchen Methode gerade nicht haltbar erscheinen. Dies sind hochkomplexe Fragen, denen ich an dieser Stelle nicht weiter nachgehen will. Ich will lieber kurz illustrieren, wie sich aus dieser Perspektive das zur Säkularisierung führende historische Geschehen darstellt.[21]

Ich behaupte, daß die Säkularisierung keinen einheitlichen, linearen, kontinuierlichen Prozeß darstellt, der – etwa seit dem achtzehnten Jahrhundert – bis heute anhält. Wir können vielmehr drei historische Schübe oder Wellen identifizieren, in denen sich dieser Prozeß im wesentlichen abgespielt hat. Dabei sind vor allem der erste und der dritte dieser Schübe in relativ wenige Jahre zusammengedrängt. Ich behaupte, daß die erste Welle sich vor allem in Frankreich, aber nicht nur dort, in den Jahren 1791 bis 1803 abspielt; die dritte Welle von 1969 bis 1973 in Westeuropa (in Osteuropa dagegen in den späten 1950er Jahren). Die zweite, zeitlich weniger gedrängte Welle sehe ich in Deutschland in der Zeit zwischen 1848 und 1880.[22]

Diese starken Behauptungen sind sofort näher zu qualifizie-

---

20 David Martin, *A General Theory of Secularization*, London 1978. Zu Martins Lebenswerk vgl. unten, Teil IV, Kap. 4.
21 Sehr wichtig sind dafür die Bücher von Hugh McLeod: *Religion and the People of Western Europe 1789-1989*, Oxford 1981; ders., *Piety and Poverty. Working Class Religion in Berlin, London and New York*, New York 1996; ders., *Secularization in Western Europe 1848-1914*, New York 2000; ders., *The Religious Crisis of the 1960s*, Oxford 2007.
22 Zum Folgenden ausführlicher: Joas, *Glaube als Option*, S. 66-85.

ren. Es ist nicht selbstverständlich, hier von drei Wellen ein und desselben Prozesses der Säkularisierung zu sprechen. Vielleicht unterscheiden sich die drei Phasen untereinander so stark, daß die gemeinsame Bezeichnung eine falsche Gemeinsamkeit nur suggeriert. Auch darf die Benennung von drei Wellen nicht so klingen, als sei zwischen ihnen der Säkularisierungsprozeß nur unterbrochen worden; an seinem Richtungspfeil wäre dann ja bei aller unterschiedlichen Geschwindigkeit in den verschiedenen Phasen nicht zu zweifeln. Vielmehr können sich in den Phasen zwischen den Wellen massive Gegenbewegungen abspielen, Modernisierungen, Revitalisierungen, Retraditionalisierungen des Glaubens. Schließlich ist natürlich jede solche Aussage ohne regionale oder schichtenmäßige Präzisierung gefährlich. Das darf ich hier vernachlässigen, weil ich ja nur eine Illustration des methodischen Vorgehens anstrebe.

Fassen wir die erste dieser Wellen ein wenig näher ins Auge. Gegen die konventionelle Sicht, die Aufklärung im achtzehnten Jahrhundert sei antichristlich gewesen und habe die Französische Revolution in diesem Sinne wesentlich ideologisch inspiriert, steht dann die Beobachtung, daß Religion zunächst überhaupt kein wesentliches Thema der Revolution war.[23] Die Revolutionäre, die die Bastille erstürmt hatten, sollen zum Dank ein *Te Deum* gesungen haben, und in den ersten Jahren der Revolution fanden noch Dankgottesdienste zum Jahrestag des Sturms auf die Bastille am 14. Juli statt. Gegen die Kirche richtete sich zunächst nur der allgemeine Impuls zur Abschaffung feudaler Privilegien, das heißt, es ging um die Kirche in ihrer Rolle als Grundbesitzer. Entscheidend für das Schicksal des Glaubens in Frankreich war nicht dies, sondern die Tatsache, daß die Re-

---

23 Aus der umfangreichen Forschungsliteratur nenne ich an dieser Stelle als Überblick nur: Timothy Tackett, »The French Revolution and Religion to 1794«, in: ders., Stewart J. Brown (Hg.), *Enlightenment, Reawakening and Revolution 1660-1815* (= *The Cambridge History of Christianity*, Bd. VII), Cambridge 2006, S. 536-555.

volution bald weniger auf eine Trennung von Kirche und Staat setzte, sondern auf die Gründung einer Art Nationalkirche, also auf eine Nationalisierung und Verstaatlichung der Kirche. Dies trieb die Priester und Ordensleute sowie viele Gläubige in einen tiefen Loyalitätskonflikt und den Papst (Pius VI.) zu einem Verdammungsurteil gegen alles Revolutionäre einschließlich der Erklärung der Menschenrechte. Es eskalierte ein Konflikt, der gewaltsame Formen annahm: Gewalttaten der Revolutionäre gegen Priester, die den Loyalitätseid verweigerten, Gewalttaten von Gläubigen gegen regimetreue Priester. Als die Furcht vor einer konterrevolutionären militärischen Intervention Österreichs 1792 hysterische Ausmaße annahm, wurden Hunderte von Priestern ermordet, im Folgejahr kamen weitere Hunderte hinzu, der »Terreur« erreichte seinen Höhepunkt und systematische Versuche zu einer gewaltsamen Dechristianisierung wurden unternommen.

Trotz des baldigen Endes dieser Versuche und Napoleons Bemühungen um einen neuen Modus vivendi im Verhältnis von Kirche und Staat – so kann man sagen – hat Frankreich sich nie wieder von dieser extremen Polarisierung erholt. Alle kulturell an Frankreich orientierten Länder, vor allem Spanien und Portugal sowie Teile Italiens, wurden in diese Polarisierung hineingezogen, die das ganze neunzehnte und Teile des zwanzigsten Jahrhunderts prägte und noch heute – etwa in Spanien – deutliche Wirkung zeigt. Mir geht es darum, den hochgradig kontingenten Charakter dieser Polarisierung und damit des Säkularisierungsgeschehens deutlich zu machen.

Analog müßte man die Geschichte des Protestantismus in Preußen ab 1848 schildern. Es gibt direkte Parallelen in der Enttäuschungs- und Entfremdungsgeschichte der Revolutionäre gegenüber der evangelischen Staatskirche, in der der Landesherr oberster Bischof war. Hinzu kommt in diesem Fall die Geschichte rapider Urbanisierung und Industrialisierung, jedoch auch diese nicht im Sinne einer simplen Verursachung von Säkularisierung, sondern im Sinne einer nicht erkannten und nicht bewältigten Herausforderung der Kirche durch neue gesellschaftliche Entwicklungen. Dieser Mangel an zeitgenössischer Reaktionsfähigkeit zeigte sich – wie im England der industriellen Revolution – zunächst schon auf logistischer Ebene: zu wenig Kirchenraum in den Städten, für die unteren Schichten unrealisierbare Bekleidungserwartungen seitens bürgerlich dominierter Milieus und ähnliches. Deshalb galt Berlin schon 1881 als die unreligiöseste Stadt der Welt. Die danach einsetzende Kirchenbauoffensive war allerdings wesentlich weniger erfolgreich als in England, wo um 1900 ein Allzeithoch des Kirchenbesuchs erreicht wurde. In Preußen-Deutschland verschärfte der protestantische Pastoren-Nationalismus nach der Reichsgründung die Entfremdung von der männlichen Arbeiterschaft, die im Gegenzug eine säkulare Utopie und den wissenschaftlich-technischen Fortschritt sakralisierte. Die Säkularisierung der proletarischen Frauen blieb allerdings noch aus; das ist wohl der Hauptgrund, warum die immer wieder initiierten organisierten Kirchenaustrittsbewegungen relativ erfolglos blieben. Auch hier – das ist meine These – wären ganz andere Entwicklungen denkbar gewesen, wofür der Vergleich mit der viel höheren Bindungsfähigkeit der katholischen Kirche gegenüber den Arbeitern etwa im Rheinland und im Ruhrgebiet zu sprechen scheint.

Auch der letzte rapide Säkularisierungsschub Ende der 1960er Jahre läßt sich aus dem scheinbaren Determinismus epochalen Säkularisierungsgeschehens herauslösen. Noch die Frühphase der deutschen Studentenbewegung war teilweise stark christlich geprägt; das gilt für die bekannteste charismatische Führungsfigur Rudi Dutschke ebenso wie für die Infrastruktur der Bewegung in Gestalt etwa der evangelischen Studentengemeinden. Eine methodisch abgesicherte Erklärung für den enormen Absturz in dieser Geschichte kultureller und politischer Transformation kann ich nicht bieten. Aber der internationale Vergleich zeigt auch hier, daß die »expressive Revolution« der 1960er Jahre nicht notwendig säkularisierend wirken mußte. In den

USA spielten auch in dieser Phase und bis heute Tendenzen zur Sakralisierung der Erotik beispielsweise im Hippietum und zur Rezeption asiatischer Formen von Spiritualität eine mindestens ebenso wichtige Rolle wie die als »europäisch« empfundenen Tendenzen zur Säkularisierung.

Diese Skizze einer Erklärung der Säkularisierungsprozesse, in der gewiß sehr vieles fehlt und anderes nur angedeutet ist, muß an dieser Stelle genügen. Die säkulare Option, die im Verlauf dieser Geschichte in die Welt kam, wird nicht wieder verschwinden. Ein Ende der Optionalität ist nicht vorstellbar. Taylor hat sicher recht, wenn er ins Zentrum seines Denkens die Frage stellt, wie der Glaube sich ändert und ändern muß, wenn die säkulare Option einmal in den Horizont der Gläubigen getreten ist und der christliche Glaube damit selbst zu einer Option unter mehreren geworden ist. Es stecken in dieser Situation unerhörte Herausforderungen zur Neuartikulation des Glaubens, die aber durchaus auch als motivierend und nicht als einschüchternd erlebt werden können. Auch diejenigen, die sich vom Christentum oder von aller Religion distanzieren, müssen freilich dadurch auch die Optionalität ihrer eigenen säkularen Orientierungen erkennen. Das ist die erschütternde Wirkung des Todes der konventionellen Säkularisierungsthese. Noch in den letzten beiden Jahrzehnten, etwa in den Berliner Auseinandersetzungen um das Verhältnis von Religions- und Ethikunterricht beziehungsweise in den Brandenburger Diskussionen um das neue Schulfach Lebensgestaltung-Ethik-Religionskunde wurde erstaunlich häufig mit unhaltbaren historischen Vorstellungen von der Kirche als Auslaufmodell argumentiert, also die Einsicht in die Optionalität verweigert und die eigene Position als geschichtsphilosophisch garantiert dargestellt. Unsere heutigen Debatten über die säkulare Option und den Glauben als Option schließen ein Feld der Auseinandersetzung neu auf, das von modernistischen oder antimodernistischen Geschichtsvorstellungen lange Zeit abgeriegelt war. Charles Taylor hat mit seiner historisch gesättigten und philosophisch reflektierten Darstellung des Aufstiegs der säkularen Option die Bedingungen für die Erörterung dieser Fragen in epochaler Weise verändert.[24]

---

[24] Das Werk von Charles Taylor, insbesondere aber auch seine Beiträge zu Religion und Politik, haben ein äußerst starkes weltweites Echo gefunden. Es gibt zahlreiche Monographien und Sammelbände mit kritischen Stellungnahmen, davon mehrere mit einer Replik von Taylor. Diesen Repliken sind wichtige Ergänzungen und Selbstkorrekturen zu entnehmen. Ich nenne nur einige dieser Titel, ohne an dieser Stelle den Versuch zu unternehmen, den Argumenten im einzelnen gerecht zu werden: Michael Kühnlein, *Religion als Quelle des Selbst. Zur Vernunft- und Freiheitskritik von Charles Taylor*, Tübingen 2008; ders., Matthias Lutz-Bachmann (Hg.), *Unerfüllte Moderne? Neue Perspektiven auf das Werk von Charles Taylor*, Berlin 2011; Michael Kühnlein, (Hg.), *Charles Taylor. Ein säkulares Zeitalter*, Berlin 2018; Michael Warner, Jonathan VanAntwerpen, Craig Calhoun (Hg.), *Varieties of Secularism in a Secular Age*, Cambridge, Mass., 2010; Carlos D. Colorado, Justin D. Klassen (Hg.), *Aspiring to Fullness in a Secular Age. Essays on Religion and Theology in a Secular Age*, Notre Dame 2014; Ulrike Spohn, *Den säkularen Staat neu denken. Politik und Religion bei Charles Taylor*, Frankfurt/M. 2016; Mirjam Künkler, John Madeley, Shylashri Shankar (Hg.), *A Secular Age beyond the West. Religion, Law and the State in Asia, the Middle East and North Africa*, Cambridge 2018; Kieran Flanagan, Peter C. Jupp (Hg.), *Symposium on Charles Taylor with His Responses*, in: New Blackfriars 91 (2010), S. 625-724.

Teil III
Die Suche nach einer anderen Freiheit

1
Einführung

Wie groß auch immer die Übereinstimmung darüber sein mag, daß Freiheit ein hoher oder der höchste Wert in einer bestimmten Kulturtradition sei oder überall, in allen Kulturen, zu sein habe: keineswegs ist damit der Sinn des Begriffs Freiheit schon eindeutig geklärt. Lediglich dann scheint die Sache klar, wenn Freiheit nichts anderes bedeuten soll als die unbeschränkte Verfügung der einzelnen über sich selbst, über ihre Handlungen und ihr Eigentum, ja sogar ihren Körper und ihr Leben. Dann scheint die Freiheit der einzelnen nur dort eine Grenze zu haben, wo die ähnliche Selbstbestimmung der anderen – Freiheit beanspruchenden oder verdienenden – Individuen betroffen ist. Infolgedessen verlagern sich die philosophischen und politischen Debatten von der genaueren Bestimmung des Freiheitsbegriffs als solchem hin zur Klärung des Verhältnisses von Freiheit und Gleichheit. Wenn es offensichtlich scheint, daß alle denselben Anspruch auf Freiheit haben, geht es nur mehr um die institutionellen und sonstigen Bedingungen für die Gewährleistung der Freiheit für alle, zumindest in einem bestimmten Gemeinwesen oder vielleicht sogar über dieses hinaus. Heute finden viele diesen gleichen Freiheitsanspruch aller Menschen selbstevident, doch darf nicht in Vergessenheit geraten, daß auch die westliche Tradition von Vorstellungen über die unterschiedliche Berechtigung der Freiheitsansprüche verschiedener sozialer Klassen, »Rassen« oder Geschlechter durchzogen ist.

Wenn mit der Suche nach einer »anderen Freiheit«, auf die der Titel dieses dritten Teils des Buches anspielt, nichts anderes als die Bemühung um eine Alternative zur »negativen« Freiheit der Individuen im gerade bestimmten Sinn gemeint wäre, dann wäre die Philosophie Hegels einer der Stützpfeiler solcher Bemühungen, und nicht etwas, das der Revision und Überwindung bedürfte. Im Denken etwa Charles Taylors, Robert Pippins und Axel Honneths – davon war hier schon die Rede[1] – ist Hegel geradezu die wichtigste Inspirationsquelle für ein differenziertes Freiheitsverständnis, das über die bloß negative Version hinausgeht, ohne aber umgekehrt den guten Sinn der Selbstbestimmungsforderungen zu ignorieren oder diese für historisch überflüssig zu erklären, weil bestimmte Machtverhältnisse schönfärberisch zur endlich erlangten Erfüllung von Freiheitsträumen erklärt werden. Mit der Suche nach einer »anderen Freiheit« muß deshalb mehr gemeint sein als die Hegelsche Kritik der negativen Freiheitskonzeption. Es müssen Komponenten des Freiheitsverständnisses angezielt werden, die sich so bei Hegel nicht finden und die zugleich für ein angemessenes Verständnis von Religion und Glauben als unentbehrlich bezeichnet werden können.

Zwei solcher Komponenten sollen in den folgenden vier Studien vor allem herausgearbeitet werden. Im ersten und längsten Kapitel dieses Teils geht es um die Frage, ob die Forderungen der westlichen politischen Freiheitstradition tatsächlich auf einer Konzeption autonomer und säkularer Vernunft beruhen, wie dies von einigen der wichtigsten Denker von Hegel bis Habermas behauptet wird. Wenn dies zuträfe, dann wäre jedes Verständnis von Vernunft, das deren Autonomie bestreitet, und entsprechend jede Suche nach einem anderen, weniger vernunftzentrierten Verständnis von Freiheit als Erschütterung oder Gefährdung der politischen Freiheit zu beargwöhnen. Dies gälte dann selbst

---

[1] Siehe oben, »Einleitung« sowie in Teil II das Charles Taylor gewidmete Kap. 5. Die Erforschung der Begriffsgeschichte von »Freiheit« zeigt, daß zur Grundschicht dieses Begriffs die Zugehörigkeit zu einer schützenden Gemeinschaft gehört. Vgl. den Artikel »Freiheit« in: Otto Brunner, Werner Conze, Reinhart Koselleck (Hg.), *Geschichtliche Grundbegriffe. Historisches Lexikon zur politisch-sozialen Sprache in Deutschland*, Bd. 2, Stuttgart 1975, S. 425-542.

für derartige Tendenzen innerhalb der westlichen Kulturtradition, etwa im amerikanischen Pragmatismus, a fortiori aber in Kulturen (wie auch der deutschen), in der die freiheitlichen politischen Traditionen als schwächer verankert angesehen werden als in den Kernländern des Westens. Auch Hegels Suche nach einem geschichtlichen Verständnis von Vernunft und Freiheit, die manchen als Inbegriff einer Vernunftmetaphysik erscheint, wird dann von anderen einer solchen freiheitsgefährdenden Tendenz verdächtigt. Umgekehrt kann gerade die »Deflationierung« der Vernunft, etwa im Denken des Neopragmatisten Richard Rorty, als Voraussetzung für stabile politische Freiheit wahrgenommen werden – oder eben auch wieder als deren Gefährdung, weil der universalistische Anspruch von Freiheitsforderungen von ihm kulturrelativistisch eingegrenzt werde. Hier tut sich ein großer und unübersichtlicher Bereich von Fragen auf, die an dieser Stelle nicht erschöpfend behandelt werden können.[2] Der Fokus muß in unserem Zusammenhang ja auf den Problemen der Religionstheorie und des Glaubensverständnisses liegen. Deshalb ist entscheidend, ob tatsächlich für diese ein Postulat der menschlichen Freiheit im Sinne Kants so zum Ausgangspunkt gemacht werden kann, daß auch die Gewißheit von Gott auf diesem Postulat begründet werden muß, oder ob wir umgekehrt vielleicht sogar des religiösen Glaubens bedürfen, um ein Selbstgefühl der Handlungsfreiheit zu entwickeln. Die folgenden drei kürzeren Kapitel kreisen alle um diese Alternative, nämlich die Idee der »verdankten Freiheit«. Für die hier porträtierten Denker gilt, daß sie allesamt ein Freiheitsverständnis für unzulänglich halten, das dieses Motiv der Verdanktheit nicht in sich integriert hat.

Die Debatten über Freiheit, Vernunft und Religion laden sich

---

[2] Was Rorty betrifft, so habe ich mich in meinen Arbeiten immer wieder kritisch mit ihm auseinandergesetzt. Für den hier kurz angesprochenen Punkt vgl. Hans Joas, *Die Sakralität der Person. Eine neue Genealogie der Menschenrechte*, Berlin 2011, S. 170f. (Fn. 16).

immer wieder mit Energien auf, die der Bestimmung nationaler und kultureller Identität entstammen. Sie sind oft von den Fragen nach einer Anlehnung an den »Westen« oder nach einer Differenz gegenüber diesem bestimmt, insbesondere dort, wo die Zugehörigkeit zum Westen nicht selbstverständlich ist. In Frankreich, Großbritannien und den USA mag zwar diese Zugehörigkeit außer Frage stehen; dennoch geht es auch in diesen Ländern häufig um die Frage, inwiefern die eigene Tradition unter neuen Bedingungen noch lebensfähig oder gefährdet sei und worin sie nun eigentlich genau bestehe. Gerade hinsichtlich des Verhältnisses zur Religion ist die Rede von einem einheitlichen Westen grob irreführend, wie sich an der extrem unterschiedlichen Rolle der Religion in der politischen Kultur Frankreichs beziehungsweise der USA schnell zeigen ließe. In der deutschen Geistesgeschichte spielte die Frage nach einer Eigenständigkeit gegenüber dem Westen, einer »deutschen Idee der Freiheit«, die selbstbewußt und abgrenzend gemeint ist, oder nach einem »deutschen Sonderweg«, der eher zu beklagen sei, zwei Jahrhunderte lang eine wichtige Rolle. Obwohl sich dies durch Deutschlands »langen Weg nach Westen«[3] vielleicht historisch erledigt hat, sind die Motive, die dabei auf einer abstrakteren Ebene artikuliert wurden, in der Gegenwart keineswegs verschwunden. Sie tauchen heute in jeweils unterschiedlicher Konstellation in Osteuropa und Rußland, in der islamisch geprägten Welt und in China auf. Deshalb ist ein Blick zurück in dieser Hinsicht nicht nur von antiquarischem oder nationalem Interesse. Die Art und Weise, in der diese Motive im deutschen Denken des zwanzigsten Jahrhunderts hier verfolgt werden, mag auf den ersten Blick als ungewöhnlich erscheinen, ist aber unter den Denkvoraussetzungen dieses Buches zwingend. Es geht nämlich um die jeweils andere Verknüpfung »westli-

---

3 In Anspielung auf den Titel von Heinrich August Winklers monumentalem Geschichtsbuch *Der lange Weg nach Westen. Deutsche Geschichte I und II*, 2 Bde., München 2000.

cher« und »deutscher«, »rationalistischer« und »expressivistischer« Motive bei Ernst Troeltsch und Ernst Cassirer, das heißt bei einem der bedeutendsten Vertreter der historistischen Tradition und bei einem führenden und außerordentlich produktiven Kantianer.

Als ungewöhnlich kann die Konzentration auf diesen Vergleich zweier Denker deshalb erscheinen, weil ein anderer Vergleich, nämlich der zwischen Ernst Cassirer und Martin Heidegger, in den vergangenen Jahren enorme Aufmerksamkeit auf sich gezogen hat. Die Kontroverse zwischen beiden in Davos 1929 ist zur Schicksalsstunde der kontinentalen Philosophiegeschichte stilisiert worden und von vielfältigen Mythen umrankt.[4] Wenn dagegen im vorliegenden Buch Ernst Troeltsch als zentrale Figur für die Entwicklung einer Religionstheorie »nach Hegel und Nietzsche« betrachtet wird,[5] sollte dessen zusätzliche Profilierung durch den Vergleich mit Cassirer ähnliches Interesse verdienen.[6] Hier geht es allerdings nicht um eine

---

4 Peter E. Gordon, *Continental Divide. Heidegger, Cassirer, Davos*, Cambridge, Mass., 2010. Vgl. dazu meine Stellungnahme: Hans Joas, »Situierte Kreativität. Ein Ausweg aus der Sackgasse der Heidegger-Cassirer-Debatte«, in: *Deutsche Zeitschrift für Philosophie* 64 (2016), S. 635-643. In diesem Heft auch weitere Rezensionen und eine Replik Peter Gordons.

5 Vgl. die Einführung zu Teil I dieses Buches und das der Darstellung Troeltschs gewidmete Kap. 1 in Teil I.

6 Auch ein Vergleich Troeltsch–Heidegger ist aufschlußreich und könnte vertieft werden. Zu diesem Vergleich und zur Rezeption Troeltschs bei Heidegger (und den erhaltenen Briefen Troeltschs an ihn) liegen einige Arbeiten vor. Diese Rezeption findet sich z. B. in: Martin Heidegger, »Einleitung in die Phänomenologie der Religion«, in: ders., *Phänomenologie des religiösen Lebens* (= *Gesamtausgabe*, Bd. 60), Frankfurt/M. 1995, S. 1-156, hier S. 19-30. Am besten: Sylvain Camilleri, »A Historical Note on Heidegger's Relationship to Ernst Troeltsch«, in: S. J. Mc Grath/ Andrzej Wiercinski (Hg.), *A Companion to Heidegger's »Phenomenology of Religious Life«*, Amsterdam 2010, S. 115-134. Außerdem: Jeffrey Andrew Barash, *Martin Heidegger and the Problem of Historical Meaning*, New York 2003, v. a. Kap. 3 und 4; Gregory P. Floyd, »Between ›Liberale

punktuelle Konfrontation, die sich auch als Generationenkonflikt und historischer Einschnitt dramatisch aufladen ließe, sondern um eine über Jahrzehnte laufende, durchaus von Freundschaft getragene Beziehung zweier Gelehrter, welche die Schriften des anderen laufend respektvoll zur Kenntnis nahmen und bei der Modifikation der eigenen Position verarbeiteten. Als aufregend empfinde ich diese windungsreiche Auseinandersetzung vor allem aus zwei Gründen. Erstens haben wir es hier mit zwei faszinierenden Versuchen zu tun, sich nicht einfach auf eine der beiden Seiten zu stellen – die »rationalistische« oder die »expressivistische« –, sondern das jeweilige relative Recht der anderen Seite in der eigenen Philosophie zu berücksichtigen. Konkret heißt das, daß das Denken des Kantianers, Republikaners und Kosmopoliten Cassirer durch die immer stärkere Berücksichtigung des Ästhetischen und der deutschen klassischen Dichtung sich zu einer Position entwickelte, der er in einer umfangreichen *Philosophie der symbolischen Formen* und in einer auf die Symbolverwendung zentrierten Anthropologie Ausdruck verlieh. Umgekehrt hat Ernst Troeltsch sich spätestens nach dem Ende des Ersten Weltkriegs an das Projekt gemacht, die »antiwestliche« Mischung von Romantik und Militarismus in Deutschland aufzusprengen und aus der Tradition deutschen Individualitäts- und Geschichtsdenkens heraus einen eigenen,

---

Theologie‹ and ›Religionsphilosophie‹. A New Perspective on Heidegger's ›Phenomenology of Religious Life‹«, in: Gerhard Thonhauser (Hg.), *Perspektiven mit Heidegger. Zugänge – Pfade – Anknüpfungen*, Freiburg 2017, S. 132-146; Marta Zaccagnini, *Christentum der Endlichkeit. Heideggers Vorlesungen zur Einführung in die Phänomenologie der Religion*, Berlin u. a. 2003, S. 104-151. An dieser Stelle ist auch zu erwähnen, daß Heidegger 1930 den Ruf auf die Nachfolge Troeltschs an der Berliner Universität erhielt – gegen den Willen der Fakultät, die unico loco Ernst Cassirer vorgeschlagen hatte. Vgl. Reinhard Mehring, Dieter Thomä, »Leben und Werk. Martin Heidegger im Kontext«, in: Dieter Thomä (Hg.), *Heidegger-Handbuch. Leben – Werk – Wirkung*, Stuttgart 2005, S. 515-539, hier S. 524.

neuen und potentiell überlegenen Weg zur Stützung des Ideals der Menschenrechte zu finden.[7]

Der zweite Grund liegt im Vergleich der beiden Denker hinsichtlich ihrer Stellung (nicht zu Hegels, sondern) zu Kants Moral- und Religionsphilosophie. Bei aller Bereitschaft, die klassische kantianische Transzendentalphilosophie zeichentheoretisch weiterzuentwickeln und seine eigene philosophische Position historisch zu reflektieren, blieb Cassirer in normativen Fragen strikter orthodoxer Kantianer. Das Postulat der moralischen Freiheit der Menschen blieb sein Orientierungspunkt schlechthin. Religion tritt bei dieser Voraussetzung vornehmlich oder ausschließlich dort ins Bild, wo es um die Stärkung der Motivation zum moralischen Handeln geht. Diese Wahl ist für Troeltsch, der nur phasenweise in seiner Werkentwicklung sich im Idiom des deutschen Neukantianismus auszudrücken versucht hatte, seine eigentlichen Denkmotive aber aus anderen Quellen bezog, gänzlich inakzeptabel. Selbst die Bestimmung des Moralischen fällt bei ihm anders aus, insofern die historische Herausbildung der Ideale – das Faktum der Idealbildung, nicht das des Gewissens – für ihn zentral ist.[8] Die Geschichte der Moral verliert damit allen teleologischen Charakter. Eine Religion, die aus der Moral gedanklich erschlossen werde, sei vom tatsächlichen »Erleben und Erfahren der Gottesgemeinschaft« meilenweit entfernt. Die Wissenschaften von der Religion müßten aber gerade, statt diese auf Akte des Denkens zu reduzieren, das faktische Ergriffenwerden der Menschen in den Mittelpunkt stellen. Auch für die Bindung an den Wert Freiheit sind dann Erfahrungen konstitutiv. Dieser Gedanke läßt sich kritisch gegen jeden –

---

7 Vgl. dazu die Ausführungen im betreffenden Kapitel. Dieses »Projekt« Troeltschs, das durch seinen frühen Tod nicht wirklich weiterverfolgt wurde, war die – neben Durkheim – stärkste Inspiration für mein Buch *Die Sakralität der Person*.
8 Ernst Troeltsch, »Die Selbständigkeit der Religion« [1895/96], in: ders., *Schriften zur Theologie und Religionsphilosophie (1888-1902)* (= KGA, Bd. 1), Berlin 2009, S. 359-535, hier S. 459. Siehe dazu oben, Teil I, Kap. 2.

wie Troeltsch sagt – »messianischen Rationalismus«[9] wenden. Doch will Troeltsch damit ja nur das Selbstverständnis dieser Freiheitsphilosophie in Frage stellen, nicht aber ihre Forderungen verdammen. Er erschließt vielmehr eine historisch stärker reflektierte Form der Historisierung des moralischen Universalismus und eine bessere Erdung der Subjektivität in der Wirklichkeit unserer körperlichen Beschaffenheit und Umwelt. Die moralische Freiheit verweist notwendig auf die Bedingungen ihrer eigenen Konstitution. Dies aber ist die Brücke zur zweiten Komponente einer »anderen Freiheit«, nämlich der Idee oder der Erfahrung ihrer Verdanktheit.

Dieser Gedanke ist bei Troeltsch, wie ich zeigen werde, durchaus schon angelegt; systematisch ausgearbeitet aber wurde er erst von einem Denker, der sich gelegentlich als Schüler Troeltschs bezeichnet hat: Paul Tillich. Ich habe das hier folgende Porträt Tillichs, das weiter ausholt, um dessen produktiven Beitrag im Spannungsfeld von Theologie und Soziologie zu beleuchten, gleichwohl unter den Titel »Verdankte Freiheit« gestellt, weil mir die Reflexionen über »Theonomie« von strategisch zentraler Bedeutung für eine Religionstheorie »im Bannkreis der Freiheit« zu sein scheinen.[10] Um diesen Punkt verständlich zu machen, soll zunächst in alltäglicher, das heißt nichtphilosophischer oder nichttheologischer Sprache erläutert werden, was hier auf dem Spiel steht.

Ausgangspunkt muß die Frage sein, ob und in welchem Ma-

---

9 Ernst Troeltsch, »Die Zufälligkeit der Geschichtswahrheiten« [1923], in: ders., *Schriften zur Politik und Kulturphilosophie (1918-1923)* (= KGA, Bd. 15), Berlin 2002, S. 551-567, hier S. 556f.

10 Zur Begriffs- und Wissenschaftsgeschichte von »Theonomie« vor Tillich unverzichtbar: Friedrich Wilhelm Graf, *Theonomie. Fallstudien zum Integrationsanspruch neuzeitlicher Theologie*, Gütersloh 1987. Graf nennt (auf S. 231) diesen Begriff einen »der erfolgreichsten theologischen Kampfbegriffe der ›Sattelzeit‹« und zeigt die Vielfalt von Bedeutungsaufladungen und Einsatzweisen dieses Begriffs. Zusätzlich: Ernst Feil, »Zur ursprünglichen Bedeutung von ›Theonomie‹«, in: *Archiv für Begriffsgeschichte* 34 (1991), S. 295-313.

ße wir uns in unserem Alltag tatsächlich als Wesen empfinden, die zu eigenen Entscheidungen und folgenreichen Handlungen befähigt sind. Diese Empfindung scheint keineswegs bei allen Menschen gleich ausgeprägt und auch nicht in allen Phasen oder Augenblicken des Lebens gleich stark zu sein. Wir können durch den Zwang der Verhältnisse oder die Gewalt anderer so eingeschränkt werden, daß wir zwar an unserer prinzipiellen Fähigkeit zum Handeln nicht zweifeln, wohl aber an seiner Verwirklichbarkeit unter den gegebenen Umständen. Doch können wir auch an dieser unserer prinzipiellen Fähigkeit zumindest in Teilgebieten unserer Lebensführung zweifeln, wenn wir uns als völlig getrieben von natürlichen Impulsen oder von Süchten wahrnehmen, als Gegenstand unserer eigenen Zwanghaftigkeit oder als innerlich leer, ohne jegliche motivierenden Antriebe. Alle solche Erfahrungen zeigen uns, daß weder unsere prinzipielle Handlungsfähigkeit noch unser konkreter Handlungsspielraum selbstverständlich gegeben sind. Sie haben ihre je eigenen Ermöglichungsbedingungen, deren wir in der Reflexion habhaft zu werden versuchen können.

Wenn wir uns aber umgekehrt in einer genußvollen, vielleicht sogar euphorisch stimmenden Weise – im Spiel, in schöpferischen Leistungen, in gelingender Interaktion – als frei empfinden, kann auch dies Anlaß geben zur Reflexion auf die Bedingungen der Möglichkeit dieses Gefühls. Gerade weil wir im Spiel, im Schöpfertum, im Gelingen der Beziehung auch auf entgegenkommende »glückliche« Fügungen angewiesen sind und uns unsere eigenen Eingebungen erfreuen und überraschen, werden wir über die Selbstzuschreibung unserer Handlungen hinausgetrieben. Selbst der säkularste Geist wird seine eigene Fähigkeit zu freiem Handeln vermutlich auf die Liebe und den Erziehungsstil seiner Eltern oder die förderlichen Bedingungen in der Schule, im Sportverein, in einer politischen Jugendorganisation oder vielleicht sogar einer Kirchengemeinde sowie möglicherweise auf den Frieden und die politische Kultur seines Heimatlandes zurückführen. Diese Reflexion findet aber nicht leicht ein Ende, da der Erziehungsstil der Eltern oder Lehrer, die Vorbilder oder Gruppenstrukturen selbst auf deren eigene Ermöglichungsbedingungen hin befragt werden können. Es kann die Überlegung bis hin zur Frage nach der Freiheitsfähigkeit der Gattung Mensch und ihren Bedingungen überhaupt getrieben werden. Dies aber bedeutet, daß die Einsicht in die Verdanktheit unserer Freiheitsfähigkeit über die unmittelbare Umgebung und die Gegenwart hinaustreibt und es naheliegt, sogar den Menschen übersteigende Bedingungen dieser Fähigkeit zu benennen. Aus einem harmlosen Gefühl der Dankbarkeit für Freiheit können so die Fragen der Anthropologie und aus dieser noch weitergehende Fragen metaphysischer und religiöser Art herauswachsen. Denn eigentlich dürften die meisten Menschen in der Reflexion auf die Verdanktheit der Freiheit nicht ihre Ahnenreihe und die Geschichte oder gar die Stufenleiter der Natur und »große Kette der Wesen« im Sinne der vormodernen Naturphilosophie am meisten interessieren. Stärker bewegt sie die Frage in einem existentiellen Sinn: Was bedeutet es für meine Lebensführung, daß ich mich nicht selbst zu einem freien Wesen gemacht habe? Was bedeutet die unvermeidliche Einsicht in meine Verwundbarkeit und die Endlichkeit meiner Existenz für die Führung meines Lebens? Lähmt mich die Angst vor Leiden und Tod so, daß meine Handlungs- und Entscheidungsfähigkeit dadurch eingeschränkt wird? Oder befreit mich der Glaube von dieser Angst und steigert so auch meine Fähigkeit, mein Leben zu führen? Bin ich mir meiner Abhängigkeit von anderen genügend bewußt und nehme ich die Abhängigkeit anderer von mir konsequent in mein Selbstverständnis als freier und handlungsfähiger Mensch auf?

Im Christentum, aber keineswegs nur in diesem, hat der Gedanke der verdankten Freiheit seit Paulus eine zentrale Rolle und lange Tradition. Die bekannteste Stelle findet sich im Brief des Apostels Paulus an die Galater (Gal 5,1): »Zur Freiheit hat uns Christus befreit [...].« Oder in anderer Übersetzung: »Christus hat uns befreit; er will, daß wir jetzt auch frei bleiben. Steht also fest und laßt euch nicht wieder ins Sklavenjoch einspannen!«[11] Doch wovon und wodurch hat Christus nach Auffassung des Paulus uns eigentlich befreit? Nimmt man den unmittelbaren Zusammenhang dieser Stelle, dann scheint es sich eindeutig um die Befreiung vom jüdischen »Gesetz«, von der Verpflichtung der Christen zur Beschneidung und allen daraus folgenden weiteren Verpflichtungen zu handeln. Doch diese Deutung wäre zu eng, zumal die Empfänger des Briefes (die Galater) gar keine Judenchristen waren. Der Brief fährt denn auch bald damit fort, Gott als den Befreier zu bezeichnen und die Freiheit als eine von der Selbstsucht und für die Liebe zu benennen: »Mißbraucht eure Freiheit nicht als Freibrief zur Befriedigung eurer selbstsüchtigen Wünsche, sondern dient einander in Liebe.« (Gal 5,13) Das Liebesgebot aber erwähnt Paulus (Gal 5,14) ausdrücklich in sofortigem Anschluß als Inbegriff des »Gesetzes«, womit die Heidenchristen durchaus in die Kontinuität der Tora gestellt werden.[12]

Dieser traditionsreiche Gedanke wird also von Paul Tillich – der sich gerne Paulus nannte – gewiß nicht zum ersten Mal gedacht. Das Verdienst Tillichs scheint mir aber darin zu liegen, diesen Gedanken in die Debatten der klassischen deutschen Philosophie über die »Autonomie« der moralisch handlungsfähigen und vernünftigen Person neu und wirkungsvoll eingeführt zu haben. In der Linie Kants ergibt sich ja, wie erwähnt, das Problem, daß Religion einen sekundären Status gegenüber der Autonomie im moralischen Sinn einzunehmen scheint, und auch dies nur dann, wenn sie als Quelle der Motivation zum moralischen Handeln dient. Wenn dies nicht der Fall ist, dann muß die Religion sogar als Gefahr für die menschliche Autonomie erscheinen, als Unterwerfung unter fremdgesetzte Gebote und Gesetze oder unter den Willen eines gefürchteten übermensch-

---

11 Ich stütze mich im Folgenden v. a. auf Friedrich Wilhelm Horn, »›Zur Freiheit hat uns Christus befreit‹. Neutestamentliche Perspektiven«, in: Martin Laube (Hg.), *Freiheit*, Tübingen 2014, S. 39-58.
12 Ebd., S. 51.

lichen Wesens. In der linkshegelianischen Linie wurde Religion so zum Inbegriff der Heteronomie und ihre Überwindung zur notwendigen Voraussetzung von Fortschritten in der politischen Autonomie.[13] Das ist die glatte Gegenposition zur lateinamerikanisch geprägten Befreiungstheologie, in der der Religion und insbesondere dem Christentum eine entscheidende Rolle bei der Gewinnung politischer Freiheit zugesprochen wird, und zwar nicht in einem abstrakten Sinn, sondern unmittelbar auf die Mobilisierung der Gläubigen für den politischen Kampf aus ihren kirchlichen Gemeinden heraus bezogen.

Nun wäre es natürlich unsinnig zu leugnen – und auch Tillich hat dies nicht getan –, daß der Glaube tatsächlich Heteronomie sein *kann*, daß Autonomie etwa durch Kirchengehorsam verfehlt oder vermieden werden kann. Aber ebenso unsinnig wäre es, in allem Widerstand gegen religiösen Glauben eine Sicherung von Autonomie zu sehen. Tillich hat erkannt, daß das Begriffspaar Autonomie – Heteronomie schlicht nicht hinreicht, um die Sachlage aufzuklären. Wir brauchen, so Tillich, einen dritten Begriff, der aus der »Vertiefung der Autonomie in sich selbst zu dem Punkt, wo sie über sich hinausweist«,[14] hervorgeht. Das aber ist genau das, was sich uns eröffnet, wenn wir auf die Konstitutionsbedingungen unserer Freiheit reflektieren. Tillich sprach hier von »Theonomie«, weil er in dieser Reflexion auf die Bedingungen unserer Freiheit einen Weg zu Gott sah,

---

13 Am ausgeprägtesten finden sich diese Vorstellungen in der modernen französischen politischen Theorie, und zwar bei Cornelius Castoriadis, Claude Lefort und Marcel Gauchet. Bei letzterem wird das Christentum als Stufe in der Selbstauflösung der Religion gedeutet, als »religion de la sortie de la religion«. Vgl. Marcel Gauchet, *Le désenchantement du monde*, Paris 1985, S. 292. Zu dieser Position vgl. Hans Joas, *Die Macht des Heiligen. Eine Alternative zur Geschichte von der Entzauberung*, Berlin 2017, S. 332-335, sowie oben, die Einleitung zu vorliegendem Buch.
14 Paul Tillich, »Theonomie«, in: *Die Religion in Geschichte und Gegenwart*, hg. von Hermann Gunkel und Leopold Zscharnack, Bd. 5, Tübingen 1931 (2. Auflage), Sp. 1128-1129.

einen Weg, der nicht im Widerspruch zum Autonomie-Ideal steht. »Theonomie« soll gerade nicht eine blinde Unterwerfung unter ein heiliges Recht oder einen göttlichen Willen bezeichnen, sondern ein Innewerden der Verdanktheit der Freiheit. In solcher Hinwendung zu Gott als der Quelle meiner Freiheitsfähigkeit bleibt der Freiheitsanspruch ungeschmälert erhalten. Er ist allerdings insofern aus sich heraus verändert, als nun das freie Individuum nicht mehr auf die eigene Autonomie fixiert ist und das freie Kollektiv vor der Hybris der umfassenden Planung und Gestaltung aller Lebensbereiche bewahrt bleibt. Damit entsteht eine innere Freiheit auch im Umgang mit äußerem Zwang und mit den gesellschaftlichen und politischen Ordnungen. Es entsteht auch ein Respekt vor der Unverfügbarkeit des anderen und der Natur, ja auch des eigenen Lebens.[15] Bei aller Hochschätzung des Werts der Selbstbestimmung ist dieser Wert damit nicht die einzige und selbstverständlich höchste Leitlinie moralischer Reflexion.

In einem meisterlichen Aufsatz hat der protestantische französische Philosoph Paul Ricœur diesen Gedanken der Relation von Theonomie und Autonomie aufgegriffen und weiterentwickelt.[16] Er verfolgt ihn einerseits vom Neuen Testament aus zurück zur Offenbarung des mosaischen Gesetzes, insbesondere in seiner konzentrierten Gestalt in den »Zehn Geboten«.[17] Dabei ist sein Ausgangspunkt die »Verflechtung der Gesetzesstiftung mit dem Rezitativ der Befreiung«[18] aus der Versklavung

---

15 Vgl. Hans Joas, »Respekt vor Unverfügbarkeit – ein Beitrag zur Bioethik-Debatte«, in: *Die Zeit*, 15. 2. 2001, S. 38 und (ungekürzt) in: ders., *Braucht der Mensch Religion? Über Erfahrungen der Selbsttranszendenz*, Freiburg 2004, S. 143-150.
16 Paul Ricœur, »Theonomie und/oder Autonomie«, in: Carmen Krieg u. a. (Hg.), *Die Theologie auf dem Weg ins dritte Jahrtausend. Festschrift für Jürgen Moltmann*, Gütersloh 1996, S. 324-345. Zu Ricœur siehe unten in diesem Teil, Kap. 4.
17 Vgl. dazu die Auseinandersetzung in: Hans Joas (Hg.), *Die Zehn Gebote. Ein widersprüchliches Erbe?*, Köln 2006.
18 Ricœur, »Theonomie und/oder Autonomie«, S. 325.

in Ägypten und die Entwicklung einer Vorstellung von liebendem Gehorsam. Eine so verstandene »Theonomie« aber sei – und das ist im vorliegenden Zusammenhang der entscheidende Punkt – der Autonomie nicht entgegengesetzt, sondern in diese dialektisch verwoben. In Ricœurs Sprache geht es hier um die *Wechselwirkung* von »Liebe« und »Gerechtigkeit«. Das Liebesethos bricht ihm zufolge nicht mit den Forderungen der Gerechtigkeit, modifiziert diese aber in vielfältiger Weise, wird aber auch von diesen modifiziert.[19] Das in diesem Buch enthaltene, Ricœur gewidmete Kapitel »Normenraster und Heilige Schrift, Theonomie und Freiheit« führt vor, wie dieser daraus einerseits eine Konzeption entwickelt, in der das kantianisch-habermasianische Motiv des moralischen Universalismus bejaht und bewahrt bleibt, aber auch mit der Entstehung unserer Wertbindungen aus kontingenten Erfahrungen und der Konstitution unseres Selbst durch Erzählungen vermittelt wird. Andererseits geht es darum, die Frage ins Auge zu fassen, wie bei Ricœur das Verhältnis von religiöser Erfahrung und religiöser Sprache, von »Manifestation« und »Proklamation« gedacht wird, von individueller außeralltäglicher Erfahrung und Kommunikation.

Beim folgenden hier porträtierten Denker, dem deutschen protestantischen Theologen Wolfgang Huber, steht zunächst dieses Motiv der Intersubjektivität und Kommunikation im Vordergrund. Dabei knüpft er nicht an die einflußreiche Theorie des kommunikativen Handelns von Jürgen Habermas oder die Anerkennungskonzeption von Axel Honneth an, sondern an die Idee der »kommunikativen Freiheit«, wie sie sich im Werk eines führenden christlichen Hegelianers unserer Zeit findet, bei Michael Theunissen.[20] Von Theunissen läßt sich gerade

---

19 In diesem Punkt sieht Kühnlein eine Überlegenheit der Konzeption Ricœurs gegenüber der Taylors. Vgl. Michael Kühnlein, *Religion als Quelle des Selbst. Zur Vernunft- und Freiheitskritik von Charles Taylor*, Tübingen 2008, S. 238-244.
20 Huber berichtet, daß v. a. ein Aufsatz Theunissens von 1976 für ihn (und Heinz Eduard Tödt) von entscheidender Bedeutung war: Michael

nicht wie von vielen anderen zeitgenössischen Hegelianern behaupten, daß der Glaube und das Christentum einen blinden Fleck in seiner Rekonstruktion von Hegels Philosophie dargestellt hätten;[21] gleichzeitig war er sich wie Habermas und (später) Honneth der relativen Enge von Hegels Intersubjektivitätskonzeption bewußt und trug selbst durch seine breite Rezeption der jüdischen und christlichen Dialogphilosophie zu deren Überwindung entscheidend bei. Durch die Anknüpfung Theunissens an Kierkegaard findet sich bei ihm auch schon das Motiv der Selbstwerdung nicht nur aus den Strukturen der Intersubjektivität heraus, sondern durch Einsicht in die eigene Relation zu Gott – ein Motiv, das in unserem Zusammenhang als das der Verdanktheit behandelt und in einen nicht ausschließlich christlichen oder religiösen Zusammenhang gestellt wird. Im hier vorgelegten Porträt von Hubers »Theologie der Befreiung« soll zum einen herausgearbeitet werden, wie im Rahmen dieser Konzeption das Motiv der Verdanktheit entwickelt wird. Es wird zum anderen kritisch gefragt, in welchem Maße es Huber bereits gelungen ist, die verschiedenen Stränge des Freiheitsdenkens, die alle in seinem Werk auftauchen, konsistent zu verknüpfen.[22]

In den bisherigen Ausführungen zur »Suche nach einer anderen Freiheit« war von der Problematik der Annahme einer autonomen Vernunft und von der Notwendigkeit einer Reflexion auf die Verdanktheit der Freiheit die Rede. Abschließend sollen diese beiden Gedankengänge noch insofern aufeinander bezo-

---

Theunissen, »Ho aiton lambanei. Der Gebetsglaube Jesu und die Zeitlichkeit des Christseins«, in: Bernhard Casper u.a. (Hg.), *Jesus – Ort der Erfahrung Gottes. Festschrift für Bernhard Welte*, Freiburg 1976, S. 13-68. Dazu Wolfgang Huber, »Über die kommunikative Freiheit hinaus«, in: Heinrich Bedford-Strohm, Paul Nolte, Rüdiger Sachau (Hg.), *Kommunikative Freiheit. Interdisziplinäre Diskurse mit Wolfgang Huber*, Leipzig 2014, S. 175-191, hier S. 178f.

21 Vgl. dazu oben, »Einleitung«, S. 26.
22 Die Entgegnung Hubers auf meine Bedenken und Nachfragen in: Bedford-Strohm u.a. (Hg.), *Kommunikative Freiheit*, v.a. S. 181-186.

gen werden, als die Frage nach der Möglichkeit einer solchen Reflexion selbst aufzuwerfen ist. Wenn die Autonomie der Vernunft unterstellt wird, dann kann es so scheinen, als sei das Subjekt imstande, sich zur Reflexion auf die Bedingungen der Möglichkeit der eigenen Freiheitsfähigkeit schlicht aus freien Stücken zu entschließen. Unter den Bedingungen der klassischen deutschen Philosophie war dies vorstellbar; insbesondere das Denken Fichtes ist häufig so interpretiert worden. Wenn dagegen die Reflexion des Menschen selbst nicht als beliebig initiierbar, sondern als von realen Handlungssituationen erzwungen oder zumindest nahegelegt gedacht wird, dann stellt sich die Frage, wann es einem Subjekt zum Bedürfnis und zur Erfahrung wird, sich selbst als handlungsfähig zu erleben. Es geht dann nicht um einen Akt dezisionistischer Selbstsetzung des Ich, sondern um eine Bereitschaft zur Öffnung des eigenen Selbst gegenüber Kräften, die nicht vom eigenen Ich erzeugt sind.[23] Diese Kräfte können, müssen aber nicht als von Gott oder einem Gott kommend gedacht werden. Heute liegt es vielen Menschen näher, sie als die Kräfte des Unbewußten aufzufassen. Es war nur konsequent, daß William James nicht nur in vielen seiner Schriften die konkreten Bedingungen des Selbstgefühls eigener Handlungsfähigkeit untersucht hat, sondern auch die Frage systematisch offenließ, woher der einzelne solche nicht von ihm oder ihr selbst erzeugten Kräfte gewinnt. Er wollte ja weder Glaubensapologet noch Religionskritiker sein, sondern wissenschaftlich auf der Ebene der Phänomenologie

---

23 Dies erkannten sehr gut – im Kontrast von Fichte und William James – Michael Hampe und Felicitas Krämer. Vgl. Michael Hampe, *Erkenntnis und Praxis. Zur Philosophie des Pragmatismus*, Frankfurt/M. 2006, S. 283-286 (dieses Kapitel ist zusammen mit Felicitas Krämer verfaßt); Felicitas Krämer, *Erfahrungsvielfalt und Wirklichkeit. Zu William James' Realitätsverständnis*, Göttingen 2006. Zur Auseinandersetzung eines klassischen Pragmatisten mit Fichte vgl. auch George Herbert Mead, *Movements of Thought in the Nineteenth Century*, Chicago 1936, S. 85-110.

des religiösen Bewußtseins verbleiben. Wenn er quasimetaphysisch über die Ebene der Wissenschaft hinausging, griff er zu Metaphern. Für die Erfahrung des Erfülltwerdens von Kräften, die nicht vom Subjekt selbst erzeugt sind, aber dieses zum Selbstsein befähigen, ist seine Lieblingsmetapher die der »mother-sea«.[24] Man muß hier wohl an das große Meer denken, das jede seiner Buchten speist und im Wechsel der Gezeiten in sie hineinströmt. In den Spekulationen von James hat dieser Gedanke teilweise gerade nicht theistische, sondern pantheistische oder »panpsychistische« Züge. Auch die Gedankenführung des Apostels Paulus erwuchs nicht einfach aus dem Christusglauben oder dem jüdischen Monotheismus, sondern war wesentlich von der griechischen Stoa geprägt.[25] Die Erfahrung der Verdanktheit unserer Freiheit zwingt zwar zu einer Deutung ihrer Quelle, läßt aber nicht nur eine einzige solche Deutung zu.

Diese Erfahrung kann aber auch ausbleiben oder nicht ernst genommen werden. Dann erscheint die Fähigkeit zum selbstbestimmten Handeln als natürlich gegeben und die Welt vor allem als Ort von Einschränkungen für das Individuum. Dann wandelt sich das Verhältnis zu den anderen Menschen von einem mit Dankbarkeit durchtränkten in eines des Vorwurfs und des Furors der Durchsetzung eigener Wünsche und Forderungen. Dann schlägt die Vorstellung von Handlungsfreiheit, die für politische Freiheit wesentlich ist, um in eine Gefährdung der Bedingungen freien Zusammenlebens, weil das Individuum keine Verantwortung für die Gewährleistung der Bedingungen einer freiheitlichen Ordnung mehr empfindet. In diesem Sinne sind

---

24 William James, »Human Immortality. Two Supposed Objections to the Doctrine« [1898], in: ders., *Essays in Religion and Mortality* (= *Works*, Bd. 9), Cambridge, Mass., 1982, S. 75-101, hier S. 94. Zu James' Beitrag über »Unsterblichkeit« vgl. Joas, *Die Sakralität der Person*, S. 227-230.
25 Vgl. Horn, »»Zur Freiheit hat uns Christus befreit‹«, S. 43, im Anschluß an Samuel Vollenweider. Zum Panpsychismus vgl. James' sympathisierende Ausführungen über Gustav Theodor Fechner in: William James, *Das pluralistische Universum*, Leipzig 1914, S. 83-112.

die Überlegungen von Troeltsch, Tillich, Ricœur und Huber, um die es in diesem Teil des Buches geht, viel mehr als eine schöne Überhöhung nüchterner politischer Freiheitskonzeptionen. Sie verweisen vielmehr auf eine notwendige Brechung übertriebener Vorstellungen von der Autonomie der Vernunft und der moralischen Person, durch die erst die politische Freiheit auf Dauer gesichert werden kann.[26]

---

26 Dies ist auch die Botschaft des Satzes Tocquevilles, der diesem Buch als Motto vorangestellt ist.

2
Eine deutsche Idee von der Freiheit? Cassirer und Troeltsch zwischen Deutschland und dem Westen

Nach 1945 fand im westlichen Deutschland unter dem Eindruck der katastrophalen militärischen Niederlage und der Aufdeckung der grauenvollen Verbrechen des nationalsozialistischen Regimes eine entschiedene Wendung zu den politischen und kulturellen Traditionen Westeuropas und Nordamerikas statt. Für die deutschen Intellektuellen und Gelehrten der Nachkriegszeit mußte diese Wendung zum »Westen« das Verhältnis zu denjenigen Traditionen komplizieren, welche lange Zeit in Deutschland und außerhalb Deutschlands als spezifisch deutsch empfunden worden waren. Eine ungebrochene Fortsetzung dieser Traditionen verbot sich für die meisten; nur wenige aber entschieden sich für eine abrupte Abwendung von allen deutschen oder gar allen »kontinentalen« Denkweisen; viele suchten in der deutschen Tradition selbst nach unbefleckten Figuren und meinten diese etwa in Immanuel Kant oder Max Weber oder der Frankfurter Schule finden zu können. Produktiver als solche oft von übergroßem Identifikationsbedürfnis bestimmten Anlehnungen war es, sich in die unvermeidlichen Spannungsverhältnisse zwischen dem Eigenen und dem Fremden hineinzustellen, größte Offenheit gegenüber etwa amerikanischen, britischen und französischen Werken mit einer neuen Aneignung auch der deutschen Geistesgeschichte zu verbinden. Ironischerweise ist die internationale Aufmerksamkeit für solche Versuche in der Regel größer, als dies bei einer bloßen Wiederholung von Motiven der Fall ist, die in den Ländern ihres Entstehens wohlbekannt sind. Was die Fortsetzung der Motive der »Kritischen Theorie« betrifft, hat vor allem Jürgen Habermas die Fenster weit aufgerissen und Enormes für die Rezeption von

Denkweisen getan, die in früheren Stadien dieser Tradition kaum eine Rolle gespielt hatten oder ideologiekritisch abgewertet wurden. Axel Honneth ist ihm darin in der nächsten Generation gefolgt; in großer intellektueller Selbständigkeit hat er Weiteres und Anderes in die Kritische Theorie integriert und dadurch die Vitalität dieser Denktradition auch in unserer Zeit unter Beweis gestellt. Karl-Otto Apel hat mehr als alle anderen dafür getan, die Philosophie des amerikanischen Pragmatismus in Deutschland bekannt zu machen und sie systematisch auf deutsche Denktraditionen zu beziehen. Von einem Abschluß dieser komplizierten Vermittlungsbemühungen kann noch keine Rede sein. Viele Aufgaben stellen sich weiterhin, und von den gegenwärtigen Vermittlungsbemühungen her fällt auch ein neues Licht auf die Zeit vor 1945.

Zwei Vermittlungen zwischen Deutschland und dem Westen

Die Versuche der Vermittlung zwischen Deutschland und dem Westen haben nämlich eine viel längere Geschichte. Zwei deutsche Denker, deren Denken ohne diese Spannung nicht zu begreifen und deren Leistung ohne die Frage nach dem Erfolg ihrer Vermittlungsbemühungen nicht zu beurteilen ist, sind nach Jahrzehnten, in denen sie fast in Vergessenheit zu geraten schienen, in den letzten Jahren in geradezu triumphaler Weise wiederentdeckt worden: Ernst Cassirer und Ernst Troeltsch. Ernst Cassirer (1874-1945) ist heute durch seine bedeutenden geistesgeschichtlichen Arbeiten, mehr noch aber durch seine Philosophie der symbolischen Formen und seine philosophische Anthropologie zu einem unumgänglichen Gegenstand für alle geworden, die sich für die deutsche Philosophie des zwanzigsten Jahrhunderts im allgemeinen und für die symboltheoretische oder semiotische Transformation der Transzendentalphilosophie im besonderen interessieren. Ernst Troeltsch wiederum war jahrzehntelang fast nur noch von Theologen rezipiert worden. In den Sozialwissenschaften überschattete der Ruhm seines langjährigen Freundes und Kollegen Max Weber sein Werk fast ganz, und in der Philosophie wurde er eher als später Vertreter des Historismus und nicht als sein schöpferischer Überwinder im Sinne einer Lösung des Relativismusproblems wahrgenommen. Ernst Troeltsch starb, noch keine sechzig Jahre alt, vor Vollendung seines Hauptwerkes. Ernst Cassirer wurde im Alter von 58 Jahren gezwungen, sein Heimatland zu verlassen, um der Verfolgung durch die nationalsozialistische Rassenideologie zu entgehen; die Tatsache, daß er jüdischer Herkunft war, hatte schon vorher, in der gepriesenen Gelehrtenwelt des wilhelminischen Deutschland, seine akademische Karriere erschwert, so daß er erst nach der Revolution von 1918/19 Professor an der neugegründeten Hamburger Universität werden konnte. Diese wählte ihn sogar zum Rektor für das akademische Jahr 1929/30, was erst die vierte Wahl eines jüdischen Rektors in der deutschen Universitätsgeschichte überhaupt darstellte. Nach seiner Emigration, die die verzögerte, aber dann glanzvolle akademische Laufbahn Cassirers abrupt unterbrach, fand er eine neue Heimat als Gelehrter und Mensch zunächst in Schweden, an der Universität Göteborg, dann in den USA.

Es entspricht den starken ideenhistorischen Interessen von Cassirer und Troeltsch, wenn ihr Werk selbst historisch kontextualisiert wird; es entspricht dem durchaus »eingreifenden« Charakter ihres Denkens, wenn es auf große uns heute beschäftigende Fragen bezogen wird.

Cassirers Werk ist schon häufig in Kontrast gesetzt worden zu einem Denker, mit dem er sich selbst konfrontiert hatte. Die Rede ist von der berühmten Davoser Disputation zwischen Cassirer und Martin Heidegger im Jahr 1929.[1] Damals waren

---

1 Zur Kontroverse selbst vgl. den Anhang zu: Martin Heidegger, *Kant und das Problem der Metaphysik* (= *Gesamtausgabe*, Bd. 3), Frankfurt/M. 1998, S. 247-311. Die Sekundärliteratur dazu ist enorm. Heraus-

der als »Neukantianer« im allgemeinen Bewußtsein klassifizierte Cassirer und der spätestens seit der Veröffentlichung von *Sein und Zeit* zwei Jahre zuvor sensationsumwobene Jungstar der deutschen Philosophie Martin Heidegger vor einem 200 Personen umfassenden internationalen Publikum in zunächst esoterisch erscheinenden Fragen der Interpretation Kants, der Frage nämlich nach dem Verhältnis von Erkenntnistheorie und Metaphysik im Werk dieses Denkers, aufeinandergeprallt. Schon die Teilnehmer scheinen diese Kollision als epochal empfunden zu haben. Zu ihnen gehörten später so berühmt werdende Denker wie Emmanuel Levinas, Joachim Ritter, Eugen Fink, der Jesuit Erich Przywara, Otto Friedrich Bollnow und (wohl auch) Leo Strauss und Herbert Marcuse sowie, wie wir heute wissen, sogar Rudolf Carnap.[2] Noch am Ort des Geschehens spielten einige von ihnen den Kampf der philosophischen Titanen satirisch nach: Bollnow spielte Heidegger, Levinas Cassirer; als solcher sagte er immer nur denselben Satz: »Ich bin ein Pazifist«, während Bollnows Heidegger von Levinas verfaßte Unsinnssätze wie: »Interpretieren heißt, ein Ding auf seinen Kopf zu stellen«, von sich gab. Was im Jahr 1929 wie ein Studenten-Ulk auf höchstem Niveau erscheinen mußte, wirkt in der Retrospektive wie unheimlicher Leichtsinn, und in der Tat hat sich Levinas seine Rolle in diesem grausamen Spiel angeblich nie verziehen. Der Leichtsinn der jungen Leute zeigt aber auch, daß für sie all jene Bedeutungen nicht selbstverständlich in der Kollision von Cassirer und Heidegger enthalten waren, die wir heute in sie hineinsehen. Uns mag der Disput wie der Zusammen-

---

ragend das Buch Peter E. Gordons, *Continental Divide. Heidegger, Cassirer, Davos*, Cambridge, Mass., 2010. Außerdem: Thomas Meyer, *Ernst Cassirer*, Hamburg 2006, S. 154-179.

2 Auf dieser Tatsache baut ein weitreichendes Argument zum Verhältnis analytischer und kontinentaler Philosophie und zur Bedeutung von Cassirers vermittelnder Position auf: Michael Friedman, *Carnap, Cassirer, Heidegger. Geteilte Wege*, Frankfurt/M. 2004.

prall von Rationalismus und Irrationalismus, Humanismus und (antiliberalem und antisemitischem) Antihumanismus erscheinen. Es ist deshalb sehr schwierig, die wichtigen sachlichen Fragen, um die es hier ja in erster Linie ging und die sich bei der Konfrontation von Transzendentalphilosophie und historistischer Hermeneutik notwendig stellen, unter den politischen und ideologischen Schichten, die auf dieser Debatte liegen, überhaupt noch herauszugraben.

Auch aus diesem Grund soll hier ein anderer Weg verfolgt werden. Hier geht es um die Konfrontation Cassirers mit einem der größten Vertreter der deutschen hermeneutisch-historistischen Tradition: eben mit Ernst Troeltsch. Cassirer und Troeltsch haben ihre Schriften wechselseitig über Jahrzehnte zur Kenntnis genommen und aufeinander vielfältig reagiert. Als Fokus der Auseinandersetzung wähle ich dabei eine Frage, die auch von höchster moralischer und politischer Relevanz ist: die Frage der Menschenrechte und ihrer Begründung. Es geht mir also nicht um die Isolierung philosophischer Konflikte von ihren moralisch-politischen Implikationen, sondern nur um eine weniger stark belastete Sicht, als dies im Fall Heidegger möglich ist. Und es geht mir darum, zwei Denker nicht nur an einem isolierten Punkt ihrer Entwicklung miteinander zu kontrastieren, sondern sie in ihren Entwicklungen aufeinander zu beziehen, diese ineinander zu spiegeln, so daß erkennbar wird, was sich an Gemeinsamem in den unterschiedlichen philosophischen Projekten findet. So unterschiedlich die Ausgangspunkte der beiden Denker ja waren, so wenig kann ausgeschlossen werden, daß ihr Denkweg zu einer Konvergenz führte. Wie genau verhalten sich bei ihnen Transzendentalphilosophie und Hermeneutik zueinander, und was bedeutet deren Verhältnis in politisch-philosophischer Hinsicht, insbesondere hinsichtlich des Verständnisses politischer Freiheit und ihrer Beziehung zur Geschichte der Religion? Diese Fragestellung meine ich, wenn ich nach der Stellung von Troeltsch und Cassirer zwischen Deutschland und dem Westen und nach einer »deutschen Idee von der Freiheit« frage – und wenn ich die Geschichte einer spannungsreichen intellektuellen Freundschaft erzähle.[3]

Ich werde allerdings nicht einfach chronologisch vorgehen, da ich die mich beschäftigende Frage am besten am Spätwerk Troeltschs klarmachen kann. Am Beginn meiner Überlegungen steht eine Szene. Sie spielt an einem Oktoberabend des Jahres 1922 im Zentrum Berlins. In Schinkels Bauakademie hielt an diesem Abend die Deutsche Hochschule für Politik ihre zweite Jahresfeier ab. Der Einladung dieser noch jungen Einrichtung, die sich die Förderung der Erwachsenenbildung im Geiste der Demokratie zum Ziel gesetzt und es damit unter den Bedingungen der frühen Weimarer Republik alles andere als leicht hatte, waren der Reichspräsident Friedrich Ebert und herausragende Figuren des akademisch-intellektuellen Lebens Berlins wie die Historiker Friedrich Meinecke, Erich Marcks und Hans Delbrück gefolgt. Den Hauptvortrag hielt der protestantische Theologe, Historiker, Philosoph Ernst Troeltsch; sein Thema: »Naturrecht und Humanität in der Weltpolitik«.[4] Die Gedankenführung dieses Vortrags faszinierte schon die Zeitgenossen.

---

3 Unter einem stärker politischen, vor allem verfassungspolitischen Gesichtspunkt setzt sich mit diesem Thema auseinander: Wolfgang Mommsen, »Die deutsche Idee der Freiheit«, in: ders., *Bürgerliche Kultur und politische Ordnung. Künstler, Schriftsteller und Intellektuelle in der deutschen Geschichte 1830-1933*, Frankfurt/M. 2000, S. 133-157. Zusätzliches Quellenmaterial in Gestalt brieflicher Äußerungen von Troeltsch über Cassirer findet sich jetzt veröffentlicht in: Ernst Troeltsch, *Briefe IV (1915-1918)* (= KGA, Bd. 21), Berlin 2018.

4 Ernst Troeltsch, »Naturrecht und Humanität in der Weltpolitik« [1923], in: Ernst Troeltsch, *Schriften zur Politik und Kulturphilosophie (1918-1923)* (= KGA, Bd. 15), Berlin 2002, S. 493-512. Wichtige Informationen zu den Hintergründen dieses Textes enthalten der »Editorische Bericht«, ebd., S. 477-490, und die Einleitung des Herausgebers Gangolf Hübinger, ebd., S. 1-42. Die folgende Passage basiert auf: Hans Joas, »Max Weber und die Entstehung der Menschenrechte. Eine Studie über kulturelle Innovation«, in: Gert Albert u.a. (Hg.), *Das Weber-Paradigma. Studien zur Weiterentwicklung von Max Webers Forschungsprogramm*, Tübingen 2003, S. 252-270.

Thomas Mann nahm nach Lektüre des Textes in einem ausführlichen Artikel in der *Frankfurter Zeitung* zu ihm Stellung; Friedrich Meinecke setzte sich im Schlußkapitel seines Buches *Die Idee der Staatsräson*, das er dem Andenken seines Freundes Troeltsch widmete, mit ebendiesem Vortrag auseinander; und noch der emigrierte politische Philosoph Leo Strauss begann seine Chicagoer Vorlesungen von 1949, mit denen er Amerika vor dem fatalen relativistischen Einfluß aus dem besiegten Deutschland warnen wollte und aus denen sein einflußreiches Buch *Naturrecht und Geschichte* hervorging, mit einem Verweis auf Troeltschs Text.[5] Doch die Faszinationskraft ist bis heute nicht erloschen, ja, vielleicht kann erst von uns Heutigen, Generationen später, Troeltschs Vision ganz verstanden werden.

Worin liegt das Besondere an diesem Vortrag? Es besteht in einer unerhört produktiven Konfrontation der westlichen Tradition der Menschenrechte mit einem vornehmlich in Deutschland entwickelten anspruchsvollen Begriff von Individualität, Schöpfertum und Selbstverwirklichung. Der Tonfall Troeltschs war dabei durchaus nüchtern und besonnen. Der Autor war während der ersten Jahre des Krieges selbst an vorderster Front der nationalistischen Professorenpublizistik tätig gewesen und hatte dabei vor allem die Unterschiede zwischen Deutschland und dem Westen markiert – kenntnisreich und weitgehend erhaben über primitive Stereotypisierungen zwar, aber doch vor allem an der Konstruktion einer unübersteigbaren kulturellen und politischen Differenz orientiert. Verlauf und Ende des Krieges samt Zusammenbruch der Monarchie trieben ihn nun allerdings nicht wie andere, etwa Oswald Spengler, weiter in der Richtung nationalistischer Radikalisierung. Er paßte sich aber auch nicht nur äußerlich-taktisch als »Vernunftrepublikaner«

---

5 Thomas Mann, »Naturrecht und Humanität«, in: *Frankfurter Zeitung*, 25.12.1923, wiederabgedruckt in: ders., *Aufsätze, Reden, Essays*, Bd. 3, Berlin 1986, S. 428-431; Friedrich Meinecke, *Die Idee der Staatsräson* [1924], München 1957; Leo Strauss, *Naturrecht und Geschichte* [1956], Frankfurt/M. 1977, S. 1.

den neuen Bedingungen an, und ebensowenig warf er sich in einer völligen Kehrtwendung dem gerade noch abgewerteten »Westen« an den Hals. In einer echten und tiefschürfenden Selbstkritik versuchte er vielmehr, die unheilvolle Verknüpfung aufzusprengen, die das anspruchsvolle Verständnis von Individualität in Deutschland mit einer Verhimmelung von Staatsräson und Machtpolitik eingegangen war. Um dieses Ziel zu erreichen, stellte er zunächst klar, daß es sich bei den Ideen von Naturrecht und Humanität nicht, wie der Zeitgeist annahm, »um neue und besondere westeuropäische Begriffe, sondern um uralte europäisch-antik-christliche Ideen« handelte, »die den Grundstock der europäischen Geschichtsphilosophie und Moral bildeten und mit Theologie und Humanismus seit Jahrtausenden verschwistert sind«.[6] Der Katholizismus sei dieser »gemein-europäischen Tradition« immer viel näher geblieben,[7] wovon nur das romantische Katholizismus-Bild abgelenkt habe. Neu und modern dagegen seien die typisch deutschen romantisch-historistischen Konzeptionen. Diese seien geradezu aus einer Revolte gegen das Naturrecht entstanden, das in seiner modernen Form als die Verschmelzung von Utilitarismus und Moral wahrgenommen wurde. Gegen diese sei der Sinn der Revolteure »auf das Individuelle, Positive, Immer-Neu-Produktive, Schöpferische, Geistig-Organische, auf überpersönliche, plastische Bildkräfte« gerichtet.[8]

In der Tat wurde seit Herder und Humboldt der Mensch in einem wesentlichen Strang der deutschen Geistesgeschichte nicht als ein nutzenkalkulierendes und auch nicht als ein vornehmlich den Geboten einer rationalen Moral folgendes Individuum aufgefaßt, sondern als ein sich in seinen Äußerungen und Handlungen ausdrückendes und in diesem Sinn sich selbst

---

6 Troeltsch, »Naturrecht und Humanität in der Weltpolitik«, S. 495.
7 Ebd., S. 497.
8 Ebd., S. 502.

verwirklichendes Wesen.⁹ Die Individuen sind in dieser Sichtweise nicht wie gleichartige Atome aufzufassen, deren Beziehungen zueinander universalen Gesetzen unterliegen, sondern jeweils höchst eigenartige Persönlichkeiten, die den Weg ihrer Selbstverwirklichung in komplizierten Bildungsprozessen eigentätig finden müssen. Auch ein anderes Verständnis von »Gemeinschaft«, die von auf Vertragsbeziehungen gründenden Sozialformen schroff unterschieden wird, von Menschheit, die als Kampf der Nationalgeister aufgefaßt, und von Geschichte, die nicht als einliniger Fortschritt gedeutet wird, ergab sich aus diesem epochalen denkerischen Umbruch. Troeltsch ließ keinen Zweifel daran, daß es für ihn und uns ein einfaches Zurück hinter diesen Umbruch, einen Verzicht auf dieses anspruchsvolle Verständnis aller, auch unserer eigenen, Individualität nicht geben kann. Nicht in einer solchen Rücknahme besteht sein Gestus, sondern in der Unnachgiebigkeit des Fragens, ob denn die politischen Ausdrucksformen dieser Vorstellungen expressiver Individualität in Deutschland und ihre Gegenstellung zum westlichen Universalismus zu rechtfertigen seien. Im Rückblick stellten sich ihm die Folgen des großartigen Aufbruchs der klassischen Zeit deutschen Denkens als Verfallsgeschichte dar:

> [...] aus der individuellen Fülle der Volksgeister wurde die Verachtung der allgemeinen Menschheitsidee, aus der pantheistischen Staatsvergötterung die ideenlose Achtung des Erfolges und der Gewalt, aus der romantischen Revolution ein sattes Behagen am Gegebenen, aus dem jeweils individuellen Recht eine rein positive Satzung des Staates, aus der hochgeistigen, überbürgerlichen Moral die Moralskepsis überhaupt, aus dem Drang des deutschen Geistes

---

9 Vgl. dazu Hans Joas, *Die Kreativität des Handelns*, Frankfurt/M. 1992, S. 113-127. Charles Taylor hat im Anschluß an Isaiah Berlin energisch auf die Bedeutung der »expressivistischen« Tradition aufmerksam gemacht. Axel Honneth hat durch sein Nachwort von 1988 zu einer deutschen Übersetzung von Aufsätzen Taylors wesentlich zu dessen Rezeption hierzulande beigetragen. Vgl. Charles Taylor, *Negative Freiheit?*, Frankfurt/M. 1988, S. 295-314.

zu einem staatlichen Leibe derselbe Imperialismus wie überall sonst in der Welt.[10]

Ganz ausdrücklich setzte Troeltsch sich von der verhängnisvollen Antipathie in Deutschland gegen Menschenrechte und Völkerbund ab:

> In der Idee der Menschenrechte, die nicht vom Staat verliehen werden, sondern ihm und aller Gesellschaft selbst als ideale Voraussetzungen dienen, liegt ein Kern von Wahrheit und von Forderungen des europäischen Ethos, der nicht vernachlässigt werden darf, *sondern in jene Ideen eingearbeitet werden muß*.[11]

Die eigentliche Pointe steckt dabei im letzten Teilsatz. Troeltsch bemüht sich nicht nur darum, die antiwestliche deutsche Mischung von romantischer Überheblichkeit und militaristischem Ordnungswahn zu überwinden, sondern er will aus der Tradition deutschen Individualitäts- und Geschichtsdenkens heraus einen eigenen, neuen und potentiell überlegenen Weg zur Stützung des Ideals der Menschenrechte finden.

Ebendarin besteht auch die unabgegoltene Forderung, die sein Text heute noch ausstrahlt. Es könnte ja zunächst so aussehen, als wäre Troeltschs Text nur ein historisches Dokument, das wie viele andere den langen und mühevollen Weg Deutschlands nach Westen bezeugt. Dieser Weg führte zwar zunächst noch tiefer in antiwestliches Ressentiment hinein, so daß im »Dritten Reich« ein Historiker (Wilhelm Ihde) die Idee der Menschenrechte aus einem – wörtlich – »dekadenten und pathologischen Menschentyp«[12] ableiten konnte; aber durch die Katastrophe des Zweiten Weltkrieges und des Holocaust hindurch kam es dann zunächst in der alten Bundesrepublik und

---

10 Troeltsch, »Naturrecht und Humanität in der Weltpolitik«, S. 504.
11 Ebd., S. 510 (meine Hervorh., H.J.).
12 Wilhelm Ihde, »*Wegscheide 1789. Darstellung und Deutung eines Kreuzweges der Europäischen Geschichte* [1941], zit. n. Wolfgang Schmale, *Archäologie der Grund- und Menschenrechte in der Frühen Neuzeit*, München 1997, S. 71 f.

nach der Wiedervereinigung in ganz Deutschland schrittweise zu einer Verwestlichung, die Troeltschs Pathos überholt erscheinen lassen könnte. Das wäre jedoch eine grobe Verkürzung der Dinge, zum einen schon deshalb, weil der Westen ja nie so homogen war, wie es das antiwestliche Ressentiment oder auch eine bemühte kulturelle Verwestlichung annahmen; die Unterschiede zwischen den westlichen Ländern sowie zwischen politischen Lagern und kulturellen Traditionen dort können nur aus großer Distanz als vernachlässigenswert erscheinen. Zum anderen sind in den Westen selbst kulturelle Spannungen eingebaut, die denen durchaus ähneln, aus denen man eine prinzipielle Differenz zwischen Deutschland und dem Westen konstruiert hat. Die französische Menschenrechtserklärung von 1789 etwa proklamierte in *einem* Akt die Unverletzlichkeit individueller Freiheiten und die Souveränität eines allgemeinen Willens, ohne das Spannungsverhältnis beider Prinzipien wirklich auszutragen. Folgt man der »critique de la modernité« des französischen Soziologen Alain Touraine,[13] verbirgt sich hier eine Spannung zwischen zwei grundlegenden Prinzipien von Modernisierung: einer fortschreitenden Rationalisierung einerseits, einer fortschreitenden Subjektivierung andererseits. Diese Spannung wurde zwar punktuell überdeckt, brach aber immer wieder und spätestens mit den kulturellen Umbrüchen der 1960er Jahre in allen westlichen Gesellschaften auf. Das zeigt, daß Troeltschs Frage nach einer Alternative zu utilitaristischen oder rationalistischen Begründungen der Menschenrechte auch im Westen und vermehrt durch die historisch erstmalige massenhafte Verbreitung des Werts schöpferischer Selbstverwirklichung an Aktualität eher gewonnen hat. Wie kann der Glaube an die Menschenrechte und an eine universale Menschenwürde mit dem Ethos der Selbstverwirklichung verknüpft werden? – so könnte man Troeltschs Impetus von 1922 heute paraphrasie-

---

13 Alain Touraine, *Critique de la modernité*, Paris 1992, S. 70-74.

ren. Wie kann unter diesen neuen Bedingungen eine affektive Bindung an universalistische moralische Werte entstehen?

Blicken wir von dieser Fragestellung Troeltschs, die dieser auch in selbstkritischer Revision seines eigenen Denkens nach dem Ersten Weltkrieg erreichte, nun auf Ernst Cassirers Weg zurück, dann sehen wir zunächst in aller Deutlichkeit, wie sehr sich die Ausgangspunkte der beiden Denker unterschieden. Ernst Cassirer hatte in den intensiven und historisch gesättigten Debatten über die Kultur der Gegenwart, wie sie etwa um die Schriften Jacob Burckhardts, Max Webers, Werner Sombarts oder Troeltschs vor dem Krieg geführt wurden, praktisch keine Rolle gespielt. In seinen Arbeiten zu Descartes, Leibniz und Kant überwog trotz allen Sinns für die Geschichte der Ideen und der Wissenschaften das antihistoristische Bestreben, Gewißheiten jenseits der Geschichte zu finden. Diese Gewißheiten waren die eines Kantischen Verständnisses der moralischen Freiheit des Menschen und, in politischer Hinsicht, der entsprechenden Konzeption von Republikanismus und Kosmopolitismus. Damit gehörte Cassirer zu der damals raren Spezies zeitgenössischer deutscher Professoren mit Sympathien für die Aufklärung und die Französische Revolution, für einen wertrationalen Liberalismus und den Widerstand gegen den Nationalismus.[14] Diese Orientierung wurde von Cassirer aber nicht kämpferisch verfochten; sie steckte nur in seinen philosophischen Schriften, die eben deshalb gegenüber den in der Öffentlichkeit dominanten Strömungen des Historismus und des Nationalismus und ihrer Verbindung eher marginal blieben. Schon vor dem Ersten Weltkrieg aber begann Cassirers Position sich zu ändern. Durch eine zunehmende Sensibilität für die Tatsache, daß Kants Erkenntnistheorie an den Naturwissenschaften geschult war und sich auf die Geisteswissenschaften nicht ein-

---

14 Eine intellektuelle Biographie Cassirers, die diesen Aspekt betont, stellt dar: David R. Lipton, *Ernst Cassirer. The Dilemma of a Liberal Intellectual in Germany 1914-33*, Toronto 1978.

fach übertragen ließ, näherte sich Cassirer der Fragestellung an, die für die Hermeneutik, etwa das Lebenswerk Wilhelm Diltheys, entscheidend geworden war, nämlich dem Aufbau der geschichtlichen Welt in den Geisteswissenschaften. Wie später Hannah Arendt in Hinsicht auf die politische Philosophie versuchte Cassirer, zunächst im Rahmen von Kants Philosophie verbleibend, den Weg zu einer solchen Logik der Geisteswissenschaften durch die stärkere Berücksichtigung der *Kritik der Urteilskraft* zu beschreiten. Während er in seiner Kant-Interpretation im zweiten Band seiner Geschichte des Erkenntnisproblems von 1907 über die dritte Kritik fast schweigend hinweggegangen war, widmete er im Kant-Buch von 1912 dieser fast ein Viertel des Raumes.[15] Durch diese Erweiterung der Perspektive kam eine viel größere Vielfalt menschlicher Betätigungen in den Blick und wurde der schöpferische Charakter des menschlichen Handelns viel deutlicher als im Dualismus reiner moralischer Freiheit und einer der Natur ihre Gesetze gebenden Vernunft.

Aber Cassirer ging bald danach einen noch viel größeren Schritt in Richtung der deutschen historistisch-hermeneutischen Tradition, und es ist unverkennbar, daß er diesen Schritt auch unter dem Einfluß des Ersten Weltkriegs tat. Die Rede ist von seinem großen, 1916 erschienenen Buch *Freiheit und Form*, durch das Cassirer erstmals einer breiteren Öffentlichkeit bekannt wurde.[16] Dieses ist nicht nur in dem trivialen Sinn ein Produkt des Krieges, insofern Cassirer es schrieb, während er als Mitarbeiter des deutschen Propagandaministeriums französische Zeitungen auswerten mußte. In der Literatur zu Cassirer wird dieses Buch, durchaus zu Recht, auch als Ausdruck seines Ver-

---

15 Ernst Cassirer, *Das Erkenntnisproblem in der Philosophie und Wissenschaft der neueren Zeit*, Bd. II, Berlin 1907; ders., *Kants Leben und Lehre* (= Erläuterungsband zur zehnbändigen Kant-Ausgabe, 1912), Darmstadt 1974, S. 189-384.
16 Ernst Cassirer, *Freiheit und Form. Studien zur deutschen Geistesgeschichte*, Berlin 1916.

ständnisses patriotischer Pflicht gedeutet, der antideutschen Propaganda, aber ebenso den nationalistischen Selbstmißverständnissen der deutschen Kriegspublizistik entgegenzutreten und das wirkliche geistige Erbe Deutschlands darzutun, die starke Verankerung kosmopolitischen Denkens gerade in Deutschland und die Wahrheit des Satzes, es sei undeutsch, nur deutsch zu sein (Meinecke):

> Die deutsche Bildung wird sich auch in diesen Tagen, sowenig durch die Verkennung und Schmähung, die sie von ihren Gegnern erfährt, wie durch einen beschränkten geistigen Chauvinismus, von dieser ihrer ursprünglichen Bahn ablenken lassen.[17]

Cassirers Buch setzt zwar mit kurzen einleitenden Kapiteln über das Persönlichkeitsverständnis der Renaissance, insbesondere bei Dante, Montaigne und Erasmus, sowie den »religiösen Individualismus« der Reformation ein, ist aber im wesentlichen eine Geschichte des deutschen Geistes in einem verlängerten achtzehnten Jahrhundert – von Leibniz bis Hegel, mit meisterlichen Darstellungen zu Leibniz, zur Ästhetik des achtzehnten Jahrhunderts, zu Kants Freiheitsbegriff sowie zu Goethe, Schiller und der Staatsphilosophie des deutschen Idealismus. Für diese Geschichte versuchte Cassirer eine Grundspannung als charakteristisch zu identifizieren, eben die Spannung von »Freiheit« und »Form«. Den Pol der »Freiheit« dieser Spannung sah Cassirer in Luther und dem Renaissance-Humanismus grundgelegt, in Kants moralischer Freiheit aber am klarsten gedacht. Der Pol der »Form« betrifft dann die Frage, wie unter der Bedingung solcher individuellen Freiheit Ordnung, das heißt ein Allgemeines, möglich sei. Cassirer legte großen Wert darauf, diese Spannung nicht als ein begriffliches Schema erscheinen zu lassen, das er äußerlich an die deutsche Geistesgeschichte herantrage, sondern als eine induktiv gewonnene Einsicht in eine Grundspannung, die für das deutsche Denken besonders typisch sei,

---

17 Ebd., S. XIII.

die aber von allen Menschen aller Kulturen nachvollzogen werden könne, so daß die deutsche Geistesgeschichte eben in der Austragung dieser Spannung universale Bedeutung habe. Kant und Goethe erscheinen so als unübertroffene Lösungsversuche; dem Zeitgenossen ist nur die Spannung zwischen diesen beiden selbst ja wieder verschiedenen Lösungsversuchen geblieben. Sosehr Cassirers Buch damit ein Versuch ist, zur Identitätserforschung und Identitätsbildung der Deutschen beizutragen, und sosehr es in dieser Vereindeutigung nationaler kultureller Traditionen zur allgemeinen Tendenz der Kriegspublizistik paßt, ist es doch auch ein gewichtiger philosophischer Beitrag, der den Rahmen des Neukantianismus sprengt, insofern Goethe dasselbe, ja ein größeres Gewicht gegeben wird als Kant.

Wie spiegelt sich nun dieser Versuch in Troeltschs Denken? Troeltsch hatte in seiner regen Rezensionstätigkeit Cassirers Arbeiten schon seit 1904 kritisch begleitet.[18] Cassirers erstes Buch, die Monographie über Leibniz, wurde von Troeltsch als »außerordentlich tüchtiges und lehrreiches Werk«, ja als die eigentliche Begründung eines angemessenen Verständnisses Leibniz' gelobt. Er arbeitete freilich auch heraus, wie sehr Cassirer Leibniz zu einem Vorläufer der Philosophie Kants erklärte, die bei ihm wie bei seinem Lehrer Hermann Cohen »als das endgültig erreichte und einzig kanonische System der Philosophie geschildert« werde. Troeltsch machte darauf aufmerksam, daß Leibniz seine zentralen Gedanken »in theologisch-metaphysischer Form vorgetragen« habe, Cassirer jedoch glaube, »aus ihnen die metaphysischen Materien ohne Verletzung der Grundrichtung des Leibnizischen Denkens ausbrechen zu können«.[19] Troeltsch, der selbst 1902 eine bedeutende Studie mit dem Titel

---

18 Ernst Troeltsch, »Rezension: Ernst Cassirer, *Leibniz' System in seinen wissenschaftlichen Grundlagen*«, in: *Theologische Literaturzeitung* 29 (1904), Sp. 639-643, auch in: ders., *Rezensionen und Kritiken (1901-1914)* (= KGA, Bd. 4), S. 354-360 (im Folgenden wird der Text mit den Seitenzahlen der KGA nachgewiesen).
19 Ebd., S. 358.

»Leibniz und die Anfänge des Pietismus« publiziert hatte,[20] verteidigt seine »Betrachtung Leibnizens von der Geschichte der Theologie aus« als »historisch ebenso berechtigt« wie Cassirers Deutung »von der Geschichte der Logik und Erkenntnistheorie« aus. Die Schlußfolgerungen fallen bei diesem Wechsel der Betrachtungsweise aber geradezu entgegengesetzt aus. Während bei Cassirer Leibniz' Metaphysik eher als ein bloßer tradierter Restbestand erscheint, gilt sie Troeltsch als Leibniz' eigentliches Anliegen. Während Cassirer mit Kant und dem Neukantianismus an der Überwindung einer substantialistischen Metaphysik arbeitet, ist für Troeltsch bei Leibniz die Substantialität Gottes und die der Monade in ihrer Hingabe an Gott gerade der Orientierungspunkt – und Troeltsch, der Theologe, hält dies im Sinne des Glaubens auch für unumgänglich. Er sieht in Cassirers Deutung entsprechend »eine ganz gewaltsame Kantisierung Leibnizens«[21] und verallgemeinert seine Bedenken gegen die Leibniz-Interpretation in Bedenken gegen einen kantianischen Rationalismus schlechthin, der »das Irrationale der vom Bewußtsein unabhängigen und doch auf es bezogenen Substanz, d. h. vor allem des Gottesbegriffes und des fremden Bewußtseins, und das Irrationale des vielmaligen Individuellen und der vielmaligen Neu-Entstehung«[22] nicht angemessen zu denken erlaube. Hier haben wir in einer gedrängten Formel vier Hinweise auf mögliche Grenzen eines kantianischen Denkens. Sie betreffen die Gottesfrage, die Probleme der Intersubjektivität, der Pluralität und der Kreativität. Auch in dieser Kontroverse über das Verhältnis von Erkenntnistheorie und Metaphysik bei Leibniz können wir einen Vorschein der Kon-

---

20 Ernst Troeltsch, »Leibniz und die Anfänge des Pietismus« [1902], in: ders., *Aufsätze zur Geistesgeschichte und Religionssoziologie*, Tübingen 1925, S. 488-531.
21 Troeltsch, »Rezension: Ernst Cassirer, *Leibniz' System in seinen wissenschaftlichen Grundlagen*«, S. 359.
22 Ebd., S. 360.

troverse zwischen Cassirer und Heidegger über ebendieses Verhältnis bei Kant erkennen.

Auf Cassirers *Freiheit und Form* hat Ernst Troeltsch gleich mehrfach reagiert. Zwei Texte ragen dabei heraus: seine 1917 veröffentlichte Rezension des Buches und seine große bildungspolitische Rede von 1916, »Humanismus und Nationalismus in unserem Bildungswesen«.[23] Groß ist die Gefahr, diese Texte aufs Politische zu reduzieren. Wenn Troeltsch seine Auseinandersetzung mit Cassirer mit dem Hinweis einleitet, daß in den »modernen Literatur- und Geistesgeschichten des deutschen Volkes [...] fast stets der klassizistische und Renaissance-Maßstab als selbstverständlich« angenommen werde und dieser sich exemplarisch bei Cassirer ad absurdum führe, »indem er sein Unvermögen, das deutsche Leben wirklich zu erfassen und die deutsche Zukunft lebendig zu bestimmen, gerade dabei aufweist«,[24] dann ist es nur allzu leicht, dies im Sinne einer Ausgrenzung des »Westlers« Cassirer aus dem »Deutschtum« zu lesen – als habe gerade Cassirers Versuch, das Spezifische der deutschen Geistesgeschichte zu treffen, eine um so energischere Zurückweisung ausgelöst. Aber so leicht ist die Sache nicht, zumal Troeltsch erneut viel Lobendes über Cassirers Kenntnisse und die Eleganz seiner Darstellungen zu sagen hat. Konzentrieren wir uns also auf die sachlichen Fragen.

Troeltsch nimmt zunächst schon Anstoß an der zeitlichen Begrenzung von Cassirers Darstellung. Es fehlt ja in der Tat die ganze Geschichte *vor* der Reformation (mit Ausnahme der wenigen Bemerkungen in Cassirers Luther-Porträt) und die Zeit

---

23 Ernst Troeltsch, »Rezension: Ernst Cassirer, *Freiheit und Form*«, in: *Theologische Literaturzeitung* 42 (1917), Sp. 368-371, wiederabgedruckt in: ders., *Rezensionen und Kritiken (1915-1923)* (= KGA, Bd. 13), Berlin 2010, S. 329-334 (im Folgenden wird dieser Text mit den Seitenzahlen der KGA nachgewiesen); ders., *Humanismus und Nationalismus in unserem Bildungswesen*, Berlin 1917, teilweise wiederabgedruckt in: ders., *Deutscher Geist und Westeuropa*, Tübingen 1925, S. 211-243.
24 Ebd., S. 231.

nach Goethe. Diese Heraushebung einer an beiden Enden abgeschnittenen »guten« Zeit der deutschen Geschichte stimmt Troeltsch mißtrauisch; er spricht von einer »Vergöttlichung« eines bestimmten historischen Moments, einer »Theologie des Humanismus«, und diese zählt für ihn zu den Ersatzbildungen des modernen Geistes, die an die Wucht der monotheistischen Religionen nie heranreichen werden. In der Tat berührt es merkwürdig, daß Cassirer von der Zeit nach Goethe und Hegel bis zu seiner Gegenwart in *Freiheit und Form* völlig absieht: Schon die Romantik fehlt, die Geschichte des politischen Denkens im neunzehnten Jahrhundert, die umstürzenden Versuche von Marx, Kierkegaard und Nietzsche, die Hermeneutik und die Lebensphilosophie. Aber auch die Vorstellung Cassirers, Luthers angebliche »autonome Gewissensreligion« sei als Unterstützung der Renaissance zu verstehen und kennzeichne den Beginn der Moderne, provoziert Troeltschs Widerspruch. Wir haben damit die ironische Situation, daß der protestantische Theologe und Historiker des Christentums jene »modernisierende« Luther-Deutung gerade bestreitet, die der jüdische Intellektuelle vorträgt. Troeltsch hebt seit seiner Erstlingsschrift über Melanchthon den »im Grunde noch ganz mittelalterlichen Charakter des reformatorischen Denkens« hervor;[25] entsprechend unterscheidet er scharf zwischen Alt- und Neuprotestantismus, dem Denken des Reformationszeitalters also einerseits, in dem das mittelalterlich-katholische Bild einer christlichen Durchdringung der gesamten Kultur erhalten blieb, und der Synthese von Aufklärung und Protestantismus im achtzehnten Jahrhundert andererseits, in dem erst die Säkularisierung der Staatsidee und das Ideal autonomer Persönlichkeitsbildung sich durchsetzten. Die zwei Jahrhunderte dazwischen werden von ihm entsprechend als lange Schwellenphase, ja sogar als »Nach-

---

25 Ernst Troeltsch, »Vernunft und Offenbarung bei Johann Gerhard und Melanchthon« [1891], in: ders., *Schriften zur Theologie und Religionsphilosophie (1888-1902)* (= KGA, Bd. 1), Berlin 2009, S. 73-338.

blüte des Mittelalters« interpretiert. Ganz zugespitzt findet sich der Gedanke dort, wo Troeltsch darauf hinweist, daß Luther selbst Forderungen nach Aufhebung der Leibeigenschaft aufs schärfste entgegengetreten sei und die Wiederausbreitung der Hörigkeit bei den ostelbischen Bauern seit dem sechzehnten Jahrhundert im Luthertum kein Hindernis gefunden habe, von diesem vielmehr sogar gefördert worden sei.[26] Für Troeltsch wird hierdurch die retrospektive Illusion, in Luther einen Vorboten der Aufklärung zu sehen, überdeutlich konterkariert.

Religion und Autonomie

Aber diese Differenzen in der Einschätzung der Geistesgeschichte zwischen Troeltsch und Cassirer sind nur der Ausdruck tieferliegender und zu diesem Zeitpunkt eben nicht überwundener systematischer Unterschiede. Diese bestehen in drei Hinsichten. Zunächst einmal erscheint es Troeltsch generell als symptomatisch, daß – wie schon im Leibniz-Buch, so nun auch hier – die »Bedeutung des religiösen Elementes in der deutschen Geistesgeschichte« unterschätzt und verkannt werde. »So wie die Dinge jetzt bei Cassirer liegen, erscheint das Religiöse doch wesentlich nur als metaphysischer Hintergrund oder als postulatenartige Ausstrahlung der philosophisch-künstlerischen Autonomie.«[27] Diese Differenz mag man noch auf das Konto des Unterschieds von Theologie und Philosophie verbuchen, obwohl es natürlich echte Sachfragen sind, wenn es darum geht, ob Cassirers Luther-Bild oder seine Darstellung des »religiösen Elementes« bei Leibniz und in der klassischen deutschen Philosophie zu halten sind. Die zweite Differenz betrifft den Begriff der Autonomie selbst. Die relative Randstellung der Religions-

---

26 Vgl. dazu Ernst Troeltsch, *Die Soziallehren der christlichen Kirchen und Gruppen*, Tübingen 1912, S. 581, Anm. 282 und S. 599.
27 Troeltsch, »Rezension: Ernst Cassirer, *Freiheit und Form*«, S. 332.

thematik bei Cassirer geht durchaus konsequent aus der Zentralstellung des Autonomiebegriffs hervor, »vor allem wenn dieser selbst wesentlich von Wissenschaft und Kunst her entwickelt wird«. Doch – fährt Troeltsch fort: »Dann kann aber Luther in eine solche Entwicklung kaum mit einbezogen werden.« Für Luther habe doch die unbedingte Gültigkeit der Schrift im Vordergrund gestanden, nicht die Autonomie des einzelnen. Hier zeigt sich die philosophische Bedeutung des vorhin nur historisch motiviert scheinenden Widerstands von Troeltsch gegen Cassirers Luther-Bild, der ja mit der ganzen Frage der »Bedeutung des Protestantismus für die Entstehung der modernen Welt« zu tun hat. Dieser kann ich hier nicht nachgehen. Troeltsch scheint in seinen Auffassungen auch zu schwanken beziehungsweise je nach Kontext unterschiedliche Akzente zu setzen.[28] Neben der Frage der richtigen Deutung der Reformationszeit ist hier etwas anderes entscheidend: die Frage des Verhältnisses von »Theonomie« und »Autonomie«. Während in der Religionskritik der Glaube ja oft als Heteronomie gedeutet wird, als unvollständige oder gemiedene Autonomie, wird im modernen Religionsdenken umgekehrt die Frage nach der Ermöglichung der Autonomie gestellt und der Glaube gerade als reflexive Einsicht in die göttliche Konstitution der Autonomie und damit als Schutz vor menschlicher Hybris und einer Fixierung auf Autonomie interpretiert.[29]

Aber am wichtigsten ist die dritte Hinsicht, in der Troeltsch und Cassirer differieren, und zwar grundsätzlich. Sie betrifft die Vorstellung von dem, was eigentlich der Gegenbegriff zu dem von Cassirer zum Leitfaden erklärten, in Renaissance und Reformation angeblich verwurzelten Ideal der Autonomie sei. Die Unterschiedlichkeit der Gegenbegriffe zeigt sich schlagend in

---

28 Vgl. dazu Hans-Georg Drescher, *Ernst Troeltsch. Leben und Werk*, Göttingen 1991, v. a. S. 247, Fn. 42.
29 Dazu mehr oben, in der »Einführung« zu diesem Teil III, sowie in den nachfolgenden Kapiteln.

den Bildern des Mittelalters, die beide jeweils zeichnen. In einem von der Renaissance geprägten Bild, wie es Cassirer malt, kann das Mittelalter nur als Zeitalter »selbstverschuldeter Unmündigkeit« erscheinen. Für Troeltsch dagegen ist das Mittelalter eine Zeit nicht der unlösbaren Bindungen, sondern der »unendlich individualisierten Freiheit«, womit er so etwas wie einen geringeren Grad an Sozialdisziplinierung gemeint haben dürfte; in dieser Art von Freiheit stecke ein eigener Keim zur modernen, das heißt auch expressiven Freiheit, die mit der moralischen Freiheit im Sinne Kants nicht identisch ist. Cassirers Titel »Freiheit und Form« weckte in Troeltschs Ohren wegen dieser Differenz ganz andere Erwartungen, als der Autor sie beabsichtigte. »Man sollte meinen«, schrieb Troeltsch,

> daß seine Grundfrage die sein müsse, wie der ungestüme irrationale Phantasiedrang des gotischen Menschen, der sich vom Mittelalter an uns vererbt hat, unter den Bedürfnissen und Schicksalen der neueren Geschichte zu Form und Gestalt kommt, die tragische Geschichte des deutschen Ringens um Erlösung von der Formlosigkeit, seit seine gotische Form zerbrochen und ein fremdes Formprinzip ihm aufgedrängt ist.[30]

Aber davon sei bei Cassirer mit keinem Wort die Rede. Die Wortwahl in diesen Sätzen Troeltschs mutet heute gewiß merkwürdig an; sie ist auch gewiß nicht frei von einem ethnischen Essentialismus, wenn den Deutschen eine schwer zu bändigende, jedenfalls in den lateinisch-romanischen Formen nicht unterzubringende Kraft zugesprochen wird. Aber lassen wir uns von den problematischen Seiten dieser Rede vom »gotischen« Charakter der Deutschen nicht dazu verleiten, zu übersehen, daß Troeltsch hier ein Motiv ins Spiel bringt, das eigentlich seit Herder, spätestens aber seit der Romantik eine zentrale Rolle für das deutsche Denken gespielt hat. Wir können es –

---

30 Troeltsch, *Humanismus und Nationalismus in unserem Bildungswesen*, S. 232.

Isaiah Berlin und Charles Taylor folgend – als »Expressivismus« bezeichnen, als ein ausdrucksanthropologisches Modell des menschlichen Handelns, damit aber auch der »Freiheit« und der »Form«. Troeltsch verweist selbst auf Hamann und Herder, Goethe und Jean Paul, aber auch auf deutsche »Sozialideale«, Religiosität und Kunst. Wenn diese Übersetzung von Troeltschs Sprache in die der heutigen Philosophie berechtigt ist, dann ergibt sich tatsächlich ein Problem hinsichtlich Cassirers Verständnis von »Form« überhaupt. Man kann diesem zwar nicht vorwerfen, es sei einseitig kantianisch im Sinne des Autonomieverständnisses von Kants reiner und praktischer Vernunft. Dazu ist Cassirers Sinn für »die Entdeckung der ästhetischen Formwelt« bei Hamann, Herder und Winckelmann viel zu subtil und seine Orientierung an Goethe und Schiller, deren Interpretation ja den größten Teil von *Freiheit und Form* ausmacht, viel zu stark. Aber sowohl die »allgemeine Vernunftform« wie die besondere »ästhetische Form«, welche die erstere noch einmal »überformt«, sind von Cassirer – so Troeltsch – nur als »allgemeine Angelegenheiten der formenden Vernunft« behandelt worden, in ihrem spezifischen Schicksal in Deutschland zwar, aber nicht mit Blick auf »die deutschen Lebensinhalte«, sondern nur auf »die Allgemeinheit der Humanität überhaupt«.[31] In eine heutige Sprache übersetzt, soll dies wohl heißen, daß die Hinzunahme der expressiven Dimension zwar über den Formalismus der kantianischen Moralphilosophie hinausführt, von Cassirer aber nicht so weit getrieben wird, wie Troeltsch es für nötig befindet. Bei Cassirer betrifft die Formung des Expressiven nämlich eine Struktur, die ähnlich universell gedacht wird wie die der kognitiven und normativen Geltungsansprüche. Troeltsch deutet dagegen an, daß sich mit der Hinzunahme der expressiven Dimension für ihn nicht nur ein weiteres universelles Problem von eigener Struktur stellt, sondern daß die Relation von Form und Inhalt dort eine prinzipiell verschiedene

---

31 Troeltsch, »Rezension: Ernst Cassirer, *Freiheit und Form*«, S. 333.

sei. Wir können diesen Gedanken verstehen, wenn wir bedenken, daß »Werte« in anderem Sinn mit »Identitäten« verknüpft sind als kognitive und normative Geltungsansprüche und deshalb auch die Trennung von Genesis- und Geltungsfragen bei ihnen nicht im selben Maße gelingt. Es stehen sich an diesem Punkt also zwei Denkweisen gegenüber, von denen eine die nationale Geschichte nur als die kontingente Genesis einer universalen Geltung denken kann (Cassirer), während die andere die Untrennbarkeit von Genesis und Geltung im Fall der Werte zu einem Argument gegen die mögliche Universalität von deren Geltung macht (Troeltsch). Die Ebene einer Reflexion auf die notwendig bestimmte und eigene Ausdrucksform auch eines Universalismus der Werte wird damit bei beiden, zumindest an diesem Punkt ihrer jeweiligen intellektuellen Entwicklung, nicht erreicht.

Aber wie wir aus meiner Darstellung von Troeltschs Rede von 1922 wissen, ist dieser Punkt ja nicht das Ende der hier zu erzählenden Geschichte. Beide Denker entwickeln sich nach dem Krieg energisch weiter und legen in dieser Zeit diejenigen Werke vor, die wir heute als ihre Hauptwerke betrachten. Cassirer brachte in den 1920er Jahren in rascher Folge die drei Bände seines Hauptwerks *Philosophie der symbolischen Formen* heraus, mit dem er nicht nur einen wichtigen Beitrag zur Philosophie der Sprache, der Religion und der Erkenntnis leistete, sondern auch einen großen Schritt in Richtung »Detranszendentalisierung« und damit Hermeneutik ging. Jürgen Habermas hat die innere Logik dieser Denkbewegung in seiner Cassirer-Rede von 1995 sehr gut ausgedrückt. Man muß sich vor Augen führen – schreibt er –,

> daß mit der semiotischen Wende nicht nur der Bezugspunkt der einen objektiven Welt, sondern auch das transzendentale Subjekt jenseits dieser Welt verlorengeht. Sobald die transzendentalen Leistungen auf verschiedene Symbolsysteme übergehen, verliert das transzendentale Subjekt seinen Platz jenseits der empirischen Welt. Es verliert seine intelligible Reinheit und Autonomie, wird mit sei-

nen symbolischen Verkörperungen in den Prozeß der Geschichte hineingezogen und zersplittert im Pluralismus der Sprachen und Kulturen.[32]

Die damit drohende relativistische Konsequenz aus der »semiotischen Wende« wollte Cassirer freilich keinesfalls ziehen; es blieb aber in seinem Buch völlig unklar, wie er diese Gefahr vermeiden wollte, ob die verschiedenen symbolischen Formen etwa eine Fortschrittsgeschichte bilden sollten und worauf die für eine solche nötigen normativen Urteile beruhten. Ernst Troeltsch wiederum veröffentlichte 1922 sein Hauptwerk *Der Historismus und seine Probleme*, in dem es darum ging, die von ihm mehr als von allen anderen deutschen Vertretern der historistisch-hermeneutischen Tradition durchschauten Probleme des Relativismus aufzulösen und auf dem Boden des Historismus selbst in neuer Weise zu universalistischen Werten zu kommen. Sein Buch stellte der Planung nach nur den ersten Band eines zweibändigen Werkes dar. In ihm überwiegt die vorbereitende methodische Reflexion auf die substantielle Problemlage; an der Abfassung des zweiten Bandes mit der eigentlichen Lösung hinderte ihn sein plötzlicher Tod, so daß wir als Quelle für seinen weiteren Denkweg und die ihm vorschwebende Antwort neben den Schlußkapiteln des ersten Bandes und der hier dargestellten Naturrechtsrede nur die Aufsätze haben, die unter dem Titel *Der Historismus und seine Überwindung* 1924 posthum publiziert wurden[33] – sieht man von den zahlreichen materialen Studien zur europäischen Geistesgeschichte

---

32 Jürgen Habermas, »Die befreiende Kraft der symbolischen Formgebung. Ernst Cassirers humanistisches Erbe und die Bibliothek Warburg«, in: ders., *Vom sinnlichen Eindruck zum symbolischen Ausdruck*, Frankfurt/M. 1997, S. 9-40, hier S. 33.
33 Jetzt unter Vermeidung des irreführenden Titels der Originalpublikation veröffentlicht als: Ernst Troeltsch, *Fünf Vorträge zu Religion und Geschichtsphilosophie für England und Schottland* (= KGA, Bd. 17), Berlin 2006.

ab, die als vierter Band seiner *Gesammelten Schriften* ebenfalls posthum vorgelegt wurden.[34] Den ersten Band seines Werks über den Historismus bezeichnete Troeltsch übrigens 1921, in einer Rezension des kurz zuvor erschienenen dritten Bandes von Cassirers *Das Erkenntnisproblem in der Philosophie und Wissenschaft der Neueren Zeit*, als bewußt auf Cassirer bezogenes, »freilich sehr viel bescheideneres Gegenstück zu diesem Werke« des Kollegen.[35] Politisch wuchs Troeltsch in den wenigen Jahren, die ihm nach Kriegsende noch vergönnt waren, immer mehr in die Rolle eines in Deutschland tonangebenden politischen Intellektuellen hinein, der sowohl politische Ämter übernahm wie auch energisch zu einer geistigen Neuorientierung beizutragen versuchte, zu einem Umdenken gegenüber »der ganzen historisch-politisch-ethischen Gedankenwelt der bisherigen imperialistischen, schrankenlos kapitalistischen und nationalistischen Periode«.[36] Wie sich die Denkbewegungen Troeltschs und Cassirers in dieser Zeit zueinander verhalten, kann hier erneut nicht in allen Aspekten, sondern nur exemplarisch analysiert werden, eben am Schlüsselthema der Menschenrechte, ihrer Geschichte und ihrer Begründung, und am Ort der Religion in ihren Auffassungen.

In Hinsicht auf Troeltsch bedarf es keiner Rechtfertigung, daß dieses Thema kein abwegiger Vergleichspunkt ist. Mit seinem Plädoyer für eine neuartige Inkorporation der Menschenrechte in die »expressivistische« Denktradition habe ich dieses Kapitel ja begonnen. Aber auch Cassirer kommt immer wieder

---

34 Troeltsch, *Aufsätze zur Geistesgeschichte und Religionssoziologie*.
35 Ernst Troeltsch, »Rezension: Ernst Cassirer, *Das Erkenntnisproblem in der Philosophie und Wissenschaft der neueren Zeit*, Band 3 (Berlin 1920)«, in: *Theologische Literaturzeitung* 46 (1921), Sp. 160 f., auch in: ders., *Rezensionen und Kritiken (1915-1923)* (= KGA, Bd. 13), S. 500-502, hier S. 502.
36 Ernst Troeltsch, »Die Verösterreichung« [1922], in: ders., *Spectator-Briefe und Berliner Briefe (1919-1922)*, Berlin 2015 (= KGA, Bd. 14), S. 569-577, hier S. 576.

an prominenter Stelle in seinen Schriften auf die Menschenrechte zu sprechen. Das gilt sogar für *Freiheit und Form*, erst recht für die *Philosophie der Aufklärung* und das Spätwerk *The Myth of the State*. Am explizitesten findet sich sein in dieser Hinsicht im Lauf der Zeit wenig modifizierter Gedankengang in seiner Rede »Die Idee der republikanischen Verfassung« von 1928.[37] Hier beginnt Cassirer mit dem Hinweis auf die zeitliche Nähe der Verkündung der französischen Menschenrechtserklärung (am 26. August 1789) und der Veröffentlichung der Hauptwerke Kants in den Jahren vorher und fragt, ob diese zeitliche Nähe nur Zufall oder von tieferer Bedeutung sei. Dies ist natürlich weder im Sinn bloßer Kant-Biographik noch im Sinn eines (nicht vorhandenen) Einflusses Kants auf die französischen Revolutionäre gemeint. Die wirkliche Frage müsse vielmehr lauten, »ob und inwieweit die gedankliche Grundtendenz, durch welche Kants theoretische Philosophie und seine Ethik bestimmt wird, mit jenen Tendenzen sich berührt, aus denen die revolutionäre Bewegung in Frankreich entsprungen ist«.[38] Diese Frage aber ließe

> sich nicht beantworten, wenn wir uns damit begnügten, die »Revolution der Denkart«, die Kant in der Philosophie vollzogen hat, der großen politischen Umwälzung einfach zur Seite zu stellen. Wir müssen zu den Quellen zurückgehen, um in ihnen den eigentlichen Punkt der Vereinigung zu finden.[39]

Um dies zu tun, legt sich Cassirer die Französische Revolution in einer Weise, die lange verbreitet war, aber heute eher bestritten wird, zurecht, nämlich als vornehmlich ideologisch getrieben. Cassirer erkennt aber ganz klar, daß nicht Rousseau der Urheber dieser Ideologie der Revolution gewesen sein kann, zu-

---

37 Ernst Cassirer, »Die Idee der republikanischen Verfassung« [1928], nachgedruckt in: ders., *Aufsätze und kleine Schriften (1927-1931)*, Hamburg 2004, S. 291-307.
38 Ebd., S. 293.
39 Ebd.

mindest nicht dieses Aspekts von ihr; da dessen Theorie des Gesellschaftsvertrags gerade den restlosen Verzicht des Individuums auf seine ursprünglichen Rechte beim Eintritt in den Vertrag beinhalte, könne sie nicht zugleich Quelle der Konzeption *unveräußerlicher* Rechte der Individuen gewesen sein. Cassirer stützt sich hier auf die Arbeiten Georg Jellineks, des großen Rechtshistorikers und engen Freundes von Troeltsch. Während Jellinek und Troeltsch aus diesem Grund den Primat in der Geschichte der Menschenrechte überhaupt nicht den Franzosen zusprechen, sondern den Führern der sich für unabhängig erklärenden nordamerikanischen Kolonien, und sie in der Forderung nach Religionsfreiheit die erste historische Form eines heiligen, das heißt unantastbaren und unveräußerlichen subjektiven Rechts zu erkennen glauben,[40] wartet Cassirer mit einer eigenen überraschenden historischen Erklärung auf. Für ihn, den führenden Leibniz-Forscher, ist kein anderer als Leibniz »der erste unter den großen europäischen Denkern gewesen, der in der Grundlegung seiner Ethik und seiner Staats- und Rechtsphilosophie mit vollem Nachdruck und mit aller Entschiedenheit das Prinzip der unveräußerlichen Grundrechte des Individuums vertreten«[41] habe. Gewiß habe dieser auf Anregungen aus der Stoa und von Hugo Grotius zurückgreifen können, aber erst bei ihm hätten diese Motive »eine feste und bestimmte Prägung« erhalten:

> Er schafft nicht den *Inhalt* dieses Gedankens; denn dieser lag als Erbgut der antiken, insbesondere der stoischen Philosophie und Ethik vor. Aber die neue Form, die er jetzt erhielt, die systematische Fassung und *Begründung*, die ihm zuteil wurde, sicherte ihm fortan auch eine neue, nach allen Seiten des geistigen Kosmos ausstrahlende Wirkung.[42]

---

40 Zu Jellinek, Troeltsch und der späteren Forschung zu diesen Fragen: Hans Joas, *Die Sakralität der Person, Eine neue Genealogie der Menschenrechte*, Berlin 2011, S. 23-62.
41 Cassirer, »Die Idee der republikanischen Verfassung«, S. 296.
42 Ebd., S. 300.

Cassirer geht so weit, eine Einflußbahn zu konstruieren, die von Leibniz über die Systematisierung seiner Einsichten in der deutschen Aufklärungsphilosophie bei Christian Wolff und dessen Rezeption durch den englischen Rechtsdenker Blackstone zu den amerikanischen Deklarationen und, wegen deren Vorbildwirkung für Frankreich, schließlich zu der Erklärung von 1789 reicht. Die Frage nach der historischen Berechtigung dieser von Cassirer konstruierten Einflußbahn lasse ich hier unerörtert; in der Historiographie der Menschenrechte hat sie jedenfalls nie eine wichtige Rolle gespielt. Die politische Botschaft dieser Konstruktion aber ist klar; sie wird von Cassirer auch ohne Umschweife ausgesprochen:

> Was meine Betrachtungen Ihnen nahebringen sollten, war die Tatsache, daß die Idee der republikanischen Verfassung als solche im Ganzen der deutschen Geistesgeschichte keineswegs ein Fremdling, geschweige ein äußerer Eindringling ist, daß sie vielmehr auf deren eigenem Boden erwachsen und durch ihre ureigensten Kräfte, durch die Kräfte der idealistischen Philosophie, genährt worden ist.[43]

Aber diese politische Botschaft hat auch eine philosophische Seite. Indem Cassirer Leibniz' angebliche Urheberschaft und Kants unerschütterlichen »Vernunftglauben« an die Idee der republikanischen Verfassung hervorhebt, sichert er diese Idee gegen ihre Befleckung durch die konkrete Geschichte der Revolution ebenso ab wie gegen die Gegenthese (von Jellinek und Troeltsch), daß religiöse Motive und kein »Vernunftglaube« am Anfang der Menschenrechtsgeschichte gestanden hätten. In den anderen Texten aus dieser Zeit wird dies ebenfalls deutlich. Sein Aufsatz von 1931, »Deutschland und Westeuropa im Spiegel der Geistesgeschichte«,[44] wirkt in seiner Kulturtypologie zwar

---

43 Ebd., S. 307.
44 Ernst Cassirer, »Deutschland und Westeuropa im Spiegel der Geistesgeschichte« [1931], ebenfalls nachgedruckt in: ders., *Aufsätze und kleine Schriften (1927-1931)*, S. 207-219; sowie auch »Vom Wesen und Werden

wie eine der zahlreichen älteren Arbeiten Troeltschs zu diesem Thema; wie in Reaktion auf die frühere Kritik Troeltschs aber wird jetzt das religiöse Innerlichkeitsverständnis als charakteristisch gerade für Deutschland dargestellt. Luther wird nun ganz klar – im Kontrast zu Erasmus – als unerbittlicher Verfechter der These vom »unfreien Willen« und der göttlichen Omnipotenz charakterisiert.

Kant aber wird dadurch gerade im Gegensatz zu Luther bestimmt. Kants »Autonomie der praktischen Vernunft«

> erkennt sich gegenüber auch keine absolute metaphysische Macht mehr an, vor der sie in irgendeinem Sinne zuschanden werden, an der sie scheitern und zerschellen könnte. Denn auch das göttliche Sein hat jetzt diese Art von Omnipotenz verloren. Auch ihm gegenüber vollzieht sich die »kopernikanische Drehung«. Statt vom Sein Gottes als dogmatisch-gewissem Sein auszugehen und von ihm aus die Frage der menschlichen Freiheit aufzuwerfen, geht Kant vielmehr den umgekehrten Weg. Er beginnt mit der Freiheit; er sieht in ihr den einzig möglichen Zugang und die Pforte zum Reich des intelligiblen Seins. So wahr Gott den Mittelpunkt dieses intelligiblen Seins bedeuten soll – so wahr untersteht auch er der Bedingung, die in der reinen Idee der Freiheit gesetzt ist. So scheitert die sittliche Idee der Freiheit nicht mehr an der religiösen Grundforderung der völligen Abhängigkeit des Willens von Gott; vielmehr wird umgekehrt gerade die religiöse Gewißheit, die Gewißheit von Gott, auf der Gewißheit der Freiheit und der sittlichen Selbstgesetzgebung begründet.[45]

Kant wird von Cassirer hier also wieder zur Krönung der ganzen deutschen Geistesgeschichte erklärt – und nicht nur der deutschen. Cassirer bringt es fertig, im Jahr 1931 (!) die moderne europäische Geistesgeschichte mit einem Wort Goethes als eine »große Fuge« aufzufassen, in der starke dynamische Spannun-

---

des Naturrechts« [1932], in: ders., *Aufsätze und kleine Schriften (1932-1935)*, Hamburg 2001, S. 203-227.
45 Cassirer, »Deutschland und Westeuropa im Spiegel der Geistesgeschichte«, S. 218.

gen letztlich doch immer ihren harmonischen Ausgleich fänden. Am stärksten ist diese gerade in widrigen Zeitumständen offensichtlich zunehmende Tendenz Cassirers, Harmonie zu beschwören, in seinem Aufklärungsbuch ausgeprägt.[46] Dessen Charakter hat, als das Buch in den 1950er Jahren in englischer Übersetzung erschien, kein anderer als Isaiah Berlin, der gewiß antiliberaler oder antiwestlicher Neigungen unverdächtig ist, als übermäßig harmonisierend charakterisiert. Alle großen Denker des achtzehnten Jahrhunderts erschienen hier »as a band of happy fellow workers« ohne große Konflikte untereinander, und erst recht sei von den Unter- und Gegenströmungen zur Aufklärung, die ihr baldiges historisches Ende herbeiführten, keine Rede. Es scheint hier ein Mechanismus zu wirken, den Stephen Toulmin am Rationalismus von Descartes und des Wiener Kreises vorgeführt hat: Die Hochschätzung der Rationalität entspringt weniger einer Zeit, in der sie anschaulich am Werke ist, als vielmehr historischen Phasen, in denen einzelne Denker in ihrer Verzweiflung über die Unlösbarkeit aktueller Konflikte Halt und Trost in einer hypostasierten Vernunft finden.[47] Bei Cassirer nahm dies die Gestalt einer idealisierenden Rückwendung auf eine Epoche an – die der Aufklärung –, in der seine Ideale (angeblich) unangefochten waren.

Kein anderer zeitgenössischer Gelehrter wird in diesem Werk Cassirers übrigens so häufig zitiert wie Troeltsch. Was das Verhältnis von Protestantismus und Aufklärung und das von christlichem und modernem Naturrecht betrifft, stützt Cassirer sich nun ganz auf Troeltsch und akzeptiert dessen Schlußfolgerungen. Nicht so beim Bild der Aufklärung selbst, die von Troeltsch spannungsreicher und instabiler gezeichnet wird. Erst ganz am Schluß seines Lebens scheint Cassirer noch einen Schritt weiter-

---

46 Ernst Cassirer, *Die Philosophie der Aufklärung*, Tübingen 1932 (engl.: *The Philosophy of the Enlightenment*, Princeton 1951); Isaiah Berlin, »Review«, in: *English Historical Review* 68 (1953), S. 617-619.
47 Stephen Toulmin, *Kosmopolis. Die unerkannten Aufgaben der Moderne*, Frankfurt/M. 1991.

gegangen zu sein. Sein letztes Buch beschäftigt sich mit dem bewußten manipulativen Einsatz des Mythos im modernen Totalitarismus. Gegen diesen beruft er sich in einem seiner letzten Texte auf die Kraft nicht der Aufklärung, sondern des Monotheismus, wie ihn die Juden hervorgebracht haben.[48]

Hier wäre eine neue Annäherung an Troeltsch möglich geworden. Wie dieser auf den zwischenzeitlichen Sieg des Totalitarismus reagiert hätte, wissen wir nicht, und es ist sinnlos, darüber zu spekulieren. Anstatt die Geschichte des Dialogs zwischen Cassirer und Troeltsch ins Spekulative weiterzuschreiben, will ich nun lieber zusammenfassend formulieren, was wir von diesem teils realen, teils fiktiven Dialog in politischer wie in philosophischer Hinsicht heute lernen können. Ich habe zwei in ihrer umfassenden Bildung und gedanklich-plastischen Kraft bewunderungswürdige deutsche Denker nebeneinandergestellt und ihren Dialog verfolgt, der immer wieder den Eindruck einer Konvergenz entstehen ließ, obwohl es letztlich zu dieser Konvergenz nie kam. Worin besteht die verbleibende Differenz, und was bedeutet sie für uns heute?

Cassirer erscheint mir als der Denker, der weiter als jeder andere von Kant her kommende Philosoph in Deutschland in die Richtung einer semiotischen Transformation der Transzendentalphilosophie gegangen ist. Um den relativistischen Gefahren dieser Transformation zu entgehen, hielt er aber an einer strikt kantianischen Position in normativen Fragen fest. Kants Postulat der moralischen Freiheit blieb für ihn der Orientierungspunkt schlechthin in allen normativen Fragen. Deshalb konnte er die Ideengeschichte bis hin zu Kant als Fortschrittsgeschichte schildern. Nach Kant konnte für ihn die Einsicht in die moralische Freiheit des Menschen wieder verwischt, vergessen oder bekämpft werden – aber das waren nur die historischen Schick-

---

48 Ernst Cassirer, *The Myth of the State*, New Haven, London 1946; ders., »Judaism and the Modern Political Myths«, in: *Contemporary Jewish Record* 7 (1944), S. 115-126.

sale der Wahrheit, die ihren Kern unversehrt ließen. Auch die Religion konnte für ihn nur aus dem Freiheitspostulat Kants heraus ihre Rechtfertigung finden. Ihre Rolle ging dann nicht über die einer Stärkung der Motivation zur Moral hinaus.

Messianischer Rationalismus?

Gegenüber all diesen Auffassungen eines, wie Ernst Troeltsch gesagt hätte, »messianischen Rationalismus«[49] erscheint er selbst wie ein Skeptiker. Die Aufklärungszeit ist für ihn nicht der Höhepunkt der Geistesgeschichte schlechthin, an dem das philosophische Denken zu sich selbst kommt, sondern nur eine Übergangszeit zwischen der unbefragten Gültigkeit des Christentums und der aufbrechenden historischen und kulturellen Relativierung aller Gewißheiten, eine Zeit der »Leugnung oder doch Eingrenzung des Historischen durch rationale Konstruktion«, ein »letzter Damm gegen das werdende historische Bewußtsein, diesem wider Willen vielfach sich anpassend«.[50] Die fortschreitende Historisierung und Psychologisierung aller Bereiche ist dann durchaus eine Fortsetzung der Aufklärung, die nun auch diesen letzten Damm überspült. Der Rationalismus Kants wird dabei von Troeltsch als »säkularisierter Nachhall des religiösen Absolutismus« eingeschätzt.[51] Was er hervorbringen könne, sei immer nur das, was aus dem formalen Charakter des Sollens selbst folgt. Dies sei keineswegs geringzuschätzen, insofern darin tatsächlich universelle Züge einer »Gewissensmoral« erkennbar würden. Aber »ein inhaltliches System der Vernunftwerte als Maßstab und Richtkraft des historischen Le-

---

49 Ernst Troeltsch, »Die Zufälligkeit der Geschichtswahrheiten« [1923], wiederabgedruckt in: ders., *Schriften zur Politik und Kulturphilosophie (1918-1923)* (= KGA, Bd. 15), Berlin 2002, S. 551-567, hier S. 556f.
50 Diese Zitate aus: Ernst Troeltsch, *Der Historismus und seine Probleme* [1922] (= KGA, Bd. 16), Berlin 2008, Bd. 1, S. 185.
51 Troeltsch, »Die Zufälligkeit der Geschichtswahrheiten«, S. 557

bens«[52] habe sich auf dieser Grundlage als unmöglich erwiesen. Alle Rede von »natürlichen Rechten« zergehe letztlich vor dem historisch geschulten Blick:

> Die sogenannten natürlichen Normen sind um nichts fester begründet als die sogenannten übernatürlichen, und das Bemühen, die einen von der anderen Seite her zu begründen, ist eine Illusion, bei welcher Seite man auch zuerst einsetzen möge.[53]

Ganz verfehlt muß es deshalb für Troeltsch sein, die Religion aus der Moralphilosophie heraus zu begründen. Auf das bloße Postulat der moralischen Freiheit werde so ja nur ein weiteres Postulat daraufgesattelt. Damit erreiche Kant aber »ein bloßes Analogon der Religion« und nicht die gelebte Religion, da Kants Religion »stets nur ein menschliches Erschließen und Postulieren, ein theoretisches Ergänzen der allein unmittelbar erfahrbaren sittlichen Weltordnung und nicht ein Erleben und Erfahren der Gottesgemeinschaft ist«.[54] Ebendie gelebte Religion aber steht anders als bei Cassirer im Zentrum von Troeltschs Religionstheorie.

Troeltsch mußte deshalb anders vorgehen als Cassirer. Er mußte soziologischer werden als dieser, wenn er die Geschichte der Ideen behandelte. Seine Analyse der »deutschen Idee von der Freiheit« mußte entsprechend die ökonomischen, politischen, sozialen und militärischen Bedingungen für die Spezifika der deutschen Geistesgeschichte erklärend heranziehen und genau sortieren, was eine zu überwindende Rückständigkeit und was potentiell eine auch für andere attraktive Überlegen-

---

52 Ebd.
53 Troeltsch, *Fünf Vorträge*, S. 68.
54 Ernst Troeltsch, »Die Selbständigkeit der Religion«, in: *Zeitschrift für Theologie und Kirche* 5 (1895), S. 361-436, und 6 (1896), S. 71-110 und S. 167-218, hier S. 82; auch in: ders., *Schriften zur Theologie und Religionsphilosophie (1888-1902)* (= KGA, Bd. 1), S. 359-536, hier S. 459. Ausführlicher behandle ich diesen Text oben in Teil I, Kap. 2.

heit des deutschen Geistes ausmacht.⁵⁵ Und er mußte an einem entscheidenden Punkt über die Grenze hinausgehen, an der die kantianische Transzendentalphilosophie auch noch in der Form, die sie durch Cassirers semiotische Transformation annahm, endete.

Dieser entscheidende Punkt ergibt sich aus Troeltschs Verständnis der Religion. Diese ist für ihn ja, wie gerade erwähnt, keinesfalls aus dem Postulat moralischer Freiheit erschließbar. Für die Erfahrung der lebendigen Kommunikation mit dem Göttlichen ist für Troeltsch – wie für viele andere große Religionsdenker von Schleiermacher bis William James – das »Ergriffenwerden« charakteristisch, ein Gefühl der Überwältigung und der Hingabe. Schon früh hat ihn der Zweifel beschäftigt, ob denn solche Hingabe in einem Bezugsrahmen überhaupt zu fassen sei, in dem nur von der Ordnung eines gegebenen Bewußtseinsstoffs durch das Subjekt die Rede ist. »Die Grundvoraussetzung der Religion, daß das endliche Wesen seine Befaßtheit in dem Zusammenhang einer unendlichen Macht hingebend oder schauernd erfahre, ist hier völlig sinnlos und gegenstandslos.«⁵⁶

Sosehr er Kants Leistung würdigte, den subjektiven Anteil an der Strukturierung der Wirklichkeit hervorgehoben und dadurch die Möglichkeit von Aussagen über die transsubjektive Wirklichkeit streng eingegrenzt zu haben, so sehr hob er doch auch hervor, »daß das menschliche Bewußtsein nur ein Teilchen einer unermeßlichen es erzeugenden und nährenden Wirklichkeit ist«.⁵⁷ Und diese Wirklichkeit ist für Troeltsch die Wirklichkeit des menschlichen Handelns in der Welt, eines Handelns, von dem das Handeln gegenüber dem Göttlichen und die Erfahrung der Begegnung mit ihm nicht dogmatisch ausgeschlossen werden dürfen. Man könnte dies eine pragmatische Transfor-

---

55 Ernst Troeltsch, »Die deutsche Idee von der Freiheit« [1916], wiederabgedruckt in: ders., *Deutscher Geist und Westeuropa*, S. 80-107.
56 Troeltsch, »Die Selbständigkeit der Religion«, S. 459.
57 Ebd., S. 422.

mation der Transzendentalphilosophie nennen. Sie überwindet eine dualistische Anthropologie, modifiziert den »empirisch-phänomenalen Kausalitätsbegriff« Kants selbst und ist so auf »die Durchbrechung durch hereinwirkende andersartige Kräfte eingerichtet«. Erst so – schreibt Troeltsch –

> ist dem Versuch der Marburger Kant-Schule [aus der Cassirer hervorging, H. J.], den Kritizismus und damit die Philosophie als wissenschaftliche Erzeugung einer allgesetzlichen und darum erst wahrhaft wirklichen Gesetzeseinheit zu fassen, womit die Reduktion der Religion auf die Vernunftidee der gesetzlichen, im Fortschritt des Denkens werdenden, Welteinheit verbunden ist, die Wurzel ausgebrochen.[58]

In diesem Punkt haben wir also keine Konvergenz, vielmehr deutliche Differenz. Cassirers großartige semiotische Transformation der Transzendentalphilosophie war nämlich nicht pragmatisch genug. Beide Transformationen sind nötig; sie sind aber nicht miteinander identisch. Wenn Cassirer die symbolischen Formen als »autonome Schöpfungen des Geistes« bezeichnet, dann setzt sich – wie Matthias Jung überzeugend gezeigt hat[59] – der Transzendentalphilosoph in Cassirer wieder einmal gegen den Hermeneutiker durch. Statt vom »Geist« müs-

---

58 Ernst Troeltsch, *Psychologie und Erkenntnistheorie in der Religionswissenschaft. Eine Untersuchung über die Bedeutung der Kantischen Religionslehre für die heutige Religionswissenschaft*, Tübingen 1905, S. 42, auch in: ders., *Schriften zur Religionswissenschaft und Ethik (1903-1912)* (= KGA, Bd. 6.1), Berlin 2014, S. 205-256, hier S. 246. Dieser Text stellt einen meines Erachtens epochalen Versuch dar, die pragmatistische und die historistische Philosophie auf dem Gebiet der Religionstheorie zusammenzuführen. Er war mir bei Abfassung meines Buches *Die Entstehung der Werte* (Frankfurt/M. 1997) noch nicht bekannt, stellt aber eine Stützung meines dortigen Versuchs dar.
59 Matthias Jung, »Der Ausdruckscharakter des Religiösen. Zur Pragmatik der symbolischen Formen bei Ernst Cassirer«, in: Hermann Deuser, Michael Moxter (Hg.), *Rationalität der Religion und Kritik der Kultur: Hermann Cohen und Ernst Cassirer*, Würzburg 2002, S. 119-124.

sen wir von der irreduziblen Pluralität der Individuen ausgehen, welche in je einzelnen Akten, die notwendig situativ bleiben, auf kontingente Weise Sinn kreieren. Und dieser Sinn bleibt immer bezogen auf das Handeln. Der Vielfalt der Religionen werden wir nicht gerecht, wenn wir sie – wie den Mythos – als letztlich einheitliche symbolische Form deuten.[60]

Diese Differenz zwischen Cassirer und Troeltsch sollte nicht auf die von Glauben versus Unglauben reduziert werden; ein solcher theologischer (oder antitheologischer) Reduktionismus wäre ebenso verfehlt wie eine bloß politische Interpretation anderer Divergenzen von Cassirer und Troeltsch. Troeltschs Redeweise vom »religiösen Apriori« kann so verstanden werden, als nehme er recht willkürlich eine anthropologische Setzung vor, der zufolge der Glaube unabdingbar zum Menschsein gehört. Doch das Gegenteil trifft zu: Mit diesem Begriff will Troeltsch dem bloß postulatorischen Charakter der Freiheitsannahme gerade entgehen. Er will damit gerade erreichen, daß an die systematische Stelle, an der bei Kant und den Kantianern vom Postulat der moralischen Freiheit die Rede ist, die Erfahrungen der (Selbst-)Transzendenz und des »Irrationalen des schöpferischen Handelns«,[61] die Erfahrungen der eigenen Freiheitsfähigkeit, treten. Wenn diese Operation gelingt, dann läßt sich auch die Differenz zum Rationalismus umdefinieren. Es geht dann nicht mehr einfach nur um eine Ergänzung der rationalen Begründung der Moral durch nichtrationale Quellen der Motivation, sondern der Rationalismus wird auf diesem Gebiet selbst als ein Glaube erkennbar:

> Worin man inhaltlich Werte, Güter, Wohlfahrt, Fortschritt findet, ist rationell niemals zu begründen und zu erzwingen, und sogar schon die bloße Bejahung eines Sollens, womit doch die Wertwelt nicht

---

60 Zu dieser Problematik bei Cassirer mehr unten, in Kap. 3 dieses Teils, S. 345-348, v. a. S. 347, Fn. 42.
61 Troeltsch, »Psychologie und Erkenntnistheorie in der Religionswissenschaft«, S. 41.

entfernt erschöpft ist, ist nichts rationell Erzwingbares, sondern eine Anerkennung und ein Glaube.[62]

Auch die Geltung universeller Normen verweist dann auf bestimmte Werte, die Geschichte der Menschenrechte auf die Geschichte sozialer Bewegungen, auf die Bindung an Werte und die Erfahrungen von Gewalt und Befreiung, ihre Begründung verweist auf Erzählung, und die semiotische Transformation der Transzendentalphilosophie verweist auf die Brechung ihres Subjektbegriffs in den (religiös oder nichtreligiös artikulierten) Erfahrungen der Selbsttranszendenz.[63]

---

62 Troeltsch, »Die Zufälligkeit der Geschichtswahrheiten«, S. 558.
63 Bei der Revision der ursprünglichen Fassung dieses Textes waren v. a. Hinweise von Thomas Meyer hilfreich, dem ich hiermit herzlich danke.

3
Verdankte Freiheit: Paul Tillich

Im Jahr 2008 verlieh das Erfurter Max-Weber-Kolleg, damals noch unter meiner Leitung, die Würde eines Ehrendoktors an Robert N. Bellah aus Berkeley, den vielleicht größten historisch orientierten Religionssoziologen, den die zweite Hälfte des zwanzigsten Jahrhunderts hervorgebracht hat. Bei der Vorbereitung meiner Laudatio suchte ich nach einer griffigen Kurzformel, die auch denjenigen das Besondere an Bellahs theoretischem und methodischem Zugriff auf die Universalgeschichte der Religion verständlich machen sollte, die mit seinem Œuvre kaum vertraut waren. So fand ich die Formulierung, Bellahs Werk stelle »die Synthese von Talcott Parsons und Paul Tillich« dar.[1]

Der Soziologe Parsons galt in den 1950er Jahren weltweit als der führende theoretische Kopf seines Faches, und der aus Deutschland stammende protestantische Theologe Tillich (1886-1965) war nach anfänglichen Schwierigkeiten im amerikanischen Exil in derselben Zeit zu einem der einflußreichsten Vertreter seines Faches und öffentlichen Intellektuellen in den USA geworden.[2] Die Möglichkeit der Verknüpfung wesentlicher Impulse dieser beiden prominenten Denker lag aber keineswegs auf der Hand.

---

1 Zu Bellah und der Bedeutung Tillichs für ihn vgl. Teil III, Kap. 5 in diesem Buch.
2 Als Überblick zu Parsons' Theorien und zur Kritik an diesen vgl. Hans Joas, Wolfgang Knöbl, *Sozialtheorie. Zwanzig einführende Vorlesungen. Aktualisierte Ausgabe*, Berlin ³2011, S. 39-142; zu Tillichs öffentlicher Rolle in den USA siehe Stuart Mews, »Paul Tillich and the Religious Situation of American Intellectuals«, in: *Religion* 2 (1972), 2, S. 122-140.

Nach dem Ende der Feierlichkeiten zur Ehrenpromotion sprach Robert Bellah mir seine Zustimmung zu der gewählten Formel aus und meinte zu meiner Erleichterung, er erkenne sich in ihr gut wieder. Tatsächlich seien beide, Parsons und Tillich, ihn prägende akademische Lehrer im Harvard der späten 1950er Jahre gewesen. Allerdings sei ich nicht der erste, der auf diese Formulierung gekommen sei. Der erste sei vielmehr Barrington Moore gewesen, der ebenfalls in Harvard lehrende marxistisch geprägte Soziologe und Sozialhistoriker. Für ihn war Parsons allerdings der Inbegriff bürgerlicher Soziologie, eine akademische Variante des systemkonformen Konsenses in den USA nach dem Zweiten Weltkrieg, und Tillich als Theologe ohnehin kein ernstzunehmender Dialogpartner. »Die Synthese von Parsons und Tillich«: Was bei Moore also vernichtend gemeint war, war aus meinem Mund als Formel höchster Anerkennung gekommen.

Auf den genauen Sinn dieser Formel werde ich später zurückkommen. Zunächst einmal dient sie mir als Erläuterung der spezifischen Perspektive auf Tillichs Werk, aus der ich an dieser Stelle argumentieren will. Wie nimmt sich Tillichs Theologie aus, wenn sie nicht nur in die Geschichte der Theologie (oder vielleicht noch der Philosophie) eingebettet, sondern auch auf die Geschichte der Sozialwissenschaften bezogen wird? Die Geschichte der Theologie und die der Soziologie werden kaum je miteinander verknüpft, obwohl die faktischen Entwicklungen in den beiden Fächern viele Wechselwirkungen aufweisen. Das liegt vor allem an der weitgehenden und manchmal sogar aggressiven Ignoranz der Soziologen gegenüber der Theologie; in manchen Disziplingeschichten wird die Überwindung der Religion, religiösen Denkens oder theologischer Einflüsse ganz einfach als Fortschritt gefeiert. Vier Themengebiete scheinen mir in dieser Perspektive zentral für eine heutige Sicht auf Tillich: (1) sein Verständnis von Zeit und Geschichte; (2) seine Zeichen- oder Symboltheorie; (3) seine Überlegungen zum Verhältnis religiöser Traditionen zueinander, vornehmlich von protestantischem und katholischem Christentum; und (4) seine Konzeption der Konstitutionsbedingungen menschlicher Freiheit.

Bevor ich nun mit dem Durchgang durch diese Themenfelder beginne, ist noch eine zusätzliche Komplikation zu erwähnen. Es kann nicht nur um die Wirkung der Theologie Tillichs auf die Sozialwissenschaften gehen, da Tillich selbst schon ganz wesentliche Impulse aus der Soziologie aufgenommen hatte und vor allem von einem theologischen Lehrer geprägt war, der zu seinen Lebzeiten und in frühen Rückblicken auf die Entstehungsgeschichte der deutschen Soziologie selbst als bedeutender Soziologe aufgeführt wurde: Ernst Troeltsch. Auch Troeltsch selbst sah zumindest sein Riesenwerk über *Die Soziallehren der christlichen Kirchen und Gruppen* als radikale Soziologisierung der Kirchengeschichtsschreibung, wie es sie vor ihm nicht gegeben habe.[3] Während dieses Buch noch vereinzelt Wirkungen in der Soziologie hinterließ, sind Troeltschs weitere Schriften, meistens ja auch nicht in englischer Übersetzung zugänglich, völlig in den großen Schatten Max Webers geraten oder ganz unbekannt geblieben. Paul Tillich kann so auch als eine Vermittlungsgestalt zwischen der deutschen historischen Religionssoziologie vom Anfang des zwanzigsten Jahrhunderts und der amerikanischen vom Anfang des einundzwanzigsten gesehen werden, also als Brücke zwischen Troeltsch und Bellah. Zusätzlich zur Frage, was Soziologie und Religionstheorie in den vier Themenfeldern von Tillich lernen konnten, stellt sich deshalb die Aufgabe, aufzudecken, inwiefern Tillich über Troeltsch überhaupt hinausging oder dessen Erkenntnisse und Fortschritte in den amerikanischen Diskurs bloß einführte.

---

3 Ernst Troeltsch, *Die Soziallehren der christlichen Kirchen und Gruppen*, Tübingen 1912.

Kairos

Beginnen wir mit dem Verständnis von Zeit und Geschichte. Tillich hat hier eines der wichtigsten Stichwörter der theologischen Debatten des zwanzigsten Jahrhunderts geprägt, indem er zuerst 1922 »Kairos« zum Schlüsselbegriff erklärte:

> Kairos heißt »erfüllte Zeit«, konkreter geschichtlicher Augenblick und im prophetischen Sinne »Zeitenfülle«, Hereinbrechen des Ewigen in die Zeit. Kairos ist also nicht der irgendwie gefüllte Augenblick, das wechselnde Stück Zeitablauf, sondern es ist die Zeit, insofern sich in ihr das schlechthin Bedeutungsvolle erfüllt, insofern sie Schicksal ist. Eine Zeit als Kairos betrachten heißt, sie im Sinne einer unentrinnbaren Entscheidung, einer unausweichlichen Verantwortung betrachten, heißt, sie im Geiste der Prophetie betrachten [...].[4]

Den Begriff »Kairos« konnte Tillich auf die antike griechische Philosophie, das Markus-Evangelium (Mk 1,15) und den Apostel Paulus (2 Kor 6,2) zurückführen; er war aber schon vor Tillichs Aneignung durch den Kreis um Stefan George fast zu einem Modewort intellektueller und künstlerischer Kreise in Deutschland geworden. Die Betonung des schicksalhaften Augenblicks, der sich als diskontinuierlicher von der Kontinuität der ablaufenden Zeit unterscheidet, in dem von der eigenen Entscheidung wesentlich abhängt, was die Zukunft bringt, in dem Bedeutungshaftigkeit nicht das Produkt von Reflexion ist, sondern sich in präreflexiver Gewißheit einstellt – diese Momente des Kairos-Begriffs trafen mit großer intuitiver Sicherheit und Suggestionskraft das Lebensgefühl der Zeitgenossen, die den Ersten Weltkrieg und die Nachkriegszeit im Sinne eines Bruchs mit allem Tradierten, des existentiellen Risikos und des

---

4 Paul Tillich, »Kairos. Ideen zur Geisteslage der Gegenwart«, in: ders. (Hg.), *Kairos. Zur Geisteslage und Geisteswendung*, Darmstadt 1926, S. 1-21, hier S. 8. Auf die komplizierte Textgeschichte gehe ich hier nicht ein.

Zwangs zur Entscheidung und Entschlossenheit erlebten. Auf Parallelen zu Tillichs Kairos-Gedanken bei anderen Denkern, auch und gerade auf der intellektuellen Rechten in der Weimarer Republik (Ernst Jünger, Carl Schmitt, Martin Heidegger), ist deshalb schon oft hingewiesen worden.[5] Auch die wichtige Verknüpfung mit dem Gedanken des »Dämonischen« in Tillichs Werk findet sich der Sache nach nicht nur bei ihm, sondern etwa auch bei Rudolf Otto und im George-Kreis. Sie dient dazu, die Dynamik der »schöpferischen Tiefe jedes Augenblicks«[6] nicht moralistisch zu verengen, das heißt die Vielfalt der menschlichen Impulse zuzulassen und die Möglichkeit sichtbar zu machen, daß die getroffene Entscheidung auch eine gegen Gott oder das Gute sein kann. Von den auf der politischen Rechten verbreiteten Formen eines dezisionistischen oder voluntaristischen Denkens der »Gegenwart« als des Schlüssels zum Verständnis von Zeit und Geschichte unterscheidet sich der Theologe Tillich, indem er die passive oder rezeptive Dimension in den Vordergrund rückt. Der Bezug zum »Prophetischen« dient ja dazu, den Augenblick der Entscheidung auf etwas zu beziehen, das in diesem Augenblick dem Empfangenden zuteil wird, zu dem er sich also nur insofern entscheidet, als er sich ihm öffnet oder hingibt und gemäß der empfangenen Weisung zu handeln bereit ist. Das eigentliche Subjekt des Geschehens ist damit in der Kairos-Konzeption Tillichs nicht der entschlossene Mensch, sondern Gott, der sich in seiner Gnade den Menschen selbst offenbart. Die Öffnung gegenüber dem »Durchbruch« des

---

5 Umfassend in theologiegeschichtlicher Hinsicht: Alf Christophersen, *Kairos. Protestantische Zeitdeutungskämpfe in der Weimarer Republik*, Tübingen 2008; zu Parallelen unter rechten Intellektuellen klassisch: Christian Graf von Krockow, *Die Entscheidung. Eine Untersuchung über Ernst Jünger, Carl Schmitt und Martin Heidegger*, Stuttgart 1958 (Neuausgabe Frankfurt/M. 1990).

6 Paul Tillich, »Das Dämonische. Ein Beitrag zur Sinndeutung der Geschichte« [1926], in: ders., *Ausgewählte Texte*, Berlin 2008, S. 139-164, hier S. 150.

Offenbarungsgeschehens – das ist es, worum es Tillich im Pathos seiner Rede vom »Kairos« geht.

In den theologiegeschichtlichen Studien über Tillich in der Weimarer Zeit wurden seine Arbeiten mit guten Gründen immer wieder in den Kontext der »antihistorischen« oder »antihistoristischen« Revolution[7] in der deutschen protestantischen Theologie der Zeit gestellt. In diesem Kontext kommt dem Verhältnis Tillichs zu Troeltsch eine entscheidende Bedeutung zu; mehrere sehr gute Studien liegen dazu vor.[8] Aus ihnen geht ganz klar hervor, was sich auch schon den Primärtexten Troeltschs und Tillichs entnehmen läßt: Jede Polarisierung in dem Sinne, daß auf den von Troeltsch verkörperten Historismus ein Um-

---

7 Hermann Heimpel, »Geschichte und Geschichtswissenschaft«, in: *Vierteljahrshefte für Zeitgeschichte* 5 (1957), S. 1-17, hier S. 2, dort als »antihistorische Revolution«, aufgenommen als »antihistoristische Revolution« bei Kurt Nowak und Friedrich Wilhelm Graf. Vgl. Graf, *Der heilige Zeitgeist. Studien zur Ideengeschichte der protestantischen Theologie in der Weimarer Republik*, Tübingen 2011, S. 111-138.

8 Früh schon: Kurt Herberger, »Historismus und Kairos. Die Überwindung des Historismus bei Ernst Troeltsch und Paul Tillich«, in: *Theologische Blätter* 14 (1935), Sp. 129-141 und Sp. 161-175. Hartmut Ruddies, »Ernst Troeltsch und Paul Tillich. Eine theologische Skizze«, in: Wilhelm-Ludwig Federlin, Edmund Weber (Hg.), *Unterwegs für die Volkskirche. Festschrift für Dieter Stoodt zum 60. Geburtstag*, Frankfurt/M. 1987, S. 409-422; John Clayton, »Paul Tillich – ein ›verjüngter Troeltsch‹ oder noch ›ein Apfel vom Baume Kierkegaards‹?«, in: Horst Renz, Friedrich Wilhelm Graf (Hg.), *Umstrittene Moderne. Die Zukunft der Neuzeit im Urteil der Epoche Ernst Troeltschs* (= Troeltsch-Studien, Bd. 4), Gütersloh 1987, S. 259-283; Georg Neugebauer, *Tillichs frühe Christologie. Eine Untersuchung zu Offenbarung und Geschichte bei Tillich vor dem Hintergrund seiner Schellingrezeption*, Berlin 2007, S. 318-328; Georg Pfleiderer, »Kultursynthese auf dem Katheder. Zur Revision von Troeltschs Sozialehren in Tillichs Berliner Programmvorlesung von 1919«, in: Christian Danz, Werner Schüßler (Hg.), *Religion – Kultur – Gesellschaft. Der frühe Tillich im Spiegel neuer Texte (1919-1920)*, Wien 2008, S. 119-154; Christian Danz, »›Vom Nutzen und Nachteil der Historie für das Leben‹. Nietzsche, Troeltsch und Tillich über Auswege aus der Krisis des Historismus«, in: *Internationales Jahrbuch für die Tillich-Forschung* 3 (2008), S. 61-81.

schlag zu einem existenz- und gegenwartsbezogenen Zeit- und Geschichtsverständnis bei Tillich gefolgt sei, wäre grob irreführend. Tillich selbst hat das auch sehr wohl gewußt. In seiner 1924 erschienenen Rezension von Troeltschs Buch *Der Historismus und seine Probleme* spricht er von dem Geschichtsbewußtsein der Jugend als einem »Bewußtsein, in der Geschichte zu stehen, für die kommende Geschichte verantwortlich zu sein und darum zurückblicken zu müssen, deutend und sinngebend, auf die vergangene Geschichte«.[9] Obwohl er in diesem Zusammenhang ebenfalls von einer »Krise des Historismus« spricht, setzt er dieses neue Geschichtsbewußtsein der Jugend keineswegs dem von Troeltsch entgegen; er spricht im Gegenteil Troeltsch ausdrücklich die Auffassung zu, daß aus der Krise der Gegenwart »der neue Anstoß zur geschichtsphilosophischen Problematik«[10] hervorgegangen sei. Dabei verliert er aber kein Wort darüber, daß Troeltsch selbst ihn und den Kairos-Gedanken im rezensierten Werk in einer kurzen, wohl unmittelbar vor Drucklegung noch eingeschobenen Fußnote nannte – dort nämlich, wo davon die Rede war, daß in diesem Erdenleben sich in jedem Moment »von neuem die Aufgabe [stellt], aus der gewesenen Historie die kommende zu formen«.[11] Troeltsch nimmt dabei auf Tillich so Bezug, daß der Kairos-Gedanke ausdrücklich als Ausführung ebendieses von ihm vertretenen Gedankens erscheint.

Der Unterschied zwischen ihm und Tillich lag also zumindest aus Troeltschs Perspektive gewiß nicht in der Betonung der Gegenwart als der Situation, aus der heraus Vergangenheiten rekonstruiert und Zukünfte antizipiert werden, sondern in

---

9 Paul Tillich, »Rezension: Ernst Troeltsch, *Der Historismus und seine Probleme*«, in: *Theologische Literaturzeitung* 49 (1924), Sp. 25-30, hier Sp. 25.
10 Ebd.
11 Ernst Troeltsch, *Der Historismus und seine Probleme* [1922], 2 Bde. (= KGA, Bd. 16.1 und 16.2), Berlin 2008, S. 1015f.

der inhaltlichen Bestimmung des historischen Augenblicks. Tillich wollte (in Troeltschs Worten) »den religiös erfüllten Sozialismus als Forderung des Kairos und nicht als solche der Dialektik oder des Naturrechts begründen«.[12] Nach meinem Verständnis teilt Troeltsch mit Tillich die Distanz zum dialektischen Materialismus ebenso wie die gegenüber einer ahistorisch-naturrechtlichen Begründung des Sozialismus; er unterscheidet sich von ihm hier also nur in seiner gleichzeitigen Distanz zu jedweder Form von Sozialismus. Zu dieser Deutung paßt die posthume Charakterisierung von Troeltschs Geschichtsdenken durch Eduard Spranger als einem »existentiellen Historismus«.[13] Troeltsch hatte sich ja schon auch mit Kierkegaard und dessen Rede vom »Sprung« auseinandergesetzt. Er warf dieser, ohne sie völlig abzulehnen, allerdings eine Übertreibung des unbestreitbaren Moments der Entscheidung und des Wagnisses vor, das immer gegeben ist, wenn ein Handelnder den Willen »zu eigener verantwortlicher Idealbildung«[14] hat und sich damit zu Werten bewußt bekennt, deren Anspruch auf Geltung er mit subjektiver Evidenz erfahren hat.

Es stehen sich hier also gewiß nicht Historismus und Existenzdenken in ausschließlicher Polarisierung entgegen, sondern ein selbst schon nach Überwindung teleologisch-idealistischer Restbestände bei Troeltsch existentiell gewendeter Historismus und eine den Existenzbezug aller Geschichtsrekonstruktion wuchtiger, aber auch einseitiger betonende Rede vom »Kairos«. Tillich selbst präsentierte diese allerdings nicht als bloße Umak-

---

12 Ebd., Anm. 370a.
13 Eduard Spranger, »Das Historismus-Problem an der Universität Berlin seit 1900«, in: Hans Leussink, Eduard Neumann, Georg Kotowski (Hg.), *Studium Berolinense. Aufsätze und Beiträge zu Problemen der Wissenschaft und der Geschichte der Friedrich-Wilhelms-Universität zu Berlin*, Berlin 1960, S. 425-443, hier S. 434. Vgl. dazu Hans Joas, *Die Sakralität der Person. Eine neue Genealogie der Menschenrechte*, Berlin 2011, S. 182-186.
14 Troeltsch, *Der Historismus und seine Probleme*, Bd. 1, S. 382.

zentuierung, sondern als die Eröffnung eines Auswegs, den Troeltsch selbst vergeblich gesucht habe.

Der Name für diesen Ausweg war »die Überwindung des Historismus«. Es scheint freilich offensichtlich, daß diese immer wieder auftauchende Formel, die unglücklicherweise von den Herausgebern von Troeltschs Vorträgen für England und Schottland nach dessen Tod sogar zu deren Titel gewählt wurde,[15] der Infragestellung oder zumindest der Klärung ihres genauen Sinns bedarf. Den Historismus im Sinne einer radikalen Einsicht in die Geschichtlichkeit aller menschlichen Phänomene wollte Troeltsch nämlich gewiß nie überwinden; er erschien ihm vielmehr als unaufgebbare Einsicht, hinter die gerade nicht zurückzufallen sei. Zu überwinden war für ihn nur diejenige Version des Historismus, die man als Relativismus hinsichtlich aller Ideale und Normen oder als Impotenz des Wertens bezeichnen könnte. Dieser Überwindung galt sein großes Spätwerk, und ich behaupte, daß sie ihm dort auch tatsächlich gelungen ist.[16] Tillich dagegen präsentiert Troeltsch durchgehend als einen bei aller Größe und Bewunderungswürdigkeit sich in unauflöslichen Aporien verstrickenden und insofern tragisch gescheiterten Denker.[17] Er hat durch seinen großen Einfluß in den USA zur Verfestigung dieses Bildes stark beigetragen.[18] Für Tillich nämlich blieb Troeltsch dort stehen, wo der entscheidende Schritt getan werden mußte: der Schritt über die menschlichen Phänomene hinaus in die Sphäre göttlichen Wirkens. Troeltsch sei unfähig gewesen, das Göttliche nicht nur

---

15 Vgl. dazu oben, S. 316, Fn. 33.
16 Dazu Joas, *Die Sakralität der Person*, S. 147-203.
17 Auch in Tillich, »Rezension: Ernst Troeltsch, *Der Historismus und seine Überwindung*«, Sp. 234f.
18 Ich stimme in dieser Hinsicht Michael Murrmann-Kahl zu. Vgl. ders., »›Tillichs Trauma‹. Paul Tillich liest Ernst Troeltschs Historismusband«, in: Ulrich Barth u.a. (Hg.), *Aufgeklärte Religion und ihre Probleme. Schleiermacher – Troeltsch – Tillich*, Berlin 2013, S. 193-212, hier S. 202.

als »Grund und Sinn des Geisteslebens«, sondern als »Durchbruch durch das Geistesleben« zu begreifen.[19]

Dieser Einwand Tillichs gegen Troeltsch könnte so verstanden werden, als stehe hier der stärkere gegen einen schwächeren Glauben, eine Theologie, die die Offenbarung auf ein Phänomen der Kulturgeschichte reduziert, gegen eine Theologie, die den göttlichen Charakter der Offenbarung als Einbruch in die Kulturgeschichte ernst nimmt. Außerhalb der Theologie wäre diese Differenz dann allerdings von geringem Interesse. Wer an keine Offenbarung glaubt oder zumindest in seiner Wissenschaft von Offenbarungen methodisch abzusehen sich verpflichtet fühlt, wird schon auf Troeltschs Bereitschaft, göttliche Offenbarungen als Phänomene der Kulturgeschichte zuzulassen, mit Skepsis blicken, Tillichs Einwände gegen Troeltsch aber sogar wie einen Rückfall hinter den Historismus in theologischen Dogmatismus wahrnehmen.

An dieser Stelle dürfte es hilfreich sein, den Blick über die Theologie und über Deutschland hinaus auszuweiten. Tillichs Kairos-Denken oder die breitere Rezeption der Existenzphilosophie waren nämlich keineswegs die einzigen Formen eines »Präsentismus« im Verständnis von Zeit und Geschichte in dieser Epoche. Auf der anderen Seite des Atlantiks hatte sich ebenfalls ein solches Denken entwickelt, einsetzend schon im neunzehnten Jahrhundert, sich aber vor allem nach der erschütternden Weltkriegserfahrung weiter radikalisierend. Für dieses war zunächst Darwins Evolutionstheorie entscheidend als Anstoß zum Bruch mit aller teleologischen Geschichtsphilosophie. Im Unterschied zur populären Darwin-Rezeption wurde von diesen Denkern aus der Evolutionstheorie kein Evolutionismus abgeleitet – im Gegenteil: Die Gesetze der organischen Evolu-

---

19 Paul Tillich, »Ernst Troeltsch. Versuch einer geistesgeschichtlichen Würdigung«, in: *Kant-Studien* 29 (1924), S. 351-358, hier zitiert nach dem Wiederabdruck in: Friedrich Wilhelm Graf (Hg.), *Ernst Troeltsch in Nachrufen*, Gütersloh 2002, S. 646-653, hier S. 648.

tion führen für sie gerade nicht zu einer prognostizierbaren Höherentwicklung in eine fixierbare Richtung. Die reifste Form nahmen diese Überlegungen in einem Buch von George Herbert Mead an, das ein Jahr nach dessen Tod 1932 unter dem Titel *The Philosophy of the Present* erschien.[20] Der Titel ist insofern ein Wortspiel, als er zunächst nach einem bloßen Überblick über die Lage der Philosophie um 1930 klingt, es dann aber deutlich wird, daß das Buch eine doppelte Kritik an Teleologie und Evolutionismus entwickelt. Teleologisches Geschichtsdenken wird darin als »Philosophie der Zukunft« klassifiziert, weil in ihm die Gegenwart nur als Stufe in einem Prozeß gedacht werden kann, der durch sie hindurchläuft und dessen utopisches oder apokalyptisches Ziel feststeht. Der Fortschrittsglaube des Evolutionismus dagegen sei eine »Philosophie der Vergangenheit«, da hier die Gegenwart notwendig als bloße Wirkung vergangener Ursachen erscheint. Beiden Varianten wird ein radikaler Präsentismus entgegengesetzt, der dann im Zusammenhang der konkurrierenden philosophischen Deutungen von Einsteins Relativitätstheorie weiter entfaltet wird. Dies kann ich hier nicht weiter ausführen; ich möchte nur noch hinzufügen, daß auch bei Robert Bellah, obwohl er sich nicht direkt auf diese Arbeiten Meads stützt, das Programm einer Universalgeschichte der Religion unter dem Titel »Religion in Human Evolution« steht und nicht unter dem seines früheren, berühmten Aufsatzes »Religious Evolution«.[21] Mit dieser Modifikation des Titels sollte jeder Anschein vermieden werden, es gehe ihm um einen Evolu-

---

20 George Herbert Mead, *The Philosophy of the Present*, La Salle 1932 (dt. Übers. in: ders., *Philosophie der Sozialität*, Frankfurt/M. 1969, S. 229-324). Zur Interpretation vgl. Hans Joas, *Praktische Intersubjektivität. Die Entwicklung des Werkes von George Herbert Mead*, Frankfurt/M. 1980, S. 164-194, sowie ders., »Pragmatismus und Historismus. Meads Philosophie der Zeit und die Logik der Geschichtsschreibung«, in: *Deutsche Zeitschrift für Philosophie* 63 (2015), S. 1-21.
21 Robert N. Bellah, »Religious Evolution«, in: *American Sociological Review* 29 (1964), S. 358-374; ders., *Religion in Human Evolution. From the Paleolithic to the Axial Age*, Cambridge, Mass., 2011.

tionismus im Verständnis der Religionsgeschichte, wie er sich häufig im neunzehnten Jahrhundert fand; das Ziel war vielmehr die Einbettung der Religionsgeschichte in die Kultur- und Naturgeschichte der Menschheit ohne teleologische (oder eben evolutionistische) Unterstellungen.

Dieser kurze Seitenblick könnte plausibel gemacht haben, daß das Verständnis von Tillichs Kairos-Gedanken nur im Zusammenhang mit der breiteren Wende zum »Präsentismus« in der Geschichtsphilosophie möglich ist.[22] Diese Wendung begann schon Jahrzehnte vor dem Ersten Weltkrieg – wie Tillich auch durchaus immer wieder einräumt.[23] Sie zeigt sich schon in Nietzsches Polemik in der zweiten seiner *Unzeitgemäßen Betrachtungen* (»Vom Nutzen und Nachteil der Historie für das Leben«) und in der Zeitphilosophie von Henri Bergson und William James. Obwohl sie durch die Kriegserfahrung intensiviert und radikalisiert wurde, geht sie nicht einfach auf diese zurück, zumal diese Erfahrung auch partiell später stilisiert wurde, um die Plausibilität einer schon angebahnten intellektuellen Wende zu erhöhen.[24] Dies erklärt auch die relative Kontinuität zwischen dem späten Troeltsch und dem frühen Tillich. Was aber bleibt dann in dieser Hinsicht als Errungenschaft von Tillichs Schritt zur Kairos-Idee?

Sicher weniger, als Tillich lieb gewesen wäre. Negativ ließe sich anführen, daß Tillichs prophetischer Gestus zum bloßen, das heißt leeren Gestus zu werden droht. Hier hängt natürlich alles an der Plausibilität der inhaltlichen Füllung seiner Vision mit dem Postulat eines »religiösen Sozialismus«. Für mich ist der »religiöse Sozialismus« im Negativen klarer erkennbar als im Positiven. Es wird zwar deutlich, was alles überwunden wer-

---

22 Zur Bedeutung dieser Wende in der Ästhetik vgl. Karl Heinz Bohrer, *Die Ästhetik des Schreckens. Die pessimistische Romantik und Ernst Jüngers Frühwerk*, München 1978, v. a. S. 269-357.
23 Z. B. Paul Tillich, »Die religiöse Lage der Gegenwart« [1926], in: ders., *Gesammelte Werke*, Bd. X, Stuttgart 1968, S. 9-93, hier S. 15.
24 So Graf unter Bezug auf Tillich. Vgl. ders., *Der heilige Zeitgeist*, S. 350 f.

den soll – Mammonismus und Militarismus –, aber von einem ausgefeilten politisch-ökonomischen Veränderungsprogramm kann ebensowenig die Rede sein wie von einer empirisch sachhaltigen Diagnose proletarischer Lebenslagen und Bewußtseinsformen. Wenn dem Proletariat vornehmlich eine »Zukunftsmächtigkeit« zugesprochen wird,[25] dann ist daran wohl die große Rolle von Zukunftsvorstellungen in der organisierten Arbeiterbewegung ebenso richtig wie die existentielle Tatsache, daß Menschen auf Zukunft hin angelegt sind und, wenn ihr Zukunftsgefühl etwa in der Todesangst kontrahiert, ihre Gegenwart kaum mehr bewältigen können. Aber deshalb leben die Menschen, auch die Proletarier oder die Todkranken, dennoch nicht in der Zukunft, sondern in ihrer jeweiligen Gegenwart. Obwohl Tillich selbst den dialektischen Theologen die Leere *ihres* prophetischen Gestus und damit gerade die »*Ent*mächtigung«[26] der Kritik vorwarf, bin ich versucht, auch ihm eine Art Metaprophetie vorzuwerfen: die Verkündung des Prophetischen als solchem mehr als bestimmter Gebote oder Handlungsmaximen.

Wie schon häufiger beobachtet wurde, erfüllt bei Tillich die Aussicht auf den »religiösen Sozialismus« dieselbe Funktion, die bei Troeltsch die europäische Kultursynthese hatte.[27] Und bemerkenswert ist, daß Tillichs Kritik an Troeltsch hier nicht dessen Beschränkung auf Europa aufspießt, sondern diese im Gegenteil sogar fortsetzt. Beiden ist in dieser Zeit eine weitgehende Ignoranz gegenüber der nichteuropäischen Welt und vor allem auch gegenüber den Auswirkungen der »Unterwerfung der Welt« durch Europa dort selbst und außerhalb gemein-

---

25 Paul Tillich, *Geschichtsphilosophie (Vorlesungsmanuskript und Nachschrift 1929/30)*, in: ders., *Vorlesungen über die Geschichtsphilosophie und Sozialpädagogik*, Berlin 2007, S. 1-118, hier S. 59, hier zitiert nach Murrmann-Kahl, »›Tillichs Trauma‹«, S. 207.
26 Paul Tillich, »Der Protestantismus« [1929], in: ders., *Ausgewählte Schriften*, S. 200-221, hier S. 202.
27 Christophersen, *Kairos*, S. 87.

sam.²⁸ Dabei ist diese Beschränkung beim »universalhistorischen« Programm Troeltschs ebenso wie bei der »sozialistischen« Perspektive Tillichs kaum zu rechtfertigen. Empirisch gesehen nimmt Tillich sich in Hinsicht auf sein Geschichtsverständnis eher als ein Rückschritt gegenüber dem aus, was vor allem bei Max Weber, aber auch bei Ernst Troeltsch schon erreicht war. Will man diese Beschränkungen positiv wenden, so könnte man sagen, daß die vornehmlich auf einem »schlechthinnigen Negativitätserleben«²⁹ beruhende Konzeption des »religiösen Sozialismus« die Aufmerksamkeit auf die Rolle solcher Erfahrungen in der Geschichte zu verstärken geeignet ist. Es ist ja in der Tat so, daß revolutionäre Veränderungen oft keineswegs hauptsächlich von klar durchdachten Idealen angestoßen und angetrieben werden. Zumindest kann die Einigung verschiedener Gruppen von Akteuren im Negativen leichter gelingen als im Positiven. Noch wichtiger aber scheint mir eine Idee Tillichs, die in den Kairos-Arbeiten auftaucht, ihre eigentliche Ausarbeitung aber an anderer Stelle erfährt, nämlich dort, wo er sich mit der Dynamik des religiösen Glaubens ausführlich beschäftigt.³⁰ Sie stellt die Brücke zwischen Zeittheorie und Glaubenskonzeption bei Tillich dar. In seinen Worten lautet sie: »Hat irgendeine Gegenwart Sinn, so hat sie Ewigkeit.«³¹ Hier wird der sinnerfüllte Augenblick nicht »offenbarungspositivi-

---

28 Dazu jetzt umfassend: Wolfgang Reinhard, *Die Unterwerfung der Welt. Globalgeschichte der europäischen Expansion*, München 2016.
29 Paul Tillich, *Das Christentum und die Gesellschaftsprobleme der Gegenwart* [1919], zit. n. Friedemann Voigt, »Historische und dogmatische Methode der Theologie. Der Absolutheitscharakter des religiösen Bewußtseins bei Troeltsch und Tillich«, in: Barth u. a. (Hg.), *Aufgeklärte Religion*, S. 213-228, hier S. 223.
30 Tillichs Buch *The Dynamics of Faith* [1961] wurde ins Deutsche übersetzt als: *Wesen und Wandel des Glaubens*, Frankfurt/M. 1975. Die beiden Fassungen unterscheiden sich beträchtlich. Die deutsche Fassung bezeichnet sich als vom Verfasser bearbeitet. (Eine Neuübersetzung hat Werner Schüßler vorgelegt: Berlin 2020.)
31 Tillich, »Die religiöse Lage«, S. 12.

stisch« als einfacher Einbruch des Göttlichen ins Irdische gedacht, sondern umgekehrt stiftet so gesehen jede Erfahrung sinnerfüllter Gegenwart einen Glauben an etwas, das sich in dieser Erfahrung als unbedingt gut (oder böse) erweist und wegen seiner Unbedingtheit als zeitenthoben. Hier gelingt ein Schritt zu einer Konzeption der Erfahrung unbedingten Sinns, der phänomenologisch oder psychologisch weit über das hinausgeht, was sich in Troeltschs Analysen von Prozessen der Idealbildung findet und auf Tillichs tiefenpsychologisch inspirierte spätere Bücher vorausweist.[32]

Zeichen und Symbol

In der Symboltheorie Tillichs, die als nächstes behandelt werden soll, findet sich in der Tat ein wichtiger Schritt über Troeltsch hinaus, der für die Wirkungsgeschichte Tillichs in der Soziologie und Religionstheorie von zentraler Bedeutung ist. Troeltsch war zwar aus der grandiosen deutschen hermeneutischen Tradition des neunzehnten Jahrhunderts hervorgegangen, blieb aber wie viele von deren Vertretern im Bann der methodischen Fragen bei der Interpretation kanonischer Texte und ging nicht wirklich zu den Phänomenen alltäglicher menschlicher Verständigung über. Hervorzuheben ist allerdings, daß er am Ende seines großen Historismus-Werks im Teil über »Historie und Erkenntnistheorie« bis zu der Einsicht vordrang, daß die für geschichtliches Verstehen grundlegende »Erkenntnis des Fremdseelischen« nicht durch pure Intuition gewonnen werden könne, sondern selbst »an einfache oder abgeleitete sinnliche Vermittlungen«[33] notwendig gebunden bleibe. In heutige philosophische Sprache übersetzt heißt dies, daß die menschliche Intersubjektivität notwendig zeichenvermittelt ist und die

---

32 Paul Tillich, *Der Mut zum Sein* [1952], Hamburg 1965.
33 Troeltsch, *Der Historismus und seine Probleme*, S. 991 bzw. S. 998.

geschichtswissenschaftlichen Methoden auf Annahmen einer semiotischen Anthropologie beruhen. Weiter aber als bis zu dieser grundlegenden Einsicht war Troeltsch in dieser Hinsicht nicht gelangt. Eine entscheidende Pointe der Semiotik auf dem Gebiet der Religion war ihm dennoch schon früh klar geworden, daß wir es nämlich auf diesem Gebiet mit Zeichen oder Symbolen zu tun haben, die ihrem Gegenstand notwendig unangemessen sind, bei denen das Bezeichnete vom Zeichen prinzipiell nicht ausgeschöpft werden kann. Dieser Einsicht war Troeltsch im Werk des französischen protestantischen Theologen Auguste Sabatier unter der Bezeichnung »kritischer Symbolismus« begegnet. Für ihn führt diese Konzeption notwendig zur Leugnung der Vorstellung »einer festen geoffenbarten Lehrwahrheit« und stellt als solche selbst »eine innerliche Wandelung der Religion dar [...], die sich unter dieser Voraussetzung selbst anders empfinden muß als früher«.[34]

Tillich setzte an diesem Punkt energisch an. Er scheint den entscheidenden Anstoß zur Darlegung seiner Überlegungen im Aufsatz »Das religiöse Symbol«[35] von 1928 durch die Veröffentlichungen von Ernst Cassirer[36] erhalten zu haben, der in diesen Jahren an seiner dreibändigen *Philosophie der symbolischen Formen* arbeitete. Tatsächlich finden sich wichtige Formulierungen für Tillichs eigene Theorie in Studien, die sich direkt auf Cassirer beziehen.[37] In »Mythos und Mythologie« präsentiert

---

34 Ernst Troeltsch, »Rezension: Auguste Sabatier, *Esquisse d'une philosophie de la religion d'après la psychologie et l'histoire*« [1897], ursprünglich in: *Deutsche Litteraturzeitung* 19 (1898), Sp. 737-742; auch in: ders., *Rezensionen und Kritiken (1894-1900)* (= KGA, Bd. 2), Berlin 2007, S. 328-333, hier S. 329 bzw. S. 332.
35 Paul Tillich, »Das religiöse Symbol«, in: ders., *Ausgewählte Texte*, S. 183-198.
36 Mehr zu Cassirer und dem Verhältnis seiner Philosophie zu der von Troeltsch oben, Teil III, Kap. 2.
37 Paul Tillich, »Probleme des Mythos«, in: *Theologische Literaturzeitung* 49 (1924), Sp. 115-117; ders., »Mythos und Mythologie« [1930], in: ders., *Gesammelte Werke*, Bd. V, S. 187-195, Stuttgart 1964.

er seinen eigenen Ansatz als Überwindung des Gegensatzes einer metaphysischen Theorie des Mythos, wie er sie vor allem beim späten Schelling sieht, und einer erkenntnistheoretischen Theorie, wie er sie eben bei Cassirer findet. Die Überwindung des Gegensatzes soll aus der metaphysischen Theorie den Realismus und aus der erkenntnistheoretischen den geistigen Konstruktionscharakter aufnehmen. Tillich nennt sie die »*symbolisch-realistische*« Theorie:

> Danach ist der Mythos das aus Elementen der Wirklichkeit aufgebaute Symbol für das im religiösen Akt gemeinte Unbedingte oder Seins-Jenseitige. Der Mythos hat Realität; denn er ist gerichtet auf das Unbedingt-Reale. Das ist die Wahrheit der metaphysischen Auffassung. Aber er hat nicht die Realität des Abbildes: denn er lebt in Symbolen, die freilich nicht willkürlich sind, sondern je nach der Erfassung des Unbedingten einer bestimmten – und darüber hinaus einer allgemeinen – Gesetzmäßigkeit unterworfen sind. Das ist die Wahrheit der erkenntnistheoretischen Auffassung.[38]

In der Theorie des religiösen Symbols pointiert Tillich die Eigenschaften aller Symbole vor allem im Kontrast zu dem, was er Zeichen nennt – in einer Terminologie, an die ich mich in dieser Darstellung bisher nicht gehalten habe. Für diese Unterscheidung ist entscheidend, daß Tillich den Zeichen willkürliche Austauschbarkeit zuspricht, wie dies auch im berühmten Wort von Ferdinand de Saussure (»Le signe est arbitraire«) geschehen war.[39] Das Symbol dagegen habe »Selbstmächtigkeit«, »eine ihm selbst innewohnende Macht«, religiöse Bilder etwa hätten ursprünglich eine »magische Kraftgeladenheit«, die sie von bloßer Konventionalität abhebt. Solche Symbole sind keineswegs zwingend religiös; sie können auch politischer oder ästhetischer Art sein. Tillich nennt als Beispiel für ein solches politisches Symbol den Begriff des »Mehrwerts« aus der Marx-

---

38 Ebd., S. 188f.
39 Ferdinand de Saussure, *Cours de linguistique générale* [1915], Paris 1969, S. 100.

schen Kritik der politischen Ökonomie, der im Bewußtsein des Proletariats zum »Symbol der wirtschaftlichen Ausbeutung«[40] geworden sei. Religiöse Symbole unterscheiden sich von den anderen Symbolen dadurch, daß sie Veranschaulichung dessen sind, »was die Sphäre der Anschauung unbedingt übersteigt, des im religiösen Akt Letztgemeinten, des Unbedingt-Transzendenten«.[41]

Tillich teilt in dieser Phase seiner Entwicklung offensichtlich mit Cassirer den relativ engen Begriff von Religion. Religionen heißen bei Cassirer ja nur diejenigen Formen, die das Mythische übersteigen, weil sich die Einsicht in die Symbolizität der Symbole Bahn gebrochen habe – die Differenz von Gott und Gottesbild oder Götterstatue – und dadurch Heiligkeits- zu Transzendenzvorstellungen gesteigert worden sind.[42] Cassirer hat die Theorie der Religion jenseits des Mythos nie eigentlich ausgearbeitet, aber seither ist, angestoßen von Karl Jaspers, die Unterscheidung vor- und nachachsenzeitlicher Religion zum zentralen Punkt in den Forschungen zu einer Universalgeschichte der Religion geworden. Damit nimmt der von Tillich angezielte Unterschied zwischen Symbolen aller Art – vorachsenzeitlichen und säkularen – einerseits und den religiösen Symbolen im Sinne der Symbolisierungen von Transzendenz andererseits größte strategische Bedeutung an.[43] Hier stellen sich zahlreiche wissenschaftsgeschichtliche und sachliche Fragen: Wie unterscheidet sich Tillichs Symboltheorie von der Cassirers

---

40 Tillich, »Das religiöse Symbol«, S. 183.
41 Ebd., S. 184.
42 Ernst Cassirer, *Philosophie der symbolischen Formen* [1923], Bd. 2, Darmstadt 1958. Die Literatur zum Verhältnis von Mythos und Religion bei Cassirer ist reichhaltig. Vgl. die Angaben bei: Hans Joas, »Introduction to the Special Issue on Ernst Cassirer's Philosophy of Religion«, in: *Svensk Teologisk Kvartalskrift* 82 (2006), S. 2-4, und die Beiträge von Michael Bongardt und Matthias Jung im selben Heft.
43 Als Überblick: Hans Joas, *Was ist die Achsenzeit? Eine wissenschaftliche Debatte als Diskurs über Transzendenz*, Basel 2014; Robert N. Bellah, Hans Joas (Hg.), *The Axial Age and Its Consequences*, Cambridge, Mass., 2012.

einerseits und der des amerikanischen Pragmatismus andererseits? Was folgt aus Tillichs Symboltheorie für die historische Religionssoziologie bei Bellah und Parsons und damit für die empirischen Fragen der Universalgeschichte der Religion? Ich beschränke mich jeweils auf Antworten in knappster Form.

Was Cassirer betrifft, läßt sich die Antwort Tillichs Schriften selbst entnehmen. Gegen den »kritischen Idealismus« Cassirers, für den sich die Religion – im gerade bezeichneten engen Sinn – an einem bestimmten Punkt der menschheitlichen Entwicklung gegen den Mythos stellt, ihn bekämpft und schließlich überwindet, gegen diese Auffassung, bei der ja in der Tat ungeklärt geblieben war, was dann die transzendenzbezogenen Religionen überhaupt von der Philosophie unterscheide, setzt Tillich die These, daß der Mythos durch die Entstehung von Transzendenzvorstellungen keineswegs abgestorben sei, sondern nur seine Form geändert habe:

> Der Kampf der jüdischen Propheten gegen die heidnische Mythologie war ein Kampf des ethischen Henotheismus der Wüstenreligion gegen den ekstatischen Polytheismus der Agrarreligion, ein Kampf Jahwes gegen die Baale. Aber das Mythische ist in der Jahwereligion ebenso lebendig wie in der Baalreligion.[44]

Es ändert sich allerdings die Stellung des Mythischen innerhalb der Religion, wenn diese durch Transzendenzvorstellungen und, wie ich hinzufügen möchte, durch theoretische Reflexion (in Philosophie und Wissenschaft) gebrochen wird. Aber der gebrochene Mythos bleibt doch ein Mythos. »Nothing is ever lost« lautet das ständig wiederkehrende Motiv bei Robert Bellah, das auf die Persistenz sowohl des Rituals als auch des Mythos in

---

44 Tillich, »Das religiöse Symbol«, S. 188. Zum Verhältnis der Symboltheorien Tillichs und Cassirers: Christian Danz, »Der Begriff des Symbols bei Paul Tillich und Ernst Cassirer«, in: Dietrich Korsch, Enno Rudolph (Hg.), *Die Prägnanz der Religion in der Kultur. Ernst Cassirer und die Theologie*, Tübingen 2000, S. 201-228.

der Geschichte der Religion wie in säkularen Weltbildern und Wertsystemen zielt.

Hier scheint mir Tillich also tatsächlich einen wesentlichen Pfad gebahnt zu haben. Die Kontrastierung mit der Semiotik des Pragmatismus, die weder Tillich noch Troeltsch jemals zur Kenntnis nahmen,[45] macht dann allerdings sofort darauf aufmerksam, daß er für die scharfe Unterscheidung von konventionellem Zeichen und »selbstmächtigem« Symbol einen Preis bezahlen mußte, nämlich den einer kompletten Diskontinuität zwischen alltäglicher Kommunikation und der Welt der Religion. Wie Hermann Deuser im Anschluß an die Zeichentheorie des amerikanischen Pragmatisten Charles Sanders Peirce zu zeigen versucht hat,[46] ist es aber zumindest möglich und potentiell sogar für Tillichs eigene Intentionen fruchtbarer, von einer Kontinuität zwischen alltäglichem Zeichengebrauch und religiöser Symbolik, von propositionaler Rede in der Wissenschaft und der Artikulation qualitativen Welterlebens etwa in der Poesie und der Malerei auszugehen. Damit soll der von Tillich gemachte Unterschied nicht geleugnet werden. Es kann aus ihm aber nicht auf die völlige Trennbarkeit kultureller Sphären von der Religion geschlossen werden.

Für die Religionssoziologie Bellahs schließlich war Tillichs Symboltheorie von ausschlaggebender Bedeutung. Tillichs Selbstbezeichnung »symbolisch-realistisch« übernahm Bellah sogar als Bezeichnung für seine eigene Soziologie, als er 1967 von Har-

---

45 Tillich wertete den Pragmatismus immer wieder als Nominalismus oder Voluntarismus ab. So z. B. in Tillich, »Die religiöse Lage der Gegenwart«, S. 30; ders., *Wesen und Wandel des Glaubens*, S. 48. Zur deutschen Pragmatismus-Rezeption insgesamt vgl. Hans Joas, »Amerikanischer Pragmatismus und deutsches Denken. Zur Geschichte eines Mißverständnisses«, in: ders., *Pragmatismus und Gesellschaftstheorie*, Frankfurt/M. 1992, S. 114-145.
46 Hermann Deuser, »Gottes Poesie oder Anschauung des Unbedingten? Semiotische Religionstheorie bei C. S. Peirce und P. Tillich«, in: Christian Danz, Werner Schüßler, Erdmann Sturm (Hg.), *Das Symbol als Sprache der Religion*, Berlin 2007, S. 117-134.

vard und seinem Lehrer Parsons nach Berkeley wechselte. Hier ist die zu Beginn genannte Formel der »Synthese von Parsons und Tillich« endlich verständlich zu machen. Zwar war der Begriff des Wertes zentral für Parsons' Soziologie und sprach dieser von sich selbst gelegentlich als einem »Kulturdeterministen«, aber für die empirische Erfassung der Werte, die reale Menschen leiten, für die Unterscheidung verschiedener Niveaus der Bewußtheit dieser Werte und für die Interpretation der komplexen und in sich widersprüchlichen Kulturen verschiedener Großzivilisationen oder Nationen waren Parsons' Begrifflichkeiten viel zu starr und schematisch. In ausdrücklicher Anknüpfung an Tillich entwickelte Bellah die Grundzüge einer Analyse mythischer Strukturen von Gegenwartsgesellschaften, in seinem Fall am Beispiel der USA. Dabei wurden Mythen gerade nicht als in sich geschlossene konsistente Gebilde behandelt, sondern als komplexe und spannungsreiche Strukturen[47] – so in dem Buch *The Broken Covenant* von 1975, das ursprünglich den Untertitel »Studies in the Mythic Dimensions of American Culture« tragen sollte.[48] Für Bellahs historische Religionssoziologie waren Tillichs Überlegungen zur Spezifik *religiöser* Symbole wesentlich.

> Jede Religion ist auf Symbole angewiesen, sogar dann, wenn sie wie der Zen-Buddhismus mit diesen brechen will. Die Hauptaufgabe der Untersuchung religiöser Symbolsysteme ist es, die Achsen zu bestimmen, entlang deren diese organisiert sind, und so zu einer Typologie religiöser Symbole zu kommen.[49]

---

47 Robert N. Bellah, *The Broken Covenant. American Civil Religion in Time of Trial*, New York 1975, S. 4. Mehr dazu unten, in Teil IV, Kap. 5.
48 Vgl. dazu informativ: Matteo Bortolini, »Blurring the Boundary Line. The Origins and Fate of Robert Bellah's Symbolic Realism«, in: Christian Fleck, Andreas Hess (Hg.), *Knowledge for Whom? Public Sociology in the Making*, Farnham 2014, S. 205-227, hier S. 219.
49 Robert N. Bellah, *Beyond Belief. Essays on Religion in a Post-traditional World*, New York 1970, S. 263.

Dieses zentrale Tillichsche Motiv wurde, angeregt vom Schüler Bellah, sogar vom Lehrer Parsons in dessen Spätwerk aufgenommen.[50] Es betrifft die Frage, wie die Erfahrung unbedingten Sinns, der die Zeitlichkeit prinzipiell überschreitet, selbst artikuliert werden kann – in welchen Formen der Symbolisierung Menschen diese Erfahrung und diesen Sinn über Zeit weitergeben, also tradieren können.

Das Wechselspiel religiöser Traditionen

Diese Symboltheorie Tillichs ist wesentlich für ein angemessenes Verständnis des Verhältnisses verschiedener religiöser Traditionen zueinander und der Stellung der Individuen zu diesen religiösen Traditionen. In Troeltschs Äußerungen zu den Wirkungen eines »kritischen Symbolismus« auf das Verständnis von Dogma und Offenbarung hatte sich die transformierende Wirkung einer solchen Symboltheorie schon angedeutet. In der Tat korrespondierte Troeltschs Sichtweise schon mit einer unter protestantischen Denkern der Zeit durchaus ungewöhnlichen Bereitschaft, dem katholischen Christentum in seiner inneren Vielfalt und Widersprüchlichkeit sachkundig und vorurteilslos gegenüberzutreten. Das Schicksal des katholischen Modernismus verfolgte er mit beträchtlicher Sympathie.

Bei Paul Tillich aber wird die Vision einer wechselseitigen Korrektur verschiedener Varianten des Christentums noch viel stärker entwickelt als bei Troeltsch. Dabei könnte allerdings eine der zentralen Ideen von Troeltschs *Soziallehren*, die Tillich ja gründlich studiert hatte,[51] eine inspirierende Rolle gespielt haben – die Idee nämlich, daß die großen sozialen Organisa-

---

50 Talcott Parsons, »A Paradigm of the Human Condition«, in: ders., *Action Theory and the Human Condition*, New York 1978, S. 352-433, hier S. 390.
51 Dazu ausgezeichnet: Erdmann Sturm, »Tillich liest Troeltschs ›Soziallehren‹«, in: Barth u. a. (Hg.), *Aufgeklärte Religion*, S. 271-290.

tionsformen des Christentums, »Kirche« und »Sekte«, nicht einfach einander entgegengesetzt werden sollten, sondern historisch immer wieder auseinander hervorgehen.

Die Symboltheorie Tillichs ist nun ganz offensichtlich von seiner Kritik am zeitgenössischen Protestantismus mitgeprägt; sie dient ihm dazu, dem »Antisymbolismus« im Protestantismus entgegenzutreten. Seine Arbeiten zum Protestantismus und zur »andauernden Bedeutsamkeit der katholischen Kirche für den Protestantismus«[52] sind durchzogen von dem Motiv der wechselseitigen Korrektur des Prophetischen und des Sakramentalen, der Bewahrung der Katholiken vor der Remagisierung und der Protestanten vor der Selbstsäkularisierung.[53]

Religionstheoretisch ist dabei entscheidend, ob die Auflösung der bloßen Entgegensetzung der Konfessionen tatsächlich zu einer Sensibilisierung für deren innere Widersprüchlichkeit führt. Die Idee der wechselseitigen Korrektur könnte ja durchaus mit einer Stereotypisierung der beiden institutionellen Traditionen verknüpft bleiben. Weder ist aber die protestantische Tradition durchgehend ritualskeptisch und antisakramental, noch ist die katholische Tradition rein sakramental und unprophetisch oder gar magisch. An der Figur von Ordensgründern wie Franziskus von Assisi und Ignatius von Loyola ließe sich dies durchspielen, ebenso an der vom II. Vatikanischen Konzil eingeleiteten Wende, die Tillich noch miterlebte und auf die er zu Recht mit den Worten reagierte, die Zukunft müsse zeigen, inwiefern die katholische Kirche tatsächlich das Prinzip ständiger Selbstreform zu befolgen fähig sei.[54] Methodisch führt Til-

---

52 Paul Tillich, »The Permanent Significance of the Catholic Church for Protestantism« [1941], in: ders., *Ausgewählte Texte*, S. 277-287; die Formulierung »anti-symbolism« dort auf S. 282.
53 Werner Schüßler, »›Meine katholischen Freunde verstehen mich besser als meine protestantischen.‹ Wie ›katholisch‹ ist Paul Tillich?«, in: Barth u. a. (Hg.), *Aufgeklärte Religion*, S. 312-329, hier S. 327.
54 Zitiert nach Thomas Franklin O'Meara, O. P., »Paul Tillich in Catholic Thought. The Past and the Future«, in: Raymond Bulman, Frederick

lich für das Wechselspiel zwischen konfessionellen oder religiösen Traditionen die Idee ein, daß die theoretisch unterscheidbaren Typen in der Wirklichkeit nicht statisch seien, sondern sich in der Auseinandersetzung mit den anderen Typen wandeln, etwa sich aneinander anähneln oder sich gegeneinander profilieren können. Er nennt diese Idee die einer »dynamischen Typologie« auf dem Gebiet der Religionsgeschichte,[55] und es trifft zu, daß in ihr eine sehr wichtige Konsequenz aus der Fundierung der Religionstheorie auf einer Zeichen- oder Symboltheorie bestehen kann, weil so zwischen dem Inspirationskern einer Tradition und den jeweiligen Artikulationsformen systematisch unterschieden wird. Tillich spricht seiner Idee einer »dynamischen Typologie« »einen entschiedenen Vorzug vor einer Dialektik wie der der Hegelschen Schule« zu, da diese »sich nur in einer Richtung bewegt, und das in die Vergangenheit verweist, worüber sie dialektisch hinausgegangen ist«.[56] Besonders bemerkenswert ist, daß er den Vorzug gegenüber Hegel an dessen Sicht auf den Buddhismus näher erläutert:

> So betrachtet zum Beispiel die Hegelsche Dialektik den Buddhismus als frühes Stadium einer religiösen Entwicklung, welches die Geschichte bereits vollständig überwunden hat. Der Buddhismus existiert zwar noch, aber der Weltgeist ist nicht mehr schöpferisch in ihm wirksam. Die dynamische Typologie dagegen beschreibt den Buddhismus als eine lebende Religion, in der bestimmte polare Elemente vorherrschen, und die deshalb in polarer Spannung zu Religionen steht, in denen andere Elemente vorherrschen. Nach dieser Methode wäre es zum Beispiel unmöglich, das Christentum als die

---

Parrella (Hg.), *Paul Tillich: A New Catholic Assessment*, Collegeville 1994, S. 9-32, hier S. 25.
55 Dazu Schüßler, »Wie ›katholisch‹ ist Paul Tillich?«, S. 325. Der Ausdruck »dynamische Typologie« findet sich in: Paul Tillich, »Christianity and the Encounter of the World Religions« [1963], in: ders., *Ausgewählte Texte*, S. 419-453, hier S. 419 und S. 438. Deutsche Übersetzung: Paul Tillich, *Das Christentum und die Begegnung der Weltreligionen*, Stuttgart 1964, dort S. 7 und S. 36.
56 Tillich, *Das Christentum und die Begegnung der Weltreligionen*, S. 36.

absolute Religion zu betrachten, wie Hegel es tat; denn das Christentum zeigt in verschiedenen historischen Epochen die Vorherrschaft jeweils verschiedener Elemente aus der Gesamtheit aller Elemente und Polaritäten, die den religiösen Bereich ausmachen.[57]

Gewiß hätte Tillich in derselben Weise die Vorstellung von einer historischen Überholtheit des katholischen Christentums zurückweisen können. Es ging ihm, wie erwähnt, ja ganz wesentlich um ein Lernen der beiden großen christlichen Konfessionen voneinander. Nur ein Punkt scheint mir in Tillichs begrifflicher Fassung solcher Lernprozesse problematisch zu sein. Tillich spricht nicht nur unter Bezug auf das katholische Christentum, sondern auch auf die ganze Religionsgeschichte vom »Sakramentalen«. Angemessen wäre es dagegen, hier klar zwischen dem »Sakralen« und dem »Sakramentalen« zu unterscheiden. Das Sakramentale im Katholizismus ist ja nicht ein Relikt des vorachsenzeitlich oder vorchristlich »Sakralen«, sondern die Transformation des Sakralen im Horizont der Transzendenz. Wenn Tillich vom »antisakramentalen« Protest der Propheten oder der Stoa spricht,[58] vergibt er die Chance, zwischen der Zurückweisung vorachsenzeitlicher Sakralität durch transzendenzbezogene Prophetie und der Transformation der Sakralität in eine transzendenzbezogene Religion zu unterscheiden. Dabei wäre diese Unterscheidung mit seinen Überlegungen zur Transformation des Mythos in besserer Übereinstimmung gewesen. Weil dies unterbleibt, wird das Katholische doch auch hier – wie etwa bei Max Webers ständiger Rede vom »Magisch-Sakramentalen« – tendenziell als primitiv abgewertet. Die wechselseitige Korrektur des Protestantischen und des Katholischen beruht aber doch auf der gemeinsamen Grundlage im Verständnis von Transzendenz und Inkarnation. Es geht nicht

---

57 Ebd., S. 36f.
58 Paul Tillich, »Kirche und Kultur« [1924], in: ders., *Ausgewählte Aufsätze*, S. 109-122, hier S. 116.

um eine Korrektur des Prophetischen durch das Sakrale als solches.

Robert Bellah hat in zahlreichen Arbeiten direkt an Tillichs Kritik einzelner »Protestantismen« und den Tendenzen zum Antisymbolismus und Antisakramentalismus angeschlossen, am bekanntesten im Aufsatz »Flaws in the Protestant Code«.[59] War Tillich in Bellahs Studentenzeit schon entscheidend für seine Abwendung vom Marxismus seiner Jugendzeit und die Rekonversion zum Christentum gewesen,[60] so wurden diese Impulse nun wichtig für seinen Weg vom reformierten Christentum zur Episcopal Church, der amerikanischen Variante des Anglikanismus. Es ist deshalb selbst fast »symbolisch«, daß der Text der Paul Tillich Lecture von Bellah wohl der letzte Text überhaupt ist, den er in seinem Leben, knapp drei Monate vor seinem Tod, abschloß.[61] Für Bellahs wissenschaftliches Werk war Tillich aber noch in einer bisher nicht erwähnten weiteren Hinsicht zentral – in einer Hinsicht, die vielleicht eher am Rande der Aufmerksamkeit der meisten westlichen Theologen liegt. Es geht um das Verständnis der religiösen Entwicklungen in Ostasien. Bellah ist der Verfasser eines Klassikers der sozialwissenschaftlichen Japan-Forschung (*Tokugawa Religion*) und vieler weiterer einschlägiger Arbeiten auf diesem Gebiet.[62] Er hat nun aber immer wieder bekundet, daß er den entscheidenden Anstoß für sein Verständnis Japans durch Tillich erhielt.[63] Gemeint ist damit nicht, daß Tillich selbst ein großer Ostasienken-

---

59 Robert N. Bellah, »Flaws in the Protestant Code. Some Religious Sources of America's Troubles«, in: *Ethical Perspectives* 7 (2000), S. 288-299.
60 Dazu Bellah, »Beyond Belief«, S. XIV-XVI und S. 255.
61 Robert N. Bellah, *Paul Tillich and the Challenge of Modernity* (unveröffentlichtes Manuskript, 2013).
62 Robert N. Bellah, *Tokugawa Religion. The Cultural Roots of Modern Japan*, New York 1957. Die Definition in diesem Buch (S. 6) stützt sich auf Tillich. Zur Bedeutung dieser Studie für die Entwicklung der Soziologie vgl. Joas, Knöbl, *Sozialtheorie*, S. 462-464.
63 Robert N. Bellah, »Words for Paul Tillich«, in: *Harvard Divinity School Bulletin* 30 (1966), S. 15f.

ner gewesen wäre. Er entwickelte zwar spät in seinem Leben ein gewisses Interesse am Zen-Buddhismus und am christlich-buddhistischen Dialog. Aber viele seiner Bemerkungen etwa zum säkularen Charakter des Konfuzianismus und des dadurch ermöglichten Sieges des Kommunismus in China wirken undifferenziert und im Kontext der heutigen Revitalisierung religiöser Traditionen in China und der rapiden Christianisierung Südkoreas revisionsbedürftig.[64] Was Bellah als augenöffnend empfand, war vielmehr Tillichs Überwindung eines vornehmlich auf religiöse Institutionen bezogenen Verständnisses des Glaubens. Wie für Tillich der moderne Mensch des Westens den Bezug zu Strukturen unbedingten Sinns eigentätig entwickeln müsse, so seien in Ostasien immer schon die religiösen Traditionen nicht feste Gehäuse gewesen, zwischen denen die Individuen zu wählen, denen sie sich eindeutig zuzuordnen gehabt hätten. Ostasien wirkt in religiöser Hinsicht weniger exotisch, wenn in Europa und Amerika Selbstverständlichkeiten des konfessionellen Zeitalters ihre Kraft verlieren. Unter Tillichs ausschlaggebendem Einfluß eröffnete sich in Bellahs Lebenswerk nicht nur die Perspektive der wechselseitigen Korrektur von Protestantismus und Katholizismus, sondern viel mehr als bei Tillich selbst die der wechselseitigen Korrektur aller achsenzeitlichen religiösen Traditionen, besonders der christlichen und der Ostasien prägenden des Konfuzianismus, Daoismus und Buddhismus.[65]

Theonomie

Im Durchgang durch die bisherigen Themenfelder »Zeit«, »Symbol« und »religiöse Tradition« habe ich die aus meiner Sicht

---

64 Tillich, *Wesen und Wandel des Glaubens*, S. 81.
65 Unter diesem Gesichtspunkt lehrreich: Sebastian C. H. Kim (Hg.), *Christian Theology in Asia*, Cambridge 2008.

wichtigsten Elemente aus Tillichs Werk zusammengetragen, die in seine Synthese theologischer und philosophischer Traditionen eingegangen sind. Dabei steht diese Synthese unter der Leitidee eines Verständnisses des religiösen Glaubens als des »Ergriffenseins von dem, was uns unbedingt angeht«.[66] Die Betonung der passivischen Dimension des Ergriffenseins und der Unbedingtheit dessen, was uns da ergreift, machen es unter den Bedingungen der modernen Dominanz des Werts der Freiheit – im »Bannkreis der Freiheit« – nun allerdings unvermeidlich, auch nach der Stellung des Glaubens im Spannungsfeld von Autonomie und Heteronomie zu fragen. Tillichs Antwort auf diese Frage steckt in einem weiteren seiner Schlüsselbegriffe, nämlich dem der Theonomie. Am genauen Sinn dieses suggestiven, aber auch mehrdeutigen Begriffs entscheidet sich Tillichs Verhältnis zum Verständnis von Freiheit als Selbstbestimmung.

Der entscheidende Schachzug Tillichs ist hier ein anderer als der, der im vorhergehenden Kapitel unter Bezug auf Troeltsch behandelt wurde. Troeltsch, so wurde gezeigt, hatte sich um die Explikation einer »deutschen« Idee der Freiheit bemüht, worunter eine Überwindung utilitaristischer und kantianischer Freiheitskonzeptionen auf Grundlage von Vorstellungen über Ausdruck und Selbstverwirklichung zu verstehen war. Der Versuch in seinem Spätwerk, die Idee der Menschenrechte in diesem – wir würden heute sagen – »expressivistischen« Rahmen zu reformulieren, ist von großer Attraktivität.[67] Wenig bekannt ist, daß Troeltsch in anderen Teilen seines Werks auch schon den Gedanken der Theonomie aufgriff und damit Tillichs Gedankengang in dieser Hinsicht bereits anbahnte. Aus den als *Glaubenslehre* posthum publizierten Heidelberger Vorlesungen Troeltschs von 1911/12 wissen wir, daß er die Autonomie der

---

66 Tillich, *Wesen und Wandel des Glaubens*, S. 9.
67 Ernst Troeltsch, »Naturrecht und Humanität in der Weltpolitik« [1923], in: ders., *Schriften zur Politik und Kulturphilosophie (1918-1923)* (= KGA, Bd. 15), Berlin 2002, S. 493-512.

sittlichen Vernunft im Sinne Kants selbst als die Gegenwart Gottes im Menschen deutete: »Die christliche Autonomie ist zugleich Theonomie.«[68] Er variierte diese Formulierung auch und sprach von der »Autotheonomie« des Menschen.[69] Seine Frage war, ob aus der Deutung von Autonomie als Gottes Gegenwart in ethischer Hinsicht etwas Substantielles folge oder ob es sich dabei weiterhin nur um eine formale Bestimmung menschlicher Entscheidungsfreiheit handle. Seine Antwort bestand darin, in einem Verständnis von Autonomie, das von deren Konstitutionsbedingungen nicht absieht, selbst »Richtlinien« zu finden, »Richtlinien, die auf Strenge der Selbsthingabe an Gott gehen, auf Lösung von der Verstrickung der Welt und sehr stark auf Bruderliebe. [...] Das christliche Sittengesetz ist zwar immer etwas neu zu Bildendes, aber doch auch immer etwas, dem eine bestimmte Zielrichtung vorschwebt.«[70] In einer anderen Vorlesung aus derselben Zeit redet Troeltsch in großer Klarheit davon, daß Autonomie und Theonomie nur dann Gegensätze seien, wenn die religiösen Forderungen auf ein »äußerlich geoffenbartes, statutarisches Gesetz« zurückgeführt würden, nicht aber, wenn unter Theonomie nur die »Hervorhebung der im Autonomiegedanken selbst enthaltenen religiösen Voraussetzungen«[71] verstanden würde.

Diese Überlegungen können gewiß als Vorbereitung für Tillichs entsprechende Schriften in der Zeit der Weimarer Republik angesehen werden. Tillich suchte im Rahmen seiner Bemühungen um einen »religiösen Sozialismus« nach einer Alternative sowohl zur »bürgerlichen Autonomie« wie zur »kirch-

---

68 Ernst Troeltsch, *Glaubenslehre*, München 1925, S. 201.
69 Ebd., S. 202.
70 Ebd.
71 Ernst Troeltsch, »Praktische christliche Ethik. Diktate zur Vorlesung im Wintersemester 1911/12«, aus dem Nachlaß Gertrud von le Forts hg. von Eleonore von la Chevallerie und Friedrich Wilhelm Graf, in: *Mitteilungen der Ernst-Troeltsch-Gesellschaft VII*, Augsburg 1991, S. 129-174, hier S. 143.

lichen Heteronomie« und zu deren Zusammenspiel. Diese Alternative nannte er eben »Theonomie« und meinte damit die »freie Hinwendung der zeitlichen Formen zum Ewigen«.[72] Er machte daraus in der großen Krise nach Kriegsende und Revolution geradezu die Parole für eine neue, offensive Rolle der christlichen Theologie im Kampf nicht gegen die Autonomie der Kultur, sondern gegen deren »Profanierung, Entleerung und Zerspaltung«.[73] Der entscheidende Schritt in Richtung dieser Alternative ist der Gedanke einer Reflexion auf die Bedingungen autonomen Handelns. In einem Enzyklopädie-Artikel von 1931 über »Theonomie« sprach Tillich von der »Vertiefung der Autonomie in sich selbst zu dem Punkt, wo sie über sich hinausweist«.[74] Für Tillich ging es um die Einsicht in die Endlichkeit unserer Freiheit und in die Bedingungen unserer Fähigkeit zur Selbstbestimmung. Christian Danz hat in einer umfassenden Studie, *Religion als Freiheitsbewußtsein*, Tillichs Überlegungen auf die Reflexionen der klassischen deutschen Philosophie bezogen und gegen Hegelianisierungen Tillichs oder hegelianische Kritiken an Tillich überzeugend verteidigt.[75] Ungenügend geklärt bleibt dabei nur das Verhältnis von Tillichs Schritt zu anderen postidealistischen Denkversuchen in ähnlicher Richtung.[76]

Der Begriff der Theonomie ist immer in der Gefahr, als Be-

---

72 Tillich, »Die religiöse Lage der Gegenwart«, S. 91f.
73 Paul Tillich, »Über die Idee einer Theologie der Kultur«, in: ders., *Ausgewählte Aufsätze*, S. 25-41, hier S. 41.
74 Paul Tillich, »Theonomie«, in: *Die Religion in Geschichte und Gegenwart*, hg. von Hermann Gunkel und Leopold Zscharnack, Bd. 5, Tübingen 1931 (2. Auflage), Sp. 1128f.
75 Christian Danz, *Religion als Freiheitsbewußtsein. Eine Studie zur Theologie als Theorie der Konstitutionsbedingungen individueller Subjektivität bei Paul Tillich*, Berlin 2000.
76 Etwa zum Pragmatismus. Obwohl Tillich, wie bereits erwähnt, über diesen meist abwertend urteilte, scheint mir kein Zweifel daran zu bestehen, daß er von William James' Religionspsychologie vielfältig beeinflußt war. Selbst der Titel von Tillichs vielleicht berühmtestem Buch *The Courage to Be* klingt für mich nach James' berühmter Formel »willingness to be«.

zeichnung für eine besondere Form von Heteronomie mißverstanden zu werden. »In der Tat«, schrieb Tillichs Nachfolger in Chicago, Paul Ricœur, »muß der Gedanke einer Gesetzgebung göttlichen Ursprungs auf den ersten Blick als eine Form der Heteronomie erscheinen, die diametral der angemessenen Autonomie des moralischen Bewußtseins entgegengesetzt ist«.[77] Dieses Mißverständnis kann nur überwunden werden, wenn die Einschränkungen der Autonomie, die sich aus der Einsicht in die Konstituiertheit unserer Autonomie tatsächlich ergeben, nicht als heteronome Setzungen mißdeutet werden. So weit sich Tillich vom »religiösen Sozialismus« seiner Frühzeit entfernt hatte, hielt er in seinem in den USA entstandenen voluminösen Werk *Systematische Theologie* doch am Begriff der Theonomie fest, gab ihm aber klarere Konturen. Er macht darin klar, daß es ihm um eine Kultur geht, in der die Orientierung am Göttlichen nicht im Gegensatz zu den »autonomen Formen des schöpferischen Prozesses« stehe, diese aber von innen her zur »Erfahrung des Heiligen« hin öffne, »d. h. eines Unbedingten in Sein und Sinn«.[78] Wenn wir zum Beispiel unser Leben als eine Gabe begreifen, dann werden wir, so eine Konsequenz aus dieser Überlegung, mit ihm anders verfahren und zu verfahren haben, als wenn wir es als unser beliebig verfügbares Eigentum auffassen. In der Religions- und der Medizinsoziologie des späten Parsons kreisen mehrere Studien um ebendiese Idee des Lebens als Gabe und um ihre Reformulierbarkeit in einer Zeit, in der die Rede von der »Gotteskindschaft« des Menschen für viele ihren Sinn verloren hat.[79] Robert Bellah hatte in seinen empiri-

---

77 Paul Ricœur, »Theonomie und/oder Autonomie«, in: Carmen Krieg u. a. (Hg.), *Die Theologie auf dem Weg in das dritte Jahrtausend. Festschrift für Jürgen Moltmann zum 70. Geburtstag*, Gütersloh 1996, S. 324-345. Tillich selbst behandelt manchmal den Begriff der Heteronomie als Reaktion auf die Forderungen nach Autonomie, z. B. in: ders., *Systematische Theologie*, Bd. 1, Stuttgart 1956, S. 103.
78 Paul Tillich, *Systematische Theologie*, Bd. 3, Stuttgart 1966, S. 288.
79 Gesammelt in: Parsons, *Action Theory and the Human Condition*. Dazu

schen Arbeiten zur amerikanischen Kultur, darunter dem Bestseller *Habits of the Heart*, die Überwindung des utilitaristischen *und* des expressivistischen Individualismus, das heißt der Kultur des Primats der Nutzenmaximierung und des Primats der Selbstverwirklichung, als vitale Notwendigkeit für das Überleben der Demokratie in den USA herausgearbeitet.[80] In seinem letzten Text, der erwähnten Tillich Lecture, erklärte er, was Theonomie für ihn heute sinnvoll heißen kann: Respekt vor der Würde aller Menschen in einer Form, die den Rückfall in die Privatisierung und Instrumentalisierung der Menschenrechtsidee für partikulare Zwecke verhindert.[81] Dies fand er ausgedrückt in der von Émile Durkheim kreierten und von mir in meinem Buch zur Geschichte der Menschenrechte ausgearbeiteten Idee der »Sakralität der Person«. Mit meinem Buch, schrieb Bellah, sei ich damit in die Nähe Tillichs gekommen, ohne dies zu wissen. Mit dieser Aussage hatte Bellah damals recht. In diesem Zusammenhang ist aber erwähnenswert, daß ich nun nachträglich bei Tillich, und zwar in »Die religiöse Lage der Gegenwart«, sogar die Formulierung fand, die Erkenntnis der »Heiligkeit des Persönlichen«, der »Glaube an Menschenrecht und Menschenwürde« sei die wesentliche Kraft der Befreiung in der Geschichte der bürgerlichen Gesellschaft gewesen.[82] Diesen Glauben an die »Sakralität der Person«, an die »Heiligkeit des Persönlichen«, gibt es in religiösen und säkularen Formen, ebenso wie der Verstoß gegen Menschenrechte und Menschenwürde säkular oder religiös motiviert sein kann. Sicher ist, daß wir unsere Gegenwart nicht verstehen, wenn wir sie nur unter dem Gesichtspunkt von Säkularisierungsprozessen und nicht auch unter dem solcher neuen oder intensivierten Sakrali-

---

Hans Joas, »Das Leben als Gabe. Die Religionssoziologie im Spätwerk von Talcott Parsons«, in: *Berliner Journal für Soziologie* 12 (2002), S. 505-515.
80 Robert N. Bellah u. a., *Habits of the Heart. Individualism and Commitment in American Life*, Berkeley 1985.
81 Bellah, *Paul Tillich and the Challenge of Modernity*, S. 16f.
82 Tillich, »Die religiöse Lage der Gegenwart«, S. 19.

sierungen verstehen. Wenn »Theonomie« in religiöser Form die Einsicht in die Verdanktheit unserer Freiheit bedeuten soll, dann stellt sie einen normativen Maßstab auf für die Bewertung von Sakralisierungen.

Ich habe dieses Kapitel dazu benutzt, das Werk Paul Tillichs unter dem Gesichtspunkt seiner Bedeutung für die Religionstheorie und insbesondere für eine sozialwissenschaftlich fundierte Universalgeschichte der Religion zu erörtern. Deshalb habe ich es in vier Themenfeldern immer mit Tillichs herausragendem Vorgänger Ernst Troeltsch und dem wichtigsten Fortsetzer Robert Bellah verglichen. Andere soziologische Einflüsse auf Tillich und andere Wirkungen seines Werks in der Soziologie sind deshalb unerwähnt geblieben.[83] Tillichs theologisches Werk ist höchst vielfältig mit der Geschichte der Soziologie verwoben. Erstaunlich ist deshalb, wie pauschal gerade in der religiös-sozialistischen Phase das Verständnis des Kapitalismus bei Tillich war, wie wenig erfahrungsdurchtränkt auch seine Rede vom Proletariat als einer »mechanisierten Masse« mit ihren »triebhaften Bewegungen«.[84] Wie die Soziologie sich von Tillichs Religionsverständnis weiter belehren lassen muß, so muß die Theologie, auch die an Tillich anknüpfende, ihre Aussagen durch eine bessere Kenntnis der sozialen Wirklichkeit erden. Erst dann erfüllt sich der Anspruch, den 1963 ein amerikanischer Religionssoziologe so formulierte: Wenn Billy Graham, der bekannte Prediger, als der Elvis Presley des religiösen Lebens bezeichnet werden dürfe, dann sei Paul Tillich auf seinem Gebiet die Entsprechung zu Arturo Toscanini.[85]

---

83 So die Einflüsse Georg Simmels, Max Webers und Karl Mannheims auf Tillich oder die Rezeption Tillichs bei Peter Berger und J. Milton Yinger.
84 Tillich, »Die religiöse Lage«, S. 43. Dieses Urteil gilt keineswegs für alle Mitstreiter Tillichs, die sich unter dem Ruf nach einem »religiösen Sozialismus« zusammenfanden.
85 J. Milton Yinger, zit. n. Mews, *Paul Tillich*, S. 134f.
Für wichtige Hinweise zu diesem Kapitel danke ich vor allem Werner Schüßler.

4
Normenraster und Heilige Schrift, Theonomie und Freiheit: Paul Ricœur

In seinem vieldiskutierten Buch *Return to Reason* erzählt Stephen Toulmin, der berühmte amerikanische Philosoph britischer Herkunft, von einem Kollegen aus dem Jesuiten-Orden: Dieser habe lange Jahre in Abrede gestellt, daß es echte Konflikte zwischen Werten oder zwischen moralischen Verpflichtungen für den Christen überhaupt geben könne. Gott – so sein fester Glaube – habe die Welt gewiß so eingerichtet, daß solche Konflikte einfach nicht auftreten und die Gläubigen dementsprechend auch nicht verwirren könnten. Aus einer solchen Perspektive heraus können andere Wertsysteme, in diesem Falle also die nichtchristlichen, nur als Verfehlung der Einsicht in die wahren Werte oder bestenfalls als Annäherungen an das im eigenen christlichen Glauben unübertrefflich Erkannte wahrgenommen werden. Mit britischem Understatement fügt Toulmin aber gleich hinzu: »Er hat seine Meinung inzwischen korrigiert.«[1]

Mit dieser Selbstkorrektur hat der Kollege Jesuit vermutlich Anschluß gefunden an die Einsichten, die die breite Strömung des Wertepluralismus in unserer Zeit vertritt. Es ist anzunehmen, daß er den Holismus seines früheren Weltbildes nicht nur gelockert, sondern seinen früheren Glauben an Eindeutigkeit und moralische Objektivität selbst als problematisch anzusehen gelernt hat. Viele Zeitgenossen finden den Wertepluralismus ja deshalb anziehend, weil sie – oder vielleicht sollte ich sagen: »wir« – von einem Ethos der Toleranz geleitet sind und dazu

---

1 Stephen Toulmin, *Return to Reason*, Cambridge, Mass., 2001, S. 143 (»He has now revised his opinion«).

neigen, sich selbst, ihre eigene Nation, Religion und Kultur in Frage zu stellen – was uns auch skeptisch macht gegenüber jedem kulturunabhängigen Universalismus, selbst dann, wenn er in vertrags- oder diskurstheoretischem Gewand auftritt. Zugleich aber fühlen sich viele von uns von bloßen Partikularismen abgestoßen und sind sich deren politischer Gefahren bewußt, so daß wir der Frage nicht entgehen können, ob liberale Werte, die Werte demokratischer Verfassungsstaaten, der Rechtsstaat, vor allem aber Menschenrechte und universale Menschenwürde, wirklich nichts anderes sind als *eine* kulturelle Option unter zahllosen anderen. Wertepluralismus und Universalismus scheinen, wenn man diesen Intuitionen vertraut, also keineswegs sich logisch ausschließende Alternativen zu sein. Ihr genaues Verhältnis zu klären, ihre Verknüpfbarkeit zu untersuchen, das erfordert aber einigen Aufwand und viele Schritte. Die schroffe Entgegensetzung ist hier gewiß nicht das letzte Wort.

In meinem Buch *Die Entstehung der Werte* bin ich der Frage nachgegangen, in welchen Handlungstypen und Erfahrungszusammenhängen eigentlich das subjektive Gefühl, daß etwas ein Wert sei, seinen Ursprung hat.[2] Die Kurzformel meiner Antwort lautet: Werte entstehen in Erfahrungen der Selbstbildung und Selbsttranszendenz. Das Buch beschäftigt sich ausführlich einerseits mit einer Phänomenologie solcher Erfahrungen der Selbsttranszendenz, andererseits mit einer Reflexion auf die theoretischen Mittel zum Verständnis und zur begrifflichen Fassung solcher Erfahrungen. Meine Phänomenologie der Erfahrungen der Selbsttranszendenz reicht dabei vom individuellen Gebet bis zur kollektiven Ekstase in archaischen Ritualen oder in nationalistischer Kriegsbegeisterung; sie schließt moralische Gefühle, die Öffnung des Selbst im Gespräch und im Erlebnis der Natur ein. Diese Gedankengänge sollen hier selbstverständlich nicht wiederholt werden.

Es sollen aber von ihnen aus zwei Brücken geschlagen wer-

---

2 Hans Joas, *Die Entstehung der Werte*, Frankfurt/M. 1997.

den zum Werk von Paul Ricœur (1913-2005), des tiefschürfendsten und systematischsten Religionsdenkers in der französischen phänomenologischen und hermeneutischen Tradition. Die erste Frage, der ich dabei nachgehen will, richtet sich darauf, ob uns eine solche Betonung der Entstehung unserer Wertbindungen aus kontingenten Erfahrungen heraus eigentlich zur Leugnung der Möglichkeit einer universalistischen Moral zwingt. Der Aufgabe einer *Verknüpfung* von Wertepluralismus und Universalismus würden wir damit ja gerade nicht gerecht. Man wird aber leicht so verstanden, wenn man die Dynamik wertkonstitutiver Erfahrungen betont. Den Denkern des amerikanischen Pragmatismus ist dies bekanntlich immer wieder geschehen. Wenn Paul Ricœur die in *Zeit und Erzählung* entwickelte Konzeption der »narrativen Identität« im Fortgang zu seinem Buch *Das Selbst als ein Anderer* zu einer Ethik fortentwickelt, dann gerät auch er in diese Problematik hinein. Wenn nämlich das Selbst sich selbst letztlich in der Form der Erzählung konstituiert, dann ist ja auch sein Verhältnis zu moralischen Normen in diese narrative Struktur einzubetten. Doch Paul Ricœur läßt sich von dieser Einsicht nicht wie Alasdair MacIntyre in seinem einflußreichen Buch *After Virtue* zu einer Gegenstellung gegen eine universalistische Moralkonzeption verführen.[3] Wie er hier verfährt, wie also sein Syntheseversuch aussieht, das soll im ersten Teil dieses Kapitels benannt und in meiner eigenen Sprache reformuliert werden. Dabei bleibe ich noch in der Nähe der Argumentation meines eben genannten eigenen Buches.

Die andere Fragestellung aber geht deutlich darüber hinaus. Sie gilt dem Zusammenhang zwischen religiöser oder generell wertkonstitutiver Erfahrung und der Deutung dieser Erfahrung. Hier werde ich Ricœurs Denken, wie es sich in einigen Texten zu dieser Frage manifestiert, nachspüren, dabei aber auch einige kritische Anmerkungen machen. Natürlich ist die Beschäfti-

---

[3] Alasdair MacIntyre, *Der Verlust der Tugend. Zur moralischen Krise der Gegenwart*, Frankfurt/M. 1987.

gung mit diesen beiden Fragen gegenüber der Philosophie von Paul Ricœur mit ihrer imponierenden Spannweite[4] und erst recht gegenüber den Aufgaben einer philosophischen Ethik insgesamt äußerst selektiv. Aber jede Ethik, die sich nicht auf die rationale Begründung oder Rechtfertigung von Normen beschränkt, sondern neben den Normen auch die Werte, neben dem Gerechten auch das Gute umfaßt, sowie die Frage der Erfahrungsbasis für unsere Bindung an Normen und Werte ernst nimmt, kann ohne die Klärung ebendieser beiden Fragen nicht auskommen.

Das Normenraster

»Le crible de la norme« – das »Normenraster« – heißt ein genialer Begriff von Paul Ricœur, in dem sich der Grundgedanke seiner Verknüpfung von universalistischer Moralphilosophie und kontingenzbewußter Konzeption des Guten und der Identität ausdrückt. Der Begriff taucht am Anfang der siebten Abhandlung von *Das Selbst als ein Anderer* zuerst auf, um dann in der achten Abhandlung breit ausgearbeitet zu werden. Er begegnet dem Leser zunächst im Rahmen programmatischer Ausführungen über die Möglichkeit einer Synthese von Aristotelismus und Kantianismus in der Ethik, »eines Aristotelischen Erbes, in dem die Ethik durch ihre *teleologische* Perspektive gekennzeichnet ist, und eines Kantischen Erbes, in dem die Moral *deontisch*

---

4 Ein großartiger Überblick über Ricœurs Leben und Werk findet sich in: François Dosse, *Paul Ricœur. Les sens d'une vie*, Paris 1997. Aus der unüberblickbar reichen Sekundärliteratur nenne ich hinsichtlich der philosophischen Entwicklung Ricœurs bis in die 1980er Jahre: Bernhard Waldenfels, *Phänomenologie in Frankreich*, Frankfurt/M. 1987, S. 266-335, und im Zusammenhang des vorliegenden Buches nur: Maureen Junker-Kenny, *Religion and Public Reason. A Comparison of the Positions of John Rawls, Jürgen Habermas and Paul Ricœur*, Berlin 2014, S. 184-279.

durch den Verpflichtungscharakter der Norm definiert wird.« Zwar, so heißt es dort, genieße die Ethik Vorrang gegenüber der Moral – das klingt nach Aristoteles –, doch müsse die »ethische Ausrichtung notwendig durch das *Normenraster* hindurch«.[5] Und das klingt nach Kant. Als ich diesen Satz zum erstenmal las, empfand ich diese Passage wie eine Erleuchtung. Sie machte mir klar, wieso auch die pragmatistischen Denker einerseits eine Theorie der universellen Strukturen menschlichen Handelns vertreten konnten, insbesondere des interpersonellen Handelns, andererseits aber eben auch die Kontingenz der Entstehung von Wertbindungen betonen und in ihren Werken zur Religionstheorie ausarbeiten konnten. Dies war möglich, weil sie die Theorie des Handelns im Sinne einer universalistischen Anthropologie, die Ethik aber aus der Perspektive des Akteurs dachten.[6]

Für die *Rechtfertigung* von Normen gibt es in einer solchen Sichtweise in der Tat keine höhere Instanz als den Diskurs. An diese Einsicht von Charles Sanders Peirce, dem Begründer des Pragmatismus, haben die deutschen Diskursethiker Karl-Otto Apel und Jürgen Habermas denn auch angeknüpft – allerdings in einseitiger Weise. In der Perspektive des Akteurs, der seine Handlungen unter kontingenten Bedingungen entwirft, steht nämlich diese Rechtfertigung nicht obenan, sondern die Spezifizierung des Guten oder des Rechten in Handlungssituationen. Auch wenn wir einem bestimmten Guten oder dem Rechten, wie wir es verstehen, als Handelnde einen klaren Primat einräumen möchten, verfügen wir gar nicht über ein siche-

---

5 Paul Ricœur, *Das Selbst als ein Anderer*, München 1996, S. 208.
6 Ich stütze mich in den unmittelbar folgenden Ausführungen auf mein Buch *Die Entstehung der Werte*, S. 267-273. – Inzwischen liegt ein Vergleich von Ricœur und meiner Handlungstheorie vor, der allerdings mein Buch zur Wertentstehung ignoriert: Paolo Furia, »Le scienze sociali e il paradigma ermeneutico in Paul Ricœur e Hans Joas. La libertà come creatività«, in: Gaetano Chiurazzi, Giacomo Pezzone (Hg.), *Attualità del possibile*, Mailand 2017, S. 81-94.

res Wissen, was wir deswegen zu tun haben. Wir können zwar ehrlich danach trachten, das Gute zu vermehren oder ausschließlich im Sinne des Rechten zu handeln, aber dies verschafft uns keine Gewißheit, daß dies mit den Handlungen, zu denen wir uns entschließen, und all den Folgen und Nebenfolgen, die wir so verursachen, auch tatsächlich gelingt. Jede Konzeption des Guten oder des Rechten wird im Licht der Handlungsfolgen unter Revisionsdruck geraten. Auch jede neue Spezifikation befreit uns davon nicht; ein eindeutiger Abschluß ist nicht vorstellbar, da die Situationen unseres Handelns immer neu sind und die Sehnsucht nach Gewißheit für immer ohne Erfüllung bleibt. Während wir in abstracto, das heißt in dem aus Handlungssituationen herausgelösten Diskurs, Gewißheit darüber herstellen können, daß aus bestimmten Vorannahmen über zu berücksichtigende Gesichtspunkte bestimmte Handlungsziele Vorrang genießen sollten, erreichen wir in der Konkretion der Handlungssituationen zwar durchaus häufig ein subjektives Gewißheitsgefühl, intersubjektiv aber nur Plausibilität. Retrospektiv können wir zwar – im nachhinein schlauer geworden – mehr über die tatsächliche Angemessenheit unseres Handelns herausfinden, aber ein endgültiges und Gewißheit verschaffendes Urteil liegt selbst darin nicht, weil die Zukunft weitere Handlungsfolgen und Gesichtspunkte zeitigen wird, die unsere Einschätzung wieder gefährden.

Nun mag mancher zugeben, daß unser Handeln den hier beschriebenen Charakter hat, aber dennoch bestreiten, daß daraus eine Antwort auf die Frage nach dem Verhältnis zwischen dem Guten und dem Rechten folgt. Inwiefern soll denn diese Betonung der »Kreativität des Handelns« eine solche Antwort nahelegen? Es kann zunächst so aussehen, als sei diese Betonung bestenfalls banal und schlimmstenfalls gefährlich. Sie ist gefährlich dann, wenn sie ausschließlich die Situationsbezogenheit unserer Entscheidungen betont und damit der Prinzipienlosigkeit und Willkür Tür und Tor öffnet. Sie ist banal, wenn sie nur hervorhebt, was doch niemand, selbst der stärkste Gesinnungsethiker, je bestritten hat, daß nämlich aus gutem Willen nicht immer die rechten Taten folgen. Aber die Weise, in der das Argument von der Kreativität unseres Handelns in ethischen Zusammenhängen meines Erachtens vorgetragen werden muß, bereitet nicht der Willkür einen beliebigen Freiraum, sondern erklärt nur bestimmte Revisionen und Spezifizierungen für akzeptabel. Und es ist nicht banal, die moralische Pflicht zur Kenntnisnahme empirischer Realisationsbedingungen in den Begriff des guten Willens selbst mit aufzunehmen. Aus einem solchen Handlungsverständnis und aus der Anlage der Ethik als einer Ethik aus der Perspektive des Akteurs ergibt sich, daß in der Handlungssituation selbst der einschränkende Gesichtspunkt des Rechten unvermeidlich auftreten *muß*, aber auch nicht anders denn als ein Gesichtspunkt neben den Orientierungen des Guten auftreten *kann*.

Diese doppelte Behauptung bedarf weiterer Erläuterungen. Das Rechte muß in diesem Verständnis auftreten, weil es die anthropologisch-universalen Koordinationsanforderungen des sozialen Handelns repräsentiert und diese angesichts der unvermeidlichen Einbettung des Handelns in soziale Kontexte unvermeidlich sind. Alles Handeln ist unvermeidlich sozial eingebettet, weil schon die Handlungsfähigkeit selbst sozial konstituiert ist und unser Zusammenhandeln keineswegs nur auf individuell zurechenbare, sondern auch auf irreduzibel soziale Güter zielt. In der ganzen Vielfalt unserer Orientierungen ist dieser Gesichtspunkt des Rechten immer vorhanden: Die situative Revision unserer Zielsetzungen entartet nicht in Willkür, weil sie durch einen Test hindurchmuß – und das eben ist Ricœurs »Normenraster«.

Das Rechte *kann* für Ricœur nur als ein Gesichtspunkt unter mehreren in der Situation des Handelnden auftreten, weil dieses potentiell universale »Normenraster« ja gar nichts zu prüfen hätte, wenn der Handelnde nicht auf verschiedene Vorstellungen vom Guten hin orientiert wäre, bei denen er nicht sicher sein kann, ob sie unter dem Gesichtspunkt des Rechten akzeptabel sind. Selbst ein sich selbst überfordernder Moralist, der wild entschlossen ist, dem Universalisierungsverfahren in seiner Lebensführung immer den Vorzug zu geben, mag zwar seine Neigungen ausschalten wollen, wird aber nur seine Vorstellungen über mögliche Handlungen in diesem Verfahren prüfen können. Eine Pointe auch meiner Betonung der Kreativität des Handelns ist eben die Einsicht, daß aus dem Universalisierungsgesichtspunkt selbst sich die Handlungen nicht ableiten lassen; es kann lediglich geprüft werden, ob eine mögliche Handlung unter diesem Gesichtspunkt akzeptabel ist. Selbst wer also die Neigungen ausschalten will, schaltet damit nicht die Kandidaten für die Prüfung aus, welche die Universalisierungsregel darstellt. Diese Kandidaten sind unsere Vorstellungen von unserer Pflicht einerseits, unsere Strebungen andererseits; auch sie enthalten einen potentiell universellen Geltungsanspruch. Wenn in der Rezeption Kants manchmal unklar bleibt, ob die Universalisierungsprüfung des kategorischen Imperativs sich auf unsere Neigungen oder auf die Maximen unseres Handelns richtet, dann liegt dies, so argumentiert Ricœur in Anknüpfung an die Kant-Interpretation Otfried Höffes,[7] an einem mangelhaften Verständnis des Wechselspiels zwischen unseren vorreflexiven Strebungen und unseren bewußten Intentionen. Geht man dagegen von einer Handlungstheorie aus, die Intentionalität gerade in der situationsbezogenen Reflexion auf unsere vorreflexiven Strebungen verankert, dann wird klar, daß die Neigungen immer nur in Gestalt der Universalitätsansprüche von Maximen Gegenstand der Universalisierungsprüfung werden können und das Rechte immer nur Prüfinstanz sein kann – es sei denn, es wird selbst zum Guten, sprich zum Wert der Gerechtigkeit.

In der Situation des Handelns gibt es demnach keinen Primat des Guten oder des Rechten. Hier herrscht kein Über- oder Unterordnungsverhältnis, sondern eine Komplementarität. In der Situation des Handelns stoßen die irreduziblen Orientierungen

---

7 Ricœur, *Das Selbst als ein Anderer*, S. 252 f.

in Richtung des Guten, die bereits in unseren Strebungen enthalten sind, auf die Prüfinstanz des Rechten. Was wir in diesen Situationen erreichen können, ist immer nur ein Reflexionsgleichgewicht zwischen unseren Orientierungen. Gewiß kann das Ausmaß, in dem wir unsere Orientierungen dieser Prüfung aussetzen, variieren. Im Gesichtspunkt des Rechten und in der Universalisierungsprüfung steckt deshalb ein immerwährendes, nie zur Ruhe kommendes Potential, das sich auch auf die Veränderung unserer Vorstellungen des Guten auswirkt. Aber aus der Universalität des Rechten folgt weder, daß wir diesem in Handlungssituationen selbstverständlich den Vorzug vor allen anderen Erwägungen zu geben hätten, noch, daß wir dies nicht tun sollten. Die Debatte über die Frage, ob der Primat dem Guten oder dem Rechten zuzusprechen sein soll, ist von der Debatte über die Universalisierbarkeit des Rechten scharf zu unterscheiden. In der hier eingenommenen Perspektive muß die Debatte über die Universalisierbarkeit des Rechten nicht geführt werden – nicht, weil diese Möglichkeit abgelehnt, sondern weil sie aus den Prämissen der anthropologischen Handlungstheorie für unbestreitbar erklärt wird. Die Betonung der Situativität und Kreativität des Handelns beinhaltet hier keinerlei Skeptizismus gegenüber dem Gedanken einer Universalität des Rechten. Aber aus diesem Gedanken folgt wiederum nicht, daß innerhalb der Handlungssituation der Prüfung einer Orientierung am Universalisierungsprinzip selbstverständlich der Vorrang vor allen anderen Erwägungen gegeben werden *muß*.

Es wäre nun eigentlich nötig, diese hier am einzelnen Handelnden entwickelten Überlegungen auch auf handelnde Kollektive und Institutionen, ja auf ganze Gesellschaften zu beziehen. Auch diese stehen ja in Spannungsfeldern zwischen ihren kontingent entstandenen, ja partikularen Wertesystemen und dem Potential einer auf Universalität hin drängenden Moral. »Partikular« bedeutet hier freilich nicht »partikularistisch«; kulturelle Besonderheit bedeutet nicht Unfähigkeit zur Berücksichtigung universalistischer Gesichtspunkte. Im Gegenteil: Es ist eben die Frage, an welche besonderen Kulturtraditionen unter dem Gesichtspunkt der Universalität des Rechten angeknüpft werden kann und wie andere Kulturtraditionen unter diesem Gesichtspunkt schöpferisch fortgeführt und umgeformt werden können.⁸

Religiöse Erfahrung und religiöse Sprache

Nicht diesen Weg werde ich hier aber weiterverfolgen, sondern mich statt dessen – wie angekündigt – der religionstheoretischen Frage zuwenden, wie sich das Verhältnis von religiöser Erfahrung und religiöser Sprache bei Paul Ricœur darstellt. Für jede Ethik, die in der beschriebenen Weise der Konstitution von Wertbindungen einen wichtigen Platz einräumt, ist ja die Frage wesentlich, wie die vorsprachliche Wucht wertkonstitutiver Erfahrungen kommunikabel gemacht werden und in die Deutungsschemata des Alltags integriert werden kann oder in welchem Maße es sich bei diesen Erfahrungen bereits um einen Niederschlag sprachlich und kulturell präformierter, ja determinierter Erwartungen handelt.

Paul Ricœur setzt sich mit dieser Frage an verschiedenen Stellen seines Werkes auseinander, auch im Rahmen der Gifford Lectures, aus denen sein großes Werk *Das Selbst als ein Anderer* hervorging. Was er dort abschließend vorgetragen hat, hat er allerdings nicht in das Buch aufgenommen. Ein Grund dafür bestand, wie er selbst offen bekannte, darin, »seine philosophischen Schriften gegen den Vorwurf einer Kryptotheologie«⁹ zu verteidigen. Der Text, den ich hier heranziehe, wurde unter dem Titel »Expérience et langage dans le discours religieux«

---

8 Die Entsprechungen zu den Überlegungen des späten Troeltsch, wie sie oben in Teil II, Kap. 2 dargestellt wurden, sind deutlich. Eine Rezeption Troeltschs durch Ricœur scheint allerdings nicht vorzuliegen.
9 Ricœur, *Das Selbst als ein Anderer*, S. 36.

(»Erfahrung und Sprache im religiösen Diskurs«) an anderer Stelle gedruckt.[10] In diesem Aufsatz beschäftigt sich Ricœur zunächst mit den Schwierigkeiten, die sich einer Phänomenologie der Religion in den Weg stellen. Er sieht diese Schwierigkeiten nicht vornehmlich darin, daß der Intentionalitätsbegriff der Phänomenologie einen Aspekt der subjektiven Bemächtigung gegenüber Phänomenen an sich habe, die notwendig in Widerspruch zum Charakter der Religion als einer Einsicht in die Abhängigkeit aller Subjektivität von etwas Höherem geraten müsse. Die Phänomenologie habe sehr wohl die Fähigkeit entwickelt, Erfahrungen zu rekonstruieren, in denen sich das Subjekt auf dieses ganz Andere hin (»une altérité intégrale«) öffne, und Paul Ricœur zeigt selbst gleich im Anschluß an dieses Argument in der Skizze einer »Phänomenologie des Betens«, wie eine solche Selbstöffnung gegenüber dem Göttlichen selbst wieder aktiv gewendet werden kann. Als Hauptschwierigkeit für eine Phänomenologie der Religion betrachtet Ricœur vielmehr die Problematik der sprachlichen Vermittlung auch solcher Erfahrungen, die uns als Inbegriff der unmittelbaren Betroffenheit unserer ganzen Person erscheinen. Auch hier gesteht er zu, daß die Phänomenologie das Stadium schon lange hinter sich gelassen habe, in dem sie die Sprache nur als eine unproduktive Zusatzschicht oberhalb der eigentlich wesentlichen Schicht erfahrener Sinngehalte aufgefaßt habe, aber ebendiese Einsicht, so schreibt er, »verdammt die Phänomenologie dazu, durch das kaudinische Joch einer Hermeneutik hindurchzugehen, und zwar genauer einer Hermeneutik der Texte oder der Schrift«.[11] Er demonstriert im weiteren die Kulturvermitteltheit auch der stärksten religiösen Erfahrungen, indem er vorführt, wie sich

---

10 Paul Ricœur, »Expérience et langage dans le discours religieux«, in: Jean-François Courtine (Hg.), *Phénoménologie et théologie*, Paris 1992, S. 15-39. Die Editionssituation ist kompliziert, da Ricœur verschiedene, sich überschneidende Texte auf Basis dieser Vorlesungen publiziert hat. Auf Differenzen dieser Versionen gehe ich hier nicht ein.
11 Ebd., S. 19 (meine Übersetzung, H.J.).

Vorstellungen von der Immanenz oder Transzendenz des Göttlichen, seines personalen oder anonymen Charakters, der individualistischen oder »kommunitaristischen« Ausrichtung des Glaubens, von Aktivismus oder Passivismus auf die Interpretation solcher Erfahrungen auswirken. Die Konsequenz daraus ist für Ricœur unter anderem, daß es eine eigentliche Phänomenologie der Religion als solcher gar nicht geben könne, sondern nur eine hermeneutische Nachzeichnung der großen Linien einer einzelnen, einer bestimmten Religion, von der aus dann vergleichend und im Geist einer »hospitalité interreligieuse«, einer »interreligiösen Gastfreundschaft« also, Einsichten auf andere bestimmte Religionen hin prüfend übertragen werden können. Für die christliche Tradition entfaltet Ricœur selbst die hermeneutischen Zirkel, die für diese und vielleicht, bei allen Unterschieden, für alle Religionen bestehen, die auf einer »Heiligen Schrift« beruhen, also auch für Judentum und Islam, nämlich zwischen göttlichem Wort und heiliger Schrift, zwischen Schrift und Deutungsgemeinschaft, zwischen Deutungstradition und je neuer situativer Konkretisierung (oder »Miniaturisierung«, wie Ricœur sagt).

Seine weiteren Ausführungen zeigen in höchster Sensibilität, wie im Medium des Lesens der Heiligen Schrift religiöse Selbstfindung möglich ist, wie das Buch dem Leser zum Spiegel werden kann. Die Möglichkeit dieses Weges gibt es zweifellos, und es ist offensichtlich, daß Paul Ricœur selbst hier aus intensivster eigener Erfahrung spricht, die er in seinen bibelhermeneutischen Veröffentlichungen auch an andere weiterzugeben versteht.[12]

Aber mich irritiert ein Schritt in seiner Argumentation, ein »non sequitur«, das bei einem so sorgfältigen Autor wie Ricœur überrascht und vielleicht auf Tieferes hindeutet. Gegen das Argument, daß eine Phänomenologie der Religion nur als hermeneutische möglich sei, habe ich keine Einwände, aber ich verste-

---

12 Etwa Paul Ricœur, André LaCocque, *Penser la bible*, Paris 1998.

he nicht, warum eine solche Hermeneutik zunächst und vor allem eine Hermeneutik sakraler Texte sein soll und nicht eine Hermeneutik von Texten über religiöse Erfahrung. Schon der Schritt zu einer Hermeneutik der Texte mag vorschnell sein, da ja sehr rasch die Auslegung nichtsprachlicher Artikulationen religiöser Erfahrungen damit ausgeblendet wird. Aber systematisch wichtiger und unter den heutigen religiösen Bedingungen drängender ist es, klar zu unterscheiden zwischen einer religiösen Erfahrung, die sich im Medium der Schriftauslegung gewissermaßen erst konstituiert, und einer religiösen Erfahrung, die nach der für sie adäquaten Artikulation sucht, wie stark auch immer Erfahrung und Artikulation schon durch Gehalte der auf die Schrift zurückgehenden Tradition beeinflußt sein mögen.

Mehr als achtzig Jahre vor Ricœur hielt ein anderer die berühmten Gifford Lectures und wählte ebenjenen Weg, den ich hier anmahne. William James' Buch *Die Vielfalt religiöser Erfahrung* hat als empirische Grundlage autobiographische Texte – Texte von religiösen Virtuosen wie Heiligen oder Religionsstiftern einerseits, aber auch Texte von Menschen wie du und ich, in denen diese über Konversion und Glaubensverlust, Gebetserfahrung und Mystik sprechen.[13] Man hat James' Buch, das ja nicht der Phänomenologie als philosophischer Schule entstammt, bescheinigt, eine bessere Religionsphänomenologie zu sein als diejenigen Werke, die sich selbst so nennen.[14] Das Studium autobiographischer Erzählungen religiöser Erfahrungen paßt zudem ideal zu Ricœurs Betonung der Identitätsbildung durch Erzählung. Je mehr die Individuen je eigene Wege religiöser Sinnbildung beschreiten, desto mehr müssen wir uns den tatsächlich gemachten Erfahrungen auf diesem Wege nähern.

---

13 William James, *Die Vielfalt religiöser Erfahrung. Eine Studie über die menschliche Natur*, Frankfurt/M. 1997.
14 James M. Edie, *William James and Phenomenology*, Bloomington 1987, S. 49 ff.

Der von Ricœur in den Vordergrund gerückte Typus setzt dagegen eine Zentralität des Studiums der heiligen Schriften im religiösen Leben von Individuen und Gemeinschaften voraus, die heute in weiten Kreisen selten geworden sein dürfte; zudem klingt sein Plädoyer selbst für den, der diese Schriften durchaus kennt, ein wenig nach der protestantischen Privilegierung der Schriftauslegung gegenüber allen anderen Quellen religiöser Erfahrung.[15]

Es gibt allerdings einen Text Ricœurs, der über das hier Gesagte hinausgeht: »Manifestation et Proclamation«, 1974 publiziert.[16] Dieser Text hat es sich geradezu zum Ziel gesetzt, zwischen einer Hermeneutik der Verkündigung und einer Phänomenologie der Manifestation des Sakralen zu vermitteln. Bezugsautoren für die Phänomenologie des Sakralen sind hier Rudolf Otto[17] und vor allem der aus Rumänien stammende Religionswissenschaftler Mircea Eliade, wieder allerdings nicht William James. Auch hier ist diese Entscheidung folgenreich, da so schon von vornherein eine Phänomenologie des Sakralen, aber nicht eine Phänomenologie der religiösen Erfahrung oder der Erfahrung des Sakralen angesteuert wird. Anders als James (und auch Émile Durkheim), für die keine inhärente Beziehung zwischen der Qualität von Objekten und ihrer Sakralität besteht, beharren Otto und Eliade auf einer Beschreibung des Numinosen als einer den Objekten selbst anhaftenden Qualität. Dies ist eine Stärke, weil damit eine Fülle konkreter Untersuchungsfragen der Religionsforschung in den Blick kommt, aber auch eine Schwäche, weil damit die alle Weltgegenstände potentiell durchdringende Kraft der Heiligkeit eher in den Hintergrund tritt.

---

15 Als Vorschlag zur Erweiterung innerhalb des Protestantismus vgl. Wolfgang Huber, *Glaubensfragen. Eine evangelische Orientierung*, München 2017, S. 42-67 (Kap. »Quellen des Glaubens«).
16 Paul Ricœur, »Manifestation et Proclamation«, in: *Archivio di Filosofia* 44 (1974), S. 57-76.
17 Ausführlich zu Otto oben, Teil I, Kap. 3.

Unter dem offensichtlichen Einfluß seines langjährigen Chicagoer Kollegen Eliade arbeitet Ricœur in dem genannten Text heraus, wie wenig die Erfahrung des Sakralen selbst in vielen Religionen sprachlich konstituiert und sprachzentriert ist. Selbstverständlich gebe es eine Beziehung zwischen den Manifestationen des Sakralen und dem Mythos – und damit einer sprachlichen Darstellung des Sakralen. Aber hier liege nur eine Art Minimalhermeneutik vor. Die Sakralität fundiert hier die sprachliche Gestalt, nicht umgekehrt ein Text die Sakralität. Dieser Phänomenologie des Sakralen, die vornehmlich auf sogenannte primitive Religionen und die »Nicht-Schrift-Religionen« zielt (und nicht auf die religiöse Erfahrung des modernen Menschen) – dieser Phänomenologie des Sakralen wird bei Ricœur anders als bei Eliade eine Hermeneutik der Verkündigung nicht eingegliedert, sondern entgegengesetzt. Dies geschieht vor allem durch eine Interpretation der alttestamentlichen Propheten als radikal antimagischer, »entsakralisierender«, dem Wort gegenüber dem Numinosen zur Oberhand verhelfender Akteure. Ricœurs Bild der Religion des antiken Judentums ähnelt von daher stark dem Max Webers. Es ist damit allerdings auch denselben Einwänden ausgesetzt, mit denen Weber eine Art Rückprojektion des Protestantismus ins antike Judentum vorgeworfen wurde.[18] Gegen die Überspitzung dieses Gedankengangs in Rudolf Bultmanns Programm der Entmythologisierung der Bibel und in Dietrich Bonhoeffers Vision eines »religionslosen« Christentums wendet sich Ricœur aber sehr wohl. Es geht ihm – dem großen Denker der Vermittlung – nämlich um die Vermittlung zwischen Manifestation und Proklamation, etwa in der Dialektik von Sakrament und Predigt im Gottesdienst. Das Wort ist in dieser Sicht dann nicht nur die Überwindung des bloß Numinosen, sondern seine Transformation. Insbesondere in den Sakramenten verwandele sich das (primitive) hei-

---

18 Vgl. Hans Joas, *Die Macht des Heiligen. Eine Alternative zur Geschichte von der Entzauberung*, Berlin 2017, S. 264-270.

lige Ritual in eine Symbolisierung der Heilsgeschichte. Ohne eine solche Manifestation von Sakralität aber wird, so Ricœur am Ende des Textes, das Wort selbst abstrakt und intellektualistisch.

Dieser ältere Text erweist sich damit merkwürdigerweise als weniger sprachzentriert als der spätere. Seine Perspektive entspricht der, die Paul Tillich hinsichtlich der wechselseitigen Lernprozesse der christlichen Konfessionen oder der Religionen eröffnet hat.[19] Er öffnet ein schriftzentriertes Verständnis von religiöser Erfahrung immerhin für sakramentale Erfahrungen. Auch Robert Bellah, der Tillich-Schüler und bedeutende amerikanische Religionssoziologe, würde in diesem Schritt eine leichte Annäherung der protestantischen Wortzentriertheit an den Katholizismus sehen, die er im Gegenzug zu einer gewissen Protestantisierung des gegenwärtigen Katholizismus durch die zunehmende Bejahung religiöser Individualisierung auch in dieser gemeinschaftsbetonten Tradition für angebracht hält.[20] Ich würde noch weiter gehen wollen und das Feld der einzubeziehenden Vielfalt der religiösen Erfahrung heute noch stärker öffnen, um dann in der vorurteilslosen Konfrontation mit der ganzen Breite dieser Phänomene das Christentum als Sprache zur Artikulation dieser Erfahrungen zu erproben.[21]

Diese beiden knappen Auseinandersetzungen mit Teilen von Ricœurs Lebenswerk erlauben es noch weniger als in anderen Kapiteln dieses Buches, den Anspruch einer erschöpfenden Behandlung des Denkens einer der großen Gestalten der Religi-

---

19 Vgl. in diesem Teil Kap. 3. Ricœur knüpfte in vielen Hinsichten an Tillich an, auch und gerade an dessen Symboltheorie. Vgl. Paul Ricœur, »Préface«, in: Jocelyn Dunphy, *Paul Tillich et le symbole religieux*, Paris 1977, S. 11-14.
20 Robert N. Bellah, »Flaws in the Protestant Code. Some Religious Sources of America's Troubles«, in: *Ethical Perspectives* 7 (2000), S. 288-299.
21 Vgl. dazu ausführlicher den Titelaufsatz meines Buches: *Braucht der Mensch Religion?*, Freiburg 2004, S. 12-31.

onstheorie des zwanzigsten Jahrhunderts zu erheben. Immerhin taucht Ricœurs Werk auch in anderen Teilen dieses Buches immer wieder als wichtiger Bezugspunkt auf. Auf die zwei wichtigsten sei an dieser Stelle erinnernd hingewiesen. Zum einen hat niemand mehr dafür getan, den theologischen Diskurs über »Theonomie«, der in diesem Teil des Buches vornehmlich anhand der Schriften Paul Tillichs, aber auch der Ernst Troeltschs, erläutert wurde, wieder in die Philosophie einzuführen.[22] Diese Zielrichtung einer komplexen Relativierung des Ideals der Autonomie – oder besser: des Nachweises einer dialektischen Verwobenheit des Anspruchs auf Autonomie mit der Einsicht in deren Verdanktheit – war auch schon bei den Theologen unverkennbar, aber Ricœur hat hier viel klarer als alle Vorgänger eine Brücke zwischen Theologie und Philosophie geschlagen. Zum anderen habe ich im Kapitel zu Reinhart Koselleck darauf hingewiesen, wie die Impulse von dessen Geschichtstheorie von Ricœur aufgenommen wurden, um der »Hegelschen Versuchung« zur Konstruktion teleologischer Geschichtsphilosophie in welcher Gestalt auch immer zu entgehen. Leitend für das Verständnis sowohl von Autonomie als auch von Geschichte scheint dabei eine spezifische Konzeption des Menschen und seiner Freiheit zu sein, die Ricœur schon in seiner Frühzeit in der Auseinandersetzung mit, aber auch in der Abgrenzung von der Existenzphilosophie entwickelt hat. Nicht Heidegger, Jaspers oder gar Sartre waren für ihn dabei zentral, sondern das christliche Denken Gabriel Marcels, bei dem, in Ricœurs Worten, »die Freiheit als Antwort das Übergewicht über die Freiheit der Wahl« hat.[23] Man könnte insofern schon

---

22 Paul Ricœur, »Theonomie und/oder Autonomie«, in: Carmen Krieg u.a. (Hg.), *Die Theologie auf dem Weg in das dritte Jahrtausend. Festschrift für Jürgen Moltmann*, Gütersloh 1996, S. 324-345. Siehe dazu auch meine Bemerkungen in der Einführung zu diesem Teil, oben, S. 282-288.
23 Paul Ricœur, Gabriel Marcel, *Gespräche*, Frankfurt/M. 1970, S. 70. Mit

bei ihm auch von einem responsiven oder kommunikativen Verständnis der Freiheit sprechen.

Jaspers bzw. Marcel beschäftigten sich die ersten großen Publikationen Ricœurs Ende der 1940er Jahre.

5
Kommunikative Freiheit und Theologie der Befreiung: Wolfgang Huber

Wolfgang Huber (*1942) ist ohne Zweifel der profilierteste öffentliche Intellektuelle des deutschen Protestantismus in unserer Zeit. Er hat diese einflußreiche Stellung mit ihren vielfältigen Anforderungen nicht durch demonstrative Distanz zur Institution Kirche errungen, sondern in bewundernswerter Weise über viele Jahre die Wahrnehmung kirchlicher Ämter bis hin zu dem des Bischofs und des Ratsvorsitzenden der EKD mit scharfsinnigen Einlassungen zu vielfältigen Themen der öffentlichen politischen und moralischen Debatten verknüpft. Darüber hinaus ist es ihm gelungen, in den Jahrzehnten seines akademischen Wirkens insbesondere auf dem Gebiet der Ethik einen eigenen theologischen Denkansatz zu entwickeln, der seine öffentlichen Interventionen fundiert und seinem kirchenpolitischen Handeln einen über das bloß Pragmatische hinausreichenden Anspruch verleiht. Wenn die evangelische Kirche in Deutschland sich heute als »Kirche der Freiheit« darstellt, ist Wolfgang Hubers in zahlreichen Veröffentlichungen entfaltetes Verständnis der Kirche als »Raum und Anwalt der Freiheit« daran gewiß nicht unbeteiligt. »Freiheit« ist nämlich der zentrale Begriff seiner Theologie und auch der Titelbegriff eines seiner Bücher, das Aufsätze und Reden aus mehr als drei Jahrzehnten zu einem Ganzen komponiert.¹ Auf dieses Buch konzentriert sich die folgende Auseinandersetzung, obwohl es nicht als eine Summe seiner vielfältigen Schriften betrachtet werden kann. Immer

---

1 Wolfgang Huber, *Von der Freiheit. Perspektiven für eine solidarische Welt*, München 2012. (Alle Seitenangaben im Text beziehen sich auf diesen Band.)

wieder fallen deshalb zwar Seitenblicke auf andere Veröffentlichungen Hubers, die ich aber nicht wirklich umfassend erörtern werde.

»Freiheit« kann natürlich auch eine Leerformel sein, gut klingend und leicht Beifall auf sich ziehend, aber zu nichts Bestimmtem verpflichtend. Zu prüfen ist deshalb, wie Huber seinem Zentralbegriff genauere Konturen gibt, wie sich seine Bestimmungen zu konkurrierenden verhalten und ob der Freiheitsbegriff die Last wirklich tragen kann, die ihm hier aufgeladen wird. Da ich kein Theologe bin, soll diese Prüfung hier nicht in Hinsicht auf konkurrierende *theologische* Denkansätze vorgenommen werden. Statt dessen soll hier der Bedeutung von Hubers Freiheitsdenken in einem Kontext nachgegangen werden, der ihm auch keineswegs fremd ist, nämlich dem der *sozialphilosophischen* und *sozialwissenschaftlichen* Debatten. Dabei darf aber auch ein kritischer Blick geworfen werden auf den Anspruch des Autors, mit seiner Freiheitskonzeption den Kern der christlichen Botschaft und des reformatorischen Glaubens auszudrücken.

Wolfgang Huber tritt energisch dafür ein, daß der christliche Glaube auch im einundzwanzigsten Jahrhundert eine – wie er schreibt – »plausible Lebensform« (11) darstellt, in der »Vielfalt heutiger Optionen«. Damit stellt er sich gegen alle die, für die in der Gegenwart nur die säkulare Option verblieben ist, die deshalb den christlichen Glauben nur als endlich zu überwindendes Relikt vergangener Zeiten betrachten oder vielleicht, etwas wohlwollender, als kulturelle Quelle moderner Errungenschaften, welche sich dennoch von ihrem Ausgangspunkt lösen müssen. Da diese Zukunftsorientierung bei Wolfgang Huber nicht in der einfachen Fortschreibung von Traditionen besteht, sondern jede Zeile seiner Schriften grundiert ist von einem Bewußtsein der schrecklichen Verbrechen gerade in der deutschen Geschichte, an denen auch die Christen nicht unschuldig sind, und von hellster Aufmerksamkeit auf die Gefahren der Gegenwart, stellt er für mich einen beispielhaften Vertreter dessen dar, was ich als »posttotalitäres Christentum« bezeichne.² Damit ziele ich auf Christen, die wissen, wie sehr in dieser Geschichte die Überwindung des Christentums zum Modernitätspathos von Totalitarismen gehört hat. Gerade weil das Christentum eine Zukunft hat und Säkularisierungstrends nicht einfach fortgeschrieben werden dürfen, so seine Einschätzung, ist die Frage des Verhältnisses von Religion und Freiheit eines der Schlüsselthemen unserer Zeit, dann zumindest, wenn die große Bedeutung des Wertes »Freiheit« in unserer Zeit anerkannt wird und die Fusion des »Freiheitlichen« mit dem Antichristlichen, dem »Freidenkerischen«, aufgelöst wird. Wie wenige andere hat Wolfgang Huber, exemplarisch in seinem auch soziologisch wohlinformierten Buch *Kirche in der Zeitenwende*,³ einen Beitrag dazu geleistet, daß sich die Kirche(n) nicht nur im »vereinfachenden Dual Kirche/Staat« (161) verorten, sondern als ein – allerdings sehr besonderer – Akteur in der Zivilgesellschaft. Das ähnelt der Gedankenführung des spanisch-amerikanischen Religionssoziologen José Casanova⁴ und soll an dieser Stelle nicht weiterverfolgt werden.

Huber und Theunissen über kommunikative Freiheit

Wolfgang Huber hat den für sein Denken zentralen Begriff der Freiheit seit Ende der 1970er Jahre näher bestimmt als »kommunikative Freiheit«. Dabei stützt er sich auf das Denken des Philosophen Michael Theunissen, von dem dieser Begriff im Rahmen seiner Hegel-Interpretationen geprägt wurde.⁵ Sich auf Theu-

---

2 Siehe dazu oben, v. a. Teil II, Kap. 3 zu Alfred Döblin, sowie die Einführung zu Teil II; außerdem Hans Joas, *Glaube als Option. Zukunftsmöglichkeiten des Christentums*, Freiburg 2012, S. 214.
3 Wolfgang Huber, *Kirche in der Zeitenwende. Gesellschaftlicher Wandel und Erneuerung der Kirche*, Gütersloh 1998.
4 Siehe dazu unten, Teil IV, Kap. 6.
5 Michael Theunissen, *Sein und Schein. Die kritische Funktion der Hegel-*

nissen zu stützen war eine gute Wahl, und dies aus mindestens drei Gründen. Erstens hat Theunissen in seiner bedeutenden Berliner Habilitationsschrift von 1964,[6] die unter dem Titel *Der Andere* im Druck erschien, die Grundzüge einer Philosophie der Intersubjektivität entwickelt, deren Schlüsselgedanke es ist, daß wir unser Selbst nur finden und entwickeln können in der Begegnung mit dem anderen und in der Hingabe an diesen. Dieses Buch nimmt Motive vor allem aus der jüdisch inspirierten Dialogik Martin Bubers auf, entwickelt aus dieser aber vor allem eine unerhört scharfsinnige Kritik der Unzulänglichkeiten des Intersubjektivitätsverständnisses von Husserl, Heidegger und Sartre. Bei Theunissen werden die Buberschen Motive zudem weiterentwickelt zu einer christlichen Deutung des »Zwischen« – des Raums, den die Subjekte miteinander teilen, der aber keinem von ihnen wie sein Eigentum zugeschrieben werden kann –, als des Reichs Gottes, das mitten unter uns ist. Man kann bei allen wichtigen Denkern der Intersubjektivität in der westlichen Geistesgeschichte, auch bei Ludwig Feuerbach, George Herbert Mead und Jürgen Habermas, ohne Zweifel eine religiöse Inspiration in ihrer Sensibilität für die Strukturen der Intersubjektivität feststellen; ihre Intention zielte jeweils aber gerade, besonders deutlich bei Mead und Habermas, auf die Überwindung des Glaubens im Sinne seiner rationalen Beerbung. Anders bei Theunissen, und das ist der zweite Grund für seine Eignung, Hubers Theologie mitzuformen. An Kierkegaard anschließend, denkt Theunissen die Möglichkeit der Selbstwerdung nicht nur in den Strukturen menschlicher Intersubjektivität, sondern viel radikaler als angewiesen auf die Einsicht, daß

---

schen Logik, Frankfurt/M. 1978. Dort S. 46 als Definition: »Kommunikative Freiheit bedeutet, daß der eine den andern nicht als Grenze, sondern als Bedingung der Möglichkeit seiner eigenen Selbstverwirklichung erfährt.« Zum Auslöser von Hubers Theunissen-Rezeption vgl. Fn. 20 in der Einführung zu Teil III dieses Buches.
6 Michael Theunissen, *Der Andere. Studien zur Sozialontologie der Gegenwart*, Berlin ²1981.

sich das Selbst als ursprünglich gesetzt von einem ganz Anderen, Gott, erkennt.[7] Der in der menschlichen Kommunikation erlebbaren Freiheit liegt so gesehen immer schon eine Befreiung zugrunde, die hingebungsvoll ergriffen werden oder trotzig ausgeschlagen werden kann. Und drittens bleibt Theunissens Denken nicht auf die Sphäre des einzelnen und seiner Kommunikation mit den Mitmenschen und Gott beschränkt, sondern stellt sich den Problemen einer Gesellschaftstheorie, indem er sich mit Marx sowie mit Hegels Institutionentheorie auseinandersetzt.

In allen drei genannten Hinsichten finden sich Spuren oder von vornherein vorhandene Affinitäten in Hubers Theologie. Wenn man berücksichtigt, wie bescheiden Theunissen selbst über seinen Begriff der »kommunikativen Freiheit« spricht, daß nämlich durchaus noch genauer zu klären sei, wie eigentlich Freiheit und Kommunikation sich zueinander verhalten,[8] dann ist es natürlich noch attraktiver, Hubers Theologie als Weiterentwicklung und nicht nur als Anwendung dieser Philosophie kommunikativer Freiheit zu sehen. In der erstgenannten Hinsicht ist ganz deutlich, daß für Wolfgang Huber Freiheit dort herrscht, wo »der andere nicht mehr Schranke meiner Selbstverwirklichung, auch nicht bloß Anlass oder Material meiner sittlichen Bewährung« (63) ist, sondern »der eine den anderen als Bereicherung seiner selbst und als Aufgabe des eigenen Lebens erfährt« (ebd.). Freiheit und Nächstenliebe rücken damit eng zusammen; es ist ein vom Liebesethos durchtränktes Freiheitsverständnis, das hier leitend wird. Der Dienst am Nächsten wird aus-

---

7 Michael Theunissen, *Der Begriff Verzweiflung. Korrekturen an Kierkegaard*, Frankfurt/M. 1993.
8 Michael Theunissen, »Freiheit und Schuld – Freiheit und Sünde«, in: Hans-Richard Reuter u.a. (Hg.), *Freiheit verantworten. Festschrift für Wolfgang Huber zum 60. Geburtstag*, Gütersloh 2002, S. 343-356, hier S. 354. Sehr lesenswert ist das Porträt Theunissens bei Jürgen Habermas, »Kommunikative Freiheit und negative Theologie. Fragen an Michael Theunissen«, in: ders., *Vom sinnlichen Eindruck zum symbolischen Ausdruck*, Frankfurt/M. 1997, S. 112-135.

drücklich (119) »nicht als Verleugnung, sondern als Verwirklichung des eigenen Selbst« verstanden. Mit Bezug auf Luther heißt es, daß Freiheit nicht »persönlicher Besitz« sein könne, sondern »auf Auswirkungen im Verhältnis zu anderen« dränge (26). Grundsätzlich denkt Huber in Kategorien einer relationalen Anthropologie, für die der wichtigste historische Bezug neben Buber – Theunissen wohl bei ihm in der Linie H. Richard Niebuhr – George Herbert Mead liegt.[9]

Der zweite Punkt betrifft die Relation zu Gott als Voraussetzung der Selbstwerdung. An dieser Stelle ist zunächst auffallend, wie häufig diese Relation in der heutigen Philosophie und Sozialtheorie stillschweigend gekappt wird, etwa in Habermas' Unterscheidung der drei Weltbezüge des Menschen (materielle, soziale und subjektive Welt) in seinem Hauptwerk *Theorie des kommunikativen Handelns*[10] oder in anderen Hegel-Interpretationen, die nicht aus der Feder Theunissens stammen. Gekappt wird sie nicht nur im Selbstverständnis der Denker, die einen Gottesbezug für eine Illusion halten, sondern häufig sogar in ihrem Gegenstandsbezug, in Hinsicht also auf den möglichen Gottesbezug der Menschen, über die sie sprechen. Bei Wolfgang Huber dagegen wird gerade dieser Gedanke sehr schön und emphatisch entwickelt. Wenn er davon spricht, daß für das christliche Freiheitsverständnis die Erinnerung an eine Befreiung konstitutiv ist, »kraft deren Menschen sich als begrenzt wahrnehmen und auf Allmachtsphantasien verzichten können« (25), daß christliche Freiheit ganz wesentlich eine »Befreiung vom Zwang zur Selbstrechtfertigung« (26) sei, wie aus dieser Befreiung »existentielle Kraft« (42) erwachse, Freiheit »vom Ballast der Selbstbestätigung«, ein tiefes Gefühl der Dankbarkeit (105), die Gewißheit des Neu-Anfangen-Könnens (120) – dann ist in all diesen Passagen ein stilistischer Aufschwung zu spüren, der dar-

---

9 Zu Niebuhr und Mead siehe unten, Teil IV, Kap. 2.
10 Jürgen Habermas, *Theorie des kommunikativen Handelns*, 2 Bde., Frankfurt/M. 1981, hier Bd. 1, S. 114-151.

auf hindeutet, daß hier eine persönliche Kernüberzeugung artikuliert wird.

Und drittens läßt sich Hubers Versuch, der Teil II des Buches *Von der Freiheit* dominiert, zu einer Ethik der Institutionen zu kommen, das Recht in den Mittelpunkt zu stellen, aber doch nicht seine Fundierung in weniger festgelegten, alltäglich gelebten Praktiken zu übersehen, als eine Ausführung des gesellschaftstheoretischen Anspruchs Theunissens betrachten, in einer Form allerdings, die weniger auf Marx und die Kritische Theorie fixiert ist, als dies bei Theunissen der Fall war. Zentral ist hier der Gedanke einer notwendigen Steigerung der Macht des Menschen über seine eigene Macht, wie er in der katholischen Theologie bald nach dem Ende des »Dritten Reiches« von Romano Guardini formuliert wurde.[11] Macht über die eigene Macht aber meint gesteigerte Verantwortung. Verantwortung ist überhaupt ein Leitmotiv von Hubers Freiheitsverständnis.[12]

Der Begriff »kommunikative Freiheit« ist nun ganz offensichtlich nicht identisch mit den verschiedenen Varianten gängigen Freiheitsverständnisses. Er wird von Huber ja auch in durchaus scharfer Abgrenzung gegen andere Freiheitsverständnisse entwickelt. Ich möchte zwei Linien solcher Abgrenzung voneinander unterscheiden. Einerseits geht es um die Bestimmung von Freiheit überhaupt, als kommunikativer nämlich gegenüber bloß negativer oder falsch verstandener positiver Freiheit. Zum anderen geht es um die Frage der Konstitution der

---

11 Romano Guardini, *Die Macht. Versuch einer Wegweisung*, Würzburg 1951.
12 Besonders anschaulich in seinem Buch über Bonhoeffer: Wolfgang Huber, *Dietrich Bonhoeffer. Auf dem Weg zur Freiheit*, München 2019, siehe v. a. das Kapitel »Verantwortungsethik« (S. 209-232). Die andere wichtige Quelle von Hubers Verständnis von Verantwortung ist H. Richard Niebuhr. Vgl. z. B. Huber, *Von der Freiheit*, S. 80-83, aber auch: ders., *Ethik. Die Grundfragen unseres Lebens*, München 2013, S. 121. Zu H. Richard Niebuhrs Konzeption von Verantwortung vgl. unten, Teil IV, Kap. 2, sowie die Bemerkungen zu Differenzen zwischen ihm und seinem Bruder Reinhold im selben Teil, Kap. 4.

kommunikativen Freiheit, ihrer über die Immanenz hinausreichenden »Verdanktheit«.[13]

Am deutlichsten ist Hubers »kommunikative Freiheit« von einem bloß negativen Verständnis der Freiheit unterschieden, einem Verständnis, das seine klassische Fassung in der frühen Neuzeit durch Thomas Hobbes erhielt. Diesem zufolge ist derjenige frei, den »man nicht hindert, zu tun, was im Bereich seiner Kräfte liegt«.[14] Dieses Verständnis hat, durchaus gegen Hobbes' eigene Intention, eine enorme Wirkungsgeschichte derart entwickelt, daß es weithin zu einer kulturellen Selbstverständlichkeit geworden ist, Freiheit für die Verfolgung auch der idiosynkratischsten Ziele zu fordern und sogar die Kritik an solchen Zielen schon als Einschränkung der Freiheit zu empfinden. Wolfgang Huber weiß, daß es ungerecht wäre, den negativen Freiheitsbegriff ganz auf solche beliebige Willkürfreiheit zu reduzieren. Was als negative Freiheit völlig inhaltslos erscheinen mag, ist oft faktisch durchaus als bestimmte Verneinung zu verstehen: »Ihre inhaltliche Bestimmtheit erlangen Freiheitsforderungen in aller Regel aus der Erfahrung verweigerter Entfaltung, erfahrenen Zwangs, auferlegter Ungleichheit.« (102) Während nach dem bisher Gesagten vor allem die Verfolgung eines beliebigen Nutzens als zu eng für das Freiheitsverständnis attackiert wird, gilt Hubers Abgrenzung nicht nur einem solchen utilitaristischen, sondern auch einem expressivistischen Individualismus, auch der Idee also, Freiheit bestehe einfach im Raum der Selbstverwirklichung, in der uneingeschränkten Chance, das eingebaute Telos des Individuums je für sich entdecken, artikulieren und verwirklichen zu können. Dies ergibt ja nur – wie Robert Bellah und seine Mitarbeiter 1985 in ihrer amerikanischen Kulturdiagnose *Habits of the Heart* überzeugend darge-

---

13 Zur Einordnung Hubers in die Landschaft der protestantischen Theologie: Martin Laube, »Die Dialektik der Freiheit. Systematisch-theologische Perspektiven«, in: ders. (Hg.), *Freiheit*, Tübingen 2014, S. 174-178.
14 Thomas Hobbes, *Leviathan*, Reinbek 1969, S. 165.

legt haben – einen anderen Typus von Egozentrik, nicht so sehr den »manageriellen« als den »therapeutischen«, was nicht heißen soll, daß nicht beide Typen heute oft in einer Person kombiniert auftreten.[15] Das vom Liebesethos durchtränkte Freiheitsverständnis Hubers läßt ihn ein solches selbstzentriertes Verständnis von Selbstverwirklichung, dem die anderen auch nur zum Mittel werden, weil keine wirkliche Dezentrierung des Selbst stattfindet, als defizitär erkennen. Am wenigsten ausgeprägt ist Hubers Abgrenzung der Idee »kommunikativer Freiheit« von einem kantianischen Freiheitsbegriff im Sinne der moralischen Autonomie des einzelnen und einer darauf fußenden sozialen Ordnung. Vom christlichen Liebesethos aus stellen sich hier ja zwei, meines Erachtens klar zu trennende, in der Ideengeschichte vielfältig erörterte Fragen. Zum einen führt die Einsicht, daß Liebe nicht befohlen werden kann, zu der Frage, ob die Nächstenliebe als moralische Pflicht überhaupt sinnvoll gedacht werden könne.[16] Zum anderen ist die Frage, wie der Übergang von einer normativ gehaltvollen Idee der Selbstbestimmung zur Einsicht in die Verdanktheit der menschlichen Freiheit genau gedacht werden muß und welche moralischen Konsequenzen sich aus diesem Übergang ergeben.[17]

Die erste Frage zielt dabei auf das genaue Verhältnis zwi-

---

15 Robert N. Bellah u. a., *Habits of the Heart. Individualism and Commitment in American Life*, Berkeley 1985. Zu Bellah vgl. unten, Teil IV, Kap. 5. Zur genannten Kombination von beiden Typen in einer Person anhand des Begriffs des »Yuppie« vgl. auch Hans Joas, *Die Kreativität des Handelns*, Frankfurt/M. 1992, S. 374 ff.
16 Dazu wichtige Überlegungen v. a. bei Max Scheler, *Der Formalismus in der Ethik und die materiale Wertethik* [1913-16], in: ders., *Gesammelte Werke*, Bd. 2, Bonn ^{7}2000, v. a. das Kapitel »Wertethik und imperative Ethik«, S. 173-245; Franz Rosenzweig, *Der Stern der Erlösung* [1921], Frankfurt/M. 1988. Vgl. auch Hans Joas, »Liebe, Gabe, Gerechtigkeit«, in: ders. (Hg.), *Die Zehn Gebote. Ein widersprüchliches Erbe?*, Köln 2006, S. 175-183.
17 Siehe dazu oben, die Ausführungen über »Theonomie« in der Einführung zu Teil III und im dortigen Kap. 3 über Tillich.

schen rational einsehbarer moralischer Pflicht und dem im Liebesethos enthaltenen Enthusiasmus der Hingabe an andere. Paul Ricœur etwa hat in seinen Überlegungen zu Liebe und Gerechtigkeit darauf hingewiesen, daß beim Evangelisten Lukas das Gebot der Feindesliebe und die Goldene Regel im engsten Zusammenhang miteinander auftreten (6,27 bzw. 6,31).[18] Er will mit diesem Hinweis plausibel machen, daß in das Christentum eine subtile Dialektik von Liebesethos und Gerechtigkeitspathos eingelassen ist, die in keine der beiden Richtungen, weder im Sinne einer »akosmistischen Brüderlichkeitsethik« (Max Weber) noch einer universalistischen Moralphilosophie, aufgelöst werden darf. Bezogen auf Wolfgang Hubers »kommunikative Freiheit« heißt das aber, daß das Verhältnis des überschwenglichen Freiheitsverständnisses der Selbstverwirklichung durch Hingabe zu dem rechtlich und moralisch disziplinierten Verständnis einer gleichen Freiheit aller in gerechten Institutionen grundsätzlich einer Klärung bedarf, die das Buch *Von der Freiheit* nicht liefert. An anderer Stelle aber hat Huber, teils in direkter Anknüpfung an Ricœur, die Grundlagen christlicher »Rechtsethik« ausführlich entwickelt.[19]

Auch der zweite Komplex, Freiheit und »Verdanktheit«, wird

---

18 Paul Ricœur, *Liebe und Gerechtigkeit*, Tübingen 1990, S. 43. Zu Ricœur siehe Kap. 3 in diesem Teil.
19 Wolfgang Huber, *Gerechtigkeit und Recht. Grundlinien christlicher Rechtsethik*, Gütersloh 2006 (3., überarbeitete Auflage), zum hier interessierenden Gesichtspunkt v. a. das Kap. »Gerechtigkeit und Liebe«, S. 238-264; dort (S. 254) findet sich die schöne, an Hans-Richard Reuter anknüpfende Formulierung: »Das Evangelium vergoldet die Goldene Regel erst richtig.« Eine komprimierte Fassung in: Wolfgang Huber, »Rechtsethik«, in: ders., Torsten Meireis, Hans-Richard Reuter (Hg.), *Handbuch der Evangelischen Ethik*, München 2015, S. 125-193. Eine umfangreiche Ausarbeitung der Konsequenzen einer Theologie kommunikativer Freiheit für die Frage nicht so sehr der angemessenen Institutionen, sondern des sozialen Zusammenhalts findet sich bei: Heinrich Bedford-Strohm, *Gemeinschaft aus kommunikativer Freiheit. Sozialer Zusammenhalt in der modernen Gesellschaft. Ein theologischer Beitrag*, Gütersloh 1999.

in dem kleinen Buch nur in Andeutungen behandelt. Der fundamentale christliche Gedanke, daß wir unsere Freiheit als Gabe zu sehen haben, aus der – wie bei jeder Gabe – Reziprozitätsverpflichtungen folgen, muß heute sowohl im Dialog mit den Vertretern säkularer Weltbilder wie im Gespräch unter Gläubigen deutlich artikuliert werden, um verständlich zu sein. In der Auseinandersetzung von Christinnen und Christen mit säkularen Überzeugungen kommt es darauf an, diesen Gedanken der Freiheit als Gabe nicht so zu präsentieren, als sei es klar, daß er ohne vorgängigen christlichen Glauben nicht zugänglich sei. Das habe ich als das Vorbildliche an Michael Sandels Buch zur Bioethik, *Plädoyer gegen die Perfektion*, empfunden.[20] Und so verstehe ich auch Wolfgang Hubers Arbeiten auf diesem Feld, nämlich als gerade auch an die Adresse von säkularen Geistern gerichtete Versuche, aufzuzeigen, welche Sensibilität für Unverfügbarkeit in diesen Gedanken eingelassen ist und welche Gefahren ein Verlust dieser Gedanken herbeiführt.[21] Im Gespräch unter Gläubigen muß das bedeuten, den Verdünnungen entgegenzutreten, die im Zeichen einer »Selbstsäkularisierung« (Wolfgang Huber) unter deutschen protestantischen Intellektuellen gar nicht so selten sind, für die deshalb, etwa wenn es um Sterbehilfe oder Suizid geht, der Gedanke des Lebens als Gabe unverständlich geworden ist und von denen (wie bei säkularen Denkern) ein höherer Wert als der der freien Selbstbestimmung deshalb als unvernünftig disqualifiziert wird.[22]

---

20 Michael Sandel, *Plädoyer gegen die Perfektion. Ethik im Zeitalter der genetischen Technik*, Berlin 2008.
21 Etwa Wolfgang Huber, *Der gemachte Mensch. Christlicher Glaube und Biotechnik*, Berlin 2002. Vgl. auch Hans Joas, *Die Sakralität der Person. Eine neue Genealogie der Menschenrechte*, Berlin 2011, S. 210-250.
22 Ebd., S. 232 ff.

Wertemonismus und Wertepluralismus

Noch wichtiger als diese beiden Fragen aber scheint mir, daß das Verhältnis des Begriffs der kommunikativen Freiheit zu den als defizitär behaupteten konkurrierenden Freiheitskonzeptionen in einem weiteren Sinn geklärt wird. Auch wenn die hobbesianische negative Freiheit den Sinn des Freiheitsverständnisses nicht ausschöpft, bleibt an ihr doch in unserer Intuition etwas Verteidigenswertes. So plausibel es ist, wahre Freiheit anhand unserer Hingabe in Liebesbeziehungen zu illustrieren: Es bleiben doch viele soziale Beziehungen übrig – sagen wir: zum Kioskbesitzer beim Kauf einer Monatskarte –, bei denen wir zwar auch nie den anderen Menschen nur als Mittel zum Zweck betrachten dürfen, bei denen aber eine Orientierung am Liebesethos gleichwohl nicht am Platze wäre. Und dasselbe gilt für die anderen Varianten des Freiheitsbegriffs, etwa den des expressiven Individualismus. Daraus folgt, daß zwar ein höherer Begriff sehr wohl den defizitären Begriffen entgegengehalten werden darf und soll, daß aber spätestens beim Übergang zu einer Institutionenethik erörtert werden muß, in welcher gesellschaftlichen Sphäre nun welche Variante des Werts »Freiheit« aus guten Gründen institutionalisiert werden soll. Es wird nicht immer die Institutionalisierung kommunikativer Freiheit sein. Wolfgang Hubers Ethik verweist auf eine komplexe Architektonik der Institutionen rechtlicher, moralischer und sozialer Freiheit, wie man in Anlehnung an Axel Honneths Unterscheidung sagen könnte.[23] Es kann allerdings nicht die Honnethsche Architektonik selbst sein, da in dieser ja wie auch schon bei John Deweys Konzeption von Öffentlichkeit und demokratischer Kultur, die von großem Einfluß auf Honneth war, *die* Institution in

---

23 Axel Honneth, *Das Recht der Freiheit. Grundriß einer demokratischen Sittlichkeit*, Berlin 2011. Siehe dazu auch meine Ausführungen oben, in der Einleitung zu vorliegendem Buch.

geradezu spektakulärem Ausmaß ignoriert wird, die für Wolfgang Huber zentral ist: die Kirche.

In den Debatten über den Islam wird in Europa oft mit Staunen vermerkt, daß der Islam keine Kirche kennt, was alle Regelungen im Verhältnis zum Staat schwierig mache. Auch Wolfgang Huber kommt darauf immer wieder zu sprechen. Doch der Islam ist hier nicht die Ausnahme unter den Religionen, sondern die Regel. Es gibt schließlich auch keine jüdische, buddhistische, konfuzianische oder hinduistische Kirche. Ich denke manchmal, daß wir alle das Staunen wieder lernen sollten über die Fähigkeit des Christentums, ein ganz unerhört neues soziales Gebilde namens Kirche hervorgebracht zu haben. Vielleicht ist manchen dieses Staunen vergangen, weil sich diese Kirche immer wieder zu sehr an andere Gebilde wie den Staat angelehnt oder ihnen angeglichen hat; sie hat sich aber auch immer wieder davon gelöst und das Potential gezeigt, über jede Bindung an Familie, Volk, Staat und einzelne Kultur hinauszuweisen.

Den stärksten Ansatz für eine differenzierte Institutionenethik, die nicht durch einen zu emphatischen Freiheitsbegriff funktional notwendige Unterscheidungen verdeckt, aber eben auch nicht kirchenvergessen ist, sehe ich bei Wolfgang Huber in seinen Überlegungen über »öffentliche Kirche in pluralen Öffentlichkeiten« (158 ff.), die er in zahlreichen anderen Schriften auch wesentlich breiter entwickelt hat. Dort nämlich unterscheidet er vier »Referenzbereiche« von Öffentlichkeit:

> [...] die Ausübung und Kontrolle staatlicher Herrschaft, die durch den Markt vermittelte Befriedigung von Bedürfnissen und Verfolgung von Interessen, die Gestaltung der für alle Bürgerinnen und Bürger gemeinsamen Verhältnisse und schließlich die Herstellung von Publizität durch kulturelle Kommunikation [...]. (166 f.)

Aus dieser Unterscheidung müßte sich auch eine Theorie unterschiedlicher Freiheitssphären, das heißt müßten sich Sphären unterschiedlicher Freiheit entwickeln lassen.

Die Notwendigkeit, die konkurrierenden Freiheitskonzeptionen nicht einfach in einem überlegenen Konzept der kommunikativen Freiheit aufzuheben, sondern ihnen auch ihr jeweiliges Recht im sozialen Leben zuzusprechen, kann gewiß auch Zweifel nähren, ob wir wirklich mit dem Wert Freiheit den obersten Orientierungspunkt in unseren Wertedebatten ins Auge gefaßt haben. Bei Wolfgang Huber scheint hier eine Tendenz zu einem Wertemonismus der Freiheit zu bestehen. »Freiheit, Gleichheit, Brüderlichkeit« war die berühmte Parole der Französischen Revolution – drei Werte, also nicht nur der der Freiheit, wurden proklamiert. »Denkbar war das nur« – schreibt Huber –,

> weil Freiheit als Selbstverfügung gedacht war, die nun in der Brüderlichkeit ein an Gemeinschaft orientiertes Gegengewicht bekommen musste. Den christlichen Begriff der Freiheit durch den der Brüderlichkeit zu ergänzen, muss dagegen als sinnlos erscheinen. (150)

Aber erneut kann man fragen, ob wir uns wirklich ein gesellschaftliches Leben vorstellen können, in dem nicht nur als oberster Bezugspunkt aller Sphären, sondern auch innerhalb dieser Sphären der Wirtschaft oder der Politik etwa undifferenziert diese hochgespannte normative Erwartung an uns gerichtet wird, das heißt nicht unsere Selbstverfügung im Auge zu haben, sondern die Unverfügbarkeit des anderen. Alle Werte außer der Freiheit rücken damit in eine dienende Rolle, Sicherheit etwa wird erklärt zur »politischen Voraussetzung der Freiheit« (146). Noch massiver findet sich diese Tendenz – wie ich in der Einleitung zu diesem Buch dargestellt habe – im genannten Buch von Axel Honneth. Auch bei Honneth wird ein Wert wie der der Gleichheit, den man als in Spannung zu dem der Freiheit stehend auffassen könnte, nicht als eigener Wert verstanden, mit dem Argument, es handle sich bei ihm um eine bloße »Erläuterung des Werts der individuellen Freiheit [...]: daß deren Vollzug allen Mitgliedern moderner Gesellschaften gleichermaßen zusteht«.[24] Aber sowohl bei Huber wie bei Honneth werden

---

24 Honneth, *Das Recht der Freiheit*, S. 35, Fn. 1.

hier reale Wertkonflikte oder Wertspannungen lediglich verbal aufgelöst. Wenn wir Gleichheit nur als gleiche Freiheit wollen können, heißt dies doch nicht, daß wir in konkreten Fällen nicht zwischen relativem Freiheits- oder Gleichheitsverzicht wählen müßten. Analoges gilt im Fall der Spannungen zwischen Freiheit und Sicherheit. Wie ist es überhaupt mit einst so wichtigen Werten wie Gehorsam, Opferbereitschaft, Demut? Es ist mir zwar nachvollziehbar, wenn auch diese aus Freiheit begründet werden, aber der in ihnen steckende freiwillige Freiheitsverzicht muß doch auch noch in solcher Begründung erkennbar bleiben. Nötig ist gerade eine Sensibilität für echte Dilemmata, auch schon im Konflikt konkurrierender Freiheitsverständnisse mit ihrem jeweiligen relativen Recht und weiterhin im Konflikt von Freiheit mit anderen Werten. Der Satz, daß der Sinn von Freiheit immer umkämpft sei, und der andere Satz, daß es heute nur den einen obersten Wert Freiheit gebe, stehen ihrerseits in einem Spannungsverhältnis zueinander.

Gegen einen »Wertemonismus« der Freiheit würde ich deshalb einen »Wertepluralismus« stellen wollen, nicht im Sinn der bloßen Akzeptanz einer Pluralität gesellschaftlich vorfindbarer Werte, sondern im Sinn eines der wichtigsten Philosophen, die sich zum Freiheitsbegriff geäußert haben, nämlich Isaiah Berlins. Wertepluralismus bedeutet für ihn, daß »menschliche Werte in einer irreduziblen Weise unterschiedlich sind, deshalb miteinander in Konflikt geraten und oft nicht miteinander verträglich sind, ja sich im Konfliktfall als miteinander inkommensurabel erweisen können«.[25] Aus einem so verstandenen Wertepluralismus folgt für Berlin, daß es keine perfekte Gesellschaft geben könne, in der alle echten Ideale zugleich verwirklicht werden, und dies nicht deshalb nicht, weil ein solches Ziel utopisch, sondern weil es bereits in sich inkohärent sei. Berlin war konsequent genug, um daraus die Folgerung zu ziehen, daß sogar ein

---

25 Hier und im folgenden Satz in Anlehnung an eine Formulierung von John Gray, *Isaiah Berlin*, Princeton 1996, S. 1.

Liberalismus, der sich als politisches Heilsversprechen versteht, gefährlich sei. In Berlins Philosophie ist deshalb – anders als bei John Rawls – der Wert der Gerechtigkeit nicht der unangefochten höchste Wert, dem es bei der Einrichtung eines Gemeinwesens zu folgen gilt, sondern ein Wert, der in ständigem Konflikt steht mit anderen Werten wie Freiheit, Gleichheit, Gemeinschaft und Frieden. Ein solcher Wertepluralismus hat eine Wahlverwandtschaft zu einem tragischen Geschichtsverständnis – tragisch zumindest in dem Sinn, daß auch unsere vernünftigsten Entscheidungen dazu führen werden, daß etwas in der Welt, was von Wert ist und bewahrenswerte Züge hat, zum Untergang verdammt wird, und kein politischer Fortschritt denkbar ist, der dieses Schicksal definitiv überwindet.[26]

Der Wertepluralismus ist außerdem darauf angewiesen, der Entscheidungssituation der Handelnden die größte Aufmerksamkeit zu widmen. Wenn es nämlich nicht damit getan ist, einem Wert in der Abstraktion von Handlungssituationen ein für allemal die oberste Stellung in einer Hierarchie von Werten zu sichern, dann gibt es im Handeln immer wieder reale riskante Abwägungssituationen, einmalige Konstellationen, in denen einmal dem einen, einmal dem anderen Wert der Vorzug gegeben werden muß. Dann befinden wir uns regelmäßig in Situationen, an die Max Weber dachte, wenn er von »Verantwortungsethik« sprach.

»Verantwortung« und »Verantwortungsethik« sind auch für Wolfgang Huber, wie erwähnt, ganz zentrale Kategorien. In seinem Buch über Freiheit benennt er

> eine Reihe von substanziellen Kriterien für verantwortliches Handeln [...]: Vorsorge für einen gemeinsamen natürlichen, sozialen und kulturellen Raum des Zusammenlebens; Fairness gegenüber

---

26 Vgl. Hans Joas, »Combining Value Pluralism and Moral Universalism: Isaiah Berlin and Beyond«, in: *The Responsive Community* 9 (1999), S. 17-29, sowie meinen Nachruf auf Isaiah Berlin: »Der Liberalismus ist kein politisches Heilsversprechen«, in: *Die Zeit*, 14.11.1997.

den Schwächeren [...]; Selbstbegrenzung mit Rücksicht auf die Rechte zukünftiger Generationen und auf die Würde der Natur; Respekt vor der Gewissensfreiheit anderer [...]. (93 f.)[27]

Das leuchtet mir völlig ein; mein Punkt ist aber, daß wir hier – manchmal auch tragische – Abwägungen vornehmen müssen und daß uns eine Anthropologie der Freiheit zwar lehrt, daß sich uns solche Abwägungssituationen stellen, daß uns der Wert der Freiheit aber keine eindeutigen Maßstäbe dafür in die Hand gibt, wie wir die Abwägung jeweils treffen sollen.

Aus meiner damit zumindest angedeuteten Skepsis gegenüber der Zentralstellung des Freiheitsmotivs nährt sich nun auch ein gewisser Vorbehalt, den ich gegenüber der Kennzeichnung des Christentums im allgemeinen und des Protestantismus im besonderen als Religion der Freiheit habe. Zum einen, davon war bereits die Rede, stellt sich eben die Frage, ob das Christentum, das ja auch eine Religion der Liebe und der Gerechtigkeit und des Gehorsams gegenüber Gott sein will, dies alles sein kann und zugleich eine Religion der Freiheit. Es liegt mir völlig fern, die zentrale Rolle, die die Freiheitsbotschaft spätestens seit dem Galaterbrief des Paulus spielt, in Zweifel zu ziehen; aber mir lösen sich die Spannungen zwischen Freiheit, Liebe, Gerechtigkeit und Gottesfurcht nicht so eindeutig auf, wie es die Pointierung auf Freiheit anzielt.

Zum anderen öffnet sich hier natürlich das weite Feld einer redlichen empirisch-historischen Bilanzierung der freiheitsfördernden oder freiheitsverhindernden Rolle des Christentums. Wolfgang Huber weiß gut Bescheid über die Schattenseiten dieser Geschichte und eröffnet sein Buch sogar mit dem Hinweis, daß der Begriff »Obrigkeit« in der deutschen Sprache durch Martin Luther heimisch geworden sei (13). Selbst Max Weber

---

27 Da der Begriff der »Würde der Natur« nicht selbstverständlich ist, bedarf er der Rechtfertigung. Vgl. dazu Huber, *Gerechtigkeit und Recht*, S. 362-381.

hat ja – was vielen, die seine Formel von der »Protestantischen Ethik« heute apologetisch im Munde führen, entgeht – das Luthertum vornehmlich und sicher auch einseitig hauptsächlich als Quelle eines quietistischen deutschen Untertanengeistes gesehen und es deshalb – in einem Brief an Adolf von Harnack – als »schrecklichsten der Schrecken« bezeichnet,[28] von seiner bei aller partiellen Faszination tiefen Ablehnung des Katholizismus ganz abgesehen. Aber nicht völlig integriert mit solchen Distanzierungen finden sich bei Wolfgang Huber auch viele Passagen, in denen doch etwas rasch Affinitäten speziell des Protestantismus zu Demokratie (35), Aufklärung (192) und anderen guten Dingen behauptet werden. Die Gefahr dabei ist jeweils, daß eine selektiv verfahrende Vergangenheitsrekonstruktion der Betonung der Überlegenheit eigener Traditionen dient. Dürfen Christen das in Hinsicht auf ihr Christentum? Selbst wenn wir diese moralische Frage beiseite lassen: Werden wir damit der Geschichte gerecht? Der große Frühneuzeithistoriker Wolfgang Reinhard hat in brillanter Weise herausgearbeitet, wie etwa das neuere Widerstandsrecht und damit ein Element moderner Freiheit zwar Mitte des sechzehnten Jahrhunderts von Lutheranern »erfunden« und zuerst propagiert wurde,

> bis sie es dank des Rechtsschutzes durch den Augsburger Religionsfrieden nicht mehr benötigten. Inzwischen war es zu den Calvinisten »gewandert«, die sich in der Bedrängnis der Hugenottenkriege, vor allem nach der Bartholomäusnacht, als »Monarchomachen« profilierten, obwohl doch Johannes Calvins politische Doktrin kaum weniger autoritär war als diejenige Luthers und er liebend gern sein Evangelium mit der Hilfe gekrönter Häupter im staatskirchlichen Stil durchgesetzt hätte. Als freilich der von Haus aus calvinistische Heinrich von Navarra zum aussichtsreichsten Bewerber um die französische Krone wurde, da entwickelten sich auf einmal die Katholiken zu Gegnern der Monarchie, bis hin zur Lehre und Praxis des Tyrannenmordes, während die Calvinisten im Schutze des

---

28 Max Weber an Adolf von Harnack, 5. 2. 1906, in: ders., *Briefe 1906-1908*, Tübingen 1990 (= MWGA, Abt. II, Bd. 5), S. 32 f.

Edikts von Nantes ganz ähnlich wie früher die deutschen Lutheraner einen Wandel zu Absolutisten durchliefen, bis sich im 17. Jahrhundert im Zeichen des Widerrufs des Toleranzedikts das Blatt wiederum wendete. Kann man unter diesen Umständen noch von einer Gruppe behaupten, sie sei auf dem Weg zur Modernität, oder gilt dies von allen oder von niemand?[29]

Ganz ähnlich ist es bei der Geschichte der Menschenrechte. Ich bin wie Wolfgang Huber der Ansicht, daß der Kampf um Glaubens- und Gewissensfreiheit eine wichtige erste Stufe ihrer Durchsetzung war, aber wenn wir zentrale Figuren dieser Geschichte wie Roger Williams in Nordamerika ins Auge fassen, sehen wir, daß ihre protestantischen Motive sie in diesem Fall zu Außenseitern im Protestantismus machten und sie sich gegen die – in diesem Fall calvinistische – Mehrheit praktisch nicht wehren konnten.[30]

Um etwas in der Gegenwart befürworten zu können, muß man nicht behaupten, daß die eigene Glaubens- oder Wertetradition dieses immer schon befürwortet oder wesentlich herbeigeführt habe. Wolfgang Huber will auch gar nicht zur Idealisierung des Protestantismus beitragen, so mein Eindruck. Wenn er schreibt, »daß man das Erbe der Reformation heute als eine ›Theologie der Befreiung‹ entfalten muß« (17), geht es ihm gerade nicht um die Förderung vergangenheitsgerichteter kulturprotestantischer Selbstzufriedenheit, sondern darum, aus dem Erbe der Reformation den darin steckenden prophetischen Kern erneut herauszuschälen und zum Impuls für gegenwärtiges Handeln zu machen:

> Wer das Christentum nur als Kultur versteht, sieht seine Aufgabe vor allem darin, eine »Tradition« zu bewahren und ein »Erbe« zu

---

29 Wolfgang Reinhard, »Historiker, ›Modernisierung‹ und Modernisierung. Erfahrungen mit dem Konzept ›Modernisierung‹ in der neueren Geschichte«, in: Walter Haug, Burghart Wachinger (Hg.), *Innovation und Originalität*, Tübingen 1993, S. 53-69, hier S. 68.
30 Joas, *Die Sakralität der Person*, S. 40-62.

verwalten. Wer sich auf die Quelle dieser kulturellen Wirkungen besinnt, fragt nach der lebendigen Kraft, die das eigene Leben ergreift und deren kulturelle Folgen sich deshalb auch zu erneuern vermögen. (43f.)[31]

Die Unterscheidung von »Religion« und »Kultur«, die hier anklingt, ist nicht nur für die Probleme der Ethik wesentlich, sondern auch und besonders für eine historische Religionssoziologie, wie ich sie im anschließenden Teil IV dieses Buches behandeln werde.

---

31 Wolfgang Huber hat auf eine frühere Fassung meiner kritischen Fragen mit wichtigen Klärungen und Hinweisen geantwortet in: Wolfgang Huber, »Über die kommunikative Freiheit hinaus«, in: Heinrich Bedford-Strohm, Paul Nolte, Rüdiger Sachau (Hg.), *Kommunikative Freiheit. Interdisziplinäre Diskurse mit Wolfgang Huber*, Leipzig 2014, S. 175-191, hier v. a. S. 181-186. Dabei wird deutlich, daß die Differenz zwischen uns hinsichtlich des Status des Werts der Freiheit in der Ethik mehr einen begriffsstrategischen als einen substantiellen Charakter zu haben scheint.

Teil IV
Das Projekt einer historischen Religionssoziologie

1
Einführung

Ein knappes Jahrhundert nach Hegels Berliner Vorlesungen zur Philosophie der Geschichte mit ihrer Zusammenführung des zeitgenössischen Wissens zur Geschichte der Religion und der politischen Freiheit entstanden in Deutschland und Frankreich die großen religionssoziologischen Arbeiten, welche für die Entstehung des Faches Soziologie von grundlegender Bedeutung werden sollten. Im selben Jahr 1912 erschienen Émile Durkheims epochales Werk *Die elementaren Formen des religiösen Lebens* und Ernst Troeltschs Pionierleistung auf dem Gebiet einer historischen Soziologie des Christentums, die den Titel *Die Soziallehren der christlichen Kirchen und Gruppen* trug. Max Weber begann um dieselbe Zeit mit seinem gigantischen Versuch, über seine kontroverse These zum Zusammenhang von protestantischer Ethik und Geist des Kapitalismus hinauszugreifen und sich mit der Wirtschaftsethik aller Weltreligionen zu beschäftigen, was ihn zugleich von der Fragestellung nach der Entstehung des modernen Kapitalismus, so anspruchsvoll diese schon ist, zu der noch viel größeren Problematik weitertrieb, wie es zu dem alle Kultur- und Gesellschaftsbereiche durchdringenden Phänomen des »okzidentalen Rationalismus« kommen konnte. Seine ersten Studien zu diesem Themenkomplex veröffentlichte er ab 1916 in einer Zeitschrift, dem *Archiv für Sozialwissenschaft und Sozialpolitik*, und dann gesammelt und um weitere Texte ergänzt in drei Bänden 1920, dem Jahr seines Todes.

Die Prämissen der Beschäftigung mit Religion hatten sich in diesem knappen Jahrhundert seit Hegel freilich beträchtlich verändert. In seiner Besprechung des Schleiermacher-Buchs von

Hermann Süskind hat Ernst Troeltsch die überholten Denkvoraussetzungen Hegels und Schleiermachers auf die Formel gebracht: »Der Osten ist noch unentdeckt, Schopenhauer und Nietzsche existieren noch nicht, und Strauß hat noch kein Leben Jesu geschrieben.«[1] Troeltsch verwies damit auf die Tatsache, daß damals weder die nichtmonotheistischen Religionen Asiens richtig in den Blick geraten waren noch in der europäischen Kultur selbst eine »pantheistisch-pessimistische Religiosität« als Konkurrentin des Christentums aufgetreten war. Insbesondere aber habe die Historisierung des Christentums noch nach der Infragestellung der Wundergeschichten der Bibel haltgemacht und das Leben und die Reden Jesu selbst nicht in derselben Weise kritisch zu prüfen begonnen. Keiner der drei großen Begründer einer historisch und vergleichend orientierten Religionssoziologie konnte und wollte sich diesen neuen Herausforderungen aber entziehen. Es ist hier nicht der Ort, dies im einzelnen darzustellen. Aber unbedingt festzuhalten ist doch, daß für alle drei der Rückweg zur gemeinsamen Annahme Hegels, Schleiermachers und ihrer Zeitgenossen abgeschnitten war – zur Annahme nämlich, daß »das Christentum unzweifelhaft die höchste Ethisierung und Vergeistigung des gemeinsamen Grundes« aller Religionen sei.[2] Bei Durkheim erschien das Christentum überhaupt als eine Sache der Vergangenheit, voller historischer Verdienste zwar, in der Gegenwart aber nur noch als Werkzeug und Waffe der politischen Reaktion. Seine evolutionistischen Annahmen trieben ihn dazu, seine Religionstheorie nicht aus dem Studium des Christentums oder einer

---

1 Ernst Troeltsch, »Rezension: Hermann Süskind, *Christentum und Geschichte bei Schleiermacher*« [1913], in: ders., *Rezensionen und Kritiken (1901-1914)*, Berlin 2004 (= KGA, Bd. 4), S. 661-666, hier S. 664. In einem Brief nach dem Kriegstod Süskinds schrieb Troeltsch über diesen, er sei »der bedeutendste u. originellste Fortbildner meiner Gedanken« gewesen; vgl. ders., *Briefe III (1905-1915)*, Berlin 2016 (= KGA, Bd. 20), S. 724f.
2 Troeltsch, »Rezension: Hermann Süskind, *Christentum und Geschichte bei Schleiermacher*«, S. 664.

anderen der »Weltreligionen« heraus zu entwickeln. Er ging vielmehr auf die »elementarste« Form der Religion zurück, für die es in seiner Zeit noch lebendige Beispiele gab, und glaubte, diese bei den australischen Aborigines und bestimmten nordamerikanischen Indianerstämmen gefunden zu haben. Deren religiöse Praktiken und Vorstellungen meinte er als »Totemismus« bezeichnen zu können. Durch das Studium des Totemismus sollten deshalb Erkenntnisse gewonnen werden, die dann auch für ein postchristliches Zeitalter von Bedeutung wären. In seiner Zeit ging es ihm vorrangig um den sozialen Zusammenhalt einer Nation und um den allgemeinen Respekt vor den Menschenrechten im Sinne einer Sakralität des Individuums oder der Person. Ernst Troeltsch dagegen beschränkte sich in seinem großen Buch von 1912 ganz auf das Christentum. Die Frage, wie eine empirisch verteidigbare Historisierung dieser Religion mit dem aus dem Glauben resultierenden Wahrheits- oder gar Absolutheitsanspruch zusammenbestehen könnte, durchzieht sein ganzes Werk, angefangen bei seinem ersten Buch (nach der Dissertation), das den Titel *Die Absolutheit des Christentums und die Religionsgeschichte* trug.[3] Erst in seinem Spätwerk, also zwanzig Jahre später, sollte er auf diese Fragen eine für ihn selbst befriedigende Lösung finden, nun verallgemeinert in der Problemstellung, wie überhaupt historisch kontingent entstandene Ideale universale Geltung beanspruchen könnten.[4] Das Christentum war für ihn keineswegs eine Sache der Vergangenheit. Im Gegenteil hielt er ein künftiges Zeitalter für möglich, in dem auf den Atheismus von Feuerbach und Marx, Schopenhauer und

---

3 Ernst Troeltsch, *Die Absolutheit des Christentums und die Religionsgeschichte* [1902/1912], Berlin 1998 (= KGA, Bd. 5).
4 Ernst Troeltsch, *Der Historismus und seine Probleme* [1922], Berlin 2008 (= KGA, Bd. 16.1 und 16.2). Ich vertrete gegen die weitverbreitete Meinung, Troeltsch sei mit diesem Werk gescheitert und habe selbst sein Scheitern erkannt, die Auffassung, daß ihm tatsächlich die Lösung des selbstgestellten Problems gelungen sei. Vgl. Hans Joas, *Die Sakralität der Person. Eine neue Genealogie der Menschenrechte*, Berlin 2011, S. 147-203.

Nietzsche als ein historisches Phänomen zurückgeblickt werden würde.⁵ Für seine Arbeit war der Versuch leitend, als Christ den intellektuellen Herausforderungen der Zeit gerecht zu werden und durch eine tiefgreifende Reform der Kirche zu einer neuen Sammlung der religiösen Kräfte zu kommen. Max Weber schließlich ging mehr als jeder andere deutsche Gelehrte seiner Zeit, viel mehr auch als etwa Wilhelm Dilthey und Troeltsch, über den Horizont des Christentums und Europas hinaus. Trotz des letztlich fragmentarischen und oft empirisch unhaltbaren Charakters seiner Thesen liegt hierin eine Errungenschaft, hinter die nicht wieder zurückgefallen werden darf. Sein Abstand zu Hegel und Schleiermacher ist, so gesehen, riesig. Allerdings kann, weitere hundert Jahre später, auch nicht von zwei Mängeln abgesehen werden, die Webers Werk dann doch mit Hegels Geschichtsphilosophie teilt. Obwohl Weber von aller geschichtlichen Teleologie einer Selbstverwirklichung des Geistes denkbar weit entfernt ist und sich ihm die Geschichte durchaus als kontingentes Resultat der Verflechtung menschlicher Handlungen darstellt, blickt er vom Europa seiner Zeit aus auf die Geschichte dieses Weltteils und aller anderen Zivilisationen unter dem Gesichtspunkt, warum außerhalb des Westens *nicht* entstanden sei, was in Europa (oder im »Westen«) entstanden ist. Dies ist nun aber keineswegs eine unvermeidliche Perspektive. Die Frage, warum der moderne Kapitalismus oder andere (angebliche) Ausdrucksformen des »okzidentalen Rationalismus« andernorts nicht entstanden sind, ist aus zwei Gründen problematisch. Zum einen privilegiert sie als solche langfristige kulturelle Voraussetzungen gegenüber jeweils zeitgenössischen Konstellationen. Der forschende Blick richtet sich so auf weit zurückliegende Weichenstellungen der Kulturentwicklungen statt auf die politischen, ökonomischen, militärischen und natürlich auch kulturellen Gegebenheiten einer spezifischen Ge-

---

5 Troeltsch, *Historismus*, S. 763.

genwart.[6] In unserer Zeit, in der sich etwa die kapitalistische Wirtschaft in Ostasien mit großer Wucht durchgesetzt hat, selbst in der nominell weiterhin kommunistisch regierten Volksrepublik China, verliert die Annahme einer ungenügenden Affinität von »asiatischer« Kultur und »okzidentalem Rationalismus« rapide an Plausibilität. Selbstverständlich könnte weiter davon gesprochen werden, daß die *Entstehung* eines Phänomens anderer Bedingungen bedürfe als seine *Ausbreitung*. Aber die Erklärung der Entstehung aus langfristigen kulturellen Entwicklungen verliert doch an Überzeugungskraft, wenn die kulturellen Widerstände gegen das Neue sich als wenig zählebig erweisen.

Zum anderen ist die »defizitorientierte« Perspektive auf nichtwestliche Gesellschaften und Kulturen auch deshalb problematisch, weil sie es kaum zuläßt, in diesen etwas zu entdecken, was die »westliche« Kultur bereichern könnte. Zur Illustration möge das Beispiel des Vegetarismus dienen. Wenn sich heute im Westen eine immer größere Skepsis gegen den Fleischkonsum und gegen die Bedingungen der Fleischerzeugung ausbreitet, dann könnte dies Anlaß sein, auf die Traditionen Indiens etwa, in denen schon länger als in der christlichen Kultur aus der Sakralität allen Lebens Folgerungen für die Ernährung des Menschen gezogen wurden, mit Neugier und Bewunderung zu blicken. Mit diesem Beispiel ist keine einfache Umkehrung der »Defizit-Perspektive« gemeint, nicht also eine ausschließliche Betonung von eigener Schuld und eigenem Irrweg. Aber es zeigt doch, daß es beim Vergleich von Kulturen nicht zu einer vereinheitlichenden Reduktion auf einen alles andere dominierenden Gesichtspunkt kommen darf.

Nun war Webers Gesichtspunkt gewiß nicht von einer ungebrochen positiven Einschätzung der westlichen Entwicklung bestimmt – im Gegenteil. Er verband die Vorstellung einer unbe-

---

6 Vgl. dazu in Auseinandersetzung mit Max Weber: *Die Macht des Heiligen. Eine Alternative zur Geschichte von der Entzauberung*, Berlin 2017, S. 365-368.

streitbaren Überlegenheit des okzidentalen Rationalismus mit einer melancholischen Ambivalenz gegenüber der Kultur seiner Zeit. Einerseits begrüßte er die politische Freiheit, wie sie sich in Europa und Nordamerika entwickelt hatte; andererseits konnte er aber angesichts der welthistorischen Tendenzen umfassender Rationalisierung, die er festzustellen glaubte, an deren Zukunftsfähigkeit nicht glauben. Dies ergab einen zutiefst wertebewußten »heroischen Agnostizismus«[7] und geschichtlichen Pessimismus. Während Durkheims bewußter Atheismus und politisch militanter Laizismus auf eine durchaus erreichbare feste Institutionalisierung der Menschenrechte zumindest in Frankreich hinauslief, und während Troeltsch angesichts der Gefahren einer »neuen Hörigkeit« in der kapitalistischen Wirtschaft und unter dem Druck von Militär und Bürokratie nur in der Bewahrung einer »religiösen Metaphysik der Freiheit und der persönlichen Glaubensüberzeugung«, das heißt für ihn vor allem im protestantischen Christentum, eine Gegenkraft sah,[8] mußte Webers Projekt hier aporetisch enden: als ein Freiheitsethos ohne religiöse oder optimistisch-areligiöse Fundierung, als eine Bejahung freier politischer Institutionen ohne die Identifizierbarkeit sozialer Kräfte zu ihrer Verteidigung. Das empfinden die einen als unbefriedigend, die anderen als bewundernswert illusionslos.

Mit diesen knappen Ausführungen sollte verdeutlicht werden, daß es beim Projekt einer historischen Religionssoziologie ursprünglich nicht einfach um die Begründung eines besonderen, vielleicht etwas abseitigen Forschungsfeldes ging, sondern um Fragen von allerhöchster und umgreifender Bedeutung. Was aber war das weitere Schicksal dieses »Diskurses«? Niemand wird bestreiten, daß das Projekt nach der Generation von Durk-

---

7 Friedrich Wilhelm Graf, *Fachmenschenfreundschaft. Studien zu Troeltsch und Weber*, Berlin 2014, S. 114.
8 Ernst Troeltsch, *Die Bedeutung des Protestantismus für die Entstehung der modernen Welt* [1906/1913], Berlin 2001 (= KGA, Bd. 8), S. 199-316, hier S. 316. Vgl. auch oben, die Einführung in Teil I, S. 70.

heim, Weber und Troeltsch eher versandete als aufblühte. Volkhard Krech und Hartmann Tyrell, zwei der besten Kenner auf diesem Feld, haben dieser Beobachtung insofern etwas die Dramatik genommen, als sie davon sprachen, daß die Religionssoziologie von vornherein nur eine europäische, genauer sogar nur eine französische und deutsche Angelegenheit gewesen sei und Max Webers Werk ohnehin ein »grandioses Einmannunternehmen«, das niemand nach seinem tragisch vorzeitigen Ende hätte fortführen können.[9] Doch beide Bemerkungen treffen nur cum grano salis zu. Was die USA betrifft, entsteht das genannte Bild, wenn man nur die vorherrschenden Tendenzen im Fach Soziologie selbst betrachtet und nicht auch die Rezeption der Soziologie in der historisch orientierten Theologie oder theologische Arbeiten von Soziologen einbezieht.[10] Auch in Frankreich müßte die Wirkungsgeschichte Durkheims nicht nur in der Soziologie, etwa bei Marcel Mauss und in der ganzen Durkheim-Schule, sondern auch in anderen Fächern wie Sinologie

---

9 Volkhard Krech, Hartmann Tyrell, »Religionssoziologie um die Jahrhundertwende. Zu Vorgeschichte, Kontext und Beschaffenheit einer Subdisziplin der Soziologie«, in: dies. (Hg.), *Religionssoziologie um 1900*, Würzburg 1995, S. 11-78, hier S. 14; Hartmann Tyrell, »Von der ›Soziologie statt Religion‹ zur Religionssoziologie«, in: ebd., S. 79-128, hier S. 107f.

10 Das ist systematisch meines Wissens noch nicht geschehen. Ich verweise exemplarisch auf das Buch von Louis Wallis, *Sociological Study of the Bible*, Chicago 1912. Dieses Buch wurde 1913 von Troeltsch rezensiert. Die Rezension ist auch enthalten in: Troeltsch, *Rezensionen und Kritiken (1901-1914)*, S. 721-727. Zur Frühgeschichte der amerikanischen Religionssoziologie: William H. Swatos, Jr., »Religious Sociology and the Sociology of Religion in America at the Turn of the Twentieth Century. Divergences from a Common Theme«, in: *Sociological Analysis* 50 (1989), S. 363-375. Daß die Einbeziehung von Dissertationen (und nicht nur Veröffentlichungen) ein neues Bild erzeugt hat, zeigt: Anthony J. Blasi, »Sociology of Religion in the United States«, in: ders., Guiseppe Giordan (Hg.), *Sociologies of Religion. National Traditions*, Leiden 2015, S. 52-75; und ausführlicher in: ders., *Sociology of Religion in America. A History of a Secular Fascination with Religion*, Leiden 2014.

und Alte Geschichte umfassend einbezogen werden, wenn ein realistisches Bild gewonnen werden soll.[11] Der wichtigste direkte Schüler Max Webers auf diesem Gebiet, Paul Honigsheim, ist heute völlig vergessen, obwohl er sich um die soziologische Erforschung unter anderem des Jansenismus, der Scholastik und der Mystik die größten Verdienste erworben hat.[12] Auch spätere selbständige Fortführer der Inspirationen von Weber und Troeltsch, etwa Benjamin Nelson, gehören ins Bild.[13] Eine auch

---

11 Etwa die Schriften von Marcel Granet und Louis Gernet. Auch eine solche interdisziplinäre Darstellung gibt es bisher meines Wissens nicht. Wichtig aber mit der starken Berücksichtigung von Mauss und dem Werk René Girards: Camille Tarot, *Le symbolique et le sacré. Théories de la religion*, Paris 2008.

12 Eine Monographie zu Honigsheim scheint mir ein wichtiges Desiderat. Vgl. das Schriftenverzeichnis in: Alphons Silbermann, Paul Röhrig (Hg.), *Kultur, Volksbildung und Gesellschaft. Paul Honigsheim zum Gedenken seines 100. Geburtstages*, Frankfurt/M. 1987, S. 177-204. Dort die Angaben zu seinen historisch-religionssoziologischen Studien. Besser erforscht ist aufgrund seiner Bedeutung für die Religionswissenschaft Joachim Wach. Vgl. für einen Überblick: Rainer Flasche, »Joachim Wach 1898-1955«, in: Axel Michaels (Hg.), *Klassiker der Religionswissenschaft*, München 1997, S. 290-302. Dort (S. 401f.) auch bibliographische Angaben zu seinen Schriften und der Forschungsliteratur. Dazu weiterführend: Hans G. Kippenberg, »Joachim Wachs Bild vom George-Kreis und seine Revision von Max Webers Soziologie religiöser Gemeinschaften«, in: *Zeitschrift für Religions- und Geistesgeschichte* 61 (2009), S. 313-331. Zu erinnern ist auch an das Werk von Gustav Mensching, *Soziologie der Religion*, Bonn 1947.

13 Z. B. Benjamin Nelson, *The Idea of Usury. From Tribal Brotherhood to Universal Otherhood* [1949], Chicago 1969. Ein Auszug daraus liegt in deutscher Übersetzung vor: »Über den Wucher«, in: René König, Johannes Winckelmann (Hg.), *Max Weber zum Gedächtnis* (= Sonderheft der *Kölner Zeitschrift für Soziologie und Sozialpsychologie*), Köln 1963, S. 407-447. Vgl. außerdem ders., *Der Ursprung der Moderne. Vergleichende Studien zum Zivilisationsprozeß*, Frankfurt/M. 1977. Ausführlich erörtert sein Werk Johann Arnason, *Civilizations in Dispute. Historical Questions and Theoretical Traditions*, Leiden 2003, S. 139-157. Als Überblick zu seinem Werk vgl. Friedrich Tenbruck, »Nekrolog«, in: *Kölner Zeitschrift für Soziologie und Sozialpsychologie* 30 (1978), S. 401-404, und Edmund Leites, »»From Tribal Brotherhood

nur annähernd befriedigende wissenschaftsgeschichtliche Darstellung gibt es hier bisher nicht. Dieses große Manko läßt sich an dieser Stelle nicht ausgleichen. Das Fehlen einer solchen Darstellung ist selbst nur ein weiteres Symptom dessen, daß hier ein großartig begonnenes Projekt in der Folgezeit erstaunlich wenig Prägekraft besaß. Dies hat zur Folge, daß in merkwürdiger Weise zwar die Auseinandersetzung mit den Schriften von Weber und Durkheim, gerade auch den religionssoziologischen, ein Dauerthema der Soziologie werden sollte,[14] aber die fachwissenschaftliche Relativierung von Webers und Durkheims Auffassungen aufgrund eines überlegen heutigen Kenntnisstands sich auf das Fach in seiner Breite kaum auswirkt. In dessen Lehre und Theoriebildung wird damit vieles weitergeschleppt, was sich schon längst als unhaltbar erwiesen hat. Nur durch die erneute rückhaltlose Einbettung des Projekts Soziologie in die Entwicklung der allgemeinen Geschichtswissenschaft und nur durch die Bewahrung der Gesprächsfähigkeit insbesondere der Religionssoziologie mit den Entwicklungen in der Theologie scheint mir hier Abhilfe möglich.

Doch soll an dieser Stelle keineswegs das Lamento über eine disziplinäre Fehlentwicklung die Botschaft bestimmen. Im Gegenteil: Es geht in diesem Teil des Buches um die Identifikation herausragender Gestalten, die das Projekt einer historischen Religionssoziologie in großer Selbständigkeit und in vollem Bewußtsein der Bedeutung der Fragestellungen, die für dieses Projekt konstitutiv waren, weiterverfolgt und entwickelt haben. Wie sich zeigen wird, geht es dabei auch um eine bei diesen Wissen-

---

to Universal Otherhood‹: On Benjamin Nelson«, in: *Social Research* 61 (1994), S. 955-965.

14 Die Literatur ist riesig. Die größten Verdienste hat sich gewiß Wolfgang Schluchter erworben. Naiv scheint es dagegen, die hermeneutische Auseinandersetzung mit den Klassikern als Ahnenkult zu bezeichnen und entsprechend dessen Überwindung zu fordern. Vgl. Rodney Stark, »Putting an End to Ancestor Worship«, in: *Journal for the Scientific Study of Religion* 43 (2004), S. 465-475.

schaftlern identifizierbare substantielle Fragestellung, die ich als die nach der Geschichte des moralischen Universalismus bezeichne. Dieser Teil des Buches hat vor allem das Anliegen, diese Fragestellung zu schärfen und empirisch zu konkretisieren; als Beitrag zu marginalen Gestalten der Soziologiegeschichte wäre er deshalb mißverstanden. Bevor die Gelehrten, auf deren oft wenig wahrgenommenes Œuvre hier die Aufmerksamkeit gerichtet werden soll, kurz charakterisiert werden, ist aber noch eine knappe Reflexion auf das Phänomen nötig, von dem die Rede war: den großartigen Beginn und die baldige Schwäche des Versuchs, zu einer soziologischen Analyse der Weltgeschichte der Religion zu kommen oder, umgekehrt gesagt, zu einer Soziologie, deren Kategorien und Gegenwartsverständnis sich vor der Konfrontation mit dieser Weltgeschichte der Religion als haltbar bewähren.[15]

Ich habe schon an anderer Stelle auf den paradox erscheinenden Sachverhalt hingewiesen, daß mit Weber und Durkheim zwei Wissenschaftler, die einen universalhistorischen Anspruch verfochten haben und für die die Religionsgeschichte zentraler Teil der Universalgeschichte war, zu Klassikern eines Fachs wurden, für das ebendiese beiden Bestimmungen nicht gelten.[16] Die Soziologie wurde immer unhistorischer und schrumpfte zu einer Wissenschaft von der gegenwärtigen Gesellschaft, was zugleich dem Genre »Zeitdiagnose« Auftrieb gab und damit oft schwer empirisch kontrollierbaren Spekulationen über Gegenwart und Zukunft. Die Religionssoziologie wurde immer mehr an den Rand des Faches gedrängt und von vielen für irrelevant erklärt; dies galt selbst dort, wo eine Historisierung neu einsetz-

---

15 In einer noch weiteren Perspektive wäre auch die Geschichte des Faches Anthropologie/Ethnologie und ihrer wichtigsten Gestalten (wie Clifford Geertz und Victor Turner) in ihrem Austausch mit der Soziologie zu berücksichtigen.
16 Joas, *Die Macht des Heiligen*, S. 358-361. Ich lehne mich hier an einzelne Formulierungen daraus an.

te, aber durch ökonomistische und machtzentrierte Ansätze Religion etwa unter den Begriff »Ideologie« subsumiert wurde.[17]

Erklärungsbedürftig an dieser Entwicklung ist, warum ein Fach, das sich von seinen Gründern so weit entfernt hat, dann nicht einfach diese Gründer verwarf, sondern sie im Gegenteil sogar immer mehr auf einen Sockel stellte und verehrt. Die Auflösung dieses Rätsels scheint mir klar: Die Schriften von Weber und Durkheim haben selbst dieser Entwicklung Vorschub geleistet. Das liegt daran, daß sie selbst Annahmen über einen fortschreitenden Bedeutungsverlust der Religion vertraten und Annahmen über eine Spezifik der neuen Epoche der »Moderne«, für die vieles von dem nicht mehr gelten sollte, was historisch in früheren Zeitaltern gegolten hat. Wenn aber die »Moderne ohne Religion« den eigentlichen Gegenstand der Soziologie ausmacht, dann sinkt die Bedeutung alles Vormodernen und aller Religion gewaltig ab. Es bleibt dann im wesentlichen nur die Frage nach dem Anteil der Religion an den Bedingungen des Entstehens dieser Moderne ohne Religion. Daher rührt die zentrale Rolle von Max Webers Essay zur protestantischen Ethik und auch von Émile Durkheims Theorie des Wandels im Charakter des Rechts und überhaupt der Formen sozialen Zusammenhalts. Auch die weitgehende nachträgliche Ignoranz gegenüber Troeltschs Meisterwerk wäre dann so erklärbar.

Wenn nun allerdings, wie dies in den letzten Jahrzehnten der Fall ist, die Annahme von der »Moderne ohne Religion« an Glaubwürdigkeit verliert, weil sich vor allem außerhalb Europas rapide Modernisierungsschübe abspielen, die nicht von Säkularisierung begleitet werden, und wenn durch geschichtswissenschaftliche Forschung auch die europäische Säkularisierungsgeschichte zunehmend als vielfältig und nicht zwangsläufig erwiesen wird,

---

17 Philip Gorski, »The Return of the Repressed. Religion and the Political Unconscious of Historical Sociology«, in: Julia Adams, Elizabeth Clemens, Ann Orloff (Hg.), *Remaking Modernity. Politics, History, and Sociology*, Durham 2005, S. 161-189.

dann ändert sich der Blick. In dem Maße, in dem ein Fach auf der Vorstellung einer Moderne ohne Religion beruht, in diesem Maße hat ein solcher neuer Blick erschütternde Wirkung auf dieses Fach. Am Werk Durkheims wird unter den veränderten Prämissen dann weniger die Unterstellung von Säkularisierung und Überwindbarkeit von Judentum und Christentum interessant, sondern der Ansatz zur Erklärung moderner Phänomene der Sakralisierung – sei es der Nation, der »Rasse«, der Partei, sei es der Person unabhängig von ihren Leistungen und Taten. Am Werk Max Webers imponiert dann mehr – das ist meine These – die Sensibilität für die Konkurrenz verschiedener Formen von Selbsttranszendenz, zwischen ästhetischer, erotischer und religiöser Erfahrung etwa, oder die Konkurrenz von moralischem Universalismus und partikularer »Brüderlichkeit« als die Idee einer fortschreitenden Differenzierung von Wertsphären.[18] Das Werk Ernst Troeltschs, das anfangs ganz selbstverständlich zu den klassischen Gründungsschriften der deutschen Soziologie gezählt wurde, dann aber in diesem Fach weitgehend in Vergessenheit geriet, weil es ja doch von einem Theologen stammte, der zudem aus seiner Leitfrage nach den Bedingungen eines modernen Christentums keinen Hehl machte, kann dann plötzlich wieder Aufmerksamkeit auf sich ziehen und zum methodischen Vorbild werden.[19]

Das ist der Hintergrund, auf dem die folgenden fünf Kapitel zu lesen sind. Das erste Porträt gilt einem der bedeutendsten amerikanischen Theologen des zwanzigsten Jahrhunderts, H. Richard Niebuhr. Für ihn sind, wie gezeigt werden soll, zwei Motive leitend, die beide im Zusammenhang dieses Buches von höchster Relevanz sind. Niebuhr nahm erstens mehr als alle vor ihm die Spezifik der US-amerikanischen Religionsgeschichte systematisch ernst. Gewiß war ihm Max Weber in seinem genia-

---

18 Ausführlich begründet in: Joas, *Die Macht des Heiligen*, S. 373-417.
19 Vgl. etwa die Beiträge in: Christopher Adair-Toteff (Hg.), *The Anthem Companion to Ernst Troeltsch*, London 2018, sowie oben, Teil I, Kap. 1.

len Aufsatz über die protestantischen Sekten vorausgegangen.[20] Aber Niebuhr entwickelte breiter und tiefer die Idee, daß die USA im Unterschied zum europäischen Muster staatlich gestützter religiöser Territorialmonopole von einem in sich pluralistischen religiösen System gekennzeichnet sind, für das er den Begriff »Denominationalismus« (»denominationalism«) einführte. Ihm ging es entsprechend um die Herausbildung dieses Systems und um die Ursachen seiner Differenzierung in die vorfindlichen Denominationen. Dabei war sein Bild der konkreten Gestalt dieses Pluralismus der Denominationen vorwiegend negativ, insofern er in ihnen nur eine Widerspiegelung der in der gesellschaftlichen Wirklichkeit vorzufindenden sozialen Trennlinien erkennen konnte. Diese Widerspiegelung aber erschien ihm als unvereinbar mit der von ihm sehr stark vertretenen Idee, daß das Christentum sich nie mit einer partikularen Klasse, Nation oder überhaupt gesellschaftlichen Entität identifizieren dürfe. Niebuhr nahm insofern ein Motiv sehr ernst, das in Europa im Protest gegen den »Kulturprotestantismus« radikal verschärft wurde: daß Gott alle bestimmte Religion und Kultur überschreitet. Niebuhr sah dieses Motiv aber nicht nur in der neuen »dialektischen« Theologie am Werk. Tatsächlich läßt es sich bei Ernst Troeltsch ebenso finden, der fälschlich geradezu als Inbegriff des Kulturprotestantismus gilt. Das Kapitel stellt dar, wie Niebuhr Motive von Troeltsch und Weber aufnimmt und in einer soziologisch höchst bedeutsamen Typologie der Beziehungen zwischen moralisch-universalistischer Religion und Kultur entfaltet.

Ein zweites Motiv kommt aber bei ihm als leitend hinzu. Er war einer der großen Vermittler deutscher und amerikanischer Denktraditionen, konkret vor allem von deutschem Historismus und amerikanischem Pragmatismus. Zwei Traditionen, die ich

---

20 Max Weber, »Die protestantischen Sekten und der Geist des Kapitalismus«, in: ders., *Gesammelte Aufsätze zur Religionssoziologie I*, Tübingen 1920, S. 207-236.

im ersten Teil dieses Buches als entscheidend für die Herausbildung eines nichtintellektualistischen Verständnisses von Religion behandelt habe, kamen bei ihm näher zueinander als bei jedem anderen Denker. Dies zeigt sich besonders in seinem Werk über Offenbarung, das hier als imponierender Versuch der Vermittlung universalistischer Geltungsansprüche mit der Reflexion auf die historische Partikularität derjenigen, die solche erheben, entschlüsselt werden soll. Die Ressourcen für diese Vermittlung findet der wesentlich an Troeltsch anschließende Theologe in der Sozialitäts- und der Zeitphilosophie von George Herbert Mead.

In seinem Spätwerk entwickelte Niebuhr daraus eine Fragment gebliebene Ethik, die ein pragmatistisches Verständnis des Handelns zur Grundlage hat. Das konkret-situative Handeln ist nie nur Anwendung vorgegebener Normen oder Werte. Zentral wurde für Niebuhr der Begriff des Verantwortung tragenden Selbst, das in allem universalistischen Streben seine Partikularität nie abstreifen kann und moralisch nicht ignorieren darf. Naturgemäß bleibt in einer theologischen Ethik manches normativ, was in anderer Richtung soziologisch hätte ausgearbeitet werden können. Es wundert deshalb nicht, daß andere das soziologische Anregungspotential Niebuhrs aufgenommen und über seine eigenen Schriften hinaus weiterentwickelt haben.

Die Anerkennung für Niebuhrs Leistung kam in der Soziologie allerdings erst mit beträchtlicher Verzögerung. Charakteristisch ist, daß das Buch in der führenden Fachzeitschrift bei seinem Erscheinen nicht rezensiert wurde, man es aber für nötig befand, die Neuauflage ein Vierteljahrhundert später in selbstkritischer Weise zu erwähnen und zu feiern.[21] Sowohl aus der Theologie wie aus der Soziologie gingen im Lauf der Zeit bedeu-

---

21 Everett Hughes, »Rezension: H. Richard Niebuhr, *The Social Sources of Denominationalism*«, in: *American Journal of Sociology* 60 (1954), S. 320.

tende Studien hervor, die Niebuhrs Impulse schöpferisch aufnahmen und seine Befunde aktualisierten.[22] Am wichtigsten aber erwies sich zunächst, eine offensichtliche Lücke in Niebuhrs Argumentation wahrzunehmen und zu füllen. Seine Bücher über den Denominationalismus und über die Vorstellungen vom Reich Gottes in der amerikanischen Geschichte waren fast ausschließlich dem Protestantismus gewidmet. Das katholische Christentum kam praktisch nur in seiner mittelalterlichen Gestalt als historische Folie vor und nicht als zeitgenössische amerikanische Wirklichkeit. Das Judentum fehlte ebenso wie alle Formen von säkularistischem Humanismus.[23] Den entscheidenden Schritt weiter ging hier der in Rußland geborene jüdische Theologe und Soziologe Will Herberg, der sich unter dem Einfluß der Brüder Niebuhr von den atheistischen kommunistischen Überzeugungen seiner Frühzeit gelöst hatte. Sein brillantes Buch *Protestant – Catholic – Jew* von 1955 stellte viel mehr dar als eine bloße Widerspiegelung der Tatsache, daß sich der lange Zeit herrschende protestantische Grundkonsens der USA spätestens im Kalten Krieg zu einem allgemein christlichen und dann sogar »jüdisch-christlichen« gewandelt hatte.[24] Herberg hob die Debatte über die soziale Organisation des Christentums nämlich über eine Charakterisierung der Denominationen hinaus auf eine neue Ebene. Für deren Kennzeichnung war der Begriff der religiösen Gemeinschaft («religious community«) zentral. Damit meinte Herberg, daß in den 1950er Jahren weder Denominationen noch Ethnien das wichtigste Einteilungsprinzip der amerikanischen Gesellschaft seien, sondern die drei großen religiösen

---

22 Aus der Theologie z. B. James M. Gustafson, *Treasure in Earthen Vessels. The Church as a Human Community* [1961], Louisville 1976; aus der Soziologie Robert Wuthnow, *The Restructuring of American Religion*, Princeton 1988.
23 Vgl. die Kritik von Martin Marty, *Modern American Religion*, Bd. 2: *The Noise of Conflict 1919-1941*, Chicago 1991, S. 318.
24 Will Herberg, *Protestant – Catholic – Jew. An Essay in American Religious Sociology*, Garden City 1955.

Milieus der Protestanten, der Katholiken und der Juden, zwischen denen kaum Wechsel der Zugehörigkeit oder auch nur Dialoge stattfänden. Jedes dieser Milieus ist zwar ethnisch plural, aber die Ethnizität wird eben durch Religionszugehörigkeit relativiert, was sich etwa am Heiratsverhalten und seiner Milieuverhaftetheit empirisch belegen läßt. Herberg setzte an die Stelle der Behauptung vom (ethnischen) Schmelztiegel USA die These, daß es sich in Wirklichkeit um drei nebeneinander bestehende Schmelztiegel handele. Zu einem der drei müsse man aber gehören. Nichtchristliche Asiaten, orthodoxe Christen und Säkularisten hätten es schwer, sich unter diesen Umständen als richtige Amerikaner zu fühlen.

Herberg sah diese Entwicklung mit größter Skepsis. Die Erklärung von Präsident Eisenhower, daß »unsere Regierungsform« auf einem tief empfundenen religiösen Glauben beruhe, es aber nicht darauf ankomme, welcher das sei,[25] mußte, so Herberg, europäischen Gläubigen wie eine beklagenswerte Ketzerei erscheinen. Denn dieser Ausspruch verrate, daß hier nicht die spezifischen moralischen Forderungen eines bestimmten Gottesglaubens gemeint seien, sondern nur ein Vertrauen in die sozialintegrativen Wirkungen von Religion als solcher; es handele sich gewissermaßen nicht um einen Glauben an Gott, sondern um einen Glauben an die Religion. Die Zunahme der Mitgliederzahl von Religionsgemeinschaften ist dann kein verläßlicher Indikator wachsender Gläubigkeit, sondern signalisiere nur verstärktes Zugehörigkeitsbedürfnis zu einer nationalen Gemeinschaft. Solche Verschiebung im Kern der Loyalität von einer universalistischen zu einer partikularistischen Orientierung war aber genau das, was Niebuhr »prophetisch« in Frage gestellt hatte. Herberg folgte ihm und legte ausführlich dar, wie sich der Amerikanismus aller drei Milieus auf die jeweiligen religiösen Traditionen auswirkt. Besonders originell ist seine Analyse des

---

25 Dwight D. Eisenhower in: *The New York Times*, 23.12.1952, hier zit. n. Herberg, *Protestant – Catholic – Jew*, S. 97.

amerikanischen Judentums in dessen eigener Aufteilung in
»Denominationen« und institutionellen Strukturen. Das Schlußkapitel seines Buches bringt dann eine scharfe Kritik an der Ver-
wandlung aller religiösen Traditionen in den USA in nationalistisch-selbstgefällige Kulturreligionen und am Verlust eines
starken Verständnisses von moralischem Universalismus und
Transzendenz. Dieselben soziologischen Faktoren, die Menschen
zum Anschluß an die religiösen »communities«, das heißt die
denominationsübergreifenden Milieus bewegten, erwiesen sich
damit als Triebkräfte einer internen Säkularisierung. Das Resultat sei ein Säkularismus in religiösem Gewand.[26]

Im Rückblick nimmt sich dieses Buch als scharfsinnige, historisch gesättigte Diagnose der Religionssituation in den USA in
den 1950er Jahren aus, aber insofern doch auch als zeitgebunden, als es blind gegenüber den spezifischen Lagen der Schwarzen und der »hispanischen« Katholiken blieb und die großen religiösen Aufbrüche der Zeit nicht wahrnahm. Weder von der
Bürgerrechtsbewegung noch von den neuen spirituellen Strömungen in den Kulturumwälzungen der 1960er Jahre ist auch
nur in Andeutungen etwas zu spüren. Vor allem der Bürgerrechtsbewegung aber ist der Vorwurf einer Verbilligung der Ansprüche von Transzendenz und moralischem Universalismus
gewiß nicht zu machen. Dennoch ist Herbergs Werk ein weiterer Meilenstein in der Geschichte einer historisch orientierten
und »universalismus-sensiblen« Religionssoziologie.

Doch nicht nur aus Niebuhrs protestantischer und aus Herbergs jüdischer Perspektive kam es zu einer historisch-soziologischen Arbeit, die zugleich ein Plädoyer für eine unverkürzte
Bewahrung des moralisch-universalistischen Anspruchs darstellte. In den 1960er Jahren entstand auch ein äußerst ehrgeizi-

---

26 Ebd., S. 288. Zu Herbergs Kritik am amerikanischen säkularistischen
Humanismus in Gestalt des von John Dewey inspirierten »common
faith« einer Sakralisierung der Demokratie siehe ebd., S. 100ff. Zu
Deweys Religionstheorie ausführlicher oben, Teil III, Kap. 2.

ges Werk eines katholischen Gelehrten in Gestalt einer (englischsprachigen) fünfbändigen historischen Soziologie des Christentums. Die Rede ist von dem aus dem böhmischen Judentum stammenden, im britischen Exil zum Katholizismus konvertierten Soziologen Werner Stark, der dieses große Werk in den USA verfaßte. Wissenschaftsgeschichtlich stellt es insofern eine Merkwürdigkeit dar, als es bei seiner Entstehung von der Hoffnung nicht nur des Autors begleitet wurde, Klassikerstatus zu erlangen. Es hat diesen aber nicht nur nicht erreicht, sondern ist in einem solchen Maße ins Abseits und in Vergessenheit geraten, daß dieses Phänomen selbst erklärungsbedürftig erscheint. Nicht darum aber geht es im entsprechenden Kapitel, sondern um die Sachfragen selbst. Da Stark sich besonders von protestantischen Einseitigkeiten in Max Webers Soziologie distanzierte, werde ich zuerst erörtern, wie überzeugend seine Kritik an gewissen, auf Weber zurückgehenden, kanonisch gewordenen Vorstellungen ist. Dann aber geht es um die Alternativen, die Stark vorschlägt, insbesondere zur möglichen Institutionalisierung des Charismas in der Kirche und zur verstärkten Berücksichtigung der Rolle des Mönchtums und der Orden in der Geschichte des Christentums. Als eigentliches strukturbildendes Prinzip seines Werks erweist sich schließlich eine Unterscheidung, die in der konventionellen Typologie von Kirche versus Sekte nicht ausgedrückt werden kann, nämlich die Unterscheidung von Universalkirche und einer auf einzelstaatlicher Ebene etablierten Kirche. Nur im katholischen und im calvinistisch-reformierten, nicht aber im lutherischen und im orthodoxen Christentum sieht Stark einen unverkürzten christlichen Universalismus institutionell angelegt. Mit der breiten Erörterung von Starks Werk ist keine pauschale Bejahung seiner Thesen beabsichtigt, wohl aber die Eröffnung einer Debatte über dieses zu Unrecht in Vergessenheit geratene anspruchsvolle Werk.

Auch die folgende Studie – über den britischen Religionssoziologen David Martin – setzt mit Max Weber ein. Leitend ist hier nicht, wie bei Werner Stark, die Frage, inwiefern Webers protestantischer Hintergrund verzerrende Wirkungen in seinem wissenschaftlichen Werk hinterlassen hat, Ausgangspunkt ist vielmehr die Diskrepanz, die zwischen Webers faktischer historisch-soziologischer Forschung und seinen berühmten Thesen von einem weltgeschichtlichen Prozeß der Rationalisierung und der Entzauberung möglicherweise besteht. David Martin wird hier »weberianischer als Weber« genannt, weil er der Forschungsweise Webers folgt, aber gegenüber dessen großen historischen Tendenzaussagen skeptisch bleibt. Martins Werk wird als eine politische Soziologie der Religion gekennzeichnet, weil es die Haltung von Kirchen und anderen Religionsgemeinschaften zu zentralen politischen Fragen, insbesondere aber die grundlegenden dauerhaften Muster des Verhältnisses von politischer Macht und Religion zu der Dimension erklärt, mit deren Hilfe Prozesse der Säkularisierung, aber auch des religiösen Wandels oder der religiösen Revitalisierung erklärt werden können. Niemand hat so früh und so konsequent der These, Modernisierung führe notwendig zur Säkularisierung, Paroli geboten; niemand hat so breit und tief eine alternative allgemeine Theorie der Religionsentwicklung in der jüngeren Geschichte entwickelt wie David Martin.

Allerdings war diese Theorie in ihrer ursprünglichen Gestalt auf Europa und Nordamerika beschränkt, abgesehen von einzelnen Seitenblicken auf Lateinamerika. Eines der spektakulärsten religiös-politischen Phänomene der zweiten Hälfte des zwanzigsten Jahrhunderts, das rapide Wachstum der sogenannten Pfingstbewegung in Lateinamerika und Afrika, aber auch in Ostasien, brachte Martin dazu, seinen Untersuchungshorizont deutlich auszuweiten und sich speziell für die Dynamik dieser globalen Expansion einer bestimmten Form des Christentums zu interessieren. Seine Arbeiten hierzu haben sich als äußerst kontrovers, aber doch als wesentlich für die Horizonterweiterung über Europa und Nordamerika hinaus erwiesen. Produktiv ist auch ein weiterer Beitrag von Martins Forschungen, nämlich der zur Frage nach dem Verhältnis von Religion und Gewalt in der Geschichte. Martin fragt dabei vornehmlich nicht nach den Ursachen der Gewalt, sondern nach den Bedingungen einer religiös motivierten Zurückweisung von Gewalt. Dies bringt ihn zu wichtigen Überlegungen zum Verhältnis universalistischer Ideale und partikularer politischer und religiöser Institutionalisierungen.

David Martins Beitrag ist der eines Außenseiters, der sich in bewunderungswürdiger Selbständigkeit von vielen weitverbreiteten Vorstellungen gelöst und über Jahrzehnte eine Alternative zu ihnen entwickelt hat, die erst durch die allgemeine Infragestellung der Säkularisierungsthese breitere Anerkennung erhielt. Die Bedeutung seiner Arbeit für die Sozialtheorie insgesamt ist allerdings bis heute noch nicht wirklich zur Kenntnis genommen worden. Ganz anders verhält es sich dort, wo die Wiedergewinnung des Problemniveaus der soziologischen Klassiker Weber und Durkheim sowie die Wiederbelebung des Projekts einer historisch-vergleichenden Religionssoziologie selbstbewußt und mit langem Atem in Angriff genommen wurde, nämlich bei dem israelischen Soziologen Shmuel Eisenstadt und bei seinem amerikanischen Kollegen Robert Bellah.

Beide knüpfen ganz wesentlich an das Werk Talcott Parsons' an, dessen Variante von Modernisierungstheorie in den 1950er und 1960er Jahren von größtem Einfluß auf die westliche Soziologie war. Weder vorher noch nachher war das Fach wohl jemals so nah an einer klaren paradigmatischen Gestalt. Diese ging zwar durch die Kritik ganz verschiedener Richtungen an dieser hegemonialen Theorie in den späten 1960er und 1970er Jahren wieder verloren. Nicht alle aber gaben das Ziel einer solchen Theorie auf. Vor allem Eisenstadt machte sich an eine schrittweise Revision, die den Kritiken Rechnung trug, ohne doch den Kern zu opfern.[27] Diese Revision trug vor allem der Tatsache

---

27 Ausführliche Darstellung bei: Hans Joas, Wolfgang Knöbl, *Sozialtheorie. Zwanzig einführende Vorlesungen. Aktualisierte Ausgabe*, Berlin ³2011, S. 430-473.

Rechnung, daß Modernisierung nicht notwendig mit Verwestlichung gleichzusetzen ist. Die großen Zivilisationen der Welt können sich zwar, so der Gedanke, ökonomisch und technisch-wissenschaftlich modernisieren. Sie tun dies aber nicht in völligem Bruch mit ihren tiefsten religiösen und kulturellen Traditionen. Für diese Sichtweise prägte Eisenstadt den Ausdruck »multiple modernities«, der sich als Magnet für vielerlei Denkversuche in ähnlicher Richtung erwies.[28]

Welche der Zivilisationen der Welt aber haben einen solchen Kern, aus dem innovative Anpassungen unter radikal veränderten Bedingungen hervorgehen können? Um diese Frage zu beantworten, griff Eisenstadt ab den 1970er Jahren auf eine Idee zurück, die zuerst der deutsche Philosoph Karl Jaspers in den Jahren unmittelbar nach dem Ende des Zweiten Weltkriegs auf den Begriff »Achsenzeit« gebracht hatte.[29] Die Idee selbst ist allerdings viel älter, seit dem späten achtzehnten Jahrhundert in verschiedenen Varianten formuliert und auch bei Max Weber angedeutet. Es geht um die Behauptung, daß sich im antiken Griechenland, Israel, China, Indien (und vielleicht Iran), unabhängig voneinander, ein Durchbruch zum moralischen Universalismus und zu Vorstellungen von Transzendenz ereignet habe, auf den letztlich alle Weltreligionen und die Philosophie zurückgehen. Selbst wenn sich die Gleichzeitigkeit dieser Durchbrüche nicht belegen lassen sollte, bliebe die wichtige Frage, wann, wo, wie und warum historisch solche (multiplen) Durchbrüche identifiziert werden können. Bei Eisenstadt selbst und einzelnen aus seinem Schülerkreis gingen daraus Analysen einzelner nichteuropäischer Modernisierungswege hervor (vor allem Japans) sowie Vergleichsstudien etwa zur Institutionalisie-

---

28 Aus Eisenstadts umfangreichem Werk sei hier nur genannt: Shmuel N. Eisenstadt, *Die Vielfalt der Moderne*, Weilerswist 2000.
29 Karl Jaspers, *Vom Ursprung und Ziel der Geschichte*, München 1949. Als Überblick über die Literatur: Hans Joas, *Was ist die Achsenzeit? Eine wissenschaftliche Debatte als Diskurs über Transzendenz*, Basel 2014.

rung religiösen Virtuosentums in Buddhismus und Christentum.[30] Man könnte allerdings sagen, daß für ihn die Frage einer revidierten Modernisierungstheorie leitend blieb – und nicht die nach der Geschichte des moralischen Universalismus und nach der Beurteilung jeder Modernisierung an den Maßstäben achsenzeitlich entstandener Ideale.

Bei dem anderen großen Gelehrten, der Parsons' Erbe fortentwickelte, nämlich bei Robert Bellah, war das anders. Deshalb muß ihm in diesem Buch ein Kapitel gewidmet werden. Er hatte durch seine Ausbildung in Japanologie (und Sinologie) von vornherein ein über den »Westen« hinausreichendes Interesse. Seine erste, klassisch gewordene Studie auf diesem Gebiet war allerdings noch von einer Fragestellung geleitet, die unverkennbar durch Max Webers halbherzige Überwindung des Eurozentrismus geprägt war.[31] Er fragte in den 1950er Jahren, wie das einzige damals wirklich konkurrenzfähige nichtwestliche Land, nämlich Japan, ohne die angeblich im Westen entscheidende »protestantische Ethik« seinen Weg hatte gehen können, was also das »funktionale Äquivalent« für diese in Japan gewesen sei. Seine Arbeiten zu den USA, für die er besonders berühmt wurde, entstanden in einer Art Rückstoß aus dieser Bewegung der Dezentrierung heraus. Der Blick für die Spezifika der USA wurde jedenfalls so enorm geschärft.

Schon in seinen frühen Jahren hatte Bellah einen kurzen Entwurf für eine Theorie universaler Religionsentwicklung vorgelegt, dem er den Titel »Religious Evolution« gab. Das klang, ohne so gemeint zu sein, nach der Wiederkehr unilinearer evo-

---

30 Für mich am imponierendsten: Ilana Friedrich Silber, *Virtuosity, Charisma, and Social Order. A Comparative Sociological Study of Monasticism in Theravada Buddhism and Medieval Catholicism*, Cambridge 1995.
31 Robert N. Bellah, *Tokugawa Religion. The Cultural Roots of Modern Japan*, New York 1957. Die weiteren Angaben zu seinen Schriften finden sich im Kapitel über ihn.

lutionistischer Vorstellungen, wie sie im neunzehnten Jahrhundert üblich gewesen waren und tatsächlich nach dem Zweiten Weltkrieg eine kurze neue Blütezeit erlebten. Als sich Bellah im Alter dann aber an die breite Ausarbeitung seiner Theorie machte, konnte von solchen simplen Evolutions- (oder gar Fortschritts-) vorstellungen, die er ohnehin nie gehabt hatte, definitiv bei ihm keine Rede mehr sein. Zwar legt er seiner Religionstheorie eine psychologische Theorie über Stufen der Kognition und des Zeichengebrauchs zugrunde, aber nicht im Sinne einer notwendigen Entwicklung und nicht im Sinne eines Stufenmodells, bei dem frühere Stufen ihre Bedeutung verlieren, wenn höhere erreicht sind. Außerdem werden nicht ganze Religionen in ein Stufenmodell gepreßt. Entsprechend ist überhaupt nicht mehr von »religiöser Evolution«, sondern jetzt nur noch von »religion in human evolution« die Rede. Noch konsequenter als bei Eisenstadt werden die Verknüpfungen und Spannungen von Religion und politischer Macht in den Mittelpunkt der Analysen gestellt.

Freilich brach der Tod Robert Bellahs dieses epochale Projekt bald nach Beendigung des vorliegenden ersten Bandes ab. Was die Fortsetzung betrifft, kennen wir nur ein Fragment und einen ursprünglichen, aber längst nicht mehr gültigen Plan. In dem, was uns vorliegt, werden aber in einer bislang noch nie dagewesenen Weise die konstitutiven Bedingungen der Religionsentwicklung in China, Indien und dem »Westen« vergleichend in den Blick genommen. Bellah ging damit entscheidende Schritte sowohl über Hegels Geschichtsphilosophie wie über Max Webers historische Soziologie hinaus.

Das letzte Porträt in diesem Teil des Buches stellt den spanisch-amerikanischen Soziologen José Casanova dar, der ebenfalls eine der herausragenden Gestalten im Projekt einer historisch-vergleichenden Religionssoziologie ist. Er ist weltberühmt für sein Buch von 1994, *Public Religions in the Modern World*, das insofern einen wirklichen Paradigmenwechsel in der Religionssoziologie markiert, als es der These einer fortschreitenden

Privatisierung der Religion, einer nahen Verwandten der Säkularisierungsthese, den Garaus machte.[32] In seinen späteren Arbeiten weitete er einerseits die Untersuchung der öffentlichen Rolle von Religion auf weitere Gesellschaften aus. Andererseits untersuchte er die Herausbildung transnationaler religiöser Beziehungen unter den Bedingungen der Globalisierung. Die Idee Niebuhrs aufnehmend, spricht er von unserer Gegenwart als einer Zeit, in der religiöse Territorialmonopole generell und nicht nur in den USA unmöglich geworden seien und ein »globaler Denominationalismus« im Entstehen sei. Zum ersten Mal in der Weltgeschichte seien alle Weltreligionen prinzipiell ohne feste Territorialbindung und außerhalb der Gebiete, in denen sie sich historisch entwickelt haben, reproduzierbar. Was an der Pfingstbewegung schon anschaulich wurde, wird immer mehr zu einem allgemeinen Phänomen. Gegenwärtig geht Casanova über die Berücksichtigung der Globalisierung des Christentums und anderer Weltreligionen noch insofern hinaus, als ihn jetzt die ganze Geschichte des Wechselverhältnisses von Globalisierung und Religionsgeschichte interessiert. Bearbeitbar gemacht wird diese Thematik durch die Konzentration auf die Geschichte der Jesuiten als Pioniere der Globalisierung. Auch in Casanovas Arbeit zeigt sich die Tendenz zur Wiederbelebung einer Arbeitsrichtung, die – wie erwähnt – in der Gründungsphase der Soziologie eine konstitutive Rolle gespielt hatte.

Es geht an dieser Stelle aber, wie bereits hervorgehoben, nur mittelbar um die Geschichte einer wissenschaftlichen Disziplin. Wichtiger ist, daß sich in dieser Geschichte und bei den hier näher behandelten Wissenschaftlern eine Verschiebung der Fragestellung von christentums- und eurozentrischen Vorstellungen zu einer globalgeschichtlichen Perspektive auf den morali-

---

32 José Casanova, *Public Religions in the Modern World*, Chicago 1994. Die weiteren Angaben zu Casanovas Schriften finden sich im einschlägigen Kapitel.

schen Universalismus in seinen vielfältigen Formen abzeichnet. Darauf werde ich am Schluß dieses Buches in Gestalt eines Ausblicks zurückkommen.

2
Religion ist mehr als Kultur: H. Richard Niebuhr

Der amerikanische Pragmatismus und die deutsche Tradition von Hermeneutik und Historismus wurden lange Zeit als grundverschiedene Denktraditionen wahrgenommen. Die bloße Tatsache, daß es in beiden Fällen üblich ist, philosophische Schulen mit einem Nationalitätskennzeichen zu versehen, weist gewiß darauf hin, daß beide in der Tat stark von den Kulturen geprägt sind, in denen sie sich ursprünglich entfalteten. Die amerikanische »Zivilisation« des neunzehnten Jahrhunderts war zudem von der deutschen »Kultur« der Zeit sicherlich sehr verschieden. Doch ist dieser erste Eindruck in vielen Hinsichten auch irreführend.[1] Wir übersehen unter seinem Einfluß leicht die hinter den oberflächlichen Differenzen liegenden tieferen Gemeinsamkeiten. Der Eindruck von Differenz scheint mir drei hauptsächliche Ursachen zu haben. Erstens war der disziplinäre Hintergrund der beiden Schulen unterschiedlich. Während sich der klassische Pragmatismus aus den Naturwissenschaften heraus entwickelte (Geodäsie und Astronomie bei Peirce, Biologie und physiologische Psychologie bei James und Mead), gingen Hermeneutik und Historismus aus den Geisteswissenschaften hervor, insbesondere aus dem historisch-kritischen Studium der Bibel und der Beschäftigung mit Religions-, Rechts- und Literaturgeschichte. In beiden Fällen lag der Ausgangspunkt damit in den jeweils angesehensten und einflußreichsten Fächern, aber es war eben sehr verschieden, welche Fächer in den beiden Län-

---

1 Ausführlicher dazu: Hans Joas, »Pragmatismus und Historismus. Meads Philosophie der Zeit und die Logik der Geschichtsschreibung«, in: *Deutsche Zeitschrift für Philosophie* 63 (2015), S. 1-21.

dern diesen hohen Rang einnahmen. Zweitens ist die kulturelle Differenz zwischen einem stark zukunftsorientierten progressiven historischen Optimismus in den USA und der deutschen Konzentration auf Vergangenheit und Geschichte im Zusammenhang der Kämpfe um nationale Identität und Einheit nicht zu übersehen. Drittens unterschied sich das Verhältnis zum Christentum stark voneinander. Es war zwar in beiden Fällen keineswegs vornehmlich kritisch oder gar destruktiv, aber im amerikanischen Fall eher auf zeitgenössische religiöse Erfahrungsmöglichkeiten, auf Spiritualität und praktische Ergebnisse hin orientiert und in Deutschland eher auf Geschichte und religiöse Lehren.

Diesen unübersehbaren Differenzen liegt aber eine Gemeinsamkeit zugrunde, die sich am einfachsten als gemeinsame Opposition gegenüber dem Cartesianismus kennzeichnen läßt. Wie Charles S. Peirce, der Begründer des Pragmatismus, die cartesianische Maxime methodischen Zweifels durch realen, situativen Zweifel ersetzen wollte und damit durch ein Verständnis des menschlichen Handelns als kreativer Problembewältigung, so erhellten die Hermeneutiker das Verständnis von Texten als einen Prozeß, der nie ohne Voraussetzungen einsetzt und notwendig schöpferisch ist. Sie zeigten, daß wir uns dem Text, den wir zu verstehen versuchen, immer schon auf der Grundlage einer unendlichen Vielzahl mitgebrachter Vorannahmen nähern und durch unsere Interpretation des Textes ein verbessertes Verständnis von diesem, aber auch von uns selbst und der Welt entwickeln. Gemeinsam ist den beiden Schulen damit die Einsicht in die Situiertheit aller Erkenntnis. Diese Einsicht ändert in beiden Fällen auch die Vorstellungen über das Verhältnis der Philosophie zu den einzelnen wissenschaftlichen Disziplinen. Nicht länger kann die Philosophie als Weg zu zeitlosen, die Wissenschaften fundierenden Erkenntnissen gedacht werden. Man spricht von nun an von einer nicht- oder antifundamentalphilosophischen (»foundationalist«) Rolle der Philosophie. Sowohl für die Pragmatisten wie für die Hermeneutiker sind Probleme immer spezifisch, Kontexte ganzheitlich und Lösungen kreativ.

Über die Behauptung einer solchen fundamentalen Gemeinsamkeit hinaus läßt sich die These vertreten, die beiden Schulen hätten sich im Lauf ihrer Entwicklung zudem so verändert, daß sich ihre Ähnlichkeit zunehmend verstärkte. Insbesondere nach dem Ersten Weltkrieg war die Annäherung so groß, daß man von einer wirklichen Konvergenz sprechen könnte. Diese These gilt vor allem für das Werk zweier der größten Vertreter der in Rede stehenden Denkschulen, die fundamentale Revisionen in ihren eigenen Traditionen vornahmen und damit, ohne voneinander zu wissen, an einen Punkt gelangten, der den Dialog mit dem anderen und so eine Zusammenführung der beiden Schulen aufs intensivste nahelegte. Die Rede ist einerseits von dem Pragmatisten George Herbert Mead und seiner in den 1920er Jahren entwickelten Philosophie der Zeitlichkeit, andererseits von dem Historisten Ernst Troeltsch und der Erkenntnis in seinem Spätwerk, daß ein angemessenes Verständnis von Geschichte auf eine Anthropologie angewiesen ist, die den Zeichengebrauch des Menschen für grundlegend erklärt. Die Verbindung der aus dem Pragmatismus entstandenen »semiotischen Anthropologie« und der aus Historismus und Hermeneutik hervorgehenden »affirmativen Genealogie« hätte die Synthese der beiden Traditionen möglich gemacht.[2] Aus kontingenten Gründen kamen ein Dialog der Traditionen und ihre Synthese aber in den 1920er Jahren nicht zustande. Danach, ab den 1930er Jahren, verloren beide Schulen die intellektuelle Hegemonie, die sie in ihrer jeweiligen Heimat innegehabt hatten. Das machte die Chancen für einen neuen Syntheseversuch nicht besser.

Doch es gab eine große Ausnahme, nämlich einen Denker, der von den frühen 1920er Jahren ab ein theoretisches Programm

---

2 Siehe dazu das Kapitel »Weder Kant noch Nietzsche. Was ist affirmative Genealogie?«, in: Hans Joas, *Die Sakralität der Person. Eine Genealogie der Menschenrechte*, Berlin 2011, S. 147-203.

verfolgte, das man als Synthese von Troeltsch und Mead bezeichnen könnte, das heißt als Verknüpfung der reifsten Formen von Pragmatismus und Historismus in einer Zeit, in der beide zunehmend als überholt betrachtet wurden. Da dieser Denker allerdings ein Theologe war und die Theologie in Darstellungen moderner intellektueller Entwicklungen oft an den Rand gedrängt oder ganz ausgelassen wird, sind seine Leistungen, von einzelnen Schriften abgesehen, außerhalb der Theologie fast unbekannt geblieben. Innerhalb der Theologie wiederum scheint mir das ganze Ausmaß seiner Zielsetzung bisher weitgehend verkannt worden zu sein. Der Name des Gelehrten, um den es hier geht, ist H. Richard Niebuhr (1894-1962). Er war der jüngere Bruder von Reinhold Niebuhr, des wohl unbestritten prominentesten protestantischen Theologen der USA im zwanzigsten Jahrhundert. Die folgenden biographischen Bemerkungen über ihn sollen an dieser Stelle nur dazu dienen, die These vorläufig plausibel zu machen, daß es sich hier um ein Lebenswerk handelt, für das die Zielsetzung einer Synthese von Troeltsch und Mead, Historismus und Pragmatismus leitend war.

Seine Doktorarbeit schrieb Niebuhr über Ernst Troeltschs Religionsphilosophie. Die 1924 an der Yale University eingereichte umfangreiche Arbeit wurde bedauerlicherweise bis heute nicht veröffentlicht,[3] obwohl sie die – wenn ich recht sehe – früheste und umfassendste Studie in den USA über Troeltsch oder irgendeinen anderen Vertreter der deutschen historistisch-hermeneutischen Tradition überhaupt darstellt. Troeltsch blieb ein zentraler lebenslanger Bezugspunkt in Niebuhrs Arbeit, auch dann, als er aufgrund der »antihistoristischen Revolution« in der protestantischen Theologie an Ansehen dramatisch verlor.[4] Die ersten Erwähnungen George Herbert Meads finden sich in

---

3 H. Richard Niebuhr, *Ernst Troeltsch's Philosophy of Religion* (Philosophical Dissertation), Yale University 1924.
4 Vgl. zu diesem auf Hermann Heimpel zurückgehenden Begriff v. a.: Friedrich Wilhelm Graf, »Die ›antihistoristische Revolution‹ in der protestantischen Theologie der zwanziger Jahre«, in: ders., *Der heilige Zeit-*

Niebuhrs Veröffentlichungen freilich erst im Jahr 1945, danach allerdings regelmäßig. Sie sind nicht, wie es bei anderen Autoren häufig der Fall ist, bloße pauschale Verweise auf den Begriff des »self«, sondern beziehen sich auch und intensiv auf das Thema Zeitlichkeit und die zeitliche Dimension in der Konstitution des Selbst. Doch war der Einfluß des Pragmatismus auf Niebuhr nicht auf Mead begrenzt, da er sich auch mit vielen Schriften von William James und vor allem mit dem Spätwerk von Josiah Royce, das in eine ähnliche Richtung wies wie Mead, gründlich beschäftigte.[5] Es gibt aber weitere biographische Tatsachen, die geeignet sind, die Intuition einer Synthese von Troeltsch und Mead im Werk Niebuhrs zu unterstützen. In den Jahren 1921 und 1922 studierte Niebuhr das Fach Soziologie, zuerst an der Washington University in St. Louis und dann an der University of Chicago,[6] wo Mead lehrte. Zwar ist kein Besuch Niebuhrs von diesen Lehrveranstaltungen nachgewiesen, aber sein akademischer Lehrer in St. Louis war ein direkter Schüler Meads namens Walter Bodenhafer, der bei Mead eine Dissertation über den Begriff der Gruppe in der amerikanischen Soziologie vorgelegt hatte.[7] Zumindest eine indirekte frühe Begegnung mit Meads Ideen scheint also schon vor der Doktorarbeit über Troeltsch stattgefunden zu haben. Während es in der Theologiegeschichtsschreibung üblich ist, Niebuhr im Spannungsfeld von

---

geist. Studien zur Ideengeschichte der protestantischen Theologie in der Weimarer Republik, Tübingen 2011, S. 111-137.

5 V. a. Josiah Royce, *The Problem of Christianity* [1913], Washington, D.C., 2001; dazu jetzt das Buch von Joshua Daniel, *Transforming Faith. Individual and Community in H. Richard Niebuhr*, Eugene 2015, sowie Hans Joas, *Die Macht des Heiligen. Eine Alternative zur Geschichte von der Entzauberung*, Berlin 2017, S. 84-109.

6 Jon Diefenthaler, *H. Richard Niebuhr. A Lifetime of Reflections on the Church and the World*, Macon 1986.

7 Walter Bodenhafer, »The Comparative Role of the Group Concept in Ward's ›Dynamic Sociology‹ and Contemporary American Sociology«, in: *American Journal of Sociology* 26 (1920-21), S. 273-314, S. 425-474, S. 582-600 und S. 716-743.

Ernst Troeltsch und Karl Barth zu verorten – wie auch Niebuhr selbst es gelegentlich tat[8] –, scheint mir die Kennzeichnung mit Bezug auf Troeltsch und Mead dem zutiefst soziologischen und philosophischen Charakter seines Lebenswerks mehr Gerechtigkeit widerfahren zu lassen.[9] Nur so verstehen wir auch, wieso einzelne seiner Schriften zu Klassikern der Religionssoziologie wurden und wie seine einflußreiche Ethik und ihre Konzeption von Verantwortung in einer »relationalen Anthropologie« verankert sind.[10]

Die Annäherung von Pragmatismus und Hermeneutik im Laufe der Zeit wäre ein großes Thema, das hier beiseite gelassen werden muß. Vor allem William James' Religionspsychologie wurde ja von führenden deutschen Denkern wie Wilhelm Dilthey und Ernst Troeltsch intensiv rezipiert, und Mead studierte bei Dilthey und wurde wohl nicht zuletzt durch die Begegnung mit ihm zum Projekt der biologischen Fundierung einer verste-

---

8 H. Richard Niebuhr, *The Meaning of Revelation*, New York 1941, S. X. Allerdings war Niebuhr weder ein großer Kenner Barths noch gar jemals ein Barthianer. Überzeugend dazu mit Belegen: James W. Fowler, *To See the Kingdom. The Theological Vision of H. Richard Niebuhr*, Nashville 1974, S. 32, S. 44 und S. 60f.

9 Eine der wichtigsten Darstellungen der theologischen Hintergründe Niebuhrs räumt ein, daß diesem Denker eigentlich nur dann Gerechtigkeit widerfährt, wenn »his unique, effortless interweaving of theological and sociological analyses« berücksichtigt wird. Vgl. Hans W. Frei, »Niebuhr's Theological Background«, in: Paul Ramsey (Hg.), *Faith and Ethics. The Theology of H. Richard Niebuhr*, New York 1957, S. 9-64, hier S. 9.

10 Der große Religionssoziologe Robert Bellah (siehe zu ihm unten in diesem Teil, Kap. 5) war stark von H. Richard Niebuhr beeinflußt. Vgl. etwa den Text der Ansprache, die er zur Feier des 100. Geburtstags Niebuhrs in Yale hielt: Robert N. Bellah, »Religious Pluralism and Religious Truth«, in: ders., Steven M. Tipton (Hg.), *The Robert Bellah Reader*, Durham 2006, S. 474-489. Er nannte ihn nicht nur »America's foremost theologian« (im »Blurb« für Niebuhrs Buch *Faith on Earth*), sondern auch wegen seiner Betonung der Relationalität des Selbst »a good sociologist«. Vgl. Robert N. Bellah u.a., *The Good Society*, New York 1991, S. 283.

henden Psychologie motiviert.[11] Troeltschs umfangreiche Studie zur Geschichte des Christentums, das tausendseitige Werk *Die Soziallehren der christlichen Kirchen und Gruppen*, wurde wiederum von Royce schon 1913 rezipiert und erhielt, als es in den späten 1920er Jahren in englischer Übersetzung herauskam, ein Vorwort von keinem anderen als Niebuhr. Es läßt sich sagen, daß das Thema Religion in dieser Vermittlung von Pragmatismus und Historismus beziehungsweise Hermeneutik von zentraler Bedeutung war und es deshalb kein Zufall ist, daß gerade ein Theologe hier die Fäden aufnahm, als sie in Philosophie und Soziologie fallengelassen wurden.

Aus dem Lebenswerk Niebuhrs sollen unter dem genannten Gesichtspunkt drei Bereiche herausgehoben werden. Zuerst wird es darum gehen, vorzuführen, wie Niebuhr in seinen ersten Büchern und in seinem Werk von 1951, *Christ and Culture*, den Versuch unternahm, an Troeltschs historische Soziologie des Christentums anzuknüpfen, aber auch über diese hinauszugehen. Dann soll Niebuhrs wichtigster Beitrag zur systematischen Theologie, nämlich sein Buch von 1941, *The Meaning of Revelation*, erörtert werden. Da manche nichttheologischen Geister keinerlei Neigung haben dürften, sich näher mit einer Theologie der Offenbarung zu beschäftigen, soll sofort hinzugefügt werden, daß man dieses Buch auch als einen Versuch bezeichnen könnte, zwischen der Universalität von Geltungsansprüchen und der historischen Partikularität von jedem, der solche Ansprüche erhebt, gedanklich zu vermitteln. Dies aber ist eine Fragestellung, die auch für Nichttheologen brisant ist. Hier zeigt sich, daß der Geist des Pragmatismus für Niebuhrs Lösung eines Problems bei Troeltsch bereits eine wesentliche Rolle spielt. Drittens schließlich wird es um das posthum im Jahr 1963 erschienene Buch *The Responsible Self* gehen, das Niebuhr gewiß

---

11 Vgl. dazu oben, Teil I. Zu Mead und Dilthey vgl. Hans Joas, *Praktische Intersubjektivität. Die Entwicklung des Werkes von G. H. Mead*, Frankfurt/M. 1980, S. 24-26.

in der vorliegenden Form nicht als abschließendes Werk gedacht hatte, das aber doch die reifste Form seiner Synthese von Mead und Troeltsch darstellt. In diesem Abschnitt werde ich auch erörtern, inwiefern beziehungsweise in welchem Maße Niebuhrs Syntheseversuch in der Tat erfolgreich war. Die Organisation des Kapitels ist von einer systematischen Absicht geleitet und führt von Troeltsch und der Geschichte des Christentums über die Neukonzeption von Troeltschs Geschichtsdenken im Geiste eines neuen Verständnisses von Selbst und Zeitlichkeit bis zu einem moralphilosophischen Werk, das seinen vollen Sinn nicht enthüllt, wenn von diesen Grundlagen in den früheren Schriften abgesehen wird.

Über Troeltsch hinaus: Niebuhrs Beitrag zur historischen Soziologie des Christentums

In Ernst Troeltschs soziologisch inspirierter Geschichte des Christentums erwies sich die Unterscheidung von drei Typen der sozialen Organisation der Christen als zentrale begriffliche Leitlinie, nämlich die Unterscheidung von Kirche, Sekte und »Mystik« oder lockerer spiritueller Gemeinschaft. In seinem Buch von 1951 lobte Niebuhr Troeltsch dafür, ihm beigebracht zu haben, »die Vielgestaltigkeit und Individualität der Menschen und Bewegungen in der christlichen Geschichte zu respektieren, diese reiche Vielfalt nur widerwillig in vorgefertigte begriffliche Formen hineinzuzwingen und doch *Logos* im *Mythos* zu suchen, Vernunft in der Geschichte, Essenz in der Existenz«.[12] Tief beeindruckt von Troeltschs Typologie und ihrer Erklärungskraft, wenn sie auf die Geschichte des Christentums angewendet wird, konnte sich der junge Niebuhr, konfrontiert mit

---

12 H. Richard Niebuhr, *Christ and Culture* [1951], New York 2001, S. XII. Alle Übersetzungen von Stellen aus dem Werk Niebuhrs stammen, so keine deutschsprachige Quelle angegeben ist, von mir, H. J.

der sozialen Wirklichkeit des christlichen Lebens in den USA, dennoch des Eindrucks nicht erwehren, daß in seinem Heimatland eine weitere, zusätzliche Sozialform entstanden sei, die in Troeltschs begrifflichen Rahmen nicht paßt. Niebuhr interessierte sich für den Typus, der in den USA als »Denomination« bezeichnet wird, und für eine Erklärung des Phänomens des »Denominationalismus«, das heißt der Tatsache, daß alle Sozialformen des Christentums, auch wenn sie sich ursprünglich als Kirche oder Sekte verstanden, sich in den USA an den Typus »Denomination« anpassen mußten.

Dieses Phänomen stellt eines der wichtigsten Charakteristika der religiösen Landschaft der USA dar. Während die religiöse Lage in fast ganz Europa lange Zeit vom Monopol einer einzigen christlichen Konfession (katholisch, protestantisch, orthodox), das der Staat stützte, gekennzeichnet war,[13] bestand der amerikanische Protestantismus immer aus einer Vielzahl unterschiedlicher religiöser Gemeinschaften. Sogar die kleinsten Städte haben bis heute meist mehrere Kirchen unterschiedlicher Orientierung; eine ethnographische Studie aus jüngster Zeit in einem armen, hauptsächlich von Schwarzen bewohnten Viertel in Boston wies mindestens 29 christliche Gemeinden in einem Gebiet von etwa 1,5 km^2 auf,[14] die meisten von ihnen in Ladengeschäften untergebracht. Niebuhr selbst schrieb von etwa »zweihundert Arten des Christentums, die in den Vereinigten Staaten gedeihen«,[15] und betonte, daß diese Vielfalt nicht einfach aus der europäischen Religionsgeschichte abgeleitet werden könne, da

---

13 Auf die große Ausnahme, nämlich das polnisch-litauische Reich, macht José Casanova immer wieder aufmerksam. Vgl. José Casanova, *Global Religious and Secular Dynamics. The Modern System of Classification*, Leiden 2019, S. 21.
14 Omar M. McRoberts, »H. Richard Niebuhr Meets ›The Street‹«, in: Mary Jo Bane, Brent Coffin, Richard Higgins (Hg.), *Taking Faith Seriously*, Cambridge, Mass., 2005, S. 94-112, hier S. 94.
15 H. Richard Niebuhr, *The Social Sources of Denominationalism* [1929], New York 1957, S. 135.

viele dieser Gemeinschaften erst in den USA entstanden seien und viele andere die Entwicklung ihrer separaten Individualität dem Wirken sozialer Kräfte in der neuen Umwelt verdankten.[16]

Was aber erklärt dann diese Vielfalt? Es leuchtet zwar unmittelbar ein, im Fehlen eines staatlich gestützten kirchlichen Monopols, wie es in den USA seit der Verfassungsgebung Ende des achtzehnten Jahrhunderts garantiert ist, die Hauptursache für die Existenz des Systems eines konfessionellen Pluralismus zu sehen, aber das heißt ja noch nicht, daß damit der spezifische Charakter der Differenzierung in eben diese Denominationen erklärt wäre. Die Antwort liegt gewiß nicht in den verschiedenen theologischen Auffassungen dieser Gruppen und Organisationen – so Niebuhr:

> Die Bemühung, Kirchen vorrangig unter Bezug auf ihre Lehren zu unterscheiden, […] erschien ihm als eine so künstliche und fruchtlose Vorgehensweise, daß er sich gezwungen sah, wollte er eine befriedigendere Erklärung der Unterschiede zwischen den Denominationen finden, sich von der Theologie der Geschichte, Soziologie und Ethik zuzuwenden […].[17]

Zwar seien die Einstellungen der Christen »gegenüber solchen Institutionen wie Privateigentum, Demokratie und Sklaverei« ebenso wie ihre Meinungen hinsichtlich der richtigen Organisation der Kirche angeblich immer aus biblischen Texten abgeleitet, aber nur »der reinste Anfänger auf dem Gebiet der Geschichte« werde diese Rechtfertigungen unbesehen akzeptieren. Im Unterschied zu den *theologischen* Quellen beschäftigte sich Niebuhr deshalb mit den *sozialen* Quellen des Denominationalismus. Sein Buch von 1929, das ebendiesen Titel trug, wurde zu einem der klassischen Werke der Religionssoziologie. Es erschloß dieser, weit über die Andeutungen im Werk Max Webers

---

16 Ebd.
17 Ebd., S. VII.

hinaus und mehr als alle seine amerikanischen Vorläufer, die USA als spezifischen Gegenstand. Ausführlich untersuchte Niebuhr die Rolle der Ethnizität der verschiedenen Einwandererpopulationen, der sozialen Schichtung und dessen, was er die »color line« nennt, das heißt der Rassentrennung und des Rassismus, in der religiösen Landschaft der USA. Die Differenzierung in verschiedene Denominationen ist für Niebuhr eine Folge oder eine Widerspiegelung der Strukturen der Ungleichheit in der amerikanischen Gesellschaft, und im Tone eines Propheten geißelt Niebuhr diese Tatsache:

> Die Aufteilung der Kirchen entspricht genau der Aufteilung der Menschen in Kasten von nationalen, rassischen und wirtschaftlichen Gruppen. Sie zieht entlang der Hautfarbe einen Strich durch die Kirche Gottes; sie fördert die Mißverständnisse, Selbstüberhebungen und Haßgefühle eines chauvinistischen Nationalismus, indem sie die Pseudodifferenzen provinzieller Loyalitäten im Leib Christi beibehält. Sie weist am Tisch des Herrn den Reichen und den Armen unterschiedliche Plätze zu, wo dann die vom Glück Begünstigten die reichen Gaben genießen dürfen, die sie zur Verfügung gestellt haben, während die anderen sich von dem harten Brot ernähren müssen, das ihre Armut bietet.[18]

Niebuhrs Kritik am System des amerikanischen Denominationalismus ist von einem starken Wunsch nach Einheit der Christen und von einem radikalen Verständnis des moralischen Universalismus, der im Evangelium enthalten ist, getrieben. Hier läßt sich ein subtiler Unterschied zwischen ihm und Troeltsch feststellen. Für Troeltsch stoßen die Ideale des Evangeliums unvermeidlich auf unüberwindliche Widerstände gegen ihre Verwirklichung in den politischen, ökonomischen und militärischen Gegebenheiten der »Welt«. Die sozialen Organisationsformen sind deshalb nie einfache Übersetzungen der Ideale oder Emanationen aus ihnen, ebensowenig sind sie aber pure Reproduk-

---

18 Ebd., S. 6.

tionen der gegebenen Sozialstruktur. Sie sind vielmehr Ergebnis der Versuche von Menschen, ihre Ideale unter widrigen Umständen zu bewahren, sie an neue Generationen zu übermitteln und Ritualformen zu organisieren, die wenigstens vorübergehend eine Erfahrung des Ideals erlauben. Doch wird dies nie, so Troeltsch, in einer einzigen, für alle verbindlichen Organisationsform möglich sein, da etwa Kirchen immer gezwungen sein werden, vielerlei Kompromisse mit ihrem gesellschaftlichen Umfeld einzugehen; dies führt wiederum dazu, daß einzelne Individuen oder ganze soziale Gruppen diese Kompromisse als Verrat an den Idealen interpretieren und sich in strikteren »Sekten« organisieren, was wiederum von manchen als so eng und einschränkend empfunden werden wird, daß sie sich wieder Kirchen anschließen oder die Organisation der Sekte in Richtung der Kirche verändern. Wo Niebuhr die mangelnde Einheit der Christen beklagt, lobt Troeltsch eher den Pluralismus der Organisationsformen des Christentums. Wo Niebuhr die Reproduktion der Sozialstruktur im Christentum kritisiert, analysiert Troeltsch den Einfluß der verschiedenen Organisationsformen auf die »Soziallehren« der christlichen Kirchen und Gruppen. So nützlich also Niebuhrs Erweiterung von Troeltschs Typologie ist, so einseitig ist seine negative Bewertung des Denominationalismus. Er sah nicht die positiven Seiten der Koexistenz einer Vielzahl christlicher Glaubensgemeinschaften, die einander grundsätzlich respektieren und die Legitimität nicht bestreiten. In dieser einseitigen Einschätzung folgte ihm die spätere Forschung in Geschichtswissenschaft und Soziologie nicht.[19] Ganz am Ende seiner Studie scheinen Niebuhr allerdings Zweifel an der Wünschbarkeit einer organisatorischen Einigung der

---

19 Vgl. als Überblick Harry S. Stout, »The Historical Legacy of H. Richard Niebuhr«, in: Ronald F. Thiemann (Hg.), *The Legacy of H. Richard Niebuhr*, Minneapolis 1991, S. 83-99 und die dort angegebene Literatur. Eine wichtige Rolle für die Veränderung der Sicht spielt David Martin. Vgl. zu ihm unten in diesem Teil, Kap. 4.

Kirchen in den USA gekommen zu sein. Er äußert dort nämlich die Befürchtung, daß eine amerikanische nationale Kirche zu einer noch größeren Unterordnung der Ethik des Christentums unter eine »nationalistische Ethik« führen könne und damit zu noch größeren Spannungen zwischen den Christen verschiedener Nationen.[20]

Bald nach Abschluß seines ersten Buches scheint Niebuhr selbst einige von dessen Schwächen erkannt zu haben. Allerdings nahm er nun die relative Simplizität seines eigenen Verständnisses von Soziologie – eine Zurückführung religiöser Organisationen auf sozialstrukturelle Gegebenheiten – als eine Schwäche der Soziologie insgesamt. Entsprechend schien ihm die Soziologie nur imstande zu sein, zu der Erklärung beizutragen, warum der religiöse Strom in bestimmten Bahnen verlaufe; sie könne aber den Strom selbst nicht erklären. Sie könne nur die Kirchen als Institutionen behandeln, nicht jedoch das Christentum als eine geschichtliche Bewegung, aus der diese Kirchen hervorgegangen sind. Ihr Gegenstand sei immer die Religion in ihrer Abhängigkeit von Kultur, wobei sie aber den Glauben in seiner Unabhängigkeit unerklärt lasse, den Glauben, der offensiv ist und nicht passiv, der die Kultur formt, anstatt von ihr geformt zu sein.[21] Erneut zeigt ein vergleichender Blick auf Troeltsch, wie eng hier das Verständnis von Soziologie ist. Für Troeltsch war gerade das Faktum der Idealbildung zentral; die Prozesse der Idealbildung sollten aber nicht als mysteriöser Einbruch in eine Kultur gedacht werden, sondern als eine selbst unter bestimmten kulturellen Bedingungen stattfindende Selbstübersteigung einer Kultur. Religionen sind deshalb, wie Niebuhr meint, in der Tat mehr als Kultur, sie entstehen aus bestimmten Kulturen, auf die sie dann allerdings nicht beschränkt bleiben müssen.

---

20 Niebuhr, *The Social Sources of Denominationalism*, S. 271 f.
21 H. Richard Niebuhr, *The Kingdom of God in America* [1937], New York 1959, S. IX-X. In der deutschen Übersetzung dieses Buches fehlt das Vorwort mit dieser Passage: H. Richard Niebuhr, *Der Gedanke des Gottesreichs im amerikanischen Christentum*, New York 1948.

Die Analyse dieser Prozesse erfordere die Transformation des Historismus in der Soziologie.[22]

Trotz der so nicht befriedigenden methodischen Bemerkungen Niebuhrs läßt sich aber sagen, daß sein Buch von 1937, *The Kingdom of God in America*, dem die selbstkritischen Bemerkungen vorangestellt wurden, sich gerade durch eine hohe Sensibilität bezüglich des Problems der Institutionalisierung universalistischer Ideale in einer bestimmten Kultur und der Transformationen dieser Institutionalisierung im Lauf der Geschichte auszeichnet. Konkreter gesagt, ging es in diesem Buch darum, das Ideal des »Reichs Gottes«, wie es im Mittelpunkt von Jesu Verkündigung stand, in der amerikanischen Geschichte zu verfolgen. Für Niebuhr nahm dieses Ideal in dieser Geschichte drei große Formen an: zunächst im frühen Puritanismus die einer ausschließlichen Betonung der Souveränität Gottes, dann in der Zeit von christlicher Aufklärung, Erweckungsbewegungen und Revolution die eines brüderlichen, auf Christus hin zentrierten neuartigen Staatswesens und schließlich seit dem späten neunzehnten Jahrhundert die eines auf Erden zu verwirklichenden Gottesreiches in der »Social-Gospel«-Bewegung. Entscheidend ist hier, daß für Niebuhr das Reich Gottes in Amerika

> weder ein Ideal noch eine Organisation [ist]. Es ist eine Bewegung, die, ähnlich dem Gottesstaat, wie er in alten Zeiten von Augustin beschrieben wurde, nur unvollständig und auch nur in unklaren Zügen in den Vorstellungen und Einrichtungen zum Ausdruck kommt, in denen die Menschen es zu fassen suchen.[23]

Niebuhr gibt hier meines Erachtens der Einsicht Ausdruck, daß wir Ideale nicht als etwas betrachten sollten, was jemals in definitiv klarer Gestalt gegeben ist, sondern als ganzheitliche und im wesentlichen vorreflexive Orientierungen, die entsprechend unter verschiedenen Bedingungen sehr unterschiedlich artiku-

---

22 Dazu Joas, *Die Macht des Heiligen*, v. a. Kap. 4.
23 Niebuhr, *Der Gedanke des Gottesreichs*, S. 164.

liert werden. Eine Kultur, in der sich universalistische Ideale finden, ist deshalb nie einfach mit sich selbst identisch. Sie steht immer unter dem Maßstab der von ihr selbst vertretenen Ideale und muß immer das angemessene Verhältnis ihrer selbst zu diesen Idealen erst definieren. Universalistische Religionen überschreiten die Grenzen von Kulturen und ergreifen auch Menschen anderer kultureller Prägung. Eine Aufgabe soziologisch-historischer Forschung ist es deshalb, die Entstehung kulturtranszendierender Ideale und Bewegungen zu studieren und die Einstellungen derer, die von solchen Idealen ergriffen sind, zu bestimmten einzelnen Kulturen.

Dieser Aufgabe stellte sich Niebuhr in einem weiteren Buch, das die Einseitigkeiten beider früheren Werke überwinden sollte. *Christ and Culture* von 1951 sollte, auch in Niebuhrs eigenen Worten, Troeltschs Werk zur Geschichte des Christentums in einem bestimmten Sinn nur »ergänzen und teilweise korrigieren«,[24] wobei sich die Korrektur aus einer stärkeren Betonung eines alle Geschichte überschreitenden Gottesbezugs ergab. Der entscheidende Schritt bestand hier darin, die Frage nach dem Schicksal universalistischer Ideale eine Abstraktionsebene höher anzusetzen. Es ging Niebuhr nun nicht mehr nur um die soziale Organisation der Christen in Kirchen, Sekten oder Denominationen, sondern viel grundsätzlicher um die möglichen Beziehungen zwischen den universalistischen, kulturübersteigenden Idealen des Christentums und jeder gegebenen Kultur. Niebuhr unterschied fünf mögliche Typen, die er in theologischer Sprache als »Christ against Culture«, »Christ of Culture«, »Christ above Culture«, »Christ and Culture in Paradox« und »Christ the Transformer of Culture« bezeichnet. Übersetzt in eine säkulare Sprache, ließen sich die fünf Typen auch als die einer radikalen Weltablehnung, einer grundsätzlichen Weltbejahung, einer organischen Sozialethik, einer an sich selbst scheiternden Moralisierung und eines reformistisch-konversionisti-

---

24 Niebuhr, *Christ and Culture*, S. XII.

schen Glaubensverständnisses bezeichnen. Diese Übersetzung könnte plausibel machen, daß die Bedeutung von Niebuhrs Überlegungen nicht auf das Christentum oder die Theologie oder die Lage christlicher Gläubiger beschränkt ist. Die Frage, ob diejenigen, die von einem universalistischen Ideal ergriffen sind, dieses in einem kleinen Kreis der gemeinsam Ergriffenen durch Rückzug aus der Welt verwirklichen sollen oder durch Aktivitäten in der Welt, ob sie in dieser Welt schon Tendenzen zur Verwirklichung dieser Ideale wahrnehmen oder nicht, ob sie einer abgestuften Ordnung der Idealverwirklichung zustimmen oder nicht, ob sie in ihrer eigenen idealbezogenen Forderungshaltung die Gefahr moralischer Selbstgerechtigkeit wahrzunehmen vermögen oder nicht – all diese Fragen stellen sich bei allen universalistischen Idealen, religiösen und säkularen, gleichermaßen.

Die verwickelten und reichen Überlegungen Niebuhrs zu den fünf Typen können hier nicht bis in die Einzelheiten verfolgt werden. Es sollen statt dessen nur die drei Gesichtspunkte benannt werden, unter denen die Gedankengänge dieses Buches von höchster systematischer Bedeutung für die Religionstheorie sind. Erstens ist die Behauptung, daß ein und dieselbe Religion zu fünf verschiedenen Haltungen zur Welt führen kann, allen Versuchen überlegen, aus dem Kern einer Religion einen einzigen »Heilsweg« abzuleiten, der dann das Verhältnis dieser Religion zur »Welt« determiniere. Max Webers Forschungsprogramm zu den Weltreligionen erlag dieser Verführung in hohem Maße.[25] Doch läßt sich schnell nachweisen, daß etwa die Haltung von Konfuzianern zum Kapitalismus, von Buddhisten zur Gewalt, von Muslimen zur Politik außerordentlich variabel ist und daß es falsch wäre, eine davon für die einzig konsequente Ausdrucksform der betreffenden religiösen Tradition zu erklären. Niebuhr verstärkt so das von Troeltsch angebahnte pluralistische Verständnis des Christentums und bahnt ein entsprechend pluralistisches Verständnis der anderen »Weltreligionen« an.

---

25 Joas, *Die Macht des Heiligen*, S. 347.

Zweitens benutzt Niebuhr die Einsicht in den prinzipiell kulturtranszendierenden Charakter von Religionen, die einen moralischen Universalismus enthalten, dazu, die Formen partikularistischer Regression zu untersuchen, denen diese Religionen unterliegen können. Jede davon kann doch in eine Selbstsakralisierung der eigenen Partikularität zurücksinken. In seinem 1943 veröffentlichten Buch *Radical Monotheism and Western Culture* schrieb er, daß der Hauptrivale des Monotheismus in unserer Zeit nicht der Polytheismus sei, sondern »jener Glaube, der eine fest umrissene kulturelle oder religiöse Gemeinschaft zum Gegenstand des Vertrauens und der Loyalität macht; er kann sogar offiziell monotheistische Institutionen wie die Kirchen untergraben«.[26] Der Nationalismus ist offensichtlich das charakteristische moderne Beispiel für eine solche Orientierung, aber subnationale Einheiten wie Stämme oder Regionen können ebenso »den Mittelpunkt der Werte und der Loyalität darstellen«[27] wie supranationale, etwa ein Imperium oder eine ganze Zivilisation. Der Marxismus wird von Niebuhr als eine nichtnationalistische Selbstsakralisierung eines bestimmten Kollektivs interpretiert. Säkulare Universalismen, in denen nur die Menschheit (und nicht die Schöpfung insgesamt) zum höchsten Bezugspunkt erklärt wird, sieht er ebenfalls kritisch. Grausamkeit gegenüber Tieren verdammt er ebenso als sündhaft wie die kommerzielle Profanierung der Schöpfung und ihrer Schönheit.[28] Eine endgültige Sicherung gegen den Rückfall in die Selbstsakralisierung des Kollektivs in einer dieser Formen kann es nicht geben. Die

---

26 H. Richard Niebuhr, *Radical Monotheism and Western Culture* [1943], Louisville, 1970; dt.: *Radikaler Monotheismus. Theologie des Glaubens in einer pluralistischen Welt*, Gütersloh 1965; das Zitat befindet sich auf S. 7 der deutschen Übersetzung.
27 Ebd., S. 18. Vgl. in dieser Hinsicht: Justus D. Doenecke, »H. Richard Niebuhr: Critic of Political Theology«, in: *Communio. International Catholic Review* 4 (1977), 1, S. 82-93.
28 Belege bei Fowler, *To See the Kingdom*, S. 107.

Spannung zwischen moralischem Universalismus und kultureller Partikularität bleibt bestehen.

Drittens ist hervorzuheben, daß Niebuhrs Verständnis der Rolle seiner Typologie für die moralische Orientierung des einzelnen viel komplexer ist, als es meist wahrgenommen wird. Immer wieder wurde Niebuhr unterstellt, es sei ihm eigentlich um die Verteidigung des fünften Typs gegangen, also der Idee einer schrittweisen Transformation der Kultur in der Richtung einer partiellen Institutionalisierung universalistischer Ideale. Diese Unterstellung führte dazu, ihm Parteilichkeit in der Charakterisierung der vier anderen Typen vorzuwerfen und das ganze Buch entschieden negativ zu beurteilen. »Wenige Bücher stellen ein größeres Hindernis für eine zutreffende Einschätzung unserer Lage dar als ›Christ and Culture‹«, schrieb Stanley Hauerwas, einer der prominentesten evangelikalen amerikanischen Theologen in unserer Zeit.[29] Dabei gerät in Vergessenheit, daß Niebuhrs Typologie sich ausdrücklich an Webers Methode der Konstruktion von Idealtypen anlehnte, vor allem aber, welchen ethischen Schluß er selbst aus dem Aufweis einer Pluralität möglicher Haltungen der Christen zur Welt zog. Für ihn trägt jedes Individuum die »Bürde der Freiheit«[30] und muß für sich seine eigenen existentiellen Entscheidungen treffen. Das Buch endet entsprechend in existentialistischem Ton; der Titel des letzten Kapitels lehnt sich sogar direkt an eine Schrift Søren Kierkegaards an und lautet: »Abschließende unwissenschaftliche Nachschrift«. Eine existentielle Entscheidung, so Niebuhr, »läßt sich nicht auf dem Wege der Spekulation erreichen, sondern muß von einem verantwortlichen Subjekt in Freiheit in einem gegenwärtigen Augenblick auf der Grundlage dessen, was für es selbst wahr ist«,[31] getroffen werden. Aber Niebuhr mar-

---

29 Stanley Hauerwas, William Willimon, *Resident Aliens*, Nashville 1990, S. 40.
30 Niebuhr, *Christ and Culture*, S. 233.
31 Ebd., S. 241.

kiert auch ganz deutlich, was ihn von Kierkegaard unterscheidet. Für ihn – wie für Mead und Troeltsch – sind die Fragen der Existenz nicht rein individuell. Sie stellen sich in ihrer leidenschaftlichsten Form nicht in Einsamkeit, sondern in unserer Beziehung zu anderen. Es geht um die existentiellen Fragen von Menschen, die ein Selbst nur haben aufgrund und in ihrer Beziehung zu anderen.[32] Für Niebuhr ist unsere Verantwortlichkeit zutiefst sozial und an eine spezifische Gegenwart gebunden. Diese Gegenwärtigkeit wird – erneut im Unterschied zu Kierkegaard – nicht als eine aufgefaßt, die in einer ungeschichtlichen Gegenwart ohne Verbindung zu Vergangenheit und Zukunft liege. So richtig es sei, die Freiheit der Wahl zu betonen, so sehr müssen wir doch erkennen, daß wir »diese Freiheit inmitten von Werten und Mächten ausüben, die wir nicht gewählt haben, sondern an die wir gebunden sind«.[33] Niebuhr privilegiert damit keineswegs einen der fünf Typen. Er behauptet für keinen von ihnen, der allein rechtfertigbare Typus des Christentums zu sein, sondern spricht vielmehr den Individuen die Freiheit, aber auch die Aufgabe zu, ihre eigenen existentiellen Entscheidungen zum Verhältnis von Glaube und Welt zu treffen. Ebendeshalb treibt ihn sein Denken auch dazu, die existentiellen Voraussetzungen für die Rekonstruktion von Geschichte und den prozessualen Charakter der sozialen Konstitution des Selbst genauer zu untersuchen.

Universalistischer Geltungsanspruch und historische Partikularität: Niebuhrs Konzeption von Offenbarung

Niebuhrs Buch über Offenbarung ist, wie erwähnt, ein Buch über die Spannungen zwischen dem universellen Charakter von Geltungsansprüchen und der unvermeidlichen historischen Par-

---

32 In Anlehnung an ebd., S. 244.
33 Ebd., S. 250.

tikularität derer, die sie erheben. Ernst Troeltsch zufolge hat auch der strikteste Universalist nicht die Fähigkeit, den Blick späterer Generationen vorauszusehen. Jeder muß deshalb gewärtigen, daß die Nachgeborenen seine blinden Flecken, unbewußten Einseitigkeiten und verdrängten Schattenseiten aufdecken werden. Dieser irritierende Sachverhalt brachte Niebuhr dazu, sich einer Frage zuzuwenden, die sich vor allem im achtzehnten Jahrhundert als eine der Schlüsselfragen im Diskurs über Religion erwiesen hatte, nämlich der Frage nach dem Verhältnis von »Vernunft« und »Offenbarung«. Lange Zeit waren diese im Christentum als komplementär gedacht worden und galt gerade auch die Vernunft des Menschen als Gabe Gottes. Seit der Reformation, vor allem aber in der Epoche der Aufklärung entwickelten sich allerdings Tendenzen einer Entgegensetzung. »Vernunft« wurde zum Losungswort progressiver Kräfte; entsprechend konnte der Bezug auf Offenbarung als bloß defensiv wahrgenommen werden.[34] Dadurch erschien dieser zunehmend als gefährlich irrational, als Verteidigung willkürlicher Behauptungen durch die Berufung auf übernatürliche Erkenntnisquellen und Autoritäten, als Forderung nach Gehorsam, als Weigerung, Geltungsansprüche dem Verfahren rationaler Argumentation auszusetzen.

Bis heute hält sich in erstaunlichem Maße unter Philosophen und Wissenschaftlern ein entsprechendes Bild des Faches Theologie und in säkularistischen Kreisen ein Zerrbild der Menschen, die einen Offenbarungsglauben bekennen. Erstaunlich ist die Zählebigkeit dieser Vorstellungen deshalb, weil sich schon am Ende des achtzehnten Jahrhunderts die Parameter der Debatte fundamental wandelten – durch die kritische Vernunftphiloso-

---

34 Niebuhr, *The Meaning of Revelation*, S. 1. In der deutschen Theologie wurde dieses bedeutende Werk meines Wissens bisher nicht rezipiert. Eine Ausnahme stellt dar: Heinrich Bedford-Strohm, »Radikaler Monotheismus und der Glaube an Jesus Christus«, in: Günter Thomas, Andreas Schüle (Hg.), *Gegenwart des lebendigen Christus*, Leipzig 2007, S. 229-245. (Mit Dank an Georg Kalinna für diesen Hinweis.)

phie Kants und durch die Wende zu einem subjekt- und erfahrungszentrierten Verständnis des Glaubens bei Schleiermacher und anderen. Eine scheinbar veraltete Idee nahm dadurch neue Plausibilität an. Es ließ sich nun untersuchen, wann Einsichten, denen Individuen und Kollektive höchste Bedeutung für ihre eigene Existenz zusprechen, als etwas Empfangenes, Zuteilwerdendes gedacht werden, und nicht als Selbstgemachtes oder selbständig Errungenes.

Allerdings verschärfte diese subjektive Wende im Offenbarungsverständnis das Problem des Geltungsanspruchs. Sollten wir nun anstelle der einen dogmatisch geltenden Offenbarung von einer unendlichen Vielzahl subjektiver Offenbarungen sprechen, von denen keine wahrer ist als die andere?

Das ist der Zusammenhang, in dem H. Richard Niebuhr 1941 das Buch vorlegte, um das es an dieser Stelle geht. Er war tief geprägt von der erfahrungszentrierten Tradition des Glaubensverständnisses, nahm aber auch Karl Barths Bedenken ernst, so könne Gott zu einem bloßen Phänomen der menschlichen Einbildungskraft verdünnt werden. Der Sinn von Offenbarung als einer Selbstoffenbarung Gottes gehe dann verloren. Niebuhr versucht, wie er im Vorwort schreibt, in diesem Buch eine Synthese von Troeltsch und Barth, das heißt, es geht ihm um ein angemessenes und nicht verdünntes Verständnis von Offenbarung auf der Grundlage eines erfahrungsbasierten und nicht intellektualistischen Verständnisses des Glaubens.

Sein entscheidender Schachzug besteht dabei darin, die unleugbare Historizität aller Offenbarung, die historische Verortbarkeit der Propheten und des Messias etwa, zum Ausgangspunkt zu machen. Dies erfordert aber eine Unterscheidung im Begriff der Geschichte. Nicht die »äußere« Geschichte kann es sein, die ja eher oft so erfahren wird, wie Shakespeare es seinem Macbeth in den Mund legte: »[L]ife is a tale told by an idiot, full of sound and fury, signifying nothing […].«[35] Was wir in der

---

35 In der Übersetzung von Dorothea Tieck: »Leben […] ein Märchen ist's,

äußeren Geschichte wahrnehmen, sei »Partikularität, Endlichkeit, Auffassungen von kurzzeitiger Dauer, Launen, Willkür, Zufall, Brutalität, das Unrecht auf dem Thron und das Rechte auf dem Schafott«.[36] Gemeint ist vielmehr im Unterschied dazu die »innere Geschichte«, zu der es kommt, wenn wir Teilnehmer und nicht Beobachter sind, wenn wir unser eigenes Leben entlang den Ereignissen rekonstruieren, die für uns sinnstiftend waren, wenn wir also »die Geschichte unseres Lebens« erzählen, wie der Titel des zweiten Kapitels lautet.[37] Würden wir unser ganzes Leben ohne sinnstiftende Ereignisse, also als sinnlos empfinden, könnten wir nicht weiterleben, wir würden unseren Willen zum Leben, von dem William James sprach, verlieren. Das heißt aber, daß wir über unser eigenes Leben im Lichte des Sinns sprechen müssen, den es für uns hat. Wir rekonstruieren unsere Lebensgeschichte deshalb entlang den Ereignissen und Veränderungen, in denen uns Lebenssinn aufschien. Unter Offenbarung verstehen wir deshalb,

> [d]aß etwas uns in unserer Geschichte widerfahren ist, das unser ganzes Denken beeinflußt und daß wir durch dieses Widerfahrnis in den Stand gesetzt werden, zu begreifen, was wir sind, was wir erleiden, was wir tun und welche Buße uns auferlegt wird. Was sonst willkürliche und blöde bloße Tatsächlichkeit wäre, erhält so durch das Offenbarungsereignis einen Zusammenhang, wird zur intelligiblen und vielsagenden Tatsache.[38]

---

erzählt von einem Dummkopf, voller Klang und Wut, das nichts bedeutet.«
36 Niebuhr, *The Meaning of Revelation*, S. 54.
37 Es ist erwähnenswert, daß Paul Ricœur Niebuhrs Buch deswegen »the first attempt toward a narrative theology« nannte. Vgl. Paul Ricœur, *Figuring the Sacred. Religion, Narrative, and Imagination*, Minneapolis 1995, S. 246. Zu Ricœur vgl. oben, Teil III, Kap. 4.
38 Niebuhr, *The Meaning of Revelation*, S. 138.

Oder an anderer Stelle in fast aphoristischer Form: »Offenbarung meint dieses intelligible Ereignis, das alle anderen Ereignisse intelligibel macht.«[39]

Ganz offensichtlich ist, wenn Offenbarung so begriffen wird, diese kein »Ersatz für die Vernunft«.[40] Sie gehört nicht in eine Geschichte äußerlicher Ereignisse, die ein unbeteiligter Beobachter aufzeichnet, sondern in die eigene Geschichte einer Person, eine »history of selves«.[41] Die Idee einer »inneren« Geschichte beruht auf dem Konzept des Selbst, das niemand so kraftvoll entwickelt hatte wie George Herbert Mead. In seinem Buch über Offenbarung erwähnt Niebuhr diesen aber nicht, sondern stützt sich auf die Dialogphilosophie Martin Bubers, vielleicht deshalb, weil dieser zutiefst religiöse jüdische Denker ihn in diesem Zusammenhang mehr anzog als der säkulare Naturalist Mead. Dennoch und wegen der Ähnlichkeiten von Mead und Buber läßt sich argumentieren, daß Niebuhr hier über Troeltsch hinausgeht, weil er über ein besseres Verständnis des »Selbst« verfügt.[42]

Was aber bedeutet diese Wendung für die Frage nach der Universalität von Geltungsansprüchen? Ganz offensichtlich kann deren Sinn bei Aussagen über die »innere« Geschichte nicht derselbe sein wie bei Aussagen über die »äußere« Geschichte. Es kann sich nicht um rein kognitive Geltungsansprüche handeln wie auf dem Gebiet der Wissenschaft (oder der Metaphysik). Die Universalität des existentiellen Verständnisses von Erzählung kann nur über eine Universalisierung des Selbst erreicht werden,

---

39 Ebd., S. 93.
40 Ebd., S. 109.
41 Ebd., S. 80.
42 H. Richard Niebuhr, »Foreword«, in: Paul E. Pfuetze, *Self, Society, Existence. Human Nature and Dialogue in the Thought of G. H. Mead and Martin Buber*, New York 1961, S. VI; Hans Joas, »Martin Buber and the Problem of Dialogue in Contemporary Thought«, in: Sam Berrin Shonkoff (Hg.), *Martin Buber. His Intellectual and Scholarly Legacy*, Leiden 2018, S. 212-215.

durch die Erweiterung des Selbst in Richtung einer universalen Gemeinschaft. Niebuhr bietet erneut eine Kurzformel für diesen Gedanken an, die allerdings für säkulare Geister schwer akzeptabel sein dürfte, obwohl sie in eine säkulare Sprache übersetzt werden könnte:

> Ein Selbst zu haben bedeutet, einen Gott zu haben; einen Gott zu haben bedeutet, Geschichte zu haben, das heißt Ereignisse, die in einem sinnvollen Muster verknüpft sind; einen einzigen Gott zu haben bedeutet, eine einzige Geschichte zu haben. Gott und die Geschichte von Menschen mit einem Selbst in Gemeinschaft gehören in unauflöslicher Einheit zusammen.[43]

Selbstverständlich bedeutet dies nicht, daß Atheisten nicht über ein Selbst verfügten. Es bedeutet, daß die Bildung eines Selbst mit der Bildung letzter Werte verwoben ist, daß letzte Werte einer Erzählung über ihre Entstehung bedürfen – einer »affirmativen Genealogie« – und daß die übergreifende Orientierung verschiedener Menschen auf ein und dieselbe Wertquelle sie zu einer Gemeinschaft verbindet. So können sogar Menschen zu einer Gemeinschaft verbunden werden, die nicht einem bestimmten ethnischen oder politischen Kollektiv angehören. Deshalb geht im Christentum und in anderen Formen des moralischen Universalismus die Solidarität über die Mitgliedschaft hinaus.

In einen solchen Prozeß der Universalisierung des Selbst einzutreten ist keineswegs eine einfache Angelegenheit. Es ist vielmehr ein schmerzvoller Vorgang, weil es erfordert, auch das Böse, das von denen verübt wurde, zu denen man gehört, sich selbst anzueignen, sich für es verantwortlich zu fühlen. Im universalistischen Sinn ist dies dann eine Verantwortung für die ganze Geschichte der Menschheit: »Durch Christus werden wir zu Einwanderern im Reich Gottes, das sich über die ganze Welt erstreckt. Wir lernen, die Geschichte dieses Reiches, das heißt

---

43 Niebuhr, *The Meaning of Revelation*, S. 80.

der Menschen aller Zeiten und Orte, als unsere Geschichte aufzufassen.«[44]

Nicht nur die Aneignung der Konzeption des Selbst, sondern dieser ganze Versuch, die Subjektivität und historische Relativität aller Geltungsansprüche zum Ausgangspunkt für eine stufenweise und nie abzuschließende Universalisierung zu nehmen, bringen Niebuhr hier in die Nähe des Pragmatismus. Er zieht aus der Wende zur Subjektivität wie die Pragmatisten keine skeptischen oder relativistischen Konsequenzen. Über Gott zu sprechen heißt für ihn deshalb nicht, Aussagen über eine metaphysische Entität zu machen, sondern von »meinem Gott« zu sprechen. Offenbarung ist deshalb nicht einfach eine Sache, die an einem bestimmten vergangenen Zeitpunkt der Geschichte stattgefunden hat, als redeten wir vom Publikationstermin einer göttlichen Botschaft.[45] Offenbarung muß ein Geschehen der fortlaufenden göttlichen Selbstoffenbarung sein; deshalb sprechen die Christen vom »lebendigen Gott«. Auch hier hilft eine Veranschaulichung am interpersonalen Geschehen unter Menschen weiter: Für die Selbstoffenbarung des anderen in der Liebe gibt es keinen Ersatz in der objektiven Erkenntnis.

Niebuhrs Buch endet mit ethischen Schlußfolgerungen, die hier erst im nächsten Abschnitt erörtert werden sollen. Vorgreifend soll nur ein Gedanke daraus zum Thema gemacht werden. Bisher war nur von der internen Beziehung von »Selbst« und »Wert« die Rede, von der Verwobenheit von Selbst- und Wertbildung. Doch werden wir auch immer zum Gegenstand der Bewertung durch andere. Während einige unserer Bezugspersonen uns schätzen, tun andere dies nicht. Was soll Universalisierung in dieser Hinsicht bedeuten? Soll die Forderung lauten, daß wir alle unsere Mitmenschen in derselben Weise zu schätzen haben, ob sie selbst uns schätzen oder nicht? Das wäre eine höchst künstliche Norm oder, wie Niebuhr schreibt, »ein wilder Einfall des

---

44 Ebd., S. 116.
45 Ebd., S. 126.

Herzens«.⁴⁶ Doch steht dem gegenüber, daß in der Tat die zentrale Gewißheit des Christentums in der Überzeugung vom unendlichen oder heiligen Wert aller Menschen besteht.⁴⁷ Wir Menschen aber vermögen nicht wie das göttliche, unendliche Selbst alle Seelen als gleich wertvoll zu behandeln. Doch können wir diese göttliche Perspektive auch nicht einfach als irrelevant für unser menschliches Handeln erachten. Wie also können notwendig partikulare Wesen dem Anspruch des moralischen Universalismus entsprechen, ohne sich dabei moralisch zu überfordern und durch die Ignoranz gegenüber ihrer Partikularität selbst gegen moralische Forderungen zu verstoßen? Diese Frage beschäftigt Niebuhr in dem Buch *The Responsible Self*, das die reifste Version seiner Synthese von Historismus und Pragmatismus darstellt.

Selbst und Verantwortung

In der bisherigen Darstellung war der Historismus Niebuhrs deutlicher zu erkennen als der Pragmatismus. Zwar waren Bezüge zu Meads Theorie des Selbst und der Zeit unverkennbar, ebenso der generelle Impetus in Richtung einer Universalisierung des Selbst, aber es wäre doch völlig übertrieben, bis zu diesem Punkt von einer Zentralstellung des Pragmatismus in seinem Werk zu sprechen. Nach 1945 scheint sich dies aber geändert zu haben; die Bezugnahme auf amerikanische intellektuelle Traditionen wird jetzt immer deutlicher. Das erste Zeugnis ist ein Aufsatz zum Thema »Gewissen«, in dem er diesen zentralen Begriff christlichen Moraldenkens mit den Mitteln von Meads intersubjektivistischer Konzeption der Entstehung des Selbst erläutert.⁴⁸ Im Vorwort zu einem Buch über Mead und Buber

---

46 Ebd., S. 150.
47 Ebd.
48 H. Richard Niebuhr, »The Ego–Alter Dialectic and the Conscience«, in: *Journal of Philosophy* 42 (1945), S. 352-359.

nennt Niebuhr beider Einsicht in die »interpersonale Natur unserer menschlichen Existenz« eine der fruchtbarsten neueren Ideen.[49] Er hält Ausschau nach weiteren Denkern, deren Bestrebungen in dieselbe Richtung zielten, und nennt Ernst Cassirers *Philosophie der symbolischen Formen*, Charles Horton Cooleys soziologischen Pragmatismus und Harry Stack Sullivans Verbindung von Mead und Freud.[50] Josiah Royce war schon längere Zeit für ihn wichtig gewesen.[51] Die interpersonale und die zeichentheoretische Dimension wurden immer wichtiger in Niebuhrs Werk. Das schlägt sich auch in der Kennzeichnung von Niebuhrs Theologie und Ethik als »relational« nieder. Das eindeutigste und kraftvollste Bekenntnis Niebuhrs hinsichtlich seiner Werttheorie lautet: »Philosophisch verdankt sie mehr G. H. Mead als Aristoteles, theologisch ist sie näher an Jonathan Edwards […] als an Thomas von Aquin.«[52]

Dem Bekenntnis zu einer relationalen Anthropologie liegt ein am Pragmatismus geschultes Verständnis des menschlichen Handelns zugrunde. Zentralbegriff der Ethik bei Niebuhr ist »Verantwortung«; dieser Begriff aber wird von ihm handlungstheoretisch definiert, und zwar so: er beruhe auf »der Idee, daß die Handlung eines Akteurs die Antwort auf eine Handlung ihm gegenüber darstelle, eine Antwort, die sich in Übereinstimmung befindet mit der Interpretation der zuletzt genannten Handlung und mit seiner Erwartung einer Antwort auf seine Antwort,

---

49 Niebuhr, »Foreword«, S. VI. Eine der wenigen weiterführenden Arbeiten zu dieser Mead-Rezeption Niebuhrs ist: Konrad Raiser, *Identität und Sozialität. G. H. Meads Theorie der Interaktion und ihre Bedeutung für die theologische Anthropologie*, München 1971, S. 181-201.
50 Zu Cassirer siehe oben, Teil III, Kap. 2.
51 Vgl. in diesem Kap. die Fn. 5.
52 Niebuhr, *Radical Monotheism*, S. 105, Fn. 1. Eine weitere Bezugnahme auf Mead findet sich in der posthum publizierten Schrift: H. Richard Niebuhr, *Faith on Earth. An Inquiry into the Structure of Human Faith*, New Haven 1989, S. 88.

und all dies in einer fortdauernden Gemeinschaft von Akteuren«.[53]

Diese Definition enthält dicht gedrängt mindestens vier Bestandteile, die einzeln hervorgehoben zu werden verdienen:

(1) Für Niebuhr sind beide in der westlichen philosophischen Tradition dominanten Modelle des menschlichen Handelns unzulänglich. Er legt ausführlich dar, warum er weder dem aristotelischen teleologischen Modell, in dem das Gute Priorität genießt, noch dem kantianischen deontologischen Modell, in dem das Rechte die Vorrangstellung innehat, folgen will. Beide haben für ihn denselben Mangel, weil sie beide den einzelnen Handelnden und die einzelne Handlung von den spezifischen interpersonalen Situationen, in die diese eingelassen sind, ablösen. Die Handlung ist aber immer situiert und weder ganz von verinnerlichten Werten noch von Normen geleitet. Der Mensch sei »ein Antwortgeber«, er sei in Dialogen engagiert, auf Handlungen antwortend, die auf ihn zielten.

(2) Antworten werden durch Interpretationen vermittelt. Das ist der grundlegende Unterschied zwischen dem in der Psychologie lange Zeit dominanten Behaviorismus und dem Interaktionismus Meads. Es kann kein Zweifel daran bestehen, auf welcher Seite Niebuhr in dieser Hinsicht steht. In seinem Verständnis von Interpretation versucht er, jede Einseitigkeit zu vermeiden. Interpretationen seien weder automatisierte Reaktionen auf einen Auslösereiz noch »einfach eine Angelegenheit unseres bewußten und rationalen Geistes, sondern auch bestimmt von tiefen Erinnerungen, die in uns begraben liegen, von Gefühlen und Intuitionen, die nur teilweise unter unserer unmittelbaren Kontrolle sind«.[54]

---

53 H. Richard Niebuhr, *The Responsible Self. An Essay in Christian Moral Philosophy* [1963], San Francisco 1978, S. 65.
54 Ebd., S. 63. Weiterführend zum Verständnis von Interpretation heute die imponierende Verknüpfung von Hermeneutik und Pragmatismus bei: Johann Michel, *Homo Interpretans. Towards a Transformation of Hermeneutics (With a Preface by Hans Joas)*, Lanham 2019.

(3) Weder das Gute noch das Rechte eignen sich bei diesem Handlungsverständnis als höchster Bezugspunkt. Eine Ethik der Verantwortung sieht diesen vielmehr in der »fitting action«, der situationsangemessenen Handlung, wie man sagen könnte, einer Handlung also, »die in eine totale Interaktion als Antwort und als Antizipation einer weiteren Antwort paßt«. Nur eine situationsangemessene Handlung »führt zum Guten und ist recht«.[55] Es bedarf nicht der Erwähnung, daß Situationsangemessenheit nicht die Orientierung am Guten und am Rechten ersetzen soll; ohne sie ist aber weder das Gute noch das Rechte erreichbar.

(4) Nicht nur wird unsere Wahrnehmung der Welt und unserer selbst von vergangenen Erfahrungen strukturiert, diese Erfahrungen erzeugen auch Erwartungen und Zukunftsantizipationen, auf die wir bereits in der Gegenwart reagieren. Da unsere Handlungen nicht von einem Teil von uns verwirklicht werden, sondern von unserer ganzen Person, muß jede Person mit der Tatsache umgehen, daß sie mit einer Mannigfaltigkeit von Situationen konfrontiert ist – sowohl gleichzeitig wie im Verlauf der Zeit. Es gibt kein Selbst ohne eine bestimmte Kontinuität »mit einem relativ konsistenten Schema der Interpretation dessen, worauf es reagiert«.[56] Und dies gilt auch für die Kontinuität in einer Gemeinschaft von Akteuren, denen die Person angehört.

Ein solches pragmatistisches Verständnis des Handelns,[57] das hier nur angedeutet wird, entwickelt Niebuhr zunächst im ersten Kapitel von *The Responsible Self*, um es dann in den folgenden Kapiteln weiter auszuarbeiten. Das zweite Kapitel, »Responsibility in Society«, ist dabei am stärksten an Mead orientiert. Niebuhr folgt Mead darin, unter Sozialität nicht nur eine äußer-

---

55 Niebuhr, *The Responsible Self*, S. 61.
56 Ebd., S. 65.
57 Breit entwickelt in: Hans Joas, *Die Kreativität des Handelns*, Frankfurt/M. 1992.

liche Aggregation von Individuen zu verstehen, sondern die Bedingungen für die Herausbildung von Individualität. Die starke Metapher, die Niebuhr hier verwendet, ist die der »Gebärmutter« oder des »Schoßes«, der Gesellschaft also als des Mutterleibs:

> Wenn man sagt, das Selbst sei sozial, dann meint man damit nicht, daß es seiner Mitmenschen bedarf, um seine Zwecke zu erreichen, sondern daß es als fühlendes, denkendes, bedürftiges Wesen im Schoß der Gesellschaft mit bestimmten Definitionen seiner Bedürfnisse und mit der Möglichkeit der Erfahrung einer gemeinsamen Welt geboren wurde. Es wurde in der Gesellschaft als geistiges und moralisches Wesen geboren, vor allem aber als ein Selbst.[58]

Diese fundamentale Relationalität ist für den Ethiker Niebuhr nicht einfach eine Sache der stufenweisen Herausbildung des Selbst, sondern aller Handlungssituationen, in denen sich dieses jeweils befindet. Es geht ihm, wie schon in der Betonung der Situationsangemessenheit des Handelns, um eine konkrete Ethik, hier nun um eine am konkreten anderen orientierte Moral. Er ist deshalb so kritisch gegenüber Kants Verständnis des Gewissens, weil er diesem eine Abstraktion von der spezifischen Andersheit unseres Gegenübers vorwirft. In dieser Betonung auf der moralischen Bedeutung der Einmaligkeit des anderen hat man eine Antizipation der Ideen von Emmanuel Levinas gesehen.[59] Man kann dieselbe Tendenz bereits in der Ethik von John Dewey am Werk finden, wo sie sich dem Phänomen »erschütternder Intersubjektivität«[60] stellt, aber es wäre gewiß übertrieben, Dewey und Mead eine gründliche Entwicklung dieses Gedankens zuzusprechen. Insofern ging Niebuhr hier über die klassischen Pragmatisten hinaus.

---

58 Ebd., S. 73.
59 In dieser Richtung argumentiert William Schweiker in seinem Vorwort zu: Niebuhr, *The Responsible Self*, S. 9-14.
60 Hans Joas, *Die Entstehung der Werte*, Frankfurt/M. 1997, S. 162-194, und, darauf beruhend, oben, das Kap. 2 in Teil II.

In Niebuhrs eigenem Selbstverständnis ging er auch in zwei weiteren Hinsichten über Mead hinaus. Er betont die triadische und nicht einfach dyadische Struktur auch der Interaktion zwischen zwei Personen, insofern diese sich in der Regel nicht einfach aufeinander konzentrieren, sondern auch auf eine »Sache«, die ihnen gemeinsam ist. Niebuhr grenzt sich damit deutlich von der Dialogphilosophie Martin Bubers ab, scheint aber irrtümlicherweise hier Mead mit Buber gleichzusetzen, obwohl bei Mead wie bei Royce gerade diese jeweils gemeinsame »Sache« nicht weniger betont wird als bei Niebuhr. Des weiteren unterstreicht Niebuhr auch und in Übereinstimmung mit dieser Sachorientierung der Interaktion, daß unser Verhältnis zur Natur notwendig sozial vermittelt sei und umgekehrt auch unser Verhältnis zu anderen durch unser Verhältnis zur Natur. Es irritiert, daß Niebuhr auch hier sich nicht bewußt zu sein schien, welche zentrale Rolle ebendiese Ideen in Meads Studien zur Konstitution des Ding-Bewußtseins und in seiner ganzen Handlungstheorie spielten.[61]

Wie Mead interessiert sich Niebuhr für die Dynamik moralischer Universalisierung. Er will diese aber, wie erwähnt, nicht im Sinne einer Abstraktion von den konkreten anderen, als Umstellung auf eine monologische und situationsunangemessene Orientierung an universalistischen Normen oder Idealen verstanden wissen. Es geht ihm deshalb um einen unter konkreten partikularen Bedingungen zu lebenden moralischen Universalismus, das heißt auch um eine Balance zwischen den Forderun-

---

61 Vgl. George Herbert Mead, »Das physische Ding«, in: ders., *Gesammelte Aufsätze*, Bd. 2, Frankfurt/M. 1983, S. 225-243; ders., *Philosophy of the Act*, Chicago 1938; Joas, *Praktische Intersubjektivität*, S. 143-163. Zur Einschätzung von Niebuhrs Mead-Rezeption vgl. Joshua Daniel, »H. Richard Niebuhr's Reading of George Herbert Mead«, in: *Journal of Religious Ethics* 44 (2016), S. 92-115. Umfassend zur Pragmatismus-Rezeption Niebuhrs, aber mit teils problematischen Behauptungen: Joseph S. Pagano, *The Origins and Development of the Triadic Structure of Faith in H. Richard Niebuhr. A Study of the Kantian and Pragmatic Background of Niebuhr's Thought*, Lanham 2005.

gen einer universalistischen Moral und den handfesten und partikularen Ansprüchen an uns, die nicht im Universalistischen aufgehen.[62] Während Mead sich allerdings, wenn auch recht einfach, um die empirische Klärung der Rolle fortschreitender globaler Arbeitsteilung in der Geschichte des moralischen Universalismus bemüht, bleibt Niebuhr hier ganz auf der normativen Ebene. Wenn er über die Bedingungen für die Herausbildung des moralischen Universalismus schreibt, wird deutlich, daß er diesen irgendwie in einem radikal verstandenen Monotheismus angelegt sieht. Doch wendet er weder den religiösen oder kulturellen Dynamiken, die hier am Werke gewesen sein könnten, noch gar den wirtschaftlichen, politischen und militärischen Einflüssen in der Geschichte des moralischen Universalismus ernsthafte Aufmerksamkeit zu.[63]

Die übrigen drei Kapitel des Buches dienen der Anwendung der Meadschen Konzeption des Selbst und der Zeitlichkeit auf die Probleme der Geschichtsphilosophie und der Theologie. Es fällt auf, daß dabei der Name Troeltsch nicht fällt, obwohl dieser doch für Niebuhrs intellektuelle Entwicklung zentral gewesen war. Die Ursache ist offensichtlich, daß Niebuhr zur Zeit der Abfassung dieses Buches sich hauptsächlich für die Existenzphilosophie interessierte. Diese Kapitel sind in impliziter oder expliziter Auseinandersetzung mit Heidegger, Jaspers und Gabriel Marcel geschrieben – und mit Kierkegaard als Gestalt in deren aller Hintergrund. Wie schon erwähnt, hatte bereits das Buch *Christ and Culture* mit der Selbstbezeichnung von Niebuhrs Denken als »social existentialism« geendet. Doch liegt jetzt die Betonung nicht nur auf der Sozialität gegenüber der In-

---

62 Vgl. Hans Joas, *Kirche als Moralagentur?*, München 2016, S. 73 ff.
63 Ich kann im Rahmen dieses Kapitels nicht auf die ethischen Überlegungen H. Richard Niebuhrs zu Fragen der amerikanischen Außenpolitik eingehen, die ihn in Gegensatz zu seinem Bruder Reinhold und dessen Rechtfertigung militärischer Interventionen brachten. Dazu aber kurz, wegen der großen Bedeutung Reinhold Niebuhrs für David Martin, unten in diesem Teil, Kap. 4.

dividualität, sondern auf der Historizität und, wie gesehen, einem angemessenen Verständnis der Zeitlichkeit des Selbst. Für Niebuhr übersteigern die extremen Existenzphilosophen die Idee der Freiheit so, daß der Mensch jetzt als ein in jedem Augenblick neu schaffendes, wählendes und sich selbst definieren könnendes Wesen erscheint. Damit sei die Abstraktion von der faktischen Einbettung der Menschen in geschichtliche Kontinuitäten so weit wie nur irgend möglich getrieben.[64] Als Alternative dazu versteht Niebuhr seinen Begriff der Kopräsenz (»compresence«). Wir teilen unsere Gegenwart mit anderen. Wenn wir von diesen anderen völlig abstrahierten, verlören wir auch unser Selbst und das Gefühl der Zeit. Wenn aber unsere Routinen durchbrochen werden und wir dadurch den gegenwärtigen Augenblick scharf unterschieden vom Vorher und Nachher erleben, dann teilen wir ihn mit etwas, das uns widerfährt – »in bedrohlicher oder verheißungsvoller Form«.[65] In der Begegnung mit anderen erfahre sich das Selbst als »absolut abhängig in seiner Existenz, völlig kontingent, unerklärlich vorhanden in seinem Hiersein und Jetztsein«.[66]

Dies mag nach Heidegger klingen, ist aber eher das Gegenteil. Niebuhr bestreitet geradezu, daß wir unsere Existenz als eine des Geworfenseins und unsere Lebensführung als eine aus eigener Kraft denken müßten. Es scheint ihm treffender zu sein, davon zu sprechen, »daß ich gelebt werde, als daß ich lebe«.[67] Das ganze vierte Kapitel von *The Responsible Self* ist vielmehr der Frage nach der Verantwortung in der »absolute dependence« gewidmet, der »schlechthinnigen Abhängigkeit«, also dem, was Schleiermacher zur Grundlage allen Glaubens erklärt hat und was für Niebuhr ein angemessenes Verständnis menschlicher Existenz bestimmt. Zwar betont Niebuhr wie die Existenzphilo-

---

64 Niebuhr, *The Responsible Self*, S. 92.
65 Ebd., S. 94.
66 Ebd., S. 109.
67 Ebd., S. 114.

sophen unsere Fähigkeit, Wahlentscheidungen zu treffen. Aber diese Fähigkeit wird für ihn nicht nur unter Bedingungen ausgeübt, die wir nicht selbst gewählt haben. Er betont auch mehr als die Existenzphilosophen, daß wir die Tatsache, unsere Existenz selbst nicht gewählt zu haben, auch in der Haltung eines »reasoning faith« interpretieren können, also so, daß wir unsere Existenz als ganze, unsere Fähigkeit zur Rationalität und Sozialität, als eine Gabe betrachten, die wir empfangen haben. Dies aber verändert unser Verständnis von Freiheit in fundamentaler Weise in Richtung einer verantworteten Freiheit.[68]

H. Richard Niebuhr hinterließ viele wichtige Fragmente. Auch das Buch *The Responsible Self* ist nicht die systematisch ausgearbeitete Ethik, die seinem Verfasser vorschwebte, sondern eine Publikation von Manuskripten, die Niebuhr für eine Vortragsreihe 1960 an der University of Glasgow und später bei anderen Anlässen benutzte. Viele Fragen bleiben so offen. Liest man sein Werk als unvollendeten Versuch einer Synthese von Historismus und Pragmatismus, stellen sich zudem eine Fülle von Fragen nach der interpretatorischen Haltbarkeit seiner Lektüre der Schriften aus diesen beiden Traditionen, etwa denen Meads und Troeltschs, sowie nach der sachlichen Berechtigung seiner Behauptungen etwa zur Unterscheidung innerer und äußerer Geschichte oder teleologischer und deontologischer Ethik. Nicht alles konnte hier behandelt werden. Aber in zwei Hinsichten erscheint dieser Syntheseversuch heute als ganz besonders aktuell. Er spielt zum einen eine wichtige Rolle für eine wiederzubelebende historische Religionssoziologie, insbesondere die des Christentums, zu der der Theologe Niebuhr vielleicht mehr bei-

---

68 Vgl. die imponierende Passage über »abhängige Freiheit« in: Niebuhr, *Christ and Culture*, S. 250-252. Zu Paul Tillichs vergleichbaren Überlegungen zu »verdankter Freiheit« und zu Paul Ricœurs ähnlich gelagertem Freiheitsverständnis vgl. oben, Teil III, die Kap. 3 und 4. Wolfgang Huber, dessen Freiheitsdenken in Teil III, Kap. 5 behandelt wurde, beruft sich ganz wesentlich außer auf Bonhoeffer auf Niebuhr (siehe oben, S. 387, Fn. 12).

trug als alle Soziologen in dieser Zeit. Und zum anderen leitet er unsere Aufmerksamkeit zurück auf eine entscheidende Gabelung in der Ideengeschichte des zwanzigsten Jahrhunderts und damit auf einen Weg, der von den dominanten intellektuellen Kräften nicht gegangen wurde. In der Synthese von Historismus, Hermeneutik, Pragmatismus und Existenzphilosophie lag nämlich, wie hier deutlich werden sollte, eine Chance, die im Denken Heideggers und seiner Gefolgsleute, das durchaus aus einem ähnlichen Spannungsverhältnis von Traditionen hervorging, nicht genutzt wurde. Man könnte die Andersartigkeit von Niebuhrs Synthese hier ebenso wie den existentiellen Historismus Troeltschs, die Theologie Tillichs und die Philosophie Ricœurs gemeinsam als Ansatz für eine fundamentale Alternative zum Denken Heideggers bezogen auf das Verständnis menschlicher Freiheit und des christlichen Glaubens bezeichnen.[69]

---

69 Dieser Gedanke soll hier nur angedeutet und nicht weiterverfolgt werden. Vgl. aber auch die Bemerkungen in der Einführung zu Teil III dieses Buches, insbesondere zum Vergleich Troeltsch/Heidegger dort in Fn. 6.
Die Anregung zu dieser Studie habe ich übrigens zwei jüngeren Kollegen zu verdanken. Auf das Werk H. Richard Niebuhrs bin ich zuerst intensiv aufmerksam gemacht worden durch einen meiner Doktoranden an der University of Chicago, Joshua Daniel. Seine Dissertation liegt als das bereits in Fn. 5 erwähnte Buch vor: Daniel, *Transforming Faith*. Zu einer genaueren Auseinandersetzung mit dieser Gestalt der Vermittlung von Mead und Troeltsch, Pragmatismus und Historismus hat mich außerdem seit Jahren gedrängt Christian Polke (Göttingen). Beiden sei für ihre Impulse gedankt.

3
Das Christentum und die Gefahren der Selbstsakralisierung: Werner Stark

Weltweit gelten heute als die großen Klassiker der Religionssoziologie Max Weber und Émile Durkheim sowie, deutlich in deren Schatten, Webers langjähriger Kollege und Freund Ernst Troeltsch und Durkheims Neffe und Mitarbeiter Marcel Mauss. Verortet man diese prägenden Gestalten der Soziologie insgesamt und insbesondere der Religionssoziologie im Feld der europäischen Religionsgeschichte, dann handelt es sich auf deutscher Seite um zwei zutiefst vom protestantischen Christentum geprägte Gelehrte, von denen der eine (Troeltsch) von Hause aus sogar Theologe war und der andere (Weber) trotz aller Distanz zum Christentum seinen Ruhm wesentlich auch dem versuchten Nachweis von Zusammenhängen zwischen der »protestantischen Ethik« und dem »Geist des Kapitalismus« zu verdanken hat. Auf französischer Seite spielten dagegen zwei jüdische Denker die zentrale Rolle. Sie waren selbst zwar stark säkularisierte, ja teilweise militant laizistische Intellektuelle, entstammten aber beide einer Familie, die über viele Generationen hinweg Rabbiner hervorgebracht hatte. Obwohl sich ganz allgemein und erst recht bei großen Gelehrten jede einfache Rückführung eines wissenschaftlichen Werks auf die religiösen (oder antireligiösen) biographischen Hintergründe verbietet, fällt doch auf, daß der Katholizismus am Ausgangspunkt der Religionssoziologie keine Repräsentation gefunden zu haben scheint. Darin spiegeln sich gewiß die Schwierigkeiten, die die katholische Kirche in der Epoche des ausgehenden neunzehnten und beginnenden zwanzigsten Jahrhunderts mit den modernen Wissenschaften insgesamt hatte und erst recht mit denjenigen Strömungen, die sich direkt auf dogmatisch verkündete Lehrinhalte oder auf die Institution Kirche richteten, eine Institution, die nach ihrem Selbstverständnis nicht von Menschen gegründet, sondern von Gott gestiftet worden war. Aber es ist dennoch nicht auszuschließen, daß sich in den für die Religionssoziologie konstitutiven Schriften damit auch Einseitigkeiten, konfessionelle oder laizistische Vorurteile finden, die bei einer stärkeren Teilnahme auch katholischer Christen an der wissenschaftlichen Diskussion hätten vermieden werden können.

Ein vergessener katholischer Klassiker?

Über das Verhältnis von katholischer Kirche und Soziologie – sowohl im Sinn der Stellung der Institution zur Disziplin wie im Sinn der Versuche, mit den Mitteln der Soziologie die Institution Kirche zu analysieren – ließe sich sehr vieles sagen.[1] Es geht an dieser Stelle aber nicht um die erschöpfende Behandlung dieses Themas, sondern nur um den Versuch, einen bedeutenden, aber weithin ignorierten Ansatz zu einer katholisch inspirierten historischen Soziologie des Christentums auf seine Leistungen hin zu untersuchen. Die Rede ist von der in den Jahren 1963 bis 1971 verfaßten, zwischen 1966 und 1972 in engli-

---

1 Einen kurzen Überblick über die ältere katholisch geprägte Religionssoziologie in Deutschland liefert: Norbert Mette, »Religionssoziologie – katholisch. Erinnerungen an religionssoziologische Traditionen innerhalb des Katholizismus«, in: Karl Gabriel, Franz-Xaver Kaufmann (Hg.), *Zur Soziologie des Katholizismus*, Mainz 1980, S. 39-56. Die französische Entwicklung, insbesondere die Kirchensoziographie von Gabriel Le Bras, bezieht stärker ein: Hermann-Josef Große Kracht, »Von der Kirchensoziographie zu einer Sozialtheorie der ›public churches‹? Ein Bilanzierungsversuch zur Soziologie des Katholizismus im 20. Jahrhundert«, in: ders., Christian Spieß (Hg.), *Christentum und Solidarität. Bestandsaufnahmen zu Sozialethik und Religionssoziologie*, Paderborn 2008, S. 189-229. Zur amerikanischen Entwicklung informativ: James C. Cavendish, »The Sociological Study of American Catholicism: Past, Present and Future«, in: Anthony J. Blasi (Hg.), *American Sociology of Religion: Histories*, Leiden 2007, S. 151-176.

scher Sprache im Druck erschienenen fünfbändigen historischen Religionssoziologie des österreichischen Emigranten Werner Stark (1909-1985).² Dieses äußerst ehrgeizig konzipierte Werk, das zu Beginn große Aufmerksamkeit auf sich zog und auch Gegenstand der Rezension führender Fachvertreter wurde, ist bald in eine derart vollständige Vergessenheit geraten, daß heute selbst in historischen Rückblicken und enzyklopädischen Übersichten von ihm praktisch mit keinem Wort mehr die Rede ist. Man ist versucht, von einer Art damnatio memoriae zu sprechen, einer Austilgung aus dem Fachgedächtnis, und diese Mutmaßung wird, wie sich zeigen wird, durch die geradezu vernichtend ablehnenden Formulierungen in manchen zeitgenössischen Rezensionen bestärkt.

Wie die Geschichte der Rezeption eines Autors und seiner schleichenden Kanonisierung eine spannende wissens- oder wissenschaftssoziologische Herausforderung darstellt, so gilt dies auch für die Geschichte einer kompletten Exkommunikation aus dem Kanon. Im vorliegenden Fall gibt es bereits Versuche dieser Art,³ in denen auch Abwägungen angestellt werden, inwiefern die katholische Orientierung des Verfassers eine Rolle bei der Verdrängung seines Werkes spielte. Auch diese Frage soll hier aber nur gestreift und nicht vertieft behandelt werden. Nichts soll ablenken von der Aufgabe, die systematische Bedeu-

---

2 Werner Stark, *The Sociology of Religion. A Study of Christendom*, 5 Bde., New York 1966-1972. Ich beschränke mich an dieser Stelle auf die der »Makrosoziologie der Religion« gewidmeten Bände 1 bis 3. In deutscher Sprache liegt eine vom Autor selbst erstellte kurze Zusammenfassung des Gesamtwerks in einem Band und ohne wissenschaftlichen Apparat vor: Werner Stark, *Grundriß der Religionssoziologie*, Freiburg 1974.
3 Unentbehrlich: Robin R. Das, Hermann Strasser, »The Sociologist from Marienbad. Werner Stark between Catholicism and Social Science«, in: *Czech Sociological Review* 51 (2015), 3, S. 417-444. Ausführlicher: Robin R. Das, *The Place of Werner Stark in American Sociology. A Study in Marginality* (Ph. D. thesis), Ann Arbor 2008. Biographische Informationen im Nachruf von Hermann Strasser, »Werner Stark – Gelehrter und Katholik, 1909-1985«, in: *Zeitschrift für Soziologie* 15 (1986), S. 141-145.

tung des Werkes von Werner Stark einzuschätzen. Wissenschaftliche Arbeiten können ja auch zu Recht vergessen sein. Ich möchte aber die These vertreten, daß wir es hier mit einem ganz anders gelagerten Fall zu tun haben. Ich behaupte, daß das Werk von Werner Stark nach dem von H. Richard Niebuhr[4] den wichtigsten Versuch in der Religionssoziologie des zwanzigsten Jahrhunderts darstellt, die Geschichte des Christentums am Leitfaden des moralischen Universalismus und der Probleme von dessen Institutionalisierung zu schreiben. Es ist deshalb inakzeptabel, daß die Errungenschaften dieses Werks gar nicht erst wahrgenommen werden. Mit dieser Behauptung ist, wie sich zeigen wird, keine pauschale Rechtfertigung aller Thesen Starks intendiert, wohl aber ein ernstes Plädoyer, sich mit diesem Werk argumentativ auseinanderzusetzen und es nicht in Bausch und Bogen zu verdammen oder den Mantel des Schweigens über es auszubreiten.

Schon ein kurzer Blick auf den Lebenslauf Starks zeigt, wie wenig sich seine Persönlichkeit für die Stereotypisierung als katholischer Dunkelmann eignet. Geboren 1909 und aufgewachsen in einer wohlhabenden, deutschsprachigen säkularisiertjüdischen Familie in Böhmen, studierte er von 1928 bis 1934 an der Universität Hamburg sowohl Rechts- wie Sozialwissenschaften und verfaßte eine wirtschaftshistorische Dissertation über den sogenannten Feudalkapitalismus in seinem Heimatland Böhmen. Politisch tendierte er, wie schon sein Vater, zu den Sozialisten; insbesondere bestand eine Verbindung des Vaters zu dem berühmten Austromarxisten Karl Renner, dem ersten Staatskanzler Österreichs nach dem Zusammenbruch des Habsburger Reiches. Da für Stark aufgrund seiner jüdischen Herkunft keine Aussicht auf eine Karriere im nationalsozialistischen Deutschland bestand, ging er nach Prag und arbeitete dort als Wirtschaftsredakteur einer Tageszeitung und als Bankangestellter. Nach dem Einmarsch der deutschen Truppen 1939

---

4 Zu Niebuhr vgl. oben, Kap. 2 in diesem Teil.

floh Stark nach England, wo ihm trotz aller Widrigkeiten eine akademische Karriere gelang. Wesentlich dafür waren seine Kenntnisse der Wirtschaftsgeschichte und der Geschichte der Wirtschaftswissenschaften. Durch die Hilfe des wohl berühmtesten Ökonomen dieser Zeit, John Maynard Keynes, erhielt er einen Lehrauftrag an der Universität Cambridge und wurde mit der Herausgabe der ökonomischen Schriften von Jeremy Bentham betraut.[5] Nach dem britischen Militärdienst im Zweiten Weltkrieg durchlief er Karrierestationen an den Universitäten Edinburgh und Manchester; 1962 wechselte er in die USA. Die (von Jesuiten betriebene) Fordham University in New York bot ihm auf Empfehlung von Robert Merton 1963 eine Professur an, die er bis zu seiner Emeritierung 1975 innehatte.[6] Das wissenschaftliche Interesse Starks verschob sich in dieser Zeit nach Abschluß des großen religionssoziologischen Werkes in Richtung der Wissenssoziologie und einer Theorie fundamentaler Sozialformen (*The Social Bond*); zu beiden Themengebieten legte er wie zur Religionssoziologie anspruchsvolle mehrbändige Werke vor. Seinen Ruhestand verbrachte er in Salzburg, wo er 1985 starb.

In die Wiege gelegt waren diesem jüdischen Gelehrten der Katholizismus und das Interesse an der Geschichte des Christentums damit gewiß nicht. Im Vorwort zum ersten Band seiner großen Religionssoziologie führt er sein Interesse bereits auf sein Studium zurück, genauer gesagt auf die Vorlesungen des bedeutenden Neuzeithistorikers Justus Hashagen an der Universität Hamburg zu Reformation und Gegenreformation sowie auf die kirchenrechtlichen Lehrveranstaltungen an der Universität Prag in den 1930er Jahren.[7] Mit keinem Wort er-

---

5 Für eine Bibliographie der Schriften Starks vgl. den Anhang der seinem Gedächtnis gewidmeten Festschrift: Eileen Leonard, Hermann Strasser, Kenneth Westhues (Hg.), *In Search of Community. Essays in Memory of Werner Stark, 1909-1985*, New York 1993, S. 245-252.
6 Diese Information nach: Kenneth Westhues, »The Twinkling of American Catholic Sociology«, in: ebd., S. 220-244, hier S. 228f.
7 Ebd., S. VII.

wähnt er in dem großen Werk die Tatsache seiner Konversion zum katholischen Christentum während des englischen Exils im Jahr 1941. Es bedürfte genauerer biographischer Forschung, um diesen Einschnitt in Starks Leben ganz verständlich zu machen. Auf intellektueller Ebene scheint die Lektüre der Schriften John Henry Newmans ausschlaggebend für die Konversion gewesen zu sein,[8] aber selbstverständlich ist eine Konversion durch Verschiebungen in tieferen Schichten der Persönlichkeit verursacht als durch ein schlichtes Lektüreerlebnis. Über diese tiefere Dimension soll hier nicht spekuliert werden. Einen Hinweis auf das treibende Motiv und zugleich einen Vorschein auf die Ausarbeitung der Religionssoziologie findet man aber in einem Aufsatz, den Stark Ende der 1950er Jahre Kardinal Newman widmete, der ja selbst ein Konvertit von der anglikanischen zur katholischen Kirche gewesen war. Newman fühlte sich – Stark zufolge – abgestoßen von der sozialen Selektivität der etablierten Kirche und von der »Aufteilung der Gläubigen in feindselige Sekten nach ihrer Stellung in der Gesellschaft«. Weder eine etablierte Kirche, die sich auf die Seite der Privilegierten stellt, noch eine Sekte, die einen bestimmten Typus von Unterprivilegierten organisiert, könnten den universalistischen Anspruch des Christentums verkörpern, sondern nur das »allumfassende Dach Roms«, die katholische Kirche, wenn sie dem Anspruch der Katholizität in ihrem Namen wirklich gerecht wird.[9] Ich neige deshalb dazu, die Konversion als solche zwar als vielfältig bedingt, die Konversion zum katholischen

---

8 So unter Zitierung eines Briefes von Starks Witwe Kate an E. Doyle McCarthy vom 13. April 1989: Das, Strasser, »The Sociologist from Marienbad«, S. 423f.

9 Im Anschluß an: Das, Strasser, ebd., S. 424f. Der Aufsatz zu John Henry Newman ist abgedruckt in: Werner Stark, *Social Theory and Christian Thought*, London 1958, S. 106-134; die zitierten Stellen auf S. 133. Auch das Motto des ersten Bandes ist von Newman; Stark kommt darauf im dritten Band (S. 437) zurück. (Alle Übersetzungen aus den Schriften Starks stammen, so keine deutschsprachige Quelle angegeben ist, von mir, H. J.)

Christentum aber als Schritt weg von allen religiösen und säkularen Partikularismen zu deuten, weg gerade auch vom Nationalismus, vom Zionismus als jüdischem Nationalismus, von Liberalismus und Sozialismus, die sich ihres Partikularismus nicht bewußt sind. Die Ähnlichkeit zu H. Richard Niebuhrs scharfer Polemik gegen die Zersplitterung des amerikanischen Christentums in soziale und ethnische Partikularformen ist unübersehbar.[10] Das Katholische bei Stark erwächst deshalb aus einer Suche nach einem wahren Universalismus. In der Rezeption wird daraus allerdings die Unterstellung einer erst recht partikularistischen reaktionären Ideologie, eines Zurücks zum Mittelalter oder zur Gegenreformation, zum goldenen Zeitalter Spaniens unter Philipp II. und dem Geist des damals entstehenden Jesuiten-Ordens. Selbst wenn diese Unterstellungen berechtigt wären – ob sie das sind, wird erst noch zu erörtern sein –, bleibt es doch erstaunlich, daß die Kritiker Starks blind blieben gegenüber dem Schicksal des jüdischen Emigranten. Selbst wenn Starks Werk Züge des Übereifers, wie er Konvertiten nachgesagt wird, zeigen sollte, hätte der Respekt vor seiner Biographie und Lebensleistung einen weniger polemischen Umgang mit ihm nahegelegt.

Veralltäglichung des Charismas?
Starks Kritik an Max Weber

Starks Arbeit an seinem religionssoziologischen Werk war kontinuierlich von kritischen Auseinandersetzungen mit Max Weber und in geringerem Maße mit Ernst Troeltsch begleitet. Es scheint mir offensichtlich, daß er Weber übertreffen wollte, indem er dessen Werk von Verzerrungen befreite, die aus protestantischen Vorurteilen gegenüber dem Katholizismus und aus

---

10 Vgl. dazu oben in diesem Teil, Kap. 2, insbesondere die Ausführungen zum Denominationalismus.

einem begrenzten Verständnis für die Dynamik religiöser Erfahrungen hervorgingen. Starks Ehrgeiz war es nicht, eine »katholische Soziologie« an die Stelle einer strikt empirisch orientierten zu setzen, wie ihm gelegentlich unterstellt wurde.[11] Er distanzierte sich vielmehr ausdrücklich von einem solchen Projekt, das er durch die Parallele zu einer »kommunistischen Mathematik« oder »jüdischen Physik« ad absurdum führte.[12] In seinen Weber-Interpretationen ging es ihm nicht um die Person Max Weber und ihr komplexes biographisches Verhältnis zum Katholizismus, sondern ausschließlich um Fragen der Theorie und Empirie der Religionssoziologie.

Anstoß nahm Stark vor allem an zwei Aspekten in Webers Wiedergabe katholischer Lehre und Praxis.[13] Er bestritt energisch, daß der Heiligenkult als Relikt des Polytheismus oder als Rückfall in diesen aufzufassen sei. Zwar sei sich auch Max Weber der Differenz auf der Ebene der offiziellen Lehre bewußt gewesen und habe ausschließlich auf die Praxis der einfachen Gläubigen gezielt, aber auch diese sei nicht korrekt beschrieben, wenn die Heiligen so dargestellt werden, als träten sie im Bewußtsein der Gläubigen als »unabhängige Gottheiten, die eine halbe Rückbildung durchgemacht hätten«,[14] auf und nicht als Freunde Gottes und Anwälte der Sünder. Stark wies außerdem Webers Anwendung des Begriffs »Magie« auf die sakramentale Praxis und die Kultformen der katholischen Kirche in

---

11 So massiv von Bryan Wilson, »Rezension«: Werner Stark, *The Sociology of Religion*, Bd. 4«, in: *The Sociological Review* 18 (1970), S. 426-428. Dort heißt es etwa: »Stark virtually conceives of the sociology of religion as a branch of dogmatic theology. [...] His volumes are, of course, a tract – certainly a learned tract – in Catholic fundamentalism. [...] Sociology is again pushed back into the quicksands of theology« (S. 427).
12 Werner Stark, »The Protestant Ethic and the Spirit of Sociology«, in: *Social Compass* 13 (1966), S. 373-377, hier S. 376.
13 Werner Stark, »The Place of Catholicism in Max Weber's Sociology of Religion«, in: *Sociological Analysis* 29 (1968), S. 202-211.
14 Ebd., S. 203.

aller Schärfe zurück. In beiden Hinsichten gibt es heute zusätzliche gute Gründe, um Werner Stark gegen Weber recht zu geben. So haben die klassischen Untersuchungen des Christentumshistorikers Peter Brown zur Entstehung des Heiligenkults die ursprünglich auf David Hume und Edward Gibbon zurückgehende Polytheismus-These wohl definitiv empirisch widerlegt.[15] Ebenso haben die Forschungen zur »achsenzeitlichen« Entstehung von Transzendenzvorstellungen den Boden für eine radikale Unterscheidung von »Magie« und »Sakrament« bereitet.[16] Hinter diesen Mängeln Webers im Detail steckte für Stark freilich eine fundamentalere Schwäche. Weber habe mit seiner Theorie der Veralltäglichung des Charismas zwar einen wichtigen Gedankengang entwickelt, aber nicht gesehen, daß dieser der spezifischen Institution der Kirche und ihrer Praxis nicht gerecht werde. Dieser Punkt ist so wichtig für alles Folgende, daß ihm etwas nähere Aufmerksamkeit geschenkt werden muß.[17]

Das Unverständnis Webers gegenüber der Rolle des Heiligen in der katholischen Tradition und gegenüber der sakramenta-

---

15 Peter Brown, *The Cult of the Saints. Its Rise and Function in Latin Christianity*, Chicago 1981; vgl. dazu auch Hans Joas, *Die Macht des Heiligen. Eine Alternative zur Geschichte von der Entzauberung*, Berlin 2017, S. 40f.
16 Vgl. Hans Joas, *Was ist die Achsenzeit? Eine wissenschaftliche Debatte als Diskurs über Transzendenz*, Basel 2014, bes. den Abschnitt »Max Weber: Prophetie, Magie, Sakrament« (S. 26-35) und die dort angegebene Literatur.
17 Vgl. Werner Stark, »The Routinization of Charisma. A Consideration of Catholicism«, in: *Sociological Analysis* 26 (1965), S. 203-211. Dazu John L. Gresham, Jr., »The Collective Charisma of the Catholic Church. Werner Stark's Critique of Max Weber's Routinization Theory«, in: *Catholic Social Science Review* 8 (2003), S. 123-139. Für die Stellungnahme eines orthodoxen Weberianers zu Stark vgl. Johannes Weiß, »Confessionalization of the Sociology of Religion? A Benevolent Critique of Werner Stark«, in: Leonard u. a. (Hg.), *In Search of Community*, S. 193-203. Auf die empirischen Argumente Starks geht Weiß allerdings nicht ein. – Eine Auflistung der Schriften Starks über Weber enthält der fünfte Band von *Sociology of Religion*, S. 434f.

len Praxis und ihre Anähnelung an Magie hat für Stark nicht nur einen Hintergrund in den konfessionellen Vorurteilen und Abneigungen Webers, sondern in einem fundamentalen Konstruktionsfehler seiner Theorie vom Charisma und seiner Veralltäglichung. »Charisma« erscheint bei Weber vornehmlich als revolutionäre Kraft des Bruchs mit Traditionen, die aber dem Schicksal, so sie denn überhaupt Erfolg hat, selbst wieder zur Tradition zu erstarren, tragischerweise nie entgehen kann.

Nun wird niemand bestreiten, daß in der Tat charismatische Aufbrüche etwa durch Propheten oder politische Führer nicht in ihrem enthusiastischen und ekstatischen Furor selbst auf Dauer gestellt werden können. Aber die Frage ist, ob nicht in die Struktur der Institutionen, die sich auf einen charismatischen Aufbruch berufen, Vorkehrungen gegen das Erkalten des enthusiastischen Geistes eingebaut werden können, die diesen am Leben erhalten. Im Hintergrund von Webers Theorie stand bekanntlich die Geschichte des Kirchenrechts des streng lutherischen Rechtshistorikers Rudolph Sohm,[18] in der in schärfster Polemik vor allem gegen die katholische Kirche die bloße Existenz eines Kirchenrechts als dem Wesen des Christentums widersprechend dargestellt wird. Das frühe Christentum habe ausschließlich auf der persönlichen Teilhabe am Charisma der Lehre Christi beruht, ohne feste Mitgliedschaftsregeln, Führungsstrukturen, finanzielle Organisation, Verwaltung und eben ohne Verrechtlichung. Die Entwicklung der christlichen Kirche seit dem Frühkatholizismus erscheint so als Bruch mit dem frühen Christentum, ja als Umkehrung von dessen Grundimpuls, insofern jetzt das Amt nicht mehr auf dem Charisma beruhe, sondern das Charisma auf dem Amt. Auch für Weber war das Amtscharisma eine Transformation des ursprünglichen

---

18 Zu Sohms Bedeutung für Weber und zur Literaturlage vgl. Martin Riesebrodt, »Charisma«, in: Hans G. Kippenberg, Martin Riesebrodt (Hg.), *Max Webers »Religionssystematik«*, Tübingen 2001, S. 151-166.

persönlichen Charismas, die eher eine Umkehrung als eine Bewahrung darstellt. Während für Sohm die Reformation eine Wiedergewinnung der Impulse des frühen Christentums darstellte, machte Weber aus einem einzelnen Element von Sohms Analyse, nämlich der (durchaus nicht revolutionär gemeinten) relativen Distanz zum Tradierten, einen in aller Geschichte auffindbaren Typus des revolutionären Antitraditionalismus und seines jeweils voraussagbaren tragischen Untergangs.

Werner Stark war sich des Zusammenhangs von Webers Charisma-Theorie und protestantischer Polemik bei Sohm völlig bewußt.[19] Auf spätere Forschungen gestützt, wandte er gegen Sohm und Weber ein, daß von einer ursprünglichen Rechtsfeindschaft Jesu nicht die Rede sein könne. Nicht nur enthalten die Evangelien selbst Richtlinien für den Umgang der Gemeinde mit Konflikten und Missetaten (Mt 18,15-17) inklusive Sanktionen, die bis hin zum Ausschluß eines Mitglieds reichen. Sondern ganz selbstverständlich konnten die ersten (Juden-)Christen auch an das Rechtsdenken ihrer eigenen Tradition anknüpfen und sich auf dieses Recht berufen.[20]

Ebenso einseitig wie die Schilderung einer ganz ohne Recht auskommenden, rein charismatischen christlichen Ur-Gemeinde sei aber dann die Analyse dessen, was bei der Ausdehnung und immer festeren und eigenständigeren Institutionalisierung der christlichen Gemeinden geschah. Stark findet für die beklagte Einseitigkeit das schöne Bild, Weber habe für die Weitergabe des Charismas des Religionsstifters nur an Petrus und sein Amt, das Papsttum also, gedacht, und nicht auch an Johannes, den eigentlichen »Seelengefährten des Herrn«:[21]

---

19 Stark, *The Sociology of Religion*, Bd. IV, S. 136 ff.
20 Zu einem komplexeren Verständnis vgl. Paul Ricœur, *Liebe und Gerechtigkeit*, Tübingen 1990; Wolfgang Huber, *Gerechtigkeit und Recht. Grundlinien christlicher Rechtsethik*, Gütersloh 2006 (3., überarbeitete Auflage).
21 Stark, *Grundriß der Religionssoziologie*, S. 139.

> In Petrus und Johannes erkennen wir darum, freilich nur im Entwurf, die zwei Typen, die die kommende Kirche tragen sollen: den Verwalter und den Mystiker. Sicher soll der Verwalter auch Mystiker sein und der Mystiker nicht so weltfremd, daß er nicht notfalls auch verwalten könnte. Die Persönlichkeiten braucht und soll man nicht trennen, wohl aber die Funktionen. Es war Max Webers entscheidendster Fehler, nur das Vorhandensein und das Kommen des Verwalters zu sehen, nicht aber das Sein und das Immerwiederkehren des Mystikers, der durch seine Gottesliebe, sein Johannestum, in die sich erhaltende Struktur immer neues Leben, immer neue Wärme einströmen läßt.[22]

Die Geschichte der Kirche weist eine imposante Reihe solcher Erneuerer auf – Benedikt von Nursia, Franziskus von Assisi, Ignatius von Loyola, Carlo Borromeo und viele andere, weshalb man geradezu von einer Tradition der Erneuerung – in einem paradox klingenden Ausdruck – sprechen könnte. In verschiedenen Arbeiten, die hier im einzelnen nicht erörtert werden können, hat Stark sich bemüht, auf diversen Gebieten die mangelnde Plausibilität einer reinen Veralltäglichungskonzeption darzutun, etwa durch die Analyse der Spannung zwischen quasi-rechtlicher Kasuistik im Beichtspiegel und dem dynamischen Geschehen in der echten und freien Kommunikation zwischen dem Beichtvater und den einzelnen Gläubigen, der Spannung zwischen Intellektualität und Mystik im Werk der größten Theologen wie Augustinus und Thomas von Aquin sowie ähnlicher Spannungen in der religiös inspirierten Kunst. All diese Argumentationen laufen darauf hinaus, daß Webers Denkvoraussetzungen nur den Weg vom individuellen Charisma zum Amtscharisma des religiösen Kollektivs, nicht aber den von den Traditionen des religiösen Kollektivs zur immer erneuten Entstehung von Charisma aus diesem heraus zuließen. Behebt man diese Einseitigkeit Webers, dann wird auch klar, daß die empirisch unbestreitbaren Fälle einer Veralltäglichung des Cha-

---

22 Ebd., S. 139 f.

rismas nicht zu einem Schema eines notwendig immer wiederkehrenden Entwicklungsmusters oder gar zu einer weltgeschichtlichen Tendenz des Absterbens charismatischer Aufbrüche hochgerechnet werden dürfen.[23]

In den kritischen Auseinandersetzungen mit Weber, insbesondere mit dessen Verständnis der (katholischen) Kirche, und in der alternativen Charisma-Konzeption Starks zeichnet sich schon ab, worauf die großen Korrekturen an Webers Religionssoziologie hinauslaufen sollten. Stark wollte die auf Max Weber zurückgehende dichotomische Unterscheidung von Typen der sozialen Organisation des Christentums (Kirche versus Sekte) ebenso wie die auf Ernst Troeltsch zurückgehende Dreiertypologie (Kirche–Sekte–spirituelle Gemeinschaften) in zwei wesentlichen Hinsichten korrigieren. Er erklärte einerseits den Kirchenbegriff von Weber und Troeltsch für unzulänglich, weil mit ihm der wesentliche Unterschied zwischen einer territorial begrenzten Kirche (im Deutschen bezogen auf die evangelische Kirche »Landeskirche« genannt) und einer Universalkirche nicht ausgedrückt werden könne. Andererseits warf er Weber und Troeltsch eine ungenügende Berücksichtigung der Rolle der »Orden« in der Kirchengeschichte vor und deshalb auch ein mangelndes Verständnis für die Unterschiede und Gemeinsamkeiten von »Sekten« und »Orden«. Beides sind meines Erachtens in der Tat Kritikpunkte von höchster systematischer Relevanz.

---

23 In seinem in Fn. 18 dieses Kapitels genannten Aufsatz hat Martin Riesebrodt sehr differenziert nachgewiesen, daß die von Stark kritisierte individualistische Charisma-Konzeption Webers nicht die einzige in dessen Werk ist. Es gibt auch eine auf die Mana-Konzeption der zeitgenössischen Anthropologie sich stützende kollektivistische Gegenkonzeption bei ihm, an die später Edward Shils und Shmuel Eisenstadt anknüpfen konnten. Auf Starks Weber-Kritiken geht Riesebrodt mit keinem Wort ein. Er zeigt aber, wie widersprüchlich Webers Konzeption ausfiel. – Zu meiner eigenen älteren Kritik an Mängeln von Weber in dieser Hinsicht vgl. Hans Joas, *Die Kreativität des Handelns*, Frankfurt/M. 1992, S. 69-76.

Mit seinen Bemühungen, die klassische Typologie der Sozialformen des Christentums zu revidieren, reihte Stark sich in eine ganze Gruppe von Versuchen ein, die mit H. Richard Niebuhrs Analyse der amerikanischen »denominations«[24] begann und über die Versuche Joachim Wachs zur Einführung weiterer neuer Typen wie der der »institutionalisierten Sekte« (»established sect«) und des »Kults« (»cult«) führte.[25] Diese Entwicklung brachte allerdings eine immer größere Zahl angeblicher Typen hervor, »eine Wucherung von Typenbezeichnungen, die fast proportional mit der Zahl der Wissenschaftler, die sich für dieses Problem aktiv interessierten, zunahm«.[26] Jeder Beiträger versuchte also, sich mit der Einführung neuer Typen und Untertypen interessant zu machen. Das mußte zu einer Gegentendenz führen, und die lange sehr lebendige typologische Diskussion kam zu einem Ende. Seit Jahrzehnten spielt sie in der Religionssoziologie kaum mehr eine Rolle; an ihre Stelle traten ethnographische Studien zu einzelnen religiösen Gruppen oder quantitative Forschungen, bei denen Typen aus Variablengruppen erzeugt wurden. In beidem, der beliebigen Vermehrung von Typen wie ihrer methodologischen Zurückführung auf Variablenzusammenhänge, zeigte sich ein Unverständnis gegenüber der Logik der Typenbildung, die bei Weber und Troeltsch am Werk gewesen war. Deren einschlägige Arbeiten waren nämlich nicht einfach Versuche, begriffliche Ordnung in ein großes

---

24 Vgl. dazu oben in diesem Teil, Kap. 2.
25 Als Überblick über diese Entwicklungen sind die Schriften von J. Milton Yinger nützlich: *Religion in the Struggle for Power. A Study in the Sociology of Religion*, Durham 1946, S. 16-50, und *The Scientific Study of Religion*, New York 1970, S. 251-281. Ein neuerer deutscher typologischer Versuch bei: Volkhard Krech, Jens Schlamelcher, Markus Hero, »Typen religiöser Sozialformen und ihre Bedeutung für die Analyse religiösen Wandels in Deutschland«, in: *Kölner Zeitschrift für Soziologie und Sozialpsychologie* 65 (2013), S. 51-71.
26 John T. Flint, »Rezension: Werner Stark, *The Sociology of Religion I-III*«, in: *Journal of the American Academy of Religion* 40 (1972), 1, S. 110-116, hier S. 113.

Datenmaterial zu bringen. Es ging vielmehr um eine handlungsorientierte Perspektive, das heißt darum, wie Menschen, die von radikalen Idealen wie denen des Christentums ergriffen sind, angesichts der Schwierigkeiten, diese Ideale zu verwirklichen, Gemeinschaftsformen und Institutionen bilden können, die es ihnen erlauben, nicht zu resignieren, auf die Ideale nicht zynisch zu verzichten, sondern sie zu bewahren und weiterzugeben, sie im Binnenraum der Institution stärker und in der Welt um sie herum schwächer zu verwirklichen.[27] Werner Starks Kritik an der Typologie von Weber und Troeltsch hatte noch diesen handlungsorientierten Charakter. Die Betonung der Orden diente dem Nachweis einer inneren Erneuerungskraft der Kirche. Man muß sie deshalb gar nicht als Hinzufügung eines Typus auffassen, sondern kann sie eher als Berichtigung eines Bildes von Kirche lesen, das – wie bei Weber – deren hierokratischen Anstaltscharakter hervorhebt. Und die Unterscheidung zwischen einer Universalkirche und einer auf Einzelstaatsebene etablierten Kirche dient ebensowenig der Erzeugung einer explanatorisch überlegenen Typologie, sondern der Freilegung des moralischen Universalismus im Christentum und der Sensibilisierung für dessen Gefährdung in (nach seiner Ansicht)

---

27 Vgl. zu dieser Interpretation von Troeltsch: Joas, *Die Macht des Heiligen*, S. 191-195. Irritierend ist, daß Stark immer von einer dichotomischen Typologie bei Troeltsch spricht, ohne zu berücksichtigen, daß dieser im Lauf der Arbeit an den *Soziallehren* zu einem Dreierschema fand. – In einem autobiographischen Rückblick schildert Stark seine Beschäftigung mit Troeltsch und erwähnt seinen Plan, eine neue und vollständigere geschichtliche Darstellung der Sozialphilosophie der christlichen Kirchen und Sekten, als dieser sie in den *Soziallehren* gegeben hatte, durch Zusammenarbeit von etwa dreißig Spezialisten vorlegen zu wollen. Es ist mir bisher nicht gelungen, das Exposé dafür zu finden. Das Archiv der Fordham University in New York enthält nur einen Antwortbrief von Routledge vom 17.3.1967, aber nicht die Projektbeschreibung selbst. Vgl. Werner Stark, »A Survey of My Scholarly Work«, in: Madeline H. Engel (Hg.), *The Sociological Writings of Werner Stark. Bibliography and Selected Annotations*, New York 1975, S. 2-17, hier S. 15f.

unangemessenen Formen der Institutionalisierung. Mit dieser durchaus an die Klassiker gemahnenden Vorgehensweise konnte Stark offensichtlich, als sein Werk erschien, nicht mehr auf Verständnis bei »explanatorischen« Religionssoziologen rechnen.[28]

Starks Anspruch, in zwei Hinsichten über die Typologien von Weber und Troeltsch entscheidend hinausgekommen zu sein, hätte von ihm gewiß interpretatorisch besser begründet werden können. Was die Unterscheidung von Universalkirche und »Staatskirche« (»established church«) betrifft, ist sein wichtigster Gewährsmann der große Mediävist Ernst Kantorowicz, und nicht etwa ein Vertreter der katholischen Theologie.[29] Aber Stark geht nicht detailliert der Frage nach, ob wir nicht doch bei den deutschen Klassikern der Religionssoziologie sehr wohl einen Sinn für die Differenz zwischen Territorial- und Universalkirche zumindest in der Darstellung des Mittelalters finden können.[30] Was Mönchtum und Orden anbelangt und ihren Vergleich mit den Sekten, nimmt Stark eine Anregung des britischen Soziologen David Martin in einer von dessen frühesten Arbeiten auf.[31] Es gibt auch genügend Passagen bei Weber, die Stark mit seiner Kritik trifft, wenn dieser etwa in seiner Herrschaftssoziologie (im Anschluß an Adolf von Harnack) das

---

28 Erneut besonders verständnislos: Bryan Wilson, »Rezension: Werner Stark, *The Sociology of Religion*«, in: *The Sociological Review* 15 (1968), 3, S. 120-123.
29 Vgl. Stark, *The Sociology of Religion*, Bd. III, S. 96 unter Bezug auf Ernst H. Kantorowicz, *The King's Two Bodies. A Study in Medieval Political Theology* [1957], Princeton 2016.
30 So argumentieren, m. E. zu Recht, zwei der Rezensenten von Starks Werk: Flint, »Rezension: Werner Stark, *The Sociology of Religion I-III*«, S. 113; Alan W. Eister, »Rezension: Werner Stark, *The Sociology of Religion I-III*«, in: *Journal for the Scientific Study of Religion* 7 (1968), 2, S. 294f.
31 Stark, *The Sociology of Religion*, Bd. III, S. 384, unter Bezug auf David Martin, *Pacifism. An Historical and Sociological Study*, London 1965, S. 4. Zu David Martin vgl. unten in diesem Teil, Kap. 4.

Mönchtum als »disziplinierte Truppe eines monokratischen Kirchenhauptes« bezeichnet und damit dem (angeblichen) Charakter der Kirche als Form hierokratischer Herrschaft schlicht unterordnet. Doch, wie nicht selten bei Weber, zeigt er durchaus auch Sinn für gegenläufige Tendenzen und spricht von den »Reibungen« zwischen Mönchtum und Amtscharisma, und sogar von einer Negation(!) der ausschließlichen Bedeutung des Amtscharismas durch das Mönchtum.[32] Dies kommt Starks Korrekturvorschlag durchaus nahe. Es gibt damit zwar einen Bedarf an zusätzlicher Begründung für Starks Argumentationsziel, aber keinen Grund, seine Impulse für verfehlt oder ausschließlich durch apologetische Motive bedingt zu erklären.

Die Sakralisierung politischer Herrschaft

Damit kommen wir zu der zentralen Aufbauentscheidung, die Stark für sein Werk getroffen hat. Die makrosoziologischen Bände folgen nämlich einer Leitlinie, die sich aus der revidierten Typologie der Sozialformen des Christentums ergibt. Der erste Band ist allen Formen von »Staatsreligion« (»established religion«) gewidmet, näherhin allen Grundformen der Sakralisierung politischer Herrschaft. In einer dialektischen Gegenbewegung dazu beschäftigt sich der zweite Band mit der Soziologie der Sekten, die als Rebellionen gegen die Fusion von politischer Macht und Religion unter Bedingungen der »established religion« gedeutet werden. Der dritte Band, deutlich umfangreicher als die beiden vorhergehenden, präsentiert dann die zwei großen Varianten des Christentums, die für Stark den

---

32 Max Weber, *Wirtschaft und Gesellschaft*, Tübingen 1972, S. 695 ff. Von einer »paradoxalen Spannung« in Webers Ausführungen zum Mönchtum spricht folgerichtig: Otto Gerhard Oexle, »Max Weber und das Mönchtum«, in: Hartmut Lehmann, Jean Martin Ouedraogo (Hg.), *Max Webers Religionssoziologie in interkultureller Perspektive*, Göttingen 2003, S. 311-334, hier S. 328.

Universalitätsanspruch dieser Glaubensrichtung im Prinzip ungeschmälert erhalten und damit das Ideal der Universalkirche verteidigt haben: Katholizismus und Calvinismus. Beide werden in ihren konservativen und ihren revolutionären Aspekten erörtert. Ihr Unterschied wird auf den Unterschied zwischen »Gemeinschaft« und »Gesellschaft«, zwischen einer eher kommunitären und einer eher individualistisch-aggregativen Sozialform zurückgeführt. Während alle drei Bände damit an einer statisch wirkenden Typologie orientiert sind, bietet der Durchgang durch sie doch eine Bewegung, nämlich die einer Synthese der Einseitigkeiten. Die Bewegung ist nicht die der Realgeschichte, als behauptete Stark, die Geschichte laufe auf den Triumph der Universalkirche zu. Es ist eher die Konstruktion einer Bewegung, die sich aus der Vergegenwärtigung des Ideals des moralischen Universalismus ergibt – das immer wieder in Partikularismen untergeht, aber seine Anziehungskraft, sobald es einmal in die Welt gekommen war, auch nie wieder ganz verloren hat. Insofern ist Starks Werk auch als eine Erzählung mit einer Moral zu lesen, als eine Warnung vor Gefahren der Partikularisierung und als eine Anknüpfung an vorbildliche Formen der Wiedergewinnung des universalistischen Geistes. Für Stark liegen die stärksten Vorbilder in der Geschichte der katholischen Kirche; daran kann kein Zweifel bestehen. Selbst diejenigen, die diese Sicht nicht oder nicht völlig teilen, dürfen sich aber der Herausforderung von Starks Argumentation nicht dadurch entziehen, daß sie sie ignorieren. Die Aufgabe lautet vielmehr, durch ein realistisches Bild der katholischen Kirche und durch den Verweis auf andere Quellen des moralischen Universalismus, religiöse und säkulare, das von ihm gezeichnete Bild zu korrigieren. Durch eine genauere Prüfung von Starks materialen Analysen soll dies hinsichtlich der Geschichte des Christentums, die er ja als einzige behandelt, im Folgenden etwas genauer geschehen.

Der erste Band, der, wie erwähnt, der »established religion« gewidmet ist, greift trotz der generellen Beschränkung des

Werks auf die Geschichte des Christentums etwas weiter aus. Dieser weitere Horizont ist nicht willkürlich gewählt, da es Stark um das Phänomen der Sakralisierung politisch verfaßter menschlicher Sozialformen im allgemeinen geht und dieses Phänomen nicht etwa erst mit dem Christentum in die Weltgeschichte eingetreten ist. Für Stark stellt das Christentum vielmehr einen Bruch mit solcher Selbstsakralisierung partikularer Sozialformen dar; in diesem ersten Band geht es ihm aber vornehmlich um Rückfälle hinter diesen Schritt, um den Verlust des Universalismus innerhalb christlich geprägter Staaten. Als Folie für die Spannungen im Christentum dient ihm die vorchristliche archaische Selbstsakralisierung der politischen Herrschaft vor allem in der ägyptischen, weniger der mesopotamischen Zivilisation, sowie die Geschichte des japanischen Kaisertums. Dabei ist der politische Subtext kaum zu übersehen. Der japanische Imperialismus des zwanzigsten Jahrhunderts und Ähnlichkeiten mit modern-totalitären Formen der Führer-Sakralisierung wie im Hitler- und Stalin-Kult sollen sensibilisieren für die Formen christlicher Sakralisierung von Herrscher und Volk in der Geschichte.

Auf Formen kollektiver Sakralisierung vor der Entstehung archaischer Staatlichkeit kommt Stark nicht zu sprechen. Er ist sich allerdings bewußt, daß es Ansätze zur Sakralisierung des Herrschers (oder »Häuptlings«) schon unter den Bedingungen von »Stammesgesellschaften« gab.[33] Diese Ansätze aber erfuhren mit der Entstehung der archaischen Imperien und auch in Reaktion auf sie einen geradezu explosiven Bedeutungszuwachs. Die Sakralisierung des Herrschers ist in diesem Sinne ein universales, das heißt in vielen Epochen und auf der ganzen Erde zu findendes Phänomen – »von China bis Peru«.[34] Die

---

33 Vgl. Joas, *Die Macht des Heiligen*, S. 446-461; Robert N. Bellah, *Religion in Human Evolution. From the Paleolithic to the Axial Age*, Cambridge, Mass., 2011, S. 117-174.
34 Stark, *The Sociology of Religion*, Bd. I, S. 35. Ab jetzt werden Bezüge auf dieses Werk im Text mit Bandnummer und Seitenzahl angegeben.

Herrschersakralisierung fand immer Konkurrenz in der Selbstsakralisierung des Volkes, doch für über dreitausend Jahre – so Stark (I, 15) – befand sich letztere immer im Schatten der Herrschersakralisierung, bis mit dieser in den modernen Revolutionen teilweise oder ganz gebrochen wurde. Im Anschluß an die Literatur aus der vergleichenden Religionswissenschaft unterscheidet Stark drei Haupttypen der Herrschersakralisierung.[35] Der König kann erstens selbst als ein Gott oder doch zumindest als von Göttern abstammend oder bei seinem Tod zu einem Gott werdend vorgestellt werden. Zweitens kann der König zwar nicht selbst als göttlich, aber doch als von Göttern gesandt, erwählt, erhoben oder gesalbt aufgefaßt werden, als Mensch also, der in einer besonderen Nähe zum Göttlichen steht. Und drittens kann der König in Fortführung der Verbindung von Häuptlings- und Oberpriesteramt in vorstaatlichen Gesellschaften vornehmlich oder ausschließlich als oberster oder gar einziger Priester gedacht sein. Diese Typologie und die mit ihr verbundenen Erörterungen, auch die zum antiken Judentum und den Germanen vor der Christianisierung, dienen freilich nur als Hintergrund für die Analyse der Fusionen von Christentum und Herrschersakralisierung. Die drei Hauptformen dieser Fusion sieht Stark in der Geschichte des byzantinischen Kaiserreichs, die er besonders ausführlich behandelt; in der Geschichte des zaristischen Rußland, wo ihn der Zusammenhang von Modernisierung und zunehmender Sakralisierung des Herrschers besonders interessiert; und in der englischen Geschichte mit ihrer Tradition der Stilisierung des Herrschers zum Wundertäter und Heiler, wie sie von Marc Bloch klassisch untersucht wurde,[36] sowie der Entstehung der von Rom unabhängigen anglikanischen Kirche. Auch Frankreich wird laufend berücksichtigt, da es ja in vieler Hinsicht ähnliche Traditionen wie England aufweist und mit dem »Gal-

---

35 Vgl. dazu Joas, *Die Macht des Heiligen*, S. 462f.
36 Marc Bloch, *Die wundertätigen Könige* [1924], München 1998.

likanismus« eine partielle Analogie zum Anglikanismus ausgebildet hatte. Das Luthertum, in dem das Christentum auch in den Rahmen einzelner politischer Territorien eingefügt wurde, bleibt auffallenderweise meist außerhalb von Starks Wahrnehmungsfeld.

Die empirischen Details und die Triftigkeit von Starks Analysen können und sollen hier nicht im einzelnen erörtert werden. Bemerkenswert ist die Intensität, mit der zentrale Werke der historischen Forschung, die nach der Generation der soziologischen Klassiker entstanden sind, zur Kenntnis genommen und in die Konzeption eingearbeitet werden. Leitfaden jeder einzelnen Darstellung ist die Frage nach der Repartikularisierung des christlichen moralischen Universalismus in den behandelten Formen der staatlichen Einhegung des Christentums. Stark spricht oft vom »Caesaropapismus« als einer Gefahr für das Christentum. Für die lange Zeit schwächere, dann aber die Oberhand gewinnende Sakralisierung des Volkes erfindet er den Terminus »Populopapismus« (I, 164). Er zeigt, daß häufig nicht das »Volk« allein Gegenstand der Sakralisierung ist, sondern auch der Boden, die Verfassung oder das Gesetz in diesen Status gelangen können. Differenziert und hinsichtlich des Mittelalters gestützt auf die bahnbrechenden Untersuchungen von Ernst Kantorowicz[37] arbeitet er die Verknüpfungen von Herrschersakralisierung und Sakralisierung des Volkes heraus und dann die modernen, revolutionär nationalistischen und oft säkularistischen Formen ausschließlicher Sakralisierung des Volkes, etwa im Italien des neunzehnten Jahrhunderts.

Neben diesen beiden Haupttypen partikularistischer politischer Sakralisierungen interessiert sich Stark für die Entstehung der Idee einer heiligen Mission. Dabei fällt auf, daß er diese nicht wie üblich mit den achsenzeitlichen Religionen beginnen läßt,[38] sondern bereits mit den archaischen Staaten selbst. Das

---

37 Kantorowicz, *The King's Two Bodies*.
38 Es ist bemerkenswert, daß Stark die Idee von Jaspers hinsichtlich einer

ist wichtig, weil entgegen einer verbreiteten Ansicht damit nicht der moralische Universalismus der Achsenzeit Ursprung der Missionsvorstellung ist, sondern bereits in den Expansionstendenzen archaischer Imperien ein Messianismus angelegt zu sein scheint, den Stark als ethnozentrisch bezeichnet. Für seinen Gedankengang greift er hier vornehmlich auf bedeutende Arbeiten zu Ägypten zurück,[39] in denen die Ausdehnung des Reiches bereits religiös gerechtfertigt wird – allerdings im Sinn der Überlegenheit der eigenen Götter und der Notwendigkeit der Beherrschung anderer, nicht im Sinn einer Mission für eine universelle Wahrheit. Wieder aber zeigt Stark die Anfälligkeit des doch eigentlich im Gegensatz zum Ethnozentrismus stehenden Christentums dafür, selbst als Legitimationsquelle für ein expansives Imperium zu dienen: »[...] die pax Augusta und die pax Christi tendierten zur Verschmelzung« (I, 107). Besonders ausführlich und scharf fällt Starks Auseinandersetzung mit dem britischen Kolonialismus und Imperialismus aus, vornehmlich mit den christlichen Bemäntelungen von Interessenpolitik und zivilisatorischen Überlegenheitsansprüchen. An vielen Stellen wird deutlich, wie sehr der moralische Tonfall im Kampf des einen Imperialismus gegenüber anderen seinen Widerwillen erregt. Gewiß wäre hier jeweils eine ausführlichere Argumentation zum Vergleich des britischen mit dem französischen oder spanischen oder japanischen Imperialismus nötig gewesen, um dem Eindruck vorzubeugen, seine Kritik richte sich einseitig gegen den britischen Imperialismus. Aber ins Bild des konservativen Apologeten des Katholizismus paßt die ganze antiimperialistische Stoßrichtung Starks nicht unmittelbar.

Man hat Starks scharfer Abhebung der universellen katholischen Kirche von den Formen des Caesaropapismus auch das

---

Achsenzeit der Weltgeschichte bereits kannte und kurz aufgreift. Vgl. Stark, *The Sociology of Religion*, Bd. III, S. 340 f.

39 Hier v. a. John A. Wilson, »Egypt«, in: Henri und H. A. Francfort, John A. Wilson, Thorkild Jacobsen, *Before Philosophy. The Intellectual Adventure of Ancient Man*, Chicago 1946, S. 122-130.

Phänomen des Kirchenstaats entgegengehalten, der doch mehr als vielleicht jede andere christlich gerechtfertigte politische Herrschaft eine Fusion von politischer und sakraler Macht darstellte.[40] Es trifft zu, daß Stark diesen nicht behandelt; doch kommt er im Zusammenhang des italienischen säkularistischen Nationalismus (von Mazzini) auf den Untergang des Kirchenstaats im Jahr 1871 zu sprechen (I, 200) und nennt dieses Ereignis, das viele Katholiken und die Kirche als schmerzlichen Verlust erlebten, »im nachhinein einen Segen«. Nur dadurch nämlich konnte der Papst in Italien und anderswo nicht mehr als regionaler Potentat wahrgenommen werden, sondern als »spiritueller Führer im Weltmaßstab«. Auch die Französische Revolution mit ihren antikirchlichen Exzessen interpretiert Stark nicht rückwärtsgewandt, sondern als Anstoß zur Selbsterneuerung der Kirche und zur neuen Einbettung in die breite Bevölkerung, von der sie sich lange vor der Revolution entfernt hatte.

Ein Punkt von großer theoretischer Relevanz ist noch hinzuzufügen. Unter ausdrücklichem Bezug auf Durkheim und dessen Anspruch, das wahre Geheimnis der Religion in der Selbstsakralisierung der Gesellschaft aufgedeckt zu haben,[41] schreibt Stark, daß es zwar falsch sei, die Vorstellung von Gott so zu erklären; wohl aber sei die Vorstellung vom Gottkönig als »Gesellschaft in reinster Form« (»society writ large«) (I, 137) auf diese Weise verständlich zu machen. So hätte auch ein nichtatheistischer Durkheim argumentieren können, wenngleich der Komplexität der Genese von Gottesvorstellungen und ihrer Interaktion mit Herrschaftsstrukturen damit noch nicht Genüge getan wird. Für Stark bleibt die Anziehungskraft der »monarchischen

---

40 David Martin, »Rezension: Werner Stark, *The Sociology of Religion*, Bd. I und II«, in: *British Journal of Sociology* 18 (1967), S. 220-222, hier S. 221.

41 Émile Durkheim, *Die elementaren Formen des religiösen Lebens*, Frankfurt/M. 1981; dazu, die kritische Diskussion bilanzierend, Joas, *Die Macht des Heiligen*, S. 111-164.

Religion« (»monarchical religion«) in Kraft, solange die Gesellschaft in ihren Grundlagen gemeinschaftlich organisiert ist. Aber dabei übersieht er, daß schon die Entstehung von Königtum und archaischem Staat einen Bruch mit der Form der Gemeinschaft darstellte. Hier rächt sich, daß er die Geschichte der kollektiven Selbstsakralisierung mit dem Sakralkönigtum beginnen ließ und nichtstaatlichen Gesellschaften keine weitere Aufmerksamkeit schenkte.

Soziale Konflikte und Sektenwesen

Trotz aller solchen möglichen Kritik oder – hier nicht verfolgten – kontroversen empirischen Einschätzungen im Detail läßt sich meines Erachtens nicht bestreiten, daß der erste Band von *The Sociology of Religion* einen bedeutenden Beitrag zu einer historisch-soziologischen Analyse von Sakralität und Macht darstellt. Der zweite Band verhält sich, wie schon angedeutet, zum ersten wie die Antithese zur These. Für Stark ist unbezweifelbar, daß die »established religion«, das heißt die Verknüpfung der Religion mit staatlicher Macht und sozialen Privilegien, immer wieder eine Reaktion der Benachteiligten und Unzufriedenen hervorbringen muß, die – insofern sich vor dem Aufstieg der säkularen Option alle religiös artikulieren – selbst religiöse Formen annehmen wird. Ebendies aber und nichts anderes seien die Sekten. Sekten seien, wie Stark im Anschluß an H. Richard Niebuhr sagt (II, 2), religiöse »Konfliktgesellschaften« (»conflict societies«), die wir nur aus ihrer Opposition zur herrschenden »Kirche« heraus verstehen könnten. Obwohl jede Sekte auch auf der Ebene der theologischen Lehren beschrieben werden kann, seien theologische Differenzen zur Kirche in der Regel nicht für ihre Abspaltung verantwortlich, sondern gründeten auf Erfahrungen der Benachteiligung und Zurücksetzung. Diese Erfahrungen können aus den klassischen Formen sozialer Ungleichheit resultieren, aber auch aus ethnischen, geographischen, geschlechtsbezogenen, generationsmäßigen Diskriminierungserfahrungen. Schließlich, so Stark im Unterschied zu Niebuhr, könnten die Motive auch individualpsychologisch sein, Minderwertigkeitskomplexe, die nach Kompensation verlangen. Durch die Hinzunahme dieser letztgenannten Quelle für die Dynamik sektenhafter Abspaltungen sichert Stark sein Argument in problematischer Weise gegen Kritik ab. Selbst dann nämlich, wenn eine soziale Erklärung in einem konkreten Fall nicht greift, kann so die allgemeine Behauptung verteidigt werden.

In der Auswahl der Fälle zielt Stark im wesentlichen auf dieselben Länder, die er auch im ersten Band berücksichtigt hat. Dies begründet er damit, daß eben genau dort, wo das religiöse »Establishment« am stärksten sei, auch der sektenhafte Protest und Widerstand am ausgeprägtesten ausfalle. Für ihn ist es deshalb naheliegend, vor allem die »caesaropapistischen« Länder England und Rußland für Nährböden zu erklären, aus denen Sekten nur so sprießen mußten, während klassische katholische Länder – er nennt Österreich, Bayern und Spanien (II, 59) – in ihrer strikten Orientierung an einer Universalkirche gewissermaßen keinen Anlaß zur religiösen Abspaltung geliefert hätten.

An dieser leitenden theoretischen Konstruktion sind von vornherein zwei Zweifelsmomente anzubringen. Zu klären ist ja auf jeden Fall, wie bei diesen Annahmen der Fall der USA zu erklären sein soll, des Landes also, in dem die Etablierung einer »Staatskirche« schon seit der Verfassungsgebung Ende des achtzehnten Jahrhunderts ausgeschlossen ist, sich aber gleichzeitig besonders viele Religionsgemeinschaften finden. Wie verhalten sich diese sogenannten Denominationen zu den Sekten? Und warum findet sich dieses Phänomen gerade in den USA? Stark gibt eine ausführliche Antwort auf diese Fragen, auf die ich noch zurückkommen werde. Der andere Zweifel gilt den homogen katholischen Ländern ohne nationalisierte Kirche. In Starks Konstruktion sieht es so aus, als habe sich dort der soziale Protest nicht in der Form von Sektenbewegungen artikuliert. Dabei bleibt aber unbemerkt, daß es neben durchaus vorhandenen Sektenbildungen seit dem achtzehnten Jahrhundert zunehmend auch eine andere, nämlich nichtreligiöse Form der Abspaltung von der Kirche gibt und deshalb zu fragen wäre, ob denn dann das Äquivalent zur Sektenbildung unter Bedingungen eines katholischen Religionsmonopols nicht eine Spaltung der Gesellschaft in einen religiösen und einen häufig militant säkularistischen Teil ist. Für diese Annahme spricht vieles in Spanien, im Frankreich des neunzehnten und zwanzigsten Jahrhunderts und in Österreich. David Martin spricht von einem politischen Sektenwesen[42] und fordert »eine Systematik, die religiöse und politische Einstellungen, Glaubensvorstellungen und Strukturen gleichermaßen berücksichtigt, und auch eine Diskussion darüber, wie diese sich in verschiedenen Kulturen zueinander verhalten«.[43] Je stärker politische und ökonomische Ursachen für die Sektenbildung herangezogen werden, desto mehr – könnte man sagen – müssen diese generell, auch bei der Untersuchung von Kirchen, berücksichtigt werden, wenn eine Unwucht in der Analyse vermieden werden soll.

Im ganzen ersten Teil des zweiten Bandes, der der Entstehung der Sekten gewidmet ist, versucht Stark einen komplizierten Balanceakt zwischen einer soziologisch-politischen Erklärung von Sektenbildung und einem theoretischen Ansatz, der keineswegs religiöse Überzeugungen auf die bloße Widerspiegelung von Interessen zurückführen will. Er distanziert sich ausdrücklich von einer solchen Vorstellung (II, 69) und hält der marxistischen Phrase von der Religion als Opium des Volks entgegen, diese sei oft besser als Aufputschmittel, als »Adrenalin« zu kennzeichnen (II, 57). Aber es gibt doch Passagen, die in

---

42 Martin, »Rezension: Werner Stark, *The Sociology of Religion*, Bd. I und II«, S. 221.

43 Diese Forderung ließe sich als Ausgangspunkt für David Martins eigenes Forschungsprogramm und seine Säkularisierungstheorie nehmen. Vgl. ders., *A General Theory of Secularization*, Oxford 1978, und unten, Kap. 4.

diesem Sinn reduktionistisch klingen, so etwa dort, wo der Erfolg einer sozialen Bewegung als Ursache für eine Schwächung der Religion genommen wird (II, 59). Dabei ist das empirische Beispiel auch noch unplausibel, da Stark meinte, der Erfolg der Bürgerrechtsbewegung der Schwarzen in den USA leere dort zunehmend die Gotteshäuser, wofür es keinen Beleg gibt. Stark verkämpft sich immer wieder, wenn er vor allem hinsichtlich des Methodismus und gegen starke Evidenz dessen ursprünglichen Sektencharakter behauptet oder ähnlich hinsichtlich der Entstehung der Christian Science einen starken Anteil »antimaskulinistischer« Ressentiments (II, 31). David Martins Frage an Stark, warum ein katholischer Soziologe in der Analyse der Sekten marxistischer als die Marxisten verfahren müsse,[44] ist deshalb nicht unberechtigt. Sie wäre nur dahingehend zu modifizieren, daß die starke Einbeziehung der Psychologie des Ressentiments bei Stark den marxistischen Impulsen einen – über Max Scheler vermittelten – nietzscheanischen Impuls hinzufügt.

Erneut müssen die Details von Starks Analysen in diesem ersten Teil des zweiten Bandes außer Betracht bleiben. Als wichtige Ergänzung zum ersten Band erscheint mir die vor allem am russischen Sektenwesen entfaltete Theorie der Inversion der Herrschersakralisierung in den Sekten (II, 83ff.), wenn etwa der Zar als Antichrist definiert und der Austritt aus der Kirche zur heiligen Pflicht erklärt wird. Damit kommen auch wieder deutlicher spezifische theologische Vorstellungen dieser Sekten ins Spiel. Wenn Sakralisierung ein zweideutiger Begriff ist, weil mit ihm das Göttliche ebenso wie das Diabolische und Dämonische bezeichnet werden kann, dann haben wir auch noch in dieser Inversion eine Form der Sakralisierung zu sehen.

Der zweite Teil des Bandes ist, dem stark typologisierenden Vorgehen des ganzen Werkes entsprechend, einer Typologie

---

44 Martin, »Rezension: Werner Stark, *The Sociology of Religion*, Bd. I und II«, S. 222.

der Sekten gewidmet. Der erste leitende Gesichtspunkt ist dabei die Unterscheidung von messianischen und nichtmessianischen Sekten. Wenn, wie hier behauptet wurde, zwar nicht aller Messianismus von moralischem Universalismus angetrieben wird, aber doch aller moralische Universalismus missionarisch sein muß – zumindest im Sinn einer Mission für den moralischen Universalismus als solchen, nicht notwendig für dessen spezifische Form –, dann müßte sich das Ausmaß des Universalismus darin zeigen, ob das Erlösungsziel als für alle erreichbar gedacht wird. Unter diesem Gesichtspunkt erweisen sich für Stark viele Sekten als keineswegs universalistisch, weil sie sich auf die Heilserwartung für wenige, also für eine Elite beschränken und vielleicht sogar die Verdammnis der anderen, die sich nicht bekehren ließen, mit Genugtuung zur Kenntnis nehmen. Eine schwierige Mittelposition nimmt hier die Prädestinationskonzeption von Augustinus und Calvin ein, der zufolge die Erlösung nicht allen zuteil wird, die Entscheidung über das Schicksal in Ewigkeit aber nicht von den moralischen Qualitäten des individuellen Handelns abhängig ist.

Stark erörtert diese Konzeption nicht im einzelnen, widmet aber beträchtliche Aufmerksamkeit der Abkehr von ihr etwa im frühen Quäkertum und bei den Methodisten, bei denen aus der Lehre vom fernen Gott fast schon pantheistische und präromantische Vorstellungen würden; frühe Methodisten seien als Kryptokatholiken verdächtigt und karikiert worden, und tatsächlich habe es Wechselbeziehungen zur »gegenreformatorischen« Frömmigkeitsintensivierung durch den heiligen Franz von Sales gegeben (II, 154 f.). In diesem Zusammenhang schlägt Stark auch zwei interessante Korrekturen an der berühmten These Max Webers vor, der zufolge die Unerforschlichkeit der eigenen Heilszukunft in einem kausalen Zusammenhang mit wirtschaftlichem Erfolgsstreben stehe. Da es Sekten ohne Prädestinationsglauben, aber mit deutlicher Aktivitätsorientierung und Leistungsdisziplin gebe, könne der Zusammenhang nicht so einfach sein. Das Motiv könne nicht nur in der »Unerforschlichkeit des göttlichen Willens« gelegen haben, sondern auch in der »Unerforschlichkeit der eigenen Erfahrung«, der Unmöglichkeit, herauszufinden, wie sehr das eigene Konversionserlebnis einen wirklich in die Nähe zu Gott gebracht habe. Und die Hauptrichtung des Aktivismus habe nicht notwendig das wirtschaftliche Erfolgsstreben sein müssen, sondern auch das öffentliche Leben betreffen können (II, 171 ff., 274 ff.). Das Verhältnis von Sekten und Kapitalismus sei deshalb viel weniger eindeutig, als es bei Weber erscheint.

Auch für eine wichtige These von Troeltsch und H. R. Niebuhr bietet Stark eine bedenkenswerte Korrektur an. Von beiden war der stark emotionale Charakter der Religiosität der Unterschichten betont worden. Stark hat die Idee (II, 137), die Betonung der Rationalität nicht nur als übliches Distinktionsverhalten der Oberschichten zu deuten, sondern in einzelnen Fällen auch als Form einer sektenhaften Distanzierung von Emotionalität, wenn diese zu einem wichtigen Charakterzug einer Religionsgemeinschaft geworden ist. Das ist seine Erklärung für eine bestimmte Abspaltung von den Methodisten. Mit dieser These, ob sie nun im konkreten Fall zutrifft oder nicht, lenkt Stark den Blick auf den »gegenkulturellen« Charakter vieler Sekten, wie er unter Verwendung eines in den 1960er Jahren modischen Begriffes sagt. Alles, was die dominante Kultur zu prägen scheint, kann zum Gegenstand leidenschaftlicher Ablehnung werden, auch Schönheit, gute Manieren, Redeweisen und erst recht natürlich Gerichte, Steuern, Bildung, Militär.

In der Ausarbeitung der Typologie arbeitet Stark mit den drei Polaritäten »retrogressiv versus progressiv«, »rigoristisch versus antinomisch« und »gewaltgeneigt versus gewaltfrei«. Es kann die Rückkehr zu einem (vorgestellten) alten Zustand der Dinge ebenso herbeigesehnt oder angestrebt werden wie der Fortschritt in eine erträumte Zukunft. Es kann, etwa bezogen auf Sexualität, strikteste Enthaltsamkeit (bis hin zur Selbstkastration) angestrebt werden, ebenso wie orgiastisch-dionysische Praktiken sich durchsetzen können. Gewalt gegen die Feinde des angestrebten Gottesreiches kann ebenso als gerechtfertigt empfunden werden, wie radikale Gewaltfreiheit sogar im Verzicht auf Selbstschutz gegen gewalttätige Angreifer gefordert wird. Manchmal kann auch ein und dieselbe Bewegung vom einen Extrem ins andere umschlagen, etwa – so Stark – die gewalttätige Bewegung der Hussiten in die Gewaltfreiheit der böhmischen und mährischen Brüder. Ob ein solcher Umschlag tatsächlich stattgefunden hat, ist dann oft historiographisch kontrovers, weil eine bestimmte Ahnenreihe dann ja als peinlich empfunden wird. Rigoristische und gewaltfreie Sekten seien leichter in die bestehende Ordnung zu integrieren als antinomische und gewalttätige.

Starks Darstellungen sind reich an empirischen Illustrationen für die entwickelten Typen. Man kann die ganze Argumentation hier auch als eine Fortentwicklung der Gedanken aus Max Webers berühmter »Zwischenbetrachtung« lesen, nämlich als Typologie der Spannungsverhältnisse zwischen der universalistischen Brüderlichkeitsethik und verschiedenen Kulturwerten oder alternativen Sakralisierungsmöglichkeiten, im Unterschied zu Weber aber ohne Unterstellung einer Entwicklungsdynamik. Von einer notwendigen Tendenz etwa in Richtung fortschreitender funktionaler Differenzierung ist bei Stark keine Rede.[45]

Sekten haben oft nur ein kurzes Leben, da die Motive der Abspaltung sich erledigen oder zumindest stark an Kraft verlieren können. Abspaltungen von den Sekten, die sich etwa aus unterschiedlicher Radikalität in der Abwendung von der »Welt« oder der Wiederzuwendung zu ihr ergeben, können die Potenz der einzelnen Sekte verringern (II, 298). Sekten können auch durch Nachwuchsmangel schrumpfen, weil es nicht gelingt, die sektenbildenden Motive an die nächste Generation zu übermitteln. Und sie können am eigenen Erfolg zugrunde gehen, weil näm-

---

45 Vgl. hierzu meine Neudeutung von Webers »Zwischenbetrachtung« in: Joas, *Die Macht des Heiligen*, S. 355-417.

lich der wirtschaftliche Erfolg der Anhänger deren eigene Disposition verändert. Eine große Rolle für Starks Argumentation spielt hier eine Stelle in den Schriften John Wesleys, des Begründers des Methodismus (II, 267f.), die auch schon die Aufmerksamkeit Max Webers und H. Richard Niebuhrs auf sich gezogen hatte.[46] Wesley sagt dort, daß Religion notwendig Fleiß und Sparsamkeit, damit aber Reichtum hervorbringe, der wiederum die Weltliebe erhöhe und damit die Religion schwäche. Sosehr Weber darin einen Beleg für seine These sah, ist doch zu bedenken, daß es Wesley weder um eine Bestätigung der eigenen Prädestination zum Heil noch um Kapitalakkumulation ging, sondern darum, zu größerer Spendenbereitschaft als Mittel zur Förderung des eigenen Seelenheils aufzurufen.

Was aber wird aus den Sekten, wenn sie nicht verschwinden? Von »institutionalisierten Sekten« zu sprechen, wie dies vorgeschlagen wurde,[47] scheint Stark nicht hilfreich, da dieser Begriff eine Art contradictio in adiecto sei. Er schließt sich vielmehr Howard Becker an, der 1932 dekretiert hatte: »Denominationen sind einfach Sekten in einem fortgeschrittenen Stadium der Entwicklung und der Anpassung aneinander und die Welt.«[48] Mit dieser Formel scheinen zwei Fragen auf einen Schlag beantwortet: Was wird aus den Sekten? Und: Wie entstehen Denominationen? An vielen Beispielen illustriert Stark eine Art Veralltäglichungsprozeß des Sektenlebens, die schrittweise Einwilligung in vorher abgelehnte Regelungen wie eine Bezahlung der Priester, Vorbereitung und Ritualisierung der Gottesdienste, Orgelmusik und eingeübten Gesang. Auch die Selbstbezeichnung wechsle entsprechend von der Betonung von Nonkonformismus und Dissens zum »Freikirchlichen« (II, 287), und die

---

46 Max Weber, »Die protestantische Ethik und der Geist des Kapitalismus«, in: ders., *Gesammelte Aufsätze zur Religionssoziologie*, Bd. I, Tübingen 1920, S. 196f.; Niebuhr, *The Social Sources of Denominationalism*, S. 70.
47 Yinger, *Religion in the Struggle for Power*, S. 18ff.
48 Howard Becker, *Systematic Sociology*, New York 1932, S. 626.

soziologische Terminologie habe solchen Veränderungen Rechnung zu tragen. Die Vielfalt der religiösen Gemeinschaften ohne starken Bekehrungseifer erleichtere dann ein System wechselseitiger Toleranz.

Da die Denominationen typisch für die USA sind, ist dies der Punkt, an dem Stark die Frage aufnehmen muß, die hier zu Beginn der Beschäftigung mit dem Sektenwesen gestellt wurde, warum nämlich ein Land ohne »established religion« zugleich eine Brutstätte des Sektenwesens habe sein können. Seine Antwort darauf stützt sich wesentlich auf ein – ebenfalls von Niebuhr beeinflußtes – Werk der historischen Religionssoziologie, nämlich das von Will Herberg.[49] Kurz gefaßt, hat seine Erklärung drei Komponenten: die spezifischen Bedingungen der Frontier, wo keine etablierte Oberschicht existierte; die Folgen der Masseneinwanderung, durch die selbst an Monopol gewöhnte Kirchen in den USA faktisch zu Sekten wurden; und die Herausbildung einer Ideologie des Amerikanismus, in der die Demokratie und das amerikanische Volk sakralisiert wurden. So vorbildlich die wechselseitige Toleranz der Religionsgemeinschaften ist, liege doch in der »amerikanischen Ideologie« eine eigene Gefahr für den moralischen Universalismus des Christentums. Mit einer Warnung vor dieser Gefahr – der Selbstsakralisierung Amerikas – endet der zweite Band.[50]

---

49 Will Herberg, *Protestant – Catholic – Jew. An Essay in American Religious Sociology*, New York 1955. Dazu ausführlicher oben, in der Einführung zu diesem Teil IV.
50 Die Erklärung der Entstehung des Systems des Denominationalismus und der Nachweis, daß manche Sekten zu Denominationen wurden, darf allerdings nicht zu dem Umkehrschluß verleiten, daß alle Denominationen ursprünglich Sekten waren. Im Fall der katholischen, orthodoxen und lutherischen Einwandererkirchen hat Stark das selbst erkannt. Im Fall der Methodisten bestreitet er gegen die Spezialliteratur, daß diese schon in ihren Ursprüngen eine Art loyale Opposition zur Staatskirche dargestellt hätten.

Die Universalkirche

Der dritte Band von *The Sociology of Religion*, als Synthese der beiden ersten gedacht, stellt nun die beiden Strömungen des Christentums ins Zentrum, in denen für Stark der Universalismus am stärksten erhalten geblieben ist: den Katholizismus und den Calvinismus. Immer wieder hebt der Autor hervor, wie sehr Calvins Genf tatsächlich Rom als Zentrum einer Universalkirche ablösen sollte, spricht von »the great Genevan« (III, 244) und bezeichnet es sogar als Hauptthese seines Buches, »daß wir nämlich im Calvinismus auf eine dritte Form von religiöser Tradition stoßen, die sich sowohl von den Staatskirchen als auch von der sektenhaften Religiosität unterscheidet« (III, 113). Während England immer wieder als Beispiel für »established religion« dient, wird das calvinistisch geprägte Schottland in ein viel besseres Licht gerückt. Dabei ist Stark sich des Einflusses der (calvinistischen) Presbyterianer auch in der Geschichte Englands durchaus bewußt (III, 119), findet aber insgesamt nicht zu einem wirklich differenzierten Bild der englischen Verfassungsgeschichte.[51]

Dennoch: Gegen das Urteil einer reinen Apologetik des Katholizismus von seiten Starks spricht neben dieser starken Würdigung Calvins und des ursprünglichen Calvinismus auch seine Darstellung des antiken Judentums im einleitenden Teil des dritten Bandes (III, 28-45). Empirisch ist dieser heute unhaltbar. Die Rolle der Propheten wird so hypostasiert, daß es aussieht, als habe es bereits eine Art Trennung von Kirche und Staat im Judentum gegeben; das wird heute niemand verteidigen wollen.[52] Aber eine wohlwollende Interpretation wird darin wie in der Würdigung Calvins und dann eben auch des Katho-

---

51 Vgl. G. R. Dunstan, »Rezension: Werner Stark, *The Sociology of Religion*, Bd. III«, in: *Religious Studies* 6 (1970), S. 197-199.
52 Vgl. Joas, *Die Macht des Heiligen*, S. 264-270 und die dort angegebene Literatur.

lizismus das Motiv der Berufung auf den moralischen Universalismus am Werk sehen.

Man hat Stark, wie erwähnt, sowohl eine Idealisierung des Mittelalters als auch des goldenen Zeitalters Spaniens unter Philipp II. als auch der katholischen Kirche insgesamt vorgeworfen. Ein gerechteres Urteil könnte besagen, daß ihm das mittelalterliche Christentum deshalb als Orientierungspunkt dient, weil es ein vornationales Zeitalter war (III, 13). Es ist sein Antinationalismus, der in ihm die Sehnsucht nach einer Zeit wachrief, in der ein anderer Zusammenhang von »Nachbarschaftsgemeinschaft« (»neighborhood community«) und »Einheit der Welt« (»world unity«) existierte als in der Zeit, in der die Nation zum Maß aller Dinge wurde (»all-importance of nationhood«). Vor einer Idealisierung der mittelalterlichen Kirche bewahrte ihn aber der genauso ausgeprägte Sinn für die Gefahr, der diese sehr wohl unterlegen ist, nämlich das »allzu enge Bündnis« (»all-too-close alliance«) mit der Feudalordnung (III, 14). In dieser Fusion sieht er eine (berechtigte) Quelle der Reformation. Die Kirche habe trotz aller meritokratischen Züge immer wieder vor der Statusordnung der Feudalgesellschaft kapituliert (III, 246). Ohne Idealisierung fahndet Stark deshalb nach Ansätzen einer Relativierung staatlicher Macht in den Kirchenreformen des Mittelalters. Mit Alois Dempf spricht er von einer praktischen Vorwegnahme der englischen Magna Carta im Zusammenhang des Kampfes zwischen Papst Gregor VII. und Kaiser Heinrich IV.[53] Gewiß ist es anachronistisch und irreführend, wenn Stark von »demokratischen« Tendenzen der Kirche redet, wo eher von theokratischen und egalitaristischen die Rede sein müßte. Aber erneut könnte man den Versuch würdigen, eine andere Geschichte der Freiheit zu erzählen, als sie von Protestanten und in der angelsächsischen Welt typischerweise erzählt wird.

---

53 Alois Dempf, *Sacrum Imperium. Geschichts- und Staatsphilosophie des Mittelalters und der politischen Renaissance* [1929], Darmstadt 1954, S. 187.

Wie riskant dieser Versuch allein war, zeigen vor allem die Reaktionen auf Starks Würdigung Spaniens. Er wußte selbst, daß Philipp II. in dieser Welt seit langem und immer noch als »das Symbol der Tyrannei oder sogar als das Symbol für alles Böse« (III, 160) betrachtet wurde. Erneut wollte er Abstand von aller Idealisierung halten und kritisiert sogar das berühmte Buch des deutschen Dichters Reinhold Schneider als nicht gefeit vor dieser Gefahr (III, 160).[54] Sein zentraler Punkt bestand in dem Kriterium, inwiefern die Rechtfertigung der Herrschaft eines Königs diesen über oder unter das Gesetz stellt und inwiefern diese Rechtfertigung vom Herrscher innerlich akzeptiert wird. Fruchtbar sind in der Spanien-Interpretation Starks vor allem die Würdigung der denkerischen Ansätze der spanischen Spätscholastik, der Dramen Pedro Calderóns de la Barca und die ausführliche Beschäftigung mit der Geschichte des spanischen Kolonialismus. Unter dem Gesichtspunkt von Rassismus und Rassenbeziehungen scheint ihm die Bilanz dort nicht schlechter auszufallen als in den USA (III, 232). Insgesamt könnte man den ganzen ersten Teil des dritten Bandes als den Versuch interpretieren, die Einbeziehung auch der universalistischen Kirchen in partikulare Ordnungen auf ihre Gefahren für den Universalismus hin zu analysieren. Denn auch ohne De-jure-Identifikation einer Kirche mit einem bestimmten Staat kann es eine De-facto-Identifikation mit ihm geben (III, 249).

Der zweite Teil ist dann der Frage gewidmet, wie die Selbstbefreiung der Kirche aus den Fangarmen der Welt, wenn diese sie an ihrem universalistischen Auftrag hindern, geschehen kann. Im Rahmen eines religionssoziologischen Werks heißt das, erneut nach Bewegungs- und Organisationsformen Ausschau zu halten, in denen solche Bestrebungen organisatorische Form annehmen können. Deshalb wendet sich Stark nun den großen kirchenreformerischen Persönlichkeiten und insbeson-

---

54 Reinhold Schneider, *Philipp der Zweite oder Religion und Macht* [1935], Frankfurt/M. 1987.

dere dem Mönchtum und den Orden zu. Diese sind für ihn das innerkirchliche Äquivalent zu den rebellischen und revolutionären Sekten. In großer Breite stellt er die Entstehung des Mönchtums (in Ägypten) noch vor der Konversion Kaiser Konstantins, die Organisation des mönchischen Lebens durch Benedikt von Nursia und dann insbesondere die mittelalterliche Klosterreform und die Entstehung des Franziskanerordens dar. Vor allem die von Cluny ausgehende Klosterreform entspricht seiner Vorstellung einer Unabhängigkeit der Kirche von lokalen Machtstrukturen und spezifischer Bindung an soziale Klassen (III, 269). Leitfaden ist die Frage nach »der periodischen Neugeburt des Universalismus im Kirchenleibe«.[55] Unbestreitbar ist für Stark, daß bei der Entstehung der Orden immer auch ein Moment des Antiklerikalismus im Spiel war (III, 409) und daß die Kirche nicht selbst die Orden gründete. Deshalb ist oft – etwa bei Franziskus von Assisi – keineswegs vorentschieden gewesen, ob ein religiöser Aufbruch zu einer Sekte oder einem Orden führen würde. Das entscheidet sich erst im Wechselspiel mit der kirchlichen Autorität.

Auch den nachreformatorisch entstandenen Orden widmet sich Stark ausführlich, etwa den Redemptoristen, vor allem aber den Jesuiten. Ignatius von Loyola wird präsentiert als der Initiator der von den Reformatoren verfehlten Synthese von Mystik und Organisation (III, 372), einer Leistung, die über das tridentinische Konzil die Kirche insgesamt aufs stärkste umgewandelt habe.

Während die Darstellung der katholischen Kirche von einem optimistischen Vertrauen in deren Fähigkeit zur Selbsterneuerung getragen ist – merkwürdigerweise ganz ohne aktualisierte Bezüge zum II. Vatikanischen Konzil, das der Niederschrift dieses Buches unmittelbar vorausging –, nimmt die Darstellung der anderen großen Form des christlichen Universalismus, nämlich des Calvinismus, eher die Gestalt einer tragischen Unter-

---

55 Stark, *Grundriß der Religionssoziologie*, S. 99.

gangsgeschichte an. Dieser Untergang sei schon von Anfang an insofern eine Gefahr gewesen, als dieses »Streben nach Universalität« (»drive for universality«) zu einer Zeit begann, »als der Kompaß der Entwicklung in einer Weise, die von der Reformation selbst gefördert, wenn nicht sogar freigesetzt worden war, in Richtung des Nationalismus, der Desintegration der Welt und einer zersplitterten Religiosität wies« (III, 426). Die Spaltung des Calvinismus in Presbyterianer und Kongregationalisten, an Klassentrennlinien orientiert, habe sein universalistisches Potential geschwächt (III, 429). Die Anpassung an die bürgerlich-kapitalistische Ordnung oder gar – in Südafrika und den USA – an sklavenwirtschaftliche Verhältnisse (III, 243) habe ihm dieses dann in einzelnen Ländern ganz ausgetrieben.

Die Frage lautet natürlich, ob diese Einschätzungen zu ihrer Zeit und aus zeitlichem Abstand rückblickend als Ausdruck persönlicher Glaubensüberzeugungen, der in einer wissenschaftlichen Arbeit nichts zu suchen hätte, oder als argumentativ nachvollziehbar erscheinen. Es wäre besser gewesen, wenn Stark den moralischen Universalismus als Maßstab für alle Christen, an dem sie alle immer wieder zu scheitern drohen, deutlich gemacht hätte. Die Bilanzierung hätte dann empirisch differenziert, aber ohne konfessionelles Plädoyer ausfallen können. Wenn aber schon die Konfessionalität betont wird, dann wäre mehr Selbstkritik gegenüber den spezifischen Gefahren der katholischen Tradition möglich gewesen. Die größere, aber keineswegs überall zu findende Distanz zum Nationalismus und einer Sakralisierung der Nation auf katholischer Seite kann ja mit einer – im Vergleich zum Calvinismus – größeren Bereitschaft zur Sakralisierung eines Herrschers einhergehen. Die katholische Kirche war bis in unsere Zeit, in den Worten Karl Rahners, Weltkirche eher in potentia als in actu,[56] und die besondere

---

56 Karl Rahner, »Theologische Grundinterpretation des II. Vatikanischen Konzils«, in: ders., *Schriften zur Theologie*, Bd. XIV, Köln 1980, S. 287-302.

Gefahr des Katholizismus war immer die Selbstsakralisierung der Kirche.[57] Davon ist bei Stark nichts zu lesen.

Sein Werk hat also gewiß in vielen Hinsichten Mängel. Aber diese rufen nach konstruktiver Beseitigung, nicht nach Ausschluß des Verfassers aus der Gemeinschaft der Wissenschaftler. Gewiß auch ist die Prosa Starks nicht frei von rein rhetorischen Zügen. Aber es gelingen ihm auch glänzende Formulierungen und tiefe Einsichten. Am gerechtesten unter den Zeitgenossen Starks scheint mir David Martin geurteilt zu haben. Er schrieb 1973 – in einer jüdischen Zeitschrift –, daß ein Verständnis des Katholizismus von innen nicht verhängnisvoller für die Wissenschaft sei als die kulturellen Selbstverständlichkeiten der protestantisch geprägten angelsächsischen Welt in deren Selbstanalysen. Er sagte aber auch voraus, daß das Werk Starks wahrscheinlich das Schicksal haben werde, als isoliertes Monument in der Landschaft zu stehen, selten aufgesucht und wenn, dann nur, um herabsetzende Kommentare daraufzukritzeln.[58] Es scheint mir an der Zeit, zu einem anderen Umgang mit diesem jüdischen Emigranten und großen katholischen Gelehrten zu finden.[59]

---

57 Auch dazu Karl Rahner, »Kirche der Sünder«, und ders., »Sündige Kirche nach den Dekreten des Zweiten Vatikanischen Konzils«, in: ders., *Schriften zur Theologie*, Bd. VI, Einsiedeln 1965, S. 301-320 bzw. S. 321-345.
58 Frei nach: David Martin, »Rezension: Werner Stark, *The Sociology of Religion*, Bd. V«, in: *The Jewish Journal of Sociology* 15 (1973), S. 125 f.
59 Mit Dank an Heinrich Schmidinger und Hermann Strasser für ihre Kommentierung einer früheren Fassung dieses Kapitels.

4
Weberianischer als Weber?: David Martin

Im Jahr 2011 wurde ich gebeten, für das neue Buch des britischen Religionssoziologen David Martin (1929-2019), das unter dem Titel *The Future of Christianity* erscheinen sollte, eine kurze Stellungnahme zu Werbezwecken beizusteuern.[1] Meine Bemühung, eine Kurzformel für die hauptsächliche Leistung seines weitgespannten Lebenswerks zu finden, brachte mich auf die Formulierung, er sei der Pionier einer »politischen Soziologie der Religion«. Glücklicherweise akzeptierte der Autor, der sich selbst nie in dieser Weise präsentiert hatte, meine Charakterisierung. Es bedarf vermutlich nicht der ausdrücklichen Erwähnung, daß mit dieser Formel nicht gemeint war, David Martin neige dazu, Religionen als den bloßen verzerrten Ausdruck der eigentlichen »materiellen« Bedürfnisse der Menschen, ihrer politischen Ansprüche und Beschwerden, aufzufassen. Schon ein oberflächlicher Blick auf die komplexe Verschränkung empirischen historisch-soziologischen Wissens und theologischer Reflexion bei diesem Gelehrten kann vor einem solchen Irrtum bewahren. Es ging mir vielmehr darum, daß hier ein religionssoziologischer Forschungsansatz vorliegt, in dem Prozesse der Säkularisierung und der religiösen Revitalisierung nicht als Summierung individueller Akte der Konversion, der religiösen Erfahrung oder Entscheidung gedacht werden, sondern so, daß den Bestimmungsgründen der Haltung von Individuen zu Kirchen und Religionsgemeinschaften wirklich Rechnung getragen wird. Individuen nehmen Religionsgemeinschaften aller Art

---

[1] David Martin, *The Future of Christianity. Reflections on Violence and Democracy, Religion and Secularization*, Farnham 2011.

nämlich ganzheitlich wahr. Es geht ihnen in der Regel nicht oder zumindest nicht in erster Linie um Zustimmung zu oder Ablehnung von theologischen Lehrsätzen oder Lehrgebäuden, sondern um einen – wie es in der neueren Konversionsforschung heißt – »locus of self-definition«,[2] das heißt um eine Orientierung auf eine Bestimmung der eigenen Identität und eine Bereitschaft zur Akzeptanz einer bestimmten moralischen Autorität. Diese Sicht auf die Selbstzuordnung von Individuen zu Religionsgemeinschaften paßt zur These David Martins, daß die Haltungen von Kirchen und Religionsgemeinschaften zu zentralen politischen Fragen, insbesondere aber die grundlegenden dauerhaften Muster des Verhältnisses von politischer Macht und Religion die entscheidende Dimension bilden, wenn es um die soziologische Erklärung von Religionsentwicklung und Säkularisierung geht. Zu diesen zentralen politischen Fragen gehören etwa die nationale Frage, die soziale Frage, die demokratische Frage, die Fragen der Rechte des Individuums und die des religiösen Pluralismus, zu den Konstellationen gehören insbesondere die institutionellen Regelungen des Verhältnisses von Staat und »Kirche«. Die Liste von politischen Fragen ist weder vollständig noch über die Geschichte hinweg stabil. In unserer Zeit kann etwa, zumindest in einigen Ländern, die Frage nach der Geschlechtergerechtigkeit als absolut zentral empfunden werden – als viel wichtiger jedenfalls, als dies je zuvor der Fall war. Selbstverständlich hängt die Dringlichkeit der »nationalen« Frage davon ab, ob ein Land etwa durch äußere Mächte geteilt beziehungsweise als Ganzes unterdrückt ist oder ob die nationale Einheit als unumstritten und gesichert erscheint. Es geht bei all diesen Fragen um die subjektive Wahrnehmung von Dringlichkeit.[3] Mit dieser Zentrierung auf im weitesten

---

[2] Robert W. Hefner, »Introduction: World-Building and the Rationality of Conversion«, in: ders. (Hg.), *Conversion to Christianity*, Berkeley 1993, S. 3-44, hier S. 17.
[3] Hans Joas, *Glaube als Option. Zukunftsmöglichkeiten des Christentums*, Freiburg 2012, S. 66-85.

Sinn politische Fragen wird nicht behauptet, daß ökonomische Prozesse oder wissenschaftliche und kulturelle Entwicklungen irrelevant seien für die Religionsgeschichte. Die These lautet aber, daß die Wirkungen all dieser Veränderungen ebenso wie die Eigendynamiken, die sich aus den Erfahrungen religiöser Gewißheit oder den Impulsen religiösen Zweifels ergeben, notwendig durch die politischen Spannungsfelder hindurchmüssen. Auf diesem Wege erst gewinnen sie ihre säkularisierende oder entsäkularisierende Kraft, entscheidet sich in der Konkurrenz der Religionsgemeinschaften die Attraktivität der einen gegenüber der anderen.

David Martin ist der Pionier einer in diesem Sinne zu verstehenden politischen Soziologie der Religion. Er selbst spricht davon, daß die Religionssoziologie und die politische Soziologie »joined at the hip«[4] seien – von Anfang an zusammengewachsen wie siamesische Zwillinge. Für ihn müssen deshalb beispielsweise die Geschichte des Nationalismus und die Geschichte der Religion in einem gemeinsamen Rahmen untersucht werden. Das heißt, daß die Mythen und Rituale säkularer Staaten nicht verständlich werden, wenn wir sie nicht auch als Transformationen religiöser Mythen und Rituale oder als Resultate der Opposition zu ihnen betrachten. Diese Forderung nach einer integrierten Betrachtungsweise der Dynamiken der Sakralisierung und der Dynamiken der Macht bedeutet nicht, daß Nationalismus oder Säkularismus als Religionsersatz, Quasireligionen oder »politische Religionen«[5] zu Gegenständen der

---

4 David Martin, *Secularisation, Pentecostalism and Violence. Receptions, Rediscoveries and Rebuttals in the Sociology of Religion*, Abingdon 2017, S. 13.

5 Wie bei Eric Voegelin und seinen Schülern. Vgl. Eric Voegelin, *Die politischen Religionen* [1938], München 1993. Zur Kritik an diesen und ähnlichen Ansätzen vgl. Hans Joas, »Sakralisierung und Entsakralisierung. Politische Herrschaft und religiöse Interpretation«, in: Friedrich Wilhelm Graf, Heinrich Meier (Hg.), *Politik und Religion. Zur Diagnose der Gegenwart*, München 2013, S. 259-286.

Religionssoziologie erklärt werden sollen. Das würde die unhistorische Vorstellung voraussetzen, daß alle Menschen religiöse Bedürfnisse hätten und alle Unterdrückung von Religion deshalb nur zur Verschiebung dieser Bedürfnisse führen könne. Dem steht die Auffassung entgegen, daß Menschen zwar ohne Religion leben können, aber in der Tat nicht ohne Sakralisierung.⁶ Alles jedoch, was als »heilig« empfunden wird, hat Konsequenzen auf dem Gebiet der Macht, und keine politische Macht kann stabilisiert werden ohne den Glauben an ihre Legitimität. In dieser Legitimität steckt immer ein Bezug zum Heiligen, sei es in der Gestalt des Charismas einer Führergestalt, der heiligen Aura einer Tradition oder von formalen Prozeduren, deren Ergebnisse aber nur respektiert werden, wenn diese Prozeduren selbst als legitim erachtet werden.

An dieser Stelle wird sich bei manchen der Einwurf melden, das bisher Gesagte sei doch nicht neu. Schon Max Weber habe konsequent Religions- und Herrschaftssoziologie miteinander verknüpft und entsprechend die Typologie der Formen legitimer Herrschaft entwickelt, auf die soeben angespielt wurde.⁷ In der Tat gibt es gute Gründe, David Martin einen Weberianer zu nennen, und zu den genannten Gründen kommt als besonders wichtiger hinzu, daß der ganze Stil seiner historischvergleichenden Forschung an das große Vorbild Max Weber erinnert. Doch war Martin nicht Mitglied einer an Weber anknüpfenden Schule oder stark um die Auseinandersetzung mit den Schriften des Klassikers bemüht. Ich möchte ihn »weberianischer als Weber« nennen.

Diese Kennzeichnung kann erneut leicht mißverstanden werden. Wenn wir jemanden »päpstlicher als der Papst« nennen, ist dies gewiß kein Kompliment. Auch das apokryphe Zitat von

---

6 Die These, Sakralisierung sei ein universales anthropologisches Phänomen, habe ich entwickelt in: Hans Joas, *Die Macht des Heiligen. Eine Alternative zur Geschichte von der Entzauberung*, Berlin 2017, S. 423-446.
7 Max Weber, *Wirtschaft und Gesellschaft*, Tübingen 1922, S. 122-176.

Marx, »Moi, je ne suis pas Marxiste« (»Ich selbst bin kein Marxist«), zielt vornehmlich darauf, einzelnen oder allen Marxisten eine Engstirnigkeit oder einen Dogmatismus vorzuwerfen, dessen sich der Meister selbst nicht schuldig gemacht habe. Ich will mit der genannten Kennzeichnung David Martins aber den gegenteiligen Effekt auslösen. Martin gehört nicht zu denen, die Webers kanonischen Status und seine enorme Reputation dazu gebrauchen, ihrem eigenen Vorgehen oder »Paradigma« einen unangreifbaren Status zu verleihen. Er arbeitet wie Weber, was ihn allerdings auch dazu gezwungen hat, sich von Webers Ergebnissen zu unterscheiden.

Entscheidend für das Verständnis scheint mir hier die Spannung zu sein, die zwischen Webers faktischen Forschungen und seinen berühmten Charakterisierungen langfristiger Tendenzen sozialen Wandels besteht. Weber wurde durch die Behauptungen von einem weltgeschichtlichen Prozeß der Rationalisierung, der Entzauberung und der Bürokratisierung einflußreicher als durch seine tatsächlichen Forschungen. Das müßte nicht irritieren, wenn die großen Behauptungen tatsächlich ihrerseits als empirische Entdeckungen methodisch betriebener Forschung eingeschätzt werden dürften. So wird dies auch in der Literatur zu Weber gerne dargestellt. Alternativ zu dieser konventionellen Sicht läßt sich aber die These verteidigen, Weber habe an einem bestimmten Punkt seiner Werkentwicklung unter dem Druck einer wachsenden Fragmentierung seiner Arbeit seinem Material vieldeutige und übergroße Tendenzbehauptungen übergestülpt, also zu dem gegriffen, was David Martin »gefährliche Prozeßbegriffe« (»dangerous nouns of process«) nennt.[8]

An dieser Stelle kann es selbstverständlich nicht darum gehen, diese Unterschiede in der Sicht auf Webers Werk näher zu untersuchen.[9] Wichtig ist nur, daß auf diesem Hintergrund

---

8 Martin, *The Future of Christianity*, S. 5.
9 Dazu ausführlich: Joas, *Die Macht des Heiligen*, S. 201-277 und S. 375-

David Martins politische Soziologie der Religion sowohl als Kulmination von Webers historisch-vergleichendem Forschungsprogramm wie auch als Ausweg aus möglichen Sackgassen von Webers Diagnose der Moderne und ihrer Genese betrachtet werden kann. Wenn diese Beschreibung zutrifft, dann ist es alles andere als trivial, Martins Werk »weberianischer als Weber« zu nennen. Denn dann ist seine Bedeutung auch nicht auf das Gebiet der Religionssoziologie begrenzt.

Dies soll der Leitfaden der folgenden Darstellung sein. Nicht angestrebt wird ein vollständiger Überblick über die Arbeiten Martins. Es soll vielmehr nur um drei Bereiche gehen: erstens um den Versuch einer allgemeinen Theorie der Säkularisierung, wie er ihn in seinem entsprechend betitelten Hauptwerk *A General Theory of Secularization* 1978 unternommen hat; zweitens um die Erforschung der globalen Expansion der Pfingstbewegung und des Christentums; und drittens um die noch größere historische Rahmung von Martins Religionstheorie, wie sie sich in seinen Arbeiten zur sogenannten Achsenzeit und zum Problem der Gewalt in den und durch die Religionen zeigt.

Eine allgemeine Theorie der Säkularisierung?

Trotz der Herkunft aus bescheidenen Verhältnissen und eines windungsreichen frühen Bildungsgangs machte David Martin, 1929 in London geboren, sich sehr früh einen Namen in der wissenschaftlichen Welt.[10] Noch aus der studentischen Arbeit stammt sein klassisch gewordener Aufsatz »The Denomination«

---

417. David Martins eigener Versuch zu einer Alternative zu Webers »Zwischenbetrachtung« ist: David Martin, *Ruin and Restoration. On Violence, Liturgy and Reconciliation*, Abingdon 2016 (mit einem Vorwort von Charles Taylor).

10 Sehr lesenswert ist seine Autobiographie: David Martin, *The Education of David Martin. The Making of an Unlikely Sociologist*, London 2013.

von 1962, in dem er in Auseinandersetzung mit dem Werk H. Richard Niebuhrs den doppelten Nachweis führte, daß der christliche Organisationstypus der »denomination« nicht erst in den USA, sondern schon in Großbritannien entstanden sei, und daß es keineswegs zutreffe, daß Denominationen notwendig ihren Ursprung in (rebellischen) Sekten hätten.[11] In einem anderen frühen Aufsatz (von 1965) erregte Aufsehen, daß Martin nichts Geringeres forderte als die Eliminierung des Begriffs »Säkularisierung« aus dem Vokabular der Soziologie.[12] Auf diesem Hintergrund mußte es als merkwürdig erscheinen, daß derselbe Autor ein gutes Jahrzehnt später zu einer allgemeinen Theorie der Säkularisierung ansetzte. Noch Jahrzehnte später wurde dieses Buch, bei allem Respekt, als »one of the most gloriously mistitled works in our field«[13] bezeichnet.

David Martin war über diese Spötterei nicht glücklich und fühlte sich auch mißverstanden. Mit der Forderung nach der Eliminierung des Begriffs Säkularisierung hatte er ja weder das Wort verbieten noch die Analyse der gemeinten Sachverhalte untersagen wollen. Es war ihm vielmehr um die falsche Eindeutigkeit des Begriffs und seine politische Aufladung gegangen sowie darum, durch eine alternative Begrifflichkeit für die verschiedenen Bedeutungsebenen die Forschung sachgemäßer zu machen. Was weiterhin den Anspruch einer »allgemeinen Theorie« betrifft, hängt offensichtlich alles davon ab,

---

11 David Martin, »The Denomination«, in: *British Journal of Sociology* 13 (1962), 1, S. 1-14. Berühmt ist die Formulierung Martins in diesem Aufsatz (S. 13): »The sociological idea of the denomination is the idea of Her Majesty's Opposition, of disagreement within consensus, except that the opposition is permanently out of office.« Zu Niebuhr vgl. oben in diesem Teil, Kap. 2.

12 David Martin, »Towards Eliminating the Concept of Secularization«, in: ders., *The Religions and the Secular. Studies in Secularization*, London 1969, S. 9-22.

13 Kevin Christiano, »Clio Goes to Church. Revisiting and Revitalizing Historical Thinking in the Sociology of Religion«, in: *Sociology of Religion* 69 (2008), S. 1-28, hier S. 20.

was unter einer solchen in den Sozialwissenschaften eigentlich zu verstehen ist. Das ist nämlich keineswegs eindeutig. Verstehen wir darunter im Anschluß an den Positivismus des neunzehnten und den logischen Positivismus des zwanzigsten Jahrhunderts Aussagen über gesetzmäßige Zusammenhänge zwischen kausalen Variablen und ihren Wirkungen, dann können solche Aussagen als Hypothesen unabhängig von der eigentlichen empirischen Forschung entwickelt werden. Diese an sich unhistorischen Aussagen müssen dann – gewissermaßen von außen – auf das historisch-empirische Material angewendet werden, wobei es zu ihrer Falsifizierung oder – immer notwendig vorläufigen – Verifizierung kommt. Nach dieser Ansicht spielt es für das Verständnis eines Forschungsgegenstands keine Rolle, ob dieser menschliches Handeln und Geschichte darstellt oder nicht.

Es gibt allerdings noch ein ganz anderes Verständnis von »allgemeiner Theorie«. Dieses hat sich vor allem in der deutschen Tradition von Historismus und Hermeneutik herausgebildet. Diesem Verständnis zufolge gibt es keine ungeschichtlichen Gesetzmäßigkeiten menschlichen Handelns. Der Traum einer »sozialen Physik« wird nie verwirklicht werden können. Hier werden immer individuelle Fälle studiert, allerdings so, daß sich durch sorgfältigen Vergleich mit anderen Fällen schrittweise verallgemeinernde Feststellungen herausbilden, die dann eine Anleitung für die Erklärung der Verläufe in einem weiteren Fall bilden. Wenn dieser neue Fall sich nicht als einer herausstellt, der in der erwarteten Weise beschrieben werden kann, heißt das noch lange nicht, daß unsere bisherige Generalisierung damit vollständig widerlegt sei. Wir sind dann allerdings gezwungen, unser bisheriges Erklärungsmuster so zu modifizieren, daß es nun auch den neuen Fall umgreift. Auf diese Weise wird unsere Theorie Schritt um Schritt historisch gesättigter, aber eben gerade nicht unhistorisch oder überhistorisch. So ist die Logik der historisch-vergleichenden Forschung in der nichtpositivistischen Tradition zu verstehen. Erneut muß hier nicht erörtert werden, ob Max Weber in seinen methodologischen Schriften tatsächlich eine korrekte Darstellung dieser Logik und seines eigenen Vorgehens geliefert hat oder nicht.[14]

Diese Überlegungen mußten deshalb relativ ausführlich an dieser Stelle benannt werden, weil David Martins »allgemeine Theorie« zwischen den beiden Bedeutungen dieses Begriffs zu schwanken scheint und dies ihr Verständnis belastet. Martins eigentliche Tendenz geht in die historisch-hermeneutische Richtung, doch versucht er, seine Erkenntnisse in einem quasipositivistischen Theorierahmen zu artikulieren. So beginnt das Buch mit der Bekundung, daß die bisherige Forschung gewisse Tendenzen zur Säkularisierung in Industriegesellschaften nachgewiesen habe und diese als »ziemlich gut etabliert« (»fairly well established«)[15] gelten sowie in quasigesetzmäßiger Form präsentiert werden könnten. Religiöse Institutionen würden in dem Maße geschwächt, in dem eine Region von der Schwerindustrie dominiert werde, ganz besonders, wenn die Bevölkerung dort homogen proletarisch sei. Religiöse Praxis sinke proportional zum Anteil der städtischen Konzentration der Bevölkerung. Diese angeblich gut gesicherten empirischen Erkenntnisse sind freilich weder unumstritten noch selbstverständlich plausibel. Sie beruhen auf bestimmten Annahmen über die »Industriegesellschaft« und über funktionale Differenzierung, die so nicht dem Geist einer »politischen Soziologie der Religion« entsprechen; in dieser werden ja zum Beispiel nicht einfach die Arbeits- und Lebensbedingungen des Industrieproletariats für dessen Säkularisierung, wenn sie gegeben ist, verantwortlich gemacht, sondern es spielen die Erfahrungen der Arbeiter und ihrer sozialen Bewegung mit den Kirchen eine entscheidende Rolle. Martin will die konventionellen Behauptungen über

---

14 Vielleicht sind Ernst Troeltsch und Otto Hintze in dieser Hinsicht konsistenter. Es ist bedauerlich, daß beide in der historischen Soziologie ganz in den Schatten Webers geraten sind.
15 David Martin, *A General Theory of Secularization*, New York 1978, S. 2.

Gesetzmäßigkeiten auch keineswegs einfach wiederholen, akzeptiert sie aber als richtig »bei sonst gleichen Bedingungen«. Doch fügte er gleich hinzu: »Aber die Bedingungen sind nicht gleich; sie sind es nie«[16] – und es sei zentral für seine Argumentation, daß dies vor allem angesichts der »besonderen kulturellen (und im allgemeinen sprachlichen) Zusammenhänge, in denen sie wirksam werden«, gelte. Eine allgemeine Theorie muß für ihn deshalb universale Prozesse auf eine Typologie kultureller Kontexte beziehen und dann den Typ der »Brechung« spezifizieren, dem diese Prozesse darin unterworfen sind.

Diese Formulierung klingt wie ein bloßer Kompromiß zwischen den beiden Versionen eines Verständnisses von allgemeiner Theorie, die ich oben erläutert habe. Entsprechend unzufrieden waren diejenigen, die der strikteren Konzeption mit Blick auf die anzustrebende Aufdeckung sozialer Gesetzmäßigkeiten anhingen. Umgekehrt empfanden die eher historisch und hermeneutisch orientierten Vertreter des Faches zwar Martins Fallanalysen und Vergleiche als höchst erhellend, wunderten sich aber, warum er diese in einen Rahmen zu pressen versuchte, der die Grundannahmen der Theorie der Industriegesellschaft und der funktionalen Differenzierung nicht in Frage stellte.

Der eigentliche Gewinn von Martins Vorgehen liegt in der Erarbeitung und Anwendung einer Typologie grundlegender Muster des Verhältnisses von politischer Macht und Religion. Konnte es bei der ersten Kennzeichnung einer politischen Soziologie der Religion so aussehen, als ginge es ausschließlich um die Haltung von Religionsgemeinschaften zu einzelnen Ereignissen und politischen Streitfragen, zeigt sich jetzt, daß es Martin zwar auch darum geht – darauf wird zurückzukommen sein –, vor allem aber um dauerhafte Muster und Konstellationen. Natürlich wurzeln diese dauerhaften Muster ihrerseits in konstitutiven Ereignissen. Auf dem Gebiet des europäischen

---

16 Ebd., S. 3.

und nordamerikanischen Christentums nennt Martin aus der neueren Geschichte vor allem Erfolg beziehungsweise Scheitern der Reformation, das Ergebnis des englischen Bürgerkriegs 1642 bis 1660, der amerikanischen, der Französischen und der russischen Revolution, aber auch das Ausbleiben beziehungsweise Scheitern von Revolutionen in den lutherisch geprägten Territorien.[17] Ausgangspunkt der eigentlichen Typologie ist für den Briten Martin sein eigenes Land, dessen religiöse Lage er (in den 1970er Jahren) als »institutionelle Erosion, Erosion des religiösen Ethos, Bewahrung amorpher religiöser Glaubensvorstellungen«[18] charakterisiert. Die zugrundeliegende institutionelle Konstellation sei die einer partiellen Auflösung eines staatskirchlichen Monopols durch die Präsenz unabhängiger religiöser Organisationen und eine nur geringe politische Aufladung der Unterscheidung von religiös und säkular. Mit dem britischen Fall kontrastiert Martin laufend zwei andere Muster, nämlich das amerikanische und das französische.

Für den amerikanischen Fall sind eine frühe, grundsätzlich schon bei der Staatsgründung im späten achtzehnten Jahrhundert verfassungsmäßig garantierte Trennung von Staat und Religionsgemeinschaften und damit der Verzicht auf jede Form von Staatskirche typisch. In der amerikanischen Religionsgeschichte ist, bei allen ebenfalls unverkennbaren Tendenzen zur Säkularisierung des leitenden Ethos, ein hohes Maß von religiösen Einstellungen und sogar eine über lange Zeiträume anhaltende Expansion religiöser Institutionen zu beobachten. Während zwischen dem britischen und dem amerikanischen Fall gewisse Kontinuitäten und Ähnlichkeiten festzustellen sind (»denominationalism«), ist der französische Fall völlig anders gelagert. In Frankreich, aber auch in anderen »lateineuropäischen« Ländern findet sich eine Zweiteilung von Kultur und

---

17 Die DDR wird als Ausnahme erwähnt, deren »Revolution« aber auf die militärische Besetzung durch die Sowjetunion zurückgeführt (ebd., S. 5).
18 Ebd., S. 7.

Gesellschaft (»les deux Frances«). Im einen Teil der Bevölkerung sind religiöser Glaube und die damit verbundenen institutionellen und ethischen Formen stark; sie stehen aber einem anderen Bevölkerungsteil mit ebenso intensiven säkularistischen Überzeugungen und Institutionen gegenüber. Religion wird unter diesen Umständen leicht zum Gegenstand politischer Konflikte. Diese Konflikte können eskalieren und die gesellschaftliche Polarisierung verstärken; es kann aber auch zu Abmilderungen kommen, die Martin vor allem in Italien, nicht aber in Spanien beobachtet. Das lateinamerikanische Muster ist zwar vom lateineuropäischen beeinflußt, unterscheidet sich von diesem aber durch die spezifischen Bedingungen der (viel späteren) Christianisierung. Hier gibt es mehr als in Europa eine katholische Linke, was wiederum zur Reduktion der säkularistischen Militanz in der sonstigen Linken beitrage. Zu den Hauptmustern fügte Martin ein »russisches« Muster hinzu, das er – gemeint sind die Bedingungen der Sowjetherrschaft – als einfache Umkehrung der Fusion staatlicher und religiöser Macht in Gestalt einer marxistischen Orthodoxie als Staatsideologie auffaßt. Religiöser Glaube und religiöse Institutionen stehen dabei unter massiver staatlicher Unterdrückung; innerhalb der religiösen Institutionen können, soweit ihnen das Überleben gelingt, Glaube und Ethos weiterbestehen.

Diese prinzipiell unterschiedenen Muster werden nun in den einzelnen Analysen keineswegs schematisch gehandhabt. Durch die Berücksichtigung der Spezialforschungen zu einzelnen Nationen und Regionen sowie zu einzelnen historischen Phasen treten weitere Aspekte in den Blick, die sich weder in der konventionellen Säkularisierungstheorie noch in einer Theorie, die ausschließlich auf die Muster der Staat-Kirche-Relation achtet, angemessen in Rechnung gestellt finden.

Diese werden freilich nirgends im Buch zusammenhängend dargestellt, sondern müssen aus den Einzelanalysen zusammengetragen werden. Fünf davon sollen hier hervorgehoben werden. David Martin achtet erstens kontinuierlich auf die außen- oder geopolitische Einbettung nationaler Entwicklungen. Entsprechend sind Kriege und ihre Folgen für die Religionsentwicklung immer wieder Thema seiner Erklärungsversuche. Wie eine Religionsgemeinschaft als Schutz nationaler Identität gegen deren Bedrohung oder umgekehrt als Instanz der Unterdrückung wahrgenommen werden kann, so kann sie als mitschuldig an einem verlorenen Krieg, den sie unterstützt hat, oder als ungenügend loyal empfunden werden. In Frankreich wurde nach der Niederlage gegen Preußen-Deutschland 1870 und in Spanien nach der Niederlage gegen die USA 1898 auch die Kirche vom allgemeinen Loyalitätsverlust in Mitleidenschaft gezogen, während in Österreich nach 1945 die klare Trennung der politischen Lager durch die Niederlage etwas schwächer wurde.[19] Zweitens sind natürlich auf der Seite der Kirchen und Religionsgemeinschaften immer auch Lernprozesse denkbar, die dazu führen, daß bisher gebilligte oder verteidigte institutionelle Arrangements an Stützung verlieren. Besonders kann dies der Fall sein, wenn eine Kirche übernational organisiert ist. Dann kann ein Lernprozeß auf globaler Ebene auch die Kirche in denjenigen Ländern beeinflussen, die von sich aus nicht zur entsprechenden Veränderung gefunden hätten. David Martin widmet ein ganzes Kapitel seines Buches dem, was er »reaktiven Organizismus« (»reactive organicism«) nennt,[20] also einer religiös bedingten Abkehr von Liberalismus und Säkularisierung des Staates. Andere sprechen von »antimodernen« Formen religiös-politischer Herrschaft. Im Buch geht es hier vor allem um Spanien und Portugal, wo dieses Muster allerdings

---

19 Ebd., S. 129. Dieser auf Max Weber zurückgehende Gedanke der Abhängigkeit innerstaatlicher Legitimität vom Ergebnis zwischenstaatlicher Konflikte wurde besonders energisch ausgearbeitet von: Randall Collins, »Imperialism and Legitimacy. Weber's Theory of Politics«, in: ders., *Weberian Sociological Theory*, Cambridge 1986, S. 145-166. Vgl. auch Hans Joas, *Kriege und Werte. Studien zur Gewaltgeschichte des 20. Jahrhunderts*, Weilerswist 2000, S. 76 u. ö.
20 Martin, *A General Theory of Secularization*, S. 244-277.

in ebendieser Zeit zu Ende ging, und um Organisationen wie Opus Dei; sehr differenziert wird aber auch die katholische Opposition gegen ebendiese organizistische Reaktion behandelt. Als dritte Komplikation der Theorie sind Gesichtspunkte zu nennen, die üblicherweise als »ökologisch« bezeichnet werden, allerdings in einem Sinn, der von der verbreiteten Verwendung dieses Begriffs in der breiteren Öffentlichkeit abweicht. Es geht nicht um das Mensch-Natur-Verhältnis, sondern um soziale Umwelten, im konkreten Fall etwa nicht nur darum, ob es in einem Land eine religiöse Minderheit gibt, sondern auch, ob diese territorial konzentriert oder über das Land verstreut lebt und wie ihre relative Größe im Verhältnis zur Mehrheitsgesellschaft ist. Viertens versucht David Martin – allerdings, wie er selbst beklagt, erst an einem relativ späten Zeitpunkt seiner Arbeit[21] – die Ideen von Edward Shils, mit dem er in Fragen der Hochschulpolitik zusammengearbeitet hat, über Zentrum und Peripherie in seine Analysen einzubauen. Bei Shils zielten diese nicht einfach auf die »geographische« oder »ökologische« Dimension sozialer Sachverhalte, sondern erschlossen deren jeweilige Nähe beziehungsweise Ferne zum sakralen Kern eines etablierten Legitimationssystems. Seine Fragestellung in diesem Zusammenhang lautet, welchen Beitrag eine Religionsgemeinschaft zur Legitimation der staatlichen Ordnung leistet und wie groß gewissermaßen der Abstand eines offiziösen Beitrags zum Leben der Bevölkerung ist. In Großbritannien etwa kann die öffentliche Rolle der anglikanischen Kirche groß, ihr Abstand zur Bevölkerung aber ebenfalls erheblich sein. Fünftens und letztens ist zu erwähnen, daß Martin einen Gedanken entwickelt, der erst einige Jahre später aus anderen Anstößen heraus in der Soziologie und der Technikgeschichtsschreibung geradezu modisch wurde.[22] Martin spricht davon, daß Gesell-

---

21 Ebd., S. 311, unter Bezug auf Edward Shils, *Center and Periphery*, Chicago 1975.
22 José Casanova, »Religions, Secularizations and Modernities«, in: *Euro-*

schaften einen Rahmen entwickeln, innerhalb dessen die künftigen Entwicklungen notwendig ablaufen. »An entscheidenden Wendepunkten der Geschichte entsteht ein System von Deichen und Kanälen, in dem sich dann der Fluß der Ereignisse abspielt.«[23] Der Mode gewordene Begriff dafür ist heute »Pfadabhängigkeit«, und er wird gerne anhand der keineswegs funktionalen Anordnung der Buchstaben auf dem Tastenfeld von Schreibmaschinen erläutert, die auch bei den heutigen Computertastaturen üblich ist. Eine mehr oder weniger zufällig entstandene Ausgangskonstellation kann sich durch selbstverstärkende Mechanismen auf Dauer erhalten.

Wie schon gesagt, handelt es sich bei diesen Bestandteilen von Martins Theorie um Abstraktionen aus seinen reichhaltigen Analysen. Diese betreffen nicht nur einzelne Gesellschaften oder Religionen, sondern auch eher systematische Fragen, beispielsweise die nach den Folgen von Migration für die Religiosität von Migranten. Martin zählt hier auf, daß das Ergebnis von vielen Faktoren abhänge, etwa ob es sich um saisonale Arbeitsmigration handle oder nicht, ob ganze Familien betroffen seien und ob die Bedingungen im Aufnahmeland gemeinsame Ansiedlung ermöglichten; zudem sei ausschlaggebend, ob sich die Religion des Aufnahmelandes massiv von der des Herkunftslandes unterscheide, ob zwischen diesen Religionen eine Konfliktgeschichte vorliege, wie groß die Zahl der Migranten sei, ob andere Identitätskennzeichen wie Sprache ebenfalls involviert seien, ob durch soziale Mobilität Muster der Endogamie durchbrochen würden und ob einzelne Besonderheiten äußerlicher Art sich als besonders integrationshinderlich erwiesen.[24] Erneut imponieren der synthetisierende Impuls und die Fähig-

---

pean Journal of Sociology 52 (2011), S. 423-445, hier S. 436. Klassisch zur »Pfadabhängigkeit« der Schreibmaschinentastatur: Paul A. David, »Clio and the Economies of QWERTY«, in: *American Economic Review* 75 (1985), S. 332-337.
23 Martin, *A General Theory of Secularization*, S. 15.
24 Ebd., S. 143.

keit zur differenzierten Analyse. Aber man kann nicht wirklich davon sprechen, daß der Anspruch einer »allgemeinen Theorie der Säkularisierung« auf diese Weise eingelöst worden sei. Die Befunde überschreiten den zu Beginn entwickelten theoretischen Rahmen, und die weiteren Komponenten werden nicht wirklich zu einem neuen Rahmen zusammengefügt. Die Tatsache, daß es ohnehin nur um das Christentum in Europa und Nordamerika geht, muß den Anspruch, eine allgemeine Theorie zu sein, weiter einschränken. Da andererseits auch kein zusammenhängendes Gegennarrativ zu dem der Säkularisierung vorgeschlagen wird, entwickelte das Buch auch keine Durchschlagskraft in der breiteren Öffentlichkeit. Darauf wurde auch die relativ geringe Bekanntheit David Martins außerhalb von Fachkreisen zurückgeführt.[25]

Mit diesen kritischen Bemerkungen soll die Einschätzung, sein Beitrag sei von epochaler Bedeutung für die Religionssoziologie, aber keinesfalls zurückgenommen werden. Es gab zu der Zeit ganz sicher kein Werk, das seinem überlegen gewesen wäre. Zu einem beträchtlichen Teil sind die späteren Schriften Martins als empirische und theoretische Versuche anzusehen, über den ersten Entwurf einer »allgemeinen Theorie« hinauszugehen. Dies gilt ausdrücklich für sein 2005 erschienenes *On Secularization*, das den Untertitel *Towards a Revised General Theory* trägt,[26] aber auch für viele seiner anderen Veröffentlichungen. Drei dieser Weiterentwicklungen seien hier dargestellt.

Die erste betrifft das »russische« Muster des säkularistischen

---

25 Das ist die These von Paolo Costa, »The One and the Many Stories. How to Reconcile Sense-making and Fact-checking in the Secularization Narrative«, in: Hans Joas (Hg.), *David Martin and the Sociology of Religion*, London 2018, S. 50-66. In Großbritannien selbst spielte David Martin allerdings eine publizistisch höchst aktive Rolle als »public intellectual«.

26 David Martin, *On Secularization. Towards a Revised General Theory*, Aldershot 2005.

Monopols. Dieses verschwand mit dem Zusammenbruch der kommunistischen Herrschaftssysteme in Europa, den niemand vorhergesehen hatte. Hier bestand die Herausforderung für Martin darin, die religiösen Entwicklungen nach dem Ende des Kommunismus mit den Mitteln seiner Theorie zu erklären. Eine besondere Herausforderung ist es, deren große Unterschiedlichkeit verständlich zu machen. Während es in einzelnen Gesellschaften (etwa in Rumänien, Bulgarien, Serbien und Albanien) zu religiöser Revitalisierung kam, blieb es in anderen (Ostdeutschland, Tschechien, Estland) beim extrem niedrigen Niveau religiöser Praxis, oder es sank ein zu kommunistischen Zeiten extrem hohes Niveau (Polen) nach dem Zusammenbruch leicht ab. Martins Beiträge gehen jeweils von den vorkommunistischen institutionellen Ordnungen aus, um durch diese den Erfolg oder Mißerfolg staatlicher Zwangssäkularisierung und die anschließenden Dynamiken religiöser Revitalisierung zu erklären, ebenso wie die in den einzelnen Ländern höchst unterschiedliche Rolle der Religion in den Umwälzungen, die zum Ende des Kommunismus führten.[27]

Eine zweite Herausforderung ergab sich nicht aus einer welthistorischen Umwälzung, sondern durch eine offensichtlich unzulängliche Voraussage, die aus seiner Theorie abgeleitet worden war. Unglücklicherweise betraf dieser Mangel Martins eigenes Land, Großbritannien. Wie er selbst retrospektiv einräumen mußte, erwies sich seine Erwartung hinsichtlich der Stabilität religiöser Überzeugungen und Praktiken als falsch. In seinem Buch *A Sociology of English Religion* hatte Martin den Kirchen in Großbritannien eine erstaunliche Resilienz und den einzelnen Menschen eine offensichtliche Bindung an religiöse Praktiken wie den Gottesdienstbesuch bescheinigt.[28] Auf die kulturellen Entwicklungen der 1960er Jahre wie auf die vom II. Vatikanischen Konzil ausgehenden Wirkungen war er

---

27 Martin, *The Future of Christianity*, S. 135-164.
28 David Martin, *A Sociology of English Religion*, London 1967, v. a. S. 50 f.

in diesem Buch nicht eingegangen. Dreißig Jahre später führte er diese Mängel darauf zurück, daß er die eigentliche Forschungsarbeit für das Buch schon Mitte der 1960er Jahre abgeschlossen und zum Zeitpunkt des Abschlusses des Manuskripts die epochalen Veränderungen in ebendieser Zeit nicht registriert hatte.[29] Die Frage, die sich dabei unvermeidlich stellt, ist dann die, ob diese Veränderungen ebenso unvorhersehbar waren wie der Zusammenbruch des Kommunismus zwanzig Jahre später oder ob in ihnen Mängel der Theorie aufscheinen.

Die Beantwortung dieser Frage, die hier nicht abschließend geleistet werden kann, hängt offensichtlich davon ab, wie die Religionsentwicklung in Großbritannien seit den 1960er Jahren beschrieben und erklärt wird. Eine Dimension dieser Entwicklung war gewiß in ihrem tatsächlichen Ausmaß nicht vorhersehbar. Gemeint ist die Bedeutung der Einwanderung nach Großbritannien, die sich vornehmlich auf städtische Räume auswirkt. Während traditionell die ländlichen Räume religiöser waren als die Städte, hat sich dieses Verhältnis durch Migration heute umgedreht: Auf dem Lande schritten die Säkularisierungstendenzen voran, während in einer Stadt wie London, die noch Anfang der 1960er Jahre als Modell für die These von der »secular city« hätte dienen können, heute mehr neue christliche Gotteshäuser öffnen, als alte geschlossen werden.[30] Für die unbestreitbare rapide Säkularisierung wurde immer wieder speziell die »Feminisierung« des Unglaubens (oder das Ende der Feminisierung des Glaubens) verantwortlich gemacht, das

---

29 Als Auseinandersetzung mit und Weiterführung von Martins England-Studie: Grace Davie, »Understanding Religion in Modern Britain. Taking the Long View«, in: Joas (Hg.), *David Martin and the Sociology of Religion*, S. 67-84. Dort (S. 79) der Verweis auf die selbstkritische Äußerung Martins in: David Martin, »Foreword«, in: Grace Davie, *Religion in Britain since 1945. Believing without Belonging*, Oxford 1994, S. VIII-IX.

30 Zu den Zahlen über London: Grace Davie, *Religion in Britain. A Persistent Paradox*, Oxford 2015, S. 107f.

heißt die rückläufige Anzahl religiös gebundener Frauen, was dann auch eine der größten Gegenkräfte gegen die Säkularisierung der Männer beseitigte.

Kontrovers ist aber vor allem, wie wir uns eigentlich die religiösen Auswirkungen der kulturellen Veränderungen der 1960er Jahre vorzustellen haben. Überall in Europa deuten sie in die Richtung einer Säkularisierung durch Zunahme der Motive des expressiven Individualismus. Die Selbstverständlichkeit, mit der ein solcher Effekt angenommen wird, gerät allerdings ins Wanken, wenn wir vergleichend auf die USA blicken. Dort war die wichtigste soziale Bewegung der Zeit, die Bürgerrechtsbewegung, stark religiös geprägt, aber sogar die stärker expressiv-individualistischen Bewegungen (wie die Hippies) waren in der Regel nicht religionsfeindlich, sondern auf eine Rezeption von Praktiken asiatischer spiritueller Traditionen gerichtet.[31] David Martin war in der Zeit ein scharfer Opponent der kulturellen Umwälzungen im Bereich von Hochschule und Kirche. Man könnte darüber spekulieren, inwiefern ihn diese polemische Ablehnung auch davon abhielt, die Fragilität der tradierten religiösen Institutionen angemessen wahrzunehmen.

Die Pfingstbewegung und ihre globale Expansion

Der wichtigste und als dritter zu nennende Schritt über die »allgemeine Theorie« von 1978 hinaus aber liegt dort vor, wo David Martin einen ganz neuen und stark wachsenden Sektor des Christentums zum Gegenstand seiner Forschungen machte, nämlich die Pfingstbewegung. Gewiß wäre es übertrieben,

---

31 Dazu kurz Joas, *Glaube als Option*, S. 83. Genaueres bei Hugh McLeod, *The Religious Crisis of the 1960s*, Oxford 2007. Dazu das Review-Symposium mit der Replik McLeods in: *Journal of Religion in Europe* 5 (2012), S. 405-520. Jetzt weiterführend: David Hempton, Hugh McLeod (Hg.), *Secularization and Religious Innovation in the North Atlantic World*, Oxford 2017.

ihn zum Pionier auf diesem Forschungsgebiet zu erklären, da bereits eine beträchtliche Zahl von Spezialstudien vorlag, als er sich für diesen Gegenstand zu interessieren begann. Aber als Pionier einer Synthese dieser Forschung und als Brückenbauer von ihr zur allgemeinen Religionssoziologie darf man ihn mit Recht bezeichnen.[32] Seine diesbezügliche Arbeit erwies sich auch deshalb als so folgenreich, weil damit die fast ausschließliche Beschäftigung der Religionssoziologie mit dem Christentum in Europa und Nordamerika kraftvoll überwunden wurde. Das außereuropäische Christentum war lange Zeit nur unter den Gesichtspunkten einer »Missionswissenschaft« berücksichtigt worden. Durch die verbreitete Erwartung, daß die Mission und damit das Christentum nach dem Ende der Kolonialherrschaft in den betroffenen Ländern an Bedeutung verlieren würden, wurde die Marginalisierung dieses Forschungsgebiets noch bestärkt. Martin trug wesentlich dazu bei, die enorme globale Expansion der Pfingstkirchen und anderer evangelikaler und charismatischer Formen des Christentums – wir sprechen hier von mehreren Hundertmillionen Gläubigen – ins Bewußtsein des Westens zu heben. Für ihn ist es nicht nur typisch für die tiefsitzenden und oft wenig reflektierten Annahmen der Vertreter der Säkularisierungsthese, daß sie dieses Wachstum von Religionsgemeinschaften nicht vorausgesehen haben. Er spricht sogar, ebenso wie von den religiös inspirierten Widerstandsbewegungen in den kommunistischen Gesellschaften Europas, von »forbidden revolutions«,[33] Umwälzungen,

---

32 Paul Freston, »David Martin and the Growth of Protestantism in the Third World«, in: Andrew Walker, Martyn Percy (Hg.), *Restoring the Image. Essays on Religion and Society in Honour of David Martin*, Sheffield 2001, S. 110-124, hier S. 113.

33 David Martin, *Forbidden Revolutions. Pentecostalism in Latin America, Catholicism in Eastern Europe*, London 1996. Vorausgegangen war: ders., *Tongues of Fire. The Explosion of Protestantism in Latin America*, Oxford 1990. Später kam: ders., »Das europäische Modell der Säkularisierung und seine Bedeutung in Lateinamerika und Afrika«, in: Hans

die nicht nur überraschend kamen, sondern für viele auch nicht hätten geschehen dürfen – eine ungeliebte, ungewollte Stärkung von Religion.

Es ist hier nicht der Ort, um auf die Geschichte und die Entwicklungsdynamiken dieser religiösen »Bewegung« selbst einzugehen. Der Name spielt natürlich auf die Ausgießung des Heiligen Geistes fünfzig Tage nach der Auferstehung Christi an – die Erfahrung der frühen Christen, daß ihr Glaube ethnische und sprachliche Grenzen außer Kraft setzt und sie spirituell vereinigt, wie es die Apostelgeschichte im Neuen Testament eindrucksvoll darstellt (Apg 2) und von den Christen in Gestalt des Pfingstfestes gefeiert wird. Auf eine Wiederkehr dieser Erfahrung konnten sich in der Geschichte des Christentums immer wieder die Hoffnungen richten. Ekstatische Vorkommnisse in Gottesdiensten, überraschende Heilungen von körperlicher und seelischer Erkrankung, ein Durchbruch zu einer neuen Lebensorientierung im Verein mit anderen konnten so interpretiert werden. Nach einer ersten Welle im frühen zwanzigsten Jahrhundert in den USA und in Teilen Nordeuropas sowie späteren Wiederbelebungsversuchen an der Kraft verlierenden Bewegung setzte seit den 1970er Jahren zuerst in Lateinamerika, dann auch in Afrika und Ostasien und langsam auch in Südasien der globale Aufschwung ein, mit dem David Martin sich beschäftigte.

Dieser Aufschwung selbst und auch die Forschung dazu sind politisch extrem kontrovers. Das hängt damit zusammen, daß viele politische Äußerungen von Vertretern dieser religiösen Bewegung am rechten Rand des politischen Spektrums liegen und es ohne Zweifel vielfältige Unterstützung für sie aus entsprechenden Religionsgemeinschaften der USA gibt. Manche linken Kritiker – vor allem solche säkularistischer Orientierung, aber durchaus auch linke Katholiken – sehen in der Pfingstbe-

---

Joas, Klaus Wiegandt (Hg.), *Säkularisierung und die Weltreligionen*, Frankfurt/M. 2007, S. 435-464.

wegung eine Art trojanisches Pferd des »US-Imperialismus«. Entsprechend wurde auch Martin zumindest der Naivität, wenn nicht der Unterstützung der autoritären Regime in Lateinamerika beschuldigt.[34] Der Verdacht gegen ihn erhielt für manche dadurch Nahrung, daß es der bekannte Religionssoziologe Peter L. Berger gewesen war, der Martins Arbeiten auf diesem Gebiet zunächst finanziell ermöglichte und sein erstes Buch dazu dann auch mit einem Vorwort versah. In diesem Vorwort wurde die Pfingstbewegung in den Kontext von Vorstellungen darüber gerückt, daß die »innerweltliche Askese« (Max Weber) des Protestantismus wesentlich für den sozialen Aufstieg von Individuen, die Herausbildung eines Bürgertums und den kollektiven Wohlstandsgewinn sei.[35] Dies wiederum läßt sich als Apologetik des Kapitalismus und Reduktion makroökonomischer Fragen auf solche individueller Moralität lesen.

David Martin fühlte sich durch diese politischen Motivunterstellungen und Interpretationen oft zutiefst mißverstanden. Seine Affinität zur Pfingstbewegung war zunächst eine religiöse. Er erkannte in ihr die Motive und Praktiken des englischen Methodismus seines Elternhauses wieder, von dem er sich zwar in seiner eigenen Biographie (hin zum Anglikanismus) entfernt hatte, dem er aber doch auch in Hochachtung verbunden blieb. Was ihn anhaltend faszinierte, war ein Christentum, das weniger auf klerikale Hierarchie und mehr auf freiwillige Selbstorganisation, weniger auf Anlehnung an den Staat oder eigene quasistaatliche Strukturen und mehr auf unternehmerischen Missionsgeist, weniger kirchenartig und stärker »denominational« organisiert war. Es faszinierte ihn die starke und selbständige Rolle von Frauen in diesen religiösen Bewegungen und die

---

34 Z.B. Hugh O'Shaughnessy, »Rezension: David Martin, *Tongues of Fire*«, in: *Times Literary Supplement*, 3.-9. August 1990. Zu dieser Rezeption vgl. Martin, *Secularisation, Pentecostalism and Violence*, S. 136-154.
35 Peter L. Berger, »Foreword«, in: Martin, *Tongues of Fire*, S. VII-X.

enorme Affinität dieser Bewegungen zu modernen Medien und deren kreativem Einsatz für die »Evangelisierung«. Für ihn stellten diese religiösen Formen eine ideale Anpassung des Christentums an die Lebensbedingungen armer Migrantenfamilien in den Megastädten des globalen Südens und auch Europas und Nordamerikas dar. Mit ihnen trete in die Welt Lateinamerikas, die geprägt gewesen sei von einem stark hierarchisch-institutionell verfaßten und monopolistischen Katholizismus, eine Entwicklung in Richtung des angloamerikanischen Denominationalismus ein. Die möglichen Schattenseiten dieser Entwicklung – Relikte des »machismo« auch hier, Korruption und finanzielle Ausbeutung von Gläubigen, politische Instrumentalisierung – stellt er keineswegs in Abrede. Aber für ihn war es unerträglich, wegen dieser Schattenseiten den enormen Gewinn vieler Menschen an individueller Handlungsfähigkeit und Freiheit, der hier auch ermöglicht wird, gering zu veranschlagen.

Eine ganz andere Kritik als die einer politisch motivierten Linken zielt auf David Martins implizites Bild vom lateinamerikanischen Katholizismus. Von vielen Seiten wurde darauf hingewiesen, daß die Pfingstbewegung nicht vornehmlich mit dem traditionellen Katholizismus verglichen werden solle, sondern mit den befreiungstheologisch inspirierten Basisgemeinden, die sich im selben Zeitraum in Lateinamerika entwickelten und eine wesentliche Kraft im Kampf gegen die Militärdiktaturen darstellten. José Casanova spricht in seiner Auseinandersetzung mit David Martin deshalb von »parallelen Reformationen« (»parallel reformations«). Für ihn öffnet die katholische Kirche selbst durch die Veränderung ihres Selbstverständnisses in Hinsicht auf Staat und Religionsfreiheit den Raum, in dem dann auch die Pfingstbewegung sich ausbreiten und eine allgemeine Denominationalisierung erfolgen kann.[36] Andere gehen

---

36 José Casanova, »Parallel Reformations in Latin America. A Critical Review of David Martin's Interpretation of the Pentecostal Revolution«,

so weit, im Aufstieg eines staatsfernen Protestantismus sogar einen entscheidenden Faktor für die Vermeidung des »lateineuropäischen« Wegs einer Spaltung der Gesellschaft in ein religiöses und ein säkularistisches Milieu zu sehen.[37] Damit säßen katholische und pfingstlerisch-evangelikale Bewegungen eher in einem Boot und trügen gemeinsam zur religiösen Vitalität dieser Gesellschaften bei.

David Martin empfand spürbar jede Unterstellung subtiler Reste antikatholischen Vorurteils in seinem Denken als stark verletzend und verwies in seinen Entgegnungen auf seine eigenen Würdigungen der Befreiungstheologie.[38] Insbesondere aber interessierte ihn die Ebene religiöser Praxis mehr als die von Institutionen oder Doktrinen. Auf der praktischen Ebene sei es immer eine der großen Stärken des katholischen Christentums gewesen, volkstümliche Praktiken und Erlösungshoffnungen nicht von oben herab und rationalistisch zu bekämpfen, sondern in die eigenen Formen des religiösen Lebens zu integrieren und damit zu »christianisieren«. Gerade für den lateinamerikanischen Katholizismus und die indigene Bevölkerung war dies zentral. Der typische traditionelle Protestantismus fand dazu immer nur mit Schwierigkeiten ein produktives Verhältnis, und auch der offizielle Katholizismus kann, wenn er »rationaler« zu werden versucht, hier zu einer Entfremdung der Gläubigen von ihrer Kirche führen. Für Martin öffnete sich auch dadurch eine »Marktlücke« für die Pfingstbewegung, die »sich den Dämonen der volkstümlichen Religion entgegenstellt und doch sich an deren Formen anlehnt«.[39] Während auf der

---

in: Joas (Hg.), *David Martin and the Sociology of Religion*, S. 85-106. Das Argument als Forderung auch schon bei Freston, »David Martin and the Growth of Protestantism in the Third World«, S. 120.
37 Todd Hartch, *The Rebirth of Latin American Christianity*, Oxford 2014, S. 124-126 (mit Dank an Raúl Zegarra für diesen Hinweis).
38 David Martin, »Thinking with Your Life«, in: Joas (Hg.), *David Martin and the Sociology of Religion*, S. 162-190, hier v.a. S. 165-172.
39 Ebd., S. 169.

Ebene der Doktrin etwa der Heiligenkult abgelehnt wird, entsprechen viele Praktiken – beispielsweise die Sakralisierung der Bibel – durchaus dessen Struktur.

Es ist selbstverständlich, daß es an dieser Stelle nur darum gehen kann, die Bedeutung dieses Teils von David Martins Œuvre, das in den letzten drei Jahrzehnten seiner Arbeit zentral war, in Hinsicht auf seine Theorie zu bedenken und nicht, die aufgeworfenen Fragen empirisch zu entscheiden. Für seine Theorie stellte die Protestantisierung oder religiöse Pluralisierung von Teilen Lateinamerikas eine Herausforderung dar, an der sie sich durchaus bewährt hat. Hinzu kommt, daß die bloße Tatsache einer religiösen Bewegung, die eben nicht ein Relikt in Modernisierungsprozessen darstellt, sondern in vielen Hinsichten – wie Technikaffinität und religiöse Individualisierung – höchst modern ist, eine triumphale Bestätigung seines Widerstands gegen die Säkularisierungsthese war. Weiterführend ist natürlich zu fragen, ob die Theorie auch anderen Weltregionen als der Lateinamerikas ähnlich gerecht wird. Für die afrikanischen Länder südlich der Sahara muß diese Theorie um den Fall gering ausgebildeter oder gescheiterter Staatlichkeit erweitert werden.[40] Die Ausführungen Martins zu anderen Weltregionen sind nur skizzenhaft und bedürfen der Ausarbeitung und Prüfung durch andere.[41] Die Frage ist außerdem, ob das Wachstum, das diese Bewegungen in den letzten Jahrzehnten gesehen haben, anhalten wird oder ob es sich um ein Übergangsphänomen handelt. Festzustellen sind jedenfalls Reaktionen der religiösen Konkurrenz, etwa durch eine Verstärkung charismatischer Praktiken in der katholischen Kirche. Aber es könnte auch eintreten, was in der Geschichte des europäischen

---

40 Vgl. Martin, *Das europäische Modell der Säkularisierung*, v.a. S. 453-464.
41 Martin, *Secularisation, Pentecostalism and Violence*, S. 170-183. Zu Indien jetzt weiterführend: Sarbeswar Sahoo, *Pentecostalism and Politics of Conversion in India. With a foreword by Hans Joas*, Cambridge 2018.

Protestantismus immer wieder eingetreten ist: der Niedergang durch den eigenen wirtschaftlichen Erfolg.[42]

Religion und Gewalt

Das Verhältnis von Religion und Gewalt ist ein weiteres Lebensthema von David Martin. Es wäre ja auch überraschend, wenn eine politische Soziologie der Religion nicht Gewalt zum Thema machte. In seinen autobiographischen Texten erzählt Martin nicht nur von seiner religiösen und seiner wissenschaftlichen Entwicklung, sondern auch von einem fundamentalen Wandel in seinem Verständnis von Politik. Er behandelt diesen Wandel als die zweite große Konversion seines Lebens,[43] die Konversion nämlich vom christlichen Pazifismus seiner Jugend nicht zum säkularen Pazifismus, sondern zu einem christlichen Realismus, vor allem in den Fragen internationaler Politik und von Krieg und Frieden. Der intellektuelle Auslöser dieser Konversion ist eindeutig identifizierbar. Es war die Begegnung mit den Schriften des berühmten amerikanischen protestantischen Theologen Reinhold Niebuhr, insbesondere mit dessen Buch *Moral Man and Immoral Society*.[44] In der englischsprachigen Welt haben Niebuhr und dieses Buch bis heute eine enorme Bedeutung für viele Intellektuelle. Diese liegt in der Eröffnung einer christlichen Rechtfertigungsmöglichkeit für die potentielle Legitimität des Gebrauchs von Gewalt in der Politik, insbesondere im Krieg zwischen Staaten. Eine vergleichbare Wirkung etwa in Deutschland oder Frankreich hatte Niebuhrs Werk nie. Das mag damit zusammenhängen, daß im Zeichen der katholischen Tradition des Denkens über den gerechten Krieg

---

42 Ein Gedanke, der sich von John Wesley über Max Weber bis zur Gegenwart findet. Vgl. dazu auch oben in diesem Teil, Kap. 3, Fn. 46.
43 Z. B. Martin, »Thinking with Your Life«, S. 161-163.
44 Reinhold Niebuhr, *Moral Man and Immoral Society* [1932], in: ders., *Major Works on Religion and Politics*, New York 2015, S. 135-350.

oder der protestantischen Staatsnähe der christliche Pazifismus in Europa nie so stark gewesen war wie in den USA.

Die abstrakte Rechtfertigung der möglichen Legitimität von Gewaltanwendung kann freilich gewiß nicht das letzte Wort sein. Das liegt schon daran, daß die scharfe Unterscheidung von »moralischer Mensch« und »unmoralische Gesellschaft« von vornherein nicht als überzeugende Grundlage für einen christlichen Realismus in der Politik gelten konnte. Es war niemand anders als Reinhold Niebuhrs jüngerer Bruder Richard, der diesen Zweifel sofort äußerte und das Böse selbstverständlich auch auf der Ebene der Individuen verortete. Damit aber zeigt sich, daß die Unterscheidung von individueller und politischer Ethik nicht mit der Problematik der moralischen Ambivalenz des Handelns gleichgesetzt werden darf.[45] Der jüngere der Brüder lehnte den außenpolitischen, angeblich christlichen Aktivismus des älteren deutlich ab, ohne deshalb ein strikter Gesinnungspazifist zu sein.[46]

Noch wichtiger aber ist, daß eine allgemeine Rechtfertigung von Gewalt und ein christlicher Realismus nicht ohne weiteres als Rechtfertigung spezifischer Formen der Gewalt in spezifischen Situationen aufgefaßt werden darf. In mehreren umfangreichen Werken hat David Martin sich mit dem Verhältnis des Christentums zur Gewalt sowie mit der Frage, ob Religionen zum Frieden oder zu gewaltsamen Konflikten beitragen, auseinandergesetzt.[47] So wichtig diese Arbeiten mit ihrer Kritik

---

45 Dazu Richard Wightman Fox, *Reinhold Niebuhr: A Biography*, Ithaca 1996, S. 143-147. Die Kritik ist im Briefwechsel der Brüder und insofern nur privat vorgetragen worden. Informativ aufgrund neu ausgewerteter Quellen: K. Healan Gaston, »›A Bad Kind of Magic‹. The Niebuhr Brothers on ›Utilitarian Christianity‹ and the Defense of Democracy«, in: *Harvard Theological Review* 107 (2014), S. 1-30. Zu H. Richard Niebuhr siehe oben in diesem Teil, Kap. 2.
46 Differenziert dazu: Richard B. Miller, »H. Richard Niebuhr's War Articles. A Transvaluation of Values«, in: *Journal of Religion* 68 (1988), S. 242-262.
47 David Martin, *Does Christianity Cause War?*, Oxford 1997; ders., *Religion and Power. No Logos without Mythos*, Farnham 2014.

pauschaler Verdächtigung aller Religion sind: Sie bleiben doch relativ vage hinsichtlich der genauen normativen Kriterien oder empirischen Einschätzungen. Man kann ja sehr wohl grundsätzlich ein »christlicher Realist« sein, dennoch aber die Zerstörung der japanischen Städte Hiroshima und Nagasaki durch Nuklearwaffen oder die Bombardierung deutscher Städte wie Dresden weit über jede militärstrategische Nützlichkeit hinaus für ungerechtfertigt halten. Jeder Satz führt hier in normativ aufgeladene empirische Fragen wie die, wie strategisch bedeutsam Dresden war oder warum keine medizinische Hilfe für die Überlebenden in den japanischen Städten vorbereitet worden war. Man kann sogar behaupten, daß die Wende zum christlichen Realismus bei Martin in ihrer gesinnungsmäßigen Distanzierung vom reinen Pazifismus sein Interesse merkwürdig abgelenkt hat von konkreteren Auseinandersetzungen mit christlichen Ansätzen der Konfliktvermeidung und Konfliktdeeskalation oder für den Aufbau von Strukturen stabilen Friedens.[48]

In einer Hinsicht aber findet sich in diesem Themenfeld ein deutlich weiterführender Ansatz bei David Martin. Mehr als alle anderen Beiträger zum Diskurs über die »Achsenzeit« achtet er nämlich auf die Entstehung des Ideals der Gewaltfreiheit und deren Bedingungen.[49] Während andere über die Entstehung von Transzendenzvorstellungen, des moralischen Universalismus oder systematischer Reflexivität in diesem Zusammenhang geforscht (oder spekuliert) haben, fragt Martin nach dem Bruch mit der immer lauernden Gewaltförmigkeit in den menschlichen Beziehungen. Dabei dreht er die Fragerichtung um: von der konventionellen Perspektive, die sich auf die Ursa-

---

48 Andreas Hasenclever, »Taking Religion Back Out. On the Secular Dynamics of Armed Conflicts and the Potentials of Religious Peace-making«, in: Joas (Hg.), *David Martin and the Sociology of Religion*, S. 123-146.
49 David Martin, »Axial Religions and the Problem of Violence«, in: Robert N. Bellah, Hans Joas (Hg.), *The Axial Age and Its Consequences*, Cambridge, Mass., 2012, S. 294-316.

chen von Gewalt konzentriert, auf eine, die die Ursachen von deren prinzipieller Zurückweisung in den Blick nimmt.[50] Die achsenzeitlich entstandenen Ideale stoßen sich hart an den Gegebenheiten der sozialen Wirklichkeit. Es ist fruchtbar, nach dem Verhältnis zur Gewalt in den achsenzeitlich geprägten Kulturen zu fragen. Dafür gibt es in seinem Spätwerk Ansätze unter dem Stichwort variierender »Steigungswinkel der Transzendenz« (»angles of transcendence«).[51]

Während die Arbeiten des israelischen Soziologen Shmuel Eisenstadt zum Thema Achsenzeit und zu »multiple modernities« ebenso wie das große Werk Charles Taylors zur europäischen Religionsentwicklung von 1500 bis 2000 breite internationale Aufmerksamkeit gefunden haben, kann dies von den Veröffentlichungen David Martins nicht in gleichem Maße gesagt werden. Dabei gibt es viele Ähnlichkeiten zwischen diesen Autoren, allerdings auch beträchtliche Unterschiede. Martin war sicher viel positiver gestimmt gegenüber der Pfingstbewegung als Eisenstadt, in dessen Werk die Sorge vor einem neuen religiösen »Fundamentalismus« dominiert.[52] Mehr als Taylor und in dieser Hinsicht ähnlich wie Eisenstadt denkt Martin an eine dauerhafte Spannung zwischen achsenzeitlichen Idealen, den kulturellen Formen ihrer Artikulation und politischen Ordnungen. Anders als Taylors These eines »Vektors« der Entwicklung im lateinischen Christentum[53] behauptet Martin, daß wir die Geschichte des Christentums als eine von Wellen versuchter Christianisierung zu schreiben hätten. Es gab die Durchsetzung des Christentums beispielsweise dadurch, »daß es von Monarchen übernommen wurde, die damit Anschluß zu bekommen versuchten an das, was für sie in Rom oder Byzanz das Zentrum der Zivilisation war«, oder dadurch, »daß Mönche

---

50 Martin, *Secularisation, Pentecostalism and Violence*, S. 134, Fn. 1.
51 Martin, *Ruin and Restoration*, v. a. S. 5-26.
52 Shmuel N. Eisenstadt, *Die Vielfalt der Moderne*, Weilerswist 2000, S. 174-245.
53 Zur Kritik an Taylor in dieser Hinsicht vgl. oben, Teil II, Kap. 5.

es in Hallenkirchen den städtischen Massen predigten, und durch Versuche, die Bestrebungen des Mönchtums in Gestalt des Puritanismus, des Pietismus und des evangelikalen Christentums zu universalisieren«.[54] Wie dieser kurze Hinweis auf die Differenzen zu einflußreicheren Diagnosen zeigen soll, ist das religionstheoretische Potential der Schriften Martins für die Einschätzung vielfältiger Formen von »Modernität« beträchtlich, aber in den entscheidenden Debatten noch keineswegs vollständig gehoben und entwickelt.[55]

---

54 Martin, *Secularisation, Pentecostalism and Violence*, S. 14. Ähnlich, aber ausführlicher: Martin, *On Secularization*, S. 3-7.
55 Nach David Martins Tod im Jahr 2019 sind zwei Nachrufe erschienen, die ein Weiterdenken in dieser Richtung signalisieren: Mirjam Künkler, »David Martin in Memoriam«, in: *Journal for the Scientific Study of Religion* 58 (2019), S. 905-912; James A. Beckford, Grace Davie, »David Martin«, in: *The British Academy. Memoirs of Fellows* XVIII (2019), S. 387-410. Frühzeitig auf die Bedeutung Martins hingewiesen hat der früh verstorbene deutsche Soziologe Willfried Spohn, dem auch ich ursprünglich meine Aufmerksamkeit für das Werk Martins verdanke. Er unterschied schärfer als Martin zwischen Imperien und Nationalstaaten und im Zusammenhang damit zwischen der transnationalen oder regionalen Bindung von Religionsgemeinschaften. Vgl. Willfried Spohn, »Religion and Modernization in Comparative Perspective. David Martin's Theory of Secularization Reconsidered«, in: Karl-Siegbert Rehberg (Hg.), *Differenz und Integration. Die Zukunft moderner Gesellschaften, Verhandlungen des 28. Kongresses der Deutschen Gesellschaft für Soziologie*, Bd. 2, Frankfurt/M. 1997, S. 455-459; zur Anwendung auf Osteuropa vgl. ders., »Europeanisation, Multiple Modernities and Religion. The Reconstruction of Collective Identities in Central and Eastern Europe«, in: Gert Pickel, Kornelia Sammet (Hg.), *Transformations of Religiosity in Eastern Europe 1998-2010*, Wiesbaden 2012, S. 29-50. Posthum erschien: David Martin, *Christianity and »the World«. Secularization Narratives through the Lens of English Poetry 800 AD to the Present*, Eugene 2020.

5
Religiöse Evolution und symbolischer Realismus: Robert Bellah

Robert N. Bellah, verstorben im Jahr 2013, war einer der bedeutendsten Religionssoziologen der Welt und einer der wichtigsten Zeitdiagnostiker der USA. Von ihm stammt ein Werk, das wie kein anderes den Grundstein für eine wahrhaft globalhistorische Religionstheorie gelegt hat. Um dieses zu verstehen, soll zunächst ein Blick auf seine Biographie geworfen werden. Dann geht es um eine Kennzeichnung der wichtigste Züge seines Spätwerks.

Geboren 1927 in einer Kleinstadt in Oklahoma, entstammt Bellah einer presbyterianischen Familie schottischer Herkunft; sein Vater war Herausgeber der örtlichen Tageszeitung. Nach dessen frühem Tod wuchs Bellah in Los Angeles auf und kam dadurch weit über den südstaatlichen Protestantismus hinaus mit der progressiven Orientierung des »Social Gospel« und mit einer Vielzahl religiöser Kulturen und Subkulturen in Berührung. Nach dem College-Besuch an der Harvard University und anderthalb Jahren Wehrdienst erwarb er 1950 seinen ersten akademischen Abschluß (B. A.) in Sozialanthropologie. Die Abschlußarbeit über die Verwandtschaftsstrukturen der Apachen wurde preisgekrönt und als Buch 1952 veröffentlicht.[1] An der Harvard University kam Bellah unter den bestimmenden Einfluß von Talcott Parsons, dem zu dieser Zeit unbestritten führenden Theoretiker der Soziologie, und der sich um diesen herum bildenden interdisziplinären Gruppe von Sozial- und Geisteswissenschaftlern.

---

1 Robert N. Bellah, *Apache Kinship Systems. Harvard Phi Beta Kappa Prize Essay for 1950*, Cambridge, Mass., 1952.

Bellahs frühes ausgeprägtes Interesse an der Kultur der »native Americans« zeigt sich im Rückblick als einer seiner Versuche, gegenüber der immer stärker als problematisch empfundenen Kultur der USA in der Zeit nach dem Zweiten Weltkrieg auf Distanz zu gehen. Zwei weitere biographische Entwicklungen Bellahs ergaben sich aus diesem Erfahrungshintergrund und aus der Wahrnehmung einer starken Spannung zwischen amerikanischen Werten und amerikanischer Gesellschaft. Als College-Student schloß sich Bellah kurze Zeit einer kommunistischen Organisation an und wurde Marxist. Dies führte in der Zeit des McCarthyismus zu beträchtlichen Karriereschwierigkeiten. Als Parsons ihm eine Stelle am Department anbot, machte die Universität die Denunziation anderer Kommunisten zur Bedingung für den Stellenantritt. Bellah entschied sich gegen die Erfüllung dieser Bedingung und verließ Harvard, um an die McGill University nach Montreal zu wechseln.[2]

Während die marxistische Phase Bellahs selbst sehr kurz war, blieb eine dritte kulturelle Suchbewegung lebensbestimmend. Bellah begann als Student, Japanisch und Chinesisch zu lernen und sich mit der Geschichte Ostasiens zu beschäftigen. In seiner Doktorarbeit (veröffentlicht 1957) verfolgte er das ehrgeizige Ziel, Max Webers Vorgehensweise in den vergleichenden Studien zur Wirtschaftsethik der Weltreligionen auf Japan anzuwenden. Dieses Buch, *Tokugawa Religion*, gilt als eines der wichtigsten jemals über Japan verfaßten Bücher und als repräsentativ für die Leistungen der Modernisierungstheorie der 1950er Jahre.[3] Es stellte in erster Linie eine bahnbrechende historische Untersuchung zu bestimmten Wertmustern in Japan

---

2 Biographische Informationen finden sich in der Einleitung des Autors zu: Robert N. Bellah, *Beyond Belief. Essays on Religion in a Post-Traditional World*, New York 1970, S. XI-XXI. Eine umfassende Biographie Bellahs wird demnächst Matteo Bortolini (Padua) vorlegen.
3 Robert N. Bellah, *Tokugawa Religion. The Values of Pre-Industrial Japan*, Glencoe 1957. In der folgenden und einer weiteren Passage (zur Zeitdiagnose) greife ich auf Formulierungen zurück aus: Hans Joas, Wolfgang

dar, die es ermöglicht haben, daß sich dieses asiatische Land schon Ende des neunzehnten Jahrhunderts auf einem erfolgreichen Aufholweg gegenüber dem Westen befand. Bellah suchte in Japan, also außerhalb des europäisch-amerikanischen Kulturkreises, nach funktionalen Äquivalenten zur protestantischen Ethik mit ihren dynamischen, angeblich für den Aufstieg des Kapitalismus in Nordwesteuropa ausschlaggebenden Konsequenzen. Seine Studie war aber noch aus einem weiteren Grund bedeutsam. Sie zeigte nämlich, daß die in Japan abgelaufenen Industrialisierungsprozesse einen völlig andersartigen Charakter hatten als etwa in den USA. Während in der US-amerikanischen Industriegesellschaft der Primat der ökonomischen Werte galt, schien dies in der japanischen Modernisierung gerade nicht der Fall gewesen zu sein. Hier spielte die Politik eine entscheidende Rolle, und die ökonomischen Werte wurden kontinuierlich den politischen untergeordnet. Konkret hieß dies, daß der Industrialisierungs- und Modernisierungsprozeß durch politische Eliten durchgesetzt wurde, und zwar auf eine Art und Weise, die den westlichen Betrachtern, insbesondere den angelsächsischen, fremd erscheinen mußte: Der japanische Aufbruch in die Moderne fand statt auf der Basis einer engen partikularistischen Bindung aller gesellschaftlichen Eliten an die Kaiserfamilie sowie effizienzorientierter militaristischer Werte, die gerade im neunzehnten Jahrhundert eine starke gesellschaftliche Verbreitung erfahren hatten. Mit dieser Feststellung hinterfragte Bellah die Annahme fast aller Modernisierungstheoretiker, »traditionale« und »moderne« Werte seien säuberlich zu unterscheiden. Partikularistische Wertorientierungen lassen sich – wie dieses Beispiel zeigt – nicht ohne weiteres nur der Tradition zuschlagen. Damit war gleichzeitig die These einer kulturunabhängigen, eindeutigen Richtung des Modernisierungsprozesses problematisch geworden. Modernisierung – so Bel-

---

Knöbl, *Sozialtheorie. Zwanzig einführende Vorlesungen. Aktualisierte Ausgabe*, Frankfurt/M. 2011, S. 462f. bzw. S. 676ff.

lah – führe nicht einfach zu einer unumstrittenen Dominanz rationaler oder säkularer Werte. Das heiße auch, daß beispielsweise Religion im Modernisierungsprozeß nicht einfach verschwindet, sondern neue Formen und neue Orte finden könne. Bellah vertrat also von Anfang an keine einfache Säkularisierungsthese wie viele Modernisierungstheoretiker. Auch sein Lehrer Parsons hielt Distanz zu solchen Vorstellungen, aber schon der junge Bellah ging im Versuch einer Theorie der »religiösen Evolution« über diesen hinaus.

Während seiner ganzen Karriere hat Bellah die Arbeit an einer soziologischen Analyse Japans fortgesetzt; seine Publikationen und seine Lehrtätigkeit in Japan lösten dort intensive Kontroversen aus. In dem Buch *Imagining Japan* aus dem Jahr 2003 blickt Bellah auf diese Auseinandersetzungen zurück und verknüpft meisterhaft die Analyse der institutionellen mit der der intellektuellen Spezifika der japanischen Geschichte.[4]

Biographische Entwicklungen verhinderten es aber, daß Bellah sich ausschließlich auf Ostasien konzentrieren konnte. Das Stipendium der kanadischen McGill University, das ihm die Fortsetzung seiner Karriere trotz der bedrückenden Erfahrung in Harvard ermöglichte, kam nämlich vom Institute for Islamic Studies, und dort begann Bellah zusätzlich mit dem Studium des Arabischen und des Korans. Seine sprachlichen Grundlagen für eine global umfassende, vergleichende Religions- und Kultursoziologie wurden dadurch weiter verbessert. Nach dem Ende der McCarthy-Zeit konnte Bellah dann seine akademische Karriere in den USA fortsetzen, zuerst in Harvard, dann ab 1967 bis zu seiner Emeritierung in Berkeley, wo er in der Soziologie, in den Japanese and Korean Studies und in der Theologie aktiv war.

In den 1960er Jahren entstanden die Arbeiten Bellahs, die zu den am häufigsten zitierten Artikeln der Soziologie überhaupt

---

[4] Robert N. Bellah, *Imagining Japan. The Japanese Tradition and Its Modern Interpretation*, Berkeley 2003.

gehören. Auf seine Überlegungen, die er in seinem wichtigen Artikel »Religious Evolution« anstellt, werde ich weiter unten eingehen. Zunächst stellten der Aufsatz »Civil Religion in America« und das Echo darauf die Weichen für seine weitere Entwicklung.[5] Dieser Text enthält einen Versuch, Émile Durkheims These, daß stabile soziale Ordnung in gemeinsam empfundenen Vorstellungen von Heiligkeit ihre Grundlage habe, auf die USA anzuwenden. Bellah behauptet, daß dort ein theistisches, aber keiner bestimmten Konfession zuzuordnendes Verständnis von Sakralität leitend sei, und demonstriert dies anhand von Ansprachen amerikanischer Präsidenten bei ihrem Amtsantritt. In den hitzigen politischen Auseinandersetzungen der späten 1960er Jahre wurde dieser Gedankengang oft mißverstanden: als Verteidigung eines Kults der eigenen Nation und ihrer »manifesten Bestimmung« (»manifest destiny«), während Bellah in prophetischer Weise an die universalistische und kritische Dimension der amerikanischen Zivilreligion hatte erinnern wollen.[6]

Mit diesem Aufsatz und den heftigen Auseinandersetzungen, die er hervorrief, wurde Bellah zum »public intellectual« und stark beachteten Zeitdiagnostiker. Seine brillanten rhetorischen und schriftstellerischen Fähigkeiten halfen mit, ihm diesen Weg

---

5 Robert N. Bellah, »Civil Religion in America«, in: *Daedalus* 96 (1967), S. 1-21. Nach dieser Erstveröffentlichung an zahlreichen Orten nachgedruckt. Eine deutsche Übersetzung ist erschienen in: Heinz Kleger, Alois Müller (Hg.), *Zivilreligion in Amerika und Europa*, München 1986, S. 19-41.

6 Bellah schildert rückblickend, wie ihn die Erfolge der Bürgerrechtsbewegung mit der politischen Ordnung versöhnten, der Vietnamkrieg ihn aber wieder entfremdete: Robert N. Bellah, »God, Nation, and Self in America. Some Tensions between Parsons and Bellah«, in: Renée C. Fox, Victor M. Lidz, Harold J. Bershady (Hg.), *After Parsons. A Theory of Social Action for the Twenty-First Century*, New York 2005, S. 137-147, hier S. 137. In Deutschland nahm die Auseinandersetzung mit Bellah in dieser Hinsicht auf: Rolf Schieder, *Civil Religion. Die religiöse Dimension politischer Kultur*, Gütersloh 1987.

zu bahnen. Stark beachtet wurde zunächst das Buch *The Broken Covenant* aus dem Jahr 1975, in dem Bellah weit mehr als eine Jeremiade über die Korruption der amerikanischen Zivilreligion in der Zeit des Vietnamkriegs lieferte.[7] Das Buch stellt nämlich auch einen methodologisch innovativen Versuch dar, die inneren Spannungen kultureller Mythen zu analysieren. Während Bellahs Lehrer Talcott Parsons sich zwar einen Kulturdeterministen nannte, aber nie wirklich tiefgehende Analysen einer bestimmten Kultur vorlegte, diese vielmehr meist auf abstrakte Begriffe wie Norm und Wert hin reduzierte, zeigte sich Bellah von Anfang an viel sensibler für den Charakter von Symbolen und für die Dynamik von Symbolisierungsprozessen. Ausschlaggebend für diesen Schritt waren neben der frühen Beschäftigung mit der Kulturanthropologie die theologischen Schriften des deutschen Emigranten Paul Tillich, mit dem Bellah in Harvard durch von ihm besuchte Lehrveranstaltungen auch in persönlichen Kontakt gekommen war. Tillich hatte in seiner Theologie der Kultur zwischen »Symbolen« und »Zeichen« unterschieden.[8] Für ihn können Zeichen arbiträr und konventionell sein; es ist sinnvoll, zwischen ihnen und der bezeichneten Wirklichkeit zu unterscheiden. Anders verhält es sich aber bei Symbolen; sie haben Anteil an der Bedeutung und der Kraft dessen, was sie symbolisieren. Sie entstehen oder vergehen – können aber nicht erfunden werden. Sie werden als adäquate Artikulationen des Sinns außeralltäglicher Erfahrungen erlebt, obgleich dieses Gefühl der Angemessenheit von der Einsicht begleitet sein kann, daß das zu Artikulierende notwendig über das Artikulierbare hinausgeht. Gott kann durch keine Rede von Gott ausgeschöpft werden; er transzendiert seinen eige-

---

7 Robert N. Bellah, *The Broken Covenant. American Civil Religion in Time of Trial*, New York 1975.
8 Ich wiederhole im Folgenden eine kurze Beschreibung von Tillichs Symboltheorie, die sich auch oben, in Teil III, Kap. 3 findet. Dort überhaupt ausführlicher zu Tillich, auch zu seiner Verwendung des Begriffs »symbolisch-realistisch«, S. 346f.

nen Namen. Tillichs Programm war dementsprechend nicht das einer »Entmythologisierung« (Rudolf Bultmann), sondern einer »Deliteralisierung«, einer Zurückweisung der Versuche, Mythen auf die Ebene wissenschaftlicher Aussagen und technischer Weltbewältigung zu reduzieren, das heißt »symbolische« Artikulationen des Glaubens im Sinn quasikognitiver Sätze und Lehren aufzufassen. Tillichs Theologie, die dieser selbst meist »gläubigen Realismus« nannte, führte Bellah zu seiner Position, die er als »symbolischen Realismus« bezeichnete.[9] Früher als der berühmte Kulturanthropologe Clifford Geertz und von großem Einfluß auf das Werk seines Schülers, des Kultursoziologen Jeffrey Alexander, entwickelte Bellah damit die Grundzüge einer Analyse mythischer Strukturen, bei der Mythen nicht als einheitlich behandelt werden, sondern als »komplexe und feingewobene mythische Strukturen voller innerer Spannungen«.[10]

In den 1970er Jahren unternahm Bellah mehrere Projekte, deren Ziel es war, die religiöse Dimension der kulturellen Umwälzungen der sechziger Jahre zu untersuchen.[11] Die neue »counter culture« deutete er als Folge der Unfähigkeit des utilitaristischen Individualismus, das heißt einer Kultur, in der die Mehrung des individuellen Nutzens zum Leitwert aufstieg, der persönlichen und gesellschaftlichen Existenz Sinn zu verleihen. Auch Parsons hatte schon interessante Ideen über die kulturellen Umwälzungen der 1960er Jahre als eine Revolution des expressiven Individualismus und als mögliche Geburtsstun-

---

9 In Bellahs Aufsatzband *Beyond Belief* sind die Spuren von Tillich in Bellahs Denken nicht zu übersehen.
10 Bellah, *The Broken Covenant*, S. 4. Zur Diskussion der Bedeutung Bellahs für die Kultursoziologie: Jeffrey Alexander, Steven Sherwood, »›Mythic Gestures‹. Robert N. Bellah and Cultural Sociology«, in: Richard Madsen u. a. (Hg.), *Meaning and Modernity. Religion, Polity, and Self*, Berkeley 2002, S. 1-14.
11 Robert N. Bellah, Charles Glock (Hg.), *The New Religious Consciousness*, Berkeley 1976.

de einer neuen Religion vorgetragen.[12] In dieser Hinsicht besteht ein starker Unterschied zwischen Europa und den USA. Während die kulturellen Umwälzungen dieser Zeit in Europa einen rapiden Säkularisierungsschub auslösten und die Rede von einer religiösen Dimension des Protests meist Teil konservativer Pathologisierungsversuche war, waren die Säkularisierungseffekte in den USA viel geringer. Dort kann man eher von verstärkter religiöser Individualisierung und einer neuen Welle der Rezeption asiatischer Spiritualität, etwa des Zen-Buddhismus, sprechen.

Robert Bellahs wissenschaftliche Leistungen und seine spektakulären Beiträge zu den öffentlichen Debatten in den USA brachten ihm 1973 das Angebot einer der begehrtesten und angesehensten Positionen im amerikanischen akademischen System ein: das einer Stelle als Permanent Fellow am Institute for Advanced Study in Princeton. Dieses Angebot wurde zum Auslöser der sogenannten »Bellah-Affäre«. Aus einer Reihe von Gründen leisteten einige Naturwissenschaftler und Historiker massiven Widerstand gegen seine Ernennung. Dabei spielte gewiß ein Ressentiment gegenüber dem Fach Soziologie eine Rolle; wichtiger noch aber war der Widerwille gegen Bellahs offenkundig religiöse, also christliche Überzeugungen und seine Weigerung, seine Persönlichkeit in einen rein wissenschaftlichen und einen nur privat religiösen Teil aufzuspalten. Natürlich war dies nicht im Sinn einer ideologischen Verzerrung empirischer oder theoretischer Forschungsarbeit zu verstehen, wohl aber im Sinn eines Widerstands gegen implizite säkularistische Annahmen des Wissenschaftsbetriebs.[13]

So blieb Bellah in Berkeley, wo er eine Gruppe exzellenter

---

12 Z.B. in Talcott Parsons, Gerard Platt, *The American University*, Cambridge, Mass., 1974. Dazu Hans Joas, »Universität und Rationalität. Über Talcott Parsons' Beitrag zur Soziologie der Universität«, in: Gerhard Grohs u.a. (Hg.), *Kulturelle Identität im Wandel*, Stuttgart 1980, S. 236-250.
13 Vgl. die Darstellung von Matteo Bortolini, »The ›Bellah Affair‹ at Prince-

jüngerer Wissenschaftler (Richard Madsen, William Sullivan, Ann Swidler, Steven Tipton) um sich scharte.[14] Mit diesen verfaßte er einen der größten Bestseller in der Geschichte der Soziologie: *Habits of the Heart*.[15]

Gemeinschaft und Demokratie

Ausgangspunkt des Buches ist eine berühmte These von Alexis de Tocqueville, die dieser 1835 in seiner Schrift *Über die Demokratie in Amerika* formuliert hatte, nämlich die These, daß für das Überleben freier Institutionen eine intensive Beziehung zwischen privatem und öffentlichem Leben maßgeblich sei: Die Demokratie könne nur dann lebendig sein und bleiben, wenn die Bürger bereit seien, den unmittelbaren privaten Kontext (Familie und Verwandtschaft) zu überschreiten und sich als Personen in der Öffentlichkeit zu artikulieren, in Freundschaftszirkeln, in Vereinen, in Parteien usw. Der Rückzug ins Private beschwöre nur die Gefahr der Entstehung eines allmächtigen und alles regelnden Staates herauf und damit langfristig den Tod einer freien und demokratischen Gesellschaft.

Diese These machten sich Bellah und seine Mitarbeiter zu eigen und nutzten sie als Folie für ihre Zeitdiagnose und Gegenwartskritik. Dazu interviewten sie etwa 200 Erwachsene aus der weißen amerikanischen Mittelschicht, um sie sowohl nach bestimmten Aspekten ihres Privatlebens (nach dem Verhältnis die-

---

ton. Scholarly Excellence and Academic Freedom in America in the 1970s«, in: *The American Sociologist* 42 (2011), 1, S. 3-33.

14 Weitere wichtige soziologische Schüler Bellahs sind (in alphabetischer Reihenfolge) Jeffrey Alexander, John Coleman S.J., Nina Eliasoph, Philip Gorski, Paul Lichterman und (teilweise) Robert Wuthnow.

15 Robert N. Bellah u.a., *Habits of the Heart. Individualism and Commitment in American Life*, Berkeley 1985; dt.: Robert N. Bellah u.a., *Gewohnheiten des Herzens. Individualismus und Gemeinsinn in der amerikanischen Gesellschaft*, Düsseldorf 1987.

ser Personen zu Ehe, Liebe und Therapie) als auch ihres »öffentlichen« Lebens (nach ihrer Beteiligung an Vereinen und Verbänden oder an der Kommunalpolitik) zu befragen. Die Ergebnisse bestätigten in gewisser Weise die Krisendiagnose anderer sogenannter Kommunitaristen und führten darüber hinaus zu neuen Einsichten hinsichtlich der höchst unterschiedlichen Formen des modernen Individualismus.

Während sich etwa der deutsche Soziologe Ulrich Beck in seinen zahlreichen Schriften zur Individualisierungsthese kaum die Mühe machte, verschiedene Formen des Individualismus zu unterscheiden, sahen Bellah und seine Mitarbeiter genau darin eine erste vordringliche Aufgabe. In ihren Interviews, aber auch in historischen Rückblicken zu geistesgeschichtlich bedeutsamen Figuren des amerikanischen Lebens konnten sie insgesamt vier Typen des Individualismus ausfindig machen: eine auf die religiös motivierte Besiedlungsphase Amerikas zurückgehende »biblische« Tradition, eine auf die Revolutionszeit zurückgehende und am griechisch-römischen Politikverständnis orientierte republikanische Tradition und schließlich eine Tradition, bei der man zwei Unterströmungen auseinanderzuhalten hat, wie ich gleich erläutern werde, nämlich einen utilitaristischen und einen expressivistischen Individualismus.

Die Auswertung der Interviews allein freilich ergab eher ein Bild kultureller Verarmung. Während noch Tocqueville bei seiner Untersuchung in den 1830er Jahren überwiegend den religiösen und den republikanischen Individualismus beobachten konnte und seiner Auffassung nach gerade diese Formen des Individualismus die Stärke und Vitalität des amerikanischen Gemeinwesens und der Demokratie begründet hatten, ist davon bei den für Bellahs Projekt Interviewten kaum mehr etwas zu spüren. Die zum Beispiel bei John Winthrop (1588-1649), dem »ersten Puritaner« auf amerikanischem Boden, zu findende Vorstellung, wonach die Freiheit des Menschen ein Gut sei, das ihn zur Ehrfurcht gegenüber Gott und seinen Geboten verpflichte, hat inzwischen ebenso an Einfluß eingebüßt wie die Individualitätsvorstellung Thomas Jeffersons (1743-1826), der als Mitverfasser der amerikanischen Unabhängigkeitserklärung eine rein formale Freiheit für ungenügend erachtete und in Anlehnung an antike Politiktraditionen nur ein Gemeinwesen für achtenswert hielt, in dem die Bürger tatsächlich mitbestimmen und aktiv am politischen Geschehen teilnehmen. Den meisten der Interviewten stand die moralische Sprache eines Winthrop oder Jefferson überhaupt nicht mehr zur Verfügung, um die von diesen gemeinten Sachverhalte auszudrücken. Denn der Individualismus – so Bellah und seine Mitautoren – sei in seinen neueren Formen entweder utilitaristisch, das heißt überwiegend auf die Erfüllung kurzfristiger und zumeist materiell definierter Nutzenerwägungen ausgerichtet, oder expressivistisch, das heißt an der Befriedigung emotionaler Bedürfnisse und an der Kultivierung der eigenen Person orientiert. Nach Bellah lassen sich diesen beiden Typen des modernen Individualismus zwei Sozialcharaktere zuordnen, die auch die amerikanische moderne Kultur, aber nicht nur diese, stark dominieren: der Manager und der Therapeut. Sie verkörperten geradezu den dominant gewordenen utilitaristischen beziehungsweise expressivistischen Individualismus, und dadurch sei es schwer geworden, sich sogar im Fall einer Orientierung an den biblischen und republikanischen Formen in der Öffentlichkeit verständlich zu machen.

Bemerkenswert an diesen beiden radikal zu nennenden Formen des Individualismus ist laut Bellah nun Folgendes: Derart individualistisch handelnden Menschen fehle zumeist schlicht die Fähigkeit, Vorstellungen darüber auszubilden, wie sich ihre Interessen mit denen von anderen Menschen verbinden ließen. Sie litten häufig an Bindungs- und Beziehungslosigkeit und seien zudem nicht einmal in der Lage zu definieren, was sie unter einem »guten« Leben verstehen. Die Interviewten artikulierten (bewußt oder unbewußt) ein Unbehagen an ihrem eigenen bindungslosen Leben, äußerten häufig sogar ihr Mißfallen gegenüber der gesellschaftlichen Hegemonie der »Manager« und »Therapeuten«, waren aber gleichzeitig nicht in der Lage, dieses

Unbehagen und dieses Mißfallen in einer moralischen Sprache zu formulieren, die diesen utilitaristischen und expressivistischen Individualismus überschritten hätte. Es gilt deshalb laut Bellah auch, »eine moralische Sprache zu finden, die den radikalen Individualismus überwinden hilft«.[16] Dies sei um so dringlicher, weil ganz offensichtlich weder die Verwirklichung im Beruf, wie es für die utilitaristischen Individualisten so typisch ist, noch die rein private Kultivierung persönlicher Vorlieben, wie dies die expressiven Individualisten kennzeichnet, echte Zufriedenheit verleiht, zumal sich in beiden Fällen für diese Personen das Problem einer fehlenden Tiefe und Dauerhaftigkeit sozialer Kontakte stellt.

Bellahs These lautet, daß diese Schwierigkeiten nur behoben werden können, wenn dieser radikale Individualismus ersetzt oder zumindest ergänzt wird durch kulturelle Orientierungen, die in der amerikanischen Geschichte ehemals eine große Rolle gespielt haben, aber auch heute noch nicht ganz verschwunden sind, und die eine Identifikation mit Gemeinschaften und lebendigen Traditionen ermöglichten. Nur eine Anknüpfung an die in den USA immer noch vorfindbaren biblischen und/oder republikanischen Traditionen – so Bellah – ermögliche auf Dauer eine Vitalisierung der amerikanischen Demokratie:

> Wenn wir nicht vollständig eine Masse austauschbarer Bruchstücke in einer Gesamtheit sind, wenn wir in Teilen qualitativ verschiedene Mitglieder eines Ganzen sind, so deshalb, weil noch Traditionen – mit welchen Hindernissen auch immer – auf uns wirken, Traditionen, die uns über die Natur der Welt, über die Natur unserer Gesellschaft und darüber Auskunft geben, wer wir als Volk sind. In erster Linie sind, wie wir gesehen haben, die biblischen und republikanischen Traditionen für viele Amerikaner bedeutsam, bis zu einem gewissen Grad für fast alle. Familien, Kirchen, vielfältige kulturelle Vereinigungen und – wenn auch nur in gesellschaftlichen Nischen –

---

16 Bellah u. a., *Gewohnheiten des Herzens*, S. 44.

Schulen und Universitäten vermitteln eine Lebensform, eine Paideia, die die einzelnen in einer moralisch und intellektuell verständlichen Welt aufwachsen läßt.[17]

Nur dadurch würde verhindert, daß sich das (amerikanische) Gemeinwesen in ein Konglomerat atomisierter Individuen auflöst oder zu einer Ansammlung von »Lebensstil-Enklaven« wird, von denen jede einzelne nur mehr aus Gleichgesinnten besteht (die Gemeinschaft der Schwulen, diejenigen der weißen Mittelschicht, diejenige der New-Age-Begeisterten etc.) und die genau deshalb gar nicht mehr in der Lage sind, mit anderen Gemeinschaften zu kommunizieren, geschweige denn gemeinsam politisch zu handeln. Es bedarf eben – so wie dies Tocqueville gesehen hat – eines vernünftigen Ausgleichs zwischen dem privaten und dem öffentlichen Leben, um die Lebendigkeit und Stabilität der Demokratie zu sichern.[18]

Bellahs Forderung nach einer gehaltvollen und an Traditionen reichen Gesellschaft ist nicht als ein reaktionärer Rückgriff auf längst vergangene Lebensformen zu verstehen. Ganz im Gegenteil: Er wünscht geradezu soziale Bewegungen herbei, die den kulturellen Wandel hin zu einer lebendigen demokratischen Kultur anleiten könnten, Bewegungen, die etwa an die Ideale der Bürgerrechtsbewegung der 1950er und 1960er Jahre anknüpfen. Diese hatte ja auch keine utilitaristische Interessenverfolgung oder die Befriedigung emotionaler Bedürfnisse zum Ziel, sondern die Schaffung einer wahrhaft demokratischen po-

---

17 Ebd., S. 319f.
18 In einer Reihe von Arbeiten habe ich mich darum bemüht, die Übertragbarkeit der Einsichten Bellahs auf Deutschland empirisch zu überprüfen. Vgl. Hans Joas, Frank Adloff, »Milieuwandel und Gemeinsinn«, in: Herfried Münkler, Harald Bluhm (Hg.), *Gemeinwohl und Gemeinsinn. Zwischen Normativität und Faktizität*, Bd. IV, Berlin 2002, S. 153-186, sowie (eher essayistisch) Hans Joas, »Was hält die Bundesrepublik zusammen? Alte und neue Formen sozialer Integration«, in: Friedhelm Hengsbach, Matthias Möhring-Hesse (Hg.), *Eure Armut kotzt uns an. Solidarität in der Krise*, Frankfurt/M. 1995, S. 69-82.

litischen Kultur, auf deren Basis Schwarze und Weiße in einem politischen Gemeinwesen miteinander um die beste Gestalt dieser Gemeinschaft ringen sollten.

Die von Bellah und seinen Koautoren in *Habits of the Heart* geäußerte Kritik am Zustand der amerikanischen Gesellschaft und die diesbezügliche Zeitdiagnose wurden in einem weiteren Buch unter dem Titel *The Good Society*, erschienen 1991, in konkrete Vorschläge zur Revitalisierung des amerikanischen Gemeinwesens übersetzt. Diese reichen von der Forderung eines Abbaus militaristischer Staatsstrukturen[19] bis hin zur Demokratisierung von Arbeitsplätzen.[20] Der Hinweis auf derartige Programmatiken erscheint deshalb wichtig, weil die Gemeinschaftsrhetorik von Bellah und den Kommunitaristen in Deutschland häufig auf Widerstand stößt und als konservativ bis reaktionär eingestuft wird – zum Teil verständlich aufgrund des Mißbrauchs des Begriffs der Gemeinschaft im Nationalsozialismus (»Volksgemeinschaft«!). Es soll dabei nicht bestritten werden, daß es auch konservative Kommunitaristen gibt. Aber der Gemeinschaftsbegriff hat in der amerikanischen Geistesgeschichte einen völlig anderen Stellenwert als in der deutschen,[21] weshalb ihn sich auch amerikanische Progressive oder Linke problemlos zu eigen machen können, wie dies anhand der konkreten politischen Forderungen von Bellah und seinen Mitautoren deutlich wird.

Die ingeniöse Verknüpfung von soziologischer Forschung und Orientierung auf breite öffentliche Diskussion nennt Bellah »Sozialwissenschaft als öffentliche Philosophie«. Es wäre aber ganz falsch, die beiden Bücher *Habits of the Heart* und *The Good Society* als Schritte Bellahs weg von der professionel-

---

19 Robert N. Bellah u. a., *The Good Society*, New York 1991, S. 78.
20 Ebd., S. 101.
21 Dazu Hans Joas, »Gemeinschaft und Demokratie in den USA. Die vergessene Vorgeschichte der Kommunitarismus-Diskussion«, in: Micha Brumlik, Hauke Brunkhorst (Hg.), *Gemeinschaft und Gerechtigkeit*, Frankfurt/M. 1993, S. 49-62.

len Sozialwissenschaft in Richtung Publizistik zu deuten. Vielmehr hat Bellah in den letzten anderthalb Jahrzehnten seines Lebens an einem voluminösen Werk gearbeitet, das man als eine soziologisch inspirierte Weltgeschichte der Religion bezeichnen könnte. Dabei handelt es sich um die komplette Revision und umfangreiche Ausarbeitung des bereits erwähnten frühen Artikels, mit dem schon der junge Bellah Spuren in der Wissenschaftsgeschichte hinterließ: »Religious Evolution«.[22]

Globalgeschichte der Religion

Theoretischer Ausgangspunkt dieser Arbeit war ebenfalls das Werk von Talcott Parsons, aber nicht im Sinne einer funktionalistischen Religionssoziologie, bei der Religion einfach auf die Funktionen bezogen wird, die sie (angeblich) für das soziale System erfüllt.[23] Bellahs Interesse richtete sich vielmehr im selben Maß auf die Zusammenhänge der Religion mit Kultur, Körperlichkeit und Persönlichkeitsstruktur. Er ging hinter Parsons auf die soziologischen Klassiker Max Weber und Émile Durkheim zurück. Dabei las er auch Durkheim nicht einfach als Funktionalisten, sondern als einen Denker der religiösen »Erfahrung«, für den insbesondere kollektive Erfahrungen der Selbsttranszendenz (»kollektive Efferveszenz«) eine konstitutive Rolle für Religion spielten.

Der frühe Aufsatz skizziert Stufen der Religionsgeschichte der Menschheit, nicht aber einfach im Sinne Hegels und ande-

---

22 Robert N. Bellah, »Religious Evolution«, in: *American Sociological Review* 29 (1964), 3, S. 358-374.
23 Eine interessante frühe soziologische Auseinandersetzung in Deutschland bei: Rainer Döbert, *Systemtheorie und die Entwicklung religiöser Deutungssysteme. Zur Logik des sozialwissenschaftlichen Funktionalismus*, Frankfurt/M. 1973, S. 73-154. Auch Schieder, *Civil Religion*, S. 83-215, geht weit über sein unmittelbares theologisches Thema hinaus umfassend auf Bellahs Entwicklung ein.

rer Denker des neunzehnten Jahrhunderts, so als strebe die Religionsgeschichte hin zu ihrer Krönung im Christentum als der absoluten Religion. Schon in dieser skizzenhaften Darstellung wird vielmehr deutlich, daß Bellah die Stufen der Religionsgeschichte mit den Stufen der politischen Geschichte, das heißt der Geschichte der kollektiven Selbstorganisation der Menschheit, nicht nur parallelisiert, sondern zu integrieren versucht. Sein frühes Entwicklungsschema hat entsprechend fünf Stufen: primitive Religion, archaische Religion, historische Religion, frühmoderne und moderne Religion. Die Terminologie klingt heute gewiß veraltet, und auch die genaueren Bestimmungen der Religion auf diesen Stufen hätte Bellah später nicht durchgehend verteidigt. So ist der Ausdruck »primitiv« aus guten Gründen außer Gebrauch gekommen. Bellah ersetzt ihn in seinen späteren Schriften durch die Bezeichnung »tribal« (also stammesgesellschaftlich), wobei er sich durchaus bewußt ist, daß auch gegen diese Begriffswahl Einwände möglich sind. Gemeint sind mit diesem Begriff vorstaatliche politische Organisationsformen, die man auch nichtstaatlich oder sogar antistaatlich nennen kann, wenn man den leisesten Anklang an ein Schema notwendiger Entwicklung hin zum Staat vermeiden oder auf Widerstand gegen Staatsbildung verweisen will. Unter »archaisch« werden die großen, meist imperialen Staaten der Antike verstanden. Im Übergang zum Staat wird damit ein fundamentales Datum der Religionsgeschichte gesehen, ein Übergang, wie ich sagen würde, von der Selbstsakralisierung eines Kollektivs zur Sakralisierung eines Herrschers. Irritierend klingt die Bezeichnung »historisch« für den Bruch mit den zentralen Symbolsystemen der archaischen Ordnungen. Das Kriterium, das für Bellah die einen von den anderen zu unterscheiden erlaubt, ist die Entstehung und Verfügbarkeit von Transzendenzvorstellungen. Es geht damit um die Epoche des Wandels, die Karl Jaspers als »Achsenzeit« bezeichnet hat.[24] Wenn ein Jen-

---

24 Karl Jaspers, *Vom Ursprung und Ziel der Geschichte*, München 1949.

seits gedacht wird, das nicht einfach eine Fortsetzung des Diesseits darstellt, sondern einen Inbegriff des Wahren und Guten, dann ist die irdische Wirklichkeit einem durchgehenden Bewertungsmaßstab ganz anders unterworfen als zuvor. Dann kann die irdische Wirklichkeit zum Gegenstand fundamentaler Ablehnung oder von Verbesserungsbemühungen werden. Damit aber kommt die Veränderung auch der politischen und sozialen Verhältnisse in den Blick, und zwar nicht nur ihre Wandelbarkeit, sondern ihre Gestaltbarkeit und insofern Geschichtlichkeit in einem radikalen Sinn.[25] Die frühmoderne Religion wird von Bellah zu dieser Zeit noch mit der der Reformationszeit identifiziert, einer Wende zum innerweltlichen, aber transzendenzbezogenen individualistischen Aktivismus. Als »modern« wird schließlich die unmittelbare Gegenwart – die Zeit der Abfassung von Bellahs Aufsatz – interpretiert. Diese sei von der frühmodernen Religion nur insofern zu unterscheiden, als die Tendenzen der Individualisierung und religiösen Pluralisierung, die schon seit der Reformation angelegt waren, immer mehr die Oberhand gewonnen hätten.

Es ist nicht nötig, diesen Aufsatz im Detail zu erörtern, da er ja nur eine Skizze für das spätere Großwerk darstellt. Ein Leben lang trug Bellah sich mit dem Plan, diese Skizze in ein wirklich ausgereiftes historisch-soziologisches Werk zur globalen Religionsgeschichte zu transformieren. Durch Lehre und Forschung fügte er in den vorbereiteten Rahmen immer mehr positives Wissen ein; durch theoretische Reflexion arbeitete er gleich-

---

Zum Überblick über den Forschungsstand zu dieser These: Hans Joas, *Was ist die Achsenzeit? Eine wissenschaftliche Debatte als Diskurs über Transzendenz*, Basel 2014.

25 Unverkennbar ist hier der Einfluß Voegelins. Vgl. dessen Monumentalwerk: Eric Voegelin, *Ordnung und Geschichte* [1956-1987], 10 Bde., München 2001-2005. Zum Verhältnis Bellahs zu Voegelin jetzt: Peter Brickey LeQuire, »Friends in History: Eric Voegelin and Robert Bellah«, in: Matteo Bortolini (Hg.), *The Anthem Companion to Robert Bellah*, London 2019, S. 165-190.

zeitig, angestoßen von diesen Forschungen, den begrifflichen Rahmen immer weiter um. Als Bellah 1997 siebzigjährig in den Ruhestand trat, nahm er sich vor, die Ausarbeitung endlich zu leisten. Ein Inhaltsverzeichnis aus dem Sommer 1998, das mir vorliegt, zeigt noch eine starke Kontinuität mit dem ursprünglichen Aufsatz. Auch der Titel war noch derselbe. Auf ein einleitendes Kapitel zum Religionsverständnis sollten zwei Kapitel zur »social evolution« folgen, eines vom Paläolithikum zur »historic society«, eines von dieser zur Gegenwart. Tribale und archaische Religion sollten in einem gemeinsamen Kapitel behandelt werden. Für die »historischen Religionen« waren zwei Kapitel geplant, das erste über das Zeitalter der Entstehung von Transzendenzvorstellungen im antiken Judentum und in Griechenland (»classical mediterranean«), in Indien und China und (mit einem Fragezeichen wegen der ungesicherten Quellenlage) im Iran Zarathustras. Ein zweites Kapitel sollte dann der Tatsache Rechnung tragen, daß die beiden größten Weltreligionen, nämlich Christentum und Islam, ja nicht in derselben Zeit, in der der Durchbruch zur Transzendenz erstmals stattfand, ihren Ursprung haben. Sie sind allerdings auch nicht ohne die »achsenzeitlichen« Entwicklungen im antiken Judentum und in Griechenland vorstellbar. Deshalb spricht Bellah wie andere vor ihm im Schrifttum zur Staatsentstehung hier, bei leichter Bedeutungsverschiebung, von »sekundären Formationen«. Als Überschrift für dieses Kapitel aber wählte er den Begriff »organische Sozialethik«. Dieser Begriff geht auf Max Weber und Ernst Troeltsch zurück, bei Weber vor allem auf die Analyse des Hinduismus bezogen, bei Troeltsch auf die des mittelalterlichen Christentums. Gemeint ist damit nicht einfach die Übertragung von Organismusmetaphern auf die soziale und politische Ordnung, sondern die Verknüpfung von universaler Zugänglichkeit des Heils mit einer (ständischen) Ordnung starker sozialer Ungleichheit. In diesem Kapitel sollten also offensichtlich diese Verknüpfungen im Christentum und im Islam, in Indien und in Ostasien behandelt werden. Dann war ein großes Kapitel über Religion und Moderne geplant mit Unterkapiteln zu Reformation, Aufklärung und Wissenschaft und der globalen Verbreitung dieser Neuerungen. Im Schlußkapitel sollte die Frage nach einem möglichen Jenseits der Moderne aufgeworfen werden, eine Frage, die im Zeichen der Postmoderne-Diskussionen damals von großer Aktualität war.

Im Jahr 2011 erschien schließlich ein erster Band, der den ursprünglichen Titel in bedeutsamer Weise modifizierte. Nicht mehr *Religious Evolution*, sondern *Religion in Human Evolution* hieß das bedeutende Werk nun.[26] Damit sollte endgültig das Mißverständnis ausgeschlossen werden, es gehe um die Behauptung einer religionsimmanenten Stufenfolge. Es geht allerdings sehr wohl um eine Verknüpfung der Religionsgeschichte mit einer Theorie sozialen Wandels; und diese Theorie sozialen Wandels bedarf selbst einer Grundlegung in der kosmologischen und biologischen Evolution, die nun zu Beginn geliefert wird. Der vorgelegte Band endet mit dem ursprünglich geplanten fünften Kapitel. Die tribalen und die archaischen Religionen wurden nicht, wie anfangs geplant, in einem Kapitel behandelt, sondern in dreien, je eines zu den beiden großen Typen »tribal« beziehungsweise »archaisch« und eines zum Übergang zwischen ihnen. Jedem dieser Kapitel wurde auch eine systematische Fragestellung zugeordnet. Im Falle der Stammesreligionen betrifft dies die Entstehung von Sinn, beim Übergang zum archaischen Staat stehen die Wechselwirkungen der Konstitution von Sinn und von Macht, bei den archaischen Religionen die ineinander verwobenen Prozesse der Entwicklung von Gottes- und Herrscherkonzepten im sakralen Königtum im Zentrum. Von den ursprünglich geplanten fünf Fällen der Achsenzeit wurde der iranische, der von vornherein als fraglich galt, nicht behandelt. Ein Schluß faßt die Überlegungen zusam-

---

26 Robert N. Bellah, *Religion in Human Evolution. From the Paleolithic to the Axial Age*, Cambridge, Mass., 2011; dt.: *Der Ursprung der Religion. Vom Paläolithikum bis zur Achsenzeit*, Freiburg 2020.

men. Angesichts des Lebensalters, das Bellah beim Erscheinen des Buches erreicht hatte, konnte er die Tatsache nicht verdrängen, daß die Zeit für eine ähnlich gründliche Ausarbeitung der restlichen Konzeption nicht reichen würde. Bellah beschloß deshalb, die gesamte Religionsgeschichte von der Achsenzeit zur Gegenwart nicht in einem ähnlich gelehrten Werk zu behandeln, sondern in einem kürzeren und mit weniger Belegen arbeitenden Buch. Er wollte auch den globalhistorischen Anspruch seines Werkes auf eine bloße Kontrastierung zwischen dem »Westen« und China reduzieren. Von diesem Fortsetzungsband liegt ein Fragment von etwa 100 Seiten vor.[27] Der plötzliche Tod Bellahs im Sommer 2013 brach die Arbeit abrupt ab.

An dieser Stelle kann keine ins einzelne gehende Darstellung des überaus reichen vorliegenden Bandes geboten werden, ebensowenig eine der Anknüpfungen durch andere und der zahlreichen Auseinandersetzungen mit ihm.[28] Ich beschränke mich auf drei kurze Charakterisierungen der Spezifik von Bellahs Konzeption:

(1) Schon an einem frühen Punkt der Darstellung von Bellahs Entwicklung habe ich darauf hingewiesen, daß er über Parsons' schematische Kultursoziologie mittels der Symboltheorie Tillichs hinausging. Entsprechend war schon der Aufsatz »Religious Evolution« so aufgebaut, daß auf jeder Stufe der Geschichte der Herrschaftsordnungen Affinitäten zu bestimmten Symbolisierungen angedeutet wurden. Dies blieb damals noch etwas vage. Für sein großes Werk aber konnte sich Bellah auf einen ganz anderen Entwicklungsstand der evolutionären Kultur- und Kognitionspsychologie stützen, als er in den 1960er

---

27 Der Schülerkreis Bellahs unter Federführung von Richard Madsen (San Diego) plant jetzt eine Veröffentlichung.
28 Zu Anknüpfungen: Robert N. Bellah, Hans Joas (Hg.), *The Axial Age and Its Consequences*, Cambridge, Mass., 2012. Eine Auflistung der meisten wichtigen Rezensionen findet sich bei: Michael Stausberg, »Bellah's ›Religion in Human Evolution‹: A Post-Review«, in: *Numen* 61 (2014), S. 281-299.

Jahren verfügbar gewesen war. Als wichtigste Inspiration fungiert dabei das Werk von Merlin Donald.[29] Durch die Einbeziehung dieser Forschungen war gleichzeitig die Brücke zwischen menschlicher Geschichte und Evolution der Primaten geschlagen. Donald grundiert seine Unterscheidung dreier Stufen kognitiver Evolution durch eine Darstellung des »episodischen Geistes« und der »episodischen Kultur« von Primaten, also der Verhaftetheit von Wahrnehmung und Gedächtnis an Gegenwartssituationen von relativ kurzer Dauer. Die drei Kulturstufen werden dann durch die Begriffe »Mimesis«, »Mythos« und »Theorie« gekennzeichnet. »Mimesis« zielt auf körpernahe Ausdrucksformen, die Repräsentation von Sachverhalten in gestischer Kommunikation. Der Begriff »Mythos« bezieht sich auf die Rolle des Erzählens, das auf ein stärker situationsunabhängiges Medium angewiesen ist als die »mimische« Repräsentation, nämlich auf die Sprache. Der Begriff »Theorie« schließlich entstammt derjenigen Handlungssituation von Menschen, in der nach der Wahrheit überlieferter Erzählungen gefragt werden kann. Diese Frage setzt die Fähigkeit zur Distanznahme gegenüber tradierten Erzählungen voraus; ihre Beantwortung erfordert ein noch stärker situationsunabhängiges Medium als die mündliche Sprache, nämlich die Schrift. Durch die Schrift wird ein Rückgriff auf frühere Tatsachen und Darstellungen, wird die kritische Konfrontation von Vergangenheit und Gegenwart möglich.

(2) Bellah überträgt diese Theorie der Evolution von Kognition und Zeichengebrauch nun auf die Religionsgeschichte.[30]

---

29 Merlin Donald, *Origins of the Modern Mind. Three Stages in the Evolution of Culture and Cognition*, Cambridge, Mass., 1991.
30 Donald hat darauf wiederum selbst konstruktiv reagiert. Vgl. Merlin Donald, »An Evolutionary Approach to Culture. Implications for the Study of the Axial Age«, in: Bellah, Joas (Hg.), *The Axial Age and Its Consequences*, S. 47-76. Vgl. im selben Band auch die originelle Weiterführung durch: Matthias Jung, »Embodiment, Transcendence, and Contingency. Anthropological Features of the Axial Age«, S. 77-101.

Auch hier sollen die Einzelheiten der daraus entstehenden Theorie von religiösen Ritualen, Mythen und Doktrinen am Rande bleiben. Ganz wichtig aber ist, daß Bellah zwar ein Evolutionstheoretiker, aber kein Evolutionist ist; er unterstellt nicht, daß die nächsthöhere Stufe der Entwicklung die frühere entwertet oder gar überflüssig macht. Ein Leitmotiv seines Buches ist vielmehr die Formel »Nichts geht jemals verloren« (»nothing is ever lost«). Dies soll selbstverständlich nicht bedeuten, daß religionsgeschichtlich alles in Erinnerung oder gar lebenskräftig bleibe. Das ist ja ganz offensichtlich nicht der Fall. Die Formel will aber besagen, daß keine der Evolutionsstufen jemals völlig verschwindet. Auch mit der Ausbildung sprachlicher Kommunikation und an Sprache gebundener Gedächtnisleistungen verschwindet die Mimesis nicht, bleiben Gestenkommunikation und spielerische Darstellung von Bedeutung. Auch mit der Ausbildung kritischer und reflexiver Fähigkeiten verschwindet die Bedeutung des Erzählens für individuelle und kollektive Sinngebung nicht. Religionen existieren auf allen diesen Ebenen. Es kann in sie zwar eine stärker positive oder negative Einstellung zum Rituellen oder zum Mythischen eingebaut sein, doch wird sich keine Religion von diesen Ebenen völlig ablösen können. Religionen sind deshalb nie auf der Ebene ihrer »theoretischen« Doktrinen und theologischen Systematisierungen ganz zu durchdringen. Für Bellah gilt selbst von säkularen Wertsystemen, daß sie diesem Sachverhalt nicht entrinnen. Auch sie haben bei aller theoretischen Rationalität eine Basis in Erfahrungen, deren ritueller Verkörperung und mythischer Narration.

(3) Auch die Dimension von politischer Herrschaft beziehungsweise machtdurchsetzter Kooperation wird von Bellah in seinem Opus magnum auf den heutigen Kenntnisstand gebracht. Weit davon entfernt, einen ursprünglichen Egalitarismus von Stammesgesellschaften zu idyllisieren, geht er der Frage nach, wie deren relative Egalität aus den strikt hierarchischen Sozialordnungen der Primaten hervorgegangen sein kann und

über welche Mechanismen sie aufrechterhalten wird.[31] Im Zentrum der folgenden Darstellungen steht dann, wie dieser relative, keineswegs idyllische, aber doch ausgeprägte Egalitarismus der Stammesgesellschaften in die extreme Hierarchisierung der archaischen Imperien mit ihrer Monopolisierung der Macht und Sakralisierung von Herrschern übergehen konnte. Mit den achsenzeitlichen Innovationen tritt dann nicht nur eine ethische Relativierung dieser Herrschaftsordnungen neu auf, sondern es kommt auch zu einer Wiederbelebung und Universalisierung des Egalitarismus zumindest in religiöser Hinsicht. Menschen sind dann nicht mehr nur Untertanen eines Herrschers, sondern stehen in einer eigenen individuellen Beziehung zum Göttlichen, und ihre moralischen Verpflichtungen gelten dann nicht nur gegenüber den Angehörigen des eigenen Volkes oder Staates, sondern gegenüber allen Menschen. Bellah weiß genau, daß die so entstehenden religiösen Vorstellungen von der universalen Menschheit und vom individuellen Bezug zu Gott, Göttern oder einem sakralen Kosmos dennoch immer wieder Teil der politischen Legitimationsstrategien von Staaten und Imperien werden konnten und auch wurden.

Die Entwicklung dieser globalhistorischen Religionstheorie ist eine der großen schöpferischen Leistungen eines Gelehrten in unserer Zeit. Sie hatte für Bellah selbst auch ganz offensichtlich und, wie er selbst gesagt hätte, unvermeidlich eine religiöse Dimension. Schon in einem Aufsatz über Liturgie und Erfahrung von 1973 interpretierte der Protestant Bellah die Sakramente im katholischen Sinn als intensive spirituelle Erfahrungen.[32] Im Lauf seines Lebens wurde er immer kritischer gegenüber dem, was er als die »Fehler im protestantischen Code« (»flaws

---

31 Zu meiner eigenen, von meiner Zusammenarbeit mit Bellah beeinflußten Darstellung der Geschichte von Sakralität und Macht in dieser Hinsicht vgl. die Skizze in: Hans Joas, *Die Macht des Heiligen. Eine Alternative zur Geschichte der Entzauberung*, Berlin 2017, S. 446-485.
32 Robert N. Bellah, »Liturgy and Experience«, in: James D. Shaughnessy (Hg.), *The Roots of Ritual*, Grand Rapids 1973, S. 217-234.

in the Protestant code«) empfand.³³ Er versuchte immer mehr, die Radikalität prophetischer Kritik, die der Protestantismus stets wieder hervorgebracht hat, mit der klassischen katholischen Tradition sakramentaler Erfahrung zusammenzuführen. Wie Tillich schien ihm eine freischwebende Prophetie ohne sakramental-institutionelles Gegengewicht auf die Dauer unmöglich. Durch seine Studien zum japanischen Militarismus und durch die Erfahrung mit Faschismus und Nationalsozialismus war er sich zudem der Gefahr eines Transzendenzverlusts in der Moderne mit seinen möglichen Folgen für die Lebbarkeit des moralischen Universalismus bewußt. Seine Untersuchungen der amerikanischen Kultur zielten eben darauf, die gegenwärtigen Chancen dieses moralischen Universalismus im Verhältnis zum utilitaristischen und expressiven Individualismus und in der Verwiesenheit auf die Partikularität von Gemeinschaftsbindungen zu eruieren. Nimmt man diese Motive zusammen in den Blick, läßt sich Robert Bellahs Lebenswerk als die gelungene Synthese von Talcott Parsons und Paul Tillich definieren.³⁴

---

33 Robert N. Bellah, »Flaws in the Protestant Code. Some Religious Sources of America's Troubles«, in: *Ethical Perspectives* 7 (2000), S. 288-299. Er ging gelegentlich so weit, die Reformation als einen Fehler zu bezeichnen: »[…] a necessary mistake, to be sure – but one that needs to be rectified if we are to solve the crises of modernity« (Bellah, »God, Nation, and Self«, S. 146).

34 Ein vollständiges Verzeichnis der Schriften von Robert Bellah bis einschließlich 2005 ist enthalten in: Robert N. Bellah, Steven M. Tipton (Hg.), *The Robert Bellah Reader*, Durham 2006, S. 523-542.

6
Religion und Globalisierung: José Casanova

Es war im Jahr 1969, als ein hochbegabter Junge aus der spanischen Provinz, genauer gesagt aus einem Dorf in Aragón, sich nach dem Besuch einer kirchlichen höheren Schule in Zaragoza nach Österreich aufmachte, um sich zum katholischen Priester ausbilden zu lassen.[1] Das Spanien der 1950er und auch noch der 1960er Jahre müssen wir uns innenpolitisch vom kirchlich gestützten und legitimierten Franco-Faschismus regiert, außenpolitisch weitgehend isoliert, wirtschaftlich rückständig und kulturell von Europa abgeschnitten vorstellen. Das Dorf seiner frühen Jahre schildert José Casanova (*1951), dem zu diesem Zeitpunkt noch keine brillante Karriere in der internationalen Religionssoziologie auch nur als Traum vorschwebte, freilich durchaus als eine für das Kind glückliche vorindustrielle Lebenswelt. Sein Weg aber führte ihn heraus aus dieser vertrauten Umgebung nach Innsbruck, seinem Studienort, den er durchaus als repräsentativ für die moderne Welt erlebte. Dort erwarb er sich die breiten Grundlagen philosophischen und theologischen Wissens, die in seinem Werk immer wieder aufscheinen. Als wichtigster akademischer Lehrer erwies sich Franz Schupp,[2] Nachfolger des großen Karl Rahner auf dem Lehrstuhl für Dogmatik. Viel mehr als in Spanien wehte hier der Geist des II. Vati-

---

[1] Die biographischen Informationen stammen, sofern sie nicht auf persönliche Gespräche zurückgehen, aus: José Casanova, »From Modernization to Secularization to Globalization. An Autobiographical Self-Reflection«, in: *Religion and Society. Advances in Research* 2 (2011), S. 25-36.
[2] Vgl. zu ihm und seinem Werk Walter Raberger, Hanjo Sauer (Hg.), *Vermittlung im Fragment. Franz Schupp als Lehrer der Theologie*, Regensburg 2003.

kanischen Konzils, so sehr übrigens, daß Schupp im Jahr 1974, als sich die Stimmung in Rom wieder etwas gewandelt hatte, die kirchliche Lehrerlaubnis entzogen wurde. Das *aggiornamento* der Kirche in Hinsicht auf Demokratie und Religionsfreiheit, die weitgehende Umstellung von einem naturrechtlichen zu einem personalistischen Bezugsrahmen, die Entklerikalisierung des Kirchenverständnisses – dies sind Motive, die José Casanova damals aufsog. Sie werden in seinen Schriften immer wieder deutlich, etwa wenn er die berühmten Hirtenworte der amerikanischen Bischofskonferenz zu Rüstungsfragen und zur wirtschaftlichen Gerechtigkeit »die größte empirische Annäherung an eine Institutionalisierung der Diskursethik auf der allgemeinen Ebene der Zivilgesellschaft« nennt,[3] weil diese Hirtenworte nicht einfach den Gläubigen vorgesetzt wurden, sondern aus einem komplexen Konsultationsprozeß mit Experten, Interessengruppen, Aktivisten, katholischen Dissidenten und natürlich dem Vatikan entstanden. Das Spektrum der Lehrinhalte in Innsbruck war weit und umfaßte neben den großen klassischen und modernen Theologen des katholischen auch die des protestantischen Christentums, die Befreiungstheologie und die Kritische Theorie.

In Innsbruck traf José Casanova auch die Frau seines Lebens, Ika, die als Tochter ukrainischer Displaced Persons in Bayern zur Welt gekommen war und seine Entwicklung stark beeinflussen sollte. 1973 legte José Casanova die Prüfung zum Magister der Theologie ab; in diese Zeit fällt auch die Entscheidung, nicht Priester und auch nicht Theologe zu werden, sondern sich der Soziologie zuzuwenden. Er nennt sich deshalb gelegentlich auch selbstironisch einen »Spätberufenen der Soziologie«.

Bei allem Respekt vor den Innsbrucker Fachkollegen läßt

---

3 José Casanova, »Catholic Ethics and Social Justice. Natural Law and Beyond«, in: *International Journal of Politics, Culture, and Society* 6 (1992), S. 322-329, hier S. 322. (So keine deutschsprachigen Quellen angegeben werden, stammen alle Übersetzungen von mir, H.J.)

sich nicht behaupten, daß ihre Universität den idealen Ort darstellte, um in der Soziologie voranzukommen. Franz Schupp war es denn auch, der dem Nachwuchsmann in dieser Situation den etwas paradoxen und für Deutsche deprimierend klingenden Hinweis gab, daß, wer an die große deutsche Tradition einer universalhistorisch ausgerichteten und philosophisch fundierten Soziologie anknüpfen wolle, nicht nach Deutschland zum Studium gehen solle, sondern in die USA. Die deutsche Soziologie war in dieser Sicht damals so oberflächlich und in einem schlechten Sinn »amerikanisiert«, daß sie ihre eigenen imponierenden Traditionen weitgehend verdrängt hatte, während das deutsche Erbe eher auf der anderen Seite des Atlantiks bewahrt und weiterentwickelt worden sei. Dieser Rat bezog sich speziell auf die New School for Social Research in New York, deren Graduate Faculty während des »Dritten Reiches« so viele hervorragende Emigranten aus Deutschland und Österreich aufgenommen und nach dem Zweiten Weltkrieg weiterhin diese Traditionen, nun auch durch Aufnahme von osteuropäischen Emigranten, fortgesetzt hatte.

Diese Institution wurde für Jahrzehnte zur akademischen Heimat von José Casanova. Er machte dort 1977 seinen M.A. und 1982 seinen Ph.D. in Soziologie. Als am stärksten prägender akademischer Lehrer dort läßt sich der allerdings schon 1977 verstorbene Benjamin Nelson erkennen. Heute fast vergessen, war er vor allem durch eine große Studie zur Geschichte des Zins- oder Wucherverbots aus dem Buch Deuteronomium bekannt geworden, eine Studie, die in das Genre der weitausgreifenden religionshistorisch fundierten Soziologie wirtschaftlichen und moralischen Verhaltens fällt, das seit Max Weber (und Ernst Troeltsch) so großartige Werke hervorgebracht hat und wohl auch das Ideal verkörpert, dem José Casanova nachstrebt.[4]

---

4 Benjamin Nelson, *The Idea of Usury. From Tribal Brotherhood to Universal Otherhood* [1949], Chicago 1969. Weitere Angaben zu Nelson oben in der Einführung zu diesem Teil IV.

Max Weber ist von Casanovas frühesten Veröffentlichungen an ein wesentlicher Bezugspunkt seiner Arbeit, wobei er zwar großes Interesse an den konkurrierenden Deutungen von dessen Werk zeigt, aber seine eigenen Auffassungen ohne den Fanatismus vorträgt, der die deutschen Weberianer oft zu persönlichen Animositäten und sektiererischen Spaltungen verleitete.⁵

Modernisierung, Demokratisierung, Religion

Das Bild vom jungen José Casanova, das aus der Lektüre seiner ersten Veröffentlichungen entsteht, zeigt einen Soziologen, der eine klare Fragestellung und eine deutliche methodische Orientierung hat. Die Fragestellung ist die, warum Spaniens Geschichte so anders verlief als die des Westens – warum also Spanien, obwohl im äußersten geographischen Westen Europas liegend, so lange nicht im westlichen Sinn modern wurde. Die methodische Orientierung ist die einer weberianischen vergleichend-historischen Forschung, erweitert um ein emphatisches Verständnis von Demokratie und Öffentlichkeit, wie es der junge Jürgen Habermas entwickelte, und kritisch abgegrenzt von der die westlichen Sozialwissenschaften dominierenden sogenannten Modernisierungstheorie. Deren Versuch, aus einer stark protestantisch gefärbten Geschichtserzählung vom Aufstieg Nordwesteuropas Lehren für die Entwicklungspolitik zu ziehen – Lehren, in denen die USA der Nachkriegszeit jeweils als Nonplusultra gesellschaftlicher Entwicklung erschienen –, verglich Casanova in einem frühen Aufsatz mit dem Zivilisationshochmut, wie er im viktorianischen Großbritannien des neunzehnten Jahrhunderts gang und gäbe war.⁶

---

5 Vgl. José Casanova, »Interpretations and Misinterpretations of Max Weber. The Problem of Rationalization«, in: Ronald Glassman, Vatro Murvar (Hg.), *Max Weber in Political Sociology. A Pessimistic Vision of a Rationalized World*, Westport 1984, S. 141-154.
6 José Casanova, »Legitimacy and the Sociology of Modernization«, in: Ar-

Gegenstand seiner Dissertation war, der Fragestellung und methodischen Orientierung Rechnung tragend, das Opus Dei, genauer: »Die Ethik des Opus Dei und die Modernisierung Spaniens«.[7] Es ging dem Autor nicht darum, in kriminalistischer Weise und mit verschwörungstheoretischen Unterstellungen die Geschichte einer »heiligen Mafia« darzustellen, sondern er wollte untersuchen, wie »ein reaktionäres, klerikales, traditionalistisches und antimodernes ›fundamentalistisches‹ Regime zur Modernisierung Spaniens beitragen konnte«.[8] Wer genau waren die Träger dieser Modernisierung? Wie entstanden ihre Konzeptionen? Warum waren sie innerhalb des Regimes relativ erfolgreich? Inwiefern blieb die spanische Modernisierung aber eben dennoch partiell? Man spürt in diesen Fragestellungen sehr wohl die modernisierungstheoretische Schule mit ihrer Leitfrage, was jeweils im Fall erfolgreicher wirtschaftlicher Modernisierungsprozesse das funktionale Äquivalent für die angeblich in Nordwesteuropa entscheidende protestantische Ethik gewesen sei. Robert Bellah hatte dies exemplarisch in seiner Analyse des damals einzigen erfolgreichen asiatischen Falles, nämlich Japans in der Tokugawa-Periode (1603-1868), vorgeführt.[9] Bei José Casanova kam aber, anders als bei den Modernisierungstheoretikern üblich, auch eine von Habermas' Technokratiekritik genährte Distanz zu administrativen Eliten ins Spiel.[10] Er ar-

---

thur Vidich, Ronald Glassman (Hg.), *Conflict and Control. Challenge to Legitimacy of Modern Governments*, London 1979, S. 219-252, hier S. 220.

7 So auch der Titel der Dissertation, die aber unveröffentlicht und mir nicht bekannt ist. Diversen Aufsatzveröffentlichungen läßt sich die Argumentation aber gut entnehmen. Vgl. etwa José Casanova, »The Opus Dei Ethics, the Technocrats and the Modernization of Spain«, in: *Social Science Information* 22 (1983), S. 27-50.

8 So im Rückblick Casanova, »From Modernization to Secularization to Globalization«, S. 27.

9 Robert N. Bellah, *Tokugawa Religion. The Cultural Roots of Modern Japan*, New York 1957. Vgl. zu Bellah oben in diesem Teil, Kap. 5.

10 Jürgen Habermas, *Technik und Wissenschaft als »Ideologie«*, Frankfurt/M. 1968.

gumentiert hinsichtlich des Erfolgs der von ihm untersuchten Organisation, daß es Opus Dei gelungen sei, dem Franco-Regime eine administrative Rationalisierung und teilweise Verrechtsstaatlichung nahezubringen, die es erlauben sollte, die spanische Wirtschaft in die Weltwirtschaft zu integrieren, ohne dabei das Regime selbst zu zerstören.

Religion spielt in dieser Analyse natürlich eine wichtige Rolle, aber es wäre ganz verkürzt, José Casanovas Forschungsprogramm an diesem Punkt seiner Entwicklung einfach als religionssoziologisch zu etikettieren. Es war viel breiter angelegt und ist, wenn ich dies richtig sehe, auch so geblieben. José Casanova versteht Religion nicht als ein kleines Spezialgebiet, mit dem er sich so beschäftigt wie andere mit der Soziologie des Sports oder der der Ernährung. Ohne ein Verständnis der Zentralität der Religion ist für ihn – wie für die Klassiker der Soziologie Max Weber und Émile Durkheim – überhaupt kein Verständnis gesellschaftlicher Wandlungsprozesse zu gewinnen. Hier stoßen wir allerdings auf den paradox erscheinenden Sachverhalt, daß die Soziologie zwar zwei Gelehrte als ihre Klassiker betrachtet, für die Religion zentral war und die sich mit sozialen Phänomenen in der gesamten Geschichte der Menschheit beschäftigten, daß sie als Fach aber immer mehr zu einer »Gegenwartswissenschaft« schrumpfte und die Beschäftigung mit Religion an den Rand drängte. Die Paradoxie läßt sich nur auflösen, wenn wir erkennen, daß die beiden Klassiker der betrüblichen Entwicklung insofern selbst Vorschub leisteten, als ihre Werke Annahmen über einen fortschreitenden Bedeutungsverlust der Religion in einer neuartigen historischen Formation, über eine entzauberte oder säkularisierte Moderne also, enthielten.[11]

An genau diesem Punkt aber setzt nun der Gedankengang ein, der zu José Casanovas bisher wichtigstem Werk führte. Ausgelöst von spektakulären Fällen politisch-religiöser Mobili-

---

11 Dazu mehr oben, in der Einführung zu diesem Teil IV.

sierung wie der schiitisch inspirierten iranischen Revolution von 1979, der katholisch geprägten Solidarność-Bewegung in Polen, der Herausbildung einer protestantisch-fundamentalistischen christlichen Rechten in den USA, der produktiven Rolle der postkonziliaren katholischen Kirche für Demokratisierungsprozesse in vielen Ländern vor allem Lateinamerikas einschließlich der sandinistischen Revolution in Nicaragua, wandte José Casanova seit der zweiten Hälfte der 1980er Jahre sein Interesse der Frage nach dem genauen Charakter, den Folgen und der Legitimität solcher politisch-religiösen Mobilisierungen zu. Das Buch, das daraus entstand und 1994 auf den Markt kam, stellt eine bahnbrechende Leistung dar. Es ist nicht übertrieben, es als einen Klassiker der Religionssoziologie zu bezeichnen, der einen veritablen Paradigmenwechsel in der Forschung auf diesem Gebiet symbolisiert. Die Rede ist von dem Werk *Public Religions in the Modern World*,[12] dessen Verdienste ich kurz und etwas schematisch in vier Punkten benennen will.

(1) Zum ersten hat José Casanova schlicht besser als jeder andere Klarheit in das extreme Durcheinander von Säkularisierungsbegriffen gebracht und damit vielen Nachfolgern ein geeignetes Vokabular in die Hand gegeben. Allzu häufig reden die Kontrahenten in religionspolitischen Debatten aneinander vorbei, weil der eine unter Säkularisierung die abnehmende Bedeutung von Religion überhaupt, der andere ihren Rückzug aus der Öffentlichkeit und die dritte die Freisetzung gesellschaftlicher Bereiche von religiöser Kontrolle versteht. Diese Unterschiede dürfte man aber nur vernachlässigen, wenn die Entwicklungstendenzen in diesen verschiedenen Hinsichten in dieselbe Richtung wiesen. Aber dies ist gerade nicht der Fall, wie jedem Kenner der USA unmittelbar einleuchtet, weil dort eine relativ strikte und historisch frühe Trennung von Staat und Kirche beziehungsweise Religionsgemeinschaften mit einer anhaltenden Vitalität der Religion nicht nur einhergeht, sondern

---

12 José Casanova, *Public Religions in the Modern World*, Chicago 1994.

diese wohl sogar bedingt. Noch nicht einmal innerhalb der ersten Variante des Säkularisierungsbegriffs, derjenigen nämlich, die auf eine Schwächung der Religion zielt, ist die Lage eindeutig. Menschen können Mitglied ihrer Kirche bleiben, obwohl sie ihren Glauben verloren haben, oder austreten, obwohl sie weiterhin glauben. Der regelmäßige Gottesdienstbesuch ist, wenn überhaupt, dann nur bei Katholiken ein guter Indikator für Glaubensintensität usw. Für José Casanova war die verbreitete Annahme eines fortschreitenden Bedeutungsverlusts von Religion aufgrund von Modernisierungsprozessen von Anfang an empirisch unplausibel. Die regionalen und nationalen Unterschiede sind hier enorm und lassen sich in der Regel nicht aus unterschiedlichen Graden der Modernisierung erklären. Die Trennung von Staat und Kirche schien ihm der plausible Aspekt der Säkularisierungsthese zu sein, vor allem aber wies er die Vorstellung einer fortschreitenden Privatisierung der Religion zurück.

(2) Hier liegt sein eigentlicher Bruch mit einer enorm weit verbreiteten Annahme vor. Freilich spiegelt auch hier der Begriff (»Privatisierung«) mehr Klarheit vor, als er einlösen kann. Denn wenn vom Rückzug ins Private die Rede ist, dann ist durchaus uneindeutig, wo dieses liegt: außerhalb des Staates in der Zivilgesellschaft, außerhalb von Staat und Zivilgesellschaft in den Familien, nur im Seelenleben des einzelnen?[13] Eine weitere Unklarheit scheint mir dort zu bestehen, wo die Untersuchung öffentlicher politisch-religiöser Mobilisierungen zur These von einer fortschreitenden Entprivatisierung der Religion verdichtet wird. Unklar kann dabei ja sein, ob die Privatisierungsthese ein für allemal als empirisch widerlegt gelten soll oder ob sie wegen neuer Trends weg von der Privatisierung als historisch überholt zu bezeichnen ist. Hier besteht also durchaus

---

13 Hier stütze ich mich auf Überlegungen in meinem Buch: Hans Joas, *Glaube als Option. Zukunftsmöglichkeiten des Christentums*, Freiburg 2012, v. a. Kap. 1.

noch weiterer Klärungsbedarf. Dieser Bedarf wird noch erhöht durch die komplizierten Grenzverschiebungen zwischen dem Privaten und dem Öffentlichen etwa im Zusammenhang der Mißbrauchsskandale, die dem Ansehen der katholischen Kirche so schweren Schaden zugefügt haben. José Casanova war durch sein Interesse an feministischen Kritiken einer zu simplen quasiräumlichen Trennung von Öffentlichkeit und Privatheit schon früh für die begrifflichen und sachlichen Probleme, die hier liegen, sensibilisiert.

(3) Sein Hauptinteresse im Buch von 1994 lag aber in der Frage nach den Dynamiken der politisch-religiösen Mobilisierungen in einem ganze Gesellschaften ergreifenden Umfang. Das Spanien-Kapitel seines großen Buches ist deshalb durchaus als eine Fortsetzung der vorhergehenden soziologischen Opus-Dei-Analyse zu lesen, nun aber weniger unter dem Gesichtspunkt wirtschaftlicher Modernisierung und mehr unter dem Gesichtspunkt der Demokratisierung. Wie schon Max Weber wußte und in seinen Rußland-Schriften zum Ausdruck brachte,[14] hängen Fortschritte des Kapitalismus und Fortschritte der Demokratie nicht so einfach miteinander zusammen, wie es die »Modernisierungstheoretiker« gerne behaupten. Ich sehe José Casanovas Buch als eine in diesem Sinne weberianische Analyse der Demokratisierungsprozesse in Spanien, Brasilien und Polen unter dem besonderen Gesichtspunkt der Rolle von Gläubigen und Religionsgemeinschaften, voller Aufmerksamkeit aber auch für andere Akteure und für die Lernprozesse aller Beteiligten in solchen Prozessen. Gerade auch die Kirchen und Religionsgemeinschaften sind in ihren politischen Zielen und Lehren keineswegs so fixiert, wie sie sich gerne rückblickend darstellen; auch in der katholischen Kirche gibt es entgegen dem hierarchisch-zentralistischen Erscheinungsbild komplizierte Einwir-

---

14 Max Weber, »Zur Lage der bürgerlichen Demokratie in Rußland« [1906], in: ders., *Gesammelte politische Schriften*, Tübingen 1980, S. 33-68, hier S. 63 f.

kungen von unten nach oben. Die beiden USA-Kapitel seines Buches – über den katholischen Weg zur respektierten »Denomination« und über den protestantischen Fundamentalismus – widmet José Casanova dann in ähnlicher Weise der Rolle von Kirchen zwar nicht in Demokratisierungsprozessen, aber in einer etablierten Demokratie, in der sie sich bei allem selbstgewissen Anspruch auf moralische Wahrheit notwendig als bloße Teilnehmer an öffentlichen Debatten verhalten müssen, also nicht als Institutionen, die mit staatlicher Hilfe an der Überzeugung von religiös Gläubigen und den Verfechtern säkularer Weltbilder vorbei Macht ausüben und die Menschen bevormunden könnten.

(4) Damit kommt schon die normative Seite von José Casanovas Arbeit ins Spiel. Sein Buch war ja nicht nur durch die Originalität der Fragestellung, die begriffliche Klarheit und die historisch-empirische Vorgehensweise vorbildlich, sondern auch – zumindest in meinen Augen –, weil es sich nicht der Aufgabe entzieht, selbst normative Schlußfolgerungen aus der empirischen Forschung zu ziehen. *Public Religions in the Modern World* stellt ein klares Plädoyer für die Legitimität einer öffentlichen Rolle von Religion dar und weist damit einen sich häufig als liberal bezeichnenden fundamentalistischen Säkularhumanismus zurück, der die Öffentlichkeit monopolisieren und den Kirchen in ökonomischer Sprache den Rückzug auf ihr seelsorgerisches »Kerngeschäft« aufzwingen will. Zugleich werden natürlich auch vordemokratische Ansprüche der Kirchen oder ihre freiwillige Beschränkung auf die Einverstandenen abgelehnt.

Selbstverständlich sind die empirischen Befunde, begrifflichen Vorschläge und normativen Stellungnahmen Casanovas nicht durchweg völlig unkontrovers. Die Rezeption des Buches setzte allerdings eher langsam ein. Trotz vielfältiger Bemühungen konnte sich zum Beispiel kein deutscher Verlag zu einer Übersetzung entscheiden. Im Rückblick erscheint dies als ein interessantes Indiz dafür, wie gering noch Mitte der 1990er Jahre in Deutschland das Interesse an der Beschäftigung mit politisch-religiösen Mobilisierungen war. Das änderte sich radikal nach den Anschlägen vom 11. September 2001. Aufgrund seiner wissenschaftlichen Qualität wurde das Buch José Casanovas nun auch im deutschen Sprachraum breit wahrgenommen. Dabei hatte der Autor sich natürlich schon beträchtlich und in vielfältige Richtungen weiterentwickelt. Vor allem drei solche Richtungen sind erwähnenswert:

(1) *Public Religions in the Modern World* wurde gelegentlich seine Beschränkung auf das katholische und protestantische Christentum vorgehalten. Dabei ist José Casanova durch seine familiäre Verbindung zur Ukraine auch mit dem orthodoxen Christentum wohlvertraut; er hat sich auch in mehreren Aufsätzen zur religiösen Situation in der Ukraine und generell zu den Fragen des religiösen Pluralismus in postkommunistischen Gesellschaften geäußert.[15] Die eigentliche Herausforderung für seine Theorien aber stellten die großen nichtchristlichen Religionen, insbesondere der Islam, dar. Hier sind vor allem seine ingeniösen Vergleiche der Geschichte von Katholizismus und Islam sowie ihrer Wahrnehmung in protestantischen oder säkularen Öffentlichkeiten hervorzuheben.[16] In der Tat galt der Katholizismus in vielen Ländern lange Zeit als ähnlich national unzuverlässig, inkompatibel mit der Demokratie und die Integration von Einwanderern behindernd, wie dies heute häufig vom Islam behauptet wird. Aus der erfolgreichen Geschichte des Katholizismus in dem klassischen Einwanderungsland USA zieht José Casanova optimistische Schlüsse für die Zukunft des

---

15 Z.B. José Casanova, »Ethno-Linguistic and Religious Pluralism and Democratic Construction in Ukraine«, in: Barnett Rubin, Jack Snyder (Hg.), *Post-Soviet Political Order. Conflict and State-Building*, New York 1998, S. 81-103.
16 José Casanova, »Civil Society and Religion. Retrospective Reflections on Catholicism and Prospective Reflections on Islam«, in: *Social Research* 68 (2001), S. 1041-1080; ders., »Catholic and Muslim Politics in Comparative Perspective«, in: *Taiwan Journal of Democracy* 1 (2005), S. 89-108.

Islam, dies allerdings mit großem Augenmaß und Sensibilität auch für die Länge des zurückzulegenden Weges.

Durch die stärkere Berücksichtigung nichtchristlicher Religionen, teilweise auch der in Asien beheimateten, nehmen die Herausforderungen hinsichtlich der historischen Tiefe der Analyse zu. So nötigt etwa die Frage, inwiefern der aus dem christlichen Horizont stammende Begriff des Säkularen überhaupt geeignet ist, auf andere »Weltreligionen« angewendet zu werden, dazu, in die Zeit der Grundinspirationen dieser Religionen zurückzugehen. Dadurch ist für Casanova unter dem Einfluß von Shmuel Eisenstadt und Robert Bellah Karl Jaspers' Konzept der Achsenzeit immer wichtiger geworden.[17] Die klare Trennung der drei begrifflichen Gegensatzpaare sakral – profan, transzendent – immanent und religiös – säkular ist ihm dabei ein wesentliches Anliegen – weil man nur so den Spezifika der Religion in Stammesgesellschaften und archaischen Staaten, der großen Umwälzung bei der Entstehung der Weltreligionen und den Sakralisierungen säkularer Gehalte im 19. und 20. Jahrhundert gerecht werden kann.

(2) Der Bestandteil der konventionellen Sicht auf Säkularisierung, den José Casanova anfangs noch als bewahrenswert empfunden hatte, ist in den späteren Arbeiten ebenfalls zunehmend ins Rutschen geraten. Die Rede ist von der »Differenzierung« von Staat und Religion als notwendigem Bestandteil moderner Gesellschaften. Zum einen wird beim internationalen Vergleich immer deutlicher, daß weder die französische noch die US-amerikanische Variante hier einfach als Vorbild für andere und als Modernitätsindikator gewertet werden kann. Von dem frühverstorbenen deutschen Staatsrechtler Winfried Brugger etwa stammt eine Typologie, die die Vielfalt von Regelungen zwi-

---

17 Robert N. Bellah, Hans Joas (Hg.), *The Axial Age and Its Consequences*, Cambridge, Mass., 2012. (Der Band enthält auch den Beitrag von José Casanova, »Religion, the Axial Age, and Secular Modernity in Bellah's Theory of Religious Evolution«, S. 191-221.)

schen Theokratie und säkularistischer Diktatur ausfächert.[18] Doch ist überhaupt die Leitlinie funktionaler Differenzierung in Casanovas Schriften deutlich zurückgetreten.

(3) Die empirische Beschäftigung mit der Rolle der Religion bei der Integration von Einwanderern hat José Casanova gezeigt, wie vielfältig die Bedingungen in den einzelnen Ländern und entsprechend variabel die Rolle einzelner Religionen dabei ist.[19] Traditionell werden Einwanderer in die USA durch die Migration eher religiöser, aber das gilt nicht für alle anderen Einwanderungsländer. Während in den USA Religion eher als Medium der Integration gesehen wird, gilt sie in Europa eher als Hindernis. Während in der Vergangenheit die Wirkung des religiösen Pluralismus in den USA auf die Religion der Einwanderer im Land selbst beschränkt blieb, dehnt sich heute durch die enorme Erleichterung des Reisens und der Kommunikation diese Wirkung mittlerweile oft auch auf die Herkunftsländer aus. Dies sind nur drei von vielen Befunden aus diesen Arbeiten. Generell zielt José Casanova immer mehr auf ein umfassendes Panorama der Globalisierung in religiöser Hinsicht. Gerade die katholische Kirche, die immer schon ihrem Selbstverständnis nach ein Global Player war, wenngleich sie faktisch eurozentrisch und in der Hierarchie sogar italianozentrisch blieb, steht vor völlig neuen Chancen, transnational wirkungsmächtig zu werden – Chancen, die natürlich auch verpaßt werden können. Alle Religionen werden heute außerhalb ihrer Entstehungskulturen verfügbar für individuelle oder kollektive Aneignung; sie geraten gleichzeitig unter Druck, mitgeschleppte Partikularismen derjenigen Kulturen, in die sie bisher eingebettet waren,

---

18 Winfried Brugger, »Von Feindschaft über Anerkennung zur Identifikation. Staat-Kirche-Modelle und ihr Verhältnis zur Religionsfreiheit«, in: Hans Joas, Klaus Wiegandt (Hg.), *Säkularisierung und die Weltreligionen*, Frankfurt/M. 2009, S. 253-283.
19 Vgl. etwa José Casanova, »Einwanderung und der neue religiöse Pluralismus. Ein Vergleich zwischen der EU und den USA«, in: *Leviathan* 2 (2006), S. 182-207.

neu zu reflektieren. Religion, Kultur und Territorium sind immer weniger miteinander identisch.

José Casanova ist derzeit nicht nur ein Analytiker der Globalisierung in religiöser Hinsicht, sondern eine der wichtigsten Stimmen in der transnationalen katholischen Öffentlichkeit, die sich zu einer der einschneidendsten historischen Entwicklungen unserer Zeit – der Globalisierung des Christentums – sachkundig äußern.[20] Seine globale Präsenz und Orientierung führen ihn aber nicht dazu, wie es bei postmodernen Autoren häufig vorkommt, Skepsis gegenüber der Aufklärung mit aufklärerischer Skepsis gegenüber religiösen Traditionen aporetisch zu verknüpfen. In einer knappen brillanten Auseinandersetzung mit Zygmunt Baumans Entwurf einer postmodernen Ethik schrieb er den bekenntnishaften Satz: »Ohne die Einbettung in eine bestimmte moralische Tradition hat die Moral des autonomen Selbst keinen Gehalt und bleibt deshalb gezwungenermaßen leer.«[21]

In allen drei hier benannten thematischen Feldern hat sich eine bestimmte Kritik, die an Casanovas Buch geübt worden war, als besonders starke Herausforderung für den Autor erwiesen. Es war die des Anthropologen und Islamwissenschaftlers Talal Asad.[22] Dieser erhob zunächst den Einwand, daß es sich

---

20 Vgl. schon José Casanova, »Globalizing Catholicism and the Return to a ›Universal‹ Church«, in: Susanne Rudolph, James Piscatori (Hg.), *Transnational Religion and Fading States*, Boulder 1997, S. 121-143, außerdem das dritte Kapitel in: José Casanova, *Europas Angst vor der Religion*, Berlin 2009 (S. 85-119), und den Beitrag »Religion in Modernity as Global Challenge«, in: Michael Reder, Matthias Rugel (Hg.), *Religion und die umstrittene Moderne*, Stuttgart 2010, S. 1-16 (mit der Diskussion S. 17-21).

21 José Casanova, »Rezension: Zygmunt Bauman, *Postmodern Ethics* (Oxford 1993)«, in: *Contemporary Sociology* 24 (1995), S. 424f., hier S. 425. Einen Rückblick auf seine Entwicklung nach 1994 bietet José Casanova selbst in: »Public Religions Revisited«, in: Hent de Vries (Hg.), *Religion. Beyond a Concept*, New York 2008, S. 101-119.

22 Talal Asad, *Formations of the Secular. Christianity, Islam, Modernity*, Stanford 2003, S. 181-183, und dazu die ausführliche Replik: José Casa-

Casanova zu leicht mache, wenn er zwar die Privatisierungsthese für widerlegt erkläre, zugleich aber an der Konzeption fortschreitender funktionaler Differenzierung festhalte.[23] Er monierte außerdem, daß eine verstärkte öffentliche Rolle der Religion doch nicht ohne Auswirkungen auf subjektive Religiosität bleiben könne beziehungsweise daß deren Messung ausschließlich in Hinsicht auf ein »privates« religiöses Leben damit an Stichhaltigkeit verliere. Gegen die Differenzierungstheorie spreche, daß eine öffentliche Religion ja nicht gleichgültig bleiben könne, wo es etwa um zentrale Fragen der Wirtschaftsentwicklung oder von Bildung, Erziehung und Wissenschaft geht. Casanovas Lösung, zwischen demokratiekompatiblen und demokratiefeindlichen Politisierungen von Religion säuberlich unterscheiden zu wollen, sei viel zu einfach.

Mit diesen Einwänden sind aber nicht nur punktuelle Korrekturen an Casanovas Argumentation angezielt. Es geht Asad um mehr als um eine Radikalisierung von Casanovas partieller Zurückweisung der Säkularisierungstheorie. Er will vielmehr darauf hinaus, daß schon der Begriff des Säkularen, aber auch der der Religion Produkte der christlich-europäischen Geschichte seien und die Übertragung dieser Begriffe auf nichtchristliche Kulturen und nichteuropäische Gesellschaften zutiefst problematisch sei. Für Asads eigenes Denken und Vorgehen ist Michel Foucaults »Genealogie« maßgebend. Dieser Orientierung Asads schloß Casanova sich nicht an; die Herausforderungen der Kritik aber hat er in mehrfacher Weise angenommen. Sie wurden prägend für seine Weiterentwicklung. Hier handelt es sich allerdings noch um »work in progress«, das deshalb nur vorläufig dargestellt werden kann.

---

nova, »Secularization Revisited: A Reply to Talal Asad«, in: David Scott, Charles Hirschkind (Hg.), *Powers of the Secular Modern. Talal Asad and His Interlocutors*, Stanford 2006, S. 12-30.
23 Asad spricht immer von »struktureller« statt von »funktionaler« Differenzierung.

Globalisierung des Christentums

Das zentrale Stichwort für die neue Werkphase ist nicht mehr »Modernisierung« oder »Säkularisierung«, sondern »Globalisierung«. Nun ist dieser Begriff leider ähnlich vieldeutig wie die anderen beiden Begriffe. Ganz offensichtlich sind die Ausdehnung weltumspannender Produktions- und Handelsbeziehungen, die Deregulierung internationaler Finanzmärkte, die Verfügbarkeit schneller Transportmittel, die technische Ermöglichung globaler Echtzeitkommunikation und Migrationsströme über weite Distanzen nicht einfach nur Seiten ein und desselben Prozesses, obwohl zwischen ihnen mancherlei Kausalitäten bestehen. Noch hat Casanova für diesen Begriff nicht dieselbe klärende Arbeit geleistet wie für den der Säkularisierung. In zwei Hauptrichtungen, eine eher gegenwartsbezogene und eine eher historische, hat sich Casanovas Forschung über Religion und Globalisierung entwickelt.

Das Gegenwartsphänomen, das ihn am meisten interessiert, wurde schon kurz erwähnt, als von der Lockerung der Verknüpfungen von Religion, Kultur und Territorium im Zeichen von Globalisierung die Rede war. Der entscheidende Begriff, den José Casanova hierfür geprägt hat, ist der des »globalen Denominationalismus«.[24] Das von H. Richard Niebuhr als US-amerikanische Spezifik behauptete System des Denominationalismus, welches von David Martin mutatis mutandis auch in der Beschreibung Großbritanniens und nachkolonialer Gesellschaften vor allem des ehemaligen britischen und spanischen Kolonialreichs identifiziert wurde,[25] wird von Casanova nun als wesentlicher Zug der globalen religiösen Situation in unserer Zeit behauptet. Angestoßen wird diese Überlegung ganz offensichtlich von der gegenwärtigen Pfingstbewegung, »einer hochgradig dezentralisierten Religion [...], die keine historischen

---

24 Vgl. Casanova, *Europas Angst vor der Religion*, S. 108-114.
25 Vgl. oben in diesem Teil IV, die Kap. 2 und 4.

Verbindungen zu einer Tradition und keine territorialen Wurzeln oder Identitäten besitzt, und die deshalb überall auf dem Globus heimisch werden kann«.[26] Mit dieser Beobachtung soll keineswegs davon abgelenkt werden, daß auch eine immer schon global orientierte religiöse Institution wie die katholische Kirche unter den Bedingungen der Globalisierung neue Chancen hat – eine Institution, für die gerade umgekehrt ein äußerst starker Traditionsbezug, eine ausgeprägte hierarchische Struktur und ein klar identifizierbares Zentrum (in Rom) kennzeichnend sind. Wichtig ist für Casanova nicht die Frage, ob Zentralismus oder Dezentralisierung die Chancen religiöser Expansion erhöht. Ihm geht es darum, daß zum ersten Mal in der Weltgeschichte der prinzipielle Universalismus von Weltreligionen zur sozialen Wirklichkeit werden kann und wird. In den Religionen, die (seit der Achsenzeit) eine Vorstellung von der *einen* Menschheit und ihrer gemeinsamen Geschichte ausgebildet haben, war diese Vorstellung immer durch die faktische Bindung an eine bestimmte Zivilisation eingeengt. Jetzt aber ändern Massenmigration und elektronische Massenmedien diese faktische Bindung. Für Casanova ist deshalb die berühmt-berüchtigte Diagnose vom »Kampf der Kulturen« rückwärtsgewandt und irreführend, eben weil sie der Deterritorialisierung der Kulturen nicht genügend Rechnung trägt. Diese gegenwärtige »Ausbreitung der deterritorialisierten, transnationalen, global imaginierten Gemeinschaften« – Casanova spricht auch in Anlehnung an den arabischsprachigen Begriff für die muslimische Weltglaubensgemeinschaft von der »globalen Umma« – betrifft die alten universalistischen Weltreligionen, aber nicht nur diese. Die neue Situation begünstigt auch Entstehung und Ausbreitung »von hybriden globalisierten Religionen wie der Bahai, Moonies, Hare Krishnas, afroamerikanischen Religionen, Falun Gong etc«.[27] In dieser Situation tritt ins Bewußtsein,

---

26 Casanova, *Europas Angst vor der Religion*, S. 109.
27 Ebd., S. 113f.

daß der Universalismus aller bisherigen religiösen und säkularen Formen von Menschheitsorientierung immer ein Universalismus partikularer Institutionen und Traditionen war. Jetzt aber, mit der Einsicht in die Koexistenz einer Pluralität von Universalismen, bieten sich verstärkte traditionsübergreifende Lernprozesse an, »interkulturelle Begegnungen, kulturelle Nachahmungen und Anleihen, Diffusionen in der Diaspora, Hybridisierungen, Kreolisierung und transkulturelle Bindestrich-Identitäten«.[28] Natürlich sind dies nicht die einzigen Tendenzen – es geht nicht um eine Bagatellisierung von Konflikt, Abgrenzung, Homogenisierung und Fundamentalismus, wohl aber darum, auch diesen verstärkten universalistischen Tendenzen Aufmerksamkeit zu schenken. Wie im Denominationalismus der amerikanischen Geschichte liegt in diesen Tendenzen eine Chance zu verstärkter wechselseitiger Anerkennung.

In einer Art »Summa« seiner jahrzehntelangen Arbeit hat Casanova jetzt die geschichtlichen Voraussetzungen für den transnationalen Denominationalismus der Gegenwart zusammengefaßt.[29] Mehr als andere Globalisierungstheoretiker richtet er den Blick nicht nur auf Veränderungen in der globalen Verteilung religiöser Praktiken und Glaubensinhalte, sondern auf die Veränderung oder Neuentstehung institutioneller Strukturen. Casanova steht insofern deutlich in der Tradition, die von Max Weber über David Martin zu einer politischen Soziologie der Religion auf der ganzen Erde führt. Die bei Martin lange Zeit vorhandene Beschränkung auf Europa und Nordamerika, die in seinem Spätwerk nur in Hinsicht auf die globale Expansion des Christentums partiell überwunden wurde, wird von Casanova durch die Einbeziehung islamischer Länder, Chinas und Japans und ihrer jeweiligen religionspolitischen Konstellatio-

---

28 Ebd., S. 114.
29 Es handelt sich um die sogenannten Cadbury Lectures. Vgl. José Casanova, *Global Religious and Secular Dynamics. The Modern System of Classification*, Leiden 2019.

nen endgültig gesprengt. Manches bleibt dabei allerdings bisher eher skizzenhaft, und gewiß kann von der konsequenten Ausweitung auf die chinesische und indische Geschichte, wie sie bei Bellah vorliegt, hier nicht im gleichen Maße gesprochen werden. Geschichtlich wirklich vertieft wird von Casanova nur die Darstellung des Christentums in Europa und seinen ehemaligen Kolonien.

Drei Besonderheiten seiner Argumentation scheinen mir dabei besonders hervorhebenswert; es ist sinnvoll, ihnen durch Kontrastierung mit anderen einflußreichen Diagnosen ein klareres Profil zu geben. Erstens beginnt für Casanova das moderne Zeitalter in Hinsicht auf Religion nicht wie häufig mit der Reformation oder vorreformatorischen Tendenzen zur Verstärkung individualisierter Frömmigkeit, aber auch nicht wie bei Charles Taylor mit dem etwas willkürlich gewählten Jahr 1500,[30] sondern mit 1492 und dem ersten energischen Versuch der religiösen Homogenisierung eines europäischen Staates, nämlich Spaniens mit der Vertreibung der Juden und Muslime. Diese Entscheidung entspringt der Annahme, daß wir die Geschichte der Religion nur aus der Wechselwirkung mit der Geschichte des Staates verstehen können und nicht einfach aus ihren endogenen Tendenzen heraus. Zweitens wird von Casanova damit auch der weitverbreiteten liberalen Geschichtserzählung entschieden widersprochen, der zufolge moderne Religionsfreiheit und religiöse Toleranz ein direktes Resultat der blutigen europäischen Konfessionskonflikte des sechzehnten und siebzehnten Jahrhunderts seien. Er nennt diese Geschichtserzählung »die Basiserzählung der modernen Trennung von Religion und Politik« und stellt ihr die These entgegen, die sogenannten Religionskriege der frühen Neuzeit seien treffender als Kriege der europäischen Staatenbildung zu bezeichnen.[31] Nicht Säkulari-

---

30 Charles Taylor, *Ein säkulares Zeitalter*, Frankfurt/M. 2009. Vgl. dazu oben, Teil II, Kap. 5.
31 Casanova, *Europas Angst vor der Religion*, S. 7.

sierung sei die Folge dieser Kämpfe gewesen, sondern die »Konfessionalisierung des Staates« und die »Territorialisierung von Religionen und Völkern«.[32] Drittens unterscheidet Casanova scharf zwischen zwei Formen der religiös-kulturellen Pluralisierung heute, nämlich dem auf verschiedenen Formen von Religion beruhenden Pluralismus und der durch die Unterscheidung von Religion und Säkularismus geprägten Form. Hier steht eindeutig das Spätwerk des Religionssoziologen Peter L. Berger im Hintergrund.[33] Dieser war lange Zeit einer der bekanntesten Verfechter der Säkularisierungsthese und insbesondere der Annahme einer fortschreitenden Privatisierung der Religion gewesen, bevor er sich im Alter in spektakulärer Weise selbst revidierte und an die Stelle der lange verfochtenen Behauptungen eine neue setzte, nämlich die einer fortschreitenden Pluralisierung der Religion. Casanova schließt hieran an, verteilt aber die beiden Formen des Pluralismus – religiöser beziehungsweise religiös-säkularer – auf verschiedene Weltregionen. Europa, so läßt sich formelhaft sagen, ist von einer Säkularisierung ohne religiöse Pluralisierung geprägt, die übrige Welt von einer religiösen Pluralisierung ohne ausgeprägte Säkularisierung.[34] Anders als Berger sieht Casanova nicht einen Prozeß der Modernisierung, der zur Pluralisierung führe, als gegeben an, sondern multiple Prozesse mit verschiedenen resultierenden Formen von Pluralismus.

---

32 Ebd., S. 10. Diese Ausführungen Casanovas rufen geradezu nach einer intensiveren Einarbeitung der Einsichten der Forschungen zur Konfessionalisierung, etwa bei Wolfgang Reinhard und Heinz Schilling. Exemplarisch: Wolfgang Reinhard, *Ausgewählte Abhandlungen*, Berlin 1997, S. 75-147. Zum Überblick: Hans Joas (Hg.), *Die Anthropologie von Macht und Glauben. Das Werk Wolfgang Reinhards in der Diskussion*, Göttingen 2008. Darin speziell: Paolo Prodi, »Konfessionalisierungsforschung im internationalen Kontext«, S. 63-82.
33 Peter L. Berger, *Altäre der Moderne. Religion in pluralistischen Gesellschaften*, Frankfurt/M. 2015. Der Band enthält auch kritische Repliken auf Bergers Argumentation.
34 Casanova, *Global Religious and Secular Dynamics*, S. 17.

Gewiß sind die formelhafte These und die Kritik an Berger hier noch recht schematisch. Weder fehlt es ja außerhalb Europas völlig an freiwilligen oder erzwungenen Formen von Säkularisierung noch in Europa an religiöser Pluralisierung. Weder fehlte es in vormodernen Gesellschaften völlig an religiösem Pluralismus, noch ist Pluralisierung ausschließlich ein Resultat von Modernisierung.[35] Migrationsbewegungen in Geschichte und Gegenwart haben das Bild immer schon komplexer gemacht, und nötig wäre es, innerhalb des Pluralismus zwischen einer bloßen Koexistenz und einer Attraktivität der Alternativen zu unterscheiden.[36] Aber Casanova spannt eben mit seiner Arbeit einen theoretischen Bezugsrahmen auf, in den sich solche empirischen Unterscheidungen gut eintragen lassen.

So historisch gesättigt die Arbeiten zum »globalen Denominationalismus« und seiner Entstehung und seinen Folgen sind, leitend ist dabei doch eher die soziologische Systematisierung als die historische Forschung. Es ist deshalb bemerkenswert, daß Casanova in den letzten Jahren auch einen beträchtlichen Teil seiner Energie einem enger begrenzten historischen Gegenstand gewidmet hat, der allerdings in besonderer Weise geeignet ist, ein neues Licht auf die Geschichte der Globalisierung zu werfen. Es geht um die Geschichte der Jesuiten als wesentlichen Teils einer Geschichte der Globalisierung.[37] Die Jesuiten werden hier als die Pioniere einer Globalisierung avant la lettre

---

35 Vgl. meine Kritik an Peter Bergers Pluralismus-Verständnis in: Hans Joas, *Braucht der Mensch Religion? Über Erfahrungen der Selbsttranszendenz*, Freiburg 2004, S. 32-49.

36 Ich habe in Anlehnung an William James' Unterscheidung zwischen lebendigen und toten Optionen zwischen einem »echten« Pluralismus und einer bloßen Koexistenz unterschieden in: Hans Joas, *Kirche als Moralagentur?*, München 2016, S. 33-35.

37 Bisher liegt dazu hauptsächlich ein Sammelband vor, zu dem Casanova als Mitherausgeber die Einleitung und eine abschließende Synthese beigetragen hat: Thomas Banchoff, José Casanova (Hg.), *The Jesuits and Globalization. Historical Legacies and Contemporary Challenges*, Washington, D.C., 2016, S. 1-24 bzw. S. 261-285.

dargestellt. Von ihrer Gründung an bis ins achtzehnte Jahrhundert hat keine Gruppe so viel zur Entstehung einer globalen kulturellen Vernetzung und eines globalen Bewußtseins beigetragen wie die Jesuiten. Der Orden wird als das erste bewußte globale Netzwerk überhaupt bezeichnet,[38] weil die vor Ort gewonnenen kulturellen Erkenntnisse und die erarbeiteten Wörterbücher und Grammatiken in den über den Globus verstreuten jesuitischen Bildungseinrichtungen weltweit zirkulieren konnten. Globalisierung wird hier anschaulich als etwas, was nicht einfach als Folge von Modernisierung eintritt. Differenziert urteilt Casanova über die Bereitschaft der Jesuiten, auf die jeweilige Kultur, in der sie Stützpunkte unterhalten, aufnahmebereit einzugehen.

Es ist hier nicht der Ort, diese ohnehin erst fragmentarisch publizierte Forschung detailliert zu erörtern. Wichtig ist, daß mit ihr ein Versuch vorliegt, die großen historischen Phasen des Jesuitenordens und die der Globalisierung ineinander zu spiegeln und aus dem einen für das Verständnis des anderen jeweils neue Gesichtspunkte zu gewinnen. Was waren die Ermöglichungsbedingungen für die Pionierrolle der Jesuiten? Was führte zum päpstlichen Verbot des Ordens 1773 und was zu seiner Wiederzulassung 1814? Wie war die Stellung des Ordens in der imperialen Expansionsgeschichte Europas im neunzehnten Jahrhundert? Wie genau war seine Stellung zum Nationalstaat in Europa? Inwiefern bereitet der Orden die Selbstreform der katholischen Kirche im II. Vatikanischen Konzil mit vor? Welche Alternativen zur existierenden Globalisierung gehen vom Jesuitenorden in einer Zeit aus, in der zum erstenmal in der Geschichte ein Jesuit als Papst wirkt? Und schließlich: Kann es einen Weg zu einer »Globalisierung der Brüderlichkeit« geben?

Während die achsenzeitlichen Religionen zum erstenmal in der Geschichte Ansätze zu einem Ethos der Menschheit hervorgebracht haben und während durch die Prozesse der Globali-

---

38 Ebd., S. 261.

sierung wirtschaftlich und technologisch die Idee der einen Menschheit heute zu einer sozialen Tatsache wird, sind die Fragen einer globalen Geschichte des moralischen Universalismus noch weitgehend ungeklärt. Die Forschungen von José Casanova zur Globalgeschichte der Religion in der Gegenwart liefern, ebenso wie die Arbeiten von Robert Bellah und anderen zur Religionsgeschichte einschließlich der Achsenzeit, für ein solches Projekt wichtige Bausteine.

Schluß: Globalgeschichte der Religion und moralischer Universalismus

Rückblick

Sechzehn wichtige Religionsdenker des zwanzigsten und frühen einundzwanzigsten Jahrhunderts wurden in diesem Buch dargestellt und kritisch erörtert. Ziel war es, durch die Erinnerung an ihre Gedankengänge und Forschungen ein Geschichtsbild fundamental in Frage zu stellen, das bei Hegel einen besonders systematischen Ausdruck gefunden hatte, sich aber auch ohne direkte Beeinflussung durch ihn immer wieder durchsetzt. Es geht um ein Bild der Geschichte der Religion und der politischen Freiheit, dem zufolge das Christentum sich als absolute Religion über alle anderen Religionen erhebt und ebendieses Christentum in seiner protestantischen Gestalt ein wesentliches Movens der modernen politischen Freiheitsgeschichte darstellt. Dieses Geschichtsbild wird nicht nur von Christen in apologetischer Hinsicht verfochten, sondern auch von Säkularisten, die ihren eigenen Überlegenheitsanspruch gegenüber aller Religion leichter vertreten zu können meinen, wenn sie die Überwindung des Christentums als die Überwindung der höchsten Form von Religion auffassen können und die Entwicklung hin zur modernen politischen Freiheit als eine Errungenschaft, an der das Christentum zwar in einem historischen Sinn selbst mitgewirkt hat, für die es aber jetzt überflüssig oder vielleicht sogar problematisch geworden ist. Mein Motiv zur »Dekonstruktion« dieses Geschichtsbilds wiederum ist weder ein christentumskritisches, noch ist es von einer Skepsis gegenüber den normativen Forderungen moderner politischer Freiheit bestimmt. Die irreführenden Wirkungen des hier in Frage gestellten Geschichtsbilds für das Verständnis sowohl der Religion als auch der politischen Freiheit scheinen mir aber so gewichtig, daß sich komplexe argumentative Wege zu ihrer Verhinderung lohnen.

Vier Desiderate für ein angemesseneres Verständnis lassen sich aus den hier vorgetragenen Überlegungen ableiten. Das erste könnte man als die Forderung nach einer Berücksichtigung der *Selbständigkeit der Religion* beziehungsweise der Selbständigkeit jeder echten Idealbildung bezeichnen. Mit diesem Ausdruck von Ernst Troeltsch wird nicht, wie es naheliegen könnte, gegen ein materialistisches Verständnis von Gesellschaft und Geschichte die eigene Kausalität von Ideen und Idealen bezeichnet. Es geht vielmehr, gegen ein von Hegel geprägtes Verständnis, um einen Widerspruch gegen die Aufhebung religiöser Phänomene im Begriff, gegen die Vorstellung also, daß die rational-diskursive Durchdringung der Religion die Voraussetzung dafür sei, sie überhaupt in der Gegenwart akzeptieren zu können. Diese Vorstellung beruht, so meine ich, ohnehin auf dem Selbstmißverständnis, daß für nichtreligiöse Wertvorstellungen nur rationale Argumentationen und nicht ebenfalls ganz wesentlich biographische und historische Erfahrungsbedingungen konstitutiv seien. Bei religiösen und bei säkularen Überzeugungen handelt es sich gleichermaßen um Versuche, den aus Erfahrungen resultierenden Gewißheiten und subjektiven Evidenzen durch Artikulation eine intersubjektiv glaubwürdige Gestalt zu geben. William James, Wilhelm Dilthey und Ernst Troeltsch werden in diesem Buch als wesentliche Vertreter dieses Gedankens von der Selbständigkeit der Religion und Idealbildung behandelt, ebenso aber die Phänomenologie des Heiligen bei Rudolf Otto und der Evidenzerfahrung bei Max Scheler. John Dewey, Charles Taylor und Robert Bellah zielen in dieselbe Richtung eines Verständnisses der Idealbildung, wobei Bellah mit seiner Formel »Nothing is ever lost« besonders anschaulich die Persistenz von Ritual und Mythos, von leiblicher Expressivität und Narration demonstriert.

Das zweite Desiderat läßt sich als das eines radikalen Verständnisses *historischer Kontingenz* bezeichnen: Gegenüber einer Geschichtsphilosophie, in der die Religionsgeschichte und die Geschichte überhaupt einer ehernen inneren Logik zu folgen scheinen, ist die Kontingenz der Geschichte zu betonen.[1] Die moderne europäische Säkularisierung – im Sinne von Schwächung von Religion – hätte nicht geschehen müssen und wiederholt sich nicht einfach, wie lange Zeit angenommen wurde, durch Modernisierungsprozesse außerhalb Europas. Doch heißt dies nicht, daß etwa durch die anthropologische Unverzichtbarkeit von Religion nun umgekehrt deren Zukunft gesichert sei. Was für die Religionen gilt, gilt auch für politische Ordnungen. Auch etablierte Ordnungen politischer Freiheit bleiben kontingent. Sie können aus inneren Gründen oder durch äußeren Druck zerfallen oder untergehen. Von den hier dargestellten Denkern zeigen John Dewey, Alfred Döblin, Reinhart Koselleck und Paul Ricœur am deutlichsten ein solches historisches Kontingenzbewußtsein. Bei Dewey war es schon die Erfahrung des Ersten Weltkriegs gewesen, die ihn die Fortschrittserwartungen der Vorkriegszeit als »Narrenparadies«[2] bezeichnen ließ; die Folgen der Weltwirtschaftskrise für den sozialen Zusammenhalt machten ihm dann die Fragilität auch der amerikanischen Demokratie deutlich, auf die er mit einem Plädoyer für einen säkularen »common faith« reagierte. Ein besonders interessanter Fall ist der große Erzähler Alfred Döblin, der sich gerade durch Krieg und Nationalsozialismus dem Christentum annäherte, allerdings eben nicht in Gestalt eines in der

---

1 Eine umfassende Darstellung der Ideen- und Begriffsgeschichte von Kontingenz findet sich bei: Peter Vogt, *Kontingenz und Zufall*, Berlin 2011 (mit einem Vorwort von Hans Joas, S. 11-16). Eine klassische frühe Studie zum Thema ist: Ernst Troeltsch, »Die Bedeutung des Begriffs der Kontingenz« [1910], in: ders., *Gesammelte Schriften*, Bd. 2, Tübingen 1913, S. 769-778.
2 John Dewey, »Progress« [1916], in: ders., *The Middle Works*, Bd. 10., Carbondale 2008, S. 234-243, hier S. 234.

Kultur wohletablierten und saturierten, sondern eines sich seiner Gefährdungen bewußten »posttotalitären« Christentums.[3] Mehr als alle anderen Geschichtstheoretiker hat Reinhart Koselleck an diesem Punkt angesetzt; merkwürdigerweise blieb er aber, dessen Aufmerksamkeit auf die Kriegs- und Gewaltgeschichte des zwanzigsten Jahrhunderts gerichtet war, wenig empfänglich für die Anzeichen dafür, daß auch die europäische Säkularisierungsgeschichte kontingent war. Paul Ricœur hat, in seiner »Hermeneutik des historischen Bewußtseins« wesentlich durch Koselleck beeinflußt, eine der ausgewogensten Auseinandersetzungen mit Hegels Geschichtsphilosophie vorgelegt und dafür plädiert, der »Hegelschen Versuchung« teleologischer Geschichtsdeutung zu widerstehen, ohne dabei zu vergessen, daß die Menschheit in der Tat eine einzige, gemeinsame Geschichte hat.[4] Mit dieser wachsenden Einsicht in die Kontingenz sowohl der Religions- wie auch der Freiheitsgeschichte nimmt der Druck zu, nach dem genauen dynamischen Verhältnis zwischen ihnen zu fragen. Weder kann ein bestimmtes religiöses oder säkulares Weltbild als gesicherte Stütze politischer Freiheit gelten, noch determiniert die politische Ordnung als solche, welche Wirkungen sie auf Religion und Werte hat und welche Rückwirkungen auf sie selbst darin angelegt sind.

Damit ist die Frage aufgeworfen, wie der Wert der Freiheit im Ganzen eines Wertsystems so zu relativieren ist, daß damit eine politische Ordnung der Freiheit Dauer gewinnen kann. Durch ein nur negatives Freiheitsverständnis kann dies nicht gelingen, da die bloße Abwehr des Eingriffs anderer in die Freiheitssphäre der Individuen nicht eine Bindung an den Wert der gleichen Freiheit aller gewährleisten kann. Schon mit Hegels Philosophie sind wichtige Schritte über ein solches Verständnis hinaus

---

3 Hans Joas, »Ein Christ durch Krieg und Revolution. Alfred Döblins Erzählwerk ›November 1918‹«, in: Sinn und Form 67 (2015), S. 784-799.
4 Vgl. Paul Ricœur, Zeit und Erzählung, Bd. 3, München 1991, S. 312-388.

zurückgelegt worden. Allerdings ist auch über diese noch durch ein deutlicheres Verständnis von Öffentlichkeit und Kommunikation hinauszugehen, wie dies schon von Jürgen Habermas, Michael Theunissen, Charles Taylor und Axel Honneth, bei all ihrer Nähe zu Hegel, angestrebt wurde. In diesem Buch taucht dieser Gedanke vor allem bei der Darstellung des Freiheitsdenkens von Wolfgang Huber auf. Auch hier wird individuelle Freiheit bereits relational gedacht, angewiesen auf intersubjektive Beziehungen, die nicht ausschließlich eine Einschränkung der Freiheit darstellen, sondern die Bedingungen ihrer Ermöglichung. Das dritte Desiderat nenne ich deshalb die *Idee verdankter Freiheit*. So wichtig der Wert individueller Selbstbestimmung ist, so wenig taugt er für eine Ordnung der Freiheit, wenn in ihn nicht ein Bewußtsein ihrer Ermöglichung eingebaut ist. Dabei reichen die Bedingungen der Ermöglichung von Freiheit weit über die Personen hinaus, die uns unmittelbar erzogen und beeinflußt haben. Niemand hat sich selbst zum selbstbestimmungsfähigen Wesen gemacht. In diesem Buch steht vor allem das Denken Paul Tillichs für die schöpferische Berücksichtigung dieses Gedankens, der tiefe Wurzeln im Christentum hat. Er ist auch bei Troeltsch angelegt und wurde von Paul Ricœur und Wolfgang Huber weiterentwickelt.

Das vierte Desiderat ist das einer *globalgeschichtlichen Wende*. Es ist nötig, das, was bei Hegel Nachzeitigkeit und Differenz war, wieder als Gleichzeitigkeit und Analogie zu denken.[5] Weder war das Christentum historisch jemals[6] noch ist es heute ein rein europäisches Phänomen, noch führt eine innere Logik der Religionsgeschichte zur fortschreitenden Protestantisierung der Welt und einer Marginalisierung des katholischen Christentums. Mit H. Richard Niebuhrs Untersuchungen zu den Spe-

---

5 Nach einer Formulierung von Jan Assmann, *Achsenzeit. Eine Archäologie der Moderne*, München 2018, S. 55.
6 Sehr hilfreich in der Erinnerung daran: Philip Jenkins, *The Lost History of Christianity. The Thousand-Year Golden Age of the Church in the Middle East, Africa, and Asia – and How It Died*, New York 2008.

zifika des US-amerikanischen Christentums und mit Werner Starks energischer Verteidigung der historischen Rolle des Katholizismus wurden hier zwei Gelehrte ausführlich behandelt, die sich einer solchen vereinfachten Sicht entziehen. Bei beiden wird auch eine durch die historischen Entwicklungen des zwanzigsten Jahrhunderts gesteigerte Sensibilität für die Gefahren einer Selbstsakralisierung von Staaten und Nationen im Zeichen des Christentums und eine prophetische Verteidigung der moralisch-universalistischen Botschaft dieser Religion deutlich. Im Werk David Martins fanden sich dann sowohl die Grundlagen einer konstruktiven Überwindung der Säkularisierungsthese in Gestalt einer politischen Soziologie der Religion als auch Beiträge zu einem verstärkten Studium heutiger nichteuropäischer Expansionstendenzen des Christentums. Mehr als jeder andere hat Robert Bellah zu einer Religionsgeschichte beigetragen, die wirklich neben der westlichen und der jüdisch-christlichen Geschichte auch die Chinas und Indiens in den Blick nimmt und dadurch Ricœurs philosophisch begründete Forderung, die Geschichte der Menschheit ohne teleologische Annahmen zu denken, in soziologisch-historischer Weise exemplarisch verwirklicht. Leitfaden ist dabei die Frage nach den vielfältigen Wurzeln des moralischen Universalismus und nach den politischen Bedingungen seiner Stabilisierung. In seinem großen Werk *Religion in Human Evolution* hat er dies vor allem an der sogenannten Achsenzeit demonstriert. Stärker auf die jüngere Geschichte und die Gegenwart bezogen, verfolgen die laufenden Forschungen von José Casanova zur Globalisierung des Christentums und zu christlichen Antworten auf die Globalisierung ein ähnliches Ziel.

Damit aber, durch diese vierfache Revision, tritt eine Alternative zur Tradition von Hegel und Marx ins Blickfeld, die sich gleichwohl auch von einer anderen Denktradition unterscheidet, welche in Deutschland und Europa seit langem, zunehmend aber auch in den USA als wichtigste Alternative empfunden wurde, nämlich das Denken Friedrich Nietzsches. Das vorliegende Buch spricht im Untertitel von einer Religionstheorie nicht nur nach Hegel, sondern auch nach Nietzsche. Für einige der behandelten Denker war Nietzsche die entscheidende Herausforderung, mehr als Hegel. Das gilt für Döblin, der in seiner Frühzeit zutiefst von ihm geprägt war und ihn in der Radikalität der Religionskritik sogar übertreffen wollte.[7] Es gilt für Max Scheler, dessen Aufsatz zur Psychologie des Ressentiments nichts anderes ist als eine Aufnahme Nietzschescher Motive gegen Nietzsches religionskritische Absichten,[8] und es gilt für Ernst Troeltsch, der sich lebenslang mit Nietzsche auseinandersetzte und in ihm »den großen geisteswissenschaftlichen Revolutionär des Zeitalters«[9] sah, durch den die Idee des Fortschritts fundamental erschüttert worden und das Problem des Verhältnisses von Geschichte und Wertung unabweisbar neu aufgeworfen worden sei. Bei Nietzsche waren Christentums- und Religionskritik einerseits, die Einsicht in die Kontingenz der Geschichte andererseits so radikal formuliert, daß von der Hegelschen Geschichtsphilosophie nichts mehr Bestand zu haben schien. Müssen wir aber zwischen diesen beiden Sichtweisen wählen? Oder gibt es einen dritten Weg, der sich in den vier genannten Hinsichten von Hegelschen Denkzwängen löst, ohne dadurch auf Nietzsches Weg zu geraten?

Ich behaupte, daß es diesen dritten Weg gibt, wenn wir Hegels geschichtsphilosophische Beantwortung der Frage nach der Rolle des Christentums für die Geschichte der politischen Freiheit unter Berücksichtigung der genannten vier Desiderate

---

7 Alfred Döblin, »Jenseits von Gott« [1919], in: ders., *Kleine Schriften 1*, Olten 1985, S. 246-261. Dazu ausführlicher: Hans Joas, »Jenseits von Gott«, in: Sabina Becker (Hg.), *Döblin-Handbuch. Leben – Werk – Wirkung*, Stuttgart 2016, S. 356-358.
8 Max Scheler, »Das Ressentiment im Aufbau der Moralen« [1915], in: ders., *Vom Umsturz der Werte. Abhandlungen und Aufsätze* (= *Werke*, Bd. 3), Bern 1955, S. 35-147.
9 Ernst Troeltsch, *Der Historismus und seine Probleme* [1922], Berlin 2008 (= KGA, Bd. 16.1 und 16.2), S. 197.

in das Projekt einer globalgeschichtlichen Genealogie des moralischen Universalismus verwandeln. Nach einer kurzen Erinnerung an die tiefe und anhaltende Herausforderung, die von Nietzsche ausgeht, und durch die Kritik an Nietzsches Behauptungen, die wir bei Max Weber und Ernst Troeltsch finden, soll dieses Projekt in seinem Kontrast auch zu Nietzsche verdeutlicht werden.

Nietzsches Herausforderung

Ich sehe in Nietzsche – und zwar insbesondere in seiner »Streitschrift« von 1887 *Zur Genealogie der Moral* – den Pionier einer historischen und psychologischen Untersuchung der Entstehung der Werte.[10] Dies meine ich nicht im relativ trivialen Sinn der Erschließung einer neuen Forschungsfragestellung, die irgendwie bisher vernachlässigt war, sondern in dem viel tieferen Sinn eines Bruches mit allen vorhergehenden Vorstellungen von Geschichte und ihrem Verhältnis zum »Guten«. Solange nämlich das Gute in platonischer Tradition als das höchste Sein gedacht wurde, konnte die Frage nach seiner Entstehung nur als sinnlos erscheinen. Die Frage nach der Entstehung konnte zwar grundsätzlich auf alles einzelne Seiende bezogen werden, aber eben nicht auf jenes Sein, dem alles Seiende zustrebt und das der Mensch zu erkennen hat, um seine Lebensführung daran zu orientieren. Die Frage nach der Entstehung der Werte setzte deshalb eine Wende zur Subjektivität voraus, was ja auch der Grund dafür ist, daß immer weniger von *dem einen Guten* die Rede war und immer mehr von den unterschiedlichen, von Epoche zu Epoche, von Kultur zu Kultur, von Individuum zu Individuum

---

10 Friedrich Nietzsche, *Zur Genealogie der Moral*, in: ders., *Werke*, Bd. 2, München 1969, S. 761-900. Dazu Hans Joas, *Die Entstehung der Werte*, Frankfurt/M. 1997. Ich greife hier auf einzelne Formulierungen aus diesem Buch (S. 39-45) zurück.

variierenden Werten. Diese Wende zur Subjektivität des Wertens wurde bereits von der sogenannten Wertphilosophie vor und neben Nietzsche vollzogen. Sie stellt aber nur eine notwendige, nicht eine hinreichende Bedingung für das Aufkommen der Frage nach der Entstehung dieser Werte dar. Denn in der akademischen neukantianischen Wertphilosophie war die Frage leitend, wie verhindert werden könne, daß aus der Subjektivität des Wertens ein bodenloser Wertrelativismus wird. Dieses Problem wurde durch die Annahme eines Idealreichs geltender Werte gelöst, das einem anderen Seinsmodus zugehört als die Subjekte selbst, weshalb diese die Werte zwar verkörpern und entdecken, aber nicht erzeugen können. Schon gar nicht ist dieses Idealreich selbst als aus dem Handeln der Menschen und ihrer Erfahrung entstanden zu denken, so diese Auffassung. Nietzsche aber ging den weiteren, viel radikaleren Schritt über die Einsicht in die Subjektivität des Wertens hinaus, nämlich den zur Einsicht in die historische Kontingenz der Werte selbst, das heißt in die Nichtnotwendigkeit ihrer Existenz und ihrer Entstehung.

Nietzsche war sich der Neuheit und Kühnheit seines Unterfangens sehr wohl, ja fast im Übermaß bewußt und hat, was er zu sagen hatte, mit dem großen Gestus dessen vorgetragen, der – in seinen Worten – »ein weites und gefährliches Land durchwandert«[11] hat und weiß, daß nur der Mut weniger sich mit dem seinen messen kann, während all die kleineren und unfreien Geister die Ohren vor seiner Kunde verschließen werden. Er sagt selbst, daß sich ihm schon von früh an nicht nur die Frage stellte, woher böse Handlungen kommen, sondern immer mehr auch, wie es überhaupt dazu kommt, daß bestimmte Handlungen als böse bewertet werden: »Unter welchen Bedingungen erfand sich der Mensch jene Werturteile gut und böse? Und welchen Wert haben sie selbst?«[12] Abgestoßen eben von der Mit-

---

11 Nietzsche, *Zur Genealogie der Moral*, S. 764.
12 Ebd., S. 765.

leidsethik Schopenhauers, von dem also, was er spöttisch dessen »Europäer-Buddhismus«[13] nennt, sieht Nietzsche sich fortgerissen zur Frage nach dem »Werte des Mitleids und der Mitleids-Moral« und von da zum Programm einer »Kritik der moralischen Werte«.[14] Diese Kritik kennt auch keine Scheu vor den Werten »Liebe« und »Gerechtigkeit«, die für die jüdischen und christlichen Traditionen zentral sind. Im Gegenteil will Nietzsche gerade den Gedanken verfolgen, ob nicht vielleicht sogar das Gute für den Menschen schädlicher sein könnte als das Böse, »so daß gerade die Moral daran schuld wäre, wenn eine an sich mögliche *höchste Mächtigkeit und Pracht* des Typus Mensch niemals erreicht würde? So daß gerade die Moral die Gefahr der Gefahren wäre?«[15] Nietzsche hat das Unheimliche seiner Frageweise selbst sehr wohl empfunden, und diese Unheimlichkeit ist bis heute, bei aller Schwächung der christlichen Traditionen in Europa, nicht völlig verschwunden. Stärker aber wog für ihn und viele seiner Leser die befreiende Wirkung solcher Schonungslosigkeit, die Aussicht auf seelische Befreiung von unerträglich werdendem, religiös begründetem moralischem Druck.

In doppelter Hinsicht war Nietzsches Fragestellung hier also radikaler als bei allen vorhergehenden Denkern. Er fragte nicht nur nach der Entstehung einzelner moralischer Werte, sondern nach der Entstehung des moralischen Wertens überhaupt; und er verdrängte die historische Kontingenz solcher Entstehungsprozesse nicht, also die wirkliche, durch nichts vorherbestimmte Entstehung von Neuem in der Geschichte. Genau damit setzte er sich eben auch ganz von hegelianischen oder marxistischen Geschichtsvorstellungen ab, in denen das Gute zwar verzeitlicht oder historisiert wird, aber doch nur so, daß es jetzt als Ziel der Geschichte erscheint, auf das diese mehr oder weniger notwendig zuläuft.

---

13 Ebd., S. 767.
14 Ebd., S. 768.
15 Ebd.

In der von Nietzsche aufgeworfenen Fragestellung und in der Methode, die er für die Beantwortung entwickelte und »Genealogie« nannte, sehe ich tatsächlich eine epochale Errungenschaft. Noch vor aller Prüfung des genauen Charakters dieser Methode und erst recht der eigenen Theorie Nietzsches und ihrer empirischen Berechtigung bei der Anwendung auf die Entstehung des Christentums, wie sie bei Nietzsche selbst zu finden ist, möchte ich aber den Punkt benennen, der mich von einem einfachen Anschluß an Nietzsche schon immer fernhielt und zur Korrektur mit Hilfe von Überlegungen eines großen amerikanischen Zeitgenossen Nietzsches, nämlich William James, bewegte.[16] Dieser Punkt läßt sich als aktivistisches oder voluntaristisches Mißverständnis des Prozesses der Idealbildung bei Nietzsche bezeichnen. Am Wortlaut Nietzschescher Formulierungen wird dies leicht erkennbar. So fragt er seine Leser: »Will jemand ein wenig in das Geheimnis hinab- und hinuntersehen, wie man auf Erden *Ideale fabriziert?*« Oder kurz danach: »Schlechte Luft! Schlechte Luft! Diese Werkstätte, wo man *Ideale fabriziert* – mich dünkt, sie stinkt vor lauter Lügen.«[17] Vielleicht läßt sich die Redeweise von der Fabrikation noch durch die kritische Absicht rechtfertigen, die sinistren Pläne derer aufzudecken, die für geltende Ideale verantwortlich gemacht werden. Aber in Nietzsches positiver Alternative – und nicht nur in seiner Kritik – scheint dieser Voluntarismus ebenfalls durch, wenn er nämlich den Ursprung des Prädikats »gut« zunächst – und das heißt vor der Brechung durch jüdische und christliche Moral – in der Selbstbejahung der Überlegenen verortet, also bei den

> Vornehmen, Mächtigen, Höhergestellten und Hochgesinnten, welche sich selbst und ihr Tun als gut, nämlich als ersten Ranges empfanden und ansetzten, im Gegensatz zu allem Niedrigen, Niedrig-Gesinnten, Gemeinen und Pöbelhaften. Aus diesem *Pathos der Di-*

---

16 Vgl. Joas, *Die Entstehung der Werte*, S. 58-86.
17 Nietzsche, *Zur Genealogie der Moral*, S. 792.

stanz heraus haben sie sich das Recht, Werte zu schaffen, Namen der Werte auszuprägen, erst genommen.[18]

In dieser ursprünglichen *Schaffung* der Werte durch die Selbstbejahung der Überlegenen und in der für Nietzsche wieder zu erringenden *Wertsetzungskraft* der von der Moral befreiten Geister steckt gleichermaßen die Vorstellung, daß es überhaupt möglich sei, Werte zu setzen, zu wählen, zu fabrizieren.

Das aber ist eben die Frage. Wenn Werte oder Ideale davon gekennzeichnet sind, daß sie uns ergreifen, daß wir von ihnen ergriffen werden müssen, um uns an sie gebunden zu fühlen, dann ist die Vorstellung selbstgesetzter Werte ebenso paradox wie die Vorstellung von für andere mit Absicht produzierten Idealen. Bei William James steht im Gegensatz zu Nietzsche das Phänomen menschlicher Hingabe, »self surrender«, im Vordergrund – der Hingabe an andere Menschen, weil wir feststellen, daß wir sie lieben, der Hingabe an Vorstellungsgehalte, weil wir in affektiv intensiver Weise ihre Wahrheit als für uns offensichtlich gültig, als subjektiv evident, erfahren. Diese zutiefst passive Dimension des Ergriffenwerdens verfehlt Nietzsche schon im Ansatz seiner Überlegungen.

Bei aller Bewunderung für Nietzsches Pionierleistung auf diesem Gebiet führt an dieser Problematik meines Erachtens kein Weg vorbei. Die Geschichte von Moral und Religion läßt sich nicht im Gefolge von Nietzsche auf eine Geschichte der Macht und machtvoller Wertsetzungen reduzieren. Eine solche Abwehr Nietzsches wird gewiß den menschlichen Erfahrungen besser gerecht, aus denen heraus sich Bindungen an Personen und an Ideale ergeben. Sie ist als solche aber, das wird man Nietzsche gegenüber einräumen müssen, unzulänglich, wenn es darum geht, die Machtdimension, in die alle Idealbildungsprozesse dennoch in der Tat eingelassen sind, systematisch zu erfassen. Das Verhältnis zwischen der Dynamik von Sakralisierungs-

---

18 Ebd., S. 772 f.

und Idealbildungsprozessen einerseits und der Dynamik von Machtbildungsprozessen andererseits bedarf der Klärung. Ohne das Heilige oder die Ideale auf Macht zu reduzieren, muß die Sakralisierung von Macht und das machtkritische Potential von Heiligkeitsbindungen und Idealen ins Auge gefaßt werden.[19] Damit stellt sich auch die Frage nach der Entstehung derjenigen Werte, die das Wohl aller Menschen zu berücksichtigen verlangen. Das meint die Rede von der Genealogie des moralischen Universalismus, die an die Stelle der hegelianischen Geschichtsphilosophie zu treten habe.

Die Nietzsche-Kritik von Max Weber und Ernst Troeltsch

Um die Differenz zu Nietzsche verständlich zu machen, ist an dieser Stelle auf die konkrete Gestalt seiner Erklärung der Entstehung der Werte von Gerechtigkeit und Liebe in der jüdischen und christlichen Religion zurückzukommen. Die eigentliche Pointe bei Nietzsches Rückgang auf die Selbstbejahung der Vornehmen war ja, daß er eine Antwort auf die Frage bereithielt, warum es bei dieser nicht einfach geblieben sei. Diese Antwort ergab sich für ihn aus der Einsicht, daß die von Natur aus Schwächeren und Unterlegenen sich eben nicht selbst bejahen könnten, sondern in der Konfrontation mit den Überlegenen Gefühle des Neids und des Hasses sowie den Wunsch nach Ra-

---

19 Das ist der Sinn des siebten Kapitels meines Buches *Die Macht des Heiligen. Eine Alternative zur Geschichte von der Entzauberung*, Berlin 2017, S. 419-488. Dabei habe ich die Selbstsakralisierung von Kollektiven im Fall von Stammesgesellschaften, das Phänomen des Sakralkönigtums, die Sakralisierung von Volk oder Nation in der Geschichte des Republikanismus oder Nationalismus, die Sakralisierung der Person in der Geschichte der Menschenrechte und neue totalitäre Sakralisierungen von Führer und Rasse im zwanzigsten Jahrhundert als wichtige Typen herauszuarbeiten versucht.

che entwickelten, die sie aber eben wegen ihrer Unterlegenheit nicht ausleben könnten. Die Phantasie möglicher Rache aber erstarrt zum Ressentiment, zum mißgünstigen Blick auf die Qualitäten der Überlegenen. Dies bliebe freilich, so Nietzsche, letztlich hilflos, wenn sich nicht Träger einer Artikulation solchen Ressentiments fänden, die aus ihm ein ganzes Wertsystem machten. Als die eigentlichen Akteure einer solchen systematischen Abwertung heroischer und aristokratischer Werte identifiziert Nietzsche zunächst die Priester in den alten Hochkulturen. Breiten Raum widmet er entsprechend der angeblichen Entstehung asketischer Ideale aus der priesterlichen, von kultischer Reinheit geprägten Lebensform heraus. Noch geschichtsmächtiger als die Priester in den einzelnen Zivilisationen sei aber ein bestimmtes Volk gewesen, »ein priesterliches Volk«, wie er sagt, nämlich die Juden, das sich »durch einen Akt der geistigsten Rache Genugtuung« gegenüber seinen Feinden und Überwältigern zu verschaffen verstanden habe.[20] Mit den Juden habe das begonnen, was Nietzsche den »Sklavenaufstand in der Moral« nennt. Jesus Christus und das Evangelium der Liebe sind für Nietzsche dann gerade der Inbegriff des Jüdischen. Durch ihn und den Mythos vom Kreuzestod verlören die Starken die Unschuld ihres Selbstgenusses, sie würden von Schuldgefühlen und Skrupeln okkupiert, sie erlägen der Ansteckung durch die Schwachen. So hätten in Gestalt des Christentums die Juden das römische Imperium letztlich doch besiegt; so habe, als in der Renaissance »die vornehme Wertungsweise aller Dinge« kurzzeitig wieder aufgeflackert sei, diese ihre Kraft gleich wieder verloren: »dank jener gründlich-pöbelhaften (deutschen und englischen) Ressentiment-Bewegung, welche man die Reformation nennt«.[21] Erst recht ist die Französische Revolution für Nietzsche ein Sieg »Judäas« – und die demokratischen und sozialistischen Bewe-

---

20 Nietzsche, *Genealogie der Moral*, S. 779.
21 Ebd., S. 797.

gungen des neunzehnten Jahrhunderts sind ihm die Vorboten eines Zeitalters des kulturellen Mittelmaßes und der Vermassung.

Sosehr wir heute wissen, wie wenig Nietzsche mit deutschem Nationalismus und rassistischem Antisemitismus zu tun hatte, so wenig sollte dies aus ihm eine harmlose Figur machen. Die Provokationsabsichten Nietzsches und der in der Tat provokative Charakter seiner Überlegungen sind unverkennbar; die Frage ist, wie damit richtig umzugehen ist. Man sollte vor diesem provokativen Charakter weder die Augen verschließen noch mit ihm kokettieren. Angemessen erscheint mir einzig, seine Behauptungen auf den Prüfstand der empirischen Wissenschaften zu stellen. Dies ist auch dann sinnvoll, wenn der empirische Gestus bei Nietzsche selbst nur Camouflage war. Außerdem schützt eine solche Prüfung davor, in der Philosophie unhaltbare Behauptungen nur deshalb zu tradieren, weil sie einst von einem großen Philosophen gemacht wurden.

Unbestritten dürfte sein, daß Nietzsche Scharfsinniges auf dem Gebiet einer Psychologie des Ressentiments anzubieten hatte. Es gibt das Ressentiment dort, wo Menschen mit der Überlegenheit anderer Menschen in welchem Sinne auch immer konfrontiert sind, und man müßte mit Blindheit geschlagen sein, wenn man die Rolle des Ressentiments auch unter Christen bestreiten wollte. Max Scheler, selbst Christ, war sogar bereit, über eine spezifische Eignung der Liebesidee dafür, als günstige Tarnung für Machtansprüche zu dienen, nachzudenken, und ich möchte heute, da viele Zeitgenossen sich als Anhänger eines säkularen moralischen Universalismus verstehen, zu bedenken geben, daß auch dieser sich für den Ausdruck von Ressentiments etwa gegen weniger Gebildete und »Provinzler« eignet. Umstritten ist also nicht die Existenz von Ressentiments, wohl aber die Überzeugungskraft von Nietzsches Erklärung der *Entstehung* des Liebesethos aus diesem. Von Scheler bis zum frühen Maurice Merleau-Ponty reichen die Versuche, Nietzsche selbst ein tiefes Ressentiment gegen das Christentum und eine darin begründete Verkennung der christlichen Liebesidee vorzuwerfen.²² Die Besonderheit dieser Idee liegt nämlich in der Vorstellung von einem nicht nur zu liebenden, sondern selbst liebenden Gott und von einer menschlichen Zuwendung zu anderen, die aus dem Gefühl des unbedingten Geliebtseins heraus, aus einem Überfluß eigener Liebesfähigkeit also, geschieht. Eine solche Zuwendung zu anderen aber ist das Gegenteil einer Zuwendung, die aus einem primären Selbsthaß heraus erfolgt oder aus einer ressentimentgetriebenen Forderung nach Ausgleich.

Diese Argumente, so wichtig sie sind, bleiben auf der Ebene von Psychologie einerseits, Theologie andererseits. Für ein Verständnis der Vorgehensweise in einer Genealogie des moralischen Universalismus ist es aber wesentlich, darüber hinauszugehen und die von Nietzsche aufgeworfenen Fragen auch soziologisch zu behandeln. Das haben in direkter Auseinandersetzung mit Nietzsche zunächst Max Weber und Ernst Troeltsch versucht. Deren Vorgehen soll hier kurz charakterisiert werden, um einen Ausblick auf die konstruktive Alternative zu Hegel *und* Nietzsche zu eröffnen.

In den Schriften Webers fällt der Name Nietzsche sehr selten, und wir wissen heute, daß sogar eine berühmte Formulierung bei Weber in seinem Essay zur protestantischen Ethik, von diesem in Anführungszeichen gesetzt (»Fachmenschen ohne Geist, Genußmenschen ohne Herz: dies Nichts bildet sich ein, eine nie vorher erreichte Stufe des Menschentums erstiegen zu haben«²³), zwar oft als Nietzsche-Zitat aufgefaßt wurde, aber nicht nur definitiv nicht von diesem stammt und auch nicht aus dessen Schriften (wie Wilhelm Hennis meinte) zusammengestellt ist. Weber entnahm sie vielmehr Gustav von Schmollers *Grundriß der allgemeinen Volkswirtschaftslehre*, wo sie einem französischen Au-

---

22 Maurice Merleau-Ponty, »Christianisme et ressentiment«, in: *La vie intellectuelle* 36 (1935), S. 278-306.
23 Max Weber, *Gesammelte Aufsätze zur Religionssoziologie*, 3 Bde., Tübingen 1920, hier Bd. 1, S. 204.

tor, der ungenannt bleibt, zugeschrieben wird.[24] Eine Schrift Nietzsches aber taucht immer wieder bei Weber auf und wird immer wieder zum Gegenstand detaillierter Kritik, und das ist eben *Zur Genealogie der Moral*.

In der längsten Passage zu dieser Schrift, die wir bei Weber finden (in der »Einleitung« zu seinen vergleichenden religionssoziologischen Studien), nennt er Nietzsches »Streitschrift« einen »glänzenden Essay« und deutet sie als eine Parallelerscheinung zur Religionskritik der Marxisten. Er rät aber gegenüber beiden radikalen Vereinfachungen der Zusammenhänge von Religion und Klassenlage zu äußerster Vorsicht. Für die andere große Weltreligion neben der jüdisch-christlichen Tradition, welche Mitleidswerte an die oberste Stelle setzt, nämlich den Buddhismus (»eins von Nietzsches Hauptbeispielen«[25]), weist Weber die Erklärung Nietzsches aus dem kollektiven Ressentiment der Niedriggestellten ganz zurück. Er verweist darauf, daß schon in der hinduistischen Wiedergeburtslehre individuelles Leid nicht auf andere, sondern auf eigenes individuelles Verschulden zurückgeführt worden sei und daß der aus dem Hinduismus hervorgegangene Buddhismus ganz gewiß keinen Sklavenaufstand in der Moral dargestellt habe, sondern aus privilegierten Kreisen entstanden und von einer aus Mißgunst geborenen Lehre denkbar weit entfernt sei. Überhaupt seien die Motive des religiösen Wandels und der ethischen »Rationalisierung« der Lebensführung meist ganz andere als die des Ressentiments. Nur im engsten Bereich der Wertung des Leidens in der religiösen Ethik gebe es Phänomene, für die Nietzsches Theorie, »richtig verstanden, ein gewisses Recht«[26] beanspruchen könne. Es habe wirklich eine urwüchsige Neigung gegeben, »dauernd Leiden-

---

[24] Dieser Fund gelang Hans-Christof Kraus (Passau). Vgl. ders., »Dieses Nichts von Fachmensch und Genussmensch«, in: *Frankfurter Allgemeine Zeitung*, 30.3.2016, S. N3.

[25] Max Weber, *Wirtschaft und Gesellschaft: Religiöse Gemeinschaften*, Tübingen 2000 (= MWGA, Abt. I, Bd. 22.2), S. 264.

[26] Weber, *Gesammelte Aufsätze zur Religionssoziologie*, Bd. 1, S. 241.

de, Trauernde, Kranke oder sonst Unglückliche« aus kultischen Gemeinschaften auszuschließen, insbesondere wo das Leid auf eine Besessenheit durch böse Geister oder den Zorn einer beleidigten Gottheit zurückgeführt wurde. Wie Nietzsche nimmt Weber die Selbstwahrnehmung der nicht vom Leid Betroffenen als Ausgangspunkt, anders als Nietzsche unterstellt er aber keinen ungebrochenen Selbstausdruck, sondern spricht von einer »Theodizee des Glücks«, das heißt einem ursprünglichen Bedürfnis der Glücklichen, ihr Glück als »legitim« zu empfinden, selbst dann, wenn sie nicht von den weniger Begünstigten unter Rechtfertigungszwang gesetzt werden. Auch die Dynamik des Wandels zu einer positiven Deutung des Leides wird bei Weber anders angelegt als bei Nietzsche. Für Weber wurden die »ekstatischen, visionären, hysterischen [...] Zuständlichkeiten«, die aus dem Leid hervorgehen können, von Menschen immer wieder auch als positive Kräfte gedeutet, und das gilt erst recht, wo sich Erlösungskulte entwickelten und Erlöser-Mythen, etwa die von einem Heiland, der jedem einzelnen, der sich an ihn wendet, das Heil verbürge. Das Besondere des jüdischen Volkes liege dann darin, daß bei ihm »das Leiden einer Volksgemeinschaft, nicht das des einzelnen, Gegenstand religiöser Erlösungshoffnungen« geworden sei. Weber nähert sich Nietzsches Konzeption an, wenn er die Attraktivität einer prophetisch verkündeten Heilandsreligiosität gerade für niedere Schichten bejaht und die Affinitäten zwischen einer positiven Bewertung des Leides und einer ressentimentgeladenen Abwertung des Glücks hervorhebt. Aber diese Annäherung kommt von unterschiedlichen Ausgangspunkten her zustande, da für Weber weder die Sinn- noch die Gerechtigkeitsfrage auf die Dynamik des Ressentiments zurückgeführt werden können.

Von Weber ist für eine empirisch begründete Alternative zu Nietzsches Erklärung durch sein differenzierteres Verständnis indischer und jüdischer Religion also Beträchtliches zu lernen. Auch Nietzsches Vorstellungen von der Entstehung des Königtums und des Staates durch die Unterwerfung eines Stammes durch einen anderen weist Weber als »willkürlich« zurück.[27] Man spürt auch, wie den Gelehrten Weber der Tonfall Nietzsches oft abstößt. Er spricht von »jenem negativ moralistischen Pathos, welches so oft einen peinlichen Rest von bürgerlicher Philistrosität auch in manchen seiner [Nietzsches, H. J.] größten Konzeptionen verrät«.[28] Erst recht widert ihn der unechte »pseudo-aristokratische« Gestus von Nietzsche-Epigonen an, die meinen, »Würde« und »Form« unter den Bedingungen von Demokratisierung durch »Herablassung gegenüber den Vielzuvielen« gewinnen zu können.[29] Aber ob Weber das nun ausdrücklich erwähnt oder nicht: sein Zeit- und Kulturverständnis ist doch der Nihilismus-Diagnose Nietzsches auch aufs engste verwandt. Auch er erlebt seine Zeit, wie er sagt, als eine »gottfremde, prophetenlose« und entwickelt den unerhört suggestiven Gedanken eines jahrtausendelang fortschreitenden Prozesses der Entzauberung der Welt, um die Heraufkunft dieser Zeit zu begreifen. So suggestiv diese Diagnose für viele ist, ist sie doch keineswegs alternativlos. Denn auch und gerade in Hinsicht auf Nietzsches Genealogie der Moral des Christentums war auch eine andere Alternative denkbar. Sie findet sich bei Ernst Troeltsch.

Troeltsch stellte sich wie kaum ein anderer Denker seiner Zeit dem immer stärker werdenden Atheismus entgegen, ohne dabei auch nur im Ansatz zum bloßen Apologeten des Christentums zu werden. Den Atheismus der modernen Sozialisten, das heißt die Verbindung ihrer Utopien und Reformabsichten »mit einem möglichst rücksichtslosen völlig naturalistischen Atheismus«, hielt er für historisch erklärbar, aber eben auch für »durchaus akzidentell«, ebenso wie die umgekehrte »unglück-

---

27 Max Weber, *Wirtschaft und Gesellschaft: Herrschaft*, Tübingen 2005 (= MWGA, Abt. I, Bd. 22.4), S. 515.
28 Max Weber, *Gesammelte Aufsätze zur Religionssoziologie*, Bd. 2, S. 174.
29 Max Weber, »Wahlrecht und Demokratie in Deutschland« [1917], in: ders., *Gesammelte politische Schriften*, Tübingen 1980, S. 245-291, hier S. 285.

selige Verbindung des geängsteten Besitzes mit der Kirche«.[30] Gegen den Atheismus von Konservativen und Liberalen, die meinen, gerade durch die Überwindung des Christentums eine »reinere Ethik des allgemeinsten Gesellschaftswohls«[31] aufbauen zu können, hat er allerdings schwerste historische und moralphilosophische Bedenken. Diese arbeiten nicht mit der alten christlich-apologetischen Unterstellung, eine atheistische Ethik könne es gar nicht geben. Folgenlos für die Ethik werde die Ablösung von der Vorstellung eines liebenden Gottes gleichwohl nicht bleiben. Genau an dieser Stelle wird ihm Nietzsche wichtig. Dieser habe »unermüdlich die Leute verhöhnt, die gebildet genug sein wollen, um keine Religion zu haben, aber zugleich denkfaul genug seien, um dann doch eine Moral des Altruismus zu behalten, die jetzt kein Fundament mehr hat«.[32] Insofern sei Nietzsches »neue Moral jenseits von Gut und Böse, die mit vollem Bewußtsein aus dem neuen Grund auch völlig neue Folgen zieht«,[33] der einfachen Vorstellung von »Moral minus Religion« beträchtlich überlegen. Gleichzeitig führe sie »in eine ganz ungeheuer dunkle Welt der rein individuellen Wesenssteigerung«.[34] Von Nietzsches tiefem Empfinden, daß die geistige Kultur der Gegenwart kein stolzer weltgeschichtlicher Höhepunkt sei, verspricht sich Troeltsch mehr für eine mögliche Revitalisierung der christlichen Religion als von flachen Fortsetzungen der bürgerlichen Moral. 1913 schwingt sich Troeltsch sogar zu der Voraussage auf, es werde mit Nietzsche noch gehen wie mit Spinoza, »den seine Zeitgenossen den philosophus atheissimus nannten«,[35] den die Romantiker aber als wesentliche Inspirationsquelle für eine neue Religiosität feierten. Überhaupt ist bemerkens-

---

30 Ernst Troeltsch, »Atheistische Ethik« [1895], in: ders., *Gesammelte Schriften*, Bd. 2, S. 525-551, hier S. 532.
31 Ebd., S. 525.
32 Ebd., S. 546.
33 Ebd.
34 Ebd., S. 530.
35 Ernst Troeltsch, »Logos und Mythos in Theologie und Religionsphilo-

wert, wie sehr Troeltsch die Säkularisierungstendenzen seiner Zeit für kontingent und historisch vorübergehend hält. Er vermutet, daß der Atheismus Feuerbachs und Schopenhauers, Marx' und Nietzsches in der Zukunft »einmal der Geschichte angehören wird«,[36] und hält nichts von den Konstruktionen, die den Atheismus und die Säkularisierung geradezu als notwendiges Resultat der Religionsgeschichte betrachten oder, wie Nietzsche und Weber, als Konsequenz des christlichen Wertes der Wahrhaftigkeit oder der prophetischen Magiefeindschaft, puritanischen Askese und Entzauberung.

Troeltschs Zukunftserwartung einer religiösen Revitalisierung ist in Deutschland nicht eingetroffen. Dennoch wäre es leichtfertig, seine Begründungen für diese Erwartung deshalb einfach vom Tisch zu wischen. Die Vorstellung von einer kommenden, von Religion befreiten altruistischen Moral hat die deutsche Geschichte des zwanzigsten Jahrhunderts ja ebenfalls nicht bestätigt. Doch nicht die »neue Eschatologie des Übermenschen«[37] ist Troeltschs Perspektive, sondern eine konstruktive Wendung der genealogischen Methode und eine neue europäische »Kultursynthese«, das heißt eine produktive Fortführung der christlichen, aber auch der anderen europäischen Kulturtraditionen. Nietzsche hatte für ihn – vor allem schon in seiner zweiten *Unzeitgemäßen Betrachtung* »Vom Nutzen und Nachteil der Historie für das Leben« – das Problem des Maßstabs historischen Wertens »erschütternd aufgeworfen«,[38] ein Problem, das Troeltsch nie wieder loslassen sollte und für das er eine Lösung fand, die sich der schroffen Gegenüberstellung von existentieller Wertentscheidung und wertfreier Forschung bei Weber vorziehen

---

sophie« [1913], in: ders., *Gesammelte Schriften*, Bd. 2, S. 805-836, hier S. 810.
36 Troeltsch, *Der Historismus und seine Probleme*, S. 763.
37 Ebd.
38 Ernst Troeltsch, »Das Wesen des modernen Geistes« [1907], in: ders., *Schriften zur Religionswissenschaft und Ethik (1903-1912)*, Berlin 2014 (= KGA, Bd. 6), S. 434-473, hier S. 435.

läßt. Die anderen Schriften Nietzsches, auf die er sich häufiger bezieht, betreffen wie bei Weber die Genealogie der jüdischen und christlichen Moral. Hier ist er ähnlich empirisch orientiert kritisch gegenüber Nietzsche wie Weber, setzt die Akzente aber etwas anders und entfaltet vor allem ein Argument, das im vorliegenden Zusammenhang zentral ist. Ich beschränke mich hier auf zwei Aspekte seiner Argumentation.

Erstens erklärt Troeltsch es für »sehr merkwürdig«, daß Nietzsche, »der sich bezüglich seiner eigenen Moral sehr wohl bewußt ist, daß sie die Konsequenz des Satzes ›Gott ist tot‹ bildet, nun nicht jener Moral [der des Evangeliums, H.J.] zubilligt, daß sie die Konsequenz des Satzes ist: ›Gott ist lebendig‹«.[39] Entsprechend bemüht sich Troeltsch, die Bedeutung dieses Glutkerns religiöser Inspiration für Jesus herauszustellen, aber auch nachzuzeichnen, wie diese religiöse Inspiration schon bei den hebräischen Propheten zu finden war und wie sie die frühen Christengemeinden und die alte Kirche lebendig machte. Weder bei den Propheten noch bei Jesus seien die Seligpreisungen der Armen und Leidenden der Ursprung dieser Gottesvorstellung. Sie sind vielmehr Folge und Ergebnis der »Unzerbrechlichkeit des Jahveglaubens und einer Entgegenstellung der inneren Welt gegen die äußere Machtwelt«.[40] Armut und Leid können zu Demut und Gottvertrauen führen und werden deshalb gepriesen. Selbstverständlich kann sich dann das Ressentiment an solche religiösen Vorstellungen anheften. Das sei bei den Juden sicher immer wieder geschehen, ebenso wie bei den Christen. Doch sei auch in der christlichen Demut nicht die Ursache der Askese-Ideale, sondern deren Folge zu sehen, und die Entstehung dieser Ideale sei ohne das vorausgehende Liebesethos unverständlich und stehe jedenfalls »in sehr viel komplizierteren Zusam-

---

39 Ernst Troeltsch, *Die Soziallehren der christlichen Kirchen und Gruppen*, Tübingen 1912, S. 106.
40 Ernst Troeltsch, »Glaube und Ethos der hebräischen Propheten« [1916], in: ders., *Aufsätze zur Geistesgeschichte und Religionssoziologie*, Tübingen 1925, S. 34-64, hier S. 55.

menhängen, als Nietzsche annimmt«.[41] Auch die Geschichte der Askese, etwa im mittelalterlichen Mönchtum, sei nicht zu verstehen, wenn sie nur negativ im Sinn der Abtötung natürlicher Bedürfnisse aufgefaßt werde und nicht auch positiv im Sinn der »Entfesselung des religiösen Gefühls«. Gegen Nietzsche betont Troeltsch also, daß das Evangelium viel mehr sei als Askese und daß diese »Verkennung seines religiösen Grundgedankens« zu einer »Unterschätzung der von diesem Grundgedanken ausgehenden soziologischen Kräfte führen müsse«.[42] Hier geht es Troeltsch ähnlich wie Weber offensichtlich um die Verteidigung der »Selbständigkeit der Religion« gegen einen Reduktionismus der Macht. Ebenso wie für Weber ist das Christentum für ihn auch keine antike proletarische Bewegung, wie Karl Kautsky und andere Marxisten behaupteten. So wichtig für beide der Blick auf die sozialen Träger von Religion war, so wichtig war auch, Religion nicht nur als Verkleidung der eigentlich leitenden materiellen (oder machtbezogenen) Interessen zu verstehen.

Was aber erklärt dann, gegen Nietzsche *und* Marx sozusagen, den Siegeszug einer jüdischen Sekte hin zum Charakter einer Weltreligion? Für Troeltsch – und das ist der zweite wichtige Aspekt seiner Argumentation – liegt die Erklärung in der Geschichte der antiken Imperien. Schon die Diadochenreiche, in die das Imperium Alexanders des Großen zerfallen war, vor allem aber das römische Imperium hatten zur »Zertrümmerung der alten Nationalreligionen und der alten festgewachsenen Volksverhältnisse« geführt.[43] Ohne diese aber mußte sich eine doppelte Tendenz ergeben: hin zum Individuum einerseits, zum Universalismus jenseits der Partikularitäten von Volk und Staat

---

41 Troeltsch, *Die Soziallehren der christlichen Kirchen und Gruppen*, S. 106.
42 Ebd., S. 4, Fn. 2.
43 Ernst Troeltsch, »Die Sozialphilosophie des Christentums« [1911], in: ders., *Schriften zur Religionswissenschaft und Ethik*, S. 779-808, hier S. 781.

andererseits. »Das Weltreich verlangte nach einer Weltreligion und lenkte, indem es die Güter der alten Zivilisation zerstörte, den Blick auf das Überweltliche und Jenseitige.«[44] Transzendenzvorstellungen und moralischer Universalismus gewannen damit an Anziehungskraft – in allen Schichten. In der Oberschicht konnten die so entstandenen Bedürfnisse zum Beispiel durch die stoische Philosophie befriedigt werden; für die Unterschicht aber brauchte es anderes als Philosophie, nämlich einen neuen Kultus und eine neue religiöse Organisation jenseits von Ethnizität und archaischer Staatlichkeit. Das Christentum konnte dies bieten und dabei auch schrittweise die ähnlich gerichteten philosophischen Impulse in seine Lehre integrieren.

Das neu entstehende christliche Ethos ist eben gerade nicht bloß Ausdruck des Ressentiments der Schwachen oder utopischer Erlösungshoffnungen einer Klasse, sondern löst sich von allen vorgefundenen soziologischen Gliederungen. Für diese Sicht findet sich bei Troeltsch ein weiterer wichtiger Beleg. Bis zu seinem frühen Tod trug Troeltsch in sein Handexemplar der *Soziallehren* immer wieder umfangreiche Ergänzungen ein, die er bei einer Neuauflage berücksichtigen wollte. Am Ende des Kapitels zum Evangelium, also vor dem Übergang der Darstellung zu Paulus und der »Organisation einer vom Judentum abgelösten, auf den Christuskult begründeten und für diesen Christus missionierenden Weltkirche«,[45] findet sich unter diesen neuen Einschüben die wohl klarste Darstellung dieser genialischen Einsicht in direkter neuerlicher Konfrontation mit Nietzsche. Bei der Entstehung des Christentums sei es gerade um die Lösung von Klassenbedingtheit, »von der Polis, vom Imperium« gegangen, um »die Entdeckung des Menschen und der Menschheit«.[46] Da aber nichts Menschliches in der Luft schweben kön-

---

44 Ebd.
45 Troeltsch, *Die Soziallehren der christlichen Kirchen und Gruppen*, S. 58.
46 Zitat aus der noch unveröffentlichten Neuausgabe von Troeltschs *Soziallehren*; vorläufige Seitenzahl: 134. (Mit Dank an Friedrich Wilhelm Graf und Stefan Pautler für die Erlaubnis zur Einsichtnahme.)

ne, bedeutete ebendiese Loslösung von allen existierenden Sozialformen auch die Notwendigkeit der Schaffung neuer Sozialformen. Das ist die Logik, die in der Geschichte des Christentums zur Entstehung der Sozialform »Kirche« führte. Philosophenvereine und Philosophenschulen konnten den Bedürfnissen der Unterschichten gewiß nicht genügen. Darin stecke, so Troeltsch, wiederum der wahre Kern von Nietzsches bekannter Bemerkung in der Vorrede zu seiner Schrift *Jenseits von Gut und Böse*, das Christentum sei »Platonismus fürs Volk«. Es ist selbstverständlich, daß diese neue und potentiell universalistische Sozialform »Kirche« von bestimmten Klassen mehr als von anderen in Beschlag genommen werden wird, von bestimmten Staaten und Zivilisationen auch, von denen sie sich aber immer wieder auch lösen und absetzen kann. Zu fragen ist dann über Troeltsch hinaus auch nach den funktionalen Äquivalenten zur Rolle der »Kirche« in anderen universalistischen religiösen Traditionen, etwa in der Entstehung und weiteren Geschichte des buddhistischen Mönchtums,[47] und nach den Organisationsproblemen möglicher säkularer Formen des moralischen Universalismus, wenn diese nicht auf Intellektuellenzirkel begrenzt bleiben, sondern zur sozialen Bewegung werden wollen.

Ausblick: Globalgeschichtliche Genealogie des moralischen Universalismus

Damit ist der Punkt erreicht, an dem nicht nur die konstruktive Alternative zu Nietzsches Methode, sondern auch die Alternative zu Nietzsches »empirischer« Erklärung der Entstehung der

---

47 Andeutungen dazu bei: Robert N. Bellah, *Religion in Human Evolution. From the Paleolithic to the Axial Age*, Cambridge, Mass., 2011, S. 596. Zum buddhistischen Mönchtum die Arbeit der Eisenstadt-Schülerin Ilana Friedrich Silber, *Virtuosity, Charisma, and Social Order. A Comparative Sociological Study of Monasticism in Theravada Buddhism and Medieval Catholicism*, Cambridge 1995.

jüdischen und christlichen Moral deutlichere Kontur angenommen haben sollte. Den Begriff »Genealogie« übernehme ich in diesem philosophischen Sinne eben von Nietzsche. Er zielt auf eine Geschichtsschreibung, die in der Vergangenheitsrekonstruktion die Kontingenz historischer Prozesse hinreichend berücksichtigt, also nicht von Fortschrittsideen angeleitet wird, weder von solchen evolutionistischer noch solchen teleologischer Art. Die Geschichte mußte, so gesehen, nicht zu uns Heutigen und unseren Werten hinführen; sie wird auch in der Zukunft radikal Neues hervorbringen, das wir nicht voraussehen können und das Menschen der Zukunft als selbstverständlich gut erscheinen wird, obwohl es von unseren heutigen Werten vielleicht weit abweicht. Während Nietzsches eigene Absicht bei der Anwendung dieser Methode auf die Geschichte der Moral in Judentum und Christentum aber eine destruktive war – es soll uns wie Schuppen von den Augen fallen, wie die Ideale, die uns moralisch einengen, einst »fabriziert« wurden –, ist meine Absicht eher die entgegengesetzte. Ich spreche deshalb von einer »affirmativen Genealogie«,[48] weil uns die Konfrontation mit den Kontingenzen der Geschichte doch auch etwa mit vergangenem Leid und Unrecht so konfrontieren kann, daß wir uns zutiefst ergriffen fühlen und zu Handlungen aufgerufen, die die Wiederkehr solchen Leids und solchen Unrechts verhindern sollen. Insofern setze ich Nietzsches Methode in modifizierter Form und mit Absichten ein, die weit entfernt von seinen liegen. Eine solche »affirmative Genealogie« scheint mir auch der Weg zu sein, um den Denkzwängen in Richtung teleologischer Argumentation zu entgehen, die in der Einleitung dieses Buches auch bei heutigen Hegelianern diagnostiziert und beklagt wurden.[49]

---

48 Dazu ausführlich: Hans Joas, *Die Sakralität der Person. Eine neue Genealogie der Menschenrechte*, Berlin 2011, S. 147-203.
49 Das Verhältnis von Honneths Rückgriff auf Kant an diesem Punkt (vgl. oben, Einleitung, S. 22, Fn. 16) zu meinem Vorschlag bedürfte genauerer Klärung.

Mit »moralischem Universalismus« ist eine moralphilosophische Orientierung gemeint, die das Gute nicht nach seiner Nützlichkeit für eine partikulare Menschengemeinschaft bemißt. Gemeint ist nicht ein kleinster gemeinsamer Nenner der Moral aller Menschen, sondern eine Vorstellung von Menschheit, die alle solche partikularen Kollektive wie Familie, Stamm, Volk, Nation, Staat, Religionsgemeinschaft überschreitet, ein normativ aufgeladener Begriff von »Menschheit« also, der auch noch über die gegenwärtig lebenden Menschen hinaus auf die Existenzbedingungen der zukünftigen Menschen zielt. In Ideen Kants über die Universalisierung von Handlungsmaximen im Überprüfungsverfahren des kategorischen Imperativs hat diese moralisch-universalistische Intuition, die lange vor Kant schon in den Weltreligionen und in philosophischen Bemühungen etwa der Stoa vorlag und auch anders artikuliert werden kann, eine ihrer klarsten Ausdrucksformen gefunden. Bei Kant aber wird die Spezifik dieser moralphilosophischen Orientierung gerade nicht selbst hinreichend historisch reflektiert. Das geschieht in einem bestimmten Sinn bei Hegel, hat bei ihm aber eben die Defizite, um die es in diesem Buch ging.

»Genealogie des moralischen Universalismus« bedeutet dann die empirische Frage, wann, wo, warum und wie genau dieser moralische Universalismus, der ja nicht schon immer vorhanden war, eigentlich entstanden ist und wie er sich nach seinem ersten Durchbruch entwickelt hat, welche Rückschläge und neuen Einhegungen er erfuhr, wie und wo er kanonisiert wurde, wie aus einem religiösen und philosophischen Ethos dieser Art Formen des Rechts im Rahmen einzelner Staaten oder sogar transnationale Rechtsordnungen hervorgegangen sind und welche Auswirkungen diese rechtlichen Formen des moralischen Universalismus haben.

Eine solche Genealogie des moralischen Universalismus muß heute eine globalgeschichtliche sein.[50] Lange Zeit wurde ein-

---

50 Zur Verwendung dieses Begriffs und der Erörterung methodologischer

fach dem Christentum oder Europa oder dem Westen ein Monopol für den moralischen Universalismus zugesprochen, ohne daß etwa die chinesische und die indische Geschichte überhaupt ernsthaft in den Blick genommen worden wären. Das hat sich zum Glück in der zweiten Hälfte des zwanzigsten Jahrhunderts stark verändert, obgleich es weiterhin auch viele Formen des europäischen oder westlichen Triumphalismus gibt. Eine zentrale Rolle spielt dabei ein deutscher Denker, der wesentliche Impulse von Nietzsche und Max Weber aufgenommen hatte, unter dem Eindruck des Nationalsozialismus und seiner Verbrechen aber auch ganz neue Perspektiven jenseits des Eurozentrismus eröffnete. Gemeint ist Karl Jaspers und der von ihm angestoßene Diskurs über eine »Achsenzeit«, in der es (zwischen 800 und 200 vor Christus) in mehreren großen Zivilisationen zu einer Entstehung von Vorstellungen über »Transzendenz« und »Menschheit« gekommen sei. Eine globalgeschichtliche Genealogie des moralischen Universalismus muß (wie bei Robert Bellah) von dieser Achsenzeit ausgehen. Sie muß aber bis zur Gegenwart reichen und dabei weit über den Rahmen der Geschichte des Westens oder des Christentums hinausblicken.[51]

Die Methode genealogischer Geschichtsrekonstruktion scheint mir von Troeltsch mehr als von Weber überzeugend entwickelt. In der empirischen Korrektur von Nietzsches Erklärung sind Webers Argumente aufzunehmen; mehr noch als bei Weber, der schon monotheistische Prophetie und Staatsbildung aufeinan-

---

Fragen: Sebastian Conrad, *What is Global History?*, Princeton 2016. Besonders wichtige methodische und substantielle Beiträge auf diesem Gebiet hat Jürgen Osterhammel vorgelegt. Vgl. zuletzt von ihm: *Jacob Burckhardts ›Über das Studium der Weltgeschichte‹ und die Weltgeschichtsschreibung der Gegenwart*, Basel 2019.

51 Vgl. dazu in diesem Buch insbesondere Teil IV. Weitere Andeutungen dazu in: Hans Joas, *Sind die Menschenrechte westlich?*, München 2015; ders., »Sakralisierung – Genealogie – Globalgeschichte. Eine Erwiderung«, in: Michael Kühnlein, Jean-Pierre Wils (Hg.), *Der Westen und die Menschenrechte. Im interdisziplinären Gespräch mit Hans Joas*, Baden-Baden 2019, S. 169-199.

der bezogen hatte, ist aber bei Troeltsch der Zusammenhang von moralischem und politischem Universalismus, von Religion und Imperium hergestellt. Allerdings ist bei Weber der Blick über Europa und das Christentum hinaus stärker ausgeweitet als bei Troeltsch. Sich auf beide, Weber und Troeltsch, methodisch und theoretisch zu stützen, in empirischer Hinsicht aber über beide weit hinauszugehen: das ist die Anforderung an diese globalgeschichtliche Genealogie des moralischen Universalismus. Für sie bietet die Religionstheorie nach Hegel und Nietzsche eine Fülle weiterer Anknüpfungspunkte. Ich sehe sie als die konstruktive Zusammenführung jener Motive, die in diesem Buch anhand ausgewählter Religionsdenker des zwanzigsten und frühen einundzwanzigsten Jahrhunderts herausgearbeitet wurden.

Nachweise

Mehrere Kapitel dieses Buches gehen auf frühere Veröffentlichungen zurück. Alle wurden bei der Integration in das vorliegende Buch umgearbeitet. Im Folgenden gebe ich die Erstveröffentlichungsorte dieser Kapitel an:

Teil I

Kapitel 2: *Fuge. Journal für Religion und Moderne* 6 (2010), S. 15-28.

Kapitel 3: Rudolf Otto, *Das Heilige. Über das Irrationale in der Idee des Göttlichen und sein Verhältnis zum Rationalen*, München 2014, S. 255-281 (als Nachwort zur Neuausgabe).

Kapitel 4: *Philosophische Rundschau* 62 (2015), S. 155-171.

Teil II

Kapitel 2: Hans Joas (Hg.), *Philosophie der Demokratie. Beiträge zum Werk von John Dewey*, Frankfurt/M. 2000, S. 139-159.

Kapitel 3: Alfred Döblin, *Der unsterbliche Mensch / Der Kampf mit dem Engel*, Frankfurt/M. 2016, S. 613-638 (als Nachwort).

Kapitel 4: Hans Joas, Peter Vogt (Hg.), *Begriffene Geschichte. Beiträge zum Werk Reinhart Kosellecks*, Berlin 2011, S. 319-338.

Kapitel 5: *Deutsche Zeitschrift für Philosophie* 57 (2009), S. 293-300.

Teil III

Kapitel 2: Rainer Forst u.a. (Hg.), *Sozialphilosophie und Kritik*, Frankfurt/M. 2009, S. 288-316.

Kapitel 4: Stefan Orth, Peter Reifenberg (Hg.), *Facettenreiche Anthropologie. Paul Ricœurs Reflexionen auf den Menschen*, Freiburg 2004, S. 79-90.

Kapitel 5: Heinrich Bedford-Strohm, Paul Nolte, Rüdiger Sachau (Hg.), *Kommunikative Freiheit. Interdisziplinäre Diskurse mit Wolfgang Huber*, Leipzig 2014, S. 88-100.

Teil IV

Kapitel 5 (teilweise): Stephan Moebius, Dirk Quadflieg (Hg.), *Kultur. Theorien der Gegenwart*, Wiesbaden 2011, S. 83-91.

Kapitel 6 (teilweise): Gregor Maria Hoff (Hg.), *Verantworten. Salzburger Hochschulwochen 2012*, Innsbruck und Wien 2012, S. 37-49.

Literatur

Adair-Toteff, Christopher (Hg.), *The Anthem Companion to Ernst Troeltsch*, London 2018.
Alexander, Jeffrey/Sherwood, Steven, »›Mythic Gestures‹. Robert N. Bellah and Cultural Sociology«, in: Richard Madsen u.a. (Hg.), *Meaning and Modernity. Religion, Polity and Self*, Berkeley 2002, S. 1-14.
Arnason, Johann, *Civilizations in Dispute. Historical Questions and Theoretical Traditions*, Leiden 2003, S. 139-157.
Arndt, Andreas, *Friedrich Schleiermacher als Philosoph*, Berlin 2013.
Arnett, Willard, »Critique of Dewey's Anticlerical Religious Philosophy«, in: *Journal of Religion* 34 (1954), S. 256-266.
Asad, Talal, *Formations of the Secular. Christianity, Islam, Modernity*, Stanford 2003, S. 181-183.
Assmann, Jan, *Achsenzeit. Eine Archäologie der Moderne*, München 2018.

Balthasar, Hans Urs von, *Apokalypse der deutschen Seele. Studien zu einer Lehre von letzten Haltungen*, Bd. 3, Salzburg, Leipzig 1939.
Banchoff, Thomas/Casanova, José (Hg.), *The Jesuits and Globalization. Historical Legacies and Contemporary Challenges*, Washington, D.C., 2016.
Barash, Jeffrey Andrew, *Martin Heidegger and the Problem of Historical Meaning*, New York 2003.
Barth, Karl, *Die protestantische Theologie im 19. Jahrhundert. Ihre Vorgeschichte und ihre Geschichte*, Zürich 1946.
Barth, Ulrich, »Friedrich Schleiermacher«, in: Friedrich Wilhelm Graf (Hg.), *Klassiker der Theologie*, Bd. 2, München 2005, S. 58-88.
– u.a. (Hg.), *Aufgeklärte Religion und ihre Probleme. Schleiermacher – Troeltsch – Tillich*, Berlin 2013.
Bartscherer, Christoph, *Das Ich und die Natur. Alfred Döblins literarischer Weg im Licht seiner Religionsphilosophie*, Paderborn 1997.
Becker, Howard, *Systematic Sociology*, New York 1932.

Becker, Sabina (Hg.), *Döblin Handbuch. Leben – Werk – Wirkung*, Stuttgart 2016.

Beckford, James A./Davie, Grace, »David Martin«, in: *The British Academy. Memoirs of Fellows* XVIII (2019), S. 387-410.

Bedford-Strohm, Heinrich, *Gemeinschaft aus kommunikativer Freiheit. Sozialer Zusammenhalt in der modernen Gesellschaft. Ein theologischer Beitrag*, Gütersloh 1999.

–, »Radikaler Monotheismus und der Glaube an Jesus Christus«, in: Günter Thomas, Andreas Schüle (Hg.), *Gegenwart des lebendigen Christus*, Leipzig 2007, S. 229-245.

Bellah, Robert N., *Apache Kinship Systems. Harvard Phi Beta Kappa Prize Essay for 1950*, Cambridge, Mass. 1952.

–, *Tokugawa Religion. The Cultural Roots of Modern Japan*, New York 1957.

–, *Tokugawa Religion: The Values of Pre-Industrial Japan*, Glencoe 1957.

–, »Religious Evolution«, in: *American Sociological Review* 29 (1964), S. 358-374.

–, »Words for Paul Tillich«, in: *Harvard Divinity School Bulletin* 30 (1966), S. 15-16.

–, »Civil Religion in America«, in: *Daedalus* 96, Nr. 1 (Winter) (1967), S. 1-21.

–, *Beyond Belief. Essays on Religion in a Post-Traditionalist World*, New York 1970.

–, »Liturgy and Experience«, in: James D. Shaughnessy (Hg.), *The Roots of Ritual*, Grand Rapids 1973, S. 217-234.

–, *The Broken Covenant: American Civil Religion in Time of Trial*, New York 1975.

– /Glock, Charles (Hg.), *The New Religious Consciousness*, Berkeley 1976.

– u. a., *Habits of the Heart. Individualism and Commitment in American Life*, Berkeley 1985; dt.: *Gewohnheiten des Herzens. Individualismus und Gemeinsinn in der amerikanischen Gesellschaft*, Düsseldorf 1987.

– u. a., *The Good Society*, New York 1991.

–, »Flaws in the Protestant Code. Some Religious Sources of America's Troubles«, in: *Ethical Perspectives* 7 (2000), 4, S. 288-299.

–, *Imagining Japan. The Japanese Tradition and Its Modern Interpretation*, Berkeley 2003.

–, »God, Nation, and Self in America: Some Tensions between Parsons and Bellah«, in: Renée C. Fox u. a. (Hg.), *After Parsons. A Theory of Social Action for the Twenty-First Century*, New York 2005, S. 137-147.

- /Tipton, Steven M. (Hg.), *The Robert Bellah Reader*, Durham 2006.
- –, *Religion in Human Evolution. From the Paleolithic to the Axial Age*, Cambridge, Mass. 2011.
- /Joas, Hans (Hg.), *The Axial Age and Its Consequences*, Cambridge, Mass. 2012.
- –, *Paul Tillich and the Challenge of Modernity*, unveröffentlichtes Manuskript, 2013.
- –, *Der Ursprung der Religion. Vom Paläolithikum bis zur Achsenzeit*, Freiburg 2020.

Berger, Peter L., »Foreword«, in: Martin, *Tongues of Fire*, S. VII-X.
- –, *Sehnsucht nach Sinn. Glauben in einer Zeit der Leichtgläubigkeit*, Frankfurt/M. 1994.
- (Hg.), *The Desecularization of the World. Resurgent Religion and World Politics*, Grand Rapids 1999.
- –, *Der Zwang zur Häresie. Religion in der pluralistischen Gesellschaft* (1979), Freiburg 2000.
- –, *Altäre der Moderne. Religion in pluralistischen Gesellschaften*, Frankfurt/M. 2015.

Berlin, Isaiah, »Review«, in: *English Historical Review* 68 (1953), S. 617-619.

Bernstein, Richard, *John Dewey*, New York 1967.

Bertelsmann Stiftung (Hg.), *Religionsmonitor 2008*, Gütersloh 2007.

Blaschke, Olaf, »Das 19. Jahrhundert. Ein zweites konfessionelles Zeitalter«, in: *Geschichte und Gesellschaft* 26 (2000), S. 38-75.

Blasi, Anthony J., *Sociology of Religion in America. A History of a Secular Fascination with Religion*, Leiden 2014.
- –, »Sociology of Religion in the United States«, in: ders., Guiseppe Giordan (Hg.), *Sociologies of Religion. National Traditions*, Leiden 2015, S. 52-75.

Blewett, John, S. J., »Democracy as Religion. Unity in Human Relations«, in: ders. (Hg.), *John Dewey: His Thought and Influence*, New York 1966, S. 33-58.

Bloch, Marc, *Die wundertätigen Könige* (1924), München 1998.

Blumenberg, Hans, *Die Legitimität der Neuzeit* (Erweiterte Ausgabe), Frankfurt/M. 1996.

Böckenförde, Ernst-Wolfgang, »Die Entstehung des Staates als Vorgang der Säkularisation« (1967), in: ders., *Der säkularisierte Staat. Sein Charakter, seine Rechtfertigung und seine Probleme im 21. Jahrhundert*, München 2006, S. 43-72.

Bodenhafer, Walter, »The Comparative Role of the Group Concept in

Ward's ›Dynamic Sociology‹ and Contemporary American Sociology«, in: *American Journal of Sociology* 26 (1920-21), S. 273-314, S. 425-474, S. 582-600, S. 716-743.
Bohrer, Karl Heinz, *Die Ästhetik des Schreckens. Die pessimistische Romantik und Ernst Jüngers Frühwerk*, München 1978.
Bortolini, Matteo, »The ›Bellah Affair‹ at Princeton. Scholarly Excellence and Academic Freedom in America in the 1970s«, in: *The American Sociologist* 42 (2011), 1, S. 3-33.
-, »Blurring the Boundary Line: The Origins and Fate of Robert Bellah's Symbolic Realism«, in: Christian Fleck, Andreas Hess (Hg.), *Knowledge for Whom? Public Sociology in the Making*, Farnham 2014, S. 205-227.
Bremmer, Jan N., »›Religion‹, ›Ritual‹ and the Opposition ›Sacred vs. Profane‹«, in: Fritz Graf (Hg.), *Ansichten griechischer Rituale. Geburtstags-Symposium für Walter Burkert*, Stuttgart, Leipzig 1968, S. 9-32.
Brown, Peter, *The Cult of the Saints. Its Rise and Function in Latin Christianity*, Chicago 1981.
Brugger, Winfried, »Von Feindschaft über Anerkennung zur Identifikation. Staat-Kirche-Modelle und ihr Verhältnis zur Religionsfreiheit«, in: Joas/Wiegandt (Hg.), *Säkularisierung und die Weltreligionen*, S. 253-283.

Camic, Charles, »Reputation and Predecessor Selection: Parsons and the Institutionalists«, in: *American Sociological Review* 57 (1992), S. 421-445.
Camilleri, Sylvain, »A Historical Note on Heidegger's Relationship to Ernst Troeltsch«, in: Sean J. Mc Grath/Andrzej Wiercinski (Hg.), *A Companion to Heidegger's* »*Phenomenology of Religious Life*«, Amsterdam 2010, S. 115-134.
Casanova, José, »Legitimacy and the Sociology of Modernization«, in: Arthur Vidich, Ronald Glassman (Hg.), *Conflict and Control. Challenge to Legitimacy of Modern Governments*, London 1979, S. 219-252.
-, »The Opus Dei Ethics, the Technocrats and the Modernization of Spain«, in: *Social Science Information* 22 (1983), S. 27-50.
-, »Interpretations and Misinterpretations of Max Weber. The Problem of Rationalization«, in: Ronald Glassman, Vatro Murvar (Hg.), *Max Weber in Political Sociology. A Pessimistic Vision of a Rationalized World*, Westport 1984, S. 141-154.
-, »Catholic Ethics and Social Justice. Natural Law and Beyond« in: *In-*

ternational Journal of Politics, Culture, and Society 6 (1992), S. 322-329.
–, *Public Religions in the Modern World*, Chicago 1994.
–, »Rezension: Zygmunt Bauman, *Postmodern Ethics* (Oxford 1993)«, in: *Contemporary Sociology* 24 (1995), S. 424-425.
–, »Globalizing Catholicism and the Return to a ›Universal‹ Church«, in: Susanne Rudolph, James Piscatori (Hg.), *Transnational Religion and Fading States*, Boulder 1997, S. 121-143.
–, »Ethno-Linguistic and Religious Pluralism and Democratic Construction in Ukraine«, in: Barnett Rubin, Jack Snyder (Hg.), *Post-Soviet Political Order. Conflict and State-Building*, New York 1998, S. 81-103.
–, »Civil Society and Religion. Retrospective Reflections on Catholicism and Prospective Reflections on Islam«, in: *Social Research* 68 (2001), S. 1041-1080.
–, »Beyond European and American Exceptionalisms. Toward a Global Perspective«, in: Grace Davie, Paul Heelas, Linda Woodhead (Hg.), *Predicting Religion. Christian, Secular and Alternative Futures*, Aldershot 2003, S. 17-29.
–, »Catholic and Muslim Politics in Comparative Perspective«, in: *Taiwan Journal of Democracy* 1 (2005), S. 89-108.
–, »Einwanderung und der neue religiöse Pluralismus. Ein Vergleich zwischen der EU und den USA«, in: *Leviathan* 2 (2006), S. 182-207.
–, »Secularization Revisited: A Reply to Talal Asad«, in: David Scott, Charles Hirschkind (Hg.), *Powers of the Secular Modern. Talal Asad and His Interlocutors*, Stanford 2006, S. 12-30.
–, »Public Religions Revisited«, in: Hent de Vries (Hg.), *Religion. Beyond a Concept*, New York 2008, S. 101-119.
–, *Europas Angst vor der Religion*, Berlin 2009.
–, »Religion in Modernity as Global Challenge«, in: Michael Reder, Matthias Rugel (Hg.), *Religion und die umstrittene Moderne*, Stuttgart 2010, S. 1-16.
–, »Religions, Secularizations and Modernities«, in: *European Journal of Sociology* 52 (2011), S. 423-445.
–, »From Modernization to Secularization to Globalization. An Autobiographical Self-Reflection«, in: *Religion and Society. Advances in Research* 2 (2011), S. 25-36.
–, »Religion, the Axial Age, and Secular Modernity in Bellah's Theory of Religious Evolution«, in: Bellah/Joas (Hg.), *The Axial Age and Its Consequences*, S. 191-221.

–, »Parallel Reformations in Latin America. A Critical Review of David Martin's Interpretation of the Pentecostal Revolution«, in: Joas (Hg.), *David Martin and the Sociology of Religion*, S. 85-106.

–, *Global Religious and Secular Dynamics. The Modern System of Classification*, Leiden 2019.

Cassirer, Ernst, *Das Erkenntnisproblem in der Philosophie und Wissenschaft der neueren Zeit*, Bd. II, Berlin 1907.

–, *Kants Leben und Lehre* (Erläuterungsband zur zehnbändigen Kant-Ausgabe, 1912), Darmstadt 1974, S. 189-384.

–, *Freiheit und Form. Studien zur deutschen Geistesgeschichte*, Berlin 1916.

–, *Philosophie der symbolischen Formen* (1923), Bd. 2, Darmstadt 1958.

–, »Die Idee der republikanischen Verfassung« (1928), nachgedruckt in: ders., *Aufsätze und kleine Schriften (1927-1931)*, Hamburg 2004, S. 291-307.

–, »Deutschland und Westeuropa im Spiegel der Geistesgeschichte« (1931), nachgedruckt in: ders., *Aufsätze und kleine Schriften (1927-1931)*, Hamburg 2004, S. 207-219.

–, »Vom Wesen und Werden des Naturrechts« (1932), in: ders., *Aufsätze und kleine Schriften (1932-1935)*, Hamburg 2001, S. 203-227.

–, *Die Philosophie der Aufklärung*, Tübingen 1932; engl.: *The Philosophy of the Enlightenment*, Princeton 1951.

–, »Judaism and the Modern Political Myths«, in: *Contemporary Jewish Record* 7 (1944), S. 115-126.

–, *The Myth of the State*, New Haven, London 1946.

Castoriadis, Cornelius, *Gesellschaft als imaginäre Institution*, Frankfurt/M. 1984.

Cavendish, James C., »The Sociological Study of American Catholicism: Past, Present and Future«, in: Anthony J. Blasi (Hg.), *American Sociology of Religion: Histories*, Leiden 2007, S. 151-176.

Chappell, David L., *A Stone of Hope. Prophetic Religion and the Death of Jim Crow*, Chapel Hill 2004.

Chesterton, Gilbert Keith, *Der unsterbliche Mensch*, Bremen 1930 (revidierte und erweiterte Neuausgabe: Bonn 2011).

Christiano, Kevin, »Clio Goes to Church. Revisiting and Revitalizing Historical Thinking in the Sociology of Religion«, in: *Sociology of Religion* 69 (2008), S. 1-28.

Christophersen, Alf, *Kairos. Protestantische Zeitdeutungskämpfe in der Weimarer Republik*, Tübingen 2008.

Clayton, John, »Paul Tillich – ein ›verjüngter Troeltsch‹ oder noch ›ein

Apfel vom Baume Kierkegaards‹?«, in: Renz/Graf (Hg.), *Umstrittene Moderne*, S. 259-283.

Collins, Randall, »Imperialism and legitimacy. Weber's Theory of Politics«, in: ders., *Weberian Sociological Theory*, Cambridge 1986, S. 145-166.

Colorado, Carlos D./Klassen, Justin D. (Hg.), *Aspiring to Fullness in a Secular Age. Essays on Religion and Theology in a Secular Age*, Notre Dame 2014.

Colpe, Carsten, *Über das Heilige. Versuch, seiner Verkennung kritisch vorzubeugen*, Meisenheim 1990.

Conrad, Sebastian, *What is Global History?*, Princeton 2016.

Conze, Werner u. a., »Artikel ›Freiheit‹«, in: Otto Brunner/Werner Conze/Reinhart Koselleck (Hg.), *Geschichtliche Grundbegriffe. Historisches Lexikon zur politisch-sozialen Sprache in Deutschland*, Bd. 2, Stuttgart 1975, S. 425-542.

– /Zabel, Hermann, »Säkularisation, Säkularisierung«, in: Otto Brunner/Werner Conze/Reinhart Koselleck (Hg.), *Geschichtliche Grundbegriffe*, Bd. V, Stuttgart 1984, S. 789-829.

Costa, Paolo, »The One and the Many Stories. How to Reconcile Sensemaking and Fact-checking in the Secularization Narrative«, in: Joas (Hg.), *David Martin and the Sociology of Religion*, S. 50-66.

Cusinato, Guido, »Werdender Gott und Wiedergeburt der Person bei Max Scheler«, in: Ralf Becker/Ernst Wolfgang Orth (Hg.), *Religion und Metaphysik als Dimensionen der Kultur*, Würzburg 2011, S. 123-134.

Daniel, Joshua, *Transforming Faith. Individual and Community in H. Richard Niebuhr*, Eugene 2015.

–, »H. Richard Niebuhr's Reading of George Herbert Mead«, in: *Journal of Religious Ethics* 44 (2016), 1, S. 92-115.

Danz, Christian, »Der Begriff des Symbols bei Paul Tillich und Ernst Cassirer«, in: Dietrich Korsch, Enno Rudolph (Hg.), *Die Prägnanz der Religion in der Kultur. Ernst Cassirer und die Theologie*, Tübingen 2000, S. 201-228.

–, *Religion als Freiheitsbewußtsein. Eine Studie zur Theologie als Theorie der Konstitutionsbedingungen individueller Subjektivität bei Paul Tillich*, Berlin 2000.

–, »›Vom Nutzen und Nachteil der Historie für das Leben‹. Nietzsche, Troeltsch und Tillich über Auswege aus der Krisis des Historismus«, in: *Internationales Jahrbuch für die Tillich-Forschung* 3 (2008), S. 61-81.

Das, Robin R., *The Place of Werner Stark in American Sociology. A Study in Marginality* (Ph.D. thesis), Ann Arbor 2008.

– /Strasser, Hermann, »The Sociologist from Marienbad. Werner Stark between Catholicism and Social Science«, in: *Czech Sociological Review* 51 (2015), 3, S. 417-444.

David, Paul A., »Clio and the economies of QWERTY«, in: *American Economic Review* 75 (1985), S. 332-337.

Davie, Grace, *Religion in Britain. A Persistent Paradox*, Oxford 2015.

–, »Understanding Religion in Modern Britain. Taking the Long View«, in: Joas (Hg.), *David Martin and the Sociology of Religion*, S. 67-84.

Dempf, Alois, *Sacrum Imperium. Geschichts- und Staatsphilosophie des Mittelalters und der politischen Renaissance* (1929), Darmstadt 1954.

Deuser, Hermann, »Gottes Poesie oder Anschauung des Unbedingten? Semiotische Religionstheorie bei C. S. Peirce und P. Tillich«, in: Christian Danz, Werner Schüßler, Erdmann Sturm (Hg.), *Das Symbol als Sprache der Religion*, Berlin 2007, S. 117-134.

–, »›A Feeling of Objective Presence‹ – Rudolf Ottos ›Das Heilige‹ und William James' Pragmatismus im Vergleich«, in: Lauster u. a. (Hg.), *Rudolf Otto*, S. 319-333.

Dewey, John, *The Early Works, 1892-1898*, 5 Bde., Carbondale 1967 ff.

–, *The Middle Works, 1899-1924*, 15 Bde., Carbondale 1976 ff.

–, *The Later Works, 1925-1953*, 17 Bde., Carbondale 1985 ff.

–, »Christianity and Democracy« (1893), in: *The Early Works*, Bd. 4, S. 3-10.

–, »Self-Realization as the Moral Ideal« (1893); in: *The Early Works*, Bd. 4, S. 42-53.

–, »Religion and Our Schools«, in: *Hibbert Journal* 6 (1908), S. 796-809; auch in: *The Middle Works*, Bd. 4, S. 165-177.

–, »Progress« (1916), in: ders., *The Middle Works*, Bd. 10, S. 234-243.

–, *Human Nature and Conduct. An Introduction to Social Psychology*, New York 1922; auch in: *The Middle Works*, Bd. 14.

–, *Erfahrung und Natur*, Frankfurt/M. 1995.

–, *A Common Faith*, New Haven 1934.

–, *Kunst als Erfahrung*, Frankfurt/M. 1980.

–, »Experience, Knowledge, and Value: A Rejoinder«, in: Schilpp (Hg.), *The Philosophy of John Dewey*, S. 517-608; auch in: *The Later Works*, Bd. 14.

–, *Psychology*, in: *The Early Works*, Bd. 2.

Diefenthaler, Jon, *H. Richard Niebuhr. A Lifetime of Reflections on the Church and the World*, Macon 1986.

Dierken, Jörg, »Hegel und Schleiermacher. Affinitäten und Abgrenzungen«, in: Hanke/Schmidt (Hg.), *Der Frankfurter Hegel in seinem Kontext*, S. 251-268.
–, »›Hauskrieg‹ bei Kants Erben. Schleiermacher und Hegel über Religion und Christentum«, in: Andreas Arndt, Tobias Rosefeldt (Hg.), *Schleiermacher/Hegel*, Berlin 2020 (i. E.).
Dilthey, Wilhelm, »Rede zum 70. Geburtstag« (1903), in: ders., *Die geistige Welt. Einleitung in die Philosophie des Lebens. Erste Hälfte: Abhandlungen zur Grundlegung der Geisteswissenschaften* (= *Gesammelte Schriften*, Bd. 5), Leipzig, Berlin 1924, S. 7-9.
–, *Der Aufbau der geschichtlichen Welt in den Geisteswissenschaften* (1910), Frankfurt/M. 1970.
–, »Das Problem der Religion« (1911), in: ders., *Die geistige Welt. Einleitung in die Philosophie des Lebens. Zweite Hälfte: Abhandlungen zur Poetik, Ethik und Pädagogik* (= *Gesammelte Schriften*, Bd. 6), Leipzig, Berlin 1924, S. 288-305.
–, *Einleitung in die Geisteswissenschaften* (= *Gesammelte Schriften*, Bd. 1), Stuttgart, Göttingen 1973.
–, *Die Jugendgeschichte Hegels* (= *Gesammelte Schriften*, Bd. 4), Stuttgart, Göttingen 1974.
–, *Weltanschauung und Analyse des Menschen seit Renaissance und Reformation* (*Gesammelte Schriften*, Bd. 2), Stuttgart 1991.
Dipper, Christof, »Die ›Geschichtlichen Grundbegriffe‹. Von der Begriffsgeschichte zur Theorie der historischen Zeiten«, in: Joas/Vogt (Hg.), *Begriffene Geschichte*, S. 288-316.
Döbert, Rainer, *Systemtheorie und die Entwicklung religiöser Deutungssysteme. Zur Logik des sozialwissenschaftlichen Funktionalismus*, Frankfurt/M. 1973.
Döblin, Alfred, »Jenseits von Gott« (1919), in: ders., *Kleine Schriften I* (hg. von Anthony W. Riley), Olten/Freiburg 1985, S. 246-261.
–, *Reise in Polen* (1925), München 1987.
– (Hg.), *Alfred Döblin Presents the Living Thoughts of Confucius*, New York 1940.
–, »Brief an Wilhelm Hausenstein vom 31.1.1947«, in: ders., *Briefe*, Olten 1970, S. 364.
–, »Schicksalsreise. Bericht und Bekenntnis«, in: ders., *Autobiographische Schriften und letzte Aufzeichnungen*, Olten 1980, S. 103-426.
–, *Der unsterbliche Mensch/Der Kampf mit dem Engel*, Frankfurt/M. 2016.
Doenecke, Justus D., »H. Richard Niebuhr: Critic of Political Theolo-

gy«, in: *Communio. International Catholic Review* 4 (1977), 1, S. 82-93.

Donald, Merlin, *Origins of the Modern Mind: Three Stages in the Evolution of Culture and Cognition*, Cambridge, Mass. 1991.

–, »An Evolutionary Approach to Culture: Implications for the Study of the Axial Age«, in: Bellah/Joas (Hg.), *The Axial Age and Its Consequences*, S. 47-76.

Dosse, François, *Paul Ricœur. Les sens d'une vie*, Paris 1997.

Dreier, Horst, »Kanonistik und Konfessionalisierung – Marksteine auf dem Weg zum Staat«, in: Georg Siebeck (Hg.), *Artibus ingenuis*, Tübingen 2001, S. 133-169.

Drescher, Hans-Georg, *Ernst Troeltsch. Leben und Werk*, Göttingen 1991.

Dunstan, G. R., »Rezension: Werner Stark, *The Sociology of Religion*, Bd. III«, in: *Religious Studies* 6 (1970), S. 197-199.

Durkheim, Émile, *Die elementaren Formen des religiösen Lebens*, Frankfurt/M. 1981.

Edie, James M., *William James and Phenomenology*, Bloomington 1987.

Eisenstadt, Shmuel N., *Die Vielfalt der Moderne*, Weilerswist 2000.

Eister, Alan W., »Rezension: Werner Stark, *The Sociology of Religion I-III*«, in: *Journal for the Scientific Study of Religion* 7:2 (1968), S. 294-295.

Emde, Friedrich, *Alfred Döblin. Sein Weg zum Christentum*, Tübingen 1999.

Feil, Ernst, »Zur ursprünglichen Bedeutung von ›Theonomie‹«, in: *Archiv für Begriffsgeschichte* 34 (1991), S. 295-313.

Flanagan, Kieran/Jupp, Peter C. (Hg.), »Symposium on Charles Taylor with His Responses«, in: *New Blackfriars* 91 (2010), S. 625-724.

Flasche, Rainer, »Joachim Wach 1898-1955«, in: Axel Michaels (Hg.), *Klassiker der Religionswissenschaft*, München 1997, S. 290-302.

Flint, John T., »Rezension: Werner Stark, *The Sociology of Religion I-III*«, in: *Journal of the American Academy of Religion* 40:1 (1972), S. 110-116.

Floyd, Gregory P., »Between ›Liberale Theologie‹ and ›Religionsphilosophie‹. A New Perspective on Heidegger's Phenomenology of Religious Life«, in: Gerhard Thonhauser (Hg.), *Perspektiven mit Heidegger: Zugänge – Pfade – Anknüpfungen*, Freiburg 2017, S. 132-146.

Fowler, James W., *To See the Kingdom. The Theological Vision of H. Richard Niebuhr*, Nashville 1974.

Fox, Richard Wightman, *Reinhold Niebuhr. A Biography*, Ithaca 1996.
Frankopan, Peter, *Licht aus dem Osten. Eine neue Geschichte der Welt*, Berlin 2016.
Frei, Hans W., »Niebuhr's Theological Background«, in: Paul Ramsey (Hg.), *Faith and Ethics. The Theology of H. Richard Niebuhr*, New York 1957, S. 9-64.
Freston, Paul, »David Martin and the Growth of Protestantism in the Third World«, in: Andrew Walker, Martyn Percy (Hg.), *Restoring the Image. Essays on Religion and Society in Honour of David Martin*, Sheffield 2001, S. 110-124.
Friedman, Michael, *Carnap, Cassirer, Heidegger: Geteilte Wege*, Frankfurt/M. 2004.
Fries, Heinrich, *Die katholische Religionsphilosophie der Gegenwart*, Heidelberg 1949.
Friess, Horace L., »Dewey's Philosophy of Religion«, in: Jo Ann Boydston (Hg.), *Guide to the Works of John Dewey*, Carbondale 1970, S. 200-217.
Furia, Paolo, »Le scienze sociali e il paradigma ermeneutico in Paul Ricœur e Hans Joas. La libertà come creatività«, in: Gaetano Chiurazzi, Giacomo Pezzone (Hg.), *Attualità del possibile*, Mailand 2017, S. 81-94.

Gabel, Michael/Joas, Hans (Hg.), *Von der Ursprünglichkeit der Gabe. Jean-Luc Marions Phänomenologie in der Diskussion*, Freiburg 2007.
Gantke, Wolfgang/Serikov, Vladimir (Hg.), *100 Jahre ›Das Heilige‹. Beiträge zu Rudolf Ottos Grundlagenwerk*, Frankfurt/M. 2017.
Gaston, K. Healan, »›A Bad Kind of Magic‹. The Niebuhr Brothers on ›Utilitarian Christianity‹ and the Defense of Democracy«, in: *Harvard Theological Review* 107:1 (2014), S. 1-30.
Gauchet, Marcel, *Le désenchantement du monde*, Paris 1985.
Gooch, Todd A., *The Numinous and Modernity. An Interpretation of Rudolf Otto's Philosophy of Religion*, Berlin, New York 2000.
–, »The Epistemic Status of Value-Cognition in Max Scheler's Philosophy of Religion«, in: *Journal for Cultural and Religious Theory*, 3.1 (2001), ⟨http://www.jcrt.org/archives/03.1/gooch.shtml⟩, letzter Zugriff 14.1.2013.
Good, Paul (Hg.), *Max Scheler im Gegenwartsgeschehen der Philosophie*, Bern, München 1975.
Gordon, Peter E., »The Place of the Sacred in the Absence of God. Charles Taylor's ›A Secular Age‹«, in: *Journal of the History of Ideas* 69 (2008), S. 647-673.

–, *Continental Divide. Heidegger, Cassirer, Davos*, Cambridge, Mass. 2010.
Gorski, Philip, »The Return of the Repressed. Religion and the Political Unconscious of Historical Sociology«, in: Julia Adams, Elizabeth Clemens, Ann Orloff (Hg.), *Remaking Modernity. Politics, History, and Sociology*, Durham 2005, S. 161-189.
Gouinlock, James, *Dewey's Philosophy of Value*, New York 1972.
Graf, Friedrich Wilhelm, *Theonomie. Fallstudien zum Integrationsanspruch neuzeitlicher Theologie*, Gütersloh 1987.
–, *Der heilige Zeitgeist. Studien zur Ideengeschichte der protestantischen Theologie in der Weimarer Republik*, Tübingen 2011.
–, »Die ›antihistorische Revolution‹ in der protestantischen Theologie der zwanziger Jahre«, in: ders., *Der heilige Zeitgeist*, S. 111-138.
– (Hg.), *Ernst Troeltsch in Nachrufen* (= Troeltsch-Studien, Bd. 12), Gütersloh 2002.
–, *Fachmenschenfreundschaft. Studien zu Troeltsch und Weber*, Berlin 2014.
Gray, John, *Isaiah Berlin*, Princeton 1996.
Greisch, Jean, *Le buisson ardent et les lumières de la raison*, Bd. 2, Paris 2002.
Gresham, John L., Jr., »The Collective Charisma of the Catholic Church. Werner Stark's Critique of Max Weber's Routinization Theory«, in: *Catholic Social Science Review* 8 (2003), S. 123-139.
Große Kracht, Hermann-Josef, »Von der Kirchensoziographie zu einer Sozialtheorie der ›public churches‹? Ein Bilanzierungsversuch zur Soziologie des Katholizismus im 20. Jahrhundert«, in: ders., Christian Spieß (Hg.), *Christentum und Solidarität. Bestandsaufnahmen zu Sozialethik und Religionssoziologie*, Paderborn 2008, S. 189-229.
Guardini, Romano, *Die Macht. Versuch einer Wegweisung*, Würzburg 1951.
Gustafson, James M., *Treasure in Earthen Vessels. The Church as a Human Community* (1961), Louisville 1976.

Habermas, Jürgen, »Zur Kritik an der Geschichtsphilosophie« (1960), in: ders., *Kultur und Kritik*, Frankfurt/M. 1973, S. 355-364.
–, »Verrufener Fortschritt – Verkanntes Jahrhundert«, in: *Merkur* 14 (1960), S. 466-477.
–, *Strukturwandel der Öffentlichkeit*, Neuwied 1962.
–, »Karl Löwiths stoischer Rückzug vom historischen Bewußtsein« (1963), in: ders., *Philosophisch-politische Profile*, Frankfurt/M. 1971, S. 116-140.

–, *Technik und Wissenschaft als »Ideologie«*, Frankfurt/M. 1968.
–, *Theorie des Kommunikativen Handelns*, 2 Bde., Frankfurt/M. 1981.
–, »Die Philosophie als Platzhalter und Interpret«, in: ders., *Moralbewußtsein und kommunikatives Handeln*, Frankfurt/M. 1983, S. 9-28.
–, *Vom sinnlichen Eindruck zum symbolischen Ausdruck*, Frankfurt/M. 1997.
–, »Die befreiende Kraft der symbolischen Formgebung. Ernst Cassirers humanistisches Erbe und die Bibliothek Warburg«, in: ders., *Vom sinnlichen Eindruck zum symbolischen Ausdruck*, S. 9-40.
–, »Kommunikative Freiheit und negative Theologie. Fragen an Michael Theunissen«, in: ders., *Vom sinnlichen Eindruck zum symbolischen Ausdruck*, S. 112-135.
–, *Glauben und Wissen*, Frankfurt/M. 2001.
–, *Auch eine Geschichte der Philosophie*, 2 Bde., Berlin 2019.
Hafkesbrink, Hanna, »Das Problem des religiösen Gegenstandes bei Max Scheler«, in: *Zeitschrift für systematische Theologie* 8 (1931), S. 145-180, S. 251-292.
–, »The Meaning of Objectivism and Realism in Max Scheler's Philosophy of Religion. A Contribution to the Understanding of Max Scheler's Catholic Period«, in: *Philosophy and Phenomenological Research* 2 (1942), S. 292-309.
Halbig, Christoph, »Hegel, Honneth und das Primat der Freiheit. Kritische Überlegungen«, in: Schlette (Hg.), *Ist Selbstverwirklichung institutionalisierbar?*, S. 53-72.
Hampe, Michael, *Erkenntnis und Praxis. Zur Philosophie des Pragmatismus*, Frankfurt/M. 2006.
Hanke, Thomas/Schmidt, Thomas M. (Hg.), *Der Frankfurter Hegel in seinem Kontext*, Frankfurt/M. 2015.
Harnack, Adolf von, »Rede am Sarge Ernst Troeltschs« (1923), in: Graf (Hg.), *Ernst Troeltsch in Nachrufen*, S. 266-271.
Hartch, Todd, *The Rebirth of Latin American Christianity*, Oxford 2014.
Hartmann, Nicolai, »Max Scheler«, in: *Kant-Studien* 33 (1928), S. ix-xvi.
Hartung, Gerald, »Autonomiewahnsinn? Der Preis einer Säkularisierung des Menschenbildes in der philosophischen Anthropologie Max Schelers«, in: Christel Gärtner, Detlef Pollack, Monika Wohlrab-Sahr (Hg.), *Atheismus und religiöse Indifferenz*, Opladen 2003, S. 75-92.
Hasenclever, Andreas, »Taking Religion Back Out. On the Secular Dy-

namics of Armed Conflicts and the Potentials of Religious Peacemaking«, in: Joas (Hg.), *David Martin and the Sociology of Religion*, S. 123-146.

Hatzfeld, Henri, *Les Racines de la religion. Tradition, rituels, valeurs*, Paris 1993.

Hauerwas, Stanley/Willimon, William, *Resident Aliens*, Nashville 1990.

Hausenstein, Wilhelm, »Rezension«, in: *Süddeutsche Zeitung*, 1.2.1947; wiederabgedruckt in: Ingrid Schuster, Ingrid Bode (Hg.), *Alfred Döblin im Spiegel der zeitgenössischen Kritik*, Bern, München 1973, S. 390-393.

Hefner, Robert W., »Introduction: World-Building and the Rationality of Conversion«, in: ders. (Hg.), *Conversion to Christianity: Historical and Anthropological Perspectives on a Great Transformation*, Berkeley 1993, S. 3-44.

Hegel, Georg Wilhelm Friedrich, *Werke*, hg. von Eva Moldenhauer und Karl Markus Michel, 20 Bde., Frankfurt/M. 1969 ff.

–, *Enzyklopädie der philosophischen Wissenschaften III* (= *Werke*, Bd. 10).

–, *Vorlesungen über die Geschichte der Philosophie III* (= Werke, Bd. 20).

–, *Vorlesungen über die Philosophie der Geschichte* (= Werke, Bd. 12).

–, »Vorrede zu H. F.W. Hinrichs, *Die Religion im inneren Verhältnisse zur Wissenschaft*«, in: ders., *Werke*, Bd. 11, S. 42-67.

Heidegger, Martin, »Andenken an Max Scheler«, in: Good (Hg.), *Max Scheler im Gegenwartsgeschehen der Philosophie*, S. 9.

–, *Kant und das Problem der Metaphysik*, in: ders., *Gesamtausgabe*, Bd. 3, Frankfurt/M. 1988.

–, »Phänomenologie des religiösen Lebens«, in: ders., *Gesamtausgabe*, Bd. 60, Frankfurt/M. 1995, S. 19-30.

Heimpel, Hermann, »Geschichte und Geschichtswissenschaft«, in: *Vierteljahrshefte für Zeitgeschichte* 5 (1957), S. 1-17.

Hempton, David/McLeod, Hugh (Hg.), *Secularization and Religious Innovation in the North Atlantic World*, Oxford 2017.

Herberg, Will, *Protestant – Catholic – Jew. An Essay in American Religious Sociology*, Garden City, New York 1955.

Herberger, Kurt, »Historismus und Kairos. Die Überwindung des Historismus bei Ernst Troeltsch und Paul Tillich«, in: *Theologische Blätter* 14 (1935), Sp. 129-141, Sp. 161-175.

Hettling, Manfred/Ulrich, Bernd, »Formen der Bürgerlichkeit. Ein Gespräch mit Reinhart Koselleck«, in: dies. (Hg.), *Bürgertum nach 1945*, Hamburg 2005, S. 40-60.

Hildebrand, Dietrich von, »Max Schelers Stellung zur katholischen Ge-

dankenwelt«, in: ders., *Zeitliches im Lichte des Ewigen. Gesammelte Abhandlungen und Vorträge*, Regensburg 1932, S. 341-364.
Hobbes, Thomas, *Leviathan*, Reinbek 1969.
Honneth, Axel, »Die Unhintergehbarkeit des Fortschritts. Kants Bestimmung des Verhältnisses von Moral und Geschichte«, in: ders., *Pathologien der Vernunft. Geschichte und Gegenwart der Kritischen Theorie*, Frankfurt/M. 2007, S. 9-27.
–, *Das Recht der Freiheit. Grundriß einer demokratischen Sittlichkeit*, Berlin 2011.
–, »Erwiderung«, in: Schlette (Hg.), *Ist Selbstverwirklichung institutionalisierbar?*, S. 313-337.
Horn, Friedrich Wilhelm, »›Zur Freiheit hat uns Christus befreit‹. Neutestamentliche Perspektiven«, in: Martin Laube (Hg.), *Freiheit*, Tübingen 2014, S. 39-58.
Huber, Wolfgang, *Kirche in der Zeitenwende. Gesellschaftlicher Wandel und Erneuerung der Kirche*, Gütersloh 1998.
–, *Der gemachte Mensch. Christlicher Glaube und Biotechnik*, Berlin 2002.
–, *Gerechtigkeit und Recht. Grundlinien christlicher Rechtsethik*, 3., überarbeitete Auflage, Gütersloh 2006.
–, *Von der Freiheit. Perspektiven für eine solidarische Welt*, München 2012.
–, *Ethik. Die Grundfragen unseres Lebens*, München 2013.
–, »Über die kommunikative Freiheit hinaus«, in: Heinrich Bedford-Strohm, Paul Nolte, Rüdiger Sachau (Hg.), *Kommunikative Freiheit. Interdisziplinäre Diskurse mit Wolfgang Huber*, Leipzig 2014, S. 175-191.
–, »Rechtsethik«, in: ders., Torsten Meireis, Hans-Richard Reuter (Hg.), *Handbuch der Evangelischen Ethik*, München 2015, S. 125-193.
–, *Glaubensfragen. Eine evangelische Orientierung*, München 2017.
–, *Dietrich Bonhoeffer. Auf dem Weg zur Freiheit*, München 2019.
Hubert, Henri/Mauss, Marcel, »Entwurf einer allgemeinen Theorie der Magie« (1904), in: Stephan Moebius u. a. (Hg.), *Marcel Mauss. Schriften zur Religionssoziologie*, Berlin 2012, S. 239-402.
–, »Introduction à la traduction française«, in: P. D. Chantepie de la Saussaye, *Manuel d'histoire des religion*, Paris 1904, S. V-XLVIII.
Hughes, Everett, »Rezension: Niebuhr, *The Social Sources of Denominationalism*«, in: *American Journal of Sociology* 60:3 (1954), S. 320.

Imbriano, Gennaro, *Der Begriff der Politik. Die Moderne als Krisenzeit im Werk von Reinhart Koselleck*, Frankfurt/M. 2018, S. 29-31.

Jaeschke, Walter (Hg.), *Hegel-Handbuch. Leben – Werk – Wirkung*, Stuttgart 2003.

–, »Hegels Frankfurter Schriften. Zum jüngst erschienenen Band 2 der Gesammelten Werke Hegels«, in: Hanke/Schmidt (Hg.), *Der Frankfurter Hegel in seinem Kontext*, S. 31-50.

James, William, »Human Immortality. Two Supposed Objections to the Doctrine« (1898), in: ders., *Essays in Religion and Mortality*, Cambridge, Mass. 1982, S. 75-101.

–, *The Varieties of Religious Experience. A Study in Human Nature*, New York 1902; dt.: *Die Vielfalt religiöser Erfahrung. Eine Studie über die menschliche Natur*, Frankfurt/M. 1997.

–, *The Will to Believe*, London 1905.

–, »On Some Hegelisms«, in: *The Will to Believe*, S. 263-298.

–, *Die religiöse Erfahrung in ihrer Mannigfaltigkeit. Materialien und Studien zu einer Psychologie und Pathologie des religiösen Lebens*, Leipzig 1907.

–, *Das pluralistische Universum. Vorlesungen über die gegenwärtige Lage der Philosophie* (1909), Leipzig 1914 (Nachdruck Darmstadt 1994).

–, *The Meaning of Truth*, New York 1911.

–, *Essays in Radical Empiricism* (1912), New York 2003.

Jaspers, Karl, *Vom Ursprung und Ziel der Geschichte*, München 1949.

–, *Der philosophische Glaube angesichts der Offenbarung*, München 1962.

Jenkins, Philip, *The Lost History of Christianity. The Thousand-Year Golden Age of the Church in the Middle East, Africa, and Asia – and How It Died*, New York 2008.

Joas, Hans, *Praktische Intersubjektivität. Die Entwicklung des Werkes von George Herbert Mead*, Frankfurt/M. 1980.

–, »Universität und Rationalität. Über Talcott Parsons' Beitrag zur Soziologie der Universität«, in: Gerhard Grohs u. a. (Hg.), *Kulturelle Identität im Wandel*, Stuttgart 1980, S. 236-250.

–, *Die Kreativität des Handelns*, Frankfurt/M. 1992.

–, *Pragmatismus und Gesellschaftstheorie*, Frankfurt/M. 1992.

–, *Amerikanischer Pragmatismus und deutsches Denken. Zur Geschichte eines Mißverständnisses*, in: ders., *Pragmatismus und Gesellschaftstheorie*, S. 114-145.

–, »Gemeinschaft und Demokratie in den USA. Die vergessene Vorgeschichte der Kommunitarismus-Diskussion«, in: Micha Brumlik, Hauke Brunkhorst (Hg.), *Gemeinschaft und Gerechtigkeit*, Frankfurt/M. 1993, S. 49-62.

–, »Was hält die Bundesrepublik zusammen? Alte und neue Formen sozialer Integration«, in: Friedhelm Hengsbach/Matthias Möhring-Hesse (Hg.), *Eure Armut kotzt uns an. Solidarität in der Krise*, Frankfurt/M. 1995, S. 69-82.

–, »Ein Pragmatist wider Willen?«, in: *Deutsche Zeitschrift für Philosophie* 44 (1996), S. 661-670.

–, »Der Liberalismus ist kein politisches Heilsversprechen. Autonomie und Kontext: Welche Freiheit meinen wir? Zum Tod des Philosophen und Aufklärers Isaiah Berlin«, in: *Die Zeit*, 14. 11. 1997.

–, *Die Entstehung der Werte*, Frankfurt/M. 1997.

–, »Combining Value Pluralism and Moral Universalism: Isaiah Berlin and Beyond«, in: *The Responsive Community* 9 (1999), S. 17-29.

–, *Kriege und Werte. Studien zur Gewaltgeschichte des 20. Jahrhunderts*, Weilerswist 2000.

–, »Respekt vor Unverfügbarkeit – ein Beitrag zur Bioethik-Debatte«, in: *Die Zeit*, 15. 2. 2001, S. 38; auch in: ders., *Braucht der Mensch Religion?*, S. 143-150.

–, »Der Wert der Freiheit und die Erfahrung der Unfreiheit«, in: Reuter u. a. (Hg.), *Freiheit verantworten*, S. 446-455.

–, »Das Leben als Gabe. Die Religionssoziologie im Spätwerk von Talcott Parsons«, in: *Berliner Journal für Soziologie* 12 (2002), S. 505-515.

–, »Max Weber und die Entstehung der Menschenrechte. Eine Studie über kulturelle Innovation«, in: Gert Albert, Agathe Bienfait, Steffen Siegmund, Claus Wendt (Hg.), *Das Weber-Paradigma. Studien zur Weiterentwicklung von Max Webers Forschungsprogramm*, Tübingen 2003, S. 252-270.

–, *Braucht der Mensch Religion? Über Erfahrungen der Selbsttranszendenz*, Freiburg 2004.

–, »Introduction to the Special Issue on Ernst Cassirer's Philosophy of Religion«, in: *Svensk Teologisk Kvartalskrift* 82 (2006), S. 2-4.

–, »Gesellschaft, Staat und Religion. Ihr Verhältnis in der Sicht der Weltreligionen«, in: ders./Wiegandt (Hg.), *Säkularisierung und die Weltreligionen*, S. 7-43.

–, »Religion heute. Die USA als Trendsetter für Europa?«, in: Bertelsmann Stiftung (Hg.), *Religionsmonitor*, S. 179-185.

–, »Selbsttranszendenz und Wertbindung. Ernst Troeltsch als Ausgangspunkt einer modernen Religionssoziologie«, in: Friedrich Wilhelm Graf, Friedemann Voigt (Hg.), *Religion(en) deuten. Transformationen der Religionsforschung* (= Troeltsch-Studien, N. F., Bd. 2), Berlin 2010, S. 51-64.

–, *Die Sakralität der Person. Eine neue Genealogie der Menschenrechte*, Berlin 2011.

–, »Schleiermacher and the Turn to Experience in the Study of Religion«, in: Dietrich Korsch, Amber L. Griffioen (Hg.), *Interpreting Religion. The Significance of Friedrich Schleiermacher's »Reden über die Religion« for Religious Studies and Theology*, Tübingen 2011, S. 147-162.

–, *Glaube als Option. Zukunftsmöglichkeiten des Christentums*, Freiburg 2012.

–, »Antwort auf Hermann Deuser«, in: Heinrich Wilhelm Schäfer (Hg.), *Hans Joas in der Diskussion. Kreativität – Selbsttranszendenz – Gewalt*, Frankfurt/M. 2012, S. 49-55.

–, »Sakralisierung und Entsakralisierung. Politische Herrschaft und religiöse Interpretation«, in: Friedrich Wilhelm Graf/Heinrich Meier (Hg.), *Politik und Religion. Zur Diagnose der Gegenwart*, München 2013, S. 259-286.

–, *Was ist die Achsenzeit? Eine wissenschaftliche Debatte als Diskurs über Transzendenz*, Basel 2014.

–, »Ein Christ durch Krieg und Revolution. Alfred Döblins Erzählwerk ›November 1918‹«, in: *Sinn und Form* 67 (2015), S. 784-799.

–, »Pragmatismus und Historismus«, in: *Deutsche Zeitschrift für Philosophie* 63 (2015), S. 1-21.

–, *Die lange Nacht der Trauer. Erzählen als Weg aus der Gewalt?*, Gießen 2015.

–, *Sind die Menschenrechte westlich?*, München 2015.

–, »Auseinandersetzung mit dem Christentum«, in: Becker (Hg.), *Döblin-Handbuch*, S. 356-368.

–, »Jenseits von Goo«, in: Becker (Hg.), *Döblin-Handbuch*, S. 356-358.

–, »Situierte Kreativität. Ein Ausweg aus der Sackgasse der Heidegger-Cassirer-Debatte«, in: *Deutsche Zeitschrift für Philosophie* 64 (2016), 4, S. 635-643.

–, *Kirche als Moralagentur?*, München 2016.

–, *Die Macht des Heiligen. Eine Alternative zur Geschichte von der Entzauberung*, Berlin 2017.

–, »Martin Buber and the Problem of Dialogue in Contemporary

Thought«, in: Sam Berrin Shonkoff (Hg.), *Martin Buber. His Intellectual and Scholarly Legacy*, Leiden 2018, S. 212-215.
- -, »Was weiß, wer glaubt? Im neuen Buch von Jürgen Habermas fragt die Vernunft nach dem Erbe der Religion«, in: *Süddeutsche Zeitung*, 14.11.2019, S. 9.
- -, »Sakralisierung – Genealogie – Globalgeschichte. Eine Erwiderung«, in: Michael Kühnlein, Jean-Pierre Wils (Hg.), *Der Westen und die Menschenrechte. Im interdisziplinären Gespräch mit Hans Joas*, Baden-Baden 2019, S. 169-199.
- /Adloff, Frank, »Milieuwandel und Gemeinsinn«, in: Herfried Münkler, Harald Bluhm (Hg.), *Gemeinwohl und Gemeinsinn. Zwischen Normativität und Faktizität*, Bd. IV, Berlin 2002, S. 153-186.
- /Knöbl, Wolfgang, *Sozialtheorie*, Berlin ³2011.
- -, (Hg.), *Die Zehn Gebote. Ein widersprüchliches Erbe?*, Köln 2006.
- -, (Hg.), *Die Anthropologie von Macht und Glauben. Das Werk Wolfgang Reinhards in der Diskussion*, Göttingen 2008.
- (Hg.), *David Martin and the Sociology of Religion*, London 2018.
- /Noller, Jörg (Hg.), *Geisteswissenschaft – was bleibt? Zwischen Theorie, Tradition und Transformation*, Freiburg 2019.
- /Pettenkofer, Andreas (Hg.), »Review Symposium on Hugh McLeod, *The Religious Crisis of the 1960s*«, in: *Journal of Religion in Europe* 5 (2012), S. 425-520.
- /Vogt, Peter (Hg.), *Begriffene Geschichte. Beiträge zum Werk Reinhart Kosellecks*, Berlin 2011.
- /Wiegandt, Klaus (Hg.), *Die kulturellen Werte Europas*, Frankfurt/M. 2005.
- /Wiegandt, Klaus (Hg.), *Säkularisierung und die Weltreligionen*, Frankfurt/M. 2007.

Jung, Matthias, *Dilthey zur Einführung*, Hamburg 1996.
- -, *Erfahrung und Religion. Grundzüge einer hermeneutisch-pragmatischen Religionsphilosophie*, Freiburg 1999.
- -, »Religiöse Erfahrung. Genese und Kritik eines religionshistorischen Grundbegriffs«, in: ders./Moxter/Schmidt (Hg.), *Religionsphilosophie*, S. 135-150.
- -, »Der Ausdruckscharakter des Religiösen. Zur Pragmatik der symbolischen Formen bei Ernst Cassirer«, in: Hermann Deuser, Michael Moxter (Hg.), *Rationalität der Religion und Kritik der Kultur: Hermann Cohen und Ernst Cassirer*, Würzburg 2002, S. 119-124.
- -, *Der bewußte Ausdruck. Anthropologie der Artikulation*, Berlin 2009.
- -, »Embodiment, Transcendence, and Contingency. Anthropological

Features of the Axial Age«, in: Bellah/Joas (Hg.), *The Axial Age and Its Consequences*, S. 77-101.
–, *Gewöhnliche Erfahrung*, Tübingen 2014.
–, *Symbolische Verkörperung. Die Lebendigkeit des Sinns*, Tübingen 2017.
– /Michael Moxter/Thomas M. Schmidt (Hg.), *Religionsphilosophie. Historische Positionen und systematische Reflexionen*, Würzburg 2000.
Junker-Kenny, Maureen, *Religion and Public Reason. A Comparison of the Positions of John Rawls, Jürgen Habermas and Paul Ricœur*, Berlin 2014.

Kaftan, Julius, »Die Selbständigkeit des Christentums«, in: *Zeitschrift für Theologie und Kirche* 6 (1896), S. 373-394.
Kantorowicz, Ernst H. (1957), *The King's Two Bodies. A Study in Medieval Political Theology*, Princeton 2016; dt.: *Die zwei Körper des Königs. Eine Studie zur politischen Theologie des Mittelalters*, Stuttgart 1992.
Kestenbaum, Victor, *The Grace and the Severity of the Ideal. John Dewey and the Transcendent*, Chicago 2002.
–, »Ontological Faith in Dewey's Religious Idealism«, in: Hermann Deuser u. a. (Hg.), *The Varieties of Transcendence. Pragmatism and the Theory of Religion*, New York 2016, S. 73-90.
Kiesel, Helmuth, *Literarische Trauerarbeit. Das Exil- und Spätwerk Alfred Döblins*, Tübingen 1986.
Kim, Sebastian C. H. (Hg.), *Christian Theology in Asia*, Cambridge 2008.
Kippenberg, Hans Gerhard, *Die Entdeckung der Religionsgeschichte. Religionswissenschaft und Moderne*, München 1997.
–, »Joachim Wachs Bild vom George-Kreis und seine Revision von Max Webers Soziologie religiöser Gemeinschaften«, in: *Zeitschrift für Religions- und Geistesgeschichte* 61:4 (2009), S. 313-331.
Kleger, Heinz/Müller, Alois (Hg.), *Zivilreligion in Amerika und Europa*, München 1986, S. 19-41.
Knöbl, Wolfgang, »›Das Recht der Freiheit‹ als Überbietung der Modernisierungstheorie«, in: Schlette (Hg.), *Ist Selbstverwirklichung institutionalisierbar?*, S. 31-52.
Koselleck, Reinhart, »Rezension: Herbert Butterfield, *Christianity, Diplomacy and War*«, in: *Archiv für Rechts- und Sozialphilosophie* 41 (1955), S. 591-595.

–, »Historia Magistra Vitae«, in: Hermann Braun, Manfred Riedel (Hg.), *Natur und Geschichte. Karl Löwith zum 70. Geburtstag*, Stuttgart 1967, S. 196-219; wiederabgedruckt in: ders., *Vergangene Zukunft*, S. 38-66.

–, *Preußen zwischen Reform und Revolution. Allgemeines Landrecht, Verwaltung und soziale Bewegung von 1791 bis 1848*, Stuttgart 1967.

–, *Kritik und Krise. Eine Studie zur Pathogenese der bürgerlichen Welt* (1959), Frankfurt/M. 1973.

–, »Aufklärung und die Grenzen ihrer Toleranz«, in: Trutz Rendtorff (Hg.), *Glaube und Toleranz. Das theologische Erbe der Aufklärung* (1982), nachgedruckt in: ders., *Begriffsgeschichten*, S. 340-362.

–, »Jaspers, die Geschichte und das Überpolitische«, in: Jeanne Hersch, Jan Milic Lochman, Reiner Wiehl (Hg.), *Karl Jaspers. Philosoph, Arzt, politischer Denker. Symposium zum 100. Geburtstag*, München, Zürich 1986, S. 291-302.

–, »Vorwort«, in: Löwith, *Mein Leben in Deutschland vor und nach 1933*, S. IX-XV.

–, *Vergangene Zukunft. Zur Semantik geschichtlicher Zeiten*, Frankfurt/M. 1995.

–, »Geschichte, Geschichten und formale Zeitstrukturen«, in: ders., *Vergangene Zukunft*, S. 130-143.

–, *Zur politischen Ikonologie des gewaltsamen Todes. Ein deutsch-französischer Vergleich*, Basel 1998.

–, »Zeitverkürzung und Beschleunigung. Eine Studie zur Säkularisierung«, in: ders., *Zeitschichten. Studien zur Historik*, Frankfurt/M. 2000, S. 177-202.

–, »Über den Stellenwert der Aufklärung in der deutschen Geschichte«, in: Joas/Wiegandt (Hg.), *Die kulturellen Werte Europas*, S. 353-366.

– *Begriffsgeschichten. Studien zur Semantik und Pragmatik der politischen und sozialen Sprache*, Frankfurt/M. 2006.

– /Stempel, Wolf-Dieter (Hg.), *Geschichte – Ereignis und Erzählung*, München 1973 (= *Poetik und Hermeneutik V*).

Koschorke, Albrecht, *Hegel und wir. Frankfurter Adorno-Vorlesungen 2013*, Berlin 2015.

Krämer, Felicitas, *Erfahrungsvielfalt und Wirklichkeit. Zu William James' Realitätsverständnis*, Göttingen 2006.

Kraus, Hans-Christof, »Dieses Nichts von Fachmensch und Genussmensch«, in: *Frankfurter Allgemeine Zeitung*, 30.3.2016, S. N3.

– /Tyrell, Hartmann, »Religionssoziologie um die Jahrhundertwende.

Zu Vorgeschichte, Kontext und Beschaffenheit einer Subdisziplin der Soziologie«, in: dies. (Hg.), *Religionssoziologie um 1900*, S. 11-78.
- /Schlamelcher, Jens/Hero, Markus, »Typen religiöser Sozialformen und ihre Bedeutung für die Analyse religiösen Wandels in Deutschland«, in: *Kölner Zeitschrift für Soziologie und Sozialpsychologie* 65 (2013), S. 51-71.

Krech, Volkhard/Tyrell, Hartmann (Hg.), *Religionssoziologie um 1900*, Würzburg 1995.

Krockow, Christian Graf von, *Die Entscheidung. Eine Untersuchung über Ernst Jünger, Carl Schmitt und Martin Heidegger*, Stuttgart 1958 (Neuausgabe Frankfurt/M. 1990).

Kroner, Richard, *Die Selbstverwirklichung des Geistes. Prolegomena zur Kulturphilosophie*, Tübingen 1928.

Kühn, Johannes, *Toleranz und Offenbarung*, Leipzig 1923.

Kühnlein, Michael, *Religion als Quelle des Selbst. Zur Vernunft- und Freiheitskritik von Charles Taylor*, Tübingen 2008.
- /Lutz-Bachmann, Matthias (Hg.), *Unerfüllte Moderne? Neue Perspektiven auf das Werk von Charles Taylor*, Berlin 2011.
–, (Hg.), *Charles Taylor. Ein säkulares Zeitalter*, Berlin 2018.

Künkler, Mirjam/Madeley, John/Shankar, Shylashri (Hg.), *A Secular Age beyond the West: Religion, Law and the State in Asia, the Middle East and North Africa*, Cambridge 2018.
–, »David Martin in Memoriam«, in: *Journal for the Scientific Study of Religion* 58:4 (2019), S. 905-912.

Kutlu, Evrim, »Der Begriff der Person bei G.W.F. Hegel und Max Scheler«, in: *Hegel-Jahrbuch* 2014, 1, S. 276-281.

Lamberth, David, *William James and the Metaphysics of Experience*, Cambridge, Mass. 1999.

Larmore, Charles, »How much can we stand?«, in: *The New Republic*, 9.4.2008, S. 39-44.

Laube, Martin, »Die Dialektik der Freiheit. Systematisch-theologische Perspektiven«, in: ders. (Hg.), *Freiheit*, S. 119-191.
–, »Tendenzen und Motive im Verständnis der Freiheit«, in: ders. (Hg.), *Freiheit*, S. 255-267.
- (Hg.), *Freiheit*, Tübingen 2014.

Lauster, Jörg u.a. (Hg.), *Rudolf Otto. Theologie – Religionsphilosophie – Religionsgeschichte*, Berlin 2014.

Lee, Eun-Jeung, »*Anti-Europa*«. *Die Geschichte der Rezeption des Kon-*

fuzianismus und der konfuzianischen Gesellschaft seit der frühen Aufklärung, Münster 2003.

Lehmann, Hartmut, »Die Entscheidung des Jahres 1803 und das Verhältnis von Säkularisation, Säkularisierung und Säkularismus«, in: ders., *Säkularisierung. Der europäische Sonderweg in Sachen Religion*, Göttingen 2005, S. 70-85

Leites, Edmund, »›From Tribal Brotherhood to Universal Otherhood‹: On Benjamin Nelson«, in: *Social Research* 61:4 (1994), S. 955-965.

Leonard, Eileen/Strasser, Hermann/Westhues, Kenneth (Hg.), *In Search of Community. Essays in Memory of Werner Stark, 1909-1985*, New York 1993.

LeQuire, Peter Brickey, »Friends in History: Eric Voegelin and Robert Bellah«, in: Matteo Bortolini (Hg.), *The Anthem Companion to Robert Bellah*, London 2019, S. 165-190.

Levinson, Henry, *Santayana, Pragmatism, and the Spiritual Life*, Chapel Hill, London 1992.

Lipton, David R., *Ernst Cassirer. The Dilemma of a Liberal Intellectual in Germany 1914-33*, Toronto 1978.

Löwith, Karl, *Weltgeschichte und Heilsgeschehen. Die theologischen Voraussetzungen der Geschichtsphilosophie*, Stuttgart 1953.

–, *Von Hegel zu Nietzsche. Der revolutionäre Bruch im Denken des 19. Jahrhunderts*, Hamburg ^{8}1981.

–, *Mein Leben in Deutschland vor und nach 1933. Ein Bericht*, Frankfurt/M. 1989.

Lübbe, Hermann, *Säkularisierung. Geschichte eines ideenpolitischen Begriffs*, Freiburg 1975.

–, *Geschichtsbegriff und Geschichtsinteresse. Analytik und Pragmatik der Historie*, Basel, Stuttgart 1977.

Lukács, Georg, *Der junge Hegel* (1948), 2 Bde., Frankfurt/M. 1973.

–, *Die Zerstörung der Vernunft. Der Weg des Irrationalismus von Schelling zu Hitler* (1955), Berlin 1984.

Mann, Thomas, »Naturrecht und Humanität«, in: *Frankfurter Zeitung*, 25.12.1923, wiederabgedruckt in: ders., *Aufsätze, Reden, Essays*, Bd. 3, Berlin 1986, S. 428-431.

Mannheim, Karl, »Zur Problematik der Soziologie in Deutschland« (1929), in: ders., *Wissenssoziologie*, Neuwied 1964, S. 614-624.

Marett, Robert Ranulph, *The Threshold of Religion*, London 1909.

–, *A Jerseyman at Oxford*, London 1941.

Marramao, Giacomo, »Säkularisierung«, in: Joachim Ritter, Karlfried

Gründer (Hg.), *Historisches Wörterbuch der Philosophie*, Bd. VIII, Basel 1992, Spalte 1133-1161.

–, *Die Säkularisierung der westlichen Welt*, Frankfurt/M. 1996.

Marsden, George, »Matteo Ricci and the Prodigal Culture«, in: James L. Heft (Hg.), *A Catholic Modernity? Charles Taylor's Marianist Award Lecture*, New York 1999, S. 83-93.

Martin, David, »The Denomination«, in: *British Journal of Sociology* 13:1 (1962), S. 1-14.

–, *Pacifism. An Historical and Sociological Study*, London 1965.

–, *A Sociology of English Religion*, London 1967.

–, »Rezension: Werner Stark, *The Sociology of Religion*, Bd. I und II«, in: *British Journal of Sociology* 18 (1967), S. 220-222.

–, »Towards Eliminating the Concept of Secularization«, in: ders., *The Religions and the Secular. Studies in Secularization*, London 1969, S. 9-22.

–, »Rezension: Werner Stark, *The Sociology of Religion*, Bd. V«, in: *The Jewish Journal of Sociology* 15 (1973), S. 125 f.

–, *A General Theory of Secularization*, Oxford 1978.

–, *Tongues of Fire. The Explosion of Protestantism in Latin America*, Oxford 1990.

–, »Foreword«, in: Grace Davie, *Religion in Britain since 1945. Believing without Belonging*, Oxford 1994, S. VIII-IX.

–, *Forbidden Revolutions. Pentecostalism in Latin America, Catholicism in Eastern Europe*, London 1996.

–, *Does Christianity Cause War?*, Oxford 1997.

–, *On Secularization. Towards a Revised General Theory*, Aldershot 2005.

–, »Das europäische Modell der Säkularisierung und seine Bedeutung in Lateinamerika und Afrika«, in: Joas/Wiegandt (Hg.), *Säkularisierung und die Weltreligionen*, S. 435-464.

–, *The Future of Christianity. Reflections on Violence and Democracy, Religion and Secularization*, Farnham 2011.

–, »Axial Religions and the Problem of Violence«, in: Bellah/Joas (Hg.), *The Axial Age and Its Consequences*, S. 294-316.

–, *The Education of David Martin. The Making of an Unlikely Sociologist*, London 2013.

–, *Religion and Power. No Logos without Mythos*, Farnham 2014.

–, *Ruin and Restoration. On Violence, Liturgy and Reconciliation*, Abingdon 2016 (mit einem Vorwort von Charles Taylor).

–, *Secularisation, Pentecostalism and Violence. Receptions, Rediscoveries and Rebuttals in the Sociology of Religion*, Abingdon 2017.

–, »Thinking with Your Life«, in: Joas (Hg.), *David Martin and the Sociology of Religion*, S. 162-190.
Marty, Martin, *Modern American Religion*, Bd. 2: *The Noise of Conflict 1919-1941*, Chicago 1991.
Marx, Karl, »Zur Kritik der Hegelschen Rechtsphilosophie. Einleitung« (1843/44), in: ders., Friedrich Engels, *Werke*, Bd. 1, Berlin 1972, S. 378-391.
MacIntyre, Alasdair, *Der Verlust der Tugend. Zur moralischen Krise der Gegenwart*, Frankfurt/M. 1987.
McLeod, Hugh, *Religion and the People of Western Europe 1789-1989*, Oxford 1981.
–, *Piety and Poverty. Working Class Religion in Berlin, London and New York*, New York 1996.
–, *Secularization in Western Europe 1848-1914*, New York 2000.
–, *The Religious Crisis of the 1960s*, Oxford 2007.
–, »Response to Fuller, Kennedy, Maccarini, and Brown«, in: Joas/Pettenkofer (Hg.), »Review Symposium on Hugh McLeod, *The Religious Crisis of the 1960s*«, S. 405-520.
McRoberts, Omar M., »H. Richard Niebuhr Meets ›The Street‹«, in: Mary Jo Bane, Brent Coffin, Richard Higgins (Hg.), *Taking Faith Seriously*, Cambridge, Mass. 2005, S. 94-112.
Mead, George Herbert, »Rezension Gustav Class« (1897), in: ders., *Gesammelte Aufsätze*, Bd. 1, hg. von Hans Joas, Frankfurt/M. 1989, S. 30-34.
–, *The Philosophy of the Present*, La Salle 1932; dt.: »Die Philosophie der Sozialität«, in: ders., *Philosophie der Sozialität*, Frankfurt/M. 1969, S. 229-324.
–, *Movements of Thought in the Nineteenth Century*, Chicago 1936.
–, *Philosophy of the Act*, Chicago 1938.
–, »Das physische Ding«, in: ders., *Gesammelte Aufsätze*, Bd. 2, hg. von Hans Joas, Frankfurt/M. 1983, S. 225-243.
Mehring, Reinhard, »Heidegger und Karl Löwith«, in: Thomä (Hg.), *Heidegger-Handbuch*, S. 373-375.
– /Thomä, Dieter, »Leben und Werk. Martin Heidegger im Kontext«, in: Thomä (Hg.), *Heidegger-Handbuch*, S. 515-539.
–, »Begriffsgeschichte mit Carl Schmitt«, in: Joas/Vogt (Hg.), *Begriffene Geschichte*, S. 138-168.
Meinecke, Friedrich, *Die Idee der Staatsräson* (1924), München 1957.
Melton, James Van Horn, »Otto Brunner und die ideologischen Ursprünge der Begriffsgeschichte«, in: Joas/Vogt (Hg.), *Begriffene Geschichte*, S. 123-137.

Mensching, Gustav, *Soziologie der Religion*, Bonn 1947.

Merleau-Ponty, Maurice, »Christianisme et ressentiment«, in: *La vie intellectuelle* 36 (1935), S. 278-306.

Mette, Norbert, »Religionssoziologie – katholisch. Erinnerungen an religionssoziologische Traditionen innerhalb des Katholizismus«, in: Karl Gabriel/Franz-Xaver Kaufmann (Hg.), *Zur Soziologie des Katholizismus*, Mainz 1980, S. 39-56.

Mews, Stuart, »Paul Tillich and the Religious Situation of American Intellectuals«, in: *Religion* 2:2 (1972), S. 122-140.

Meyembergh-Boussart, Monique, *Alfred Döblin. Seine Religiosität in Persönlichkeit und Werk*, Bonn 1970.

Meyer, Thomas, *Ernst Cassirer*, Hamburg 2006.

Michel, Johann, *Homo Interpretans. Towards a Transformation of Hermeneutics* (mit einem Vorwort von Hans Joas), Lanham 2019.

Miller, Richard B., »H. Richard Niebuhr's War Articles. A Transvaluation of Values«, in: *Journal of Religion* 68:2 (1988), S. 242-262.

Molendijk, Arie L., »The Notion of the Sacred«, in: dies./Paul Post (Hg.), *Holy Ground. Re-inventing Ritual Space in Modern Western Culture*, Leuven 2010, S. 55-89.

Mommsen, Wolfgang, »Die deutsche Idee der Freiheit«, in: ders., *Bürgerliche Kultur und politische Ordnung. Künstler, Schriftsteller und Intellektuelle in der deutschen Geschichte 1830-1933*, Frankfurt/M. 2000, S. 133-157.

Morgan, Michael, »Religion, History and Moral Discourse«, in: Tully (Hg.), *Philosophy in an Age of Pluralism*, S. 49-66.

Murrmann-Kahl, Michael, »›Tillichs Trauma‹. – Paul Tillich liest Ernst Troeltschs Historismusband«, in: Barth u. a. (Hg.), *Aufgeklärte Religion und ihre Probleme*, S. 193-212.

Nelson, Benjamin, *The Idea of Usury. From Tribal Brotherhood to Universal Otherhood* (1949), Chicago ²1969; gekürzte dt. Fassung unter dem Titel »Über den Wucher«, in: René König, Johannes Winckelmann (Hg.), *Max Weber zum Gedächtnis* (= Sonderheft der Kölner Zeitschrift für Soziologie und Sozialpsychologie), Köln 1963, S. 407-447.

–, *Der Ursprung der Moderne. Vergleichende Studien zum Zivilisationsprozeß*, Frankfurt/M. 1977.

Neugebauer, Georg, *Tillichs frühe Christologie. Eine Untersuchung zu Offenbarung und Geschichte bei Tillich vor dem Hintergrund seiner Schellingrezeption*, Berlin 2007.

Niebuhr, H. Richard, *Ernst Troeltsch's Philosophy of Religion*, Philosophical Dissertation, Yale University 1924.
–, *The Social Sources of Denominationalism* (1929), New York 1957.
–, *The Kingdom of God in America* (1937), New York 1959; dt.: *Der Gedanke des Gottesreichs im amerikanischen Christentum*, New York 1948.
–, *The Meaning of Revelation*, New York 1941.
–, *Radical Monotheism and Western Culture* (1943), Louisville 1970; dt.: *Radikaler Monotheismus. Theologie des Glaubens in einer pluralistischen Welt*, Gütersloh 1965.
–, »The Ego – Alter Dialectic and the Conscience«, in: *Journal of Philosophy* 42 (1945), S. 352-359.
–, *Christ and Culture* (1951), New York 2001.
–, »Foreword«, in: Paul E. Pfuetze, *Self, Society, Existence. Human Nature and Dialogue in the Thought of G. H. Mead and Martin Buber*, New York 1961, S. VI.
–, *The Responsible Self. An Essay in Christian Moral Philosophy* (1963), San Francisco 1978.
–, *Faith on Earth. An Inquiry into the Structure of Human Faith*, New Haven 1989.
Niebuhr, Reinhold, *Moral Man and Immoral Society* (1932), in: ders., *Major Works on Religion and Politics*, New York 2015, S. 135-350.
–, »A Footnote on Religion«, in: *The Nation* 139 (1934), S. 358-359.
Nietzsche, Friedrich, *Werke*, hg. von Karl Schlechta, München 1969.
–, »Jenseits von Gut und Böse«, in: ders., *Werke*, Bd. II, S. 563-759.
–, »Zur Genealogie der Moral«, in: ders., *Werke*, Bd. II, S. 761-900.
Nippel, Wilfried, »Krieg als Erscheinungsform der Feindschaft«, in: Reinhart Mehring (Hg.), *Carl Schmitt, Der Begriff des Politischen: Ein kooperativer Kommentar*, Berlin 2003, S. 61-70.
Nowak, Kurt, »Die ›antihistorische Revolution‹. Symptome und Folgen der Krise historischer Weltorientierung nach dem Ersten Weltkrieg«, in: Renz/Graf (Hg.), *Umstrittene Moderne*, S. 133-171.
–, *Schleiermacher*, Göttingen 2001.

Oexle, Otto Gerhard, »Max Weber und das Mönchtum«, in: Hartmut Lehmann/Jean Martin Ouedraogo (Hg.), *Max Webers Religionssoziologie in interkultureller Perspektive*, Göttingen 2003, S. 311-334.
Olsen, Niklas, *History in the Plural. An Introduction to the Work of Reinhart Koselleck*, New York 2012.
O'Meara, Franklin, O. P., »Paul Tillich in Catholic Thought. The Past

and the Future«, in: Raymond Bulman, Frederick Parrella (Hg.), *Paul Tillich: A New Catholic Assessment*, Collegeville 1994, S. 9-32.
O'Shaughnessy, Hugh, »Rezension: David Martin, *Tongues of Fire*«, in: *Times Literary Supplement*, 3.-9. 8. 1990.
Osterhammel, Jürgen, *Die Entzauberung Asiens. Europa und die asiatischen Reiche im 18. Jahrhundert*, München 1998.
–, *Jacob Burckhardts ›Über das Studium der Weltgeschichte‹ und die Weltgeschichtsschreibung der Gegenwart*, Basel 2019.
Osthövener, Claus-Dieter, »Ottos Auseinandersetzung mit Schleiermacher«, in: Lauster u. a. (Hg.), *Rudolf Otto*, S. 179-190.
Otto, Rudolf, »Rezension: Nathan Söderblom, *Gudstrons uppkomst*«, in: *Theologische Literaturzeitung* 40 (1915), Sp. 1-4.
–, *Das Heilige. Über das Irrationale in der Idee des Göttlichen und sein Verhältnis zum Rationalen* (1917), München 2014.
–, *Naturalistische und religiöse Weltansicht*, Tübingen 1929.
–, »Parallelen und Konvergenzen in der Religionsgeschichte«, in: ders., *Das Gefühl des Überweltlichen*, München 1932, S. 282-305.

Pagano, Joseph S., *The Origins and Development of the Triadic Structure of Faith in H. Richard Niebuhr. A Study of the Kantian and Pragmatic Background of Niebuhr's Thought*, Lanham 2005.
Pannenberg, Wolfhart, »Weltgeschichte und Heilsgeschichte«, in: Koselleck/Stempel (Hg.), *Geschichte*, S. 307-323.
–, »Erfordert die Einheit der Geschichte ein Subjekt?«, in: Koselleck/Stempel (Hg.), *Geschichte*, S. 478-490.
Parsons, Talcott, »A Paradigm of the Human Condition«, in: ders., *Action Theory and the Human Condition*, New York 1978, S. 352-433.
– /Platt, Gerard, *The American University*, Cambridge, Mass. 1974.
Patterson, Orlando, *Freedom*, Bd. I: *Freedom in the Making of Western Culture*, New York 1991.
–, »Freiheit, Sklaverei und die moderne Konstruktion der Rechte«, in: Joas/Wiegandt (Hg.), *Die kulturellen Werte Europas*, S. 164-218.
Pfleiderer, Georg, *Theologie als Wirklichkeitswissenschaft. Studien zum Religionsbegriff bei Georg Wobbermin, Rudolf Otto, Heinrich Scholz und Max Scheler*, Tübingen 1992.
–, »Kultursynthese auf dem Katheder. Zur Revision von Troeltschs Soziallehren in Tillichs Berliner Programmvorlesung von 1919«, in: Christian Danz, Werner Schüßler (Hg.), *Religion – Kultur – Gesellschaft. Der frühe Tillich im Spiegel neuer Texte (1919-1920)*, Wien 2008, S. 119-154.

Pihlström, Sami, »Dewey and Pragmatic Religious Naturalism«, in: Molly Cochran (Hg.), *The Cambridge Companion to Dewey*, Cambridge 2010, S. 211-241.

Pippin, Robert, *Die Verwirklichung der Freiheit. Der Idealismus als Diskurs der Moderne*, Frankfurt/M. 2005.

–, »Reconstructivism. On Honneth's Hegelianism«, in: *Philosophy and Social Criticism* 40:8 (2014), S. 725-741.

Pitschmann, Annette, *Religiosität als Qualität des Säkularen. Die Religionstheorie John Deweys*, Tübingen 2017.

Prantl, Heribert, »Dem Einstein des Staatsrechts. Dem Juristen Ernst-Wolfgang Böckenförde zum 80. Geburtstag«, in: *Süddeutsche Zeitung*, 18.9.2010, S. 5.

Prodi, Paolo, »Konfessionalisierungsforschung im internationalen Kontext«, in: Joas (Hg.), *Die Anthropologie von Macht und Glauben*, S. 63-82.

Putnam, Hilary, *The Collapse of the Fact/Value Dichotomy*, Cambridge, Mass. 2002.

Raberger, Walter/Sauer, Hanjo (Hg.), *Vermittlung im Fragment. Franz Schupp als Lehrer der Theologie*, Regensburg 2003.

Rahner, Karl, »Kirche der Sünder« (1947), in: ders., *Schriften zur Theologie*, Bd. VI, Einsiedeln 1965, S. 301-320.

–, »Weltgeschichte und Heilsgeschichte«, in: ders., *Schriften zur Theologie V*, Einsiedeln 1962, S. 115-135.

–, »Sündige Kirche nach den Dekreten des Zweiten Vatikanischen Konzils«, in: ders., *Schriften zur Theologie*, Bd. VI, S. 321-345.

–, »Theologische Grundinterpretation des II. Vatikanischen Konzils«, in: ders., *Schriften zur Theologie*, Bd. XIV, Köln 1980, S. 287-302.

Raiser, Konrad, *Identität und Sozialität. G. H. Meads Theorie der Interaktion und ihre Bedeutung für die theologische Anthropologie*, München 1971.

Randall, John Herman, Jr., »The Religion of Shared Experience«, in: Horace M. Kallen (Hg.), *The Philosopher of the Common Man. Essays in Honor of John Dewey to Celebrate His Eightieth Birthday*, New York 1940, S. 106-145.

Ranke, Leopold von, *Weltgeschichte*, Bd. 9.2: *Über die Epochen der neueren Geschichte. Vorträge dem Könige Maximilian II von Bayern gehalten*, Leipzig 1888.

Rappaport, Roy A., *Ritual and Religion in the Making of Humanity*, Cambridge 1999.

Rawls, John, *Eine Theorie der Gerechtigkeit*, Frankfurt/M. 1979.

Reinhard, Wolfgang, »Historiker, ›Modernisierung‹ und Modernisierung. Erfahrungen mit dem Konzept ›Modernisierung‹ in der neueren Geschichte«, in: Walter Haug, Burghart Wachinger (Hg.), *Innovation und Originalität*, Tübingen 1993, S. 53-69.

–, *Ausgewählte Abhandlungen*, Berlin 1997.

–, *Die Unterwerfung der Welt. Globalgeschichte der europäischen Expansion*, München 2016.

Rendtorff, Trutz, »Artikel ›Geschichtstheologie‹«, in: Joachim Ritter, Karlfried Gründer (Hg.), *Historisches Wörterbuch der Philosophie*, Bd. III, Darmstadt 1974, S. 439-441.

Renz, Horst/Graf, Friedrich Wilhelm (Hg.), *Umstrittene Moderne. Die Zukunft der Neuzeit im Urteil der Epoche Ernst Troeltschs* (= *Troeltsch-Studien*, Bd. 4), Gütersloh 1987.

Reuter, Hans-Richard u. a. (Hg.), *Freiheit verantworten. Festschrift für Wolfgang Huber zum 60. Geburtstag*, Gütersloh 2002.

Richter, Melvin, *The History of Political and Social Concepts. A Critical Introduction*, Oxford 1995.

Ricœur, Paul, *Systematische Theologie*, Bd. 1, Stuttgart 1956.

– /Marcel, Gabriel, *Gespräche*, Frankfurt/M. 1970.

–, »Manifestation et proclamation«, in: *Archivio di Filosofia* 44:2-3 (1974), S. 57-76.

–, »Préface«, in: Jocelyn Dunphy, *Paul Tillich et le symbole religieux*, Paris 1977, S. 11-14.

–, »Le statut de la ›Vorstellung‹ dans la philosophie hégélienne de la religion« (1985), in: ders., *Lectures 3. Aux frontières de la philosophie*, Paris 1992, S. 41-62.

–, *Liebe und Gerechtigkeit*, Tübingen 1990.

–, *Zeit und Erzählung*, Bd. 3, München 1991.

–, »Expérience et langage dans le discours religieux«, in: Jean-François Courtine (Hg.), *Phénoménologie et théologie*, Paris 1992, S. 15-39.

–, *Figuring the Sacred. Religion, Narrative, and Imagination*, Minneapolis 1995.

–, »Theonomie und/oder Autonomie«, in: Carmen Krieg u. a. (Hg.), *Die Theologie auf dem Weg ins dritte Jahrtausend. Festschrift für Jürgen Moltmann*, Gütersloh 1996, S. 324-345.

–, *Das Selbst als ein Anderer*, München 1996.

– /LaCocque, André, *Penser la bible*, Paris 1998.

Riesebrodt, Martin, »Charisma«, in: Hans G. Kippenberg, Martin Riesebrodt (Hg.), *Max Webers »Religionssystematik«*, Tübingen 2001, S. 151-166.

Riley, Anthony W., »Nachwort des Herausgebers«, in: Alfred Döblin, *Der unsterbliche Mensch/Der Kampf mit dem Engel*, hg. von Anthony W. Riley, Olten 1980, S. 661-699.

Rockefeller, Steven, *John Dewey, Religious Faith and Democratic Humanism*, New York 1991.

Rosa, Hartmut, *Beschleunigung und Entfremdung. Entwurf einer kritischen Theorie spätmoderner Zeitlichkeit*, Berlin 2013.

Rosenzweig, Franz, *Der Stern der Erlösung* (1921), Frankfurt/M. 1988.

Roth, John K., »William James, John Dewey, and the ›Death-of-God‹«, in: *Religious Studies* 7 (1971), S. 53-61.

Roth, Robert, S. J., *John Dewey and Self-Realization*, Englewood Cliffs 1962.

–, *American Religious Philosophy*, New York 1967.

Royce, Josiah, *The Problem of Christianity* (1913), Washington, D.C. 2001.

Ruddies, Hartmut, »Ernst Troeltsch und Paul Tillich. Eine theologische Skizze«, in: Wilhelm-Ludwig Federlin, Edmund Weber (Hg.), *Unterwegs für die Volkskirche. Festschrift für Dieter Stoodt zum 60. Geburtstag*, Frankfurt/M. 1987, S. 409-422.

Ruh, Ulrich, *Säkularisierung als Interpretationskategorie*, Freiburg 1980.

Sahoo, Sarbeswar, *Pentecostalism and Politics of Conversion in India* (mit einem Vorwort von Hans Joas), Cambridge 2018.

Saint-Exupéry, Antoine de, *Bekenntnis einer Freundschaft. Briefe an einen Ausgelieferten* (1941), Düsseldorf 2010.

Sandel, Michael, *Plädoyer gegen die Perfektion. Ethik im Zeitalter der genetischen Technik*, Berlin 2008.

Santayana, George, »Reason in Religion«, in: ders., *Works*, Bd. IV, New York 1936, S. 3-206.

Saussure, Ferdinand de, *Cours de linguistique générale* (1915), Paris 1969.

Sawilla, Jan Marco, »Geschichte und Geschichten zwischen Providenz und Machbarkeit. Überlegungen zu Reinhart Kosellecks Semantik historischer Zeiten«, in: Joas/Vogt (Hg.), *Begriffene Geschichte*, S. 387-422.

Schaub, Edward, »Dewey's Interpretation of Religion«, in: Schilpp (Hg.), *The Philosophy of John Dewey*, S. 393-416.

Scheler, Max, *Der Formalismus in der Ethik und die materiale Wertethik* (1913-16), in: ders., *Gesammelte Werke*, Bd. 2, Bonn ⁷2000.

–, »Das Ressentiment im Aufbau der Moralen« (1915), in: ders., *Vom Umsturz der Werte. Abhandlungen und Aufsätze* (= Gesammelte Werke, Bd. 3), Bern 1955, S. 35-147.

–, *Vom Ewigen im Menschen* (1920), in: ders., Gesammelte Werke, Bd. 5, Bern, München ⁴1954.

–, »Vorwort« zu: Otto Gründler, *Elemente zu einer Religionsphilosophie auf phänomenologischer Grundlage*, München 1922, S. I-II.

–, »Mensch und Geschichte« (1926), in: ders., *Philosophische Weltanschauung*, Bonn 1954, S. 62-88.

–, *Die Wissensformen und die Gesellschaft*, in: ders., Gesammelte Werke, Bd. 8, Bern, München 1966.

Schieder, Rolf, *Civil Religion. Die religiöse Dimension politischer Kultur*, Gütersloh 1987.

–, »Der ›culte de l'individu‹ als Zivilreligion des Westens. Eine praktisch-theologische Relektüre von Durkheim, Foucault und Boltanski«, in: Schlette (Hg.), *Ist Selbstverwirklichung institutionalisierbar?*, S. 287-312.

Schilpp, Paul Arthur (Hg.), *The Philosophy of John Dewey*, New York 1939.

Schleiermacher, Friedrich, *Über die Religion: Reden an die Gebildeten unter ihren Verächtern; zum Hundertjahr-Gedächtnis ihres 1. Erscheinens in ihrer ursprünglichen Gestalt*, hg. von Rudolf Otto, Göttingen 1899.

Schleissing, Stephan, *Das Maß des Fortschritts. Zum Verhältnis von Ethik und Geschichtsphilosophie in theologischer Perspektive*, Göttingen 2008.

Schlette, Magnus, *Die Idee der Selbstverwirklichung. Zur Grammatik des modernen Individualismus*, Frankfurt/M. 2013.

– (Hg.), *Ist Selbstverwirklichung institutionalisierbar? Axel Honneths Freiheitstheorie in der Diskussion*, Frankfurt/M. 2018.

Schmale, Wolfgang, *Archäologie der Grund- und Menschenrechte in der Frühen Neuzeit*, München 1997.

Schmidt, Thomas M., »Anerkennung und absolute Religion. Gesellschaftstheorie und Religionsphilosophie in Hegels Frühschriften«, in: Jung/Moxter/Schmidt (Hg.), *Religionsphilosophie*, S. 101-112.

Schmitt, Carl, »Rezension: Reinhart Koselleck, *Kritik und Krise*«, in: *Das historisch-politische Buch* 7 (1959), S. 301-302.

Schnädelbach, Herbert, *Philosophie in Deutschland 1831-1933*, Frankfurt/M. 1983.

–, *Zur Rehabilitierung des Animal Rationale*, Frankfurt/M. 1990.

Schneider, Reinhold, *Philipp der Zweite oder Religion und Macht* (1935), Frankfurt/M. 1987.
Schoeller, Wilfried F., *Alfred Döblin: Eine Biographie*, München 2011.
Schüßler, Werner, »›Meine katholischen Freunde verstehen mich besser als meine protestantischen.‹ Wie ›katholisch‹ ist Paul Tillich?«, in: Barth u. a. (Hg.), *Aufgeklärte Religion und ihre Probleme*, S. 312-329.
Schweiker, William, Vorwort zu: H. Richard Niebuhr, *The Responsible Self*, Louisville 1999, S. 9-14.
Seel, Martin, »Die Wiederkehr der Ethik des guten Lebens«, in: *Merkur* 45 (1991), S. 41-49.
Seibert, Christoph, »Religion aus eigenem Recht. Zur Methodologie der Religionsphilosophie bei Max Scheler und William James«, in: *Neue Zeitschrift für systematische Theologie* 56:1 (2014), S. 64-88.
Shea, William, »John Dewey: Aesthetic and Religious Experiences«, in: ders., *The Naturalists and the Supernatural Studies in Horizon and an American Philosophy of Religion*, Macon 1984, S. 117-141.
Shils, Edward, *Center and Periphery*, Chicago 1975.
Siemers, Helge, »›Mein Lehrer Dilthey‹? Über den Einfluß Diltheys auf den jungen Troeltsch«, in: Horst Renz, Friedrich Wilhelm Graf (Hg.), *Troeltsch-Studien (1). Untersuchungen zur Biographie und Werkgeschichte*, Gütersloh 1982, S. 203-234.
Siep, Ludwig, *Der Staat als irdischer Gott*, Tübingen 2015.
Silber, Ilana Friedrich, *Virtuosity, Charisma, and Social Order. A Comparative Sociological Study of Monasticism in Theravada Buddhism and Medieval Catholicism*, Cambridge 1995.
Silbermann, Alphons/Röhrig, Paul (Hg.), *Kultur, Volksbildung und Gesellschaft. Paul Honigsheim zum Gedenken seines 100. Geburtstages*, Frankfurt/M. 1987.
Smith, Wilfred Cantwell, *The Meaning and End of Religion*, New York 1963.
Söderblom Nathan, »Das Heilige (Allgemeines und Ursprüngliches)« (1913), in: Carsten Colpe (Hg.), *Die Diskussion um das »Heilige«*, Darmstadt 1977, S. 76-116.
Sölle, Dorothee, *Realisation. Studien zum Verhältnis von Theologie und Dichtung nach der Aufklärung*, Darmstadt, Neuwied 1973.
Sorkin, David, *The Religious Enlightenment. Protestants, Jews, and Catholics from London to Vienna*, Princeton 2008.
Spohn, Ulrike, *Den säkularen Staat neu denken. Politik und Religion bei Charles Taylor*, Frankfurt/M. 2016.
Spohn, Willfried, »Religion and modernization in comparative per-

spective. David Martin's theory of secularization reconsidered«, in: Karl-Siegbert Rehberg (Hg.), *Differenz und Integration. Die Zukunft moderner Gesellschaften. Verhandlungen des 28. Kongresses der Deutschen Gesellschaft für Soziologie*, Bd. 2, Frankfurt/M. 1997, S. 455-459.

–, »Europeanisation, Multiple Modernities and Religion. The Reconstruction of Collective Identities in Central and Eastern Europe«, in: Gert Pickel, Kornelia Sammet (Hg.), *Transformations of Religiosity in Eastern Europe 1998-2010*, Wiesbaden 2012, S. 29-50.

Spranger, Eduard, »Das Historismus-Problem an der Universität Berlin seit 1900«, in: Hans Leussink, Eduard Neumann, Georg Kotowski, *Studium Berolinense. Aufsätze und Beiträge zu Problemen der Wissenschaft und der Geschichte der Friedrich-Wilhelms-Universität zu Berlin*, Berlin 1960, S. 425-443.

Stanner, W. E. H., »Religion, Totemism and Symbolism«, in: Ronald und Catherine Berndt (Hg.), *Aboriginal Man in Australia*, Sydney 1965, S. 207-237.

Stark, Rodney, »Putting an End to Ancestor Worship«, in: *Journal for the Scientific Study of Religion* 43:4 (2004), S. 465-475.

Stark, Werner, *Social Theory and Christian Thought*, London 1958.

–, »The Routinization of Charisma: A Consideration of Catholicism«, in: *Sociological Analysis* 26 (1965), S. 203-211.

–, *The Sociology of Religion. A Study of Christendom.* 5 Bde., New York 1966-1972.

–, »The Protestant Ethic and the Spirit of Sociology«, in: *Social Compass* 13 (1966), S. 373-377.

–, »The Place of Catholicism in Max Weber's Sociology of Religion«, in: *Sociological Analysis* 29 (1968), S. 202-211.

–, *Grundriß der Religionssoziologie*, Freiburg 1974.

–, »A Survey of My Scholarly Work«, in: Madeline H. Engel (Hg.), *The Sociological Writings of Werner Stark. Bibliography and Selected Annotations*, New York 1975, S. 2-17.

Stausberg, Michael, »Bellah's ›Religion in Human Evolution‹: A Post-Review«, in: *Numen* 61 (2014), S. 281-299.

Stern, Robert/Williams, Neil W., »James and Hegel: Looking for a Home«, in: Alexander Klein (Hg.), *The Oxford Handbook of William James*, Oxford 2018 (Oxford Handbooks Online).

Stikkers, Kenneth, »Technologies of the World, Technologies of the Self. A Schelerian Critique of Dewey and Hickman«, in: *Journal of Speculative Philosophy* 10 (1996), S. 62-73.

Stockhorst, Stefanie, »Novus ordo temporum. Reinhart Kosellecks These von der Verzeitlichung des Geschichtsbewußtseins durch die Aufklärungshistoriographie in methodenkritischer Perspektive«, in: Joas/ Vogt (Hg.), *Begriffene Geschichte*, S. 359-386.

Stout, Harry S., »The Historical Legacy of H. Richard Niebuhr«, in: Ronald F. Thiemann (Hg.), *The Legacy of H. Richard Niebuhr*, Minneapolis 1991, S. 83-99.

Strasser, Hermann, »Werner Stark – Gelehrter und Katholik, 1909-1985«, in: *Zeitschrift für Soziologie* 15 (1986), S. 141-145.

Stråth, Bo, »Rezension: R. Koselleck, *Zeitschichten*«, in: *European Journal of Social Theory* 4 (2001), S. 531-535.

Strauss, Leo, »Das Heilige« (1923), in: ders., *Philosophie und Gesetz – Frühe Schriften* (= *Gesammelte Schriften*, Bd. 2), Stuttgart 1997, S. 307-310.

–, *Naturrecht und Geschichte* (1956), Frankfurt/M. 1977.

Stroumsa, Guy G., *A New Science. The Discovery of Religion in the Age of Reason*, Cambridge, Mass. 2010.

Sturm, Erdmann, »Tillich liest Troeltschs Soziallehren«, in: Barth u. a. (Hg.), *Aufgeklärte Religion und ihre Probleme*, S. 271-290.

Swatos, Jr., William H., »Religious Sociology and the Sociology of Religion in America at the Turn of the Twentieth Century. Divergences from a Common Theme«, in: *Sociological Analysis* 50:4 (1989), S. 363-375.

Tackett, Timothy, »The French Revolution and Religion to 1794«, in: ders., Stewart J. Brown (Hg.), *Enlightenment, Reawakening and Revolution 1660-1815* (= *The Cambridge History of Christianity*, Bd. VII), Cambridge 2006, S. 536-555.

Tarot, Camille, *Le symbolique et le sacré. Théories de la religion*, Paris 2008.

Taves, Ann, *Fits, Trances, and Visions. Experiencing Religion and Explaining Experience from Wesley to James*, Princeton 1999.

Taylor, Charles, *Hegel*, Frankfurt/M. 1983.

–, *Negative Freiheit? Zur Kritik des neuzeitlichen Individualismus* (Nachwort von Axel Honneth), Frankfurt/M. 1988.

–, »Reply and Re-articulation«, in: Tully (Hg.), *Philosophy in an Age of Pluralism*, S. 213-257.

–, *Quellen des Selbst. Die Entstehung der neuzeitlichen Identität*, Frankfurt/M. 1994.

–, *A Secular Age*, Cambridge, Mass. 2007, dt.: *Ein säkulares Zeitalter*, Frankfurt/M. 2009.

Tenbruck, Friedrich, »Nekrolog«, in: *Kölner Zeitschrift für Soziologie und Sozialpsychologie* 30 (1978), S. 401-404.
Theunissen, Michael, »Wettersturm und Stille. Über die Weltdeutung Schelers und ihr Verhältnis zum Seinsdenken«, in: Good (Hg.), *Max Scheler im Gegenwartsgeschehen der Philosophie*, S. 91-110.
–, »Ho aiton lambanei. Der Gebetsglaube Jesu und die Zeitlichkeit des Christseins«, in: Bernhard Casper u. a. (Hg.), *Jesus – Ort der Erfahrung Gottes. Festschrift für Bernhard Welte*, Freiburg 1976, S. 13-68.
–, *Hegels Lehre vom absoluten Geist als theologisch-politischer Traktat*, Berlin 1970.
–, *Sein und Schein. Die kritische Funktion der Hegelschen Logik*, Frankfurt/M. 1978.
–, *Der Andere. Studien zur Sozialontologie der Gegenwart*, Berlin ²1981.
–, *Der Begriff Verzweiflung. Korrekturen an Kierkegaard*, Frankfurt/M. 1993.
–, »Freiheit und Schuld – Freiheit und Sünde«, in: Reuter u. a. (Hg.), *Freiheit verantworten*, S. 343-356.
Thomä, Dieter (Hg.), *Heidegger-Handbuch. Leben – Werk – Wirkung*, Stuttgart 2005.
Tillich, Paul, »Das Christentum und die Gesellschaftsprobleme der Gegenwart« (1919), zitiert nach Friedemann Voigt, »Historische und dogmatische Methode der Theologie. Der Absolutheitscharakter des religiösen Bewußtseins bei Troeltsch und Tillich«, in: Barth u. a. (Hg.), *Aufgeklärte Religion und ihre Probleme*, S. 213-228.
–, »Die Kategorie des ›Heiligen‹ bei Rudolf Otto« (1923), in: ders., *Begegnungen. Paul Tillich über sich selbst und andere*, in: ders., *Gesammelte Werke*, Bd. XII, Stuttgart 1971, S. 184-186.
–, »Kirche und Kultur« (1924), in: ders., *Ausgewählte Texte*, S. 109-122.
–, »Rezension: Ernst Troeltsch, *Der Historismus und seine Probleme*«, in: *Theologische Literaturzeitung* 49 (1924), Sp. 25-30.
–, »Rezension: Ernst Troeltsch, *Der Historismus und seine Überwindung*«, in: *Theologische Literaturzeitung* 49 (1924), Sp. 234f.
–, »Ernst Troeltsch. Versuch einer geistesgeschichtlichen Würdigung«, in: *Kant-Studien* 29:3 (1924), S. 351-358, wiederabgedruckt in: Graf (Hg.), *Ernst Troeltsch in Nachrufen*, S. 646-653.
–, »Probleme des Mythos«, in: *Theologische Literaturzeitung* 49 (1924), Sp. 115-117.
–, »Die religiöse Lage der Gegenwart« (1926), in: ders., *Gesammelte Werke*, Bd. X, Stuttgart 1968, S. 9-93.
–, *Ausgewählte Texte*, Berlin 2008.

–, »Das Dämonische. Ein Beitrag zur Sinndeutung der Geschichte« (1926), in: ders., *Ausgewählte Texte*, S. 139-164.
–, »Kairos. Ideen zur Geisteslage der Gegenwart«, in: ders. (Hg.), *Kairos. Zur Geisteslage und Geisteswendung*, Darmstadt 1926, S. 1-21.
–, »Der Protestantismus« (1929), in: ders., *Ausgewählte Texte*, S. 199-221.
–, »Mythos und Mythologie« (1930), in: ders., *Gesammelte Werke* V, Stuttgart 1964, S. 187-195.
–, »Theonomie«, in: Hermann Gunkel, Leopold Zscharnack (Hg.), *Die Religion in Geschichte und Gegenwart*, Bd. 5, Tübingen ²1931, Sp. 1128-1129.
–, »The Permanent Significance of the Catholic Church for Protestantism« (1941), in: ders., *Ausgewählte Texte*, S. 277-287.
–, *Der Mut zum Sein* (1952), Hamburg 1965.
–, *Systematische Theologie*, Bd. 1, Stuttgart 1956.
–, *The Dynamics of Faith* (1961), übersetzt als: ders., *Wesen und Wandel des Glaubens*, Frankfurt/M. 1975 (Neuübersetzung Berlin 2020).
–, »Christianity and the Encounter of the World Religions« (1963), in: ders., *Ausgewählte Texte*, S. 419-453; dt.: *Das Christentum und die Begegnung der Weltreligionen*, Stuttgart 1964.
–, *Systematische Theologie*, Bd. 3, Stuttgart 1966.
–, »Über die Idee einer Theologie der Kultur«, in: ders., *Ausgewählte Texte*, S. 25-41.
–, »Das religiöse Symbol«, in: ders., *Ausgewählte Texte*, S. 183-198.
Tocqueville, Alexis de, *Über die Demokratie in Amerika* (1835/40), München 1976.
Toulmin, Stephen, *Cosmopolis. The Hidden Agenda of Modernity*, New York 1990, dt.: *Kosmopolis. Die unerkannten Aufgaben der Moderne*, Frankfurt/M. 1991.
–, *Return to Reason*, Cambridge, Mass. 2001.
Touraine, Alain, *Critique de la modernité*, Paris 1992.
Troeltsch, Ernst, »Vernunft und Offenbarung bei Johann Gerhard und Melanchthon« (1891), in: ders., KGA, Bd. 1, S. 73-338.
–, »Atheistische Ethik« (1895), in: ders., *Gesammelte Schriften*, Bd. 2, S. 525-551.
–, »Die Selbständigkeit der Religion« (1895/96), zuerst in: *Zeitschrift für Theologie und Kirche* 5 (1895), S. 361-436, und 6 (1896), S. 71-110 und 167-218, auch in: ders., KGA, Bd. 1, S. 359-536.
–, »Christentum und Religionsgeschichte« (1897), in: ders., *Gesammelte Schriften*, Bd. 2, S. 328-363.

–, »Rezension: Auguste Sabatier, *Esquisse d'une philosophie de la religion d'après la psychologie et l'histoire*« (1897), ursprünglich in: *Deutsche Litteraturzeitung* 19 (1898), auch in: ders., KGA, Bd. 2, S. 328-333.

–, »Geschichte und Metaphysik« (1898), in: ders., KGA, Bd. 1, S. 613-682.

–, »Religionsphilosophie und prinzipielle Theologie«, in: *Theologischer Jahresbericht* 17 (1898), S. 531-603, auch in: ders., KGA, Bd. 2, S. 366-484.

–, »Richard Rothe. Gedächtnisrede (zum 100. Geburtstag)«, Freiburg 1899, in: ders., KGA, Bd. 1, S. 732-752.

–, *Briefe an Friedrich von Hügel 1901-1923*, hg. von Karl-Ernst Apfelbacher und Peter Neuner, Paderborn 1974.

–, »Rezension«, in: ders., KGA, Bd. 4, S. 721-727.

–, »Leibniz und die Anfänge des Pietismus« (1902), in: ders., *Aufsätze zur Geistesgeschichte und Religionssoziologie*, S. 488-531.

–, *Die Absolutheit des Christentums und die Religionsgeschichte (1902/1912)* (= KGA, Bd. 5, hg. von Trutz Rendtorff), Berlin 1998.

–, »Rezension von Ernst Cassirer, *Leibniz' System in seinen wissenschaftlichen Grundlagen*« (Marburg 1902), in: *Theologische Literaturzeitung* 29 (1904), Sp. 639-643, auch in: ders., KGA, Bd. 4, S. 354-360.

–, »Rezension: William James, *The Varieties of Religious Experience*«, in: *Deutsche Literaturzeitung* 25 (1904), Sp. 3021-3027, auch in: ders., KGA, Bd. 4, S. 364-371.

–, *Psychologie und Erkenntnistheorie in der Religionswissenschaft. Eine Untersuchung über die Bedeutung der Kantischen Religionslehre für die heutige Religionswissenschaft*, Tübingen 1905, auch in: ders., KGA, Bd. 6.1, S. 215-256.

–, »Das Wesen des modernen Geistes« (1907), in: ders., KGA, Bd. 6.1, S. 434-473.

–, »Zur Frage des religiösen Apriori« (1909), in: ders., *Gesammelte Schriften*, Bd. 2, S. 754-768,

–, »Die Bedeutung des Begriffs der Kontingenz« (1910), in: ders., *Gesammelte Schriften*, Bd. 2, S. 769-778.

–, »Religiöser Individualismus und Kirche« (1911), in: ders., *Gesammelte Schriften*, Bd. 2, S. 109-133.

–, »Die Bedeutung des Protestantismus für die Entstehung der modernen Welt« (1911), in: ders., KGA, Bd. 8, S. 183-316.

–, »Die Sozialphilosophie des Christentums« (1911), in: ders., KGA, Bd. 6.1, S. 779-808.

–, *Gesammelte Schriften*, Bd. 1 (1912), Nachdruck Darmstadt 2016.
–, »Praktische christliche Ethik. Diktate zur Vorlesung im Wintersemester 1911/12«. Aus dem Nachlaß Gertrud von le Forts, hg. von Eleonore von la Chevallerie und Friedrich Wilhelm Graf, in: *Mitteilungen der Ernst-Troeltsch-Gesellschaft* VII, Augsburg 1991, S. 129-174.
–, *Die Soziallehren der christlichen Kirchen und Gruppen*, Tübingen 1912.
–, »Empiricism and Platonism in the Philosophy of Religion«, in: *Harvard Theological Review* 5 (1912), S. 401-422.
–, *Gesammelte Schriften*, Bd. 2, Tübingen 1913.
–, »Logos und Mythos in Theologie und Religionsphilosophie« (1913), in: ders., *Gesammelte Schriften*, Bd. 2, S. 805-836.
–, »Rezension Hermann Süskind, Christentum und Geschichte bei Schleiermacher« (1913), in: ders., KGA, Bd. 4, S. 661-666.
–, »Brief an Robert Gradmann 12.1.1915« in: ders., KGA, Bd. 20, S. 724f.
–, »Glaube und Ethos der hebräischen Propheten« (1916), in: ders., *Aufsätze zur Geistesgeschichte und Religionssoziologie*, S. 34-64.
–, »Rezension: Wilhelm Dilthey, *Gesammelte Schriften*, Bd. 2« (1916), in: ders., KGA, Bd. 13, S. 91-94.
–, »Die deutsche Idee von der Freiheit« (1916), wiederabgedruckt in: ders., *Deutscher Geist und Westeuropa*, S. 80-107.
–, »Rezension von Ernst Cassirer, *Freiheit und Form*«, in: *Theologische Literaturzeitung* 42 (1917), Sp. 368-371, wiederabgedruckt in: ders., KGA, Bd. 13, S. 329-334.
–, »Humanismus und Nationalismus in unserem Bildungswesen« (Berlin 1917), teilweise wiederabgedruckt in: ders., *Deutscher Geist und Westeuropa*, S. 211-243.
–, »Zur Religionsphilosophie. Aus Anlaß des Buches von Rudolf Otto ›Das Heilige‹ (1917)«, zuerst in: *Kant-Studien* 23 (1918), S. 65-76, auch in: ders., KGA, Bd. 13, S. 412-425.
–, »Rezension von Ernst Cassirer, *Das Erkenntnisproblem in der Philosophie und Wissenschaft der neueren Zeit*, Bd. 3 (Berlin 1920)«, in: *Theologische Literaturzeitung* 46 (1921), Sp. 160-161, auch in: ders., KGA, Bd. 13, S. 500-502.
–, *Der Historismus und seine Probleme* (1922), 2 Bde. (= KGA, Bd. 16.1 und 16.2, hg. von Friedrich Wilhelm Graf), Berlin 2008.
–, »Die Verösterreichung« (Oktober 1922), in: ders., KGA, Bd. 14, S. 569-577.
–, *Naturrecht und Humanität in der Weltpolitik* (1923), in: ders., KGA, Bd. 15, S. 493-512.

–, »Die Zufälligkeit der Geschichtswahrheiten« (1923), in: ders., KGA, Bd. 15, S. 551-567.
–, *Glaubenslehre*, München 1925.
–, *Deutscher Geist und Westeuropa*, Tübingen 1925.
–, *Aufsätze zur Geistesgeschichte und Religionssoziologie*, Tübingen 1925.
–, *Schriften zur Bedeutung des Protestantismus für die moderne Welt (1906-1913)* (= KGA, Bd. 8, hg. von Trutz Rendtorff), Berlin 2001.
–, *Schriften zur Politik und Kulturphilosophie (1918-1923)* (= KGA, Bd. 15, hg. von Gangolf Hübinger), Berlin 2002.
–, *Rezensionen und Kritiken (1901-1914)* (= KGA, Bd. 4, hg. von Friedrich Wilhelm Graf), Berlin 2004.
–, *Fünf Vorträge zu Religion und Geschichtsphilosophie für England und Schottland* (= KGA, Bd. 17, hg. von Gangolf Hübinger), Berlin 2006.
–, *Rezensionen und Kritiken (1894-1900)* (= KGA, Bd. 2, hg. von Friedrich Wilhelm Graf), Berlin 2007.
–, *Schriften zur Theologie und Religionsphilosophie (1888-1902)* (= KGA Bd. 1, hg. von Christian Albrecht), Berlin 2009.
–, *Rezensionen und Kritiken (1915-1923)* (= KGA, Bd. 13, hg. von Friedrich Wilhelm Graf), Berlin 2010.
–, *Schriften zur Religionswissenschaft und Ethik (1903-1912)* (= KGA, Bd. 6.1, hg. von Trutz Rendtorff), Berlin 2014.
–, *Spectator-Briefe und Berliner Briefe (1919 -1922)* (= KGA, Bd. 14, hg. von Gangolf Hübinger), Berlin 2015.
–, *Briefe III (1905-1915)* (= KGA, Bd. 20, hg. von Friedrich Wilhelm Graf in Zusammenarbeit mit Harald Haury), Berlin 2016.
–, *Briefe IV (1915-1918)* (= KGA, Bd. 21, hg. von Friedrich Wilhelm Graf in Zusammenarbeit mit Harald Haury), Berlin 2018.
Tully, James (Hg.), *Philosophy in an Age of Pluralism. The Philosophy of Charles Taylor in Question*, Cambridge 1994.
Turner, Victor, *Das Ritual. Struktur und Anti-Struktur*, Frankfurt/M. 1989.
Tyrell, Hartmann, »Von der ›Soziologie statt Religion‹ zur Religionssoziologie, in: Krech/Tyrell (Hg.), *Religionssoziologie um 1900*, S. 79-128.

van der Veer, Peter, *The Modern Spirit of Asia. The Spiritual and the Secular in China and India*, Princeton 2014.
Voegelin, Eric, *Die politischen Religionen* (1938), München 1993.
–, *Ordnung und Geschichte* (1956-1987), 10 Bde., München 2001-2005.

Vogt, Peter, *Kontingenz und Zufall*, Berlin 2011 (mit einem Vorwort von Hans Joas).
Voigt, Friedemann, »Ernst Troeltsch. Leben und Werk«, in: Ernst Troeltsch, *Gesammelte Schriften*, Bd. 1, S. V-XXXIV.

Waldenfels, Bernhard, *Phänomenologie in Frankreich*, Frankfurt/M. 1987.
Wallis, Louis, *Sociological Study of the Bible*, Chicago 1912.
Warner, Michael/VanAntwerpen, Jonathan/Calhoun, Craig (Hg.), *Varieties of Secularism in a Secular Age*, Cambridge, Mass. 2010.
Weber, Max, »Brief an Adolf von Harnack, 5.2.1906«, abgedruckt in: Max Weber, *Briefe 1906-1908*, hg. von M. Rainer Lepsius und Wolfgang Mommsen (= MWGA, Abt. II, Bd. 5), Tübingen 1989, S. 32-33.
–, »Zur Lage der bürgerlichen Demokratie in Rußland« (1906), in: ders., *Gesammelte politische Schriften*, S. 33-68.
–, *Gesammelte Aufsätze zur Religionssoziologie*, 3 Bde., Tübingen 1920.
–, *Wirtschaft und Gesellschaft* (1922), Tübingen 1972.
–, *Gesammelte politische Schriften* (1921), hg. von Johannes Winckelmann, Tübingen 1980.
–, *Wirtschaft und Gesellschaft: Religiöse Gemeinschaften*, hg. von Hans Gerhard Kippenberg (= MWGA, Abt. I, Bd. 22.2), Tübingen 2000.
–, *Wirtschaft und Gesellschaft: Herrschaft*, hg. von Edith Hanke (= MWGA, Abt. I, Bd. 22.4), Tübingen 2005.
Weiß, Johannes, »Confessionalization of the Sociology of Religion? A Benevolent Critique of Werner Stark«, in: Leonard/Strasser/Westhues (Hg.), *In Search of Community*, S. 193-203.
Westbrook, *John Dewey and American Democracy*, Ithaca 1991.
Westhues, Kenneth, »The Twinkling of American Catholic Sociology«, in: Leonard/Strasser/Westhues (Hg.), *In Search of Community*, S. 220-244.
Wichelhaus, Manfred, *Kirchengeschichtsschreibung und Soziologie im neunzehnten Jahrhundert und bei Ernst Troeltsch*, Heidelberg 1965.
Wilson, Bryan, »Rezension: Stark, *The Sociology of Religion*«, in: *The Sociological Review* 15 (1968), 3, S. 120-123.
–, »Review Werner Stark«, in: *The Sociological Review* 18 (1970), S. 426-428.
Wilson, John A., »Egypt«, in: Henri Francfort et al., *Before Philosophy. The Intellectual Adventure of Ancient Man*, Chicago 1946, S. 122-130.
Winkler, Heinrich August, *Der lange Weg nach Westen. Deutsche Geschichte 1806-1990*, 2 Bde., München 2000.

Wolf, Eric R., *Die Völker ohne Geschichte. Europa und die andere Welt seit 1400*, Frankfurt/M. 1986.
Wuthnow, Robert, *The Restructuring of American Religion*, Princeton 1988.

Yack, Bernard, *The Fetishism of Modernities*, Notre Dame 1997.
Yamin, George J., Jr., *In the Absence of Fantasia. Troeltsch's Relation to Hegel*, Gainesville 1993.
Yinger, J. Milton, *Religion in the Struggle for Power. A Study in the Sociology of Religion*, Durham 1946.
–, *The Scientific Study of Religion*, New York 1970.

Zaccagnini, Marta, *Christentum der Endlichkeit. Heideggers Vorlesungen zur Einführung in die Phänomenologie der Religion*, Berlin u. a. 2003.

Namenregister

Adorno, Theodor W. 244
Alexander der Große 600
Alexander, Jeffrey 537, 539
Apel, Karl-Otto 190, 294, 367
Arendt, Hannah 305
Aristoteles 366f., 454f.
Arndt, Andreas 43
Arnett, Willard 196
Aron, Raymond 106
Asad, Talal 568f.
Assmann, Jan 582
Augustinus von Hippo 127f., 441, 474, 490

Baader, Franz von 218
Balthasar, Hans Urs von 129, 134
Barth, Karl 26, 433, 448
Bauman, Zygmunt 568
Beck, Ulrich 540
Becker, Howard 493
Bedford-Strohm, Heinrich 390, 447
Beethoven, Ludwig van 127
Bellah, Robert N. 11f., 73, 96, 110, 115, 196, 330-332, 340f., 348-351, 355f., 360-362, 378, 388f., 422, 424f., 433, 531-554, 559, 566, 573, 577, 579, 583, 602, 605
Benedikt von Nursia 474, 498
Bentham, Jeremy 467
Berger, Peter L. 226, 251-253, 362, 522, 574f.
Bergson, Henri 341

Berlin, Isaiah 19, 90, 301, 314, 322, 395f.
Blackstone, William 320
Blaschke, Olaf 239
Bloch, Marc 482
Blumenberg, Hans 231, 235
Böckenförde, Ernst-Wolfgang 162-164
Bodenhafer, Walter 432
Bollnow, Otto Friedrich 296
Bonaparte, Napoleon 34, 155, 268
Bonhoeffer, Dietrich 58, 377, 387, 461
Borromeo, Carlo 474
Bortolini, Matteo 532
Bousset, Wilhelm 56
Bremmer, Jan M. 103
Brown, Peter 471
Brugger, Winfried 566f.
Brunner, Otto 231
Buber, Martin 384, 386, 450, 453f., 458
Buddha 206
Bultmann, Rudolf 377, 537
Burckhardt, Jacob 126f., 142, 304
Butterfield, Herbert 232f.

Caird, Edward 93
Calderón de la Barca, Pedro 497
Calvin, Johannes 398, 490, 495
Carnap, Rudolf 296
Casanova, José 232, 244, 383, 425f., 436, 514f., 523, 555-577, 583

Cassirer, Ernst 11, 66, 279-281, 294-298, 304-328, 345-348, 454
Castoriadis, Cornelius 181, 286
Chesterton, Gilbert Keith 218f.
Christiano, Kevin 507
Claß, Gustav 89
Cohen, Hermann 307
Coleman, John 539
Collins, Randall 513
Colpe, Carsten 104, 111
Congar, Yves 263
Cooley, Charles Horton 121, 454
Costa, Paolo 516
Cusinato, Guido 129

Daniel, Joshua 462
Dante Alighieri 306
Danz, Christian 359
Darwin, Charles 83, 211, 339
Das, Robin R. 465, 468
Dawkins, Richard 83
Deißmann, Adolf 56
Delbrück, Hans 298
Dempf, Alois 496
Descartes, René 304, 322, 429
Deuser, Hermann 63, 118, 120, 125, 349
Dewey, John 62, 164-166, 172-198, 392, 419, 457, 579f.
Dilthey, Wilhelm 51-57, 59, 61f., 64f., 72, 74, 77f., 89, 102, 147, 170, 216, 256, 305, 406, 433f., 579
Döblin, Alfred 135, 166-168, 200-223, 383, 580, 584
Donald, Merlin 110, 551
Durkheim, Émile 71, 86, 101, 103f., 106-108, 112, 114-116, 119, 123, 145, 162, 175, 185, 187f., 258, 261f., 281, 361, 376, 403-405, 408f., 411-414, 422, 463, 485, 535, 545, 560
Dutschke, Rudi 269

Ebert, Friedrich 298

Edie, James M. 375
Edwards, Jonathan 454
Einstein, Albert 164, 340
Eisenhower, Dwight D. 418
Eisenstadt, Shmuel N. 422-425, 475, 529, 566
Eister, Alan W. 478
Eliade, Mircea 74, 376f.
Eliasoph, Nina 539
Epikur 253
Erasmus von Rotterdam 306, 321

Feuerbach, Ludwig 26, 47, 85, 384, 405, 598
Fichte, Johann Gottlieb 290
Fink, Eugen 296
Flint, John T. 476, 478
Foucault, Michel 569
Franco, Francisco 555, 560
Frankopan, Peter 40
Franz von Sales 490
Franziskus von Assisi 259, 352, 474, 498
Frei, Hans W. 433
Freston, Paul 520, 524
Freud, Sigmund 85, 454
Friedrich II. (König von Preußen) 241
Fries, Heinrich 128
Fries, Jakob Friedrich 72, 101, 113f.
Fustel de Coulanges, Numa Denis 104

Gadamer, Hans-Georg 78, 234
Gauchet, Marcel 286
Geertz, Clifford 412, 537
Gehlen, Arnold 176f.
George, Stefan 333f.
Gernet, Louis 410
Gibbon, Edward 471
Girard, René 410
Goethe, Johann Wolfgang von 28, 306f., 310, 314, 321

Gooch, Todd A. 111, 144
Gordon, Peter E. 124, 279, 296
Gorski, Philip 413, 539
Gouinlock, James 180, 188
Graf, Friedrich Wilhelm 282, 335, 341, 408
Graham, Billy 362
Granet, Marcel 410
Gray, John 395
Gregor VII. (Papst) 260, 496
Grotius, Hugo 319
Guardini, Romano 387

Habermas, Jürgen 29, 38f., 51, 53, 60, 127, 165, 169, 187, 190, 226, 232, 236f., 276, 288f., 293f., 315f., 367, 384-386, 558f., 582
Hafkesbrink, Hanna 144
Halbig, Christoph 17-19
Hamann, Johann Georg 314
Hampe, Michael 290
Harnack, Adolf von 70, 398, 478
Hartch, Todd 524
Hartmann, Nicolai 128
Hasenclever, Andreas 528
Hashagen, Justus 467
Hauerwas, Stanley 445
Hausenstein, Wilhelm 221
Hefner, Robert W. 502
Hegel, Georg Wilhelm Friedrich 9, 11, 15, 18, 20-44, 47-57, 59-63, 65-70, 72f., 75-78, 86f., 92, 154-160, 164, 168, 170f., 237, 240, 245f., 276f., 279, 281, 286, 289, 306, 310, 353f., 359, 379, 383, 385f., 403f., 406, 425, 545f., 578f., 581-584, 587, 590, 593, 604, 606
Heidegger, Martin 77f., 234, 279f., 295-297, 309, 334, 379, 384, 459f., 462
Heimpel, Hermann 335, 431
Heinrich IV. (HRR) 496

Heinrich von Navarra (König von Frankreich) 398
Hennis, Wilhelm 593
Herberg, Will 197, 417-419, 494
Herder, Johann Gottfried 67, 120, 300, 313f.
Hildebrand, Dietrich von 129
Hintze, Otto 509
Hobbes, Thomas 388, 392
Höffe, Otfried 370
Hölscher, Lucian 249
Honigsheim, Paul 410
Honneth, Axel 15-24, 38f., 53, 170, 276, 288f., 294, 301, 392-394, 582, 603
Horkheimer, Max 244
Horn, Friedrich Wilhelm 285
Huber, Wolfgang 13, 19, 27, 160, 288f., 292, 376, 381-394, 396-400, 461, 473, 582
Hubert, Henri 103f., 107
Hübinger, Gangolf 298
Humboldt, Wilhelm von 216, 300
Hume, David 29, 59f., 108, 147, 471
Husserl, Edmund 135, 384

Ignatius von Loyola 352, 474, 498
Ihde, Wilhelm 302

James, William 29, 57-65, 67, 71f., 74f., 77f., 81, 86, 88-92, 100-104, 106f., 109, 114-123, 126f., 133f., 136-139, 142, 145, 150, 165, 173-175, 177, 179f., 185, 187f., 196, 290f., 326, 341, 359, 375f., 428, 432f., 449, 575, 579, 588f.
Jaspers, Karl 34, 96, 237, 257, 261, 347, 379f., 423, 459, 483f., 546, 566, 605
Jean Paul 314
Jefferson, Thomas 541
Jellinek, Georg 319f.
Jesus von Nazareth/Jesus Christus

653

25, 56, 63, 73, 114, 150, 156, 162, 205, 212-214, 259, 284f., 291, 404, 438, 441f., 451, 472f., 484, 521, 591, 599, 601
Jung, Matthias 12, 53, 119, 122, 125, 173, 198, 216, 327, 551
Jünger, Ernst 334

Kaftan, Julius 91
Kant, Immanuel 22, 29, 35, 59f., 67, 75-77, 86, 89, 101, 113, 120, 136, 170, 174, 237, 277, 281, 285, 288, 293, 296, 304-309, 313f., 318, 320f., 323-328, 357f., 366f., 370, 389, 448, 455, 457, 603f.
Kantorowicz, Ernst 478, 483
Kautsky, Karl 600
Kermode, Frank 67
Kestenbaum, Victor 173, 198
Keynes, John Maynard 467
Kierkegaard, Søren 28, 67, 207, 213, 289, 310, 337, 384, 445f., 459
Kippenberg, Hans G. 111, 410
Klempt, Adalbert 238
Knöbl, Wolfgang 13, 22
Konfuzius 206
Konstantin (röm. Kaiser) 498
Koschorke, Albrecht 34f., 38, 42
Koselleck, Reinhart 28, 168f., 226-249, 379, 580f.
Krämer, Felicitas 290
Kraus, Hans-Christof 594
Krech, Volkhard 409
Kroner, Richard 32
Kühn, Johannes 241f.
Kühnlein, Michael 288

Larmore, Charles 260
Lasker-Schüler, Else 206
Laube, Martin 15, 154, 160f.
Lee, Eun-Jeung 109
Leeuw, Gerardus van der 74
Lefort, Claude 286

Leibniz, Gottfried Wilhelm 304, 306-308, 311, 319f.
Lenin, Wladimir Iljitsch 222
Lessing, Gotthold Ephraim 200
Levinas, Emmanuel 296, 457
Lewis, C. S. 219
Lichterman, Paul 539
Locke, John 242
Lotze, Hermann 89
Löwith, Karl 27-29, 33, 38, 169, 231, 234-237, 239, 247f.
Lubac, Henri de 263
Lübbe, Hermann 226, 237
Luhmann, Niklas 141
Lukács, Georg 29, 54
Lukrez 253
Luther, Martin 102, 105, 155-158, 228, 241, 306, 309-312, 321, 386, 397f.

MacIntyre, Alasdair 365
Madsen, Richard 539, 550
Mann, Thomas 299
Mannheim, Karl 129, 362
Marcel, Gabriel 379f., 459
Marcks, Erich 298
Marcuse, Herbert 296
Marett, Robert Ranulph 103f., 108, 115f.
Marramao, Giacomo 226
Marsden, George 255
Martin, David 11, 245, 266, 420-422, 439, 459, 478, 485, 488f., 500-507, 509-530, 570, 572, 583
Marx, Karl 9, 26, 28, 153, 157-159, 161, 239, 310, 346f., 385, 387, 405, 505, 583, 587, 598, 600
Marx, Matthias 218
Mauss, Marcel 71, 103f., 106, 108, 112, 409f., 463
Mazzini, Giuseppe 485
McLeod, Hugh 266, 519
Mead, George Herbert 62, 90, 121,

186-188, 216, 240, 290, 340, 384, 386, 416, 428, 430-435, 446, 450, 453-459, 461f.
Mehring, Reinhard 233f.
Meier, Christian 249
Meinecke, Friedrich 298f., 306
Meireis, Torsten 12
Melanchthon, Philipp 238, 310
Mencius 9
Merleau-Ponty, Maurice 592f.
Merton, Robert 467
Meyembergh-Boussart, Monique 207
Meyer, Thomas 329
Mommsen, Wolfgang 298
Montaigne, Michel de 306
Moore, Barrington 331
Morgan, Michael 197
Mose ben Nachman 212
Murrmann-Kahl, Michael 338

Nelson, Benjamin 410, 557
Newman, John Henry 468
Niebuhr, H. Richard 11f., 162, 386f., 414-419, 426, 431-462, 466, 469, 476, 486f., 491, 493f., 507, 527, 570, 582f.
Niebuhr, Reinhold 172, 387, 417, 431, 459, 526f.
Nietzsche, Friedrich 9, 11, 27f., 30, 43f., 49, 66, 78, 157, 166, 187, 213, 225, 279, 310, 341, 404, 406, 489, 583-603, 605f.
Nippel, Wilfried 232
Nohl, Hermann 52, 54
Nowak, Kurt 335

Oexle, Otto Gerhard 479
Origenes 218
Osterhammel, Jürgen 41, 605
Otto, Rudolf 11, 48, 71-75, 77f., 86, 99-105, 107-114, 116-125, 133, 136, 145, 174, 334, 376, 579

Pannenberg, Wolfhart 247f.
Parsons, Talcott 330f., 348, 350f., 360, 422, 424, 531f., 534, 536f., 545, 550, 554
Pascal, Blaise 218
Paulus von Tarsus 133, 156, 284f., 291, 333, 397, 601
Peirce, Charles Sanders 62, 349, 367, 428f.
Philipp II. (König von Spanien) 469, 496f.
Pippin, Robert 24, 276
Pitschmann, Annette 198
Pius VI. (Papst) 268
Pius X. (Papst) 74
Platon 66, 112, 135, 585, 602
Pohlig, Matthias 238
Polke, Christian 462
Prantl, Heribert 164
Presley, Elvis 362
Przywara, Erich 296

Rahner, Karl 248, 499f., 555
Ranke, Leopold von 42, 69
Rappaport, Roy A. 115
Rawls, John 18f., 396
Reinhard, Wolfgang 398f., 574
Rendtorff, Trutz 160, 239, 247
Renner, Karl 466
Reuter, Hans-Richard 390
Ricœur, Paul 11f., 37, 64, 245f., 287f., 292, 360, 365-367, 369f., 372-380, 390, 449, 461f., 473, 580-583
Riesebrodt, Martin 475
Ritter, Joachim 296
Rockefeller, Steven 172, 184, 191f.
Rorty, Richard 277
Rosa, Hartmut 228
Roth, Robert 173, 179f.
Rothe, Richard 25
Rousseau, Jean-Jacques 242, 318f.
Royce, Josiah 118f., 432, 434, 454, 458

Sabatier, Auguste 345
Saint-Exupéry, Antoine de 122
Sandel, Michael 391
Santayana, George 181, 197
Sartre, Jean-Paul 379, 384
Saussure, Ferdinand de 346
Sawilla, Jan Marco 238f.
Scheler, Max 11, 64, 75-78, 113-115, 123, 126-150, 176, 185, 187, 389, 489, 579, 584, 592
Schelling, Friedrich Wilhelm Joseph 346
Schieder, Rolf 22f., 535, 545
Schiller, Friedrich 306, 314
Schilling, Heinz 574
Schleiermacher, Friedrich 28, 36, 42f., 47-50, 52-54, 56, 62, 67, 71f., 74f., 85f., 89, 101, 103, 108, 120f., 123, 134, 136, 183, 326, 403f., 406, 448, 460
Schleissing, Stephan 238, 249
Schlözer, August Ludwig 238f.
Schluchter, Wolfgang 411
Schmidinger, Heinrich 500
Schmidt, Thomas M. 24f.
Schmidt, Wilhelm 145
Schmitt, Carl 231-234, 334
Schmoller, Gustav von 593
Schnädelbach, Herbert 29, 244
Schneider, Reinhold 497
Schoeller, Wilfried F. 207
Schopenhauer, Arthur 43, 404f., 587, 598
Schupp, Franz 555-557
Schüßler, Werner 343, 352f., 362
Schweiker, William 457
Seel, Martin 254
Seifert, Arno 238
Shakespeare, William 448
Shils, Edward 475, 514
Siep, Ludwig 25
Simmel, Georg 179f., 185, 362
Smith, Wilfred Cantwell 47

Smith, William Robertson 104
Söderblom, Nathan 103f., 112, 115, 117, 145
Sohm, Rudolph 472f.
Sölle, Dorothee 220f.
Sombart, Werner 304
Spencer, Herbert 95
Spengler, Oswald 299
Spinoza, Baruch de 597
Spohn, Willfried 530
Spranger, Eduard 337
Stanner, William Edward Hanley 109, 115
Stark, Rodney 411
Stark, Werner 77, 129, 153, 261, 420, 465-500, 583
Stockhorst, Stefanie 238
Strasser, Hermann 465, 468, 500
Stråth, Bo 246
Strauß, David Friedrich 404
Strauss, Leo 111, 296, 299
Sullivan, Harry Stack 454
Sullivan, William 539
Süskind, Hermann 404
Swidler, Ann 539

Tauler, Johannes 206
Taylor, Charles 11, 16f., 26, 81, 90, 105, 124f., 142, 165, 169-171, 197, 199, 250-265, 270f., 276, 288, 301, 314, 506, 529, 573, 579, 582
Teilhard de Chardin, Pierre 218
Theunissen, Michael 26f., 288f., 383-387, 582
Thomas von Aquin 215, 454, 474
Tieck, Dorothea 448f.
Tiele, Cornelius 50
Tillich, Paul 11f., 99, 123, 282, 285-287, 292, 330-339, 341-362, 378f., 461f., 536f., 550, 554, 582
Tipton, Steven 539
Tocqueville, Alexis de 162, 292, 539f., 543

Tödt, Heinz Eduard 288
Tolkien, J. R. R. 219
Tönnies, Ferdinand 142
Toscanini, Arturo 362
Toulmin, Stephen 322, 363
Touraine, Alain 303
Troeltsch, Ernst 11, 19, 25, 28, 42, 49f., 56f., 64-70, 72, 74, 77-98, 101-103, 108, 120, 126f., 136, 139, 142, 148, 217, 258, 263, 279-282, 292, 294f., 297-304, 307-317, 319-329, 332, 335-339, 341-345, 349, 351f., 357f., 362, 372, 379, 403-406, 408-410, 413-416, 430-436, 438-440, 442f., 446-448, 450, 459, 461-463, 469, 475-478, 491, 509, 548, 557, 579f., 582, 584f., 593, 596-602, 605f.
Turner, Victor 256, 412
Tyrell, Hartmann 409

Voegelin, Eric 106, 503, 547
Vogt, Peter 249, 580
Voltaire (François-Marie Arouet) 200

Wach, Joachim 410, 476
Wallis, Louis 409
Weber, Max 30, 70, 92, 101, 108-111, 126f., 129, 141, 195, 248, 255f., 258, 260f., 266, 293, 295, 304, 332, 343, 354, 362, 377, 390, 396-398, 403, 406-415, 420-425, 437, 443, 445, 463, 469-479, 490-493, 504-506, 509, 513, 522, 526, 532, 545, 548, 557f., 560, 563, 572, 585, 593-596, 598-600, 605f.
Wells, H. G. 218
Wesley, John 493, 526
Westhues, Kenneth 467
Williams, Roger 399
Wilson, Bryan 470, 478
Wilson, John A. 484
Winckelmann, Johann Joachim 314
Windelband, Wilhelm 100
Winkler, Heinrich August 278
Winthrop, John 540f.
Wobbermin, Georg 90
Wolf, Eric R. 40
Wolff, Christian 320
Wundt, Wilhelm 89, 99, 103
Wuthnow, Robert 539

Yack, Bernard 244
Yamin, George J., Jr. 67
Yinger, J. Milton 362, 476, 493

Zabel, Hermann 226, 239
Zarathustra 548

Sachregister

Achsenzeit 11, 34, 73, 135, 145f., 239, 248, 257-261, 347, 354, 356, 423f., 471, 483f., 506, 528f., 546, 548-550, 553, 566, 571, 576f., 583, 605

Anglikanismus 355, 468, 482f., 514, 522

Anthropologie 37, 76, 78, 106, 129, 170, 186f., 210f., 216, 234, 246, 251, 280, 284, 294, 314, 327f., 345, 367, 369, 371, 386, 397, 412, 430, 433, 454, 475, 504, 531, 536f., 568, 580

Artikulation/Ausdruck 16, 29, 33, 36f., 47, 54f., 57-61, 64f., 72, 81, 83, 88, 90-92, 99, 107, 119f., 122, 139, 141, 143, 147f., 156, 162, 166f., 170, 185, 192, 201, 211, 219, 233, 248, 252, 259, 263, 270, 278, 280, 300f., 305, 311, 314f., 329, 349, 351, 353, 357, 366, 375, 378, 387f., 391, 406, 441, 443, 486, 499, 501, 509, 529, 536f., 539, 541, 551, 578f., 591f., 595, 601, 604

Atheismus 26f., 193f., 242, 405f., 408, 417, 451, 485, 596-598

Aufklärung 29, 34, 40, 106, 109, 113, 169, 197, 207, 238, 241-243, 247, 255, 265, 267, 304, 310f., 320, 322-324, 398, 441, 447, 549, 568

Autonomie 16, 39, 142, 241f., 261, 276, 285-290, 292, 310-312, 314f., 321, 327, 357-360, 379, 389, 568
siehe auch Heteronomie; Theonomie

Buddhismus 96, 120, 206, 350, 353, 356, 393, 424, 443, 538, 587, 594, 602

Calvinismus/reformiertes Christentum 261, 355, 398f., 420, 480, 495, 498f.

Charisma 140, 147, 420, 471-475, 479, 504, 520, 525

Christentum 14, 20, 24-29, 33-37, 39f., 42f., 49f., 52, 56, 62f., 65f., 69f., 73f., 79, 82-84, 93, 96, 101, 106, 108-113, 123f., 126-131, 139, 141-143, 145f., 154-166, 168, 171f., 187, 191f., 199, 201, 206-208, 210-214, 218-224, 228-230, 232-235, 238-243, 248, 250, 256, 258-260, 262, 264, 266-270, 284-286, 288f., 300, 310, 322, 324, 332, 351-356, 358, 363, 374, 377-379, 382-384, 386, 389-391, 393f., 397-399, 403-408, 414f., 417f., 420f., 424, 426, 429, 434-443, 445-447, 451-453, 461-464, 466-469, 471-473, 475-477, 479-485, 494-496, 498f., 506f., 511f., 516, 518-524, 526-530, 538, 546, 548, 556, 561, 565f., 568f., 572f., 578, 580-584, 587f., 590-603, 605f.
– evangelikales 445, 520, 524, 530
– katholisches 39, 74f., 112f., 128-130, 136, 154, 158, 166, 169, 196, 201, 206f., 211, 218, 242, 247f., 250, 255f., 258, 261, 263, 269, 300,

659

310, 332, 351f., 354, 356, 378, 387, 398, 417-420, 436, 463-472, 475, 478, 480, 484f., 487-490, 494-496, 498-500, 512, 514, 521, 523-526, 553-556, 561-565, 567f., 571, 576, 582f.
- orthodoxes 62, 418, 420, 436, 494, 565
- »posttotalitäres« 166, 222, 383, 581
- protestantisches 12, 22, 25f., 30, 39, 56, 63, 70f., 74, 79, 88, 111, 126, 130, 154, 156, 158, 169, 172, 195, 211, 217, 220, 238, 241, 247, 268f., 287f., 298, 310, 312, 322, 330-332, 335, 345, 351f., 354-356, 376-378, 381, 391, 397-399, 403, 408, 413, 415, 417-420, 424, 431, 436, 463, 469, 473, 475, 496, 500, 522, 524-527, 531, 533, 553f., 556, 558f., 561, 564f., 578, 582, 593 *siehe auch* Einzelstichwörter

Daoismus 184, 206, 356
Demokratie 23, 38, 40, 150, 156, 159f., 164f., 173, 189-192, 194-198, 265, 298, 361, 364, 392, 398, 419, 437, 494, 496, 502, 539f., 542-544, 556, 558, 561, 563-565, 569, 580, 591, 596
Denomination/Denominationalismus 262, 415, 417, 419, 426, 436-439, 442, 476, 487, 493f., 507, 511, 522f., 564, 570, 572, 575
Differenzierung (funktionale) 141f., 414f., 437f., 492, 509f., 566f., 569
Doktrinen (religiöse) 20f., 49, 52, 58, 74, 83, 88, 93, 102, 107, 109f., 112, 130, 133f., 139, 144, 146, 159f., 192f., 210, 213, 351, 398, 429, 437, 439, 448, 463, 470, 472, 486, 490, 524f., 537, 552, 563, 572, 594, 601

Empirismus 59, 61, 84, 89, 102
Entzauberung 30, 41, 110f., 255f., 258, 260, 266, 421, 505, 560, 596, 598
Erfahrung/religiöse Erfahrung 20f., 36, 47-49, 51f., 54f., 58f., 61, 64, 71f., 74f., 78, 86-89, 91f., 97, 100, 104, 106, 108f., 113-124, 132-134, 144-147, 150, 155f., 165, 173-179, 182-190, 193f., 196-198, 204, 209f., 214-217, 228-230, 235, 244-246, 248f., 252f., 256, 260f., 281-283, 288, 290f., 326, 328f., 343f., 351, 360, 362, 364-366, 372-378, 388, 414, 429, 439, 448, 456f., 470, 486f., 491, 501, 503, 521, 536, 545, 552-554, 579, 586, 589
Ergriffensein/Passivität 36, 58, 85, 89, 91, 94, 119, 121, 132, 177, 183-185, 195, 281, 284, 321, 326, 333f., 357, 373f., 385, 442f., 448, 460, 477, 589, 603
Erweckungsbewegungen 106, 141, 441
Erzählung 30, 34f., 44, 110, 154, 156f., 166, 253-257, 259, 288, 329, 365, 375, 449-451, 480, 496, 516, 551f., 558, 573, 579f.
Eurozentrismus 14, 35, 40-43, 73, 77, 424, 426, 567, 605
Evidenz/Evidenzgefühl 17, 75, 94, 115, 130, 132-135, 137f., 144-150, 247, 275, 337, 579, 589
Evolution (religiöse) 77, 140, 211, 339f., 424f., 534f., 545, 548-552
Evolutionismus 22, 96, 168, 237, 339-341, 404, 424f., 552
Existentialismus/Existenzphilosophie 97, 233, 337, 339, 379, 445, 459-462
Expressivismus 16, 31, 49, 84, 196, 262, 269, 279f., 301, 313f., 317, 357,

361, 388, 392, 519, 537f., 540-542, 554, 579

Fortschritt 31, 55, 67, 70, 77, 83f., 97, 106, 110f., 141f., 164, 192, 195, 228-230, 234f., 237, 255, 269, 286, 301, 303, 316, 323f., 327f., 331, 340, 396, 413f., 425, 459, 491f., 560, 562f., 569, 574, 580, 584, 596, 603
Französische Revolution 34, 155, 203, 267f., 304, 318, 320, 394, 485, 511, 591
Freiheit/politische Freiheit 9, 15-22, 24, 30f., 34-41, 44, 55, 66, 70, 74, 78, 154-164, 168-171, 202, 211, 216, 237, 241f., 265, 275-278, 281f., 284-287, 289-292, 297f., 303, 306, 313f., 319, 321, 325, 328, 332, 357-359, 379, 381-383, 385-400, 403, 408, 445f., 460-462, 496, 523, 540f., 556, 573, 578-582, 584
– kommunikative 288, 380, 383-390, 392-394, 582
– moralische 86, 277, 281f., 285, 292, 304-306, 313f., 323-326, 328, 389, 392
– verdankte 39, 277, 282, 284, 287, 289-291, 362, 379, 388-391, 461, 582

Gabe 248, 360, 391, 447, 461
Gefühl/religiöses Gefühl 16, 33, 35f., 54f., 58-60, 75, 85, 88, 94, 99, 112, 114, 116f., 120-122, 130-133, 138, 144, 147f., 157, 159, 175, 183-186, 189, 194f., 202, 204, 208-210, 213f., 222, 229, 242, 255, 277, 283f., 290, 304, 326, 333, 342, 364, 368, 386, 418, 438, 451, 455, 457, 460, 536, 589-591, 593, 600, 603
Geisteswissenschaften 33, 42, 49, 53, 64, 83, 97, 256, 304f., 428, 531, 584

Gemeinschaft/religiöse Gemeinschaft 15, 23, 39, 49, 55-58, 65, 69, 86f., 93, 105, 118, 137, 139f., 142f., 147, 153, 159, 186, 189-191, 205, 214, 224, 253, 265, 276, 281, 283, 286, 301, 325, 374, 376, 378, 394, 396, 417f., 421, 435-437, 439, 444, 451, 455f., 473, 475, 477, 480, 486f., 491, 494, 496, 501-503, 510f., 513f., 520f., 523, 530, 542-544, 554, 561, 563, 571, 595, 599, 604
Genealogie (affirmative) 19, 44, 250, 254, 430, 451, 569, 585, 588, 590, 593, 596, 598f., 603-606
Gerechtigkeit 15-18, 21, 38, 215, 288, 366, 370, 390, 396f., 502, 556, 587, 590, 595
Geschichtswissenschaft/Religionsgeschichtsschreibung 14, 40, 42, 47, 49f., 56, 73, 79, 83, 89, 92, 147, 168f., 226, 232, 234, 238, 246f., 298, 302, 310, 332, 345, 398, 411, 413, 432, 439, 442, 467, 471, 483, 514, 575, 603
Gewalt/Gewaltgeschichte 9, 117, 166, 194, 216, 221f., 233f., 268, 283, 301, 329, 421f., 443, 491f., 506, 526-529, 581
Glaube/religiöser Glaube 14f., 20f., 25, 27f., 33, 35f., 38-40, 47f., 56f., 59, 62f., 67, 70, 72, 74f., 78, 82, 85, 87f., 91, 93f., 97, 101, 105-107, 109-113, 115, 123-125, 128, 130, 132f., 139f., 144-148, 154, 157, 162-169, 178, 183, 185, 192-194, 196f., 199-206, 208, 210-215, 217, 222f., 242, 243, 250-253, 255-257, 262f., 267f., 270, 276f., 284, 286, 289-291, 303, 308, 312, 320, 328f., 339f., 343f., 356f., 361, 363, 374f., 382, 384, 391, 399, 405, 408, 418, 439f., 443f., 446-448, 460, 462, 468, 470, 474, 480, 488, 490, 499, 504, 511f., 518,

520f., 523f., 537, 556, 562-564, 571f., 599
Gleichheit 17, 20, 41, 140, 275, 388, 394-396, 438, 486, 548
Globalgeschichte (der Religion) 35, 40, 44, 108, 126, 169, 248, 330, 340, 347f., 362, 412, 421, 426f., 475, 484, 505, 545, 571, 577, 582, 585, 604-606
Globalisierung 15, 245, 421, 426, 459, 506, 513, 520f., 549, 567f., 570-572, 575f., 583

Handeln/Handlung 9, 37, 51, 53, 56, 63f., 78, 83, 90, 92, 132, 134, 139, 144, 148, 173, 176, 178, 182-189, 193, 195, 216, 229, 231, 236, 246f., 249, 275, 277, 281, 283-285, 288, 290f., 300, 305, 314, 326, 328, 334, 337, 342, 359, 364, 367-371, 381, 396, 399, 406, 416, 429, 453-458, 477, 490, 508, 523, 527, 541, 543, 551, 586, 603f.
Hegelianismus 11, 18, 22, 24-27, 38, 42f., 62, 67, 95, 157, 160, 164, 170, 180, 191, 240, 245f., 286, 288f., 359, 587, 590, 603
Heilige, das 48, 71-73, 85, 99-101, 103, 106f., 111, 113f., 118-120, 123, 145, 258, 354f., 360, 471, 376f., 504, 579, 590
Hermeneutik 33, 39, 50, 90, 118, 120f., 297, 305, 310, 315f., 327, 344, 365, 373-377, 411, 428-431, 433f., 455, 462, 508-510, 581
Heteronomie 20, 286, 312, 357, 359, 360 siehe auch Autonomie; Theonomie
Hinduismus 108, 393, 548, 594
Historisierung 37f., 52f., 57, 83, 216f., 282, 324, 404f., 412, 587
Historismus 50, 84, 90, 95, 97, 101, 217, 279, 295, 297, 300, 304f., 316f., 327, 335-339, 344, 415, 428, 430f., 434, 441, 453, 461f., 508

Ideal/Idealbildung 16f., 19, 25, 31f., 39f., 42, 57, 59, 63, 67-69, 77, 87, 90, 94f., 115, 132, 159, 164f., 179-183, 185, 188, 190, 193-195, 197, 209, 211, 214, 216, 281, 287, 302, 310, 312, 314, 322, 337f., 343f., 379, 395, 399, 405, 422, 424, 438-443, 445, 458, 477, 480, 496f., 523, 528f., 543, 557, 579, 586, 588-591, 599, 603
Idealismus 34, 56, 59-61, 63, 65, 89f., 96f., 99, 170f., 198, 306, 320, 337, 348, 359
Imperialismus 54, 108, 302, 317, 481, 484, 522, 546, 576
Individualismus/Individualisierung 49, 56, 67, 84, 94, 96, 106, 142, 165, 259, 262f., 280, 299-302, 306, 313, 361, 374, 378, 388, 392, 435, 437, 457, 475, 480, 519, 525, 537f., 540-542, 547, 554, 573
Institution/religiöse Institutionen/ Institutionalisierung 18, 23, 25, 49, 52, 58, 85, 88, 93, 104, 107, 134, 143, 149, 153, 159, 165, 173, 175, 178f., 190-196, 198, 224f., 245, 247, 263, 265, 275, 352, 356, 371, 381, 385, 387, 390, 392f., 408, 419f., 422-424, 437-442, 444f., 464, 466, 471-473, 475-478, 493, 497f., 502, 507, 509, 511-513, 517, 519, 522-524, 534, 539, 554, 556, 564, 571f., 601
Intellektualisierung (der Religion) 35, 47, 64f., 72f., 75, 86f., 96, 154, 378, 416, 448
Interpretation/Deutung 47, 58, 86, 91, 105, 108, 118f., 121, 147f., 156f., 175, 178, 185, 187, 193, 230, 239, 252,

291, 344, 358, 365, 372, 374, 429, 454-456
Intersubjektivität/Relationalität 38, 78, 147f., 165, 187-189, 196, 288f., 308, 344, 368, 384, 386, 433, 453f., 457, 579, 582
Islam 82, 96, 108, 146, 278, 374, 393, 443, 548, 565f., 568, 571-573

Judentum 20, 28, 63, 108, 112, 156, 166, 205f., 210f., 214, 250, 285, 289, 291, 295, 310, 323, 348, 374, 377, 384, 393, 414, 417-420, 450, 463, 466f., 469f., 473, 482, 495, 500, 548, 573, 583, 587f., 590f., 594f., 599-601, 603

Kirche 25, 58, 74, 85, 112, 139, 141, 143, 149, 155, 160, 163, 192f., 196, 199, 212, 214, 223, 259, 262-265, 267-270, 352, 381, 383, 393, 406, 420f., 435-440, 442, 444, 463f., 468, 470-472, 474f., 477-480, 482, 484-489, 494-502, 509, 511-514, 517, 519f., 522-525, 542, 556, 561-564, 567, 571, 576, 597, 599, 601f.
Kolonialismus 48, 108, 484, 497, 520, 570, 573
Konfuzianismus 41, 109, 206, 356, 393, 443
Kontingenz/Kontingenzerfahrung 19, 37f., 55, 60, 67, 83, 97, 168, 182, 237, 244, 260, 268, 288, 315, 328, 365-367, 371, 405f., 430, 460, 580f., 584, 586f., 598, 603
Kreativität 16, 56, 60, 65, 78, 90, 94, 143, 176, 181f., 184, 209, 283, 299f., 303, 305, 308, 327f., 334, 353, 360, 368-372, 429f., 523, 553, 582
Kritische Theorie 157, 293f., 387, 556
Kulturprotestantismus 30, 88, 111, 399, 415

Lebensphilosophie 210, 215, 310
Liberalismus 18, 38, 156, 161f., 172, 207, 237, 265, 297, 304, 322, 364, 396, 469, 513, 564, 573, 597
Luthertum 34, 112, 261, 311, 398f., 420, 472, 483, 494, 511

Macht/Herrschaft 58, 69f., 141, 143, 153, 155, 157, 163, 203, 222f., 235, 262, 276, 300, 387, 393, 413, 421, 425, 479, 481, 485f., 496-498, 502-504, 510, 512f., 517, 520, 539, 549f., 552f., 564, 588-590, 592, 599f.
Magie 16, 103, 140, 258, 261, 346, 352, 354, 377, 470-472, 598
Marxismus 21, 28f., 157, 161, 222, 331, 355, 444, 466, 488f., 505, 512, 532, 587, 594, 600
Materialismus 61, 81, 83, 87, 337, 579
Menschenrechte/Menschenwürde 11, 16, 76, 106, 203, 241f., 254, 265, 268, 281, 297, 299, 302f., 317-320, 329, 357, 361, 364, 397, 399, 405, 408, 523, 556, 573, 590
Metaphysik 20, 24, 53, 55, 61, 63, 76, 86, 95, 133, 138, 147-149, 277, 284, 291, 296, 307f., 311, 321, 346, 408, 450, 452
Methodismus 489-491, 493f., 522
Moderne/modern 16-19, 34, 40, 70, 113, 142, 154, 156, 158f., 164, 167-169, 171, 192, 217, 228-232, 234, 241, 244, 250f., 256, 258f., 263f., 284, 300, 303, 309f., 312f., 321-323, 356f., 377, 382f., 394, 398f., 403, 406, 413f., 423, 431, 444, 463, 481-483, 506, 513, 523, 525, 529f., 533, 540f., 546f., 549, 554-556, 558-560, 566, 573, 575, 578, 580, 596
Modernisierung/Modernisierungstheorie 22, 126, 200, 224f., 244-246, 267, 303, 310, 413, 421-424,

663

482, 525, 532-534, 558f., 562f., 570, 574-576, 580
Moral 17, 19f., 27, 32, 35, 37, 40, 43, 49, 75, 86f., 114, 117, 131f., 139, 141, 160, 163-165, 181, 183, 185, 190, 192, 194f., 199f., 213, 233-236, 242, 254, 264, 281, 285, 287, 292, 297, 300f., 304, 324, 328, 334, 360, 363-367, 369f., 381, 389f., 398, 416, 418, 442f., 445, 453, 457, 484, 490, 502, 522, 527, 541-543, 553, 557, 564, 568, 587-589, 591, 594, 596-599, 603f. *siehe auch* Universalismus; Freiheit, moralische
Mystik 49, 61, 102, 112, 117, 120, 133-135, 186, 206, 241, 375, 410, 435, 474, 498
Mythos 56f., 83, 97, 102, 110, 118, 146, 155, 193, 206, 211, 215, 217-219, 244, 264, 323, 328, 345-350, 354, 377, 435, 503, 536f., 551f., 579, 591, 595

Nationalismus 142, 269, 299, 304, 306, 317, 364, 419, 438, 440, 444, 469, 483, 485, 496, 499, 503, 590, 592
Naturalismus 29, 60, 70, 74, 83, 87, 164, 216f., 222, 450, 596
Naturwissenschaften 83, 208, 217, 236, 304, 428, 538
Normen 90, 157, 325, 329, 338, 365-367, 369, 416, 452, 455, 458, 536
Numinose, das 73, 74, 110, 112, 116f., 119-122, 124, 376f.

Offenbarung 35, 38, 84, 89, 107, 134f., 140, 145, 191, 242, 287, 334f., 339, 343-345, 351, 358, 416, 434, 446-450, 452

Pfingstbewegung 421, 426, 506, 519-524, 529, 570

Phänomenologie 53, 58f., 64, 74f., 113-115, 120, 128, 130f., 134-136, 140, 143f., 147, 149, 185, 210, 290f., 344, 364f., 373-377, 579
Philosophie/Religionsphilosophie 9, 12, 14-16, 21-34, 37f., 41-43, 47, 49-52, 54, 56-63, 65, 70, 72, 75-79, 84, 86, 89f., 93, 96f., 99, 101, 113, 115, 119, 121, 126-131, 135f., 138f., 144, 146-150, 157f., 164-167, 169-172, 176, 184, 186, 190, 192, 195-197, 208, 210, 215, 217, 240, 250, 263, 270, 275f., 279-282, 284f., 287, 289f., 294-299, 304-307, 311f., 314f., 318-320, 323-325, 327, 331, 333, 339-341, 344f., 348, 357, 359, 363, 366, 372, 375, 379, 382-386, 390, 395f., 416, 423, 428-431, 433-435, 447f., 450, 454f., 458-462, 544, 555, 557, 581, 583, 586, 592, 597, 601-604
– Geschichtsphilosophie 9, 21, 29, 33f., 40-42, 44, 50, 56, 66f., 70, 73, 76, 97, 154, 168, 218, 226, 234-238, 240, 243, 270, 300, 336, 339, 341, 379, 403, 406, 425, 459, 580f., 584, 590
Pietismus 195, 308, 530
Pluralismus 16, 19f., 61-63, 245, 251-253, 265, 316, 363-365, 395f., 415, 437, 439, 443, 502, 525, 547, 565, 567, 574f.
Pragmatismus 9, 50, 58, 62f., 90, 92, 102, 126, 130, 136-138, 150, 164, 175f., 210, 240, 277, 290, 294, 327, 348f., 359, 365, 367, 415f., 428-434, 452-458, 461f.
Privatisierung (der Religion) 250, 256, 361, 426, 562f., 569, 574
Prophetie 62f., 123f., 140, 217, 333f., 342, 348, 352, 354f., 377, 399, 438, 448, 472, 495, 554, 583, 595f., 598f., 605

Psychologie/Religionspsychologie 56-58, 64f., 71f., 75, 81, 89-92, 99, 102, 104, 109f., 121, 126, 133, 136, 138, 147, 165, 228, 251f., 324, 344, 359, 425, 428, 433f., 455, 487, 489, 550, 584f., 592f.
Puritanismus 441, 530, 540, 598

Rationalisierung 70, 73f., 109f., 112f., 124, 142, 196, 248, 266, 303, 408, 421, 505, 560, 594
Rationalismus 74, 76, 78, 99, 105, 174, 279f., 282, 297, 303f., 308, 322, 324, 328, 366, 390, 403, 406-408
Rationalität 59, 65, 73f., 78, 95, 110-112, 134, 165, 170, 193, 202, 247, 252, 300, 308, 313, 322, 324, 328, 366, 390, 447, 455, 461, 491, 524, 534, 552, 579
Reflexion/Reflexivität 39, 47, 50f., 54, 58, 78, 91, 93, 124, 143, 149, 180, 185, 283f., 286f., 289f., 312, 315, 333, 348, 359, 364, 370f., 441, 528, 552
Reformation 25, 34, 40, 155f., 158, 228, 231, 259, 306, 309f., 312, 382, 399, 447, 467, 469, 473, 490, 496, 498f., 511, 547, 549, 554, 573, 591
Relativismus 57, 97, 101, 109, 252, 277, 299, 316, 323f., 338, 452, 586
Religion
– antike 104, 141, 156, 206, 218, 377, 423, 482, 495, 546, 548, 600
– archaische 259, 364, 481-484, 546, 548f., 553, 566, 601
– außereuropäische 41, 48, 73, 108f., 115, 141, 143, 161, 172, 206, 230, 244f., 248, 278, 286, 319, 355f., 399, 404f., 407, 414f., 417-419, 421, 423, 425, 429, 436-438, 440f., 445, 469, 476, 487, 489, 494, 499, 507, 511-513, 516, 519-521, 523-527, 532, 538, 540, 542, 548-550, 556, 561, 564-567, 570-572, 583
– nichtchristliche 14, 69, 73, 83, 93, 108, 154, 159, 264, 363, 565f., 569 *siehe auch Einzelstichwörter*
– »primitive«/tribale 103, 108, 146, 377f., 405, 546, 548f.
– Weltreligion 23, 94, 96, 195, 403, 405, 423, 426, 443, 532, 548, 566, 571, 594, 600f., 604
– Wissenschaft von der 14, 50, 57f., 67, 71, 74, 78, 82, 84-86, 88, 90-94, 97, 100f., 103, 107, 115, 123f., 130, 134, 146-148, 174f., 218, 224, 281, 290f., 347, 375f., 404f., 410, 428, 482, 568, 570
Religionsgeschichte/Universalgeschichte (der Religion) 9, 15, 20f., 30, 34, 42-44, 47, 49, 56, 66-70, 73, 77, 79, 83f., 87, 92f., 96f., 101, 104, 108, 116f., 124f., 140, 142, 146f., 149, 153f., 169, 195, 225, 244, 248, 257, 268, 297, 310, 330, 332, 340f., 347-349, 353f., 362, 403, 412, 414, 420, 424-426, 434-436, 442, 463, 466f., 471, 474f., 480f., 502f., 511, 521, 525f., 529, 545-552, 565, 573, 577f., 580, 582f., 589, 598, 602, 605
Religionskritik 9, 20, 24-26, 43, 49, 57, 69, 83, 106f., 123, 130, 153, 160f., 166f., 196, 199, 206, 215, 240, 250, 290, 312, 352, 355, 404, 419, 429, 439, 499, 527f., 553f., 578, 584, 587f., 594
Religionstheorie/Diskurs über Religion 9, 12, 14f., 20-22, 24, 26f., 35, 37, 43, 47f., 51, 53, 56, 62, 64, 66, 72, 74, 78, 85, 96, 98, 100f., 103-105, 107f., 112f., 119, 123f., 128-130, 136, 140, 142, 150, 161, 165f., 172-175, 181, 190f., 193, 197f., 226, 255f., 277, 279, 282, 325, 327,

665

330-332, 344, 346-349, 351-353, 362, 367, 372, 378f., 404, 408, 419, 421, 424f., 443, 447, 470-473, 485, 487f., 506, 530f., 534, 545, 551-553, 584, 588, 606
Ritual/religiöse Praxis 20f., 74, 82, 102, 104, 110, 112, 114-116, 139, 143f., 167, 173, 224, 258, 348, 352, 364, 378, 405, 439, 470-472, 493, 503, 509, 517, 519, 522, 524f., 552, 572, 579, 601

Sakralisierung 38, 101, 112f., 124, 142, 173, 191, 193, 196f., 223, 269f., 362, 377, 414, 419, 479, 481, 483, 489, 492, 494, 503f., 525, 566, 589, 590
– der Person/des Individuums 106, 261, 414, 590
– des Herrschers 481-483, 486, 489, 499, 546, 553, 590
– des Volkes/der Nation/des Staates 25, 106, 223, 414, 481-483, 494, 499, 583, 590 *siehe auch* Selbstsakralisierung, kollektive
Sakralität 47f., 72, 100f., 103f., 108-110, 112-115, 117, 123f., 140, 145, 155, 191f., 256, 258, 287f., 319, 347, 354, 361, 374, 375-378, 405, 407, 453, 470f., 483, 485f., 489, 504, 514, 521, 525, 535, 549, 553, 566, 590
Sakrament/Sakramentalität 112, 261, 352, 354f., 377f., 470-472, 553f.
»säkulare Option« 81, 105-107, 109, 111f., 124, 199, 251, 253f., 257, 261, 264f., 270f., 382, 486
Säkularisierung/Säkularisierungstheorie 24, 26, 38, 72, 81, 101, 105, 124, 126-128, 142, 153, 160, 163-165, 168f., 171, 191f., 199f., 205, 223-227, 229-231, 234f., 238-241, 243-248, 250f., 253, 265-270, 310, 324, 352, 361, 383, 391, 413f., 419, 421f., 426, 463, 466, 488, 501-503, 506f., 509, 511-513, 516-520, 525, 534, 538, 560-562, 566, 569f., 573-575, 580f., 583, 598
Säkularismus 42, 48f., 82, 91, 94, 97, 106f., 115f., 123, 128f., 142, 147, 149, 169, 200, 218, 225f., 243, 249f., 256, 417-419, 447, 483, 485, 488, 503, 512, 517, 521, 524, 538, 567, 574, 578
Säkularität 14, 42, 59, 69, 75, 82f., 97, 106, 109, 124, 148, 166, 172, 190, 199, 215, 229f., 235f., 239, 243, 254-256, 261, 269f., 276, 283, 347, 349, 356, 361, 391, 442-444, 450f., 469, 480, 503, 511, 526, 534, 552, 564, 565f., 569, 572, 574, 579-581, 592, 602
Scholastik/Neuscholastik 74f., 128, 410, 497
Sekte 352, 415, 420, 435f., 439, 442, 468, 475-479, 486-495, 498, 507, 600
Selbst 16, 22, 32, 61, 118, 121-123, 165, 179f., 182-184, 188, 197, 282, 290, 364f., 384f., 389, 416, 432, 435, 446, 450-453, 456f., 459f.
Selbstbestimmung 17, 36, 39, 170, 183, 275f., 287, 291, 357, 359, 389, 391, 394, 582
Selbstbildung 121f., 179f., 182-185, 188, 197, 288f., 291, 364, 384, 386, 432, 446, 452f., 457
Selbstsakralisierung, kollektive 223, 444, 481f., 485f., 494, 500, 546, 583, 590
Selbsttranszendenz 51, 58, 88, 121f., 124, 135, 165, 183-188, 190, 198, 208f., 211, 216, 288, 328f., 364, 373, 414, 536, 545
Selbstverwirklichung 16, 18, 31f., 34, 77, 180, 182-184, 187, 205, 299-

301, 303, 357, 361, 384-386, 388-390, 406
Semiotik 118, 120, 294, 315 f., 323, 326 f., 329, 345, 349, 430
Sozialwissenschaften/Sozialtheorie 19, 21 f., 24, 84, 101, 121, 126, 224 f., 244 f., 247, 250, 295, 331 f., 355, 362, 382, 386, 422, 466, 508, 544 f., 558
Soziologie/Religionssoziologie 11, 14, 22, 56, 65, 71, 79, 110, 112, 115, 126, 129 f., 137-139, 143, 149 f., 169, 195, 251, 261-263, 265 f., 282, 303, 325, 330-332, 344, 348-350, 355, 360, 362, 378, 383, 400, 403 f., 408-417, 419-422, 425 f., 432-435, 437, 439-442, 454, 461-470, 475 f., 478 f., 483, 486, 488 f., 494, 497, 501-504, 506 f., 509 f., 514, 516, 520, 522, 526, 529-531, 534, 537-540, 544 f., 547, 550, 555-558, 560 f., 563, 572, 574 f., 583, 593 f., 600 f.
Staat/Staatlichkeit 25-27, 34, 37, 40 f., 56, 126, 141-143, 154 f., 163-165, 194, 206, 214, 223, 231 f., 235 f., 242 f., 262, 264 f., 268, 300-302, 306, 310, 319, 364, 383, 393, 398, 415, 420, 436 f., 441, 477-479, 481-483, 486 f., 494-497, 502 f., 511-514, 517, 522-527, 530, 539, 544, 546, 548 f., 553, 560-562, 564, 566, 573 f., 576, 583, 595, 600-602, 604 f.
Symbol/Symbolisierung 37, 48, 51, 58, 92, 112, 119-121, 133, 216, 262, 280, 294, 315 f., 327 f., 331, 344-346, 348-353, 355 f., 378, 536 f., 546, 550

Teleologie 9, 18-20, 22, 31, 37 f., 42, 67 f., 76, 95, 97, 154, 158-160, 168, 171, 174, 237, 243, 267, 281, 301, 337, 339-341, 353, 366, 379, 406, 455, 461, 492, 533, 545 f., 581, 583, 603
Theologie 11 f., 14, 22, 26, 38, 42, 49-51, 62, 71, 74 f., 78, 83, 88 f., 91, 93, 96 f., 100, 103, 107, 111, 127, 129, 147, 159-162, 174, 185, 215, 217, 231-233, 235 f., 238-240, 243, 247 f., 262 f., 282, 286, 289, 295, 300, 307 f., 310 f., 328, 331-335, 339, 342, 355, 357, 359, 362, 372, 379, 381 f., 384 f., 390, 399, 409, 411, 414-417, 431-434, 437, 442 f., 447, 449, 454, 459, 461-463, 474, 486, 489, 501 f., 523 f., 534, 536 f., 545, 552, 555 f., 593
– katholische 128, 247 f., 263, 387, 470, 478, 556
– protestantische 22, 25 f., 63, 71, 74, 79, 112, 126, 154, 172, 288, 298, 310, 330, 335, 345, 388, 431, 445, 526, 556
Theonomie 282, 286-288, 312, 357-362, 379 *siehe auch* Autonomie; Heteronomie
Toleranz 150, 202, 241-243, 363, 494, 573
Transzendentalphilosophie/(Neu-)Kantianismus 56, 59 f., 64, 86, 89, 160, 170, 237, 257, 279-281, 288, 294, 296 f., 304, 307 f., 314 f., 323, 326-329, 357, 366 f., 389, 455, 586
Transzendenz 84, 87 f., 96, 109, 124, 145, 174 f., 178, 180, 185, 192-195, 198, 208, 225, 238 f., 241, 248, 255, 257 f., 261, 328, 347 f., 354, 374, 419, 423, 442, 444, 447, 471, 528 f., 536, 546-548, 554, 566, 601, 605

Universalismus (moralischer) 11, 19, 44, 69, 96, 129, 192, 197, 214, 223, 261, 264, 277, 282, 288, 301, 303 f., 307, 315 f., 364-367, 369-372, 390, 405, 412, 414-416, 418-420,

422-424, 426f., 434, 438, 441-445, 447, 450-453, 458f., 466, 468f., 475, 477f., 480f., 483f., 487, 490, 492, 494-499, 504, 510, 528, 530, 535, 548, 553f., 571f., 577, 583, 585, 590, 592f., 600-602, 604-606

Unverfügbarkeit 159, 287, 391, 394

Utilitarismus 84, 90, 137, 300, 303, 357, 361, 388, 537, 540-543, 554

Verantwortung 291, 333, 336f., 387, 396, 416, 433, 445f., 451, 454, 456, 460f.

Vernunft/Vernünftigkeit 16, 25, 31-33, 38f., 50, 55, 67, 73f., 76f., 82f., 94-96, 114, 154, 169, 203, 211, 214, 216f., 222, 242, 246f., 276f., 285, 289f., 292, 305, 314, 320-322, 324, 327, 358, 391, 396, 435, 447, 450

Wahrheit/Geltung 19, 24, 54, 57, 81-84, 88, 94f., 109, 134, 136-138, 146, 148, 150, 155, 179, 185, 203f., 218f., 252, 302, 314f., 324, 329, 337, 345f., 370, 405, 416, 434, 445-448, 450, 452, 484, 547, 551, 564, 589

Werte/Wertbindung/Wertkonflikt 9, 16-20, 68, 75, 94f., 114, 117, 131, 141, 144f., 147f., 156, 165, 174, 179-183, 185f., 188-190, 193, 197, 199, 202, 237, 251-254, 275, 281, 287f., 303f., 315f., 328f., 337f., 349f., 357, 363-367, 370-372, 383, 391f., 394-397, 399f., 414, 416, 444, 446, 451-455, 532-534, 536, 552, 579, 581f., 585-587, 589-591, 598, 603

Wissenschaft/Wissenschaftlichkeit 9, 14, 29, 47-49, 51, 54, 58, 70, 78, 80, 93, 95, 97, 104, 129, 135f., 141, 150, 167, 174, 190-192, 194, 208, 217, 265, 269, 290f., 304, 312, 327, 339, 347-349, 411f., 420f., 423, 429, 447, 450, 463, 466f., 499f., 503, 506, 526, 537-539, 545, 549, 565, 569, 592

Zeichen 115, 118f., 133, 281, 331, 344-346, 349, 353, 425, 430, 454, 536, 551